교정사역복지론

천정환 저

다산출판사

이 저서는 2018년 대한민국 교육부와 한국연구재단의 지원을 받아 수행된 연구임
(NRF-2018S1A6A4A01032265)

This work was supported by the Ministry of Education of the Republic of Korea and the National Research Foundation of Korea(NRF-2018S1A6A4A01032265)

머리말

-교정사역을 저자의 새 이론들로 구성한 독창적 학술서-

이 책은 후세에 전자도서의 형태를 통해서라도 학술적 가치가 인정될 수 있어야 한다는 학문적 뜨거운 가슴과 소명감을 가지고 작성하였음을 먼저 밝힌다.

먼저 교정복지사역(선교)론을 성경의 정신을 기초로 사회복지와 교정복지, 심리학, 사회학, 정치학, 행정학, 자연과학, 인문학 등 학제적인 접근을 통하여 범죄인의 교화를 돕는 학문으로 정의하였다. 그런 맥락에서 이 분야는 사회복지학과, 교정학과, 법학과, 경찰학과, 신학과, 종교학과, 심리학과, 상담학과, 사회학과, 교육학과와 관련된 복합적 학문의 성격을 가지므로 이 분야의 연구자는 물론 종교위원, 교도관 등 교정사역 활동가들의 이론적 지침에 기여할 목적으로 이 책을 집필하였다.

저자는 대학원 입학 후 연구 분야를 교정학과 교정복지학에만 매진하였다. 어떤 연구든 학제적 방법을 통하여 접근하였는데, 이는 저자가 대학에서는 경제학과 심리학을, 대학원에서는 법학과 사회복지와 사회정책을 전공하여 학제적 접근에 관심이 많았기 때문이다. 특히 교정선교를 실천신학의 영역으로만 보는 주류적 입장은 물론 교정학을 사회과학의 하나로 보는 입장과 달리 저자는 응용과학적 학문으로 접근해야 한다는 것을 강조하였다.

교도소도 하나의 사회인 점에서 교정선교의 과학화를 위해서는 사회과학은 물론 자연과학과 인문학, 의학, 체육학, 예술학 등의 모든 접근이 복합적 맥락에서 이루어져야 하기 때문이다.

가령 목회자가 교도소의 수용자에 대한 효과적인 교정선교를 위해서는 복음만 전하는 선교적 영역에만 그쳐서는 안 된다. 수용자가 보이는 이상행동이나 우울증의 원인과 개입방안에 대해 심리적 측면과 인문의료학, 사회복지실천론적 측면에서 파악하고 동시에 교정선교를 저해하는 교정관료제의 문제점과 비인권적 환경에 대해서는 정치학과 법적 측면과 관료사회학과 행정학의 관점에서 그 문제점을 파악해 이를 개선하기 위해 노력하는 거시적 교정사역도 필수적이다. 즉, 거의 모든 학문적 접근의 도움이 필수적이며 이것이 바로 교정사역의 과학화의 기초이기 때문이다.

해방 이후 지금까지 교정사역은 목회자들에 의해 주로 접근되었고 신학과 교수들은 물론 교정학이나 법학, 사회복지학 등의 관련 연구자들도 거의 관심을 가지지 않을 만큼 교정사역은 미개척 분야의 학문으로 남아 있다는 것을 알게 되었다. 그러다가 교육부 산하의 연구재단에서 연구자들을 대상으로 시행하고 있는 저술지원사업을 알고 교정사역에 관한 계획서로 2018년도 지원사업에 신청하였으나 다른 연구자들도 많은 관심을 가지는 사업이므로 선정에 대해서는 기대하지 않았다.

그런데 연구지원사업으로 선정되면서부터 마음이 달라졌다. 처음에는 경제적 동기로 지원했으나 국민의 세금으로 국가가 거액의 연구비를 주는 것이므로 이에 대해 학술적 보답을 하여야 한다는 소명감을 느꼈고, 둘째로는 해방 이후 교정선교의 오랜 역사가 있음에도 거의 학문화가 되지 않았던 교정사역을 독창적으로 이론화하고 싶다는 학문적 욕구가 커졌기 때문이다.

이에 학문적 분야에서만은 앞으로 백만 년 이후의 연구자들에게도 조금의 부끄러움이 없을 정도로 학술적 가치가 있는 학술서로 평가될 수 있도록 모든 노력을 다하기로 하였다. 따라서 지난 2년간 학교수업과 행정업무 외에는 하루 종일 저술작업에 몰두하였으며, 2년간 여행은 물론 개인적 외출도 자제할 만큼 모든 노력을 다하였다. 저술이 완료된 지금 다시는 저술지원사업에 신청할 마음이 나지 않을 만큼 완전히 질릴 정도로 전력을 다하였다.

그동안 한국의 교정선교는 근본적 문제점이 있었다. 한국의 교도소 선교는 일제강점기부터 있어 왔다. 특히 이승만 대통령은 옥중에서 옥중학교를 통해 교정선교에 주력하였고 그 뒤 많은 목회자들에 의해 교도소 선교가 이루어져 왔다. 그러나 교정선교는 역사가 오래되었음에도 선교적 차원에서 무조건적인 믿음만 강조하였고 빵 배급 등의 자선적 선교에 머물러 교정선교의 과학화가 되지 않아 학문적 차원으로 연결되지 못하는 한계가 있었다. 수용자에게 하나님만 믿으라는 식으로는 선교의 체계화와 지속화가 되지 못하기 때문이다. 클라이언트가 가진 욕구에 대한 정확한 사정(assessment)과 클라이언트가 보이는 방어기제에 대한 심리학적, 사회복지적, 상담학적 전문적 지식과 개입기법의 과학화가 교정선교에 필수적임에도 교정선교자들은 이러한 전문성이 부족하였다.

또한 교정사역의 기존 저서나 연구들은 교정선교의 생태계인 입법적, 사회적, 정치적 환경에 대한 거시적 접근이 거의 없었다. 그럼에도 불구하고 교정사역에 관한 기존의 연구들이 있었기에 이를 발판으로 이 책이 나왔으므로 선행연구자들의 학문적 노력에 감사드린다. 다만 기존의 저서들은 신학적 측면이나 교정학적 측면에서 주로 접근하여 학제적 성격이 필수적인 교정사역을 복합적으로 접근하지 못하고 거시적 교정사역을 간과한 보수적 측면에서 한계가 있었다.

따라서 이 책은 주로 단선적 접근을 하는 대부분의 기존 연구들과 달리 교정선교를 신학 외에도정치학, 입법론, 범죄학, 사회복지, 사회심리형사정책, 교정학, 법학, 경찰학, 인문의료, 사회학, 교육학, 자연과학, 공학 등 완전 학제적 접근으로 서술하였다. 그 내용도 기존의 저서들과는 완전히 다른 체제로 구성한바, 가령 교정사역법제론, 교정사역복지론, 교정사역심리론, 교정사역행정론 등이 그것이며 교정사역에 관한 진보적 관점도 병행하였다.

다음으로 기존 교정사역의 패러다임을 넘어서서 새로운 학문 분야인 "교정사역복지론"을 새로운 패러다임으로서 독창적으로 이론화한 학술서인 점에 의의가 있다. 출처를 밝혀 인용된 내용을 제외하면 저자 본인이 독창적으로 저작한 학술서이다. 즉 교정사역에 관한 기존의 이론들을 소개하면서 선행연구들의 문제점을 이해할 수 있도록 논리적으로 비판한 다음에 저자의 독창적인 이론을 제시하여 연구자나 실무가들이 교정사역복지라는 새로운 분야에 대해 이론적이고 실천적으로 조망할 수 있도록 작성하였다. 그리하여 교정사역복지라는 새로운 교정선교학문에 하나의 지평을 제시한 점에서 본 저서의 의의를 찾을 수 있으므로 관련 연구자들과 실천가들의 관심이 이어지기를 바란다.

이 책을 저술하는 데 많은 분들의 도움과 격려가 있었다. 그 분들에게 진심으로 감사드리며 전문연구서의 출간을 허락해 주신 다산출판사의 강희일 사장님과 철저한 교정으로 편집해 주신 편집부 선생님들에게 고마움을 전한다.

2020년 11월

저자 千定煥 교수

차 례

제3장 교정사역의 선행연구론 • 65

제4장 교정사역법제론 • 97

제5장 교정사역의 실천영역론 • 127

제1장 교정사역론 서론

1. 교정사역의 의의

1) 교정의 개념

교정(矯正)이란 일반적 의미로는 범죄인을 올바르게 이끌어 재범을 방지하고 재사회화시키는 것으로 이해되고 있으며 영어의 correction에서 연유된 개념이다. 그러나 학술적 의미로는 학자들 간에도 다양하게 사용되며 심지어 행형(行刑)같은 개념으로 많이 혼용되기도 하는바, 이는 교정에 대한 전문가의 부족 및 연구의 일천함에서 오는 것으로 이해할 수 있다.

가령 이백철[01]은 '행형'은 수형자의 교화개선 목적 이외에 응보, 고통의 부과 또는 격리에 의한 특별예방 등 다른 목적까지 포함하고, '교정'은 수형자의 교화개선을 우선적으로 추구한다는 현대 교정 이념을 담고 있다고 주장한다(이백철, 2015: 5). 그러나 고대와 중세 사회를 지배해 온 범죄인에 대한 행형의 개념은 글자 그대로 범죄로 인해 사회에 해악을 끼친 범죄인에게 그에 맞는 고통을 부과하고 격리하기 위한 행정적 관리(감옥에서의 형벌의 행정적 집행)였다. 가령 우리나라의 고대와 중세에 범죄인을 가두었던 감옥인 형옥에서는 도주를 방지하기 위한 간수와 도주를 방지하고 고통을 부과하는 형구를 채웠지만 범죄인을 교화시키고 재사회화시킨다는 어떠한 가치지향적인 교정작용은 없었고 오르지 형벌의 행정적인 비가치적 집행인 행형만이 있었다는 점에서 행형의 목적에 수형자의 교화도 포함시킨 이백철의 주장은 비판받을 수 있다. 설령 감옥에서 엄격한 고통을 당해 범죄인이 다시는 그런 일을 하지 않겠다고 마음을 먹고 올바르게 살아가려 한다면 그것은 형벌의 고통에 의한 위하력(威嚇力) 때문이지 교정상담과 개선적 처우(treatment) 등 교정이란 가치지향적 개입활동에 의한 결과물이 아니기 때문이다. 또한 이백철은 교정의 대상으로 '수형자'를 전제하였으나 이는 보호관찰이나 사회봉사명령 등 사회 내 처우를 받는 범죄인에게 관련 법에서 공식적인 제도화 작용으로 행해지고 있는 '교정'을 간과하는 동시에 감옥에 수용된 미결수용자와 사형수를 교정에서 제외시키는

---

01 이하 여기에 기술하는 선행연구자들의 존칭, 직책 등은 생략하고 이름만으로 기술한다.

문제점이 있어 적절한 개념 정의가 아니다.[02]

또한 이백철은 교정에서 수형자의 교화개선을 다른 목적보다 우선적으로 추구한다고 주장하지만 교정은 형벌의 집행인 행형보다 선(先)순위적 개념은 아니며 형벌의 집행과 병행되는 개념이다. 이는 우리나라의 "형의 집행 및 수용자의 처우에 관한 법률"에서도 알 수 있다.

또한 신학적 입장의 권창락은 기독교세진회 창립 학술세미나에서 교정이 격리 및 수용자의 심성순화와 건전한 국민사상을 함양한다고 개념화하였으나(권창락, 1998: 10; 이인철, 2004: 115에서 재인용) 이 역시 사회 내 처우에 의한 교정을 간과하였다는 점에서 잘못되었고 특히 교정의 목적으로 '국민사상'의 함양을 제시한 것은 민주시민으로의 재사회화를 목적으로 하는 현대 교정의 이념에 정면으로 역행하는 국가주의적 사고방식이다. 1950년 3월 2일에 제정된 행형법 제1조에서 범죄인을 완전히 순치시키고 비판적 사고와 다양성 · 창의성을 내용으로 하는 민주성을 박제하여 오로지 하나의 사상과 정부에 완전히 순종시키기 위해 범죄인에 대해 '국민사상'의 함양이란 명시적 표현을 썼지만 교정목적으로 규정한 '국민사상'에 대한 비판이 제기되자 그 이후 개정 때 '국민사상'은 교정의 법적인 목적에서 제외되었고 형집행법 제1조에서 교정의 내용으로 '건전한 사회복귀'를 천명하였다.

형집행법 제1조에서 교정의 목적으로 규정한 '건전한 사회복귀'란 우리 헌법의 가치질서인 민주사회로의 균형적이고 다양한 '시민성'의 함양을 의미하므로 국가주의적 표현인 '국민성'을 전제로 하는 '국민사상'과는 전혀 다르다. 이외에도 여러 교정학자와 교정선교학자들이 정의하고 있는 교정의 개념은 부분적으로 잘못된 부분이 있으며 교정의 개념을 어떻게 정의하느냐에 따라 교정선교와 교정사역의 방향이 달라진다는 점에서 교정의 올바른 개념규정은 중요한 의미를 가진다고 할 수 있다. 따라서 현행의 형의 집행 및 수용자의 처우에 관한 법률에서의 교정의 대상은 교정시설에 수용된 범죄인만을 대상으로 한다는 점에서 협의의 교정으로 접근하고 있음을 알 수 있다. 그러나 범죄소년에 대한 환경조정과 품행의 교정을 목적으로 하는 소년법 제1조에 규정된 반사회성이 있는 소년에 대한 교정인 보호작용도 당연히 교정의 내용이 된다는 점에서 소년원 등 소년보호시설에 수용된 범죄소년과 소

02 교도소와 구치소의 미결수용자도 청원에 의해 교정작업과 교육의 대상이 되며 특히 예배 등 종교교화는 미결수에게도 당연히 보장되는 권리이다.

년보호시설에 수용되지 않은 범죄소년에 대한 사회봉사명령과 수강명령 및 보호관찰도 당연히 교정의 영역에 포함된다. 또한 범죄인에 대해 보호관찰, 사회봉사, 수강 및 갱생보호 등의 사회 내 처우대상자에 대해 건전한 사회복귀를 교정의 목적으로 규정한 보호관찰 등에 관한 법률 제1조의 이념에 비추어 갱생보호 및 성인에 대한 보호관찰 등의 사회 내 처우도 당연히 교정의 영역에 포함됨을 알 수 있다. 또한 사회 내 처우는 아니지만 소년법에 의해 부모 등에게 감호위탁된 교정처우의 개인화도 교정의 개념에 포함된다.

따라서 교정의 개념을 최협의로는 흔히 알고 있는 교도소 등 교정시설에서의 클라이언트(범죄인)에 대해 건전한 사회복귀를 도모하는 일체의 활동으로 개념화할 수 있으며, 협의로는 소년원 등 소년보호시설과 국립법무병원(치료감호소) 등을 포함하는 보호시설에서 클라이언트인 범죄인에 대해 건전한 사회복귀를 도모하는 일체의 국가 및 민간 영역에서의 활동도 포함시킬 수 있다. 광의로는 오늘날 시설 내 처우보다 더 많이 시행되고 중시되는 보호관찰과 사회봉사 등 시설에 구금되지 않지만 사회 내에서 국가 및 민간 영역에서 클라이언트에 대해 건전한 사회복귀를 도모하는 일체의 사회 내 처우활동도 교정의 개념과 대상에 포함시킬 수 있다. 최광의의 교정의 개념에는 기존의 (최)협의의 교정과 광의의 교정의 개념에 더해서 시설 내 처우는 물론 공식적으로 사회 내 처우도 받지 않는 범죄인도 포함된다. 가령 청소년회복지원센터(종전의 사법형 그룹홈)에 의한 감호위탁보호위원에 의한 감호위탁 등도 교정활동이지만 사회 내 처우에는 포함되지 않고 있다. 또한 선도조건부 훈방 또는 선도조건부 기소유예, 상담조건부 기소유예인 경우에도 교정활동의 대상이 되지만 공식적인 사회 내 처우에 포함되지 못하고 있다.[03] 따라서 최광의의 교정이란 광의의 교정의 개념에 더하여 공식 또는 비공식적으로 개인(부모, 위탁보호위원 등)과 민간영역에서 이루어지는(교정처우의 개인화) 범죄인의 재사회화를 도모하는 일체의 활동도 포함되는 것으로 정의할 수 있다. 이를 표로 정리하면 다음의 〈표 1-1〉과 같다.

---

03 특히 보호자에 의한 감호와 위탁보호위원에 의한 감호 등에 의해 이루어지는 교정활동은 완전히 개인에 맡겨지고 있다. 학교나 교사에 위탁되는 선도조건부 훈방도 마찬가지로 교정활동에 포함되지만 간과되고 있다.

표 1-1 교정의 개념과 구분

교정의 범위	내용
최협의의 교정	교정시설에 수용된 자에 대한 재사회화 활동
협의의 교정	최협의의 교정 외에 보호시설에 수용된 자에 대한 재사회화 활동도 포함
광의의 교정	협의의 교정에 사회 내 처우를 받는 범죄인(클라이언트)에 대한 재사회화 활동도 포함
최광의의 교정	광의의 교정에 시설 내 처우와 사회 내 처우를 받지 않는 범죄인에 대한 공식적 · 비공식적 재사회화 활동도 포함

한편, 허주욱은 최협의의 교정의 개념으로 수형자에 대한 자유형의 집행과정에서의 처우를, 협의의 교정으로 미결수용자도 포함하는 시설 내 처우를, 광의의 교정으로 협의의 교정에 소년법, 치료감호법 등에 의한 구금성 보안처분을, 최광의의 교정에는 광의의 교정에 보호관찰, 갱생보호 등의 사회 내 처우를 포함시키고 있다(허주욱, 2013: 4-5). 그러나 수형자와 미결수용자를 모두 포함하는 수용자를 형의 집행 및 수용자의 처우에 관한 법률에서 교정의 대상으로 하는 점과 미결수용자도 사실상 교정의 대상이 되고 있다는 점에서 수형자와 미결수용자를 구분하여 교정의 개념화를 시도한 허주욱의 주장에는 동의할 수 없다. 더구나 허주욱은 소년원 수용처분을 '구금성 보안처분'으로 개념화하였으나 소년법 제1조에 명시되어 있듯이 범죄소년에 대한 교정은 후견적 국가주의 사상에 의해 교육적 견지에서 행하는 '보호처분'이며 교육적 이념이 박제되고 사회보안이 목적인 '보안처분'과는 이념적 기반이 전혀 다르다는 점에서 보안처분을 교정의 개념에 포함시키는 것은 적절치 않다. 보안처분에는 교정의 의미가 전혀 없기 때문에 교정처분과 보안처분은 완전히 다른 것이다. 또한 그의 분류에서는 벌금형 수형자나 집행유예자, 감호위탁, 선도조건부 기소유예된 자 등에 대한 지역사회에서의 교정활동을 간과하고 있다. 또한 소년법에 의한 비구금성 처분인 감호위탁에 의한 교정도 제외하고 있다.[04]

따라서 교정이란 범죄인(클라이언트)에 대해 건전한 사회복귀와 재사회화를 위해

04 시설 내 처우나 사회 내 처우를 받지 않지만 조건부 기소유예나 조건부 훈방 및 소년법에 의한 제1호 처분인 사인(私人)에 의한 보호감호위탁도 행해지고 있는데 허주욱의 분류에는 이러한 교정활동이 간과되고 있다. 또한 보호자위탁, 위탁보호위원의 위탁도 비구금성 교정활동인데 제외되고 있다.

행해지는 국가 또는 민간 영역에서의 일체의 공식적 · 비공식적 처우활동으로 정의할 수 있다.[05] 그것은 국가 외에 민간 영역에서도 범죄인에 대한 교화활동이 이루어지고 있으며[06] 오늘날은 관료제적 교정활동에 의한 소극적 · 형식적인 여러 한계로 교정의 민간화와 관민합동적인 제3섹터에 의한 교정도 활발하게 이루어지고 있기 때문이다. 특히 사회복지학, 심리학, 상담학, 중독학, 보호학 등 다양한 전문직업인들의 대폭 증가와 이들이 교정에 대한 전문적 기법을 가지고 교화활동에 많이 참여하는 현상은 교정의 제3섹터적 현상을 가속화시킨다.

2) 교정의 이념

교정의 이념은 형벌을 전제로 하므로 형벌의 이념에서 추출할 수 있다. 전통적으로 형벌의 목적은 응보형주의, 목적형주의, 교육형주의, 신응보주의로 논의되어 왔다. 응보형주의는 자유의사론을 바탕으로 범죄에 대해 보복한다는 의미에서 형벌을 가하는 것이고 목적형주의는 범죄인을 개선시켜 선량한 시민으로 재사회화시키고 장래의 범죄를 예방하는 데 목적을 두고 있으며 교육형주의는 범죄진압에 가장 효과적인 것은 교육이라고 보는 사상이며 신응보주의는 강제적 교육프로그램에 반대하고 인간적 조건 아래에서의 구금을 강조하는 것을 말한다(허주욱, 2013: 91-94).[07]

따라서 교정의 이념은 고대와 중세에는 형벌의 엄격한 집행과 그 절차를 중시하는 응보형주의가 강조되었고 근대 이후에는 범죄인의 개선을 중시하는 교육형주의가 중시되었는데, 이것이 오늘날에도 중요한 교정 이념으로 남아 우리나라의 형집행법도 이러한 교육형주의와 목적형주의에 입각해 있음을 알 수 있다. 그러나 교육형주의도 교정의 과학성과 전문성이 부족하다는 점에서 한계가 있어 교정복지 이

05 소년법 제32조 제1항 제1호에서 범죄소년에 대해 부모가 감호하도록 하는 제1호 부모위탁처분과 각종 교정(보호)자원봉사자의 활동은 대표적인 비공식적 처우이다.

06 가령 범죄소년에 대한 6호 처분인 아동보호치료시설은 민간기관에서 교정을 담당하고 있으며 아가페 민영교도소도 민간기독교기관에서 교정을 담당한다.

07 교육형주의에서의 교육이란 직업교육, 기술교육, 개선교육 등 사회교육이 주축이다(허주욱, 2013: 91-94).

념을 새로운 교정 이념으로 제시할 수 있는데 이 또한 지나치게 기술적 · 실천방법적 성격의 과학성만 중시한다는 점에서 가치중립적 한계가 있으므로 이러한 교정복지 이념과 아울러 회복적 사법, 치료적 사법이론과 맥락을 같이하는[08] 치료적 교정복지 이념을 새로운 교정 이념으로 제시하고자 한다. 다시 말해서 현행의 형집행법이 교정의 이념으로 삼은 교육형주의와 목적형주의는 재사회화와 교육이라는 측면만 중시했지 클라이언트인 범죄인의 정확한 욕구 사정(査定)과 개입 전략 등이 포함된 과학적 실천기법이란 전문성이 없는 한계가 있다. 이런 점에서 사회복지적 방법론을 가지고 등장한 교정복지주의 이념은 교정의 과학화와 처우의 전문적 개별화에 기여할 수 있다는 장점을 가지고 있다. 물론 교정복지에 대해서도 다양한 견해가 있지만[09] 사회복지방법론을 통해 범죄인의 교화와 유해환경의 개선 및 피해자에 대한 지원활동으로 개념화할 수 있다(천정환, 2005: 24). 그러나 이러한 교정복지 이념에는 개별지도 등의 구체적인 사회사업방법론이란 기술적 측면에 치우친 한계와 기술적 실천론을 통해 대상자가 회복되고 재사회화된다는 지나친 낙관주의 및 클라이언트의 주체성이 간과되는 점과 교정당국의 전통적인 관료적 소극성이란 문제점이 있어 보다 적극적 · 가치지향적으로 가해자는 물론 그들의 가족과 피해자 및 환경에 대한 실질적 지원의 제도화가 되지 못하는 문제점이 있다.

따라서 앞으로 미래의 교정 이념이 지향해야 할 이념은 교정당국이 탈관료적 입장에서 적극 나서고 기독교 등 종교기관과 지역주민센터, 사회복지기관 등 가해자와 피해자 및 그들 가족의 실질적인 사회복귀에 관련된 모든 공·사적 기관들이 거버넌스적 협치의 관점에서 과학적인 사회복지실천방법론을 통하여 원조하는 모든 적극적 활동의 이념인 치료적 교정복지 이념이 되어야 한다. 따라서 사견으로 교정

08 기존의 전통적 형사사법이 가진 다양한 문제를 해결하기 위한 대안으로 등장한 치료적 사법은 문제해결법원이 판사, 검사, 치료서비스 담당자들과 협력해 피고인을 치료프로그램에 참여시켜 모든 치료과정을 적극 주도하고 피고인의 복지를 증진시키며 재판에 관련된 모든 이들의 심리적 안정과 정서적 안정을 도모하는 학제적 접근방식이다(성경숙, 2012: 33).

09 최옥채는 사회복지실천방법론을 통해 범죄인이 사회에 적응할 수 있도록 돕는 활동으로 정의하였고(최옥채, 2004: 63) 남세진은 범법자들의 반사회성을 교정하는 활동으로 정의하고 있다(남세진, 1992: 227). 이정서는 범죄자와 유해환경을 대상으로 사회복지방법을 통해 대상자들의 사회복귀와 관련 환경의 개선을 도모하는 활동으로 규정하였다(이정서 외, 2002: 454). 이외의 여러 사회복지학자들도 크게 다르지 않으며 공통적인 것은 사회복지학자들은 사회복지실천기술론 등의 미시적 개입을 중시한다.

이념의 변화에 대한 모색을 표로 정리하면 다음의 〈표 1-2〉와 같다.

표 1-2 교정 이념의 변천

교정의 이념	내용
응보형주의	가치중립적, 보수적 교정관료제, 구금모형, 보안모형, 정의모형, 법치모형, 정기형주의, 일반예방
교육형주의	결정론적 관점, 개선모델, 치료모델, 부정기형의 근거, 의료모델, 근대 이후의 이념, 현행 형집행법의 근거, 특별예방
교정복지형주의	사회복지학자들의 개입이 공식화, 처우의 과학화와 전문화, 낙관주의, 기술성과 미시적 성격, 사회구조적 측면의 간과, 특별예방, 교육형주의의 내용을 승계
치료적 교정복지형주의	치료적 사법과 회복적 사법 및 교정복지방법론의 역동적 결합, 동태적인 교정관료제 또는 고객중심의 관료제와 교도소의 탈관료화를 추구, 치료적 교정복지사역과 관계, 클라이언트의 주체적 참여를 강조, 교육형주의의 내용인 개선모델을 전제

〈표 1-2〉를 보면 범죄에 대한 응보와 고통을 내용으로 하는 응보형주의 이념에서는 판사가 부과한 형기를 수형자의 개선과는 관계없이 정확히 지켜 만기일에 출소시키는 정기형주의를 선호하므로 잠재적 범죄자의 범죄예방을 도모하는 일반예방주의와 법치주의의 사법모형과 관련된다. 이러한 응보형주의는 판사가 부과한 형벌을 엄격하고 정확히 집행하는 행정적 · 관리적 측면에 중점을 두므로 구금모형, 보안모형과 상통한다.

그 다음으로 교육형주의 이념은 "형벌은 교육이다."라는 Liszt의 이론을 바탕으로 범죄인에게 교육과 처우를 통해 사회가 원하는 재사회화 모형으로 개선과 치유가 된다는 치료모형 판사가 부과한 정기형에 상관하지 않고 형기의 중간에 개선의 목적이 달성되면 석방시키는 부정기형(不定期刑)과 가석방의 활용과 관계된다. 이는 일반예방보다는 범죄인 개인에 대한 재사회화와 개선모델을 통해 교화가 되면 다시는 재범을 못하게 되어 사회가 방위된다는 특별예방의 관점에 서 있다. 그러나 수형자는 항상 처우나 치료의 객체로만 존재하게 되고 적정한 치료와 처우가 이루어진다면 항상 개선이 된다는 비현실적 낙관주의의 입장에 서 있고 동시에 처우의 과학적 기법이 부족하다는 점에서 한계가 있으며 또한 개선의 정도에 대한 정확한 척도가 곤란해 사회방위에 해가 될 수도 있다.

교정복지형주의는 교육형주의의 개선모델을 계승하면서 교육형주의의 한계인 미시적인 사회복지방법론과 상담론 및 사례관리론 등의 과학적 방법을 결합시켜 클라이언트의 개별적 욕구에 부합하는 과학화된 개선모델을 말한다. 이러한 교정복지형주의는 현대 사회로 오면서 심리학, 사회복지학, 상담학 등 교정처우에 관련되는 다양한 전문적 직종이 증가하여 교정복지형주의의 실천적 인프라가 충분히 구축된 환경에서 나온 것으로 이러한 교정복지적 이념은 이제 교정모델에서 중요한 위치를 차지하게 되었고 이에 관한 논문들도 많이 나오고 있어 이론적 인프라도 충분하다. 다만 앞의 교육형주의처럼 클라이언트를 치료나 처우의 객체로 보는 점과 법관이나 교정당국의 가치중립적인 태도 및 지나친 미시적 접근으로 인하여 범죄의 원인인 사회구조적 측면을 간과하는 한계 등이 있다.

이에 반해 치료적 교정복지형주의는 치료적 사법과 치료적 교정이론을 미시적 · 기술적인 교정복지실천론기법과 연계시켜 치료적 사법의 장점과 교정복지형주의의 장점을 모두 취하여 클라이언트(범죄인과 그들의 가족)가 주체적 입장에서 치료와 개선에 적극 참여하는 모형으로 교정기관과 동주민센터, 의료기관과 사회복지기관, 경찰 등 모든 관련 기관의 거버넌스적 문제해결을 지향한다. 다만 이 모형은 관련 기관들의 관료제적 할거주의에 따른 거부점(veto point)이 발생하고 비용이 많이 드는 점과 치료적 사법에 필요한 법적 · 제도적 · 물적 인프라가 상당히 구축되어야 하는 문제점이 있다.

3) 한국 교정사역의 중요성

교정의 내용인 건전한 사회복귀와 재사회화라는 교정공공재(矯正公共財)의 요소는 정신적 측면, 정서적 측면, 물적 측면의 세 가지가 있다. 정신적 측면의 재사회화에는 기본적 지식과 규범의 내면화라는 지적 측면의 내면화와 교화라는 요소가 있으며, 교화는 다시 교화담당 교도관과 교회(敎誨)직 공무원 및 외부인사 등에 의한 올바른 도덕성의 함양인 일반교화와 기독교 등의 종교교정위원에 의한 종교교화로 나누어진다. 정서적 측면의 역량강화는 수용자의 교도소 내에서의 인간관계와 가족관계의 건강성 등 사회적 자본의 축적에 의해 결정되는데, 교도소 등의 교정시설에서는 수용자의 정서적 건강을 위해 웃음치료, 미술치료, 원예치료, 동물치료 등 다양한 정서기법을 행하고 있지만 수용자의 정서적 측면의 강화를 통한 재사회화에는 그들의 가족관계의 건강성 유지를 위한 역량강화가 가장 중요한 영향을 미치고 이에 관한 실증적 연구도 상당히 진행되고 있다.[10] 이는 교정수용자가족의 사역의 중요성과 관련된다.

물적 측면에서의 재사회화를 위해서 교도소에서는 수용자의 특성과 기호 및 능력에 맞는 직업훈련, 교도작업, 외부통근제도 및 소망의 집과 희망센터 등을 공식적 · 제도적으로 운영해 오고 있다.[11] 이러한 물적 · 경제적 측면의 재사회화는 수용자 출소 후 경제적 기반이나 재범방지의 기초가 되는데 현재의 교정제도는 이러한 물적 측면의 제도화가 어느 정도 구비되어 있다. 정신적 측면의 재사회화에서는 준법교육 및 초 · 중 · 고교 검정고시 등의 지적 측면은 제도화가 잘 되어 있으나 가장 중요한 교화에서 교도관 등에 의한 일반교화가 취약한바, 그 이유는 한국의 철저한 보안 위주의 교정관료제의 본질적 특성에 기인한다.

결론적으로 현행의 교화를 담당하는 한국 교정관료제는 수용자의 일반교화에 비친화적인 역사적 특성과 레짐(regime)의 속성을 가지고 있다. 그것은 일제 강점기의 감옥레짐인 철저한 사찰적 계급제에 의한 공무원제도 및 교양과목 위주의 교도관 임용레짐과, 보안 중시의 밀행주의적 폐쇄레짐 및 일반직 공무원화된 교정관료

10 Bales and Mears는 미국 플로리다주 교도소의 수용자들에 대한 그들 가족의 외부방문이 빈번할수록 재범의 가능성이 낮다는 가설을 검증했으며(Bales and Mears, 2008: 311-312) Hairston도 수용기간 중에 가족과의 유대관계가 좋을수록 재범의 가능성이 줄어든다는 실증적 연구를 제시했다(Hairston, 1988: 48). Sullivan은 미국의 교도소에 있는 가족만남의 집이 수용자와 그의 가족들 간의 연대를 강화한다는 결과를 보여주었는데 캘리포니아 교도소에서 수용자가 가족방문을 받은 경우는 재범비율이 6배나 감소했다고 한다(Sullivan, 2003: 18). 또한 Mills and Codd는 수용자들에 대한 가족과의 접촉을 수용자의 사회적 자본으로 정의하고 수용자들의 가족관계의 중요성을 강조하였으며(Mills and Codd, 2008) Wolff and Draine 역시 수용자에 대한 가족 등의 외부방문을 수용자의 사회적 자본으로 접근하여 가족 등 외부와의 유대를 강조하였다(Wolff and Draine, 2004).

11 수용자의 연령, 기호, 적성, 특기 등 여러 요소를 통하여 수용자의 개별적 처우에 맞는 교도작업과 직업훈련을 교도소의 공장에서 해 오고 있으며 특히 전문적인 직업훈련기술은 화성직업훈련교도소에서 집금(集禁)해서 실시하고 있다. 또한 모범수 등을 대상으로 중간처우와 사회 내 중간처우인 소망의 집과 지역희망센터 등에서 보다 높은 작업상여금과 기술을 배우게 한다. 이에 대해서는 후술한다.

제가 경로의존적으로 거의 그대로 해방 이후 지금까지 지속되어 오고 있다는 것이다. 가령 교도소수용자 중 가장 많은 연령대인 40대와 50대의 수용자들을 교화하기 위해서는 교화담당 교도관의 다양한 경험에 의한 감수성과 성숙성 및 이해력과 통찰력이 필수적임에도 불구하고 현행 교도관 임용시험과목은 일제 강점기에 도주를 방지하고 사찰하는 '간수' 공무원 채용 때 적용된 국사, 국어 등의 교양과목이 지금까지 한 번도 변경되지 않아 시험의 타당성을 완전히 저해하고 있다. 수용자를 교화하기 위해서는 종교학, 심리학, 윤리학, 사회복지, 상담학 등 교정공공재인 교화와 직결되는 과목들이 시험과목이어야 하는데 교정공공재의 생산과 무관한 국어, 영어, 국사가 필수과목이고 더구나 수학과 과학도 선택과목으로 되어 있다. 이 때문에 암기과목에 유능한 20대의 젊은이들이 가장 많이 교화를 담당하는 교도관으로 입직하게 되어 교화보다는 보안에 치중하고 교도관의 관료화가 촉진되었다. 4, 50대의 수용자와 고령수용자들을 일반교화하기 위해서는 인생의 다양한 경험을 가진 성숙한 사람이 종교학, 심리학 등의 교화지향적 전문성과 열정으로 무장했을 때 가능하지만 일제의 감옥레짐이 해방 이후 그대로 계승되고 그 뒤에 들어선 군부독재정권의 보안논리와 결합하여 군대와 같은 수직적 · 폐쇄적 · 비전문적인 교정관료제는 더욱더 확대 재생산되어 왔다.[12] 이는 우리나라 형집행법 제1조가 규정한 교육형주의 이념에 배치되는 문화적 지체를 보임에도 한 번 결정된 제도는 역사적인 자기증식의 과정을 거쳐 오히려 더 공고화되었다. 과거의 응보주의형 이념에서는 교화의 개념이 거의 없으므로 철저한 인적 계호와 수직적 통제레짐이 일반적이었으나 오늘날에는 비인권적 응보형주의가 아닌 교육과 교화를 통한 형집행이라는 교육형주의 이념을 법에서 천명하고 있는데도 아직 제도가 따라가지 못하는 문화적 지체가 생겨났다.

12 스웨덴 등 선진국에서는 전문성으로 무장된 사람들이 교도관이 되지만 장애인도 교도관이 될 수 있으며 독일의 경우에는 아예 계급제가 없다. 우리나라는 교도관을 경찰처럼 여겨 경찰채용시험과목인 엄격한 체력시험을 채택하고 있는데, 이 때문에 교화에 열정과 전문성이 있어도 장애인이나 몸이 약한 사람은 입직할 수 없는 제도적 한계가 있다. 오늘날 컴퓨터와 CCTV 등에 의한 물적 계호가 큰 비중을 차지하는 교도소에서 보안공무원은 그렇다 쳐도 수용자를 상담하고 일반교화하는 교정공무원에게도 위와 같은 엄격한 체력을 요구하고 비전문적 과목을 채택하는 자체가 한국 교정관료제의 역사적인 통제레짐의 속성이다. 수용자에 대한 교화보다는 철저한 계급제적 보안체제로 운영되다 보니 보안에 유리한 뛰어난 체력을 가진 자들만 선발하여 교도관을 획일화시키고 있다.

따라서 일반교양과목으로 무장된 교도관에 의한 일반교화는 본질적 한계가 있고 이는 높은 재범률이 반증하고 있다. 그러나 바로 여기에서 기독교 등의 종교교화가 일반교화의 한계를 보완할 수 있는 중요한 역할을 할 수 있으며 한국 교정의 이러한 종교교화가 수용자의 정신적 재사회화에 아주 중요하다. 일반적으로 교도소에서 종교활동은 수용자에게 긍정적 효과를 가져온다.[13] 특히 한국 교정에서는 기독교종교위원이 종교교정위원 중에서 가장 많고, 교도소수용자 중에서도 기독교수용자가 가장 많은 비중을 차지하여 기독교에 대한 수요가 아주 높다.[14] 특히 2018년 6월에 헌법재판소의 결정에 따라 양심적 병역거부가 헌법상 권리로 인정되어 2019년 말까지 병역법 제5조를 개정해 대체복무를 병역의 한 종류로 넣게 되었다.[15] 이에 따라 2018년 11월 1일 대법원은 과거 2004년도의 양심적 병역거부에 대한 유죄판결 등을 뒤엎고 14년 만에 판례변경을 통하여 양심적 병역거부자에 대해 무죄취지의 환송판결을 내렸다. 이러한 헌법과 대법원의 판결에 따라 국방부는 2018년 12월 공청회를 통해 양심적 병역거부자에 대해 대체복무장소로 교도소합숙근무를 내용으로 하는 입법예고를 하여 2020년부터는 교도소에 기독교의 이단종교 신자가 교도소의 기독교수용자들을 공식적으로 접촉할 수 있게 되었다. 따라서 한국 기독교는 기독교수용자와 기독교교도관들을 이단종교를 가진 교도소 대체복무자로부터 종교적 오염이 되지 않도록 하는 방어사역이 시급하게 되었는데 이는 철저한 전문

13 Dammer의 연구에 의하면 교도소에서의 종교활동은 자아관념을 증진시키고 삶의 의미를 알게 되며 자신의 행동변화를 촉진하고 다른 수용자들과 교도소자원봉사자들을 만족시킨다고 하였다(Dammer, 2006). 미국의 12개 주의 20개 교도소에 수용된 769명의 수용자에 대한 설문조사 결과 수용자의 종교활동은 교도소 환경에 대한 심리적 조정이 개선되고 규칙위반이 줄어든다고 하였다(Clear and Sumter, 2002: 125-156). 다만 교도소의 종교활동이 수용자에 미치는 영향에 대해서는 상충되는 견해들도 있는데 이는 다른 변수의 존재여부, 종교활동의 지속성, 종교인의 태도 등 여러 변수들에 의해 영향을 받기 때문이다.

14 2017년의 경우 기독교교정위원이 전체 종교교정위원 중에서 가장 많은 46.4%를 차지하였고 그 뒤를 불교교정위원 33.7%, 천주교교정위원 18.4% 순으로 되어 있다(법무부, 2018: 175). 2018년 기준 전국 53개 교도소의 5만여 명의 재소자 중에서 20~25%가 기독교인이라고 한다(데일리굿 뉴스, 2018.12.14.).

15 여호와의 증인 등 특정 종교적 신념을 가졌다는 이유로 병역거부자를 처벌하는 병역법 조항이 위헌은 아니지만 대체복무방안이 없는 것은 헌법정신에 맞지 않으므로 2019년 말까지 병역법을 개정해 대체복무도입을 주문하는 판결을 내렸으며 2020년 10월 26일에 63명의 양심적 병역거부자들의 대체복무가 일부 교정시설에서 시작되었다.

교정사역자의 영성훈련을 통해서만 가능하다.[16] 따라서 교도소의 기독교종교위원과 외부의 교정사역자들의 사역적 역할이 더욱더 중요해졌고 한국 교회도 이러한 환경변화에 능동적으로 대처하고 교정사역에 자원을 배분해야 한다.

그러나 과거부터 지금까지 한국 기독교는 철저히 세속화, 자본화, 보수화, 개교회화, 물신화되어 교회성장에 도움이 되지 않는 장애인사역이나 교도소사역은 항상 관심 밖이거나 사역의 맨 뒤의 들러리로 형식화하고 외면해 왔다. 그 결과 교정사역의 전문성과 과학성을 가진 목회자는 거의 양성이 안 되었고 교회자원의 배분순위에서도 밀려나 있다. 전국의 신학대학에서도 교정사역이나 교정선교학에 관한 과목은 개설된 대학이 거의 없어 교정사역의 이론적 무장을 담당해야 할 젊은 신학도의 양성이 안 되고 있다. 교정사역에 필요한 자원의 확보도 어렵고 교정사역을 하는 목회자들도 전문성에 기초한 사역이 아니라 무조건적인 감성적 · 구호적 차원의 사역을 행하다 보니 교정사역의 근본적 한계가 있게 되었다. 그러나 "내가 진정으로 말한다. 너희가 여기 있는 내 형제들 가운데 가장 보잘 것 없는 사람 하나에게 해 준 것이 곧 내게 해 준 것이다(마태복음 25:40)."처럼 하나님과 예수님은 교도소의 죄수 등 이 땅의 소외자들에게 이 땅의 교인들이 가장 먼저 관심을 가질 것을 여러 군데서 촉구했고 성경 곳곳에서도 예수 그리스도께서 교인들에게 내린 지상사명처럼 이러한 내용이 많이 언급되어 있으며[17] 예수님과 사도바울 등 기독교인들이 감옥에 갇힌 죄수들에게 교정선교를 했다는 것은 주지의 사실이다. 그러나 한국 교회는 철저히 도시선교, 해외선교 등 교회의 자본적 성장론과 부흥에만 경도되어 왔고 교회성장에 큰 도움이 되지 않는 교도소선교에는 무관심했다. 가장 복음화가 필

---

16 물론 대체복무자의 교육을 통해서 그들이 가진 종교를 수용자들에게 전도하지 않도록 하겠지만 교도소는 워낙 밀행적 폐쇄주의가 지배하고 자원이 빈약한 수용자들은 교도소의 특성상 외부의 유혹에 약하기 때문에 직접 전도는 아니어도 대체복무자의 언어, 행동 등에서 간접적 영향을 받을 수 있다.

17 "자기도 함께 갇힌 것 같이 갇힌 자를 생각하고 자기도 몸을 가졌은즉 학대받는 자를 생각하라(히브리서 13:3)." "지극히 작은 자 하나에게 한 것이 예수님께 한 것이요(마태복음 25:31-46)." "주 여호와의 신이 내게 임하였으니 이는 여호와께서 내게 기름을 부으사 가난한 자에게 아름다운 소식을 전하게 하려 하심이라 나를 보내사 마음이 상한 자를 고치며 자유를 갇힌 자에게 놓임을 전파하며(이사야 61:1)." "내가 의인을 부르러 온 것이 아니라 죄인을 부르러 왔노라 하시니라(마태복음 9:12-13)." "너희는 가서 모든 족속으로 제자를 삼아 아버지와 아들과 성령의 이름으로 세례를 주고 내가 너희에게 분부한 모든 것을 가르쳐 지키게 하리라(마태복음 28:19-20)."

요한 죄수 등 소외된 자들은 영악한 한국 교회에게는 우선적 관심의 대상이 아니었다. 물론 예수 그리스도의 순수한 정신을 실천하려는 목회자들도 있고 이들이 교도소사역에 헌신하고는 있지만 영성과 개인적 열정으로만 하다 보니 과학성과 체계성 및 전문성을 가진 전문교정사역자가 거의 없고 교정자본의 기반도 아주 미약한 실정이다. 또한 1980년대에 등장한 기독교세진회는 특수선교영역인 교도소선교에 주력하는 법인이자 교정사역전문기관으로 이외에도 교도소선교회 등 다양한 교정사역기관들이 있지만 이러한 교정사역기관들의 결정적 한계는 교정사역의 체계성과 과학적 전문성이 거의 없다는 점이다. 영세한 교정사역기관들은 물론이고 초교파적이며 가장 큰 교정사역기관인 세진회조차도 교정복지론, 교정심리론, 사례관리론 등의 과학화된 방법론을 통한 체계적인 교정사역을 못하고 있다.[18] 또한 세진회는 미시적 성격이 강해 사회적 · 시대적 책임에 대한 거시적 접근이 미약하다(이인철, 2004: 33).

세진회뿐만 아니라 한국 교회의 역사적 보수성에 의해 역대 정권이 보인 사회적 · 구조적 문제를 외면하다 보니 교정사역자들이 교도소에서 나타난 구조적 문제로 인한 수용자들의 인권문제를 외면해 교정인권사역도 없었다. 특히 수용자들의 범죄원인이 갈수록 사회구조적 문제에 기인하는 경향이 많음에도 교정사역자들이 무조건 비과학적 방법으로 감성적 구호 위주의 전도만 하다 보니 전문성은 물론이고 재범방지를 위한 근본적 예방사역도 거의 없었다. 한국의 교정사역은 전문성과 과학성에 기반한 미시적 교정사역기법은 물론이고 한국 사회와 교도소의 구조적 문제에 대한 문제제기와 정책대안을 제시하는 거시적 사역도 이루어져야 하며 동시에 수용자의 인권도 향상시키는 인권사역과 함께 이단종교의 교도소 대체복무로 인하여 이단으로부터 기독교를 지키는 방어사역도 충족시켜야 할 과제를 안게 되었다. 이를 위해 개교회 차원이 아니라 초교파적인 거버넌스적 연합차원에서 이러

---

18 기독교세진회 홈페이지에 나오는 교정사역에는 교정복지사역, 수용자가족돌봄사역, 교육교화사역, 홍보사역이 있는데 교정복지사역의 내용에는 교도소 순회예배, 영치금 전달, 편지 교류, 도서 지원, 출소자 지원 등으로만 되어 있어 이름만 '교정복지사역'이지 내용은 사실상 구호사역에 지나지 않는다. 수용자가족돌봄사역도 구호적 · 미시적 성격이 강하고 사례관리나 추수관리 등의 전문화된 사역은 없다. 교정자원봉사자 역량강화도 제한된 강의시간에 그치고 강사진들도 교정복지학, 교정목회학이나 교정선교학 등의 전문학위를 가진 사람들이 아니라 언론에 알려진 저명인사 등으로 된 한계가 있다.

한 과제를 달성하기 위해 노력해야 하며, 그것이 바로 예수 그리스도의 정신을 실천하는 길이고 여기에 바로 교정사역의 학문화와 동시에 교정선교사업의 활성화가 필요하다.[19]

2. 한국 교정사역의 역사

기독교가 국가권력과 깊이 상호 영향을 주고받았던 서구의 역사에서는 기독교인이 종교적 박해를 받게 된 시기에는 기독교인들이 감옥에서 수인(囚人)의 신분으로 동료 수인들에게 복음을 전했고, 교회가 우월한 지위에 있는 국가권력과 정교일치의 시기에서는 교인이 교도소의 공무원으로서 선교활동을 담당하는 등 일찍이 서구의 역사에서는 여러 형태로 교도소 선교활동이 있어 왔다.[20] 그렇지만 그러한 전통이 없던 한국에서는 기독교의 유입시기는 명확치 않으나 19세기 말 초기 선교사들의 순교로 기독교가 전개되기 시작했다. 그 뒤 기독교는 한국의 근대화와 육영사업에 기여하는 형태로 선교활동이 본격화되었다. 한국 교정선교의 시작은 갑오경장 이후 구한말에 기독교인 독립투사들이 독립운동을 전개하다가 투옥되어 감옥에서 전도함으로써 시작된 것이며(문장식, 1996: 180; 이인철, 2004: 40에서 재인용) 이

19 진방주는 교정선교의 활성화를 위해 교정선교전문위원회의 조직과 교정선교신학의 정립, 교정선교의 체계화, 총회 차원과 노회 및 권역별과 지 교회와 지역 차원의 선교실천방안 제시, 개별적 교역자 차원에서 교정선교지도자 육성과 파송시스템 구비, 신학교와 연계, 선교지원을 위한 재정확보, 교정선교를 위한 범교단적 선교연합기구의 모색, 총회와 노회, 지 교회에 교정선교위원회의 구축 등 선교구조의 체계화 등을 제시하였다(아이굿뉴스, 2010.6.9.).

20 공식적인 재소자 선교의 효시는 1488년 order of misericord 구성원들의 사형수에 대한 예배활동이었다. 그 뒤 수인들에 대한 선교의 필요성은 영국의 종교개혁가들에 의해 주장되었으며 17~18세기 영 · 미에서는 종교적 이유로 투옥된 이들이 감옥 안에서 선교활동을 하였다(권천문, 1994: 23-24). 현대의 교도목사직의 근간은 감리교에서 비롯되었고 18세기 퀘이커교도에 의해 설립된 형무소에서는 교도목사들이 간수직을 맡았다. 1816년 영국의 Millbank교도소에서는 교도목사들이 교도소 행정에 깊이 관여했지만 20세기 들어서 서구 여러 나라의 교도목사의 역할은 심리학자 등 여러 분야 전문가들의 등장으로 점차 종교적 분야로 축소되었고 금세기 초의 선교의 주안점이었던 설교와 교육은 20세기 중반에 들어오면서 상담으로 바뀌었으며 최근에는 재소자 선교 지망자들을 지도하는 등으로(권천문, 1994: 24-29) 바뀌었다. 서구에서의 교정선교의 역사에 대해서는 권천문의 「교도소 선교 방법론」을 참고할 것.

후 독립운동을 한 이승만이 수감생활을 한 한성감옥에서 성서를 정독하여 기독교로 개종했으며(이정찬, 2000: 180; 김안식, 2010: 24에서 재인용) 한성감옥 내에 옥중학교를 설립하여 감옥선교가 있었다(김안식, 2010: 25–26). 해방 이후 1948년 정부조직과 더불어 각급 형무소에 교무과장으로 목사를 보직하게 하는(이인철, 2004: 41) 형목제도가 실시되었는데 이는 기독교 신자였던 이승만 대통령과 그 당시 정치엘리트들의 친기독교적 성향에 의해 거부점(veto point) 없이 수용되었다. 이 당시 형목인 교무과장은 종교적 지도 외에도 다양한 행정에 개입하여 기독교는 교도소와 적어도 대등한 권력적 관계가 유지되었다.

그러나 사실상 친불교적 종교를 가진 박정희 대통령과 그 당시 5·16 쿠데타 주도의 정치엘리트들은[21] 교회에서 파송한 기독교인들이 맡았던 교도소의 교무과장인 형목제도를 없앤바, 이는 형식적으로는 수용자들의 종교의 자유와 평등을 내세운 것이었다. 따라서 이때부터 실질적인 교도목사는 없었고 일반 목회자들을 무보수 교회사로 위촉해 예배인도를 하게 하였다(권천문, 1994: 31). 물론 이때도 타종교에서 교도소의 수용자들에 대해 자원봉사 형식으로 종교적 활동을 하였는데 여러 종교에 의한 수용자 종교교화활동은 비체계적이었고 교도소장의 재량에 의해 전도시간이 배정되는 등 종교적 활동지원이 제도화되지 않았다. 이때부터 종교기관과 국가(교정당국)의 권력관계는 실질적으로 국가가 우위에 서게 되었다.

입법적으로 보면 1950년에 행형법이 제정되었을 때는 종교교회(敎誨) 등 종교지도 등에 관한 것은 아예 법령에 없었으며 1961년 제1차 행형법 개정 때 비로소 제31조에 의해 기독교 등의 종교교회(敎誨)의 허락을 소장의 자유재량사항으로 두었다. 이때부터 교정선교활동은 비록 소장의 재량에 의해 좌우되지만 법적인 제도화 형태를 갖추기 시작했다. 그러나 수용자가 교도소 내에서 목사 등에 의한 종교지도를 받을 수 있는 권리는 없었고 수용자가 기독교 등의 종교교회를 청하면 소장의 자유재량으로 기독교 등의 종교지도를 받을 수 있게 하여 수용자의 종교적 권리는 실질적으로 보장되지 못하였다.

---

21 박정희 대통령의 모친과 부인인 육영수 여사는 잘 알려진 대로 불교신자였고 박정희 대통령도 불국사의 중창불사에 기여하는 등 상당히 친불교적 행태를 보였으며 박정희 대통령의 기록관에도 종교가 불교로 나온다. 다만 재임 당시에 뚜렷이 종교적 색깔을 명시하지 않은 것은 정치적 계산으로 추론된다.

1961년에 있었던 소장의 자유재량에 의한 특별교회(敎誨) 조항은 2006년까지 계속되다가[22] 2007년 행형법이 형의 집행 및 수용자의 처우에 관한 법률로 전면 개정되면서 종전의 '교회(敎誨)'라는 소장의 자유재량적 · 시혜적인 항목은 사라지고 제6장에 '종교와 문화'라는 항목이 신설되어 제45조에서 수용자는 기독교 등의 종교행사참여권과 종교상담을 받을 수 있도록 법적 권리로 보장받게 되었다.[23] 물론 1983년에 '종교지도위원 운영요강'이란 법무부 예규를 통해 수용자들의 종교활동이 활성화된 것은 사실이지만 이러한 예규는 법령이 아니어서 수용자들의 실질적인 종교적 권리가 법적으로 완벽히 보장된 것은 아니었고 소장의 재량에 의해 좌우되는 한계가 있었기 때문에 2007년 개정된 형집행법에서의 수용자의 종교적 권리의 법적 보장은 교정선교적 측면에서 중요한 계기가 되었다. 이때부터 기독교 등의 종교위원의 교정선교활동은 형의 집행 및 수용자의 처우에 관한 법률과 동법 시행령에 의해 운영되는 법적 권리가 실효적으로 되었으며[24] 이는 그전의 지침 또는 예규적 사항에 지나지 않아 법적 근거가 없었던 1970년의 '독지(篤志)방문위원제도'나 1983년의 '종교지도위원 운영요강' 때의 종교위원제도와는 그 성격이 달랐다. 따라서 2007년 이후부터 수용자들의 종교적 권리가 실질적으로 보장되고 교정선교활동도 활발해지면서 교도소에서의 예배 등의 종교집회는 물론 기독교교리지도의 체계화, 불우수용자나 그 가족들에 대한 지원과 자매결연 및 교리상담과 특별활동지도 등 교정선교활동이 다양화되었으며 동시에 타종교들에 의한 포교활동도 활발하게 되었다.

그런데 수형자의 종교별 현황은 과거부터 현재까지 기독교 신자가 항상 가장 많은 비율을 차지하고 있는바,[25] 이는 교도소수용자들의 기독교신앙에 대한 잠재적

22 수형자가 그가 신봉하는 종파의 교의에 의한 특별교회를 청원할 때는 소장은 그 종파에 위촉해 교회를 할 수 있다.

23 제45조의 내용은 "수용자는 교정시설 내에서 실시하는 종교의식에 참여할 수 있으며 개별적 종교상담을 받을 수 있고 신앙서적과 물품을 소지할 수 있다."이다. 2007년에 만들어진 이 조항의 내용은 한 번도 개정되지 않고 2020년에도 그대로 유지되고 있다.

24 형집행법 제130조에 종교 등의 교정위원제도가 법률로 명시되어 있고 형의 집행 및 수용자의 처우에 관한 법률 시행령 제151조에 종교교정위원 등은 수용자를 교화상담할 수 있도록 명시되어 있다.

25 2017년 기준으로 기독교수형자의 비율은 36.7%이며 불교수형자의 비율은 23.4%, 천주교수형자의 비율은 13% 등으로 나타나고 있다(법무부, 2018: 105).

욕구가 크다는 사실과 동시에 교정선교에 기독교목회자들의 헌신적 노력이 있어 왔다는 것을 나타낸다.[26] 1961년 형목제도의 폐지 후에 실질적으로는 교정당국의 종속적 지위에 있던 한국 교회와 교인들은 다양한 방향으로 교도소수용자들에 대한 교정선교활동을 해 왔다. 이는 교회 등 기관에 의한 교정선교활동과 하나님에게 개별적 영감을 받은 목사 또는 기독교교도관, 개별 신자에 의한 교정선교활동으로 이원화되어 전개되어 왔다. 기관에 의한 교정선교활동의 대표적인 예는 기독교세진회이다. 1968년 특수선교위원회로 발족된 세진회는 한국 교회지도자들이 중심이 되어 기독교정신으로 수형자, 소년원생, 비행청소년에 대해 교정교화사업을 실시하며 교정사역을 위한 강령을 제정해 활동방향을 천명하고 있다(기독교세진회, 1998: 214–215; 이인철, 2004: 43–44에서 재인용).[27] 이외에도 민영교도소의 설립 등 세진회의 교정사역활동은 활발하였다.

그러나 이렇게 폭넓은 교정사역을 해 오고 있는 세진회지만 교정사역의 전문성과 과학적 노력은 부족하여 주로 양적 · 물적인 잔여적 지원에 한정하는 교정선교의 한계에 치우치고 있으며 복음화를 위한 영적인 활동도 미시적 측면에만 치우쳐 범죄의 원인이 되는 사회의 구조적 · 제도적 원인에 대한 제도개혁인 거시적 측면의 교정사역운동은 철저히 외면해 왔고 그 결과 교정인권사역에도 상대적으로 무관심했다. 독재정권시절의 폐쇄된 교정시설에서 외면당한 수용자의 인권문제에 대한 저항운동은 없었다. 교정사역은 기본적으로 인권사역이 되어야 하는 점에서 더욱더 그렇다. 세진회 이외에도 두란노운동본부는 전국의 교정시설에서 교도소아버지학교프로그램과 교도소어머니학교프로그램 및 예비아버지학교프로그램이라는 정형화된 교정사역프로그램을 2003년부터 시행해 오고 있다. 두란노운동본부의 교정사역프로그램은 전국의 교도소, 민영교도소 등의 교정시설과 협약을 맺어 정기적으로 수용자의 복음화와 교화를 위한 프로그램으로 좋은 호응을 받고 있어 교정

26 과거부터 항상 기독교목회자들의 종교위원 비율이 모든 종교에서 가장 높은바, 2017년을 기준으로 하면 교정시설에서 기독교교정위원 비율이 46.4%이며 불교가 33.7%, 천주교가 18.4%이다(법무부, 2018: 175).

27 세진회는 교정사역으로 교정복지사역, 수용자가족돌봄사역, 교육교회사역, 홍보기념사역을 해 오고 있으며 교정복지사역에는 교도소 순회예배, 수용자 영치금 전달, 수용자 편지 교류, 출소자 지원, 교정사역자 지원, 도서 지원이 있고 수용자가족돌봄사역에는 Angel's tree, 가족만남의 날 지원, 꿈나무수련회, 자녀 멘토링, 가족생활 지원금, 해외봉사활동 등이 있다(기독교세진회 홈페이지).

사역 실천의 지평을 넓혔다는 점에서는 큰 공헌이 있지만 전문성과 과학성 및 폐쇄성 등 여러 문제점이 있다.[28]

이외에도 오네시모선교회, 이레복지선교회, 감리교교정선교회, 한울타리선교회, 사마리아교정선교회 등 수많은 선교기관들이 교정사역운동에 동참하고 있다. 또한 새싹선교회, 담안선교회어머니회, PPT선교회, 겨자씨선교회 등은 소년원생들의 교정사역활동에 헌신하고 있으며 소년법 6호 처분기관인 아동치료복지기관에도 기독교인들이 참여하고 있다. 또한 교정사역자를 전문적으로 양성하기 위해 권창락 등은 2000년에 교정선교전문교육기관인 한국교정복지전문학교를 개설하였는데, 교정전문가들로 구성된 강사진이 교도관 및 일반인에게 1년 과정의 교정선교사 등의 과목을 개설하여 초창기에는 상당한 활동을 하였으나 민간자격증이라는 한계와 지속성 등의 여러 문제가 있었다.[29] 새생명운동본부는 도서와 TV 기증, 교도소수련회 등을 통해 수용자복지와 신앙훈련에 힘쓰며 매년 교도관부부세미나를 진행한다(국민일보, 2018.3.3.). 또한 대한예수교장로회 총회는 군경교정선교부를 두어 교정선교정책프로그램의 개발, 교정선교매뉴얼 발간, 교정선교협의회 지원, 초교파 교정교역자협회 협력사업, 교정사역자 수련회, 신앙서적 보급 등의 활동을 전개하고 있으나 역시 과학성과 전문성의 미약과 확장성의 한계를 보이고 있다.

개인적 차원의 교정선교활동은 정말로 헌신적인바, 가령 교도관 출신의 이정찬과 권천문은 교도소에서의 헌신적 교정선교활동 외에도 교정선교서적도 발간하여 교정선교의 체계화에도 기여하였다.[30] 이외에도 개별적 영감을 받은 목사, 신도 들도 아무 대가 없이 헌신적으로 교정사역을 해 오고 있다.[31] 또한 기독교신앙을 가진

28 교도소아버지(어머니)학교의 교정사역프로그램의 내용과 특징 및 한계에 대해서는 교정사역프로그램에서 상술한다.

29 1년 2학기 과정으로 교정선교사, 교정상담사, 교정교육사, 교정복지사의 자격증 과정을 이수하면 졸업장과 동시에 민간자격증을 부여한다.

30 이정찬의 「교정복지학」, 「행형사」 등의 저서는 그 당시의 교정선교활동에 기반을 둔 저서이며 특히 권천문의 「교도소 선교 방법론(1994)」은 오래된 저서이지만 교정선교를 현학적 차원이 아닌 실용적 차원에서 전개한 뛰어난 책이다.

31 공주의 치료감호소를 위주로 특수교정선교를 오랫동안 해 온 석현의 치료감호사역은 널리 알려져 있다. 또한 박순애는 목사가 되기 전 30대 때부터 문제수용자들이 가장 많이 모인 청송교도소에서 교화활동을 시작하였는데 그 뒤 전도사를 거쳐 전국의 교도소에서 간증집회를 통하여 활발한 교정선교를 해 오고 있다. 또한 홍성교도소의 교도관 출신인 김봉래는 교정사역을 교도관 시절부터 해 오고 있으며 교도관 시절에 최초로 교도소 내에 교회를 설립하기도 했다. 이외에도 수

교도관들의 모임인 교도소기독교신우회는 단독 또는 연합하여 교정선교활동을 지원하고 있고 공헌하는 바도 크지만 교도관이란 점에서 교정관료제라는 한계를 벗어나지 못하고 있다. 또한 본래의 취지보다는 단순한 교도관들의 친목과 상호 관심을 도모하는 단체로 변질된 측면이 있으며 처음에는 많이 참여했으나 갈수록 활동이 약화되고 있다. 교도관퇴직자들의 모임인 교정선교회도 교정사역운동을 하지만 동력적 측면에서 한계가 있다. 이외에 전국의 대형교회들도 교정사역에 참여하고 있지만 후순위에 그치는 경향이 크다. 한편 수용자가족들에 대한 지원과 교정사역은 아동복지실천회 세움이 활발한 활동을 하는데 이 법인은 주로 수용자의 어린 자녀들에 대한 복지적 지원을 하며 일본과의 학술세미나도 개최하는 등 이론적 측면에서도 활발하게 활동을 하고 있다. 또한 '생명나무'는 출소자를 지원하고 사역하는 단체로 교도관과 출소자가 중심이 되어 2009년에 설립되었는데 출소자의 지원과 사역에 헌신적이다. 출소자를 위해 갱생보호와 선교활동을 해 오고 있는 담안선교회는 주로 출소자의 경제적 재활에 목적을 두고 헌신해 온 단체이다. 우물가선교회도 출소자에게 직업재활을 알선하고 의정부예화교회는 출소자들이 주로 교인들이다.

또한 신학적 차원에서 교정선교를 이론화한 이인철의 「교정선교와 한국교회(2004)」는 교정목회학의 입장에서 한국 교정선교의 문제점과 방향을 이론화한 책으로 평가된다. 다만 세진회의 활동을 중심으로 전개된 점과 교정신학의 법적 · 형사정책적 · 교정심리적 · 사회복지적 측면의 이론화가 부족하다. 따라서 위에 열거한 이러한 교회, 기관, 개인별 차원의 교정선교활동은 교정선교에 대한 열정은 대단하지만 가장 큰 문제는 교정심리학, 교정사회학, 교정복지학, 사례관리, 교정인권, 교정상담론, 교정법학 등의 전문성과 과학성 및 체계화가 부족하다. 이는 교정사역의 과학화와 학문성을 저해하는 요인이기도 하다. 동시에 범죄원인의 사회적 · 구조적 · 제도적 측면에 대해 개입하는 저항적인 거시적 교정사역은 없고 오로지 수용자 개인에 대한 복음만 강조하며 물질적 지원에만 관심을 가지는 미시적 교정사역의 한계가 있으며 교정사역에 관한 논문도 극소수이다.[32]

많은 신자, 목사들이 대가도 없이 자기 나름대로의 교정선교를 해 오고 있다.

32 2017년까지 나온 교정사역에 관한 학위논문은 거의가 석사논문으로 채한욱의 "웨슬리 복음주의 운동에 근거한 한국의 교정선교(2010)", 김원문의 "교도소선교에 관한 방법론(2004)" 등이 있고

결론적으로 오늘날 한국의 교정사역은 현장에서 실천적 활동은 활발하나 개교회 중심주의, 영혼구원에만 치우치는 미시적 한계로 거시적 교정사역이 되지 않는 점, 교정사역의 전문화와 체계화 및 거버넌스(governance)화가 되지 않는 점, 신학자들의 이론적 참여가 부족하고 전문사역자가 부족한 점, 세속화된 한국 교회의 무관심과 공인 자격증제도가 없고 교목제도 등의 부재, 법학자, 사회복지학자, 심리학자, 신학자, 교육학자들의 학제적 참여의 부족 등으로 인하여 확장성과 과학성에 한계를 보이고 있다. 이에 교정선교사역자의 육성, 총회와 노회, 교회에 교정선교위원회와 후원회의 조직, 노회별 전담교역자 파송, 범교단 교정선교연합기구의 설립이 방안으로 제시되고 있으나 한계가 있다.[33]

일반논문도 아주 적은 편이다. 교정사역을 주제로 한 박사학위논문은 아직 없을 정도로 학술적 기반이 미약하다. 신학 교수가 쓴 논문으로는 손동신의 "한국교회 교정선교사역에 대한 평가와 제언(2009)", "범죄청소년을 위한 선교(2018)" 등의 논문이 있으나 신학 교수들의 교정사역에 관한 연구는 미미한 실정이다.

33 국민일보(2018.3.3.) 기사 "예수는 죄인의 친구 돼 주셨다"에서 발췌.

참고문헌

권창락(1998), 「수용자 교화와 종교의 역할」, 기독교세진회 창립학술세미나 자료집.

권천문(1994), 「교도소 선교 방법론」, 나단.

기독교세진회(1998), 「세진회30년사」.

김안식(2010), "수형자의 종교활동 및 성향이 정신건강과 수용생활 적응에 미치는 영향," 경기대학교 박사학위논문.

김원문(2004), "교도소선교에 관한 방법론," 총신대학교 석사학위논문.

남세진(1992), 「인간과 복지」, 한울아카데미.

문장식(1996), 「교정선교와 효과적 선교방안」, 대한예장총회 편, 장로교출판사.

박경일 외(2000), 「사회복지학」, 양서원.

법무부(2018), 「교정통계연보」.

성경숙(2012), "치료적 사법의 개념과 적용가능성," 「형사정책연구」 제23권 제14호, 형연원.

손동신(2009), "한국교회 교정선교사역에 대한 평가와 제언," 「선교신학」 제22권, 한국선교신학회.

______.(2018), "범죄청소년을 위한 선교," 「영산저널」 제46호, 영산신학연구소.

이백철(2015), 「교정학」, 교육과학사.

이인철(2004), 「교정선교와 한국교회」, 쿰란.

이정서 외(2002), 「사회복지학개론」, 유풍.

이정찬(2000), 「교정복지학」, 교정선교회.

채한욱(2010), "웨슬리 복음주의 운동에 근거한 한국의 교정선교," 협성대학교 석사학위논문.

천정환(2005), 「교정복지학」, 대왕사.

최옥채(2004), 「교정복지학」, 학지사.

허주욱(2013), 「교정학」, 박영사.

Bales, William D. and Daniel P. Mears, 2008, "Inmate Social Ties and the Transition to Society: Does Visitation Reduce Recidivism?," *Journal of Research in Crime and Delinquency* 45(3): 287-321.

Clear, Todd R. and Melvina T. Sumter, 2002, "Prisoners, Prison, Religion: Religion and Adjustment to Prison," *Journal of Offender Rehabilitation* 35.

Dammer, Harry R., 2006, "Religion in Prison," in *Encyclopedia of American prisons*, Garland Publishing.

Hairston, Creasie F., 1988, "Family Ties During Imprisonment: Do They Influence Future Criminal Activity?," *Federal Probation* 52: 48-52.

__________________, 1991, "Family Ties During Imprisonment: Important to Whom and For What?," *Journal of Sociology and Social Welfare* 18(1): 87-104.

Mills, Alice and Helen Codd, 2008, "Prisoners' Families and Offender Management: Mobilizing Social Capital," *Probation Journal* 55(1): 9-24.

Sullivan, Charles, 2003, "Private Family Visits Are A Matter of Logic," *Corrections Today*, June: 18.

Wolff, Nancy and Jeffrey Draine, 2004, "Dynamics of Social Capital of Prisoners and Community Reentry: Ties That Bind?," *Journal Correct Health Care* 10: 457-490.

국민일보(2018.3.3.), "예수는 죄인의 친구돼 주셨다."

데일리 굿뉴스(2018.12.14.), "어둔 감옥 밝히는 복음의 빛."

아이굿뉴스(2010.6.9.), "진방주, 도시선교의 꽃은 교정선교의 현장."

기독교세진회 홈페이지.

제2장 교정사역개념론

1. 교정사역의 개념

1) 유사 개념과의 구별

교정사역은 흔히 교도소사역과 교도소전도, 교도소선교, 교도소예배당인도 등으로 혼용되어 쓰이는바, 교정사역(correctional ministry)은 교도소사역, 교정전도와는 내용이나 이념에서 차이가 있다. 사역은 보편적 의미로 설교, 심방, 전도, 당회운영 등 실천적 일에 봉사하는 것으로 전도와 설교, 선교는 사역의 일종이고, 예장통합 헌법에서는 설교, 성례 전 행사, 당회운영 같은 목사의 직무와 시무도 포함된다. 사역의 일반적인 의미는 사람을 부려 일을 시키거나 또는 시킴을 받아 어떤 작업을 하는 것으로 실천적 의미가 강하다.

선교(mission)란 그리스도교 신앙을 전하는 교회의 활동으로 하느님의 정의가 실현되는 사회를 구현하는 것이 궁극적 과제이고 그 접근은 개인의 영혼구원을 강조하는 동시에 사회의 구원에도 관심을 가진다(두산백과사전). 따라서 선교란 전통복음신학에서 강조하는 개인적 차원의 구원 외에 에큐메니칼 신학에서 중시하는 사회정의와 관련된 사회적 구원도 포함된다. 선교사역의 대상은 그리스도를 알지 못하는 자들, 즉 미전도 종족과 그리스도에게 충성을 바치지 않는 자들, 즉 명목상 기독교인이다(글라서 · 맥가브란, 1990: 50; 남정우, 2010에서 재인용).[01]

하도균은 전도는 복음을 전하는 것으로 단순히 교회성장을 위해 사람을 데려오는 인도(引導)와는 다르므로 전도와 인도는 동등한 개념이 아니라고 하였다(하도균, 2014: 20–22). 이는 교회의 자본화 · 물량화 · 성장주의화에 기여하는 인도와 탈자본적 · 탈세속적인 순수한 전도와 구별되는 좋은 구분이다.[02] 교도소사역과 교정사

01 남정우는 명목상 기독교인을 기독교 신자의 세 가지 요소인 신앙고백, 교회출석, 선교 등의 신앙 활동에 참여하는 것들이 결여된 자로 정의하였고 로잔위원회의 보고서를 인용하여 혼합주의자들, 시들어버린 자들, 탈진된 사람들, 취미로 다니는 자들, 소외된 기독교인들, 차별 등으로 상처받는 기독교인 등을 명목상 기독교인으로 분석하였다(남정우, 2010).

02 Temple은 "전도는 선교와 동일하지 않고 선교에 복음전도가 포함된다. 전도는 교회의 전체 선교의 한 국면이며 또한 예수님에 대한 좋은 소식을 의미하는 복음전도는 선포나 결단에서 끝나지 않고 제자삼음에서 끝난다."라고 하였다(하도균, 2014: 42).

역은 대상과 이념, 영역, 성격, 낙인 등 여러 면에서 다른 개념이다. 단순히 교도소사역이 교정사역의 일부분이라는 양적 개념뿐만 아니라 '교도소사역'은 '교도소'에 내포된 관료주의, 권위주의, 폐쇄주의 등의 부정적 이념이 내재되어 있다. 또한 교도소사역이란 표현은 클라이언트인 수용자를 객체화하고 부정적 낙인을 심화시키는 면이 있다. 대상에서도 교도소사역은 교도소라는 구금시설에 갇힌 수용자만을 대상으로 한다는 점에서 후술하는 전자발찌 부착, 신상공개, 보호관찰 등의 전자적 · 문화적 감시에 갇힌 범죄인 등은 포함하지 못해 사역의 확장성과 발전성을 저해한다. 이런 점에서 장소적 감시 외에 사회적 감시, 전자감시, 내적 감시 등을 포함하는 교정사역과 차이가 난다. 또한 언어심리학적 측면에서는 교도소사역, 교도소전도, 교도소선교라는 용어는 교도소사역자나 대상자, 일반인 등 모두의 의식을 깊이 지배하는 심리적 기제로 작용한다. 교도소는 한국 문화에서 감옥, 죄수 등을 처벌하는 응보주의적 이념과 상징으로 한국인의 의식에 깊이 내면화된바, 이러한 응보주의적 상징은 포용, 사랑, 용서를 근본이념으로 하는 기독교 이념에 부합되지 않는다. 처벌보다는 사랑과 교육, 과학적 처우로 교화시키는 교육형주의의 이념과 치료사법적 이념이 교정사역의 이념이므로 그런 의미에서 교도소사역보다는 교정기관사역이라는 교정사역이 더 적절한 용어이다.

그러나 여기에서는 선행연구들의 관행을 존중하여 전도, 선교, 사역을 같이 혼용하기로 한바, 그것은 복음을 전파해 회개하게 하고 예수를 믿게 하는 궁극적 목적은 같기 때문이다. 따라서 교정사역을 교정선교, 교정전도(교도소전도) 등으로 혼용하여 서술한다.

2) 교정사목과의 구별

교정사역은 다 같이 하나님의 복음을 전도한다는 점에서는 가톨릭에서 행하는 교정사목(correctional pastoral)과 근본이념은 동일하다. 그러나 한국에서의 역사와 성격, 활동영역과 내용 등에서 교정사역과는 여러 차이점을 보인다. 교정사역의 개념에 대해 기독교가 정확한 정의를 내리지 않는 것과 달리, 2000년 3월 27일 천주교용어위원회 용어심의결과보고에서는 교정사목의 정의에 대해 교도소수감자의 처우개선과 선교를 목적으로 하는 활동으로 교정기관에 수감된 사람들에 대한 신목을 교도소사목 대신에 교정사목이라고 하였는데(황세진, 2002: 36) 이는 천주교에서 교정사목을 공식적으로 정의한 개념이다. 따라서 교정사목에서는 대상을 교정기관에 수감된 자들로 한정하고 그 목적을 처우개선과 선교에 두는바, 이 점에서 선교를 목적으로 하는 교정사역과 차이가 난다. 또한 교정사역과 달리 교정사목은 전국교정사목협의회와 교주별 교정사목위원회가 통일적 구조로 되어 있다. 역사는 사형수교정사목에서 먼저 시작되었으며 활동은 교화사업, 출소자 재활사업, 교도행정 개선사업, 교도관 성심회 지원, 사형제 폐지, 봉사자상담 활성화와 전문화, 비행청소년사목 등을 행하는 점에서(최희수, 2001: 33-39) 선교에 치중하는 교정사역과 차별화된다. 특히 선교 외에 선교와 무관한 교화사업과 영치금 지원 등을 하는 점과 교도행정개선이라는 거시적 성격을 갖는 점도 특징적이다. 다만 교정사목의 대상자를 교정기관에 수감된 자로 한정하는 것은 장소적 구금 외에 사회적 구금을 당한 범죄인을 간과한 것으로 이는 교정사역과 동일한 개념의 정의에서 대상에 대한 한계가 있다고 할 수 있다. 따라서 교정사목은 선교라는 종교적 성격 외에 사회복지적 성격과 교정제도개선이라는 거시적 접근 등을 하는 점에서 교정사역과 차이가 나며 특히 공식적으로 수용자의 교화개선을 목적적 이념으로 한다는 점에서

표 2-1 교정사역과 교정사목의 비교

	교정사역	교정사목
목적	선교가 1차적 목적	처우개선과 선교를 공식목적으로 천명
행정	개교회중심, 분권적	중앙집권적, 하향적, 천주교 사회교정사목위원회
영역	선교, 재활사업(미시적)	선교, 재활사업, 교정행정개선 등 다양함
프로그램	다양성이 강함	획일적, 통일적
죄의 사면권	회개로 예수 그리스도	고해성사로 신부가 가짐
거버넌스	약함	강함
실행주체	많고 다양함	상대적으로 적고 다양성이 부족

선교를 1차 목적으로 하는 교정사역과 차이가 난다.

3) 교정사역의 개념

최광의로 기독교인 등의 갇힌 자와 그 외의 범죄자, 교정기관 관련자, 피해자 등에게 복음을 전하는 활동과 이와 관련된 여러 지원을 하는 활동 및 교정사역을 저해하는 제도 등에 대한 활동이라고 정의한다. 기독교인이란 자연인 외에 법인, 법인격 없는 단체, 개교회 등을 말한다. 또한 기독교인 등에서 '등(等)'이란, 선행연구들은 교정사역의 실행주체를 자연인, 단체 등으로 간주하여 AI(인공지능) 등의 유사인격체를 간과했으나, 여기서는 AI 등의 유사인격체도 앞으로는 교정사역의 실행주체가 될 수 있다는 점을 고려하였다. 현재 사고능력 및 대처능력을 갖춘 AI가 개발되는 기술을 고려할 때 일반인과 달리 복음상담의 기회가 제약된 교도소의 특성상 주님의 복음과 성령을 수용자의 개별적 상황에 맞게 전달할 수 있다면 AI 등도 고려될 수 있다는 의미이다. 물론 교정사역의 실행은 사람 등을 원칙으로 하고 AI는 예외적 · 보충적인 경우로 한정해야 한다.

또한 '갇힌 자'란 교도소 등의 물리적 · 장소적 감금을 전제하는 선행연구들과는 달리 여기에서는 교도소 등의 물적 감금 외에 보호관찰, 전자발찌 부착 등의 전자적 감시와 출소자 등에 대한 사회적 편견과 차별을 포함하는 사회적 · 문화적 감시와 내적 감시 등을 포함하는 개념으로 정의하고자 하며, 바로 이 점이 교정사역의 개념에서 선행연구들과의 결정적 차이점이다. 왜냐하면 예수님이 중시한 '갇힌 자'에 대한 교정사역은 통시적(通時的) 관점에서는 물적 개념 외에 전자적 · 사회적 · 문화적 개념을 내포하는 것이 타당하기 때문이다. 특히 장소적 구금의 물적 감시는 형기가 종료되면 해제되지만 사회적 감시와 내적 감시는 시간이 경과되어도 해제되지 않는다는 점에서 갇힌 자를 넓게 볼 필요가 있다. 따라서 '갇힌 자'를 교도소 등의 장소적 의미를 전제로 한 선행연구와 달리 여기에서는 '갇힌 자'를 그것 외에도 전자감시에 의해 갇힌 자와 사회적 감시에 의해 갇힌 자 및 양심이라는 초자아(superego)인 내적 감시에 의해 갇힌 자들을 모두 포함하는 광의의 개념으로 접근한다.

'그 외의 범죄자'란 범죄를 했으나 발각되거나 체포되지 않는 등의 암수범죄자[03] 및 형사범으로 입건되었으나 훈방, 기소유예, 형사조정, 합의 등의 회복적 사법 등에 의해 형사처벌되지 않은 자들과, 기소되었으나 벌금형 등의 재산형으로 전술한 물리적 · 전자적 · 사회적 감시를 받지 않는 자들을 모두 포함하는 개념으로 이들 역시 범죄자들이므로 당연히 교정사역의 대상이 되어야 한다. 이들은 소위 Freud의 리비도 이론에 의하면 초자아(superego)라는 양심에 의한 내적 감시를 받는 자들이다.

'교정기관 관련자'란 교도소공무원, 유치장 관련 경찰공무원, 보호직공무원, 6호 처분직원 등 갇힌 자에 대한 교정 관련 업무를 담당하는 공무원, 직원 등을 말한다. 교정기관 관련자는 범죄와 전혀 무관하며 갇힌 자들을 직접 교화하고 지도하는 자들로 교정사역의 1차적 대상자는 아니지만 2차적 대상자로 중요한 의미를 가진다. 그것은 교도관이 수용자에게 미치는 영향력이 크고 24시간 접촉하므로 교도관 등을 기독교 이념으로 무장시키게 되면 비공식적 교정사역이 활성화되기 때문이다. 기독교교도관이 수용자들에게 비공식적으로 복음을 전하기 때문이다.

'전도'란 기독교범죄인 및 비(非)기독교범죄인 등에게 복음을 전파하는 것뿐만 아니라 보호적 전도의 개념을 포함한다. 가령 교도소 내의 기독교수용자가 기독교의 이단세력이나 사이비세력으로부터 오염되지 않도록 하는 방어적 전도, 방어적 사역을 포함하는 넓은 개념이다. 지금까지의 내용이 범죄자 개인의 영혼구원과 성경충만을 위한 미시적 개념의 교정사역이라면 뒤에 나오는 '법령과 제도의 개선'을 위한 모든 활동은 거시적 교정사역의 의미를 가진다.

교정사역을 광의의 개념으로 보면 기독교인 등의 갇힌 자와 그의 가족 및 피해자 등에게 복음을 전도하는 활동과, 교정사역을 저해하는 법령과 제도 등에 대한 개선을 위해 노력하는 모든 활동으로 정의하고자 하며 최광의의 개념에서 갇힌 자가 아닌 '그 외의 범죄자들'이 제외된다. 따라서 광의의 개념에서는 교도소 등의 교정시설에 수용된 수용자와 소년원, 보호감호소, 치료감호소 등의 보호시설에 수용된 수용자들과 보호처분인 사회봉사명령대상자, 수강명령대상자 등의 보호관찰을 받는 자들과 소년법에 의한 1호 처분부터 6호 처분까지의 보호소년 등도 모두 교정사역

03 암수범죄는 범죄는 발생했으나 피해자가 신고하지 않거나 신고해도 체포되지 않는 경우 등으로 범죄통계에 잡히지 않는 것이다. 이러한 암수범죄는 범죄통계상의 범죄보다 훨씬 많다.

의 대상이고 그들의 가족 및 피해자 등도 대상이 된다. 협의의 개념은 기독교인 등의 갇힌 자와 출소자 및 그의 가족에게 복음을 전도하는 모든 활동이라고 정의할 수 있고 최협의의 개념은 기독교인이 교도소 등 시설에 갇힌 자와 그의 가족 및 출소자에 대해 복음을 전도하는 활동이라고 개념을 내릴 수 있는바, 기존의 선행연구들이 보통 사용한 교정사역의 개념은 여기서의 최협의의 교정사역과 같은 맥락이라고 볼 수 있다. 이를 표로 보면 다음과 같다.

표 2-2 교정사역의 개념

범위 기준	최광의	광의	협의	최협의
대상	갇힌 자, 교정기관 관련자, 그 외의 범죄자, 피해자, 그들의 가족	갇힌 자, 교정기관 관련자, 피해자, 그들의 가족	갇힌 자, 그들의 가족, 교정기관 관련자	갇힌 자, 그들의 가족
갇힌 자의 개념	물리적 감시, 전자적 감시, 사회적 감시, 내적 감시	물리적 감시, 전자적 감시, 사회적 감시	물리적 감시, 전자적 감시, 사회적 감시	물리적 감시, 사회적 감시
성격	미시적, 거시적	미시적, 거시적	미시적	미시적
실행주체	기독교인(사람, 법인, 단체), AI(미래)	기독교인(사람, 법인, 단체)	기독교인(사람, 법인, 단체)	기독교인(사람, 법인, 단체)

여기에서는 교정사역의 개념을 광의의 개념으로 접근하고자 한다.

4) 교정사역론의 개념과 성격

교정사역론은 교정신학의 실천적 영역으로 먼저 교정신학은 최광의로 보면 범죄신학, 예방신학, 사법(司法)신학, 보호신학, 최협의의 교정신학, 피해자신학 등을 포함한다. 보호신학의 내용에는 보호관찰 등 보호공공재의 생산과 관련된 영역에서의 신학을 말한다. 광의의 교정신학에는 예방신학, 보호신학, 최협의의 교정신학, 피해자신학이 있고 협의의 교정신학에는 보호신학, 최협의의 교정신학, 피해자신학이 포함된다. 최협의의 교정신학은 교도소 등 교정시설에 수용된 자들만을 대상으로 하는 영역이다. 여기에는 협의의 교정신학을 전제로 한다. 교정신학은 이론적 영역과 실천적 영역으로 나뉘며 실천적 영역이 바로 교정사역론이다. 또한 교정사역론은 실천신학이나 교정학의 한 분야가 아니라 신학, 교정학 외에 인문사회과학, 자연과학, 예술학 등을 모두 포함하는 복합적인 학제적 학문이다.

2. 교정사역의 이념

1) 성경주의

교도소사역은 종교활동에 의한 수용자 교화로 교정질서의 유지 및 사회안전에 기여하는 여러 복효적 결과를 가져오지만, 가장 근본적인 이념은 갇힌 자들에 대하여 예수 그리스도의 복음을 내면화시켜 영혼을 구원하는 것이므로 철저히 성경중심의 원칙에 의해 사역이 행해져야 한다. 따라서 직접적 교정사역은 물론이고 간접적 교정사역인 범죄자에 대한 다양한 사회적 · 경제적 자본의 연결과 복지적 지원에 있어서도 항상 성경적 근거와 원칙에 입각해서 행해져야 한다.

2) 후견적 신본주의

후견적 신본주의(後見的 神本主義)란 소년범에 대한 국가후견주의[04]와 같은 맥락으로 예수 그리스도와 예수가 사역을 명령한 교회의 목회자들이 교정사역에서 범죄인의 후견적 지위에서 부모의 역할을 하여 복음을 전하고 영혼을 구원하는 종교적 후견주의를 말한다. 이러한 종교적 후견주의, 후견적 신본주의 이념에 철저히

04 국가후견주의는 국친사상에 바탕을 둔다. 국친사상은 소년의 미성숙을 근거로 소년비행사건에서 국가가 부모의 역할을 대신하는 것으로 처분의 교육성을 강조한다(주현경, 2001: 29).

입각해서 교정사역을 하게 되면 사역과정에서 어떤 고난이 있어도 범죄인들이 하나님과의 관계회복과 치료를 통해 죄로부터 해방되고 구원받아야 하는 소명의식을 갖고 헤쳐 나갈 수 있는 종교적 원동력을 제공받게 되어 사역의 지속성이 유지된다. 이러한 종교적 후견주의는 특히 종교적 사회화의 미성숙된 과정에 있는 소년사범과 무연고수용자나 극빈자수용자, 외국인수용자, 장애인수용자, 가족관계의 위기에 놓인 수용자 등 여러 경제적 · 사회적 · 가족적 자본이 부족한 주변부수용자에게 더욱더 의미를 갖는다.

3) 평등과 사회적 형평성

하나님 앞에서 모든 인간은 절대적으로 평등하다는 평등주의 이념은 교정사역에서도 중요한 이념이다. 교도소에서는 수용자의 과거의 지위나 경제력, 사회적 자본의 축적도 등과 관계없이 모든 수용자가 평등하게 교정사역을 받아 하나님의 은총과 죄 사함을 받을 수 있다. 동시에 교정사역에서는 사회적 형평의 이념이 적용되어야 한다. Rawls의 정의론에 입각한 사회적 형평성[05]은 신행정론에서 가장 중요시되는 이념으로 교정사역에서 이러한 사회적 형평성이 중시되는 근본적 이유는 첫째로 교정사역에 필요한 인적 · 경제적 · 시간적 · 물적 자원 등이 교도소의 특성상 제한되어 있기 때문이다. 교정사역자는 교정사역의 경제학적 입장에서 그동안 가장 소외되어 온 수용자, 장애인수용자, 극빈자수용자, 무연고수용자, 외국인수용자, 문제수용자, 노령수용자 등의 주변부수용자들에게 최우선적으로 관심과 배려를 가지고 교정사역에 임해야 한다. 둘째로 이러한 주변부수용자는 그동안 사회나 교정기관의 관심이 적었기 때문에 교정사역의 한계생산성이 다른 일반수용자들보다 높아 교정사역의 효율성을 증가시킨다. 주변부수용자는 교도소에서 하나님의 은총을 받지 못하면 출소해서는 그런 복음을 받을 기회가 현실적으로 적기 때문이다.

---

05 Rawls의 정의론은 상대적 정의로 국가자원을 모든 국민에게 평등하게 제공하는 절대적 평등이 아니라 그 사회에서 가장 소외된 자들에게 우선적으로 관심을 갖고 공급하는 것을 내용으로 한다.

4) 경영주의(효율성)

교정사역은 단순히 신학적인 종교적 이념에만 머물지 않고 교정사역을 촉진시키기 위해 경영학 기법인 SWOT 기법 등을 교정사역의 활성화 방안으로 이용하고 있으며 교정사역의 생산성을 경제적 입장에서 접근한다.

5) 협력주의

한국의 개교회들은 교회의 양적 성장에만 치우쳐 왔고 교정사역에 대해서는 상대적으로 무관심했기 때문에 교정사역자를 파송하는 교회도 교정사역의 전문성이 부족하였다. 또한 현재 전국의 교정시설과 보호시설 등에 수백 개의 교회가 교정사역에 다양한 형태로 참여하고 있지만 개교회 이기주의에 의해 사역기관 간에 협력사업이 잘 되지 않아 교정사역의 효과성이 저해되고 있다. 협력사역은 개교회 기관 사이에서뿐만 아니라 교정사역기관과 종교교정위원과도 잘 안 되고 있다. 가령, 교도소아버지학교팀이 주말에 수용자에 대해 사역프로그램을 진행할 때 참여한 수용자의 기독교적 수용 정도나 이상행동에 대해 교도소의 기독교인 교도관(교도관신우회)이나 해당 교도소의 기독교종교위원협의회에 그러한 사실을 알리지 않고 그대로 끝내버린다. 연계사역도 부족하여 수용자에 대해 교정사역을 행한 종교위원은 해당 수용자가 출소할 경우에 아직 영성이 부족하여 교정사역이 계속될 필요가 있다고 여겨지면 출소자의 동의를 얻어 그 출소자의 사회 내 사역에 적합한 지역사회의 교회와 연계해 교정사역이 유지되어야 함에도 현재는 그렇지 못하다. 그러나 사역의 협력주의는 교정사역의 효과성과 지속성에 중요한 영향을 끼치므로 교정사역에 참여하는 교회나 교파들의 교류를 통한 협력사역과 교회 등 외부기관과 교도소의 기독교교도관이나 기독교교정위원협의회 등과의 협력에 충실해야 하며 교정사역기관과 외부사회기관 간의 적절한 연계도 필요하다.

6) 민주주의(사역민주성)

사역의 민주성은 교정사역을 행할 때 클라이언트인 수용자의 욕구와 의사를 충분히 반영하고 교정사역과정에 있어서도 절차적 민주성을 내포하는 것을 말한다. 교정사역은 사역자의 이익을 위한 것이 아니라 클라이언트가 하느님을 영립하여 성령이 충만하도록 하기 위한 것이기 때문에 사역의 과정에서 클라이언트의 의사를 반영해야 한다. 따라서 클라이언트가 거부의사를 명백히 함에도 계속해서 복음을 전도하는 공격적 교정사역은 피해야 한다. 이러한 사역의 민주성은 전도자와 피전도자 사이에서만 적용되는 것이 아니라 교정사역을 기획하고 사역자를 파송하는 교회 내부에서도 적용되어야 할 이념이다. 따라서 교회에서 교정사역을 기획하고 담당부서를 만드는 조직화의 과정이나 담당사역자와 자원봉사자를 배치하는 인력화 과정과 사역을 시행하는 동작화 과정 모두에서 권위적 의사결정이 아닌 협의적 · 민주적 의사결정이 되어야 한다. 또한 민주성은 교정사역에서 클라이언트를 주체적으로 존중하고 인격적 대우 등의 인권친화적 사역이 되어야 하며 동시에 여성수용자에 대해서는 젠더적 관점을 견지하여야 한다.

7) 기독교 교육형주의

교정의 이념은 처벌 위주인 응보형주의에서 교육과 개선, 치료를 통해 재사회화시키는 교육형주의로 변천되었고 이러한 교육형 이념은 형집행법에 반영되어 있다. 그런데 교정사역에서는 그러한 교육형주의 이념에서 나아가 기독교적 교육방법론과 상담론 등을 통한 기독교 교육형주의가 이념이 되어야 하는데 그것이 교정사역의 본래의 취지인 복음의 전도를 통한 교화에 맞기 때문이다.

8) 가외성(加外性)

Landau의 표현에 의하면 가외성 이념이란 중첩성 · 반복성 등의 특성을 가지는 개념으로(Landau, 1969: 351) 흔히 여분의, 남는 것 등의 의미인데, 과거에는 효율성을 저해하는 개념으로 보았으나 오늘날의 행정학에서는 불확실성이 점증되는 위험사회에서 불확실성의 오류를 제거해 체제의 안정성과 신뢰성을 보장하는 이념으로 중요시되고 있다. 그런데 교정사역행정에서도 이러한 가외성 이념은 중요한 이념인바, 그 이유는 복음의 전도를 통한 성령의 내면화는 한두 번의 교정사역이나 교리지도 등으로는 잘 안 되기 때문이다. 특히 비기독교수용자이거나 초심자수용자, 성령이 약한 수용자 등에게는 아주 중요한 이념으로 교정사역의 성패를 결정짓는 이념이다. 이러한 종교적 가외성은 특히 개별적 교정사역에서 중요하다.

9) 치료적 사역주의

치료적 사역주의란 종전의 가치중립적인 교정사역에서 벗어나 클라이언트의 복음의 내면화를 위해서 이와 관련된 모든 분야에 교정사역자가 적극 개입하는 문제해결적인 적극적 교정사역을 말한다. 치료적 사역주의의 기초인 치료적 사법 이념은 현대 형사사법의 중요한 이념이고 정신보건 등 여러 영역에도 이용된다.[06] 이러한 치료적 사역주의는 교정사역자와 클라이언트 간의 치료동맹[07]의 형성이 중요하며 치료동맹에서의 복음의 내면화라는 합의된 과제의 성공적 이행을 위해 클라이언트의 심리적 안정을 기하고 과제의 이행을 저해하는 클라이언트의 다양한 환경적 요소의 해결을 위하여 교정사역자가 올라운드플레이어(all round player) 역할을 해야 한다. 이를 위해 관련 사회복지기관이나 교정기관으로부터 의미 있는 지원을 도출할 수 있도록 노력해야 하고 또한 목회자 외에도 법학자, 사회사업가, 전문상담가, 가족관계전문가, 의료인 등과의 학제적 · 협동적 접근이 필요하다. 가령, 단순히 복음만 전하는 사역이 아니라 수용자의 복음의 내면화가 형성되지 못하는 요소가 가족관계에 있다면 사역자는 사회의 가족관계회복기관이나 사회복지기관에

06 원래 치료적 사법(therapeutic jurisprudence)이란 가치중립적 법원에서 벗어나 판사가 클라이언트인 피고인이나 피해자의 복지적 지원을 위해 적극적 입장에서 여러 기관들과 협력해서 클라이언트를 원조하는 사법 이념이다.

07 Bordin에 의하면 치료자와 클라이언트 간의 치료동맹(작업동맹)은 과제와 목표에 대한 동의, 둘 간의 정서적 유대로 구성되는바(Bordin, 1979: 252-260), 둘 사이의 협력관계인 치료동맹이 잘 형성되면 치료적 효과는 증대된다.

연락하여 가족관계의 회복에도 조력해야 한다. 물론 이러한 치료적 사역주의는 해당 교회나 교정사역자에게 상당한 부하(負荷)가 되지만 앞으로의 교정사역이 지향해야 할 패러다임의 하나임은 틀림없다.

10) 적법성

적법성은 교도소 등 교정시설이나 소년원 등 보호시설에서 교정사역을 행할 때 사역자가 교도소 등의 보안규정과 같은 법규를 지켜야 하는 것을 의미하는데, 클라이언트인 범죄자와 부당하거나 의심받을 수 있는 교섭도 하지 말아야 한다. 또한 종교법과 세속법을 구분하여 세속법인 헌법, 형집행법, 형법, 개인정보보호법 등을 준수하고 교정기관 등이 요구하는 법적 절차에 순응해서 교정사역을 기획하고 실시해야 하는바, 그것은 교정시설이 국가보안기관이기 때문이다. 특히 교정사역 시 흔히 동반되는 빵이나 떡 등의 외부 반입물품에 대해서는 계호권자인 교도관의 계호권 행사에 적극 순응해야 하고 이 과정에서 갈등이 일어나서는 안 된다. 물론 수단과 법규에 지나치게 매몰되는 적법성은 교정사역의 효과성이나 민주성을 저해할 수 있다. 즉 철저한 교정관료제의 절차적 질서가 마치 교정행정의 목적인 것처럼 중시되는 현상인 수단에의 동조과잉현상이나 절차적 적법성의 중시로 복잡하고도 긴 시간이 소요되는 red-tape(번문욕례), 과다한 규칙과 의사결정의 지연으로 교정사역공공재의 생산비용이 증가되어 클라이언트인 범죄인의 정당한 이익인 소비자 잉여를 축소시키는 것 등이다.[08] 따라서 관료제적인 적법성의 부정적인 면을 최소화시킬 수 있도록 클라이언트 지향적인 적극적 적법성이 확보되는 방안이 교회와 교정기관과의 협력에 의해 모색되어야 한다.

---

08 가령 위기수용자가 급히 교정사역 상담을 신청하면 교도소는 이러한 수용자의 특별종교교회(敎誨)에 대해 신속히 허가하는 것이 아니고 담당교도관을 거쳐 계장과 과장, 소장을 거치는 관료적 계층질서라는 관료적 적법절차에 의해 허가 여부를 결정한다. 그 과정에서 오랜 시간이 걸리거나 의사결정이 지체되고 지나친 규제가 작동되기도 하며 설사 허가되어도 수용자가 급히 필요로 했던 위기 교정사역 상담은 적시성을 놓쳐 교정사역의 효과성이 저해된다.

11) 회복적 사역주의

일반적으로 회복적 사역주의는 지역사회와 형사사법 관련 기관, 범죄 관련자들이 모여서 피해의 회복을 조정과 합의를 통해서 해결해 나가는 이념으로 볼 수 있다. 오늘날 이러한 회복적 사역주의 이념은 경찰, 교정, 보호, 법원 등 다양한 영역에서 시행되고 있다. 그런데 기독교적 회복적 사역주의(교정)는 범죄인과 피해자와의 관계회복 외에도 범죄인과 하나님과의 관계회복도 포함한다. 이러한 회복적 사역주의를 교정에 적용하면 회복적 교정이다. 따라서 교정사역자는 교정사역의 성경적 근거인 화해(reconciliation)정신에 근거하여[09] 클라이언트인 범죄인에게 복음을 전도하고 하나님의 사랑과 예수 그리스도의 부활을 알게 하여 하나님과의 관계를 회복시켜야 한다. 또한 범죄인이 가진 사회와 피해자에 대한 분노를 성경적 용서에 의해 사라지게 하고 피해자와의 관계회복을 위해 피해자지원센터 등 관련 기관과의 협력사역 등을 모색할 필요가 있다.

12) 총체적 사역주의

총체적 사역주의란 전체론적 또는 개인구원과 사회구원을 다 같이 아우르는 개념으로도 쓰이는 통전적(holistic) 사역과는 다른 의미이다. 필자가 여기서 내세우는 총체적 사역이란 교정사역을 현재 교도소의 여러 처우 중에서 수용자의 종교활동을 의미하는 교회(敎誨)프로그램으로만 접근하는 단선적(linear) 접근에서 벗어나 교정처우의 모든 것이 수용자의 복음과 관계되고 공격성을 저하시키는 교정과 관련된다는 의미에서의 총체주의라고 명명했다.[10] 따라서 교도소의 시설 내 처우인 의복, 급식, 의료, 작업, 상담, 누진처우제 등의 사회적 처우, 중간처우센터인 희망센

---

09 화해는 하나님과의 관계, 인간과의 관계를 회복시키는 것이다(고린도후서 5:13–21; 골로새서 2:13–14, 에베소서 2:1–9).

10 가령 기독교교도관은 수용자가 교도작업을 경제적 수업이나 취업역량의 일환으로 생각하게 하지 말고 그것이 근면성의 함양과 협동을 통해 사회성과 인성을 기르는 교정과 연결될 수 있고 또한 성경에 있는 "생육하고 번성하여 땅에 충만하라."라는 근로의 중요성에 대한 성서적 근거를 말해 주어 교도작업이 바로 신앙의 실천이라는 인식을 심어주어야 한다.

터, 가석방 등 사회 내 처우의 모든 것은 단일적 의미가 아닌 복음이라는 사역과, 공격성을 저하하고 인성을 함양시키는 교정의 의미를 동시에 가질 수 있다는 의미로 보아야 한다. 따라서 사역자는 수용자가 입는 의복, 먹는 음식, 작업, 상담 등 모든 것이 성경적 의미와 교정적 의미를 가진다는 입장에서 사역에 임하면 사역자가 수용자와 행하는 일반상담도 이것이 복음의 내면화와 교정에 기여한다는 의미를 찾게 된다. 종교상담이 아닌 일반상담, 급식, 작업 등도 모두 교정과 연관되고 복음과 연관된다는 의미로 접근할 수 있다.

13) 과학주의

교정사역은 일반사역과 달리 복합적 욕구와 다양하고 복잡한 범죄원인을 가진 범죄인을 상대하므로 과거와 같은 비전문적 방법으로 접근해서는 안 된다. 갈수록 범죄의 원인과 행태가 다양해지는 현대 사회에서 무조건 사랑으로만 끌어안고 교화시키는 인본주의적 접근은 지양되어야 한다. 이와 동시에 범죄의 원인과 범죄인의 다양한 욕구에 대한 과학적인 귀인사정(attribution assessment) 없이 무조건 기독교적 성령이 부족해서 범죄를 저질렀으므로 성령만 충족되면 재범을 하지 않을 것이라는 종교환원주의도 바람직하지 않다. 물론 교정사역모형의 가장 기본적 필수조건은 복음의 내면화를 통한 기독교 이념의 정신적인 무장이지만 이는 교정사역 또는 교정사역공공재 생산의 충분요소는 아니다. 교정사역의 충분요소는 범죄인의 범죄 원인과 대응에 대한 과학적 사정과 거기에 맞는 전문적 치료, 범죄인의 환경사정을 통해 교정과 교정사역에 유리한 환경을 조정하고 사회적 자본 및 출소 후 경제적 자립을 위한 자본역량의 기초 등이 있어야 하기 때문이다. 따라서 사역자는 범죄인의 정신영역에 대해서는 복음이 내면화되어 성령이 충만토록 하고 나머지 충분요소에 대해서는 그런 것들이 충족될 수 있도록 교정사역적인 전문적 개입을 하거나 또는 다른 전문사역자와 연합하여 개입 · 지원해야 한다. 만약, 이마저도 여의치 않다면 연계사역을 통해 그런 지원이 충족될 수 있는 사회복지기관이나 전문기관 등에 연결시킬 수 있는 능력이 있어야 한다. 이를 위해서는 교정사역복지실천의 기술적 기법과 귀인 이론, 교정사역복지적 상담능력 등의 전문적 지식과 기법을 함양하여야 한다. 과학적 교정사역모형은 다음의 〈표 2-3〉과 같다.

표 2-3 과학적 교정사역모형

<table>
<tr><th>필수요소</th><th>정신영역</th><th colspan="2">기독교 이념화(복음의 내면화)</th></tr>
<tr><td rowspan="4">충분요소</td><td>성격과 행동 영역</td><td colspan="2">과학적 개입과 개별적 처우</td></tr>
<tr><td>자본역량영역
(과학적 사정과 개입)</td><td colspan="2">경제적 자본역량(취업역량, 기술)
가족적 자본역량(가족관계회복)
사회적 자본역량(소통, 신뢰)</td></tr>
<tr><td rowspan="2">환경조정영역</td><td>미시적 환경조정</td><td>생태환경조정</td></tr>
<tr><td>거시적 환경조정</td><td>교정사역을 저해하는 법,
제도개혁운동</td></tr>
</table>

14) 개별적 접근주의

이는 모든 클라이언트를 동일하게 대하지 말고 클라이언트의 성격, 니즈, 환경 등 여러 변수를 고려하여 개별적으로 접근하여 교정사역을 하는 것을 말한다. 시간과 비용이 많이 들지만 사역의 개별화 이념에 부합된다.

3. 교정사역의 기능

1) 교화(교정공공재)기능의 촉진

복음을 통해 전도하면 신앙심이 내면화되고 그 결과 인지부조화 이론에 의해 종교적 신념에 부합되는 행동과 성격을 갖게 되므로 도덕적 신념의 확립과 준법정신이 함양되고 자기통제력이 향상되어 대인관계 등에서 친사회적 성향과 사회적 기술이 생겨 교화라는 교정공공재의 생산에 기여하게 된다. 교도소에서 관료적으로 해 오고 있는 집중인성프로그램도 교화에 기여하지만 종교적 색채가 박제되고 정형화된 소품종 대량생산에서 오는 여러 문제점과 달리[11] 종교적 신앙심이 풍부한 사역자가 교리지도나 상담 등을 10명 내외로 하는 소규모의 사역에서는 까다롭고 다양한 수용자의 특성에 부합되는 다품종 소량생산방식의 교정공공재가 생산되므로 교정처우의 개별화에 기여하고 교도소의 관료적인 집중인성프로그램으로 교화되지 못하는 수용자들도 교화할 수 있는 장점이 있다. 또한 이미 기존의 관료적 집중인성프로그램으로 교화된 수용자들도 다시 교정사역에 의해 종교적 교화가 추가되므로 교화라는 교정공공재의 생산은 질적으로도 높게 된다. 또한 교도소의 관료적 인성프로그램과 달리 자발적으로 참여를 하게 되고 여러 번 반복되는 가외성을 통해 교화효과가 지속된다.

2) 사회안전(보안공공재)기능

비행예방사역과 교정사역, 출소자사역은 모두 일반사회의 공공안전이라는 보안공공재의 생산에 기여하게 된다. 교정사역자가 지역사회에서 학교폭력예방과 범죄예방을 위한 사역활동을 하고 교정시설에서 수용자와 출소자에 대한 사역을 함으로써 범죄예방의 기능과 재범방지에 기여하게 된다. 사역을 통해서 종교적 신앙심이 강화되면 이는 범죄에 대한 종교적 절연체의 기능을 하게 되어 범죄통제적 기능을 한다. 현재 교도소에서 모든 수용자들을 대상으로 실시하는 집중인성프로그램에는 220시간의 심화과정 중에 30시간의 종교교육이 있다. 교도소에서는 여러 종교의 교리를 소개하는데 여기에는 기독교 교리의 소개도 포함되어 신앙심이 생기는 계기가 될 수 있고 교정사역적 기능도 한다. 그러나 목회자에 의한 교정사역이 가지는 사회안전기능은 교정관료제에 의한 그것과는 질적으로 다르다.

11 소품종 대량생산은 교정공공재의 생산에서 규모의 경제의 일환으로 클라이언트의 특성이나 니즈(needs)에 관계없이 동일한 인성프로그램을 많은 수용자들에게 동시에 실시하는 것으로, 생산비의 절감과 규모의 경제에 도움이 되나 획일성의 문제점으로 수용자의 다양한 욕구를 충족시키기에는 미흡하다.

3) 사회적 통합의 기능

종교, 특히 기독교는 응집성이 강해 다양한 계층의 사람들을 하나로 묶는 시멘트(cement)적 통합기능을 하고 사회적 구심력을 높인다. 교도소 사회에서도 경제력, 지위, 학력 등 다양한 계층의 수용자들이 있지만 이들은 총집예배 때나 집단사역상담 때의 복음과 교리를 통해 종교 하나로 의미 있는 결합관계를 강화하게 된다. 하나님 앞에서는 모두가 같은 종이라는 종교적 일체감을 형성하게 되고 이는 사역 후에도 계속된다. 또한 사역을 통해서 교도관과 수용자 간의 종교적 통합을 이루게 되고 종교적 재사회화가 된 출소자도 준법에 대한 규범성이 강화되어 지역사회 등의 생태계와 통합하여 사회적 연대도 이루게 된다. 신앙심에 의해 가족구성원도 이해를 하게 되어 가족관계의 회복에도 기여하게 된다. 경찰단계부터 출소기관까지의 교정사역은 종교적 네트워크를 강화하게 되고 이는 사회적 통합의 기초가 된다.

4) 교정사고의 감소와 교도소화의 억제

수용자가 복음을 통해 성령이 충만하게 되면 영적으로 거듭나게 되므로 용서와 사랑, 관용이라는 기독교 정신으로 재사회화가 된다. 그 결과 교도소의 심각한 문제인 교도소 내의 폭력과 이상행동 등의 교정사고를 감소시킬 수 있고 다른 수용자와의 갈등도 종교적 자세로 대처할 수 있게 되어 동료수용자와의 긍정적 인간관계 형성에도 기여하게 된다. 그 결과 관규위반도 줄어들게 되고 교도소의 급식 등 처우에 대해서도 불평이 줄어들게 된다. 또한 수용자들 사이에서 자연스럽게 형성되어 온 하위문화의 교도소화를 줄이거나 방지할 수 있다.[12] 이러한 교도소화의 축소

12 교도소화란 교도소의 습속 등을 학습하는 것이라고 Clemmer가 정의하였는데(Wheeler, 1961: 697) 이는 일반적으로 교도소수용자들이 그들만의 규칙 등의 부정적 하위문화에 사회화되는 현상으로 흔히 교정당국의 정상적인 관규 등 올바른 규범에 대항하여 공격성이 심화되고 왜곡된 가치체계를 학습하는 것으로 악풍에 물든다는 의미이다. 시설화와 같은 의미로 Wheeler는 수용자가 입소 초기와 말기에는 시설화의 정도가 낮으나 중기에는 시설화 정도가 높다고 하였다(Wheeler, 1961: 697). 이는 입소 초기에는 교도관의 규범에 순종적이어서 교도소화가 낮으나 시간이 지날수록 교도소의 왜곡된 문화에 물들게 되다가 석방 직전에는 다시 교도소 규범에 잘 적응해 시설화가 낮아진다는 뜻으로 이해된다. 보통 교도소화가 강화되면 교화라는 교정공공재

나 방지는 교정사고의 감소와 관규위반의 감소로 이어지게 되고 출소 후의 올바른 재사회화에도 기여하게 된다.

5) 교정관료제의 보완

우리나라의 교정공공재(교화)의 공식적 생산은 교도관관료에 의해서만 이루어지는 관료 독점레짐에서 이루어진다. 독점적 생산의 문제점인 고객(수용자)에 대한 둔감한 반응과 불친절하고 형식적 · 공식적 · 관료적인 처리로 인한 비인간성, 관료제의 본질적 속성인 복잡하고 번거로운 번문욕례(red-tape)와 느린 대응 등의 다양한 문제점을 탈관료적인 교정사역자가 보완할 수 있다. 수용자는 공식적 · 절차적 대응만을 하는 교도관보다는 따뜻하고 인간적인 교정사역자에게 종교상담은 물론 가족관계의 문제점과 고충 등을 개인상담할 수 있고 그런 문제점의 해결에 필요한 자원을 신속하게 받을 수 있다. 교정사역자에 대한 라포르(rapport)가 형성되고 이는 교도소 적응을 용이하게 하므로 기존의 공식적 · 절차적 매뉴얼에 충실한 교정관료제에서 부족한 감성적 · 인간적 측면을 보충하여 교화가 촉진되게 된다.

6) 출소자 자본역량의 강화

출소자사역도 교정사역의 한 부분이므로 중요성을 가진다. 출소자들 중에는 한국 교정의 특성상 재사회화되지 못하고 출소하는 경향이 많으므로 이들에 대한 종교교화 등을 통해서 재사회화를 해야 할 필요성이 있다. 또한 출소자들은 경제적 자본, 가족자본, 소통 등의 사회적 자본이 빈약하므로 교정사역자들이 교정사역을 통해서 그들의 다양한 자본적 역량을 지원해 주면 출소자들의 자본역량이 강화되고 재범률이 줄어들게 된다.

의 생산을 저해하게 된다.

7) 수용자 가족관계역량의 강화

교정사역의 내용에 수용자 가족관계의 지원과 유대관계의 강화가 포함되는바, 이는 전술한 바와 같이 과학적 교정사역모형에는 수용자의 자본역량 중에서 가족자본역량의 강화가 포함되고 이는 가족구성원의 수감으로 위기상태에 놓인 수용자 가족관계의 회복이 교정사역의 충분요소이기 때문이다. 아무리 복음화가 잘 되어도 수용자의 가족관계가 잘 유지되고 회복되지 않으면 사역효과의 지속성이 떨어지기 때문이다. 특히 수용자의 수감 중에 가족과의 교류 등 유대관계의 강화는 교도소 생활에 대한 적응과 출소 후의 재범방지에 큰 역할을 한다는 여러 실증적 연구에서 알 수 있듯이 수용자의 가족관계 강화는 중요하다. 따라서 사역자가 교정사역을 통해서 복음의 전도와 가족관계에 대한 지원을 하게 되면 수용자와 그의 가족 모두가 심리적 평안감과 갱생동기를 내면화하게 되므로 수용자 가족관계역량이라는 가족자본의 강화가 이루어진다.

8) 피해자 회복역량의 강화

피해자들과 그들의 가족도 교정사역의 대상이 된다. 특히 회복적 사법과 회복적 교정에는 성경적 근거가 있으므로 피해자사역은 독립된 사역의 영역으로도 볼 수 있지만 회복적 사역의 입장에서는 교정사역의 한 부분으로 포함시킬 필요가 있다. 따라서 교정사역자는 피해자센터 등 피해자 관련 기관이나 단체 등을 통해서 피해자들에게 하나님의 사랑과 용서의 복음을 전도하여 그들의 영성을 강화시켜야 한다. 이와 동시에 자본이 빈약한 피해자들에게는 지원을 하거나 지원을 할 수 있는 기관과의 연계를 통해 그들이 피해에 대처할 수 있는 자본역량을 키우도록 지원하여 회복적 역량을 기르는 데 도움을 주도록 사역자가 개입할 필요가 있다. 특히 피해자는 경제적 · 사회적 자본뿐만 아니라 트라우마로 인한 심리적 위기대처역량이 부족하므로 심리적 자본의 강화를 지원해야 한다.

4. 교정사역의 접근법

1) 실천기술론적 접근법

이것은 범죄인 등의 클라이언트에 대하여 교정사역자가 복음의 전도를 통하여 영혼구원과 회심으로 인한 새 삶을 살도록 하는 것을 교정사역의 목적으로 보고 이를 위하여 Case work, Group work 등 교정복지실천기술과 가족치료기법, 교정상담기법, 기독교상담방법론 등 기술적 접근방법의 활용을 강조하는 것으로 교정사역의 미시적 접근법과 상통한다. 보수주의적 교정사역의 입장에서 교정사역을 저해하는 법령과 제도 등의 사회구조적 개혁은 관심의 대상이 아니다. 해방 이후 지금까지 우리나라의 교정사역이 취해 온 접근법은 교정사역자들이 범죄인 등 개인의 구원에만 초점을 두었고 범죄인 등이 자리한 교도소 등의 제도와 법령이 가지고 있는 반(反)교정사역적 측면의 개선에 대해서는 간과하거나 알지 못하였다. 가령, 1950년에 제정된 행형법에는 2007년 이전까지 수용자 등에 대해 교도소에서의 종교의 자유를 법률로 보장하는 규정이 없었다. 그래서 교정사역이 법적으로 보호되지 못하였고 소장의 재량이나 관행에 의해 인정되어 온 재량주의적 성격에 대해 교정사역자들이 아무런 이의도 제기하지 않았다.[13]

2) 정책론적 접근법

이것은 교정사역의 궁극적 목적인 범죄인의 영혼구원과 복음의 내면화는 인정하지만, 구체적이고 개별적인 클라이언트(범죄인)에 대한 실천기술론적 접근보다는 거시적 입장에서 교정사역의 활성화를 저해하는 법령과 제도 등의 사회구조적 왜곡현상의 개선과 개혁을 중시하는 것으로 거시적 교정사역과 맥락을 같이한다. 교정사역을 저해하는 제도적 · 법적 구조에 대해 경로혁신적인 입장에서 개혁적 · 진보적 교정사역이지만, 합리적 · 합법적 · 의회주의적 접근이라는 점에서 급진주의적

13 교도소에서의 종교의 자유는 2007년에 법으로 규정되었다.

접근과는 다르다.

3) 절충적 접근법

이는 범죄인 등의 구원과 회심에 초점을 두는 것이 교정사역의 영역이라고 보고 이의 달성을 위한 교정사역복지실천론 등의 기술적 측면을 중시하면서도 이러한 미시적 교정사역의 실천과정에서 그러한 교정사역을 저해하는 왜곡된 교정제도나 교정 관련 법령, 사회제도 등에 직면할 경우에는 그 사회구조나 법령 등의 개선을 촉구하는 교정사역운동도 겸하는 접근법이다. 이때의 교정사역운동은 개별 목회자의 차원이 아니라 교회나 교단, 기독교 관련 입법단체나 언론 등 잘못된 제도 등에 대해 공중의제화 또는 정책의제화의 능력이 있는 집단을 통해서 하는 것이 효율적이다.

5. 교정사역의 내용

교정사역의 영역은 광의의 교정사역과 협의의 교정사역으로 나뉜다. 광의의 교정사역은 다시 사법사역, 최협의의 교정사역, 보호사역, 피해자사역, 가족사역으로 구분되는데 사법사역이란 원칙적으로는 사법 관련 기관에서의 사역으로 여기에는 경찰사역, 검찰사역, 법정사역 등이 있다. 최협의의 교정사역은 복음을 통해서 교화라는 교정공공재의 생산에 기여하는 활동으로 교도소와 구치소 등 교정시설 수용자와 범죄인에 대한 지역사회에서의 교정사역 및 그들의 가족에 대한 사역을 포함한다. 보호사역은 보호라는 보호공공재의 생산을 복음을 통해서 도모하는 활동으로 소년법상의 1호 처분부터 10호 처분까지의 보호처분엔 소년원, 청소년회복지원센터, 보호관찰소, 민간아동치료보호시설 등에서의 사역과 치료감호소와 사법병원을 포함하는 국립법무병원, 출소자사역과 그들의 가족 등에 대한 사역과 지역사회에서의 보호사역 등을 포함한다. 그런데 보통 교정사역은 협의의 개념으로 사용되며 협의의 교정사역과 보호사역, 피해자사역을 내포한다고 할 수 있다. 한국의

표 2-4 교정사역의 범위

범위 \ 내용	기본적 내용
교정사역개념론	교정사역의 개념, 이념, 역사, 성서적 배경, 접근법, 기능, 종류 등을 고찰
교정사역역사론	우리나라 교정사역의 연원과 역사를 고찰
비교교정사역론	외국의 교정사역의 동향과 시사점
교정사역법제론	교정사역에 관련된 법령, 제도 등을 고찰하여 개선방안을 탐구
교정사역주체론과 객체론	교정사역의 실행주체와 클라이언트(객체)의 종류와 특징 등을 고찰
교정사역영역론	교정사역이 이루어지는 영역과 개입방법을 고찰
교정사역방법론	교정복지와 사법복지의 실천기술론을 교정사역에 접목
교정사역행정론	교정사역기획, 교정사역조직론, 교정사역동작화론 등을 행정학 이론을 원용해서 접근
교정사역경제론	교정사역마케팅론과 경영론, 사회혁신채권론, 수용자와 출소자의 자립을 위한 사회적 기업, 협동조합 등 공공경제론을 교정사역에 원용
교정사역상담론	교정사역에 사용되는 상담의 특징과 기법
교정사역심리론	교정사역에 유용한 사회심리학, 교정심리학, 기독교심리학 등을 모색하여 교정사역에 접목
교정사역프로그램론	교정사역 현장에서 사용되는 체계화된 프로그램을 평가
교정사역커뮤니케이션론	교정사역자와 클라이언트 간에 이루어지는 커뮤니케이션이론을 통해 교정사역의 활성화를 도모
교정사역급여론	급여의 내용인 의복, 급식, 의료 등이 가지는 교정사역적 의미를 고찰
교정사역공학론	교정사역의 실행에서 AI, 로봇 등의 역할과 한계를 고찰
교정사역인문론	인문학을 통해서 교정선교와 교화를 접근
교정사역사례관리론	교정사역에 관한 사례연구를 통해 올바른 사례관리의 방향을 제시
특수교정사역론	외국인수용자, 장애인수용자, 피치료감호자 등 주변부수용자에 대한 교정사역
교정사역발전론	한국 교정사역의 발전론을 교목제도의 입법론 등을 통해 고찰

교정사역의 내용적 범위에는 교정사역개념론, 교정사역역사론, 비교교정사역론, 교정사역법제론, 교정사역주체론과 객체론, 교정사역영역론, 교정사역방법론, 교정사역행정론, 교정사역경제론, 교정사역상담론, 교정사역심리론, 교정사역프로그램론, 교정사역커뮤니케이션론, 교정사역급여론, 교정사역공학론, 교정사역인문론, 교정사역사례관리론, 특수교정사역론, 교정사역발전론 등이 포함될 수 있다. 이를 표로 정리하면 앞의 〈표 2-4〉와 같다.

이를 상설하면 교정사역개념론에서는 교정사역을 신학적인 단일학문으로만 접근한 선행연구와 달리 교정신학의 관점에서 신학 외에 심리학 · 교정학 · 법학 등의 사회과학과, 문학 · 철학 등의 인문학, IT공학 · 의료 등의 자연과학 및 예·체능학의 학제적 관점에서 교정사역 개념과 이념, 성격, 접근법 등을 총체적으로 접근할 수 있다. 그것은 교정사역론이 복합적인 응용과학의 성격을 띠기 때문이다. 교정사역역사론은 일제시대 이후 현재까지 교도소 등에서 행해진 교정사역의 경향과 이념적 특성 및 내용과 그 한계 등이 포함된다. 일제시대부터 권위주의 정부 그리고 민주 정부를 거치면서 교정사역의 성격과 주체의 변화 등을 모색하고 이 과정에서 정치와 언론 등의 외부기관과 종교기관의 관계를 고찰한다. 비교교정사역론에는 기독교 문화권에 속한 국가들에서 행해지고 있는 교정사역의 이념과 모델 및 내용 등이 포함되고 이를 통해 한국의 교정사역에 미치는 시사점을 가지고 한국 교정사역의 방향성에 어떤 영향을 줄 수 있는가가 포함된다. 교정사역법제론에서는 한국의 교정사역의 근거가 되거나 관련된 헌법, 형의 집행 및 수용자의 처우에 관한 법률, 소년법 등을 통해서 교정사역을 저해하는 요소를 찾아 개선방안을 모색하고 교정사역을 촉진할 수 있는 방향으로 관련법들을 고찰하는 방안이 포함된다. 또한 교정사역의 활성화 관점에서 교정사역 관련 제도들의 문제점과 개선방안을 고찰하는 것도 포함된다.

교정사역주체론에서는 교정사역을 실행하는 주체인 교정사역자와 교정사역기관의 종류와 내용, 성격, 실태 등을 고찰하여 문제점과 개선방안을 보완한다. 객체론에서는 클라이언트의 종류와 성격 등을 고찰한다. 교정사역영역론에서는 교정사역이 이루어지는 현장과 개입방법이 포함된다. 교정사역방법론은 교정사역현장에서 이루어지는 교정사역의 실천적 기술론으로 교정복지의 방법론과 사법복지의 방법론, 교정사역의 전략론 등을 말하는데 과학성을 강하게 띤다. 교정사역행정론은 행정학의 행정과정이론을 원용하여 교회나 교단에서 시행하는 교정사역을 교정사역 행정의 관점에서 사역의 목표설정, 정책결정, 사역기획의 작성과 조직화와 사역이 이루어지는 동작화 그리고 행해진 교정사역에 대한 통제이론과 환류로 보아 교정사역의 생산성을 제고하는 것을 말한다. 교정사역경제론은 교정사역은 종교교화에 의한 교정공공재의 생산이라는 공공서비스의 성격을 가지므로 이러한 교정사역공공재에 대한 수요와 공급을 공공경제학적 관점에서 접근하는 것을 말한다. 그러한 공공경제학적 관점에서 교정사역의 생산성을 제고하는 방법과 출소자에 대한 경제적 자립을 위한 사회혁신채권, 사회적 기업론 등을 모색한다. 교정사역상담론은 클라이언트의 특성과 니즈 등에 따라 적절한 상담 이론과 기법을 통해 교정사역에 접근하는 것으로 사역의 과학화에 필수적이다. 교정사역심리론은 기독교심리학 외에 교정사역현장에서 의미 있게 사용될 수 있는 설득심리, 공격성, 동료와 학습이론, 집단심리 등의 사회심리학이론과 교정현장에서 보이는 수용자들의 다양한 교정심리 등의 결합을 통하여 교정사역자가 현장에서 의미 있게 활용하도록 하는 것을 말한다.

교정사역프로그램론에서는 현재 교도소 등에서 행해지고 있는 교정사역프로그램의 내용과 문제점 및 개선방안을 통해서 교정사역프로그램의 방향성을 모색하는 것이 포함된다. 교정사역커뮤니케이션론은 교정사역자와 피전도자 사이의 소통을 커뮤니케이션 이론을 원용해 적용하는 것이다. 교도소에서는 교정사역자는 발신자이고 수신자는 수용자이며 메시지는 교정사역의 내용인 복음화인데 이러한 교도소에서의 커뮤니케이션이 어떤 채널을 통해 전달되고 그 과정에서 메시지의 왜곡이라는 noise(잡음)의 문제, 효과와 피드백 그리고 커뮤니케이션의 심리와 커뮤니케이션의 종류를 통해 교정사역과의 관련성을 밝히는 것을 말한다. 교정사역급여론에서는 교정급여의 내용인 급식, 의복, 의료, 프로그램, 문화 등에 해당되는 단일적 접근이 아닌 교정신학의 관점에서 총체적으로 접근하는 것을 말한다. 가령, 급식을 지금처럼 영양학적인 관점에서 단일적으로 접근하는 것이 아니라 음식의 내용이 영양 외에 수용자의 공격성을 저하시키면서 동시에 종교적 맥락을 가질 수 있는가를 말한다.

교정사역공학론에서는 4차 산업혁명시대의 신기술인 AI, 사물인터넷, 빅데이터, 알고리즘, 로봇 등의 첨단공학이 교정사역에 미치는 영향과 한계가 취급될 수 있다. 감성처리 알고리즘을 내장한 AI가 교정사역에 필요한 빅데이터와 딥러닝을 통해 복음전도에 필요한 여러 제약이 있는 교도소수용자들에게 수시로 복음전도와 설교, 전자심방을 할 수 있는데 아직까지는 AI 등의 유사인격체에 의한 교정사역이 행해지고 있지 않다. 그러나 앞으로 AI의 수준이 초지능시대로 들어서게 되면 적어도 교도소의 교정사역에서는 기존의 종교위원이나 목회자보다 생산성과 효율성이 뛰어날 수 있으므로 이때 AI에 의한 교정사역에 대한 저항과 극복전략이 여기에서 논의될 수 있다.[14] 교정사역인문론이란 시나 소설 등의 문학과 역사, 철학 등의 인문학에 대한 강의를 통해 수용자들의 심성을 순화시키는 것을 말한다. 교정사역사례관리론은 교정사역자가 클라이언트에 대한 사례관리를 교정사역에 맞는 사례관리모델과 사례관리의 실천기술을 통하여, 일반인과 달리 교도소환경 때문에 복합적 욕구를 갖게 된 수용자와 그의 가족이라는 클라이언트에 대하여 상담과 옹호, 적절한 서비스연계를 하는 것을 말한다. 특수교정사역론은 교정사역의 대상자 중에서도 주변부적 위치에 있어 소외되기 쉬운 장애인수용자, 군수용자, 외국인수용자, 치료감호대상자, 트렌스젠더수용자 등에 대한 사역이론을 말한다. 교정사역발전론에서는 한국의 교정사역을 제도적 · 지속적으로 추진하는 데 가장 필요한 교도소 등의 교목제도의 입법의 필요성과 이에 대한 저항과 그 극복전략이 기술된다.

6. 교정사역의 종류

교정사역의 현장영역에 따라 지역사회교정사역, 경찰기관사역, 검찰기관과 법원기관사역, 교정기관사역, 보호기관사역, 피해자센터사역 등으로 나뉜다. 지역사회교정사역은 주로 법사랑위원들이 범죄예방을 위해 우범소년 등을 대상으로 행하는 것이다.[15] 교정사역 내용의 직접성 여부에 따라 직접적 교정사역과 간접적 교정사

14 현재의 설교자에 의한 교정사역은 1주일에 한 번으로 시간과 장소의 제약이 있으나 AI가 교정사역의 실행주체가 되면 수용자는 현재의 설교자에 의한 총집사역 외에도 다양한 시간대에서 쉽게 교정사역을 접할 수 있다. 그러나 이렇게 되면 일부 종교위원 등의 저항이 있을 수 있다.

15 경찰기관사역은 유치장의 피유치인들을 대상으로 하며 또한 경찰에서 구속영장을 청구한 경우에는 판사의 구속영장실질심사가 있고 나서 구속영장의 발부 여부가 결정될 때까지 피의자는 수

역으로 나뉘는데 전자는 수용자에게 복음을 전도하는 일이고 후자는 영치금 지원, 물품 지원, 가족관계회복 지원, 일반상담 등과 같이 복음과는 무관하지만 궁극적으로는 교정사역에 기여하는 일이다. 범죄인의 입소시점을 기준으로 입소 시 사역, 재소 시 사역, 출소 전 사역, 출소 후 사역으로 나뉘는데, 개인사역과 소규모사역은 현재는 거의 대부분 재소 시 사역으로 입소 시 사역은 거의 없다. 구별실익은 수용자가 입소 시 겪는 불안감, 초조감, 분노 등의 구금반응이 대개 입소 초기에 겪는 현상이므로 입소 시 사역이 실시되어 심리적 안정을 도모할 필요가 크므로 개인사역이나 소규모사역이 행해질 수 있도록 제도의 개선이 필요하다. 가령 현재 신입자 교육내용에는 종교사역이 없으므로 이를 포함시키도록 법령의 개선을 촉구해야 한다. 출소 시 사역은 출소예정자가 부딪칠 사회에 잘 적응할 수 있도록 지역교회 등을 소개하는 방안이 필요하다. 교정사역행정의 권한의 집중 여부에 따라 중앙집권적 사역과 자치적 사역으로 나뉜다. 가령 두란노운동본부에서 하는 교도소아버지학교프로그램은 중앙에서 정한 프로그램과 규칙에 따라 진행되고, 자치적 사역은 전국의 수많은 개교회들이 중앙의 통제를 받지 않고 자신들의 프로그램과 기획으로 교정사역에 참여하는 것이다.

교정사역의 시행주체의 인격성 여부에 따라 인적 사역과 물적 사역으로 구분할 수 있다. 인적 사역은 지금처럼 사람에 의해 이루어지는 사역이며 물적 사역은 AI(인공지능), 로봇 등과 같은 유사인격체에 의해 이루어지는 사역을 말한다. 현재는 교도소가 아닌 사회의 일반사역에서도 AI가 제한적으로 사역활동에 이용되는 실정이므로 앞으로 좀 더 AI 기술이 발전하면 AI가 교도소에서도 사역을 실시할 수 있다. AI가 교정사역의 실행주체가 되면 기존의 목회자들의 긴장과 저항이 있을 수 있는데 이에 대한 내용은 교정사역공학론에서 다룰 것이다. 교정사역자의 순수성 여부에 따라 실질적 교정사역과 형식적(명목적) 교정사역으로 나뉜다. 대부분의 사역자는 순수한 소명감에 의해 교정사역에 참여하지만 사회의 특성상 다양한 인간들이 존재하므로 그렇지 않은 사역자도 있다. 형식적 사역에는 지역유지형 사역,

---

갑을 채우고 인치시설인 유치장에서 대기하게 되는바, 유치장사역은 피유치인과 구속영장의 실질심사를 받은 피의자가 그 대상이 된다. 교정기관사역은 주로 교정시설수용자를 대상으로 하며 보호기관사역은 소년원, 보호처분된 자, 치료감호소 등을 대상으로 하고 피해자센터사역은 피해자센터 등 관련 기관의 피해자들을 대상으로 하는 사역을 말한다.

명예형(완장형) 사역, 자신의 특정한 이익을 위해 참여하는 이욕적 사역, 구색맞추기 사역 등이 있는데 형식적 사역도 교정사역에 기여하는 면이 있기 때문에 이러한 형식적 사역이라고 반드시 부정적인 것만은 아니다.[16] 교정사역자의 형태에 따라 피전도자의 의사를 존중하면서 민주적 방식으로 진행하는 민주적 사역과 사역자가 가진 권위에 의해 사역을 주도하는 권위적 사역, 소규모 집단사역에서 피전도자들에 대해 대체로 방임하는 방임적 사역이 있다. 이러한 구분에서 반드시 민주적 사역이 좋고 권위적 사역은 나쁘다는 단선적 접근은 바람직하지 않다. 피전도자의 행태, 환경 등 여러 사정을 감안하여 유형을 결정하는 것이 좋다. 가령 피전도자들이 복음의 내면화가 잘 되어 있고 자치심(自治心)이 강한 자들이라면 민주적 · 방임적 사역이 낫고 피전도자들이 반항적이고 문제수용자라면 권위형 사역이 효율적이다. 사역대상자의 학력계층, 계급, 사회적 지위, 자본의 소유 정도에 따라 엘리트 출신의 수용자나 다양한 자본이 많은 수용자 등에 대한 중심부사역과 그렇지 않고 소외된 수용자들에 대한 주변부사역이 있다. 둘의 구분실익은 교정사역자는 사역자원의 배분에서 주변부사역에 더 집중해야 한다는 것이다.

교정사역프로그램의 반복적 사용 여부에 따라 상용(常用)사역과 단용(單用)사역이 있다.[17] 둘의 구분실익은 사역프로그램의 그레샴의 법칙이 나타난다는 것이다. 악화가 양화를 구축(驅逐, crowding-out)한다는 그레샴(Gresham)의 법칙은 프로그램에서도 나타나는바, 교회나 사역자는 사역환경이 변하거나 대상자의 특성이 다른 경우에는 그때마다 창의적이고 쇄신적 사역프로그램으로 임해야 하나 시간과 비용 문제 등 여러 사유로 과거에 많이 사용한 정형적 프로그램으로 임한다는 것이다. 이것은 사역의 개별화와 효과성을 저해한다.[18] 민영교도소와 같이 교정기관이 직접

16 특히 물품지원 등은 지역유지형이나 명예형 사역에서 많이 이루어지고 출소자의 취업역량의 증대에도 기여하는 면이 있다. 따라서 사회학적 입장에서 지역참여동기의 다양성은 필연적이라는 사실을 수용하는 것이 낫다.

17 상용사역은 사역환경의 변화나 대상자의 특성과 관계없이 항상 일정한 사역프로그램을 계속해서 사용하는 것이고 단용사역은 사역환경이 변하거나 대상자의 특성 등이 다르면 그때마다 새로운 사역프로그램을 만들어 사용하는 것이다.

18 가령 외국인 범죄인이 치료감호대상자라면 사역자는 치료감호의 원인이 된 사유와, 범죄 등의 특색과 해당 문화권의 특색 등을 고려해 비정형적 · 창의적 프로그램으로 사역에 임해야 하나 여러 사유와 관행으로 교도소에 일반 범죄인이 사용한 프로그램으로 임하게 되는 사역의 그레샴의 법칙이 일어난다는 것이다.

교정사역의 실행의 주체가 되는 독립적 사역과 교도소와 외부의 교정사역기관이 협조해서 행하는 협력적 사역이 있다. 교정사역의 정기성 여부에 따라 정기적으로 이루어지는 정기적 사역과, 수시로 행해지거나 1회 사역으로 끝나버리는 비정기적 사역이 있다. 둘의 구분실익은 수시적 사역 또는 1회 사역으로 종료되는 사역은 수용자의 불신을 사는 부작용이 있을 수 있고 그 결과 기독교에 대해 반감을 살 수 있다. 교정사역의 피대상자 수에 따라 개인사역, 소규모그룹사역, 총집사역으로 나뉜다. 개인사역은 수용자와 사역자 사이에 이루어지는 사역이고 소규모사역은 종교실에서 10명 내외의 수용자를 대상으로 이루어지는 것을 말하며 총집사역은 강당에서 많은 수용자들을 일시에 모아 놓고 예배와 설교를 하는 것을 말한다. 현재는 총집예배와 소규모 그룹사역이 중심이지만 사역의 개별화를 위해서는 1:1의 개인사역이 활성화되어야 한다. 교정사역이 이루어지는 영토를 기준으로 국내에서 하는 국내교정사역과 해외에서 행하는 해외교정사역으로 나뉜다.[19]

수용자의 법적 신분에 따라 미결수에 대한 교정사역과 기결수에 대한 교정사역으로 나뉘는데 현재는 교정사역자가 이들을 구분하지 않고 동일한 사역프로그램을 시행하여 사역의 효과성을 저해하고 있다. 미결수에 대한 사역은 심리적 안정, 불안과 공포 등 구금반응의 해소나 경감을 위한 사역이 되어야 하며 형이 확정된 기결수는 교화와 자본역량의 강화를 위한 교정사역이 되어야 한다. 교도소 등 기관에서 인정하는 공식성을 기준으로 종교위원 등이 행하는 공식적 교정사역과 목회자 출신의 수용자나 세례받은 수용자가 교도소 내에서 동료수용자들을 대상으로 실시하는 비공식적 교정사역으로 나뉜다.[20] 또한 사역자의 적극성 여부에 따라 적극적 사역과 소극적 사역으로 나눌 수 있다.[21] 또한 공격적 사역과 방어적 사역으로 나눌 수 있다. 공격적 사역은 타종교신자인 수용자나 타종교기관에서 세운 교정(보호)기

19 최근에 조금씩 증가하는 추세인데 개교회에서 국내의 교도소사역이 여의치 않자 해외, 특히 동남아시아나 아프리카 교도소로 가는 경향이 있다. 개척사역과 때로는 타종교문화권의 교도소로 가는 공격적 사역의 경향도 일부 띠고 있지만 체계적 · 정기적이지 못한 경향도 있다.

20 물론 교도소가 모든 수용자들을 대상으로 실시하는 집중인성프로그램의 하나인 종교교육시간에 기독교교리를 소개하는 것도 공식적 교정사역이다.

21 적극적 사역은 찾아가는 사역으로 비기독교수용자들을 찾거나 이단으로부터 방어하는 사역도 포함된다. 소극적 사역은 관료화된 사역으로 수용자가 원하거나 또는 총집예배 시 찾아오는 수용자들을 대상으로 하는 것을 말한다.

관에 가서 복음을 전도하는 활동이며[22] 상대가 거부함에도 계속해서 전도하는 것이 특징이다. 방어적 사역은 명목상 기독교인처럼 성령이 불충분하거나 믿음이 내면화된 실질적 기독교수용자가 교도소 내에 증가되는 기독교 이단세력으로부터 세뇌되지 않도록 하는 보호적 사역을 말한다. 또한 사역의 긴급성 여부에 따라 위기사역과 일반사역으로 나눌 수 있다.[23] 구별실익은 먼저 위기사역이 필요한지의 여부를 사정(assessment)해야 하고 위기심리 등에 전문성이 있는 위기대응사역자가 대처해야 함에도 관료적 처리로 인한 지연, 전문사역가의 부족, 제도적 미비점 등으로 위기사역이 거의 되지 않고 있어 그냥 일반사역으로 처리한다.

7. 교정사역의 특성

1) 본질상의 특성

(1) 특수사역

한국의 교회가 과거부터 행해 온 사역은 교회의 성장에 기여할 수 있고 홍보효과와 유형적 효과가 가시화되는 도시중심사역, 해외사역 등 중심부사역이었다. 예수 그리스도의 엄숙한 지상명령인 갇힌 자에 대한 교정사역은 교인의 관심이 적고 장기적 · 무형적이라서 사역의 생산성이 적고 교회의 인적 · 물적 · 사회적 자본의 생산성에 기여하지 못한다는 신자유주의적 논리에 의해 항상 후순위로 밀리거나 관심을 받지 못한 주변부적 사역인 특수사역의 성격을 띠었다. 특히 교도소사역은 다

22 앞으로 설치될 불교소년원이나 현재 소년법 제32조 제1항 6호에 의해 설립된 아동복지치료시설 중 원불교에 의해 세워진 시설에 가서 하는 사역과 교도소 등에서도 타종교를 굳게 믿는 수용자에 대한 반복적 · 적극적 사역 등이 그 예이다.

23 구속영장실질심사를 받은 피의자가 수갑을 찬 채로 유치장이나 검찰청 인치시설 또는 법원 내의 인치시설에서 대기하고 있을 때 피의자의 심리적 긴장은 극도의 상태가 되므로 심리적 안정을 도모할 위기사역이 필수적이다. 또한 교도소에서 중한 징벌이나 단식, 난동 등의 위기상태에 있는 수용자에게는 긴급한 위기사역이 필요하며 평시에는 평시처럼 하는 일반사역이 있다. 그러나 평시라도 위기상태가 내재된 경우에는 위기사역이 필요하다.

른 사역과 달리 보안상의 문제, 사역자의 안전에 대한 문제와 사회의 편견 등으로 인하여 교인이나 교회의 참여를 촉발시킬 현실적 동기가 부족하였고 교회의 사역에 관한 순위에서도 항상 후순위로 밀리거나 재정적 지원도 적었다. 사역효과의 계량화가 쉽고 유형화가 잘되며 헌금이 잘되는 해외선교나 군선교, 도시선교 등 중심부사역과 달리 장애인선교나 교도소선교는 사실은 가장 중요한 우선순위에 두어야 함에도 자본화의 논리에 밀려 주변화되었다.

(2) 제3섹터적 성격

행정학이나 공공경제학에서 제3섹터란 공공서비스의 생산에 있어서 관 · 민 합동 생산방식을 말하는데 교도소의 종교교정위원에 의한 교정사역은 민간인인 종교교정위원과 관료제인 교정관료레짐과의 협업에 의해 생산되는 종교적 교정공공재의 생산이기 때문이다. 또한 교도소아버지학교나 교도소어머니학교라는 민간교정사역단체가 교도소와 협력을 통해 교정사역을 행하며 소년원 등의 보호처분기관이나 치료감호소에서 행해지는 교정사역도 마찬가지로 제3섹터적 성격을 지닌다. 특히 교정관료독점레짐의 특성상 낮은 생산성과 비효율성 및 부족한 자본성, 고객(수용자)의 종교적 욕구에 대한 둔감성과 형식주의적 한계를 지닌 공적 · 관료지향적인 종교교화의 단점을 교회나 외부사역단체 등의 비관료적인 민간사역단체가 가진 헌신적 자세, 깊은 소명감, 교회의 풍부하고 다양한 사회적 · 물적 자본, 효율성과 고객민감성 등의 장점이 보완한다. 종교적 교정공공재의 생산에서 이러한 제3섹터적 생산방식은 관료제의 문제점을 보완하고, 교화자는 교정 본래의 목적에도 효율적으로 기여하며 교도소의 부족한 인력과 종교적 자본의 흠결을 보완할 뿐만 아니라 갈수록 다양하고 복잡해지는 고객(수용자)의 기독교 교정사역에 대한 욕구를 충족시켜 교도소의 올바른 문화와 국가재정의 효율화에도 기여한다. 특히 독일과 달리 관료적인 교목제도가 인정되지 않는 한국의 기독교 전파에서는 교도소(국가)의 공공성과 민간부문의 효율성, 생산성 및 탄력성이 결합된 형태로 교정사역이 행해지고 있다. 그러나 수평적 제3섹터가 아닌 관주도적 · 통제지향적 · 부분적 제3섹터 모형이라는 점에서 한계가 있다.

(3) 사인(私人)의 공법행위

공무원이 아닌 종교교정위원이나 목회자, 교정사역자원봉사자 등은 민간인 신분이지만 형의 집행 및 수용자의 처우에 관한 법률 제45조와 동법 시행규칙 제30~34조에 의하여 교화를 위한 수용자의 처우의 하나로 수용자에 대한 교정사역을 공적으로 할 수 있다는 점에서 행정법에서 말하는 교정이라는 공적 행위에서 사인의 공법상 행위자라는 신분을 갖게 된다. 소년법에 의한 보호처분에서도 1호 처분인 청소년회복지원센터(사법형 그룹홈)나 소년의 보호를 위탁받은 종교인위탁보호위원(기독교), 6호 처분인 아동복지시설에서의 교정사역자나 소년원에서의 교정사역도 모두 사인의 공법상 행위에 포함된다. 따라서 민간인 신분이지만 교정사역에서 사인의 공법상 행위자이므로 교정사역이 발생되는 법적 · 경제적 · 인권적 문제가 생길 때 교도소와 교정사역자 사이에 과실의 정도, 교도소의 보안의무 등을 고려하여 배상책임문제가 제기될 수 있으므로 교회나 교단에서 교정사역자를 파송할 때 이에 관한 매뉴얼을 만들어 숙지시켜야 한다.

(4) 복효적(復效的) 행위

행정법에서 복효적 행위란 하나의 행위가 둘 이상의 효과를 가져오는 것을 말한다. 교정사역에서 행하는 복음의 전도라는 사인의 공법상 행위는 형집행법상의 교화는 물론 교도소 내의 질서유지, 건전한 사회복귀의 기초 등 형집행법상의 다양한 공법상 효과를 발생시킨다.

(5) 공공재의 생산

범죄인에 대한 교정사역은 범죄인 교화와 사회안전에 대한 공공서비스의 성격을 가진다. 교정사역의 공공재는 공식적 공공재와 비공식적 공공재로 나뉘는데 공식적 공공재에는 기독교신우회처럼 기독교교도관과 형집행법에 의해 위촉된 종교교정위원이 교도소수용자에 대한 교화와 재사회화를 종교교회(敎誨)에 의해 행한다. 또한 소년법 제32조의 1호 처분에서 법원이 위탁한 종교위탁보호위원에 의한 보호소년의 종교교화와 7호 처분부터 10호 처분에 규정된 소년원이 위촉한 종교보호위원이 행하는 종교교화도 공식적 공공재이다. 이외에 교회가 교도소에 자발적으로 신청한 종교사역이나 출소자에 대한 교정사역 등은 비공식적 공공재이다. 이러한 교정사역의 공공재적 성격은 국방서비스나 치안, 소방 등과 같은 다른 공공안전에 관한 일반공공재와 본질은 같지만 일반공공재의 특성인 비배제성과 비경합성의 정도에서 차이가 있다.[24] 교도소의 교정사역에서는 징벌 중인 수용자 등 특정한 수용자들은 공동예배행사나 목회상담 등에서 제외되므로 그 범위에 배제성이 있고 교회에서 파송된 교정사역자나 종교위원은 교도소에서 목회상담할 수 있는 시간이 일주일에 서너 시간으로 제한되어 있어 모든 수용자들이 대상이 되지 못하므로 약간의 경합성이 작용하게 된다. 따라서 교정신학적 의미에서는 교정사역이 공공재임에도 제한된 경합성과 배제성이 있는 것은 바람직하지 않으므로 이것을 시정할 제도적 조치가 필요한바, 이것은 교정사역법제론의 영역이다. 또한 경찰, 교도관처럼 공공재의 생산에 참여하는 자들에게는 생산의 대가인 생산자잉여(임금)가 주어지나 종교위원 등의 교정사역자에게는 아무런 대가가 없다.[25]

2) 시행상의 특성

(1) 전문성의 부족

한국 교회의 목회자나 교정사역자원봉사자는 교정사역에 대한 소명감과 헌신성은 크나 대체로 인본주의적 성격이 강하여 전문적 교정사역 과정이나 기법 등의 과학성과 전문성이 부족한 편이다. 교정사역의 전문성에는 교정심리, 교정사역상담론, 교정상담복지론, 교정사역사례관리론 등의 전문성에 대한 최소한의 훈련이 있어야 하는데 그렇지 못하다.[26] 수백 개의 개교회가 교정사역에 뛰어들다 보니 비전

24 비경합성은 국방, 치안 공공재를 한 사람이 소비해도 타인의 소비가능성이 줄어들지 않는 것처럼 모든 국민이 동등하게 소비할 수 있는 것이고 비배재성은 세금을 내지 않은 사람이라고 해도 국가가 제공하는 국방공공재의 소비가 가능하다는 뜻이다.

25 종교위원 등이 생산한 교정사역 공공재의 생산자잉여는 교도관에게 전가(轉嫁)된다.

26 가령 교정사역 중에 수용자가 보이는 이상행동에 대한 귀인사정(attribution assessment) 등의 사회심리학적 지식이 있어야 과학적 대처가 가능하나 대개는 보안과에 연락하거나 그렇지 않으면 무조건 기도로 해결하려는 경향이 있다. 또한 자신이 담당하는 수용자에 대해 종교적 의미가 있는 사례를 발견하면 그런 사례에 대한 사례사정과 사례평가를 하는 사례관리론의 기법이 있어

문적 교정사역과 급조된 교정사역이 많았다. 또한 전문성이 강한 분야로 일반사역과 다름에도 교정사역자에 대한 표준화된 인증제도가 없다 보니 진입장벽이 낮아 교정사역을 쉽게 생각하는 경향이 있었다. 또한 종교교정위원 중에는 지역유지형 또는 자신의 명예를 위한 완장형 위원도 있어 비과학적이고 형식적인 교정사역도 있었다. 순수한 종교교정위원이라고 해도 사명감은 크지만 이들을 체계적으로 전문성을 유지하여 교육시키는 제도적 기구도 없고 일부 지역종교교정협의회는 친목화되는 경향도 있었다. 전문성 부족의 근본적 원인은 교회나 교단의 관심 부족, 이에 관한 관련 학계의 노력 부족, 교정당국의 사역의 전문성에 대한 이해 부족과 국가적 무관심 등에 있다.[27]

(2) 보수성과 경로의존성

한국의 교정사역의 전개과정은 수용자의 영혼구원과 복음화라는 개인구원에 치중하여 보수적 · 미시적 교정사역의 성향이 강했다. 국가법과 형집행법 및 주어진 교정제도에 순종적 자세로 임하다 보니 수용자에 대한 복음을 전도하는 데 장애가 되는 법적 · 제도적 문제점에 대한 시정을 요구하거나 교정개혁을 촉구하는 거시적 교정사역에 대해서는 무관심했고 아예 시도조차 하지 않아 개인구원에만 매몰되는 경로의존적(path-dependance) 교정사역으로만 진행되어 왔다. 그러나 교정사역 공공재의 총생산은 미시적 교정사역 외에 제도나 법의 개선을 통한 거시적 교정사역이 추가될 때 훨씬 커지게 된다. 가령, 현재는 형집행법에 의하여 징벌 중인 수용자는 예배나 종교상담이 제한되는데 이는 헌법에 있는 종교의 자유, 내심의 자유를 정면으로 침해하는 위헌임에도 지금까지 잘못된 법에 대한 개정을 촉구하는 교정사역기관은 한 곳도 없었고 무조건 주어진 법에 순종만 하는 체제지향적 교정사역이었다. 이는 그동안 한국 교회가 독재정권의 질서에 협조하고 순종해 온 것과 같은 맥락이다. 문제점 많은 교정사역에 대한 개혁적인 경로혁신적(path-breaking)

야 질 좋은 교정사역이 됨에도 현재는 그렇지 못하다.

27 가령 과거에 존재했던 형목제도가 박정희 정권에 의해 폐지되었으나 교도소 등의 군종제도가 수용자의 교화와 종교사회화, 신앙에 필수적이고 이를 시행하지 않는 것이 위헌의 소지가 있음에도 이에 대해 법적 논리로 군종제도의 필요성을 제기한 학문적 접근은 없었고 그 결과 군종제도의 필요성에 대한 공론화나 정책의제화도 없었으며 현재까지 국가도 방치하고 있다.

교정사역은 거의 없었고 오래전부터 해 온 그 방식 그대로 진행되어 온 경로의존적 교정사역이 현 주소이다.

(3) 개교회중심주의

교회의 교정사역에 대한 관심과 지원이 적음에도 불구하고 진입장벽이 낮고 교정사역 공공재의 생산경비가 낮다 보니 수백 개의 개교회가 교정사역에 참여해 왔다. 물론 대형교회중심의 교정사역도 있고 세진회라는 전문사역기관과 교정사역에 관한 여러 협의회가 한국의 교정사역에 크게 기여해 왔지만 여전히 개교회들이 소명감으로 많이 참여하고 있다. 문제는 가톨릭의 중앙집권적인 통일적 교정사목제와 달리 한국의 교정사역은 개교회나 대형교회, 전문사역기관과 교정사역 협의기구들 간에 협력사역이나 연계사역이 되지 못하고 자치적으로 독립하여 참여한다는 점이다. 그 결과 중복적 교정사역과 교정사역의 지속성 부족이 나타났고 교정사역의 거버넌스적 효과는 저해되었다. 교정사역에 있어서 유익한 사례관리에 관한 정보의 교환이나 축적이 되지 않고 있다.

(4) 관료적 경향

교정사역은 조직과 시행상에서 관료적 경향이 심하다.[28] 교정사역을 담당하는 교회나 관련 기구에서는 교정사역의 기획과 목표설정 및 자원배분 등에서 하향적인 권위적 의사결정이 강했고 조직 내에서도 부서 간 할거주의 경향이 있었다. 급변하는 교정사역의 환경에 동태적으로 적응하지 못하고 기존의 관행 그대로 답습하는 경로의존적 · 보수적 경향이 강했다. 교정사역 자원봉사자의 모집도 폐쇄적인 경향이 컸으며 교정사역의 시행에서는 질보다 양을 중시하는 실적주의, 성과주의, 형식주의, 전시행정적 성격, 할거주의, 동조과잉, 유형적 목표의 중시, 비탄력적 특성, 문서주의 등의 관료적 병리현상이 나타났다. 가령 교회나 교도소아버지학교는 몇 개 교도소에서 몇 명에 대해 사역했다는 양적 관점을 우선시하여 실제로 복음의 내

---

28 관료주의는 교도소 등 국가기관에만 존재하는 것이 아니라 교회나 교정사역 중앙기구 등에서도 존재하는바, 그것은 조직의 특성상 정도와 내용의 차이는 있어도 반드시 어떤 조직이든 존재하는 것이 사회학의 철칙이다.

면화의 정도와 같은 질적 측면은 도외시하고 형식적 성과주의가 지배했다. 또한 우리 교회도 하나님의 지상사명인 교도소사역을 한다는 것을 외부에 알리는 것에 치중하는 전시행정적 교정사역도 있고 개교회중심주의로 독자적으로 활동하다 보니 교회 간이나 교정사역기관 간에 협조를 하지 않고 자기 교회 우선이라는 할거주의가 심하다. 또한 교정사역에서 빵, 떡, 영치금 등의 물질과 상담, 만남, 성경 기증 등은 수단적 성격이고 복음의 내면화와 지속화가 목적인데도 만남의 횟수, 성경책 부수, 물질의 지원이 마치 교정사역의 목적인 것처럼 되는 동조과잉(over conformity)이 심화되었다. 또한 종교교화는 측정도 어렵고 장기간이 소요되다 보니 계량화가 용이한 수단적 교정사역의 부분에 치중하는 경향도 있었다.

(5) 교도관중심주의

한국의 교정사역은 교도소나 구치소 등의 교정시설에만 집중해 왔는데 그 원인은 교도소에 많은 수용자가 있기도 하고, 총집예배처럼 실적 중시의 유형적 효과와 이로 인한 홍보효과가 크기 때문이다. 또한 '갇힌 자'에 대한 복음의 필요성을 언급한 성경의 내용을 물리적 · 장소적 구금시설로만 좁게 해석하여 교도소가 과거부터 교정사역의 상징적 장소가 되었으며 교정사역의 확장에 필요한 인적 · 물적 자원의 부족 등도 원인이 되었다. 이러한 교도소중심주의적 사역으로 인해 전술한 소년법 제32조에 의한 1호 처분인 위탁보호와 6호 처분인 민간아동복지치료시설, 2호 처분부터 4호 처분까지의 수강명령과 사회봉사명령대상자 등의 보호처분대상자, 전자발찌 부착자 등은 교정사역의 사각지대이고 이는 교정사역 이념의 하나인 평등성과 사회적 형평성을 저해하며 교정사역 영역의 다양성과 저변성에 방해가 된다.

(6) 학제성의 부족

교정사역은 전술했듯이 신학의 한 부분이거나 교정학의 한 부분이 아니며 신학과 교정학 외에 법학, 복지학, 심리학, 인문학, 경제학 등의 인문사회과학과 자연과학 및 예·체능학 등을 포함한 학제적인 복합학으로 접근해야 하는 응용과학의 영역이다. 그러나 신학자 중에서도 교정사역학을 연구하는 학자는 거의 없고 법학 등 타 분야의 연구자들도 교정사역에 관해 연구하는 학자는 거의 없어 학문적으로 소외되었으며, 그 결과 교정사역에 대한 이론적 체계의 시도도 거의 없었다. 일부 기독교교도관 출신들에 의해 학문적 체계화의 시도는 있었으나 사실상 학문적 체계성은 미약했고 수필적 성격이 강했다. 이렇게 이론적 체계화가 안 되다 보니 교정사역의 기획이나 시행과정에서 전문성의 부족은 물론이고 학제적 접근도 되지 않아 오로지 예수를 주와 구주로 영접하기만 하면 된다는 종교환원주의적 사역과 물질적, 감성위주의 인본주의적 사역이 교정사역으로 인식되었다. 따라서 교정사역의 효과적 시행에 필요한 심리학, 사회학, 복지학, 가족치료, 교정학, 법학, 사례관리, 상담론 등의 다양한 학제적 배경을 가진 교정사역자들의 참여는 없었고 교회나 교정사역자도 신학적 배경과 접근으로만 교정사역에 참여하게 되어 교정사역의 질과 개별화, 효과성을 저해한다.[29]

29 교정사역상담 중에 여성주의적 상담이 필요한 경우라면 교정사역자가 그것에 관한 전문지식이 있거나 여성주의적 상담전문가의 협력이 필요하다는 인식과 지원이 있어야 교정사역의 개별화가 되는데 사역자가 여성주의적 상담이란 전문기법에 대해 모르거나 그 사례가 여성주의적 상담이 필요한 경우라는 것을 모르게 되면 개별화와 효과성이 저해된다.

참고문헌

글라서, 아서 · 도널드 맥가브란(Glasser, A. and D. McGavran), 1990, 「현대선교신학」, 고환규 역, 성광문화사.

남정우(2010), "명목상 기독교인에 대한 연구," 「에딘버러 세계선교사 대회 100주년 기념 한국대회자료집」, 한국연합선교회.

주현경(2001), "소년법 처우이념에서 교정이념 연구," 고려대학교 석사학위논문.

최희수(2001), "천주교 교정사목의 어제와 오늘," 「범죄방지포럼」 제9호, 한국범죄방지재단.

하도균(2014), 「전도바이블」, 예수전도단.

황세진(2002), "성공회의 교정사목 가능성 연구," 성공회대학교 석사학위논문.

Adams, Don and Joel Fisher, 1976, "The Effects of Prison Residents Community Contacts on Recidivism Rates," *Corrective and Social Psychiatry and Journal of Behavior Technology Methods and Therapy* 22(4): 21–27.

Bales, William D. and Daniel P. Mears, 2008, "Inmate Social Ties and the Transition to Society: Does Visitation Reduce Recidivism," *Journal of Research in Crime and Delinquency* 45(3): 287–321.

Bordin, Edward S., 1979, "The Generalizability of the Psychoanalytic Concept of the Working Alliance," *Psychotheraphy: Theory, Research and Practice* 16(3).

Hairston, Creasie F., 1988, "Family Ties During Imprisonment: Do They Influence Future Criminal Activity?," *Federal Probation* 52(1): 48–52.

Jose-Kampfner, Christina, 1991, "Michigan Program Maker Children's Visits Meaningful," *Correction Today* 53: 130–132.

Landau, Martin, 1969, "Redundancy, Rationality, and the Problem of Duplication and Overlap," *Public Administration Review* 29.

Lewis, Sara, Salina Bates, and Joseph Murray, 2008, "Children of Prisoners-Maintaining Family Ties," *Social Care Institute for Excellence(SCIE) Guide* 22.

Mills, Alice and Helen Codd, 2008, "Prisoners' Families and Offender Management: Mobilizing Social Capital," *Probation Journal* 55(1): 9-24.

Wheeler, Stanton, 1961, "Socialization in Correctional Communities," *American Sociological Review* 26(5).

제3장

교정사역의 선행연구론

1. 개념에 대한 선행연구

교정사역학에서 교정사역(교정선교)에 관한 선행연구들[01]의 역사와 그 내용, 의의 및 문제점을 "교정사역의 선행연구론"으로 하여 고찰하는 것은 교정사역의 이론적·실천적 발전을 위하여 필요하다. 비록 선행연구들의 자료가 오래되긴 했지만 다른 분야와 달리 교정선교 연구에서는 아주 귀중하고 시사점을 줄 수 있는 자료들이다. 왜냐하면 오래전이나 현재, 그리고 미래는 교도소수용자들이 보이는 행태, 구금심리, 습속 등에 근본적으로 차이가 없기 때문이다. 또한 척박한 한국 교정사역 풍토에서 연구자 또는 실천가들이 심혈을 기울여 만든 선행연구들은 한국 교정사역의 사적(史的) 측면에서도 의의가 있다. 교정사역에 관한 연구는 1990년대부터 드물게 조금씩 나왔으며 다른 학문과 달리 다양한 계층에서 연구가 진행되었다. 처음에는 교도소의 교도관 또는 소년원 공무원 등 교정관료와 출소자들에 의한 연구가 있었다.[02] 그 뒤에는 교단, 교정사역기관, 교육학연구자, 상담학연구자, 신학자, 신학대 대학원생, 사회복지연구자 등으로 연구주체가 다양화되어 갔다.

그러나 2019년까지도 여전히 신학연구자와 목회자, 교단 등이 주류를 이루어 범죄학, 교정학, 형사정책, 법학, 경제학, 행정학 등 교정사역과 관련된 다른 분야 연구자의 참여는 거의 없는 학제적 한계를 보이고 있다.[03] 그리고 후술하듯이 교정사역론의 성격은 신학의 한 영역인 단일 철학이 아니며 여러 학문적 접근에 의해서만 이해될 수 있는 응용과학이라는 점에서 단편적으로 접근한 선행연구들은 학제적 한계가 있다.[04] 그러나 선행연구들의 공헌도 많으므로 여기서는 먼저 교정사역에 관한 선행연구들의 내용과 특징 등을 살펴보고 한국의 교정사역에 끼친 공헌과 의의를 살펴봄으로써 현재와 앞으로의 교정사역이 나아갈 방향과 시사점을 모색할 수 있다. 또한 선행연구들에 나타난 문제점들을 학제적·발전적 측면에서 주관적

01 여기서는 교정사역, 교정선교, 교정목회 등을 혼용해서 쓰기로 한다. 연구자들에 따라서 사용하는 용어는 달라도 근본적 의미는 같기 때문이다.

02 교도관이란 기독교인 교도관을 말한다.

03 심지어 이에 관한 실천신학 관련 교수들의 연구도 거의 없다.

04 물론 신학 외에 범죄학, 복지학 등 여러 학문과의 연계를 통한 교정사역의 연구를 제시한 연구들도 있으나 제한된 연계인 점에서 한계가 있다. 이에 대해서는 후술한다.

으로 고찰하고 비판하여 새로운 관점을 제시하는 것도 한국 교정사역의 확장성과 학문성 및 과학화의 측면에서 의의가 있다고 판단되므로 여기서는 선행연구들의 한계를 나름대로 지적하였다.

문장식은 교정선교를 구치소, 교도소, 소년원, 보호감호소 등의 행형시설에 수용된 사람들을 기독교 복음으로 교화시키는 활동이라고 기술하였다(문장식, 2008: 24). 그러나 교정선교의 개념을 관료적 국가시설인 교도소 등에만 수용된 자들을 대상으로 한 것은 고전적 개념으로, 현대 사회의 교정선교의 환경변화에 대응하지 못한 것이다. 왜냐하면 탈관료적인 민간시설(소년법 6호 처분대상자)에 수용된 보호적 · 사회적 · 전자적 감시대상자 등을 간과하고 있는바, 이는 거의 모든 선행연구자들도 마찬가지이다. 이에 대해서는 비판론에서 후술한다. 또한 수용자 개인에 대한 복음의 전도인 미시적 · 개인적 교정선교만 보아 사회적 · 제도적 측면의 교정선교의 중요성은 간과한바, 이에 대해서도 후술한다.

김원문은 선교는 교회를 떠나서는 생각할 수 없고 하나님의 복음을 전파하는 교도소선교란 교회가 사도적 특성을 지키는 가운데 복음을 전파하고 하나님과의 관계가 끊어진 이들을 다시 회복시키는 것이라고 하였다(김원문, 2004: 11). 따라서 김원문은 선교를 복음을 전파하는 일로 보았고 교도소선교의 주체를 교회라고 주장하고 있다. 또한 교정사역의 영역을 교도소로 한정하고 있다. 이는 교정선교의 주체를 좁게 보는 것이며, 또한 교정사역의 영역도 지나치게 좁게 보고 있는 것인데, 교정사역의 영역에는 후술하듯이 경찰, 법원, 검찰 등 여러 영역이 있다.

채한욱은 교도소선교란 긍휼 차원의 구제와 봉사를 포함하여 선교 차원의 사역을 포함하는 것이라고 하였다(채한욱, 2009: 99). 따라서 선교의 개념 안에 사역을 포함시키고 있다. 또한 교정사역의 개념에 사회복지적 차원인 '긍휼차원의 구제와 봉사'를 포함시키고 있어 교정사역의 현실을 반영하고 있다. 그러나 상대를 가엾게 여겨서 도와준다는 '긍휼 차원의 구제와 봉사'는 사회복지에서 대상이 제한된 잔여적(residual)인 고전적 선교방식이고 오늘날의 긍휼적 구제는 선교의 궁극적 목적은 아니다.

교회용어사전에서는 교도소선교(prison ministry)란 교도소재소자들에게 복음을 전하는 일이라고 정의하고 교도소전도라고도 하며 소망교도소(민영교도소)에서 기독교 정신에 입각해 수용자들을 교화시키는 사역이라고 하였다. 따라서 여기에서는 교도소 선교와 전도, 교도소사역을 같은 개념으로 보고 있다. 한국 교회에서 통용되는 전문용어를 정리한 국내 유일의 교회용어사전의 공식성과 권위성에 비추어 교도소재소자로 대상을 한정한 것은 협소한 개념 정의이고 교정선교의 확장성을 저해하므로 개정되어야 한다.

두산백과사전에서는 교도소선교는 교도소를 대상으로 한 그리스도교 선교활동이라고 정의하고 기본원리는 범죄가 하나님과의 단절에서 비롯되었으므로 개인의 구원에 있다고 하였다. 그러나 전술한 바와 같이 교정선교의 영역이 협소하고 그 목적도 개인적 구원에 그쳐 사회적 · 제도적 측면의 교정선교의 중요성을 간과하고 있다.

이정찬은 전도는 국내 거주인에게 복음을 전하는 것이고 선교는 문화가 다른 외국인에게 전하는 것으로 구별하였다. 또한 선교란 복음을 모르거나 조금밖에 모르는 다른 나라들에게 복음을 전하도록 외국에 하나님의 종을 파송하는 것 외에 인간생활 전체를 복음화하는 것이라고 하였다(이정찬, 1998: 37–38). 또한 교정선교의 주체를 교도관과 선교사역자라고 하였다(이정찬, 1998: 350–351). 그러나 선교의 대상을 외국인으로 한정하고 전도의 대상을 국내인으로 하는 구분은 쇄국정책시대의 역사적 개념으로 세계화된 현대에는 맞지 않는다. 또한 복음을 알아도 명목상 신자나 여러 종교를 믿는 혼합주의 신자를 교정선교의 대상에서 간과하고 있다. 또한 교정선교의 주체를 교도관과 사역자라는 공식부문에만 한정해 수용자와 그의 가족(기독교인), 지인 등의 비공식부문에 의한 선교를 간과하고 있다.

최기준은 「교정교육론」에서 교도소 선교와 목회를 혼용하며 교도소목회의 정의를 재소자의 사회복귀를 돕기 위한 것으로 목회에는 전문가(목회자)와 비전문가인 봉사자가 있다고 기술하였으며 교회의 선교대상자로 재소자와 출감자를 들고 재소자란 교도소와 갱생원(갱생보호소)에 수용된 이들로 정치범과 양심범은 제외된다고 하였다(최기준, 2004: 13). 또한 교도소의 수감자에 대한 모든 행정적 뒷바라지와 돌보는 기술을 행형이라고 기술하고 교도소와 구치소, 갱생보호소를 교정시설(기관)로 정의하고 있다(최기준, 2004: 13). 따라서 최기준은 교정목회를 교정사역으로 간주하고 있으며 교도소목회의 주체를 교회로 보고, 대상자에는 정치범과 양심수를 제외한 재소자와 출감자만 포함시켜 소년원, 분류심사원, 치료감호소, 보호관찰소, 소년법의 1호 처분인 위탁보호, 소년법 6호 처분인 아동복지치료시설 등의 보호기관의 교정과 보호를 받는 범죄인에 대한 교정사역은 간과하고 있다. 또한 교회를 교정목회의 주체로 보아 교회에 소속되지 않은 종교교정위원, 기독교자원봉사자, 종교보호위원(소년원), 기독교교도관 등을 간과하고 있다.

박민선은 기독교세계관에 근거한 교정복지개념은 창조-타락-구속의 관점에서 인간의 나아갈 방향을 제시하는 성경적 분석틀과 사회복지의 다양한 행동이론 및 개입기술을 통합해 범죄영역을 재조명하고 이를 인간의 한계와 변화의 문제로 확대해 영성과 이성, 육성의 전인격에 걸친 인간성 회복에 대한 통합적 노력을 찾는 것이라고 하였다(박민선, 2012: 156). 교정선교와 관련된 기독교세계관적 교정복지를 정의한 박민선의 개념은 과학화된 정의로 보이나 클라이언트의 변화만을 추구하는 미시적 측면에 그치고 교정복지를 저해하는 잘못된 제도나 법의 개혁을 촉구하는 거시적 · 사회적 측면을 간과하고 있으며 또한 가해자만을 대상으로 했다는 점에서 가해자의 가족과 피해자를 제외하는 한계를 보이고 있다.

2. 목적에 대한 선행연구

교정선교의 목적에 대해 김원문은 재소자들이 "예수 그리스도로 말미암아 새 피조물(고린도후서 5:17)이 되게 하는 것으로 변화는 예수님을 만날 때만 가능하다."고 주장한다(김원문, 2004: 11).

채한욱은 예수님의 대위임인 제자화(마태복음 28:18-20)하는 것으로 타락한 성품으로 인해 잃어버렸던 참된 자아상을 회복케 하는 것에 그 목적이 있으며 또한 그들을 범죄라고 만든 사회적 책임이 우리들에게도 있다는 사실이라고 주장한다(채한욱, 2009: 68-69). 재소자의 변화는 예수님을 만날 때에만 가능하다는 김원문의 주장은 신학적 의미에서는 타당하나 교정사역의 과학적 입장에서는 그것 외에 성격과 행동변화, 생태계변화, 가족자본 등 다양한 자본의 구축이라는 충분요소가 있어야 한다. 이에 대해서는 후술한다. 채한욱은 교정선교의 목적을 개인적 차원인 '참된 자아상의 회복'에 두어 거시적 측면을 간과한 점이 있지만 동시에 범죄원인의 사회적 책임론도 들고 있다. 그러나 범죄원인에 대한 사회적 책임론을 주장한 채한욱의 주장은 일견 맞는 부분도 있지만 범죄원인의 사회적 환원주의의 일반화는 경계되어야 한다. 그것은 수용자의 개인적 측면을 간과하게 되어 교정사역의 개인사정(assessment)단계에서 귀인오류를 가져오기 때문이다.

사단법인 기독교세진회는 갇힌 형제들(수용자)을 말씀과 사랑 안에서 보살피고 회복시켜서 다시 삶의 자리로 돌아가게 하는 것을 목적으로 하고 수용자의 가족, 피해자들에 대한 복지와 돌봄도 목적으로 하고 있다(세진회 홈페이지). 교정사역의 목적에 수용자의 가족과 피해자에 대한 복지와 돌봄이 들어 있는 것이 기존 연구자들과의 차이점이며 피해자사역의 중요성을 시사하고 있는 것이다. 그러나 '갇힌 자'들을 관료적 국가시설인 교도소 등으로만 한정한 점에서 비판받을 수 있다. 또한 교정선교의 목적을 개인적 회복에만 두어 교도소 등의 수용자의 사역적 회복을 저해하는 법적 · 제도적 개혁을 통한 사회적 구원은 외면한바, 이는 권위주의 정권하인 1968년에 설립된 세진회의 체제순응적 성격에 기인한다.

김수한은 교정사역과 교정봉사를 혼용하며 교정봉사의 목적으로 수감자들을 1:1의 복음전도방식이 아니라 전인적인 치료와 대응모색을 지향하고 나아가 예방효과의 극대화를 통해 자연스럽게 복음전도에도 이바지하고 사회의 구조적 병리현상을 극복하는 것이라고 하였다(김수한, 2015: 104). 김수한의 지적은 교정봉사(교정사역)에 미시적 · 거시적 측면을 모두 포함하고 있지만 교정봉사의 대상에 수용자가족, 사회적 감시대상자 등을 제외하는 한계를 보이고 있다.

엄정순은 교정사역의 목적으로, 범죄는 사회를 반영하는 사회현상이므로 범죄문제에 대한 연구를 통한 대처방안의 반영과 범죄자 개인의 내면의 심리적 상처를 치유하고 대인관계를 회복시키는 것이라고 하였다(엄정순, 2006: 15). 그러나 엄정순 역시 개인적 측면의 치유와 회복을 교정사역의 목적으로 한다는 점에서 기존의 많은 연구자들과 공통된바, 이는 전술한 바와 같이 거시적 측면을 간과하고 있다.[05] 왜냐하면 교정사역의 목적은 범죄와 관련된 클라이언트에게 복음을 전하여 구원하는 미시적 측면뿐만 아니라 복음전도를 저해하는 제도나 법 등의 사회적 측면의 시정까지 포함하는 거시적 측면도 가지기 때문이다.

이인철은 교회의 교정선교의 목적으로 모든 사람이 주를 믿게 하는 생명구원, 사

05 교정사역을 개인의 회심에만 그치는 미시적 성격에 가두는 연구들이 많다(김광수, 2002: 13; 이근섭, 1972: 54; 이정찬, 1998: 14-16).

랑의 실천, 정의의 구현, 평화의 실현을 들었는데 생명구원의 세부적 목표로 재소자들이 회개하고 죄 사함을 받아 의인으로 삶을 살아가도록 하는 인간의 구원, 의식주의 보장, 재소자에 대한 의료적 복지, 교도소 내의 종교교육 등의 교육과 훈련을 들었다. 사랑의 실천으로는 복음 안에서의 변화 가능성, 비밀보장, 적극적 경청, 용서를 들었고, 정의구현의 방안으로는 인권선교, 교정선교에서 평등의 실현, 인간존중, 재소자들이 죄책감과 제도와 구조로부터의 자유를 갖도록 할 것을 들었다. 마지막으로 평화의 실현방안으로 평화를 위한 중재사역, 화해사역, 죄인들의 회개와 책임의 강조 등을 주장하였다(이인철, 2004: 165–174). 이인철의 주장은 개인적 측면 외에 정의라는 사회적 측면도 포함시켜 교정사역의 당위적 목적성에 부합하고 있다. 또한 선행연구들이 간과한 인권선교를 들고 있다는 점도 특징이다. 그런데 이인철은 교정선교를 종교교육의 관점에서 접근하고 있는데 이는 대부분의 선행연구는 물론 형집행법도 같은 관점에 서 있다.[06] 이에 대해서는 선행연구에 대한 비판에서 후술하겠다. 이정찬은 범죄는 하나님과의 단절이 원인이므로 선교의 궁극적 목적은 개인의 구원에 있다고 하였다(이정찬, 1998: 350). 교도소선교의 기본원리는 죄의 자각과 고백이라는 회개를 통해서 구원과 부활, 영생의 믿음과 믿음에 의한 칭의와 부활에 의한 칭의 및 하나님의 후사, 옛 사람의 탈피와 새사람의 확증이라는 성화가 기본이라고 하였다(이정찬, 1998: 319).[07] 그러나 이 역시 교정선교의 사회적 목적성을 간과하고 있고 대상을 범죄인으로만 한정시켰다. 이정찬뿐만 아니라 많은 연구자들이 교정선교의 목적에서 거시적 측면을 도외시하는 것은 관점의 협소함 외에도 오랫동안 권위주의 정권하에서 주어진 제도에 순종하는 문화가 견고하게 작용한 것도 원인으로 추론된다. 그러나 개인사역을 통해서 회심하게 하

06 장지은은 소년원 내에서의 복음전도를 기독교교육의 목적으로 정의하였는데(장지은, 2010) 최기준도 같은 관점이었으며(최기준, 2004) 많은 연구자들이 교정선교를 교육의 관점에서 더 접근하고 있다(서호영, 2018; 권창락, 1998; 이정찬, 1998). 또한 법무부의 보호소년 교육지침과 수용자 교육교화운영지침에서도 수용자에게 종교에 대해 알리는 것은 모두 '교육'의 관점에서 접근하고 있다.

07 칭의란 죄인이 예수를 믿으면 하나님께서는 그를 용서하시고 의로운 사람으로 인정하는 것을 말하고 성화는 소극적으로는 죄에서 비롯된 인간성의 부정이 점차 없어지는 것으로, 죄의 지배 속에 빠져 있던 인간성이 서서히 십자가에 못 박히게 되는 것인데(로마서 6:6, 갈라디아서 5:24) 적극적으로는 영혼의 거룩한 성향이 강화되고 생명의 새로운 방향이 생기는 데 있다(로마서 6:425)고 한다(이정찬, 1998: 322–323).

는 미시적 측면의 복음도 중요하지만 이 경우 전도의 대상은 제한적이라는 한계가 있다. 교정사역을 저해하는 제도의 개혁을 사역의 목적으로 하게 되면 법의 개정, 가령 교목을 포함한 교종제도의 실시를 형집행법에 포함시키면 전도의 대상자 수는 크게 확대되고 사역의 효과성도 훨씬 제고된다는 점에서 거시적 측면의 중요성이 있다.

서호영은 법무부가 실시하고 있는 종교교육 등을 포함한 집중인성교육프로그램(2017년)의 효과성을 분석하면서[08] 준법성, 친사회성, 가족관계, 대인관계, 자기통제력에서 모두 유의미한 결과가 나왔다고 하였다(서호영, 2018: 29).[09] 서효영의 주장은 법무부의 공적 입장과 같은 것으로 교리지도 등 종교적 교육을 '교육'의 입장에 포함시키는 특징을 보인다. 또한 서호영은 종교교육 등의 인성교육의 목적을 민주시민의 자질함양에 두면서도(서호영, 2018: 18) 척도는 준법성, 통제력 등 통제적 · 순종적 내용만으로 하고 있다. 이는 창의성, 자주성, 비판성, 정의와 같은 덕목을 필수적 내용으로 하는 민주시민의 자질함양과는 무관하다.[10]

박민선은 교회의 선교에서 기독교세계관에 근거한 교정복지의 대상을 비행소년과 범죄자는 물론 범법을 하지는 않았지만 건강치 못한 태도와 체질을 가진 사람, 나아가 자신과 세상을 비인격적으로 대하는 죄성(sin)을 가진 모든 사회구성원으로 보고 개입목적으로 행동의 결과가 아닌 동기와 태도의 방향성을 바꾸는 데 관심을 가져 삶의 모든 영역에서 인격적 체질을 만듦으로써 개인과 사회를 건강하게 변화시키는 데 목적이 있다고 기술하였다(박민선, 2012: 158-159).[11] 기독교세계관에 근

---

08 집중인성교육프로그램에는 기본과정(100시간)에 9시간의 종교교육이, 심화과정(220시간)에는 30시간의 종교교육이 포함되어 있어 교리지도 등을 한다(서호영, 2018: 23-24). 종교교육 등이 포함된 인성교육의 목적은 민주시민으로서의 자질함양과 자기개선 의지라고 할 수 있다(서호영, 2018: 18).

09 집중인성교육의 내용에 종교교육이 포함되어 있고 이 중에서 기독교교리 등도 포함되어 그 범위 내에서 교정사역의 성격을 지니므로 교정사역의 목적에 포함하였다.

10 민주성에는 준법, 화합, 공동체정신 등의 내용 외에 전술한 비판, 자주성, 정의 등이 포함된다.

11 박민선은 기존 교정복지와 기독교세계관에 근거한 사회복지를 구별하였는데, 기존 교정복지는 범죄행동에 초점을 두어 결과를 근거로 판단해 예방과 교정에 개입목적을 두었으며 처벌적 측면에 초점이 더 맞추어져 있었다고 주장하였다(박민선, 2012: 158). 또한 기존의 교정복지는 사회의 모순 등 외부요인에 원인을 두었으나 기독교세계관에 근거한 교정복지는 자신의 내부의 비인격성과 범죄성향을 원인인 동시에 일차적 교정의 대상으로 보았고 외부요인은 부분적으로 작용한다고 주장하였다(박민선, 2012: 159).

거한 교정복지를 주장한 박민선의 주장은 창의적 의의를 보이고 있다. 그러나 결정적 문제점은 건강치 못한 태도와 체질 등 범죄와 전혀 무관한 자들도 교정복지의 대상에 포함시킨 점이다. 교정복지의 기본은 종교적 범죄(sin)가 아닌 법적인 세속적 범죄(crime)를 전제로 전개되기 때문이다. 박민선의 주장대로 종교적 죄성(sin)을 가진 자들과 건강치 못한 태도를 가진 자들도 모두 포함시키게 되면 모든 사람이 교정복지의 대상이 되기 때문인바, 그것은 기독교의 원죄론 때문이다.

3. 방법론에 대한 선행연구

김덕환은 교정사역의 방법으로 학과교육의 면에서는 체험교육을, 사회복지적 방법으로는 케이스워크, 집단지도, 지역사회자원조직, 상담자문을 들었다. 체험교육은 사회통합적 방법으로서의 접근, 정적 체험의 방법으로서의 접근, 삶의 세계와 노동과 연관된 방법으로서의 접근을 들고 있다(김덕환, 2008: 71–72). 그러나 교정사역은 교육의 수단이나 체험교육의 방법이 될 수 없다. 이에 관해서는 후술한다.[12] 또한 교정사역방법론으로 일반사회복지론의 방법론을 그대로 원용하고 있다.

오규훈은 교정선교의 대상자를 '가정의 희생자'로 보는 관점과 그들은 자기실현의 욕구와 가능성을 가진 존재라는 관점에서 교정사역의 실제적 방법론으로 일대일 상담보다는 집단상담을 들었는데 이는 같은 시간에 많은 사람들을 상담할 수 있고 교정사역자의 부족을 메울 수 있다. 교정선교대상자들의 근본적 문제점을 고려할 때 집단상담이 효과가 크고 대리가족의 상황을 제공해, 참여하는 사람들은 그 자체가 자기가 성장한 가족과도 같은 관계적 역동을 경험하여 자신이 가정에서 받은 상처가 그대로 드러난다는 점에서 치유의 시작이 된다고 하였다(오규훈, 2008: 77–81).[13] 교도소에서 교정사역의 제한된 여건상 집단상담을 들고 있는 지적은 일

12 교정사역을 종교교육의 입장에서 접근하는 연구로는 이정찬(1998), 권천문(1994) 등 여러 연구가 있다.

13 인간은 자신의 삶을 이야기화하는 경향이 있어 집단상담의 접근방식에는 이야기식 접근이 좋은바, 이를 통해 자신의 가치관 등에 대해 깨달을 수 있고 문제를 외면화시키는 질문을 통해 자책감에서 벗어날 수 있으며 집단상담에서는 한 사람의 외면화된 문제를 해결하기 위해 도우려는

견 타당하다. 또한 소규모 집단상담에서 이야기식의 접근법은 소집단의 클라이언트들에게 의미 있는 역동성을 불러일으킬 수 있으므로 좋은 지적이다. 그러나 집단사역은 클라이언트의 개별적 니즈와 특성에 따라 대응하는 사역의 개별화를 희생시키게 되므로 경제적 관점에 치우친 집단사역의 일반화는 바람직하지 않다. 또한 그는 교정선교의 대상자를 '가정의 희생자'로 일반화하나 이는 사역에서 귀인사정(attribution assessment)의 오류를 가져올 수 있고 그 결과 사역의 형식화를 초래할 수 있다. 또한 집단상담에서는 집단의 특성상 상담에서 과두제의 철칙이 발생해[14] 소수자나 권력이 없는 주변부는 집단상담과정에서 소외되거나 희생될 수 있다.

이인철은 Wagner의 선교전략에 근거해 선교전략의 원칙으로 성경중심의 사역, 사역의 경제적 효율성, 교정시설의 규율과 환경에의 적응성을 들고 사역의 경제적 효율성의 내용으로 실무사역자와 협력사역자의 훈련과 동기부여와 같은 민력관리, 개발의 단계로의 모금과 우선순위에 근거한 지출 등의 재정관리, 투자한 시간의 효과인 시간관리 등을 들고 있다(이인철, 2004: 175-178).

MacDonald는 교도소사역의 실천전략으로 주로 사역자가 주의할 점을 기술한 바,[15] 특히 정기적 방문의 중요성, 사역자의 개인목적을 위한 방문에 대한 경계, 수용자에 대한 절제된 개입과 역량의 한계 인정 등은 우리나라 교정사역에 시사하는 바가 크다. 그러나 실천전략의 기술적 측면만 강조해 방법적 과학성이 부족하다.

최기준은 목회자의 교도소선교방안을 사회복지실천론을 중심으로(최기준, 2004: 101) 기술하였다. 이에 따르면 수용정신, 개체화의 정신, 재소자의 믿음에 대한 인

역동이 일어난다고 하였다(오규훈, 2008: 82).

14 조직학에서는 어떤 집단이든 반드시 소수인 서너 명이 집단을 지배한다는 현상인 과두제(寡頭制, oligarchy)가 발생한다. 사역자가 20명 내외의 수용자와 집단상담 시 소수의 권력적 수용자가 주된 상담의 대상이 될 수 있다.

15 교도소 규정의 준수, 죄수들의 법적 · 재정적 문제에 개입하지 말 것, 죄수에게는 배신처럼 보여질 때가 있으므로 정기적 방문을 할 것, 도덕적인 것과 영적인 것에 대해 이야기하되 성경에 근거해서 할 것, 편리하기와 신속한 답장을 할 것, 교도소제도의 법을 숙지할 것, 성경 보내기, 죄수의 선호와 필요를 알 것, 긍정적 태도로 경청하고 그가 자신을 위한 책임을 받아들이도록 애쓸 것, 종교적인 면으로 너무 빨리 진전시키지 말고 전도는 그 자신이 필요를 나타내고 죄의식을 나타내는 정도에 따라서 행할 것, 그의 죄의식을 현실적으로 도와주되 그의 죄악과 실패들에 대해 옹호하지 말 것, 방문을 자신을 위한 일의 목적으로 삼지 말 것, 무모한 공약의 금지, 돈을 주지 말 것, 자신의 역량의 한계를 깨닫고 자신의 동기유발 원인을 깨달을 것, 판단자가 되지 말 것, 지방교회는 죄수들의 가족을 위해서도 사역할 것 등을 들고 있다(이정찬, 1998: 357-367).

식과 활용을 들고 있다(최기준, 2004: 101).[16] 최기준의 방법론은 실천기술론적 성격으로 심리학적 · 사회복지적 이론에 입각해 목회자가 재소자 1인과의 면접에서 가져야 할 태도의 기술적 면을 서술하였는데 교정복지나 사법복지가 아닌 일반 사회복지실천기술론을 그대로 원용한 점에서 한계를 가진다.

4. 교정사역의 영역에 대한 선행연구

이인철은 교정사역의 영역에 대해 경찰, 검찰, 법원, 교정기관, 보호기관, 민간기관, 지역사회를 들고 경찰단계에서는 유치인과 전경 등에 대한 예배인도와 전도활동 및 경찰 내의 교경협의회와 경목 등과의 협력사업, 검찰단계에서는 선도조건부 기소유예에서의 역할과 피의자를 위한 대변인, 범죄예방위원 등을 들었다. 교정기관단계에서는 교도소생활과 신앙생활에 적응하도록 지원하고 재소자 가족에 대한 지지, 재소자와 교도관의 관계향상 도모, 새로운 프로그램의 개발을 들었고 보호기관단계인 보호관찰소에서 교정사역자는 교육자, 상담가, 치료가, 설교가, 조사가로 역할을 할 수 있다고 하였으며 민간기관단계에서는 출소자에 대한 자원을 연결, 지역사회단계에서는 범죄예방 등을 한다고 하였다(이인철, 2004: 129-145). 법원단계에서는 교정사역의 개입창구가 실제로 없다고 기술하고 있다. 이인철의 분류에서 특징적인 것은 피해자지원센터 등 피해자 등에 대한 교정사역을 간과하고 있다는 것이다. 피해자는 이미 교정복지의 한 영역에 있듯이 교정사역이나 교정복지사역에서 대상이 될 수 있다. 또한 이인철은 보호기관을 소년원, 치료감호소, 분류심사원, 보호관찰소로만 한정하여 소년법 1호 처분인 청소년회복지원센터나 위탁보호위원, 6호 처분인 아동복지치료시설, 보호감호소 등을 포함시키지 않아 이

16 수용정신에서는 인간으로서의 재소자와 행위와의 구별, 상대를 그대로 받아들이는 수용을 하되 용인과는 구별할 것, 비심판적 태도를 가질 것, 이해에 입각해 재소자에 대한 기대를 유지하며 그의 성장을 자극시키고 도울 것 등을 들고 있다(최기준, 2004: 103-115). 개체화의 정신에서는 목회자의 태도는 편견의 이탈, 인내력으로 집중할 것, 사생활 보장, 재소자 사정을 고려한 면접시간의 결정 등을 들고 재소자의 믿음에 대한 인식과 활용에서는 재소자의 심적 장애의 제거, 개별적 차이의 존중, 권위주의적 태도의 경계 등을 들었다(최기준, 2004: 117-128).

들의 중요성을 간과하고 있다. 또한 법원에서 교정사역자가 공식적으로 개입할 수 있는 창구가 없다고 기술하나(이인철, 2004: 136) 통고제도, 화해제도, 청소년참여법정 등에서 개입할 여지가 많다.[17]

최기준은 교도소선교의 영역으로 감금된 재소자들에 대한 선교, 교회가 범죄예방을 모색할 것, 형사상의 정의제도 개선을 들고 범죄예방의 방향은 교회는 교인들이 법을 준수하는 시민이 되도록 격려하고(베드로전서 2: 13-15), 성도의 가족들이 건전하고 안정된 가족이 되도록 돕고 사회를 선교현장화하는 것이라고 하였다(최기준, 2004: 38-43).[18] 따라서 최기준은 선교의 영역에 재소자에 대한 선교와 가족관계 지원 외에 제도개선에 대한 교회의 역할을 포함시킨 것이 특징이다.

이정찬은 교도소선교의 영역으로 재소자의 예배와 교육, 무기수 등의 위로행사, 성경공부, 신앙상담, 신앙서적 기증, 생일잔치, 음식물 제공, 영치금 전달, 편지 전달 등의 시설 내 선교와 출소자 지원, 재소자의 극빈가족 지원, 직업지도, 숙식제공, 결혼주선 등의 사회 내 선교를 들고 있다(이정찬, 1998: 340). 이정찬은 주로 물질이 부족했던 시대의 물질사역에 치중하고 있다. 물론 오늘날의 교도소선교에서도 그러한 구호적(救護的) 선교는 필요하지만 시설 내 선교에 초점을 두어 중간처우자, 귀휴자, 가석방자 등에 대한 사회적 선교나 사회 내 선교를 간과하고 있다.

기독교세진회는 교정사역의 내용적 영역을 교정복지사역, 수용자가족돌봄사역, 교육교화사역, 홍보기념사역으로 나누고 교정복지사역에는 교도소 순회예배, 수용자 지원(영치금), 편지 교류, 출소자 지원, 교정사역자 지원, 도서 지원을 하고 있으며 수용자가족돌봄사역에는 Angel's tree, 가족생활 지원금, 수용자자녀 멘토링,

---

17 통고제도는 소년법 제4조 제3항에 근거해 범죄소년 등을 발견한 보호자 등이 법원 소년부에 직접 통고하는 제도로 이때 사역자가 개입할 수 있는바, 이에 대해서는 후술한다. 화해제도와 청소년참여법정도 판사가 회복적 사법의 관점에서 행하는 것으로 사역에서 중재사역이 개입될 수 있다. 또한 소년법 제1조의 위탁보호절차에서도 사역자가 개입될 수 있으며 법원의 많은 부분에서 사역자의 개입이 가능하다.

18 최기준의 연구는 1985년에 김해교도소와 갱생원의 재소자와 교인을 상대로 한 설문조사를 바탕으로 한 것으로 교인은 목사(전도사), 장로, 권사. 집사, 평신도, 기타로 나누었다. 종교집회에 참여한 재소자를 대상으로 한 연구에서 재소 중 걱정도에서는 가족걱정이 58.44%로 1위였고 재소 중 즐거운 때는 종교집회가 48.05%로 1위인바(최기준, 2004: 93-94), 이는 수용자 가족관계의 회복과 종교집회가 선교에서 중요한 역할을 함을 시사해 준다.

꿈나무수련회, 해외봉사활동, 가족만남의 날 지원 등을 하고 있다.[19]

5. 교정사역의 개선방안에 대한 선행연구

손동신은 교정선교의 문제로 전문성의 부재, 교정선교사역자의 자질과 자격부족, 관련 기관 간의 연계부족과 비체계적인 참여, 교도소 내의 사역에 편중, 교회의 인식부족과 참여의 저조, 교회의 교정사역에 대한 지원체계의 미흡, 교정선교사역에 참여하는 주체들(국가, 교정기관, 사역자와 교회, 선교회) 간의 협조체계의 부족 등을 들고 개선방안으로 전문성의 제고를 위한 교정선교신학의 정립,[20] 관련 기관 간의 협조체제의 구축, 교회의 인식전환과 교회공동체의 교정선교프로그램의 개발, 범죄예방사역에서 출소자사역까지의 단계별 선교프로그램의 개발 등을 주장한다(손동신, 2009: 255-263). 손동신의 지적은 한국 교정사역의 방향을 잘 제시한 점에서 의의가 있다.

채한욱은 교정선교의 문제로 지속성의 부족, 임원중심의 선교, 교도소의 운영을 돕는 간접적인 봉사와 선교, 선교의 비전문성, 선교의 단편성, 선교대상인 수형자에 대해 끝없이 도와주고 봉사하는 차원이라고 기술하고 개선방안으로 긍휼선교방식에서 교화 자체의 독자적 프로그램으로 전환할 것, 교도소와 수평적 · 상호 독립적 관계를 맺을 것, 단편적 도움에서 벗어나 장기적 안목에서 본질적인 문제해결의 방법을 강구할 것, 의타심만 심어 주는 긍휼선교에 한정되지 말고 복음전파와 영혼구원에 힘쓸 것, 선교자의 세심한 감독과 수형자 경험이 있는 사람에 의한 지원의 필요, 출소자에 대한 배려, 훈련받은 소명자를 위한 교정복지학교의 설립 등을 주

19 Angel's tree는 수용자자녀들이 건강한 사회구성원으로 자라나도록 돕는 사역이고 꿈나무수련회는 수용자자녀들이 자원봉사자와 멘토와 멘티의 관계를 형성하도록 하는 것이며 해외봉사는 수용자자녀들이 해외봉사캠프를 통해 자신감과 자존감을 갖도록 하는 사역이다. 교육교화사역에는 교정자원봉사자 양육교육, 화해와 용서 프로그램이 있다. 또한 교정시설 수용자와 가족, 피해자들에 대한 복지와 돌봄의 효과성을 위해 교정자원봉사자의 역량강화를 한다고 규정하여 교정사역의 대상에 피해자도 포함시키고 있음을 알 수 있다(세진회 홈페이지).

20 손동신은 교정선교신학의 기초로 교정위원, 교정공무원(기독교인), 기독교인 법학자, 범죄심리학자, 교정복지학자, 신학자 등의 협력을 들고 있다(손동신, 2009: 261).

장한다(채한욱, 2009: 87–95). 교정선교를 교도소와 수평적 관계에서 행해야 한다는 그의 주장은 교도소에 종속성이 큰 한국 교정선교에 나아갈 방향을 제시한다는 점에서 의의가 있다. 특히 긍휼선교의 문제점을 잘 지적하였으며 수형자 경험이 있는 자에 의한 지원의 주장은 뛰어난 견해이다. 교도소수용자 출신의 목회자가 교정선교에 참여하면 그가 수용자의 심리와 문제점을 잘 알고 있다는 장점 외에도 수용자들에게는 강한 동일시 대상이 될 수 있기 때문에 사역의 효과성이 제고된다.

김원문은 개선방안으로 젊은 신학도와 목회자들의 동참, 지역교회에서 교정전문인 선교사로 파송할 것, 지역교회의 연합으로 출소자 쉼터를 마련, 전문적 교정사역자의 필요, 교정학, 형사정책, 사회복지학, 상담학 등의 학문적 연구 등을 제시하였다(김원문, 2004: 국문 초록). 그러나 젊은 신학도의 동참이란 주장은 일견 타당해 보이나 원숙한 인생경험과 목회경험이 필요한 교정사역의 특성을 고려하면 적절치 않다.

이인철은 한국 교회교정선교의 문제점으로 개인의 영혼구원에 치중해 개인이 처한 사회적 구조의 무시, 개교회중심의 선교사역에 치중해 연합회 차원의 접근 부족, 전문사역자의 부족, 체계적 접근의 부족을 들고 세진회의 문제점으로 이론적 근거의 부족, 미시적 사회서비스 사업에 치중한 정책 등의 거시적 접근 미약, 전문성의 부족, 연합사업의 부족, 교도소중심의 사역에 치중 등을 들고 있다(이인철, 2004: 31–34). 개선방안으로는 개인구원의 초점을 넘어서 사회와 제도 등에 대한 변화를 모색해야 하고 교정사역자 전문양성기관의 설립, 교목제도의 설치, 교도관의 자질향상과 복지개선, 교도소사역자 자질향상, 보호관찰제도의 확대실시, 교정외청과 교정대학의 설립, 재소자 소그룹 모임의 활성화, 재소자가족 지원확충 등을 들고 있다(이인철, 2004: 291–294). 교정사역에서 미시적 접근 외에 거시적 접근을 제시한 것은 교정사역의 나아갈 방향을 알려준 점에서 적절하다. 다만 수직적 지배이데올로기가 지배하는 교정관료제도의 본질적 문제점들이 교정사역에 미치는 부정적 면은 간과하고 있다.

김수한은 교정사역과 교정봉사를 혼용하고 교정봉사의 문제점으로 신학적 성찰의 부족, 개교회중심주의의 확장으로 인한 중복과 과열, 인간의 인격적 변화에 초점을 둔 사역으로 인하여 한국 사회의 제도와 구조변화에 대한 관심의 부족 등을 들고(김수한, 2015: 97-104) 개선방안으로 연합적 사역 등을 제안하였다.[21] 그러나 교정봉사는 가치중립적 용어로 종교적 의미를 내포하지 않고 있다. 또한 그는 연합사역의 당위성과 필요성을 주장하나 실천성을 담보하기 위한 방안을 제시하지 못하고 있다.[22]

엄정순은 교정선교정책의 방안으로 출소자 및 재소자가족의 교회통합적 지원, 출소 후 사회복귀 지원, 기독교교정사회복지전문인을 양성하기 위하여 기독교사회복지학부에 교정복지학과를 설립하고 교정사회복지사의 자격을 부여할 것, 보호적 사회재활 생활관프로그램, 회복적 사법의 치료모델, 성경적 사법의 변화모델 등과 같은[23] 교정선교프로그램을 주장한다(엄정순, 2006: 100-111). 교정복지학과 설립의 주장은 교정사역의 전문화와 관련해서 타당하다. 그러나 교정사회복지사의 자격과 관련되는 교정복지학과의 설치를 기독교사회복지학부로 한정하는 것은 법적 측면과 확장성 측면에서 적절치 않다. 만약 설치한다면 일반사회복지학부에 두는 것이 법적 제도화를 가능하게 하기 때문이다. 이에 대해서는 후술한다.

최기준은 교도소 목회의 문제점으로 교도소 담당목사나 전도사의 자기제일주의로 인해 타 목회자와의 비협조, 교회담임목사의 극히 제한된 활동(일주일에 1회 1시간 예배), 지역교회의 관심 부족, 전도사나 평신도(집사)의 성경과 상담실력의 부족, 지역교회가 성장과 부흥에만 관심을 가져 평신도들의 교도소목회 참여를 교회담임목사가 싫어함, 재정적 문제로 교도소목회를 자원하는 유능한 목사의 결여, 교도소

21 각 교회마다 통합된 매뉴얼의 구축, 봉사자의 차원을 넘어서는 전문사역자의 육성을 위하여 교단을 초월한 유기적인 협력사업, 목회적 전문가와는 구별되는 지역적 평신도 교정봉사전문가의 구축(교정봉사를 종합하고 조정하는 코디네이터의 역할)과 이들 간의 연대적 네트워킹의 강화, 목회자 출신의 교정사역전문가들과 평신도 그룹의 교정봉사전문가들 사이의 배려와 조화, 각 교화와 교단에서의 교정사역을 위한 전문기관의 강화와 재원의 통합과 아카데미와 교단의 소통을 조정하는 교단 내에 전임자의 선발, 교회들이 연대해 수감자의 가족들에 대한 상담과 치료를 위한 센터 구축 등을 들었다(김수한, 2015: 97-104).

22 연합사역이 제도적으로 실천되려면 현재 군종제도처럼 교도소에 교종제도가 법적으로 제도화되어야 한다. 그렇게 되면 합리적 모형에 의해 움직이는 개교회와 신학 관련 학과 및 교단들은 교목(교종)제도에 의해 쉽게 연합하고 네트워킹이 된다.

23 1997년 미국의 교도선교협의회에서 시도한 IFI(Inner Change Freedom Initiative)가 성경적 사법의 변화모델인데 이의 목표는 하나님의 법과 타인의 권리를 존중하며 재소자의 영적 변화가 일어나게 만드는 교정환경을 창조하고 재소자로 하여금 영적 변화가 일어나도록 도움을 주는 데 있으며 IFI에서는 근본적인 삶의 변화는 대인관계의 개선을 통해서가 아니라 오로지 하나님의 능력에 의해서만 가능하다고 하였다(엄정순, 2003: 108).

의 보안상 통제, 교도소들이 계호 등에 신경을 써야 하므로 비협조적, 교도소 내의 작업 성적을 이유로 예배참여자를 제한, 경찰의 출소자에 대한 우범자관리의 문제점 등을 들고 대책으로 교인을 통한 자원봉사자 모집과 교육, 재소자 및 재소자가족과의 결연지속화, 선교기금의 모금, 신학자 외에 기독교인 법학자, 사회학자 등으로 구성된 교도소목회 연구기관의 설립, 취업알선, 교도소목회자 양성을 위한 신학교육과정 신설 등을 주장하였다(최기준, 2004: 134-140). 최기준의 지적은 현대의 교정선교의 문제점을 적나라하게 적시한 것이다. 그러나 교정선교의 활성화에 저해되는 교정독점 관료레짐과 형집행법 등의 문제점에 대한 제도적 · 법적 접근이 없다.

김성기는 교정선교의 개선안으로 교정본부에 교종과(矯宗課)의 신설, 구치소와 교도소의 사회복귀과가 신학영역과 종교의식을 주관하는 것은 비상식적이므로 종교과를 신설해 성직자를 교정공무원으로 채용, 무보수교목제도(교종제도)의 법제화를 주장하였다(김성기, 2015: 16-20). 교종과의 신설을 건의한 김성기의 주장은 타당하며 교종제도의 법제화도 기독교인들의 희망사항이었다. 그러나 현행 교정본부에 교종과나 종교과를 설치하지 않는 것과 교종제도의 미설치가 어떻게 법적으로 위헌인지에 관한 법적 근거를 제시하지 못하고 있다. 또한 성직자를 교정공무원으로 채용하는 것은 평등권을 침해하는 위헌이며 무보수교목제도의 주장도 현실성이 없다. 교목제도(교종제도)가 도입된다면 공무원급여체계가 되어야 하기 때문이다.

김주환은 교도소선교의 문제점으로 교도소 선교사나 종교위원이란 명함으로 생색내기를 하는 사람들로 인한 여러 잡음, 교도소선교를 너무 쉽게 생각하는 경향, 일시적 선교, 먹을 것을 넣어 주면 된다는 생각으로 인한 떡신자의 양성, 형식적이고 일상적인 편지선교 등을 들었다. 개선안으로는 사명감으로 무장된 구원의 확신을 갖춘 용사들로만 구성된 선교사를 교도소마다 파송하여 담임할 것과 교도소선교에는 개인 외에 모든 교회가 동참해야 하며 출소 후 자립기반을 닦을 때까지 계속되어야 한다는 것 등을 들고 있다(이정찬, 1998: 13-16).

김주환의 주장은 그동안 일부 문제가 되었던 선교사나 종교위원의 문제점과 떡신자의 양성, 형식적 선교의 현실을 날카롭게 지적하였다. 그러나 개선방안에서 인적 측면만 중시했고 법적 · 제도적 · 경제적 측면을 간과하였다.

이정찬은 개선방안으로 브라질의 휴마이타 교도소의 특징을 예로 들면서[24] 기독교교도소의 설립, 교정대학의 설립과 교정청 설립, 종교교육을 위한 교목제도의 설치와 교무직의 소장으로의 승진기회 부여, 교도관은 종교인이어야 하며 교도관의 자질의 향상, 형사관계기관의 협력, 교도소 선교센터의 설립, 교회의 교정선교 참여확대, 전문인력 양성, 교도소기독신우회 지원, 출소자 복지시설 확충, 선교기관의 연합체계 구축 등을 들었다(이정찬, 1998: 326–345).[25]

권창락은 교정선교의 진로로 과밀수용의 해결, 교정시설을 기능별로 전문화, 수용자의 외부종교행사에의 참석 허용, 교정에 대한 국민적 관심을 들었다(한국기독공보, 1998.11.7.) 권창락의 주장에서 수용자의 외부종교행사에의 참여를 제시한 점이 특징인데 이는 교정선교의 유사화 원칙에 비추어 바람직하다.[26]

김지명은 교정시설 종교위원의 문제점으로 간혹 있는 부정 연루 등을 들고 일부 종교위원은 규정미준수로 인한 직원과의 마찰, 종교집회나 자매상담 시의 음식물 반입과 관련한 교도소 규정의 미준수, 순수한 열정이 아닌 '본인을 위한 봉사자'로서의 사회적 지위획득에만 치중하는 한계가 있다면서 그 개선방안으로 범죄경력조회 등에 대한 검증을 강화하고 준교정위원제도를 주장하였다.[27] 김지명의 주장은 그간에 문제가 되었던 종교위원과 교도관의 마찰의 원인을 제시한 점과 개선안으로 준교정위원과 종교담당관제를 제시한 점이 특징적이다.

지정수는 고령화시대 진입과 다인종문화의 유입에 따라 교정선교의 당면과제로 과거 소년수형자 우선 지원에서 이제는 고령범죄자 선교대책이 필요하고 급격히 증가하는 이슬람문화권 등의 유입으로 인한 교도소의 과격한 이슬람화의 방지와

24 휴마이타의 특징으로는 재소자들의 자치제 활성화로 재소자들 간에 협동과 신뢰의 관계, 가족과의 유대 강조와 재소자의 재교육과정에 가족이 동참한다는 서약을 통한 입소자격 부여 등이 있다(이정찬, 1998: 326–327).

25 이정찬은 교도관은 지도자, 안내자, 조언자라고 주장하며 하나님께서 수형자를 위해 일하라고 세상에 부르셨다는 응답의 자세인 소명의식이 투철해야 하고 사명감 있는 종교인이어야 한다고 주장하였다(이정찬, 1998: 331).

26 교정선교의 유사화 원칙이란 교도소에서의 선교도 가능하면 일반사회에서의 선교 환경이나 장면과 유사하게 이루어져야 한다는 것이다.

27 교정위원으로 위촉되기 전의 준교정위원에 대한 공모제도의 도입, 종교위원에 대한 지속적이고 체계적인 교육의 실시. 종교담당관의 신설을 제안하였다(김지명, 2018: 83–87). 2012년 교회직이 교정직으로 통합되면서 교회사의 역할을 수행하는 직원이 부재하고 직원부족으로 종교에 대한 이해가 부족한 직원이 종파담당을 하는 경우도 왕왕 있다고 한다(김지명, 2018: 87–88).

이단사교집단의 교도소 유입을 차단하기 위해 형목제도의 부활을 주장하였다(지정수, 2015:12). 지정수의 주장은 시의적절하고 타당하지만 법적 관점이 부족하다. 왜냐하면 이단사교집단과 교도소의 이슬람화의 차단은 교정사역자의 입장에서는 당연하지만 현행법으로는 이단사교집단의 교도소 유입과 그 안에서의 활동을 막을 수 없기 때문이다. 형목제도의 부활이 있다고 해도 그런 유입과 활동은 차단되지 않는다.

6. 교정사역의 선행연구에 대한 비판

1) 대상과 개념 측면

교정사역의 대상자인 '갇힌 자'에 대해 기존의 모든 선행연구들은 교도소와 소년원, 치료감호소 등 관료적인 국가교정시설이나 국가보호시설을 전제로 하여 소년법 제32조에 나오는 제6호 처분인 민간아동복지치료시설 등과 같은 민간보호시설과 소년법 제32조의 1호 처분인 청소년회복지원센터(사법형 그룹홈)와 같은 민간보호시설을 간과하여 그곳에 대한 교정사역의 중요성을 간과했다. 또한 선행연구들은 '갇힌 자'를 관료적인 교도소 등의 교정(보호)시설의 시설적 감시에 의한 '갇힌 자'로 전제하여 관찰감시, 사회적 감시, 전자적 감시에 의해 '갇힌 자'를 간과하고 있다. 성경에 나오는 '갇힌 자'에 대한 복음의 전도에서 '갇힌 자'의 개념은 선행연구들이 기술한 교도소 등의 시설적 감시로 '갇힌 자'에만 한정해서는 안 되기 때문이다.

성경의 '갇힌 자'란 통시적으로 이해해야 하기 때문에 선행연구들이 간과한 인적 관찰감시(보호관찰), 전자적 관찰감시(전자발찌 부착자), 사회적 감시(신상공개대상자), 문화적 감시 등에 의해 '갇힌 자'들도 포함해야 한다. 왜냐하면 교도소 등의 물리적 구금에 의한 시설적 감시 외에 1989년에 기원한 보호관찰 등에 관한 법에 의한 관찰적 감시 및 전자감시와 신상공개명령에 의해 사회적 감시를 받는 자들도 하나님이 말한 '갇힌 자'에 해당된다는 통시적(通時的) 접근이 오늘날 타당하기 때문이다.

전자발찌 부착명령을 받은 범죄자는 보호관찰소의 전자감시를 받는바, 집에 있는 전자발찌 부착자 등의 전자감시대상자는 교도소의 수용자가 받는 다양한 지원과 종교적 · 사회적 지지 등을 전혀 받을 수 없는 교정사역의 사각지대에 있다.[28] 상설하면 성폭력범죄 등 특정 범죄자에 대한 보호관찰 및 전자장치 부착 등에 관한 법률에 의한 경우에 전자발찌 부착명령이 최장 30년까지 선고 가능하다.[29] 전자발찌를 착용한 자는 오랜 기간 GPS 등을 통한 전자감시를 받아야 하고 이 과정에서 그들의 가족은 간접적 전자감시와 낙인을 받고 특히 빈곤가정이거나 독거가족 등의 경우에는 다양한 고통을 겪으면서 하나님의 사랑에 의한 교정사역 등의 지원이 절실히 요구되는 분야임에도 현재는 이들이 교정사역의 관심에서 제외되고 있다.

또한 전자발찌에 의한 전자적 감시대상자는 아니어도 보호관찰 등에 관한 법률 제3조의 대상자는 보호관찰관으로부터 행동감시와 관찰감시를 받으므로 이 역시 실질적인 '갇힌 자'들이지만[30] 교회의 교정사역대상에서 제외되고 있다. 아동 · 청소년의 성보호에 관한 법률에 의한 신상정보공개대상자는 성명, 주소, 사진 등 모든 것이 해당 지역과 학교 등에 공개되어 완전한 사회적 감시를 받는 '갇힌 자'임에도 교정사역의 관심에서 제외되고 있다.[31] 특히 전자발찌와 신상공개가 병과된 대상자는 전자감시와 사회적 감시, 지역적 감시 등을 동시에 받는 중복적인 '갇힌 자'이므로 사회적 형평이념에 의해 더 하나님의 사랑이 필요한 자들이다.

---

28 교도소는 공식적으로 제도화된 교화와 프로그램에 의해 관심과 지원 및 종교적 선교를 받을 수 있고 특히 교회의 풍부하고 다양한 자원으로 수용자가족 지원, 영치금 지원, 목회자들의 선교적 지원 등으로 소외된 수용자도 국가와 교회 등의 관심을 받을 수 있다.

29 부착명령을 선고받지 않은 성폭력 범죄자도 가석방이 된 경우에는 가석방 기간 동안에 필히 전자발찌를 부착해야 하고 부착명령을 선고받지 않은 성폭력 범죄자로 치료감호 중 가종료, 치료위탁되거나 보호감호 집행 중에 가출소가 된 경우에도 전자발찌를 부착하게 할 수 있다. 또한 형의 집행유예를 받으면서 보호관찰이 병과된 경우에는 그 기간 내에 전자발찌 부착의 명령이 가능하다.

30 보호관찰 등에 관한 법률 제3조에 의해 보호관찰을 조건으로 형의 선고(집행)유예된 자와 소년법 제32조 제1항 제4호와 제5호의 처분을 받은 자들이다.

31 해당 지역의 유치원 등 아동보호기관과 학교 등에 대상자의 모든 것이 공개되는 것은 사회 안전을 위해 필요하지만 문제는 교도소에서 교화가 완전히 된 사람도 신상정보공개대상이 될 수 있어 갱생동기가 약화될 수 있다. 이때 종교적 개입이 필요하다.

2) 교정사역의 학문적 성격 측면

교정사역, 교정선교론에 대한 기존의 선행연구들은 거의가 신학적 측면과 교정학적 측면으로만 접근하거나 또는 신학 외에 사회복지학, 심리학, 종교학, 교육학, 범죄학 등의 제한된 인문사회학적 성격으로 접근하여 교정사역론의 응용과학적 성격을 간과하고 있다. 이의 원인은 거의가 신학전공자나 목회자들 및 교도관 출신들에 의해서 연구되어 온 결과이다. 다만 최근에는 신학자 중에서도 교정사역의 학제적 접근을 펴는 사람도 있으나[32] 어디까지나 제한된 인문사회과학적인 범위 내에서의 학제성이라는 점에서 한계가 있다. 왜냐하면 교정사역론은 당위론적 측면뿐만 아니라 본질론적 측면에서 결코 신학이나 교정학의 한 부분이 아니다. 또한 복지학, 상담학, 심리학 등의 제한된 몇 개의 복합된 인문사회학적 성격이 아니라 신학과 교정학, 법학 외에 정치학, 형사정책, 사회학, 복지학, 심리학, 경제학, 경영학, 행정학, 경찰학, 교육학 등의 사회과학과 철학, 인간학, 문학, 역사학 등의 인문과학, AI(인공지능), 로봇론, 건축학 등의 공학과 예·체능론과 디자인론, 의류학, 영양학, 환경학 등의 자연과학 및 의학 등 거의 모든 분야를 망라한 융합적인 응용과학적 접근이 있어야 교정사역을 올바르게 이해할 수 있다는 점에서 교정사역론의 학문적 성격에는 단일학문적 접근이 아닌 응용과학적 접근을 해야 한다.

이는 교정학이 응용과학적 복합학이란 것과 같은 맥락이다. 가령 선행연구들이 간과한 정치학도 한국 교정사역의 이해에서 필요한 접근법이기 때문이다.[33] 또한 앞으로 예상되는 인공지능(AI) 종교위원이 수용자에 대한 예배인도나 종교상담을 한다면 그동안 종교사역으로 종교적 · 경제적 · 사회적 등의 측면에서 이익으로서의 다양한 지대(rent)를 가졌던 기존의 사역자들과 교회가 거부점(veto point)을 가지고 저항을 할 수 있으므로 이때 당국과 교회와의 갈등의 극복전략도 정치적 관점에서 접근할 수 있다.[34] 또한 모든 기독교인들이 희망하는 교목제도(교종제도)를 군목(군

32 가령 손동신의 논문(2009) 등에서 그런 경향이 있다.

33 예를 들어 이승만 대통령이 그 당시 형무소에 갑자기 형목(刑牧)제도를 둔 이유와 그 뒤 박정희 대통령이 그것을 폐지한 이유를 정치적 관점에서 살펴보고 군대의 군종(軍宗)과 달리 지금까지 교도소에 교종(矯宗)제도가 설치되지 않은 이유를 정치입법론적 관점에서 이해하는 교정사역정치론적 접근이 필요하다.

34 '정치학'이란 말은 기존의 거시적 정치개념 외에도 공공영역에서 집단 간 또는 개인 간의 역학관

종)제도와 달리 교도소 등에 법적으로 제도화하지 않는 것에 대해 그것이 헌법의 종교의 자유 등 수용자의 기본권을 어떻게 침해한다는 위헌적 근거를 법적으로 제시하고 동시에 현재 교정사역을 저해하는 조항이 들어 있는 형집행법 등의 문제점을 법적으로 기술하기 위해 법학적 관점이 필수적이며 그러한 법학적 관점이 있어야 교정사역의 발전과 과학성이 담보될 수 있다. 그러나 지금까지 이러한 법적 관점에서의 접근은 한 번도 없었다. 또한 전술한 인공지능 등의 4차 산업혁명시대에 AI를 교정사역에 올바르게 활용하기 위해서는 AI에 관한 공학적 접근이 필요한바, 이는 교정사역공학론의 일부이다. 또한 선행연구들은 수용자나 출소자들의 경제적 자립의 필요성을 기술하면서도 구호적 차원에 그치고 그것을 실현할 경제학 · 경영학적 접근은 없는바, 수용자 등의 자립을 위해서는 복지적 접근은 물론 경제적 접근도 제시되어야 한다. 가령 외국에서 실시하는 사회혁신채권의 발행이나 교정작업의 사회적 기업화, 마케팅 기법 등의 교정경제론적 접근이 필요하다. 또한 사회심리, 성격심리, 귀인심리 등 교정과 관련되는 심리학적 접근은 수용자에 대한 교정사역에서 수용자 사정(assessment) 등 교정사역의 과학화에 필수적 학문이다.[35] 또한 교정사역실천론을 위해서는 교정복지학, 사회복지실천론 등의 접근이 필요하다. 이와 같은 사회과학 외에도 인문과학, 자연과학, 의학, 예술학, 체육학 그리고 또 다른 응용과학 등의 학문이 교정사역론의 총체적 성격을 이해하는 데 필요하다.[36]

계의 작용으로 인한 문제점을 해결하는 미시적 개념도 포함된다.

35 가령 사역자가 상담 시 수용자가 보인 이상행동의 원인을 정확히 찾는 귀인(attribution)을 위해서는 귀인심리론의 기본적 이해는 있어야 한다. 가령 수용자의 범죄원인이나 욕구의 원인이 개인적인지 사회적인지 또는 혼합적인지 등에 대한 정확한 귀인 없이 관행으로 처리하면 귀인오류로 인한 대처의 잘못이 오고 그것은 사역의 신뢰성과 과학성을 저하시킨다. 또한 총집예배에서 목사는 군중(수용자)의 군중심리와 동조성이론 및 집단심리의 특성을 알아야 집합예배의 효과성을 제고할 수 있다.

36 현재 교도소에서 행하는 인문학 강좌도 단순한 인문학적 소개에 그치지 말고 기독교자원봉사자(강사)가 한국 문학 속에 나타나는 기독교적 세계관도 소개함으로써 자연스럽게 문학을 통해 영성을 체험할 수 있다는 점에서 인문학도 교정선교의 매개체 역할을 한다. 사역자가 수용자들에게 주는 빵, 떡, 계란 등의 음식도 그것이 수용자들의 체력을 지원한다는 영양학적 · 복지적 관점 외에도 그러한 음식이 기독교 사상과 어떻게 연관되어 있고 동시에 공격성도 저하시킬 수 있는지 등을 고려하는 총체적 관점이 필요하다. 가령 부활절날에 계란과 떡을 주면서 그것이 가지는 예수 그리스도의 부활을 상기시키도록 한다면 급식 등 음식도 교정선교적 의미를 지닌다. 또한 복합적인 응용과학의 학문적 성격이 있는 죽음학(Thanatology)은 수용자들에게 예수 그리스도

3) 교정사역의 이념적 측면

선행연구들은 거의가 교정사역이라는 공공재의 생산에서 소품종 대량생산, 평등성 이념[37]에 치우쳐 사회적 형평, 가외성, 민주성 등 교정사역에서의 중요한 이념들에 대해서는 거의 이론적 접근이 없다.[38]

4) 교정사역의 영역과 내용 측면

거의 대부분의 선행연구들은 교정사역의 영역을 교도소 등 교정시설에 한정하고 일부 연구에서만 다양하게 접근한다.[39] 또한 그 내용도 수용자와 출소자에 대한 선교 외에 물질적 · 가족적 지원, 경제적 자립 등에 그쳐, 개인 간 또는 사회에서의 신뢰와 조정, 협동, 네트워크(소통력) 등을 함양시키는 사회적 자본에 관한 것은 없고 수용자의 행동과 성격수정에 대한 교화활동이나 교정사역을 저해하는 제도에 대한 개선을 촉구하는 사회적 교정사역에 관한 내용들도 거의 없다.[40] 대부분의 선행연

의 부활신앙을 내면화시키고 동시에 인생에서 분노, 갈등, 공격성 등이 무의미하다는 것과 인생의 소중한 가치를 되새기게 하여 교화에도 기여한다. 따라서 사역자는 죽음학에 대한 기본적 전문성이 있으면 소집단 교정사역, 총집사역 또는 수용자가 사망 시 행하는 관전교회(棺前教誨)에 이것을 활용하면 되나 현재 교정사역에서는 거의 안 되고 있다.

37 제도분석론과 공공경제학에서 말하는 소품종 대량생산은 규격화된 동질의 공공재를 만드는 것을 말한다. 가령 사역에서 수용자의 개별적 특성, 니즈(needs), 생태계의 특성 등 다양한 개체주의적 요소를 고려하지 않고 유형적인 양적 개념에 치우치다 보니 물량 위주의 성과주의가 중요시된다. 가령, 교도소 총집예배 때 수백 명의 수용자가 왔고 교도소아버지학교프로그램을 1년에 몇 명이 이수했는가라는 양적 지표가 중시된다. 사역자가 상담실에서 20명 내외의 수용자들에게 하는 교정사역이나 교도소 강당에 수백 명을 모아 놓고 설교하는 교정사역 모두가 소품종 대량생산적 교정사역이다. 교정사역의 선행연구들도 주로 이런 입장에서 전개하고 있고 평등주의적 이념이 강하다.

38 단기적이고 계량화된 유형적 성과주의에 치중하다 보니 교도소 총집예배에 나올 수 없는 장애인 수용자, 환자수용자, 보안상의 문제수용자 등의 주변부수용자들에 대해서는 교정사역이 거의 되지 않고 있다.

39 손동신은 범죄예방 사역부터 출소자 사역까지를 교정선교의 영역으로 접근해(손동신, 2009: 263) 영역을 다양화시키고 있지만 대부분의 선행연구들은 '교도소 선교' 등으로 하여 교도소 등 교정시설만을 전제로 하고 있어 교정선교의 영역적 한계를 보인다.

40 물론 수용자의 성격과 행동수정은 교도관의 업무영역이지만 관료적 교화 탓으로 수용자들이 종교위원 등에게 더 편하게 접근하므로 종교위원은 수용자와의 상담, 특히 개인상담에서는 선교

구들이 대상으로 한 교도소선교는 수백 개의 기독교 교회 등 관련 기관들이 관심을 가진 데다가 교도소의 종교위원들에 의한 교정사역이 중복적 · 비체계적 · 독립적으로 행해지고 있어 효과성의 문제가 있다. 교정선교의 영역에서도 자본화된 교회들의 관심을 받지 못하는 주변부 영역에 대한 교정사역이 "낮은 데로 임하라."는 예수 그리스도의 가르침에 더 충실한 것임에도 교정선교의 주변부 영역인 소년법 보호처분인 1호 처분에서 청소년회복지원센터나 6호 처분인 민간아동복지치료시설, 부곡병원(국립법무병원),[41] 중간처우센터인 희망센터,[42] 장애인수용자, 환자수용자, 신상공개 명령을 받은 사회적 감시대상자, 전자발찌 부착을 선고받은 전자감시대상자 등은 여러 사유로 인하여 교정사역대상에서 조명을 받지 못하고 있다. 이는 교정사역의 자본화, 교정사역의 관료화, 교정사역의 경로의존화 등의 원인이 복합화된 결과이다.[43]

외에도 수용자가 보이는 왜곡된 성격 등에 대해서는 과학적 접근으로 그 원인을 귀인하고 개입하여 치료하면 교화가 촉진될 수 있다. 또한 그런 과학적 개입을 할 수 있는 곳에 연결사역을 할 수도 있다. 또한 교정공공재의 공생산(共生産)에 입각해 교도관과 사역자가 교화를 공동으로 담당할 수 있고 특히 공식적 교화를 하는 교도관보다는 비공식적 교화를 하는 종교위원이 더 효율성이 있을 수 있다.

41 과거의 치료감호소가 국립법무병원으로 바뀌면서 종전의 공주치료감호소는 공주국립법무병원이 되었는데 이곳은 오래전부터 교정사역이 행해지고 있으나 부곡법무병원은 대상자 수가 적어서 교정사역의 관심을 받지 못하고 있다.

42 출소를 6개월 앞둔 모범수들이 지역사회의 기업에서 일하고 숙식을 제공받는 희망센터가 전국에 있지만 이들은 수가 많지 않아 종교위원이나 교정사역에서 제외되고 있다.

43 교정사역의 자본화란 교정사역에 수반되는 물질 등을 위해서는 교인의 헌금 등 재정이 필요한데 신자유주의의 효율성 이념에 따라 많은 수용자들을 대상으로 예배(선교)효과라는 유형적 · 물량적 효과가 큰 교도소가 가장 큰 교정사역의 대상이 된다는 의미이다. 교정사역의 관료화란 사역자가 수용자 개인의 복음화의 정도가 얼마나 되었는가 하는 질적 측면은 도외시되고 사역의 대상자 수와 사역횟수라는 유형화되고 계량화된 양적 측면에 더 치중하는 것을 말한다. 경로의존화(path-dependence)란 사회정책학의 용어로 한번 정해진 것에 대해서는 그 주어진 경로에 따라 계속 행해진다는 의미로 과거에 교정사역이 교도소선교로 정형화되다 보니 수많은 세월이 흘러가도 여전히 교도소라는 시설적 구금대상자들을 교정선교의 대상으로만 알고 행해진다는 의미이다.

5) 교정사역의 방법론과 접근법 측면

교정사역의 방법론에는 복지적 방법론, 상담론적 방법론, 심리적 방법론이 포함되는데 선행연구들의 대부분은 교정사역의 접근법에서 개인적 회심을 목표로 실천기술론적인 미시적 접근을 위주로 하여 사회복지론의 전통적 접근법인 개별지도, 집단지도, 지역사회의 조직화 등의 방법을 주로 사용한다.[44] 그러나 교정사역의 복지적 방법론은 일반인을 상대로 하는 일반사회복지 방법론만으로는 부족하고 범죄와 관련된 사법복지, 교정복지, 보호복지, 피해자복지의 실천기술론적 방법론이 더 적절함에도 대부분의 선행연구들은 일반사회복지적 방법론을 원용하는 것에 그치고 있다. 이는 상담론도 마찬가지인데 현대 사회가 복잡다원화됨에 따라 범죄원인도 다양해지고 상담이론도 고전적인 것에서 벗어나 젠더적, 여성주의상담 등 새로운 기법이 필요함에도 불구하고 아직 대중적인 고전적 기법에 많이 의존하고 있고 상담이론도 일반적 상담이론을 많이 원용해 교정복지나 사법복지 상담론에 적합한 선행연구는 거의 없다. 심리적 방법론도 과학화된 선행연구는 부족하다. 교정사역 심리에서는 사회심리, 성격심리, 이상심리, 종교심리, 학습이론, 교정심리, 관료(교도관)심리 등의 방법론적 지식이 중요함에도[45] 이런 접근은 부족하며 또한 심리치료 방법론이나 임상심리 방법론적 연구는 거의 없다.

또한 많은 선행연구들은 교정선교(사역)를 종교교육으로 보아 교육적 관점에서 방법론을 전개하고 있다. 그런데 교정문헌에서 사용되는 '종교교육', '종교지도'라는 말들이 종교의 자유나 교정교화와 뒤섞여 있고 종교교회라는 이름으로 행해지는 교회활동은 종교의 자유를 침해할 소지가 있다는 주장(이호중, 2003: 81-82)이 있듯

44 전술한 최기준(2004: 101-115), 김덕환(2008: 70-72) 등의 연구에서 나타난다.

45 교정사역의 방법론에서 특히 수용자의 공격성, 귀인(attribution)이론, 친사회적(prosocial behavior) 이론, 동조(conformity), 집단심리, 설득심리, 편견심리 등에 관한 교정사회심리학적 접근은 중요하다. 사역에서 수용자의 행동에 대한 정확한 귀인을 해야 하고 소규모 사역에서 발생하는 집단심리와 동조 등을 알고 종교에 대한 편견을 가지는 불신자의 심리 등에 대한 이해가 필요하기 때문이다. 또한 수용자가 사역자에게 보이는 반동형성, 동일시, 감정전이, 합리화 등의 방어기제에 관한 이상심리적 이해가 있어야 복음의 내면화를 가로막는 부적절한 방어기제의 해체를 지원할 수 있다. 또한 구금시설에서 오는 구금반응과 시설화에서 나타나는 수용자의 심리 등에 관한 교정심리와 교정사역을 지켜보는 교도관 등의 관료심리에 대한 이해가 있어야 사역의 효과성이 제고된다.

이 교정선교를 교도소의 종교교육의 관점에서 동치하는 것은 종교와 교육의 이념의 차이를 간과하고 수용자를 객체화 · 순종화 · 통제화시키고 법적 기본권을 무시하는 것이다. 종교법의 영역인 종교활동과 형집행법, 교육기본법 등 세속법의 영역인 '교육'은 기반과 이념 자체가 완전히 다르다. 왜냐하면 종교는 개인의 자율성에 근거하여 의무성은 없지만(헌법 제20조) 헌법 제31조에 있듯이 세속법적인 교육은 자주성 · 권리성 외에 의무성을 전제로(교육기본법 제8~10조) 하기 때문이다. 지도(指導)도 대상자의 의무성을 전제로 대상자를 어떤 목적에 따라 가르치는 것을 말한다. 수용자의 종교는 결코 교육이나 지도의 수단이 될 수 없고 종교 그 자체가 목적적 활동이기 때문이다. 선교(宣敎)는 종교를 널리 알린다는 안내와 홍보의 개념이지 대상자의 의무성을 전제로 하는 교육이나 지도와는 패러다임 자체가 다르다. 그럼에도 형집행법과 수용자교육교화운영지침에서는 수용자의 신앙생활을 지도, 교육교화의 범주에 넣고 있다.[46]

실무에서도 종교를 인성교육의 하나로 보고 교도소가 공식적으로 모든 수용자를 대상으로 실시하는 집중인성교육의 내용에 종교교육, 종교지도를 포함시켜 수용자의 기본권적 종교의 의무를 전제로 하는 '교육'에 포함하고 있다. 특히 일반사회나 학생을 대상으로 한 교육과 달리 교도소의 교육은 강제적 · 수직적 질서이데올로기가 강하게 내포된 것으로 자율성과 주체성을 전제로 하는 신앙생활과는 비친화적임에도 교육이란 명목하에 신앙을 지도하고 교육한다는 것은 법적으로는 위헌이며 정치사회적으로 보안질서의 강화를 위한 국가의 상징폭력이다. 더군다나 교화포퓰리즘[47]에 의해 종교도 교화의 하나로 여기는 수단적 접근은 종교를 모독하고 수용자를 타자화 · 객체화 · 종속화시켜 형집행법 제1조에 규정된 '건전한' 사회복귀 이념을 저해시킨다. '건전한' 시민으로의 복귀는 주체성과 민주성을 전제로 하기 때문이다. 종교생활의 결과 수용자가 재사회화되는 경우는 많지만 그것은 결과적 의미로 다른 영역이다. 교화는 가치중립적 성격으로 영성 등 종교적 가치는 박제(剝除)되기 때문에 교정선교를 교화 또는 교육적 관점에서 접근하는 것은 바람직하지 않

46 형집행법 시행규칙 제30조, 제31조에서 '교리교육'으로, 수용자교육교화운영지침에는 신앙생활이 교육교화운영의 내용으로 되어 있다.

47 어떻게 하든 수용자가 교화되기만 하면 범죄로부터 사회가 안전해지므로 대중들이 좋아할 것으로 알고 행해지는 정책이다.

다. 따라서 교정사역은 선행연구나 교정법령처럼 수직적 지배이데올로기가 내포된 종교교육으로 동치해서는 안 되며 수용자의 주체성과 자유성, 시민성이 전제된 '종교안내', '종교홍보', '종교활동의 보장' 등의 개념으로 접근해야 한다.[48]

6) 한국 교정사역의 개선 측면

첫째로 기존의 모든 선행연구들은 공통적으로 한국 교정사역(선교)의 문제점으로 교정사역의 전문성의 부재를, 개선방안으로 전문성의 제고를 들고 있다.[49] 한국 교정사역의 개선방안으로 모든 선행연구들이 들고 있는 교정사역의 전문성의 제고에는 동의하지만 선행연구들이 간과한 것이 교정사역의 인본성이다. 사역자가 전문성만 있고 인본성이 없다면 사역의 효과는 떨어진다. 왜냐하면 사역자가 사역의 효과성을 제고하기 위해서는 철저한 성경 위주의 신본성(神本性)과 사역의 전문성 외에 사역자의 인본성이 필수적이기 때문이다.[50] 사역자가 교정사역에서 복음을 성경적 입장에서 전하는 신본적 태도는 필수인데 그런 신본성 외에 인본성이 없이 전문성으로만 무장된다면 사역의 과학화는 충족되지만 사역의 인간화가 결여되어 오히려 사역의 부작용이 더 클 수도 있다.[51] 왜냐하면 구금된 수용자들은 전문적 · 이성적 측면보다는 진실하고 감성적 태도에 더 동조하고 친화동기를 가지기 때문이다.[52] 특히 이러한 사역의 인간화는 청소년 범죄인에게는 특히 중요하고 또한 교도

48 물론 종교교육이 강제성이 없다고 해도 언어심리학에서는 언어가 주는 상징이 언어 수용자에게 특정 가치에 대한 이념을 심어줄 수 있다는 의미에서 학술적 차원에서는 구분하는 것이 낫다.

49 주로 교정사역(자)의 전문성이 필요하다고 주장을 한다(손동신, 2009: 261; 채한욱, 2009: 87-95; 김원문, 2004; 이인철, 2004: 31-34; 김수한, 2015: 97-104; 한국교정선교회, 1998: 320-335; 엄정순, 2006: 101-111; 이정찬, 1998: 326-345).

50 인본성은 인본주의 모델로 사역자가 수용자에 대해 가지는 따뜻한 마음, 공감하는 능력, 배려심과 감정이입능력, 상대를 수단이 아닌 목적으로 대하는 태도, 일시적이 아닌 계속된 관심 등을 말한다. 흔히 '인간적'이란 말과 통한다.

51 가령 사역자가 교정선교의 전문적 기법과 과학적인 귀인능력 등을 가지고 사역에 임해도 따뜻함이 없는 형식성, 공식성, 감정중립성, 절차성, 지시적 태도 등으로 대하면 수용자, 특히 인간적 정에 대한 니즈(needs)가 강한 수용자에게는 그런 사역의 효과성과 지속성이 낮다. 특히 전문적 사역을 해도 1회의 사역으로 끝나버리면 수용자는 수단화된 느낌을 가지게 된다. 사역자의 형식적, 차가운 전문성은 오히려 성경과 연합되어 지각되게 할 수 있다.

52 물론 지나친 감정이나 동정심을 자제하는 등의 절제된 인본성이 필요함은 물론이다.

소 수용자 중 중(重)구금수용자나 문제수용자, 무연고 등 여러 자원의 부족으로 소외된 수용자들에 대한 교정사역, 특히 개인사역, 소규모 그룹사역에서는 더욱더 필요하다. 사역의 전문화와 사역의 인간화 모델의 역동적 복합모델로 수용자의 특성에 따라 적정한 복합모델을 적용하는 전략이 필요하다.[53] 이것의 교정사역 행정론적인 시사점은 교도소에 파송할 사역자나 교정사역자의 양성과 채용, 배치에서 사역의 전문성과 인본성을 동시에 갖춘 교정사역자를 발굴하고 양성 및 적절히 배치하는 과학적 인력관리가 필요하다. 따라서 전문성만 있는 사역자나 인본성만 있는 사역자는 교정사역자의 바람직한 모형이 아니므로 인본화된 전문사역자, 전문화된 인간적 사역자의 양성과 훈련 및 파송이 필요하다.

둘째로 많은 선행연구들이 개선안으로 교목제도의 설치를 들고 있으나 법적 · 정책적 측면에서 실천방안을 전혀 제시하지 못하고 당위적 차원의 구호적 언급에 그쳐 공론화되지 못하고 있다. 또한 교목제도보다는 교종(矯宗)제도의 설치를 주장해야 공감을 얻는데 이마저도 안 되고 있다. 군대의 군종제도와 달리 교도소에 교목을 포함한 교종제도를 실시하지 않는 현 정부의 정책은 헌법과 형집행법 등에 어떻게 위배된다는 법적 측면을 제시해야 이것이 공론화되고 정부의 정책의제에 포함이 될 수 있다.

셋째로 일부 연구들은 교정선교에서 젊은 신학도와 목회자의 동참을 주장한다(김원문, 2004). 이는 일견 타당한 면이 있으나 교도소는 군대 등 다른 시설과 달리 중년 이상의 수용자가 가장 많고 4, 50대의 수용자가 다양한 사연을 가진 곳이다. 따라서 젊은 사역자보다는 인생의 실패와 고난 등 다양한 경험을 가진 중년 이상의 사역자가 교정사역의 효과성을 제고할 수 있으므로 젊은 사역자들을 중심으로 사역이 되어야 한다는 주장들은 타당하지 않다.[54]

---

53 가령 평소 가족과 소통이 많아 인간적인 감성적 욕구가 부족하지 않은 수용자에게는 전문성이 보다 강화된 사역자 모형이 필요하고 무연고 등으로 감성적 욕구가 강한 소외된 수용자에게는 인본성이 보다 강화된 사역자 모형이 필요하다. 따라서 사역에서 전문성과 인본성은 모두 필요하지만 두 가지의 비율은 수용자의 특성에 따라 배합비율을 달리 하는 역동적 복합모델이 필요하다.

54 특히 20대 젊은 신학도는 사역의 전문성과 열정이 구비되어도 다양한 고난의 사연들을 가진 중년 이상의 수용자들에게는 이론적 사역에 그칠 수 있다. 그러므로 다양한 실패와 역경, 대처기술을 가진 중년 이상의 목회자가 사역하게 되면 수용자는 동일시할 수 있어 복음의 내면화가 더 촉진될 수 있다.

넷째로 선행연구들은 교정사역의 경제학적 접근이 부족하다. 거의 모든 선행연구들은 선교기금의 모금, 교회의 재정적 지원의 확대 등을 주장하나 구호적 차원에 지나지 않고 경제적 실천방안에 대한 연구가 거의 없다. 교정사역에서 핵심적 요소 중의 하나가 교정사역 재원의 지속적인 안정적 구축이다. 교정사역 재원의 확보를 위해 과거의 잔여적(residual) · 감성호소적 차원에서 제도적 · 과학적 재원관리가 필요하다. 교정사역 재원을 지속적 · 안정적으로 확보하기 위해 사역마케팅기법을 도입하여 잠재적 후원자들을 개발하고 창출하는 전략이 필요하며 또한 사역재정도 완전 공개해 재정의 민주성을 공개하고 연말마다 사역예산을 편성할 때도 점증적 예산방식에서 벗어나 ZBB(영점기준예산) 등 획기적 예산제도를 채택해 재정의 건전성을 확보해야 한다. 동시에 사회혁신 채권의 발행, 출소자 협동조합, 사회적 기업 등에 관한 실천방안도 필요하다.

다섯째로 일부 연구들은(김지명, 2018: 83-87) 종교위원 위촉 시 범죄경력 조회의 강화를 주장했는데 이는 교정선교의 심리적 측면에서는 적절치 않다. 이는 사실상 전과자를 배제하자는 것이다. 그러나 범죄경력자라고 해도 종교생활과 출소 후 모범적 생활로 재사회화에 성공한 경우에는 오히려 적극적으로 종교위원으로 영입하여 교정선교를 하게 하면 수용자들에게 강한 동일시 효과를 나타내어 종교와 재사회화에 대한 강한 동기부여를 발생시켜 교정선교의 효과성을 제고하게 된다.

여섯째로 선행연구들은 교정사역의 문제점으로 사역자의 부족, 교회의 무관심 등을 지적하는바, 그런 지적은 타당하지만 문제는 공식부문에서의 사역(자)만 보아 수용자나 교도소 내의 비공식집단, 수용자 가족 등의 비공식부문에 의한 사역을 간과하여 교정사역의 사회학적 접근이 부족하다. 비공식부문에 의한 교정사역공공재의 생산성은 때로는 교회에서 파견한 사역자나 교도소종교위원에 의한 그것보다 더 클 수 있다.[55] 따라서 교도소수용자들 중에서 복음이 잘된 수용자를 종교위원이나 교회에서 보조사역자로 삼아 같이 교정사역에 임하면 교정사역 자원도 풍부해지고 공식부문 사역의 부족한 점을 비공식부문의 사역이 보완하는 효과가 있어 훨

55 가령 총집예배에 수백 명을 대상으로 한 목회자의 1시간 정도의 공식적 설교를 통한 복음의 전도보다 하루 24시간 내내 같은 거실에서 생활하는 동료수용자에 의한 지속적인 생활화된 복음의 전도는 더 설득력이 클 수 있다. 또한 수용자와 신뢰관계에 있는 가족이나 지인에 의한 선교도 수용자에 따라서는 더 효과성이 있다.

씬 효율적이다.[56]

일곱째로 교정사역자, 종교위원, 교정자원봉사자 등 교정사역에 관련된 인력관리의 선행연구가 거의 없다. 교정사역의 성패는 사실상 교정사역자의 역량에 달린 만큼 인사행정 측면에서 교정사역 인력관리는 매우 중요하다. 선행연구들은 주로 사역자의 자질부족을 문제점으로 들고 사역자의 전문성을 개선안으로 제시하나 그것은 사역의 과학성과 연관되고 사역자의 사기, 동기부여, 리더십, 모집 등에 관한 사역인력정책이 부족하다.[57]

---

56 수용자 등의 비공식부문에 의한 사역자는 교회 등 공식적 사역자가 미처 알지 못하는 사역의 현실적 문제점과 수용자의 종교적 애로를 잘 알 수 있고 이를 목회자에게 전달할 수 있다.

57 사역인력정책에서는 기존의 소극적 인사행정에서 벗어나 적극적 모집, 교육훈련을 이용한 능력발전, 인사권의 분권화, 사기앙양, 동기부여 이론에 입각한 관리 등의 적극적 인사행정이 되어야 한다. 또한 파송된 사역자들과 자원봉사자들이 사역의 동작화의 효율성을 위해 적절한 리더십, 생산적 커뮤니케이션, MBO(목표에 의한 행정관리), 적정한 보수 등 경제적 대가와 후생제도 그리고 사역자들 간 또는 교회와 사역자 간, 사역자와 보조자 간의 갈등관리 등의 과학적 인력기법이 필요하다.

참고문헌

권창락(1998), "수용자 교화와 교정참여 역할," 「기독교세진회 창립 30주년 기념 세미나자료집」.

권천문(1994), 「교도소 선교방법론」, 나단.

김광수(2002), "범죄방지 및 범죄인교화를 위한 현장의 소리," 「범죄방지포럼」 제11호, 한국범죄방지재단.

김덕환(2008), "생명살림회복을 위한 교정사역자의 역할," 「2008년 장로회 총회 교정선교수련회 자료집」, 장로회 총회 국내선교부.

김성기(2015), "교정선교 법제화의 필요성," 「제99회기 대한예수교장로회 총회 워크샵 자료집」.

김수한(2015), "교회의 사회봉사자로서 교정사역을 통한 신앙성숙과 교회활성화에 관한 연구," 장로회신학대학교 박사학위논문.

김원문(2004), "교도소 선교에 대한 방법론," 총신대학교 석사학위논문.

김지명(2018), "민간단체의 범죄자 처우에 관한 연구에 대한 토론문," 「아시아 교정포럼 춘계학술대회 자료집」, 아시아 교정포럼.

문장식(2008), "총회교정서교활동과 발자취," 「2008년 장로회 총회 교정선교수련회 자료집」, 장로회 총회 국내선교부.

박민선(2012), "교회의 사회복지 참여 및 발전방안에 관한 연구," 「신앙과 학문」 17(3), 기독교세계학술관 동역회.

서호영(2018), "수형대 대상 인성교육 프로그램의 효과성 연구," 「아시아 교정포럼 춘계학술대회자료집」, 아시아 교정포럼.

손동신(2009), "한국교회 교정선교 사역에 대한 평가와 제언," 「선교신학」 제22호, 한국교정선교신학회.

엄정순(2006), "기독교 교정사역에서의 용서," 감리교신학대학교 석사학위논문.

오규훈(2008), "상담을 통한 교정선교활성화의 과제,"「2008년 장로회 총회 교정선교수련회 자료집」, 장로회 총회 국내선교부.

유용원(2014), "교정행정발전을 위한 교정위원의 참여와 역할,"「교정연구」제64호, 한국교정학회.

이근섭(1972),「교도소 선교」, 새가정,

이인철(2004),「교정선교와 한국교회」, 쿰란.

이정찬(1998), "교도소 선교 어떻게 할 것인가: 이론과 실제," 한국교정선교회, 베다니출판사.

이호중(2003), "행형에서 종교의 자유,"「교정」제329호, 법무부.

장지은(2010), "소년원 청소년 교정을 위한 기독교 교육방법 및 프로그램에 관한 연구," 장로회신학대 석사학위논문.

지정수(2015), "교정선교의 당면과제,"「제99회기 대한예수교장로회 총회 워크샵 자료집」.

채한욱(2009), "웨슬리 복음주의 운동에 근거한 한국의 교정선교," 협성대학교 석사학위논문.

최기준(2004),「교정교육론」, 장로교출판사.

Gospel Today(2019.3.14.), "나는 교도관이라는게 너무 좋다."

한국기독공보(1998.11.7.), "교정선교의 과제."

기독교세진회 홈페이지.

법무부 홈페이지.

소망교도소 홈페이지.

아시아교정포럼 홈페이지.

한국예장통합 홈페이지.

제4장 교정사역법제론

1. 교정사역법제론의 의의와 헌법에서의 교정사역적 의의

교정사역이란 사역자가 하나님의 복음을 전도하여 수용자 등의 클라이언트가 구원받게 하는 것으로 수용자 등 클라이언트는 헌법의 종교적 자유권에 의해 누구든지 복음을 전도받을 권리가 있다. 따라서 수용자 등의 클라이언트가 교도소 등에서 기독교를 믿고 예배 등의 종교의식을 할 수 있는 것은 헌법상 권리이면서 동시에 천부인권적 권리로 그 자체가 개인의 행복추구권과 직결되는 목적적 권리이지 어떤 목적이나 이념의 수단은 결코 아니다. 따라서 여기에서 교정사역법제론이란 교정사역과 관련되거나 또는 교정사역을 저해하여 궁극적으로는 수용자 등 클라이언트의 헌법적 권리이면서 천부인권인 기독교 등의 종교적 신앙권을 침해하거나 침해할 수 있는 모든 법령을 검토하여 문제점과 개선방안을 서술하는 영역이라고 할 수 있다.

이러한 교정사역법제론은 한국의 교정사역에 관한 선행연구에는 전혀 없던 분야로 선행연구자들이 간과한 분야였다. 이의 원인은 교정사역(교정선교)연구자들이 주로 교정사역의 목적을 개인의 회심이나 구원 등 미시적 측면에 둔 결과 교정 관련 법이나 제도 등의 개혁을 통해 교정사역에 접근하는 거시적 측면은 무관심했던 데 그 원인이 있다. 또한 거시적 측면에서 교정사역에 접근한 연구자들도 신학적 관점에 치우치다 보니 법학적 · 정책학적 관점이 부족했고 정치적으로는 오랜 권위주의적 독재정권에 영합해 온 한국 교회의 보수성의 결과로 순종주의가 내면화되어 제도개혁적 접근이 부족한 것도 원인이었다. 물론 사역자가 1명의 클라이언트에게 복음을 전하여 내면의 회심을 촉구하는 미시적 교정사역도 중요하지만, 교정사역을 저해하는 법령과 제도의 문제점을 입법적 · 사회적으로 지적하여 개선시키는 거시적 측면의 교정사역은 미시적 교정사역보다 교정사역의 대상자 수나 그 효과면에서 비교도 안될 만큼 엄청난 결과를 가져온다는 점에서 거시적 교정사역의 접근이 중요하고 그런 맥락에서 교정사역법제론의 연구론적 의의가 있다고 할 수 있다.

따라서 여기에서는 선행연구들이 간과한 교정사역법제론을 통하여 교정사역과 관계되거나 의미가 있는 법령들을 찾아서 검토하고 그것들의 교정신학적 의미를 되새겨 교정사역을 저해하는 법령들의 문제점을 지적하고 개선방안을 독창적으로 제시하고자 한다. 교정사역법제론은 헌법의 교정신학적 의미, 교정과 관련되는 법령과 보호와 관련되는 법령 및 경찰 · 검찰 · 법원과 관련되는 법령 및 피해자와 관련되는 법령 등에서 교정사역적 의미가 있거나 교정사역을 저해하는 문제점과 그것을 통한 개선방안을 찾는 것을 그 영역으로 한다. 특히 교정사역법제론은 교도소와 구치소, 치료감호소, 소년원 등 교정시설과 보호시설의 수용자들에 대한 교정사역에서 중요한 영역이다. 교정시설 등에서의 교정사역자가 무교 또는 타종교의 수용자들에게 기독교의 복음을 전도하고 선교하는 행위는 헌법상 모든 국민에게 보장되는 종교의 자유의 한 내용이기 때문이다.[01] 그런데 현실적으로 그동안 교도소 등에서의 교정사역은 주로 기독교인 수용자들만을 대상으로 한 총집예배 등의 소극적 선교였으며 기독교 이단 또는 무교, 타 종교를 믿는 교도관이나 수용자들에 대한 적극적 선교는 거의 없었다. 물론 교도소 등의 교정시설은 일반사회에서보다는 일반적 선교의 자유에 제약이 있으나 선교의 자유는 헌법상 종교의 자유 중 한 내용이므로 사역자는 법적 관점을 숙지하고 형집행법의 테두리 내에서 적극적 선교의 자유를 누릴 수 있다. 동시에 형집행법 등의 관련 법령에서 종교의 자유에 관한 내용 중 선교의 자유 등 교정사역적 논점이 있거나 교정사역을 저해 또는 촉진할 수 있는 법령을 찾아 그것의 개혁을 촉구하는 거시적 교정사역에도 관심을 가져야 한다. 물론 이 과정에서 인권침해적 사역이 있어서는 안 된다.

교정사역과 관련되는 헌법의 내용에는 제20조에 "모든 국민은 종교의 자유를 가진다."는 규정과 "모든 국민은 인간으로서의 존엄과 가치를 가지고 행복추구권이 있으며 국가는 개인이 가지는 불가침의 기본적 인권을 확인하고 보장할 의무를 진다."(제10조)라는 규정이 있다. 이는 교도소수용자라는 특별권력관계에 있는 자라도

01 헌법 제20조 제1항에 규정된 국민의 종교의 자유에는 종교를 믿거나 믿지 않을 자유, 자신이 믿는 종교를 선교할 자유, 종교교육의 자유, 종교적 집회, 결사의 자유가 있다(김철수, 2004: 665-666). 여기에서 신앙의 자유는 내적 자유이므로 법률로도 제한할 수 없으나 선교의 자유와 종교교육의 자유 등은 상대적 자유권으로 헌법 제37조 2항의 일반법률 유보사항에 의해 법률로써 제한될 수 있는바, 가령 형집행법이 그것이다. 여기서 선교도 종교의 자유권의 내용이므로 교도소 등에서 교정선교의 대상은 갇힌 자들 외에 교도관도 포함이 된다. 왜냐하면 기독교로 선교된 교도관이 수용자에게 선교할 수 있기 때문이다. 이에 대해서는 후술한다.

수용자의 신앙의 자유는 절대적 기본권이며 헌법적 권리 이전에 누구도 침해할 수 없는 천부인권적인 권리이므로 이러한 신앙의 자유, 신앙 내심의 자유, 신앙 형성의 자유는 보장되어야 하고 교도소(국가)당국도 이를 보장할 의무를 진다는 의미이다. 수용자라도 종교를 신봉하는 경우는 그것이 행복추구권의 한 내용이기 때문인데 다만 종교행위의 자유도 행복추구권이지만 법률로 제한이 가능한 상대적 기본권인바, 이에 대해서는 후술한다.

또한 "모든 국민은 종교 등 모든 영역에서 차별받지 않는다."(제11조)는 규정은 교도소는 종교에 대해서 가치중립적이어야 하므로 교회법에서는 이단인 기독교 이단세력들도 세속법인 헌법 등의 영역에서는 다른 종교와 마찬가지로 국가나 교도소로부터 차별받지 않는다. 이것의 교정신학적 의미는 기독교 이단세력들이 교도소에서 합법적으로 종교활동이 보장되므로 기독교인 수용자들에게 기독교 교리를 비판하면서 개종을 권하는 권리도 교도소당국은 그것이 교정질서에 위배되지 않는 한 보호해야 할 의무가 있다. 따라서 특히 믿음이 약한 기독교인 수용자의 보호전략이 필요하다. 후술하듯이 종교행위의 자유의 하나인 선교의 자유는 헌법상 종교의 자유에 속하므로 증가되는 기독교 이단세력들이 기독교인 수용자나 타 종교수용자들에게 자신들의 종교로 개종을 권하는 것에 대해서 교도소당국은 제지할 헌법적 근거가 없다. 물론 역으로 목사 등 외부의 사역자나 기독교를 믿는 수용자들도 기독교 이단이나 타 종교를 믿는 수용자들에게 기독교 이단을 비판하고 개종을 권하는 선교의 자유도 합법적 범위 내에서 인정되므로 교정사역은 기독교 이단으로부터 기독교인 수용자들을 보호하는 방어적 교정사역과 동시에 강의나 유인물배포 등의 방법으로 무교나 타 종교의 수용자들에게 기독교교리를 알리는 적극적 선교를 인권적 기초 위에서 행할 필요가 있다.

또한 "모든 국민은 종교의 자유를 가진다."(제20조)고 규정된바, 헌법의 종교의 자유는 보통 내심의 자유인 신앙의 자유와 종교적 행위의 자유로 나뉜다. 후자에는 보통 선교의 자유와 종교교육의 자유 등이 포함된다.[02] 헌법 제20조의 교정사역적 의의는 모든 국민은 종교의 자유의 하나인 선교의 자유가 있으므로 외부의 목회자, 기독교교도관, 기독교수용자 모두가 기독교를 교도소 내의 수용자, 소장, 교도관

02 내심의 자유인 신앙의 자유는 절대적 자유이며 그 자체가 목적적이다. 종교의식의 참여와 같은 종교적 행위의 자유는 교도소에서는 질서유지를 위해 제한을 받는다. 이에 대해서는 후술한다.

등에게 전도할 기본권적 자유권을 가진다. 다만 교도소라는 영조물에서 오는 한계가 있으므로 목사, 교도관, 수용자가 기독교를 전도 시 상대의 의사에 반해서 계속된 전수를 하면 상대의 신앙의 자유와 사생활권을 침해할 수 있으므로 법의 준수와 교도소의 특수성을 감안하여 행해져야 한다.[03]

또한 수용자를 포함한 모든 국민은 원칙적으로 예배 등의 종교의식과 교리지도 등의 종교적 행위의 자유권이 있으므로 교도소 내의 수용자들도 총집예배 등의 종교의식에 참여할 기본권이 있다. 다만 헌법상 일반법률 유보조항이 있지만 이 경우에도 종교의 자유의 본질적 내용은 침해할 수 없다. 헌법 제37조 2항에서 "국민의 자유와 권리는 국가안전보장 · 질서유지 또는 공공복리를 위해 필요한 경우에 한해 법률로써 제한할 수 있으며, 제한하는 경우에도 자유와 권리의 본질적인 내용은 침해할 수 없다."라고 규정하고 있다. 그런데 종교의 자유, 선교의 자유를 형집행법에서나 실무상 소장의 재량사항으로 두는 경우가 있어 교정사역자의 선교의 자유와 수용자의 종교의 자유가 제한되는 경우가 있다. 따라서 사역자는 형집행법의 조항들 중에서 교정사역을 저해하는 법령이 있다면 그러한 법령이 종교의 자유의 본질적 내용을 침해하는지에 대해 알아보고 개정을 촉구해야 한다.

2. 교정 관련 법령에서의 교정사역적 의의

1) 형의 집행 및 수용자의 처우에 관한 법률

교도소에서 기독교 등 종교의 자유가 법률적 · 공식적으로 인정된 것은 2007년에 개정된 형집행법(형의 집행 및 수용자의 처우에 관한 법률)부터였고 해방 이후 2007년 전까지는 수용자의 종교적 자유는 법률로 편입되지 않고 실무상으로만 인정하여

03 목회자만 교도소사역을 할 수 있는 것이 아니고 수용자도 가능하며 또한 기독교교도관이 수용자에 대해 교정사역을 하지만 그 반대로 수용자가 무교나 타 종교의 교도관에게도 전도를 할 수 있는데 기존의 교정사역은 주로 목회자가 수용자에게 하는 것으로 한정된 문제점이 있다. 헌법상 선교란 반드시 목사 등의 교회법적 자격을 필요로 하는 것은 아니고 자신이 믿는 기독교의 교리를 알리는 것도 해당된다.

문제점이 있었다.[04] 2007년에 형집행법에 인정된 종교의 자유와 내용은 지금까지 그대로 이어오고 있는바, 여기에서는 오늘날 형집행법의 교정사역적 의미를 살펴본다. 먼저 형집행법의 목적으로 제1조에서 "수형자의 교정교화와 건전한 사회복귀를 도모하고 수용자의 처우와 권리에 관해 필요한 사항을 규정한다."라고 되어 있다.[05] 형집행법 제1조의 교정사역적 의미는 수용자가 교도소에서 기독교 등의 사역을 받아 신앙의식과 신앙활동을 하는 것은 헌법상 권리이면서 천부인권이므로 이는 형집행법 제1조의 '수용자의 권리'에 관한 영역이다. 다시 말해서 수용자가 사역자로부터 복음을 전도받는 등의 모든 종교적 행위는 권리적 차원이고 동시에 수용자의 교도소 내에서의 종교의식과 종교활동도 기본권적인 자유권의 영역이다. 그것은 형집행법 제1조의 목적인 교화나 교정의 수단이 아니며 더군다나 교도소의 처우(treatment)의 수단도 아니다. 그런데 문제는 후술하듯이 교정실무나 교정 관련 법령에서는 수용자의 종교생활은 교화나 교육, 처우의 수단적 차원으로 되어 있다는 것이다. 종교생활은 그 자체가 목적적이며 수단적 개념이 아니다. 물론 수용자가 종교생활의 결과로 교화가 잘되었어도 그것은 결과적 측면으로 다른 영역이다. 이에 대해서는 후술한다.

---

04 형집행법의 시초는 1950년에 제정된 행형법이었다. 이때는 기독교 등 종교의 자유에 대해 법률에 규정이 없어 법적으로는 종교적 무시단계였다. 다만 실무상으로 종교활동이 허용되었으나 법률적 근거가 없다 보니 기독교수용자 등 종교를 가진 수용자들은 법적으로 종교가 보장되지 않아 종교적으로는 불안한 위치였고 소장의 자유재량에 따라 교도소마다 종교활동의 범위가 달라지는 등의 문제점이 있었다. 그 뒤 1961년 1차 개정 때 "수형자가 특별교회(教誨)를 청원하면 소장은 위촉하여 교회를 할 수 있다."라는 자유재량 조항을 두었으나 수용자가 아닌 수형자에 한하여 종교교회가 가능했고 그것도 소장의 재량 사항이었다. 그 후 2007년 이전까지도 종교의 자유는 법률로 인정되지 않았다. 그런데도 교정사역은 있었다. 1950년대부터 2007년까지 교도소에서 교정선교를 하던 교정사역기관과 교회 등 종교기관이나 교정선교연구자들도 이런 문제점을 지적하지 않았다. 인권운동사랑방 등 인권단체에서 종교의 자유가 법률로 보장되지 않는 문제점들을 지적하는 등 민주화 분위기가 되자 응보적 잔재가 남았던 행형법을 2007년에 형집행법으로 개정하면서 종교의 자유를 법률로 인정하게 되었다. 이때부터 종교의 자유의 내용도 종교행사 참여, 종교서적 소지, 종교상담 등으로 구체화되었다. 종교의 자유가 법률로 편입되면서 종교의 자유가 보장되었지만 여전히 소장의 재량행위로 두는 조항도 있다.

05 수용자란 형이 확정된 수형자, 사형수 그리고 구속된 피고인으로서 재판을 받고 있는 미결수용자, 재산형인 벌금과 과료를 완납치 못해 환형처분을 받아 교정시설에 수용된 자, 양육비 채무자에 대한 이행확보의 조치로 교도소에 가두는 감치의 명령 신청을 규정한 양육비 이행확보 및 지원에 관한 법률 등 여러 법률과 적법 절차에 의해 교정시설에 수용된 자를 말하는 것으로 수형자와는 다른 개념이지만 수형자를 포함하고 있다. 목적에서 처우와 권리를 구분하고 있다.

또한 "수용자의 인권은 최대한 존중되어야 한다."(제4조)라는 규정은 수용자의 종교적 기본권이 존중되어야 한다는 의미이지만 '최대한'이란 개념모호적인 자의적(恣意的) 규정 때문에 교정사역이 저해될 수 있다. 수용자의 기본권 중에서 합리적 제한이 가능한 통신의 자유 등과 같은 상대적 기본권은 그렇다 치더라도 내심의 자유인 신앙의 자유는 반드시 보장되어야 하는 절대적 기본권이기 때문이다. 또한 "수용자는 합리적 이유 없이 종교 등을 이유로 차별받지 않는다."(제5조)라는 규정은 헌법의 평등권 이념의 반영으로, 교도소는 3대 종교 외에 기독교 이단의 종교적 자유도 인정한다는 의미이다. 실제로 기독교 이단세력들이 최근 교도소에서 많이 활동하는데 이들도 평등조항에 의해 그들의 종교생활이 보장된다. 따라서 제5조의 교정사역적 의미는 사역자가 교도소 내의 수용자, 특히 믿음이 약한 기독교수용자들을 이단으로부터 보호하는 차원의 방어적 교정사역의 중요성을 시사한다. 또한 "수용자는 교정시설 안에서 실시하는 종교의식에 참여할 수 있고 개별적인 종교상담을 받을 수 있으며 신앙서적 등을 소지할 수 있다."(제45조)라는 규정이 있다.[06] 이 조항의 문제는 보안논리에 의해 교정시설 밖에서는 종교의식에 참여할 수 없다는 것으로 이는 사회유사화 원칙에 반한다. 따라서 모범수 등으로 형기가 얼마 남지 않은 수형자는 시설 밖에서의 종교의식에 참여하도록 해야 하는바, 그것이 사회적응을 촉진시킨다. 또한 희망센터 등 지역사회의 기업체에서 일하고 거기서 숙식하는 중간처우대상자는 수용자의 신분이므로 법적으로는 교정시설 밖에서의 종교의식에 참여할 수 없고, 그렇다고 교도소로 가서 종교의식에 참여할 수도 없는 사각지대에 있으므로 예외조항을 두어 일정한 경우에는 교정시설 밖에서도 참여할 수 있도록 하는 법의 개정이 필요하다.[07]

또한 단서조항에 의해 종교의식 참여권, 종교서적 소지권, 종교상담을 받을 권리가 교화나 건전한 사회복귀, 시설안전이라는 막연한 개념으로 제한할 수 있다는 것

---

06 "이러한 권리는 수형자의 교화나 건전한 사회복귀를 위해 필요한 때이거나 시설의 안전을 위해 필요한 때는 제한할 수 있다."(제45조 제3항)라고 규정되어 있다. 따라서 제한규정은 수형자에 한한다.

07 중간처우인 희망센터는 남성모범수에 한해 출소 후 사회적응력을 제고하기 위해 지역사회의 기업체에서 일하고 거기서 숙식하게 하는 사회 내 처우로 젠더불평등적이다. 수용자의 신분인 점에서 형집행법의 적용을 받지만 수용자 사회복귀 지원지침에서 종교행사의 참여에 관해서는 사회견학 규정을 적용토록 한다.

은 사실상 종교의 자유권을 침해하고 동시에 기본권을 국가안전보장 등을 이유로 제한해도 그 본질적 내용은 침해할 수 없다는 헌법 제37조를 위배한다. 소장의 자유재량에 의해 '교화나 건전한 사회복귀', '시설안전'이 (자의로)해석되므로 수용자는 종교적으로 불안정한 위치가 된다. 수용자가 성경 등의 책을 소지하고 사역자로부터 종교상담을 받는 것은 헌법상 종교의 자유의 본질적 내용이므로 어떤 제한 사유로도 침해할 수 없다. 따라서 단서조항을 "명백하고 현존하는 위험이 있는 극히 예외적인 경우에만 제한할 수 있다."로 개정해야 한다.

또한 제108조에는 수용자에 대한 징벌의 종류를 규정한바, 여기에서 30일 이내의 공동행사 참가 정지, 30일 이내의 집필 제한과 편지수수 제한 및 접견 제한, 30일 이내의 금치규정은 교정사역적 논점이 있다.[08] 징벌수용자라고 총집예배에 참여하지 못하게 하고 성경필사 등의 종교적 집필을 금하며 종교인 등과의 접견과 편지수수를 제한하는 것은 헌법상 종교의 자유의 본질적 내용을 침해한다. 또한 과잉금지 원칙에도 어긋나므로 징벌 중이라도 총집예배 참여나 종교인과의 접견과 편지수수는 허용하도록 개정해야 한다. 교정시설 내에서의 종교행사 참여규정은 UN 피구금자 처우에 관한 최저기준규칙 제42조에도 나와 있듯이 원칙적으로 수용자에게 예외를 두어서는 안 된다.[09] 징벌위원회의 구성(제111조), 가석방심사위원회의 구성(제120조)과 적격심사(제121조)[10] 교정자문위원회의 구성(제129조)은[11] 교정사역적 논점이 있다. 왜냐하면 현재의 규정에 따르면 징벌위원회, 가석방심사위원회, 교정자문위원회에서 외부위원의 위촉요건이 모두 '교정에 관한 학식과 경험이 풍부한 자'로 되어 있다. 따라서 교정에 관한 전문적 학식이 풍부하지 못한 목사 등 종교인의

---

08 군에서의 형의 집행 및 군수용자의 처우에 관한 법률 제94조에도 똑같은 징벌조항이 있다.

09 모든 피구금자는 시설 내의 종교행사에 참석하고 자기 종파의 계율서 및 교훈서를 소지함으로써 종교생활의 욕구를 충족할 수 있도록 허용되어야 한다(UN 피구금자 처우에 관한 최저기준규칙 제42조).

10 가석방위원회도 내부와 외부 인사로 구성되는데 외부인사의 위촉기준은 교정에 관한 학식과 경험이 풍부한 자로 하고 있다. 가석방 적격심사기준은 나이, 죄명, 교정성적, 생활환경, 재범 위험성, 형기, 건강상태 등이다. 징벌위원회의 구성도 가석방위원회처럼 외부인사는 품행과 학식이 풍부한 자로 한정한다.

11 교정자문위원회의 목적은 교정시설의 운영과 수용자 처우 등에 관하여 소장의 자문에 응하는 것이고 위원은 교정에 관한 학식과 경험이 풍부한 외부인사 중에서 소장의 추천으로 법무부장관이 위촉한다.

참여가 제한되는바, 이는 위원회의 관료화와 형식화를 초래할 수 있어 바람직하지 않다. 전술한 여러 위원회에 종교인이 참여할 수 있도록 하는 것이 위원회의 목적의 실효성을 제고할 수 있다.[12] 따라서 가석방위원의 외부인사 요건에 기존의 '교정에 관한 학식과 경험이 풍부한 자'에다가 '종교에 관한 학식과 경험이 풍부한 자'를 추가하여 목사 등 종교인이 전술한 여러 위원회에 참여할 수 있도록 제도화되어야 하고 가석방 심사기준에 '신앙의 정도'를 선택적으로 추가하는 방안이 필요하다.[13] 이 과정에서 대상자가 기독교인이라면 교정사역이 촉진될 수 있다.[14]

2) 형의 집행 및 수용자의 처우에 관한 법률의 시행령 및 시행규칙

형집행법의 제1조 목적에는 수용자의 처우와 권리를 구분하고 있는데 형집행법 시행규칙에서는 제2편 수용자의 처우 안에 제4장 종교와 문화를 두어 수용자의 천부적 인권이면서 법적 권리인 종교의 자유권을 처우에 포함시키고 있어 수용자의 종교의 자유를 교도소의 처우의 한 내용으로 다루고 있다. 그러나 이는 국가가 수용자의 종교의 자유를 권리적 차원에서 보장하는 것이 아니라 수용자의 개선을 위한 수단적 차원으로 접근한다는 점에서 문제가 있다. 왜냐하면 '권리의 보장'은 소장에게 기속적 의무 또는 기속재량적 의무를 지우나 '처우'는 소장의 재량행위를 전제로 하기 때문에 권리의 보장이 불충분하다. 이것의 교정사역적 의미는 수용자가 목사와의 종교상담을 신청했을 때 이것이 헌법상 권리로 보장되어 소장이 목사와 "상담하게 해야 한다."가 아니라 수용자의 종교의 권리를 처우로 보아 소장은 "상담하게 할 수 있다."라는 자유재량으로 법령에서 정하고 있는 것이다. 그런데 형집

12 가령 가석방 심사기준의 하나인 '재범의 위험성'의 측정기준의 하나가 종교적 내면화의 정도인데 이는 해당 종교위원이 풍부한 종교적 경험에 의해 판단할 수 있으므로 가석방 심사기준의 객관화를 제고할 수 있다.

13 이 경우 무교인 수용자들의 평등권을 침해할 수 있다는 비판이 있을 수 있으므로 현행 가석방 심사기준인 '나이, 교정성적, 형기 등'은 필수적 심사기준으로 하되 '신앙의 정도'는 선택적 심사기준으로 하면 된다. 가령, 심사대상자가 기독교인이라면 목회자인 심사위원이 대상자의 신앙의 정도를 잘 판단할 수 있기 때문이다.

14 가령 징벌대상자가 기독교인이라면 목회자인 징벌위원이 대상자의 소명을 듣는 과정에서 종교적으로 부족한 점을 파악하게 되므로 나중에 징벌이 종료된 뒤에 목회자인 징벌위원은 해당 수용자에게 필요한 신앙적 측면을 직접 또는 다른 교정사역자를 통해 개입하여 치유할 수 있다.

행법의 곳곳에서 목적적 개념인 수용자의 종교적 기본권이 처우나 개선을 위한 수단적 차원으로 되어 있는바, 이는 종교의 자유를 보장해야 한다는 헌법규정에 정면으로 위배되고 있다. 따라서 교정사역자는 이러한 문제점을 시정하기 위한 거시적 교정사역에 관심을 갖고 대처해야 한다. 가령 형집행법 시행령 제151조에서는 "소장은 수용자의 개선을 촉구하기 위해 교정위원에게 수용자를 교화상담하게 할 수 있다."라는 재량조항을 두었다. 이는 종교교정위원이 수용자와 기독교교리상담을 하는 것이 수용자의 종교적 자유를 국가가 확인하고 보장해야 할 의무가 있다는 취지의 헌법 제10조의 기본권적 차원이 아니라, 개선이라는 주관적 개념을 위한 수단의 하나로 교도소의 처우의 차원에서 소장이 재량사항으로 허가한다는 내용이다. 수용자의 헌법상 권리인 신앙의 자유를 시행령에서 사실상 소장의 재량행위로 두었기 때문에 수용자의 종교적 기본권의 법적 지위가 보호되지 않는다. 동시에 종교의 자유의 한 내용인 목사의 선교의 자유도 사실상 제한하는 것이다. 왜냐하면 수용자의 종교의 자유권은 국가(교도소)로부터 방어적 권리이면서 그 자체가 목적적 이념인 점에서 수단적 · 기술적 · 재량적 · 수직적 성격이 내재된 처우와는 철학적 이념 자체가 완전히 다르기 때문이다.

형집행법 시행규칙 제30조에는 종교행사의 종류로 종교집회, 종교의식, 교리 교육 및 상담, 법무부장관이 정하는 종교행사를 들고, 제31조에는 종교행사의 방법으로 "소장은 종교단체 또는 종교인이 주재하는 종교행사를 교정시설의 안전을 해치지 않는 범위에서 실시하며 이를 위해 종교상담실, 교리교육실 등을 설치할 수 있다."라고 규정하고 있다. 이 조항의 교정사역적 의미는 전술했듯이 종교상담실과 교리교육실은 수용자의 헌법상 종교의 자유의 실현을 위한 필수적 장치임에도 이를 소장의 재량사항으로 규정하는 것은 잘못되었으므로 "종교상담실을 설치해야 한다."는 기속조항으로 개정해야 한다. 또한 제30조에서 교리상담을 종교행사로 규정한 것도 잘못되었다. 수용자의 종교의 자유에는 절대적 기본권인 신앙의 자유와 법령으로 제한이 가능한 종교적 행위의 자유가 있는바, 교리상담은 수용자가 목사에게 하는 신앙고백 등의 신앙형성과 내심형성의 자유로 종교행사가 아니다. 이는 신앙의 내심의 자유와 종교행사를 구별하지 못하는 것이다. 또한 형집행법 시행규칙 제32조에는 수용자는 자신이 신봉하는 종교행사에 참여할 수 있되 종교행사를 방해하거나 전도를 핑계삼아 타 수용자의 평온한 신앙생활을 방해할 때는 제한하고 있다. 그러나 이러한 제한규정은 타 수용자의 신앙의 자유와 사생활권 보호 그리고 교정질서의 유지를 위해 타당하지만 제한요건이 소장의 완전 자유재량의 영역으로 인하여 수용자의 선교의 자유가 침해될 수 있다. 가령 예배집회에서 기독교인 수용자가 소위 빵신자라 불리는 수용자에게 복음을 전도하는 과정에서 약간 소리가 날 수 있는데도 교도소가 질서유지라는 관료적 이념으로 그것을 타인의 평온한 신앙을 방해했다고 해서 해당 수용자를 예배집회에 참여하지 못하게 할 수 있다. 따라서 제32조의 제한규정을 '타 수용자의 신앙생활을 명백히 침해한 경우'로 개정해서 소장이나 교도관의 재량권의 행사를 최대한 축소하는 것이 헌법정신에 맞다.

제33조는 종교상담을 할 수 있는 자로 해당 종교를 신봉하는 교도관, 교정위원, 학식과 경험이 풍부한 교정참여인사를 들고 이는 소장의 허가사항으로 두고 있다.[15] 그러나 32조와 33조의 이 조항은 여러 종교를 믿는 혼합주의자나 무교수용자, 타 종교를 믿지만 갈등이 있는 수용자의 자유로운 신앙의 형성권과 종교선택의 자유권을 제한한다. 자신이 신봉하지 않는 종교라도 아직 종교적 정체감이 형성되지 않은 경우, 수용자가 자신이 믿지 않는 종교행사에 참여해 종교적 정체감이 형성되는 계기가 될 수 있는 기회를 제한한다. 여러 종교를 체험해 신앙의 자유를 형성하는 것은 헌법의 종교적 기본권이기 때문이다. 또 자신이 신봉하는 종교행사에만 참여토록 하는 조항은 목회자의 타 종교수용자에 대한 선교의 자유를 국가가 제한하는 것이 되어 이는 모든 국민에게 선교의 자유가 내포된 종교의 자유를 인정한 헌법 제20조에 위배될 수 있다. 또한 기독교 입장에서는 교정사역이 저해된다. 따라서 보안질서적 관점에 서 있는 제32조의 '자신이 신봉하는' 조항은 삭제하는 것이 헌법정신에 맞다. 또한 제33조는 종교상담을 소장의 자유재량 허가로 두므로 이는 헌법의 종교의 자유를 침해하는 위헌성이 있다. 수용자가 종교상담을 신청하면 거기에 맞는 종교교정위원 등으로 하여금 상담하도록 하는 기속조항으로 바꾸어야 한다.[16]

---

15 소장은 수용자가 종교상담을 신청하거나 종교상담이 필요한 경우에는 전술한 자로 하여금 상담하게 할 수 있다(제33조).

16 만약 소장이 특정 종교에 편견을 가진다면 수용자가 원하는 종교위원과의 상담을 불허할 수도 있기 때문이다. 또는 그렇지 않다고 해도 관료적 이유 또는 사적 이유로 불허할 수도 있으며 그 결과 수용자의 종교자유권이 침해된다. 또한 교도소 내에 한하므로 보안상의 위험도 없다.

제33조의 또 하나의 문제점은 "소장이 교도관으로 하여금 상담케 할 수 있다."라는 조항인바, 이는 해당 종교의 교도관의 관료적 지위와 신앙인의 지위라는 이중적 지위에서 오는 문제가 있을 수 있고, 상담의 한계가 있기 때문에 교도관은 종교교정위원 등이 부족할 때 보충적으로 하는 게 낫다.[17] 또한 제33조에서 종교상담의 주체를 교정위원, 그밖에 교정행정에 참여하는 사람 중 학식과 경험이 풍부한 자로 한정하는 것은 오히려 교정사역 등의 종교상담의 확장성과 효과성을 저해하는 관료적 규정이므로 해당 조항에서 '학식과 경험이 풍부한'은 삭제하는 것이 낫다. 왜냐하면 교정사역에 뛰어난 기법과 열정, 소명감을 가졌지만 고학력자가 아닌 경우는 제외되기 때문이다. 특히 심리적으로도 상담자가 저학력이거나 주변부 종교인이면 오히려 수용자가 거리감을 느끼지 않고 동일시되어 종교상담의 효과가 촉진될 수 있다. 또한 제33조의 인권적 문제점은 "수용자가 종교상담을 신청하지 않았음에도 소장이 필요하다고 한 경우는 교정위원 등으로 하여금 종교상담하게 할 수 있다."라는 강제적 규정이 인권침해가 될 수 있다. 따라서 제33조를 "소장은 수용자가 종교상담을 신청하면 특별한 경우가 아니면 해당 종교를 신봉하는 교정위원 등으로 하여금 상담하도록 하여야 하고 소장은 수용자가 종교상담이 필요한 경우에는 해당 수용자의 동의를 얻어서 교정위원 등으로 하여금 상담하게 할 수 있다."라는 취지로 개정할 필요가 있다.

제34조에는 소장은 종교물품을 수용자가 소지하게 할 수 있되 허가할 경우에는 재질, 수량, 규격, 형태 등을 고려하도록 규정하고 있다.[18] 그러나 이러한 소장의 자유재량 행위는 수용자의 종교의 자유를 침해할 수 있다. 가령 성경 등 종교서적의 소지는 종교집회 등의 종교적 행위의 자유가 아닌 신앙의 자유의 영역이므로 보안상 문제가 없음에도 소장의 자유재량에 따라 수용자의 신앙의 자유가 좌지우지되는 것은 부적절하다. 따라서 "소장은 수용자가 종교서적 및 성물의 소지를 신청

17 가령 기독교교도관은 보안레짐(regime)이란 관료적 질서주의가 사랑과 용서라는 종교적 지위에 앞서기 때문에 교정사역에서의 효과성이 저해되거나 오히려 부작용이 있을 수 있다. 둘 사이에 라포르(rapport)의 형성이 잘 되지 않을 수 있고 상담의 관료적 한계가 있다.

18 "수용자의 신앙생활에 필요하다고 인정하는 경우에는 종교도서 및 성물을 수용자가 지니게 할 수 있다."라고 규정해 소장의 자유재량 조항으로 두고 있다(제34조). 이것의 의미는 해당 수용자가 신봉하는 종교의 서적과 성물로 한정하는 것이 본 조항의 입법취지와 교정당국의 실무적 입장이다.

하면 특별한 경우가 아니라면 소지하도록 해야 한다."라는 기속재량 행위로 개정해야 한다. 또한 이때 교정사역적 논점은 타 종교수용자가 성경과 성상 등 기독교 서적과 물품을 소지할 수 있느냐의 문제인데 이는 허용해야 한다. 가령 이슬람수용자도 성경이나 십자가상을 소지해서 신앙을 자유로이 형성할 수 있고 신앙변경의 계기로 삼는 것도 종교의 자유의 한 내용이기 때문이다.

또한 제69조의 분류조사 사항, 제70조의 분류조사 방법도 교정사역적 논점이 있다.[19] 왜냐하면 분류조사 사항에 신입자의 종교가 들어가지 않아 분류조사 결과 혼거수용 시에 믿음이 약한 기독교수용자가 기독교 이단수용자 또는 타 종교의 신봉자와 같이 혼거될 수 있다. 그 결과 종교 간 갈등이 생기거나 기독교수용자가 이단으로부터 세뇌될 우려도 있기 때문이다. 따라서 초심 기독교수용자 등 믿음이 약한 기독교인을 이단이나 타종교로부터 보호하고 교정사고도 방지하기 위해 분류조사 사항에 신입자의 종교를 넣어 분류하도록 개정해야 한다.

이외에 봉사원 선정에 관한 제85조와 교정시설 밖에서 이루어지는 종교행사 참석을 규정한 제92조도 교정사역적 의미가 있다.[20] 85조에 의한 봉사원은 관료의 업무보조 등을 위한 행정봉사원이다. 수용자의 종교활동이 많지만 종교교정위원 등 종교인의 부족과 그로 인한 문제점을 해결하고 수용자의 종교화를 통한 교화를 달성하기 위하여 종교교정위원이나 파송된 목사 등 종교인과 종교담당교도관의 종교업무를 도와줄 종교봉사원이 법적으로 도입될 필요가 있다. 따라서 봉사원의 선정기준에 '신앙'을 추가해 신앙생활에 모범적 수형자를 종교봉사원으로 둘 수 있는 제도적 규정이 필요하다.[21]

---

19 제69조의 분류조사 사항에는 성장과정, 학력, 범죄경력, 병력사항, 심리적 특성, 가족 관계 및 보호자 관계 등이 열기주의에 의해 나열되고 있지만 '종교사항'이 누락되어 있다. 또 제70조 신입자의 분류조사 방법에는 수형자와의 상담, 가족 등과의 면담, 경찰서 등에 대한 조회 등이 포괄조항으로 되어 있다.

20 소장은 개방처우급 · 완화경비처우급 · 일반경비처우급 수형자로서 교정성적, 나이, 인성 등을 고려해 다른 수형자의 모범이 되는 자를 봉사원으로 선정해 담당교도관의 사무처리를 하게 할 수 있다(제85조 제1항). 소장은 개방처우급 · 완화경비처우급 수형자에 대해 교정시설 밖에서의 종교행사 참석 등을 허가할 수 있다(제92조)라는 허가조항을 두고 있다.

21 종교봉사원으로 봉사원의 전문화가 되면 봉사원은 교도소아버지학교프로그램의 보조, 총집예배 등 종교의식의 보조, 종교담당교도관의 업무보조뿐만 아니라 수용자에 대한 종교상담과 갈등처리 등의 비공식적 역할도 수행하고 교도소에 파송된 목사 등 종교인에게 종교적 문제가 있는 수용자의 적절한 정보를 제공할 수 있다. 이 경우 기독교라면 비공식적 교정사역이 촉진된다.

3) 교정위원 운영지침 등 교정 관련 지침

교정사역적 논점이 있는 지침에는 수용자 교육교화운영지침, 교정위원 운영지침, 수용자 사회복귀지침, 경찰청 예규 등이 있다. 먼저 수용자 교육교화운영지침 제29조에는 "소장은 수용자의 신앙생활을 돈독히 하기 위하여 필요하다고 인정할 경우에는 종교별 거실을 지정해 운영할 수 있다."라고 규정되어 종교별 거실의 설치 여부를 소장의 자유재량으로 두고 있다. 그러나 종교별 거실은 교정사역자 등 종교인의 소규모 집단상담 등에 필요한 시설이고 수용자의 종교생활 욕구를 충족시켜야 할 법적 의무가 국가에게 있다는 점을 상기한다면 소장은 종교별 거실을 지정하여 운영하여야 함을 원칙으로 한다는 취지로 개정되어야 한다.[22]

교정위원 운영지침에서 교정사역적 논점이 있는 것은 제4조의 규정이다. 여기에는 종교교정위원의 자격으로 기독교, 불교, 천주교 등 국민정서에 반하지 않는 종교단체에 소속된 인사로 규정한바, 핵심은 '국민정서에 반하지 않는 종교단체'에 기독교 이단이 포함되느냐의 문제인데 국민정서의 개념이 모호하고 또한 모든 종교를 평등하게 대해야 하는 헌법정신에 의해 기독교 이단세력들도 현재는 교도소에서 합법적으로 활동을 하고 있고 최근 증가추세라고 한다. 따라서 교정사역자들과 한국 교회는 이들의 종교활동에 대한 방어적 사역전략을 구축해야 한다. 또한 교정위원의 위촉절차에서 5년 이내의 범죄 실형전과 또는 사회물의를 야기한 전력 및 활동부진 위원을 위촉할 때는 소장의 의견서를 첨부해 소장이 지방교정청장에게 추천하고 법무부장관이 위촉하도록 하고 있다. 이 조항은 사실상 범죄경력이 있는 종교인의 교정위원으로의 진입을 막는 관료적 규정으로 교정심리적 측면을 간과하고 있다. 전과자는 수용자의 심리와 그들의 종교적 니즈 등에 대해 정통하므로 비록 범죄경력이 있어도 재사회화가 잘되어 모범적 시민이 된 경우에는 이들도 종교교정위원으로 위촉을 해야 한다.[23] 또한 종교교정위원의 활동분야를 규정한 제9조에는 수용자가 신봉하는 종교교의에 따른 신앙지도 및 종교활동 지원, 수용자 상담

22 다만, 이 경우 문제되는 것이 신자 수가 적은 소수종교인데 이 경우 신자 수, 교정시설의 공간 등 여러 기준을 참고로 하면 합리적이다.

23 가령 전과 경력이 있는 기독교종교위원이 수용자를 교정사역한다면 수용자들은 동질감을 느끼고 자신과 동일시되어 재사회화와 복음전도의 효과성이 제고될 수 있다.

및 인성교육 등이 있는바, 제9조의 교정사역적 논점은 수용자가 신봉하는 종교교의에 따른 신앙지도로 타 종교 또는 무교수용자에 대해서는 신앙지도나 종교활동을 지원할 수 없다는 데 있다. 따라서 기독교종교위원은 기독교수용자에 대해서만 신앙지도를 할 수 있는데 이것도 소장의 허가사항으로 되어 있어 소장의 자유재량 행위에 의해 가능하다. 문제는 헌법상 선교의 자유가 내포된 종교의 자유는 헌법상 기본권으로 목사인 종교위원이 타 종교 또는 무교수용자에게 선교를 하거나 또는 교도소 내의 기독교 이단파를 교도소 내의 주어진 시간에서 비판할 수 있느냐의 문제이다. 종교위원은 공무원이 아닌 종교인의 신분이므로 기독교 이단세력 등에 대해 합리적 비판이 가능하고 타 종교수용자에 대해서도 교정질서의 유지 내에서 선교가 가능하다.[24]

수용자 사회복귀 지원 등에 관한 지침(2018.1.25. 시행)은 수용자의 가족관계회복 지원과 중간처우시설 수용자의 사회적응 훈련과 사회복귀 등에 관한 지침이나[25] 이 지침의 교정사역적 논점은 제42조에서 소망의 집 및 사회적응훈련원 제2, 3단계의 중간처우대상자, 희망센터 중간처우대상자에 대하여 외부의 종교행사에 자비로 참여하게 할 수 있되 이에 관한 절차는 사회견학 절차를 준용하도록 하였다.[26] 그러나 외부교회 등의 종교행사를 자비로 갈 수 있게 한 것은 빈곤한 수형자를 외부교회 등의 종교행사에 참여할 수 없게 만들었다. 이는 수용자의 경제력 등을 이유로 차별하지 않는다는 형집행법의 이념에 위배된다. 또한 종교의 자유가 개인의 자력(資力)에 의해 좌우되고 종교행사의 참여가 교도소 처우의 한 내용이라는 점에서 빈곤한 수형자는 교도소가 경비를 부담하여 외부종교기관의 의식에 참여케 하는 것이 기본권을 적극적으로 보장하도록 국가에게 의무를 지운 헌법 이념에 부합된다. 또한 54조에 의해 외부교회 등에 참여할 때는 수형자의 복장은 모범수형자복으로 하

24 군종장교(군목)가 군대 내의 기독교 이단파를 비판하고 이단비판유인물을 배포하면서 교회 내에서 이를 선교한 사건이 명예훼손이 되느냐가 문제되었는데 판례는 군종장교가 성직자 신분에서 다른 종교를 비판했어도 종교적 중립의무를 위반한 직무상 위법이 없다고 판결한 적이 있다(대법원 2007.4.26.선고 2006다8703).

25 수용자 사회복귀 지원 등에 관한 지침에서 용어의 정의는 다음과 같다(제2조). 중간처우시설이란 교정시설 내 중간처우시설(사회적응훈련과 소망의 집)과 지역사회 내 중간처우시설(희망센터)을 말한다.

26 제52조에서 사회견학대상 수형자는 가석방 신청 수형자, 개방처우급, 완화경비처우급 수형자, 처우상 특히 필요한 경우 일반경비처우급 수형자에 한정된다.

나 이는 극히 보안지향적인 관료적 규정으로 교정심리적 요소를 간과하고 있다.[27] 이는 사실상 수치심이 강한 수형자는 외부교회에 참여할 수 없게 만든다.[28] 따라서 사복을 착용케 하되 다만 미리 종교기관에게 고지하고 교도관에 의한 인적 계호를 인권적 방법으로 세심하게 하면 된다. 또한 56조를 준용하면 외부교회 등에 참여 시 외래인과 접촉을 금지하는 조항은 교정사역을 저해할 수 있다. 헌법의 신앙의 자유를 정면으로 침해하며 모든 수용자는 평등하게 처우한다는 형집행법에도 위배되는 그야말로 지극히 보안지향적 관료주의의 극치를 보여준다. 가령 희망센터수용자가 외부교회에 참여해 외래인인 목사에게 신앙상담과 신앙고백을 위해 접촉하는 것은 헌법상 신앙형성의 자유이자 내심의 자유로 절대로 침해할 수 없는 절대적 기본권이다. 또한 시설 내 수용자는 형집행법에 의해 목사 등 종교인과의 개별 종교상담권이 보장되고 매주마다 정기적 총집예배 참여가 보장되지만 시설이 아닌 지역기업에서 숙식하는 희망센터수용자는 수용자 사회복귀 지원 등에 관한 지침에서는 개별적 종교상담권이 규정되어 있지도 않다. 그런 입법적 미비점을 보완하기 위해서라도 목사 등 종교인과의 외부접촉은 허용하여 신앙상담을 하도록 해야 한다. 또한 56조는 목사 등 종교인이 자신의 교회에 참여한 수용자에 대한 선교의 자유를 침해한다. 외부교회 등 종교기관 내에서는 교회법이 세속법보다 우선하기 때문이다.

3. 보호 관련 법령에서의 교정사역법제론

1) 소년법 및 소년심판규칙

소년법과 심판규칙에서 교정사역적 의미가 있는 것은 다음과 같다. 소년법 제1조에서는 범죄소년에 대한 보호처분의 목적을 소년의 환경 조정과 품행 교정, 건전

27 제54조에는 사회견학 시는 모범수형자복을 입도록 하는바, 제42조에서 외부 종교행사 참여는 사회견학 절차를 준용하도록 하고 있다.

28 가령 교회에 일반신도들이 있는 데서 낙인의 표시인 수형자복을 착용케 하는 것은 사실상 수치심을 줄 수 있다.

한 성장에 두고 있다.[29] 또한 소년법 제4조의 통고제도는 주체로 보호자, 학교장, 사회복지시설의 장 등을 들고 있으나[30] 종교기관의 장이 제외되어 있다. 그러나 오늘날 교회, 성당, 사원 등의 종교기관에 나가는 소년들도 많고 이들은 회개 등을 통해 범죄사실을 종교인에게 고백하는 일이 많으므로 소년보호처분 중에서 가장 낙인이 적고 소년교화에 도움이 되는 통고제도의 주체에 교회 등 종교기관의 장을 포함시키는 것이 통고제도의 활성화에 기여할 수 있다.[31] 또한 소년법 제32조의 보호처분의 하나인 6호 처분은 아동복지법에 따른 아동복지시설이나 그 밖의 소년보호시설에 감호위탁을 말하는데 여기에는 사원, 교회 등의 종교시설이 제외되어 있다. 그러나 1958년에 제정된 소년법 제30조에서는 사원, 교회, 기타 소년보호단체의 감호에 위탁한다고 되어 있었는데 그 뒤 여러 가지 이유로 종교시설이 제외되었다. 그러나 오늘날 민간시설인 6호 처분기관에 대한 지역의 님비현상으로 6호 처분기관이 부족하고[32] 민간시설의 재정적 문제 등 여러 문제점이 있으므로 구법의 조항대로 교회 등의 종교시설을 추가하여 이곳에 위탁을 바라는 범죄소년의 경우에는 종교시설에서 감호와 보호를 하는 것이 보호처분의 효과성을 제고하므로 법의 개정이 필요하다.

또한 소년법 제25조의 3 제1항(화해권고)에 따라 판사는 소년과 보호자, 피해자와 그 보호자에 대해 화해권고를 할 수 있다. 이때 소년심판규칙 제26조의 4에 의해

---

29 환경은 소년의 생태계이며 품행은 품성과 행동으로 인성을 포함한다. 건전한 성장은 민주시민으로의 시민성과 관련된다.

30 다음 각 호의 하나에 해당되는 소년을 발견한 보호자, 학교장, 복지시설장, 보호관찰소장은 관할 소년부에 통고할 수 있다(제4조 제3항).

1. 죄를 범한 소년
2. 형벌 법령에 저촉되는 행위를 한 10세 이상 14세 미만인 소년
3. 다음 각 목에 해당하는 사유가 있고 그의 성격이나 환경에 비추어 앞으로 형벌 법령에 저촉되는 행위를 할 우려가 있는 10세 이상인 소년
   가. 집단적으로 몰려다니며 주위 사람들에게 불안감을 조성하는 성벽(性癖)이 있는 것
   나. 정당한 이유 없이 가출하는 것
   다. 술을 마시고 소란을 피우거나 유해환경에 접하는 성벽이 있는 것

31 통고제도는 일반인들의 오해가 많은바, 통고는 경찰이나 검찰 등 수사기관을 거치지 않고 판사가 소년에게 가장 유리한 보호처분을 하도록 하는 교정복지적 성격이 강하고 낙인은 전혀 없다. 통고가 되면 법원은 소년에게 적정한 심리검사의 비용을 부담하고 여행 등 소년보호에 드는 모든 비용을 부담한다. 그 장점이 알려지면서 최근에 학부모들의 이용이 늘고 있다.

32 영남에는 6호 처분 전담기관이 한 곳도 없다.

법원장은 화해권고위원을 위촉할 수 있는데 여기에 종교 관련 학문이 제외되어 있다.[33] 그러나 기독교 등의 종교가 가지는 사회적 통합의 기능을 고려할 때 목사 등 종교인의 중재로 인한 회복적 사법의 효과는 매우 크다고 할 수 있다. 더구나 갈등관계에 있는 당사자들이 같은 종교라면 종교인의 화해권고는 매우 설득력이 있을 것이므로 동 규칙 제26조의 4에 종교학을 추가하여 목사 등 종교인이 공식적으로 참여할 수 있도록 하면 교정사역의 효과는 제고된다.[34] 같은 논리로 소년법 제32조의 1호 처분인 위탁보호결정 시 법원장이 범죄소년의 감호와 위탁을 할 위탁보호위원[35]을 위촉하는데(소년심판규칙 제33조) 이때도 종교인은 제외된바, 목사 등 종교인을 추가하는 것이 1호 처분의 효과성의 제고에 도움이 된다.[36]

2) 보호소년 등의 처우에 관한 법령

소년원 등을 규율하는 보호소년 등의 처우에 관한 법률은 우선 교도소 등을 규율하는 형집행법과 달리 종교의 자유에 관한 규정이 법률로 보장되지 않고 시행령에서 규정된바, 이는 보호소년의 종교의 자유권에 대한 법률적 보장이 되지 않아 불안한 위치에 있으므로 종교에 관한 규정을 법률에 두어 격상시켜야 한다.[37] 보호소년 등의 처우에 관한 법률 제15조에는 징계의 종류를 나열하였는데, 여기에서 20일 이내의 공동행사 참가 정지와 20일 이내의 지정된 실내에서의 근신은 보호소년의 종교의 자유를 침해할 수 있다. 따라서 예배 등의 종교의식 참여와 종교상담 등

33 제26조의 4(화해권고위원의 위촉과 지정 등) ① 가정법원장 또는 소년부가 설치되어 있는 지방법원장(이하 "법원장"이라 한다)은 법 제25조의 3 제1항에 따른 피해자와의 화해를 권고하기 위하여 갈등해결에 전문적인 소양과 능력이 있거나, 법학, 심리학, 교육학, 정신의학, 보건간호학, 사회복지학, 가족치료학, 상담학, 가족관계학 그밖에 소년보호사건과 연관된 분야에서 전문적인 지식과 경험이 있는 사람 중에서 화해권고위원을 위촉할 수 있다.

34 가령 범죄소년과 피해자, 보호자들이 같은 기독교라면 말할 것도 없다.

35 위탁보호위원에는 같이 숙식을 하는 신병인수형과 그렇지 않은 신병미인수형이 있다.

36 가령 범죄소년의 종교가 기독교이면 목사가 위탁보호위원이 되는 것이 낫고 무교라 해도 사랑으로 무장된 목회자가 한다면 교정사역이 된다.

37 보호소년 등의 처우에 관한 법률 시행령 제82조에서 종교의식의 참여 등에 관한 규정이 있지만 상위법인 보호소년 등의 처우에 관한 법률에는 규정되지 않아 입법적 미비를 보인다. 따라서 형집행법 제45조처럼 보호소년 등의 처우에 관한 법률에서도 종교의식 참여권을 명시하고 종교행사 참여방법과 종류 및 대상 등 구체적 사항은 시행령에서 구체화하는 것이 낫다.

은 헌법에 있는 종교의 자유의 본질적 내용이고 국가안전보장, 질서유지 등을 위해 기본권을 제한할 때는 그 본질적 내용을 침해할 수 없다는 헌법 제37조의 정신에 따라 보호소년법 제15조에 예외조항을 두어 징계기간 동안에도 종교의식 참여 등은 가능하도록 해야 한다. 보호소년 등의 처우에 관한 법률 시행령(이하 보호소년법 시행령으로 약칭) 제2조에는 소년원의 기능별 분류가 있는데 여기에 종교소년원이 없으므로 종교소년원을 추가하는 것을 검토할 만하다.[38]

또한 보호소년 등의 처우에 관한 법률 시행령 제82조에는 종교의식에 관한 참여권만 규정되어 있고 종교상담을 받을 권리 및 신앙에 필요한 서적과 물품을 소지할 권리가 법적으로 명시되지 않았다. 이는 전술한 권리들이 법적으로 명시되어 보호받는 소년수형자(소년교도소)들에 비해 차별적인 규정으로 헌법의 평등권에 위배되므로 시행령에 그와 같은 권리들이 법적으로 명시되어야 한다. 또한 시행령 제82조는 종교인이 보호소년에게 종교지도를 할 수 있다고 명시되어 있으나 '종교지도'는 '종교안내'나 '신앙소개' 등으로 바꾸는 게 낫다. 그것은 종교가 '지도'의 영역이나 '교육'의 대상이 아니고 천부인권적 권리이기 때문이다. '지도'란 권위적 · 수직적 이데올로기가 내포된 관료적 개념으로 의무를 대상으로 한다. 이는 수직적 · 권위적인 문화가 중첩된 소년원에서 더 깊은 복종성을 심화시켜 소년을 완전 피동적 주체로 만들 위험이 있고 그 결과 주체성이 박제되어 '건전한 소년'의 양성을 내용으로 하는 소년법의 목적에 위배되기 때문이다. 그러므로 수평적 · 탈권위적 · 주체적인 개념인 '종교안내'로 바뀌어야 한다.[39] 이것의 교정사역적 의의는 교정사역의 인권화, 민주화가 촉진되어 장기적으로는 교정사역의 질적 효과성과 지속성 및 확장성을 가져오기 때문이다. 가령 목사가 종교에 관한 지도를 할 수 있다는 시행령 제82조에 근거해 강제성과 의무성이 전제된 '지도'의 이념으로 하게 되면 역효과가 날 수 있고 그 과정에서 인권적 문제가 제기될 수도 있으므로 '종교소개', '교리안내'

38 다만, 종교소년원을 국립으로 하여 기독교 등 모든 종교신자를 평등하게 받거나 민영소년원으로 기독교, 불교 법인에게 위탁하는 형식도 있을 것이다. 물론 보호소년법 시행령 제2조에 인성교육소년원이 있으므로 종교소년원을 법제화할 필요가 없다고 할지 모르나 보호소년법 시행령 제79조는 인성교육을 규정하고 제82조는 종교지도를 따로 규정하여 종교지도가 인성교육의 하나가 아니라는 점을 분명히 하므로 종교소년원을 논할 이유가 있다.

39 소년원의 조직의 계급적 질서와 관료적 규정, 소년에 대한 반말과 엄한 훈육과 규칙, 철저한 감시 등으로 이미 복종이데올로기가 지배하는 소년원에서 '종교지도'란 또 하나의 권위적 용어는 소년의 복종성을 더 심화시킬 수 있다.

등으로 소년의 주체성이 담보된 탈권위적 용어로 바꿔 소년의 자발적 협조와 지속적이고 진지한 관심을 유도해야 한다. 특히 언어발달 과정에 있는 소년에게 용어라는 언어심리학이 주는 이념은 소년의 사고방식을 지배할 수 있어 영향이 크다.

또한 시행령 제82조[40]에서 '종교를 가진 보호소년 등'만 해당 종교의식에 참여토록 하는 조항은 아동심리와 아동의 종교사회화에 관한 이해가 없는 관료적 규정이고 종교사회화의 단계에 있는 보호소년의 신앙형성의 자유를 침해할 수 있으므로 '종교를 가진 보호소년 등'에서 '보호소년 등'으로 개정해야 한다. 무교나 타 종교를 가진 소년도 자유로이 참여토록 하는 것이 낫다. 가령 10대 초반인 보호소년은 아직 종교적 신앙형성이 완성되지 않아 종교적 탐색기에 있고 특히 무교인 소년은 종교적 호기심이 강할 수도 있다. 또한 10대 초반은 대개 무교가 많고 종교적 사회화가 시작되는 단계이므로 무교인 보호소년도 기독교 등에 관심을 가지고 있다면 예배의식에 참여하게 하는 것이 소년의 종교사회화에도 기여하고 헌법정신에도 부합된다.[41] 이렇게 되면 기독교의 교정사역은 더 촉진될 수 있다. 목사는 기독교를 믿지 않는 무교 또는 타 종교의 소년에게 종교의 자유의 하나인 선교의 자유가 있으므로 비기독교인인 보호소년들에게 선교하고 개종을 권할 수 있다. 물론 법적 범위와 인권적 기초 위에서 행해져야 한다.

또한 시행령 제82조에서 말하는 '보호소년 등'[42]은 소년법 7호 처분부터 8호 처분을 받은 소년원생과 법원 등으로부터 소년분류심사원에 위탁 또는 유치된 위탁소년과 유치소년만을 의미한다. 따라서 소년법 제32조 제1항에 있는 1호 처분과 6호 처분을 받아 청소년회복지원센터나 아동복지법에 따른 아동복지시설 등(6호 처분기관)에 수용(감호위탁)된 소년은 보호소년 등의 처우에 관한 법률 제2조의 보호소년

40 소년원장은 교육과정 운영에 지장을 주지 않는 범위에서 종교를 가진 보호소년 등에게 지정된 장소에서 자유롭게 종교의식에 참여토록 해야 하고 원장은 신부, 목사, 승려, 그 밖의 종교인에게 보호소년 등에 대해 종교에 관한 지도를 하도록 할 수 있다.

41 또한 타 종교를 믿는 보호소년이어도 믿음이 약하거나 갈등을 가진 경우에는 예배 등에 참여해 종교적 정체성을 찾아 가게 하는 것이 맞다. 이 경우에는 자연스럽게 교정사역이 촉진된다.

42 보호소년 등의 처우에 관한 법률 제2조에 의해 '보호소년'은 소년법 제32조 제1항 제7호부터 제10호까지의 규정에 따라 여러 소년원에 송치 또는 위탁된 소년을 말하는 것이고 '보호소년 등'이란 전술한 보호소년 외에 법원소년부 등으로부터 소년분류심사원에 의뢰 또는 위탁 또는 유치된 소년을 말한다. 소년법에는 보호소년에 대한 개념규정이 없다. 분류심사원이 없는 지역에는 대행소년원이 임시조치된 소년을 위탁해 분류심사와 유치를 한다.

에는 포함되지 않아 보호소년 등의 처우에 관한 법률의 시행령 제82조에서 규정한 종교행사의 참여, 종교에 관한 지도 등의 종교적 자유에도 법적으로 보장되지 않는다.

또한 1호 처분과 6호 처분을 규정한 소년법에도 종교에 관한 규정이 없어 1호 처분과 6호 처분을 받아 청소년회복지원센터나 6호 처분기관에 수용된 소년은 법적으로 종교행사 등의 참여 등에 관한 규정이 없다.[43] 따라서 종교행사 참여 등의 종교의 자유의 법적 보장에 있어서는 청소년회복지원센터와 6호 처분기관에 수용된 보호소년은 제외된다.[44] 물론 6호 처분기관들도 다양하고 실제로 종교행사 참여, 교리지도 등이 행해지고 있으나 종교에 관한 규정이 법적 보장, 공식성, 체계성과 통일성, 안정성, 인권성 측면에서 소년원과 차이를 보이고 있으므로 문제가 된다.[45] 따라서 보호소년 등의 처우에 관한 법률에서 보호소년의 개념을 6호 처분된 소년과 1호 처분(청소년회복지원센터)된 소년도 포함시키거나 소년법에서 보호처분된 소년 모두에 대한 종교의 자유 등이 법적으로 명시되어야 한다.[46]

이러한 논점의 교정사역인권적 의의는 종교의 자유가 법적으로 보장되는 소년원

43 소년법에 규정된 1호 처분 중에서 보호자 위탁과 2호 처분부터 5호 처분까지의 사회봉사명령, 수강명령, 보호관찰처분은 소년이 시설이 아닌 자신의 집에서 받는 사회 내 처우이므로 종교행사 참여 등은 논할 이유가 없다.

44 청소년회복지원센터나 6호 처분기관 모두 시설에 수용되어 1년까지 지내야 한다는 점에서 시설 내 처우이다. 단지 소년원은 시설 내 처우이지만 국립이란 점에서 차이가 있을 뿐 둘 다 자유가 제한된 시설 내 수용이란 점에서는 같으므로 종교행사 참여 등의 종교규정의 보장 여부를 논할 이유가 있다. 그런데 소년원생은 보호소년 등의 처우에 관한 법률 시행령 제82조에서 보장하고 있으나 청소년회복지원센터나 6호 처분기관에 수용된 보호소년은 종교행사 참여 등에 관해 보호소년 관련 법령에서 규정하지 않고 있다는 문제점이 있다. 물론 6호 처분기관에 수용된 보호소년도 종교행사 참여 등은 사실상 인정되고 있지만 이는 어디까지나 사실상 행해지는 차원이지 법적으로 보장되는 법적 영역이 아니므로 다른 문제이다.

45 소년원은 종교행사 등에서 법령의 공식적 근거가 있고 모든 소년원에 동일하게 적용되며 모든 종교를 평등하게 취급한다. 그러나 6호 처분기관에서는 종교의 자유 등이 법적으로 규정되지 않고 일부 6호 처분기관은 예배를 강요하는 곳도 있어 교정사역인권의 문제가 있다. 또한 나사로의 집의 학생에 대한 설문조사에서 싫어하는 프로그램 2위가 성경공부라고 나온바(박준우, 2016: 24), 사실상 종교를 강요하는 분위기가 되어 보호소년의 올바른 종교사회화를 저해한다. 이는 결국 기독교에 대한 불신만 초래할 수 있어 올바른 교정사역을 저해한다.

46 소년법에서 보호처분이 아닌 형사처분된 소년은 소년교도소에 수용되고 이 경우에는 법적으로 종교의 자유가 규정된 형집행법의 적용을 받는 점과 비교된다.

과 달리[47] 종교의 자유가 명시되지 않은 6호 처분기관이나 청소년회복지원센터[48]의 원생들, 특히 10대 초·중반의 어린 보호소년들은 기독교신자라면 기독교종교의식을 헌법적 권리의 하나로 당당히 행사할 수 있는 데도 법적 문제점을 제기하지 못하고 있다.[49]

또한 6호 처분기관의 원생 중에서 기독교신자는 시설의 질서에 위배되지 않는 범위 내에서 무교나 타종교를 믿는 다른 원생이나 직원들에게도 기독교로 개종을 권하는 선교의 자유가 헌법적 권리로 보장됨에도 법적으로 종교의 자유권에 관한 명시적 규정이 없다 보니(사실상 원생들이 그러한 권리의식에 대한 법적 마인드가 형성되지 않아) 6호 처분기관 등에서 행하는 대로 순치되어 버린다. 또 하나의 교정사역적 의미는 교정사역인권적 측면이다. 사실상 대개의 6호 처분기관들은 기독교 또는 천주교 계열의 법인이나 목회자가 설립한 기관들로 종교적 색채가 아주 강하다. 목회자의 입장에서는 하나님의 축복된 복음을 널리 전파하는 것은 당연한 소명이지만 법원과 국가와 지방자치단체로부터 재정적 지원과 운영적 통제를 받는다는 점에서 6호 처분기관의 원장과 직원들은 사인(私人)의 공법상 기관에 준하므로 헌법과 관련법을 준수해야 한다. 따라서 헌법상 종교의 자유의 하나인 신앙의 자유는 신앙을 강요받지 않을 권리도 당연히 내포되므로 무교나 타 종교의 신자인 원생들에게 복음을 알리거나 개종을 권하는 선교의 자유권은 보호소년의 신앙의 자유나 사생활권이 침해되지 않는 범위 내에서, 즉 인격적 기초 위에서 행해져야 한다. 그렇지 않고 강제적으로 하거나 억압적 분위기를 형성한다면 종교적 사회화의 초기에 있는 보호소년에게는 오히려 역효과가 날 수 있다. 그런데 전술했듯이 종교의 자유가 6호 처분기관의 보호소년들에게는 법적으로 명시되지 않아 보호소년들이 원장이나 직원들로부터 사실상 예배 등의 종교의식을 강요받는다면 그것의 법적인 부당함을 항의하거나 부모에게 알리는 권리의식이 부족하다는 문제점이 있다.

따라서 개선방안으로는 소년법 등 관련 법령에서 6호 처분기관의 원생들에게도

47 전술했듯이 보호소년 등의 처우에 관한 법률 시행령에서 보장되고 있다.

48 물론 전술했듯이 실제로 원장이 종교의식을 행하거나 원생들에게 종교의 자유를 주는 것은 '사실의 영역'이고 '법적인 영역'이 아니므로 전혀 다른 영역이다.

49 특히 6호 처분기관 등에서는 헌법의 기본권에 관한 내용에 대해서는 교육을 하지 않는다. 따라서 종교의 자유권과 그것의 하나로 타 종교를 믿는 원생에게 자신의 종교로 개종시킬 수 있는 선교의 자유가 헌법적 권리란 것을 모른다.

종교의 자유가 법적으로 보장된다는 것을 명시해야 하며 종교교육 시간에도 단순히 종교들의 교리만 소개하고 전도하는 데 그치지 말고 신앙의 자유, 선교의 자유, 종교의식에 관한 종교적 행위의 자유가 원생들을 포함한 모든 국민의 권리라는 것을 원생들과 직원들에게도 주지시켜 종교의 자유에 관한 자신의 권리의식을 심어주어야 한다.[50]

3) 보호관찰 등에 관한 법률 및 시행령, 규칙

이 법은 보호관찰대상자와 사회봉사 · 수강명령대상자와 갱생보호대상자에 대해 재범방지를 위해 지도하고 도움으로써 건전한 사회복귀를 촉진하고 효율적 범죄예방활동을 전개해 개인 및 공공의 복지를 증진함과 아울러 사회를 보호함을 목적으로 한다(제1조). 보호관찰 등에 관한 법률에서 교정사역적 논점이 있는 것은 동 법률 제26조의 수용자에 대한 환경조사 규정에서 환경조사 사항에 수용자의 종교관계가 없다는 점이다. 또한 보호관찰대상자의 특별 준수사항(제32조)에서 야간 등 특정 시간대의 외출 제한규정은 기독교인인 대상자의 교회출석권을 제한하고 그 결과 신앙의 자유를 침해할 수 있으므로 종교적 참석 등의 경우에는 적용하지 않는다는 취지의 포괄적 단서를 둘 필요가 있다. 또한 대상자에 대한 원호를 규정한 제34조는 주로 직업훈련기회의 제공 등 경제적 원호에 치우쳐 정신적 · 종교적 원호방법은 없는데 이는 보호의 개별화에 역행하므로[51] 여기에 '범죄예방에 필요한 사회적 자원의 연계'를 추가하고 그 내용의 하나로 보호관찰관이 교회 등 종교기관의 알선을 제공하도록 하면 기독교인인 대상자나 무교의 대상자에 대한 교정사역이 촉진될 수 있다. 또한 사회봉사와 수강명령의 집행을 위탁받는 기관(제61조)으로 국공

---

50 이렇게 되면 6호 처분기관 원생들은 기독교신자인 경우 복음을 타 원생들에게 전하고 개종시킬 수 있는 것이 권리로 내면화하게 되므로 교정사역이 촉진될 수 있다. 또한 종교의 자유는 개인이 국가로부터 가지는 방어적 권리인 동시에 개인 간에도 적용되는 제3자적 효력이 있으므로(간접적 적용설) 6호 처분기관의 원장이나 직원이 특정 종교를 강요하면 개인의 종교적 자유에 관한 헌법적 침해가 된다는 사실을 원생들이나 직원들에게 종교교육이나 연수를 통해 주지시키면 교정사역도 인권적 기초 위에서 행해지게 된다.

51 가령 경제력이 충분한 대상자에게는 오히려 정신적 · 종교적 · 사회적 원조가 더 필요할 수 있으며 교회 등 종교기관의 원호나 상담이 필요한 경우도 많다.

립기관이나 그 밖의 단체로만 규정했는데 풍부하고 다양한 자원과 기술을 가진 종교기관을 추가로 명시하는 것이 사회봉사 등의 실효성과 개별적 처우에 기여할 수 있다.[52] 또한 갱생보호대상자에 대한 갱생보호의 방법이 취업지원 등의 경제적 면과 심리치료 등에 치우쳐 있다(제65조). 그러나 종교상담과 신앙생활 등의 종교적 지원이 경제적 면에 못지않게 재범방지에 기여할 수 있으므로 제65조의 갱생보호의 방법에 종교상담 등의 종교지원을 포함하는 취지의 내용이 추가될 필요가 있다.[53]

또한 보호관찰법 시행령 제3조에 규정된 보호관찰심사위원의 위촉대상 중 종교학과 관련 교수와 종교인이 제외되었는데 보호관찰에 이들을 포함시키는 것이 낫다. 그리고 범죄예방자원봉사위원의 위촉요건을 규정한 보호관찰법 시행규칙 제8조에 의하면 국가공무원법 제33조에 해당되면 제외시킨다.[54] 그러나 전과자라고 해도 갱생에 성공하여 모범이 되는 경우도 있으므로 전과자를 제외시키는 응보주의적 규정은 적절치 않다. 또한 원호협의회의 구성원을 규정한 보호관찰법 시행규칙 제25조에는 종교인이 제외되었는데 기독교, 불교 등 다양한 종교인을 포함시키는 것이 원호의 실질화에 기여할 수 있다. 특히 교회는 인적 · 물적 · 사회적 자본이 풍부하고 네트워크가 잘 되어 있으므로 원호의 개별화와 원호역량 강화에 기여하여 결과적으로 교정사역을 촉진할 수 있다.[55] 또한 생활관에 수용된 갱생보호대상자에게 교양 및 여가활동을 규정한 보호관찰법 시행규칙 제59조에도 종교활동이 없는데 기독교, 불교 등 종교활동을 추가하여 정신적 건강을 유지하도록 할 필요가 있다.[56]

52 기존에는 관료형 사회봉사지만 종교기관이 사회봉사의 협력집행기관으로 되면 개별적 처우에 유리하다.

53 가령 무교의 갱생보호대상자에게 기독교 등의 종교적 자원을 소개 또는 알선하는 것이 그것이다. 특히 보호관찰관이 기독교인인 경우에는 자연스럽게 선교가 될 수 있고 그렇지 않은 경우에도 기독교나 불교 등의 지역자원을 대상자가 희망하는 곳에 연계하면 된다.

54 국가공무원법 제33조의 결격사유에는 금고 이상의 형을 선고받고 집행이 종료된 후 5년이 지나지 않은 자 등을 열기사항으로 들고 있어 사실상 전과자는 배제된다.

55 대상자의 욕구가 워낙 다양하므로 위원장은 정신적 · 종교적 원호가 필요한 대상자에게 위원장은 목사 등 종교인의 원호활동을 의뢰할 수 있고 그 결과 대상자에 대한 교정사역이 촉진될 수 있다.

56 가령 생활관장은 생활관에 수용된 대상자들에게 정기적 또는 수시로 기독교, 불교, 천주교 등의 종교인을 통해 강당에서 종교별 총집종교의식을 갖도록 하거나 대상자에게 필요하다고 여기면

4) 범죄예방자원봉사 기본규정

보호관찰 등에 관한 법률 제18조에 따라 범죄예방자원봉사위원을 둘 수 있는데 이는 범죄예방자원봉사 기본규정에 근거한다. 범죄예방자원봉사위원(법사랑위원)에 관한 교정사역적 논점은 범죄예방자원봉사 기본규정 제5조에 규정된 법사랑위원의 직무에 종교원호나 종교선도 등 종교에 관한 규정이 없다는 점이다.[57] 따라서 직무에서 종교조사가 제외된바, 종교조사를 넣을 필요가 있다. 예를 들면 종교조사를 통해 대상자가 기독교인이라면 그에게는 기독교인인 법사랑위원에게 원호나 선도를 받게 하면 보호나 원호의 효과성이 제고될 수 있다. 또한 무교나 타 종교라고 해도 대상자가 원하면 기독교인인 법사랑위원이 선도를 할 수 있어 교정사역이 촉진될 수 있다. 이것의 교정사역적 의의는 범죄예방에 관한 예방사역이 활성화될 수 있다는 것이다. 또한 위원협의회를 규정한 제28조에 보호복지위원협의회, 보호관찰위원협의회, 청소년위원협의회가 있는데 이들 위원회의 관장사무(제30조)에도 종교선도 등이 없다. 따라서 관장사무에 종교선도, 종교원호, 종교상담, 종교결연 등의 종교적 규정을 두게 되면 교정사역이 촉진되는 계기가 될 수 있다.

또한 법사랑 정책위원회의 구성을 규정한 제14조에 신학, 불교학 등 종교 관련 교수와 목사, 승려 등의 종교인이 제외된바, 종교 관련 교수 등의 교직자나 종교인이 추가되는 것이 좋다. 그것은 범죄예방정책에 관한 법사랑정책위원회의 성격이 현재의 법적 · 행정적 · 복지적 관점에다 종교적 관점을 추가하면 다양한 관점으로 대상자의 개별적 처우에 부합할 수 있기 때문이다. 그렇게 되면 교정사역의 활성

기독교 등 지역종교인과의 개별상담을 받게 하는 방안이 그것이다. 또는 지역교회 등 종교기관과 MOU를 맺어 대상자의 종교활동을 지원할 필요가 있다.

57 제5조(직무) 법사랑위원은 다음 각 호의 직무를 수행한다.

1. 선도조건부 기소유예 처분을 받은 사람에 대한 접촉선도, 원호선도 등 선도업무
2. 보호관찰대상자 지도 · 감독과 원호 및 재정지원, 사회봉사명령 집행감독, 교육프로그램 진행, 환경조사 등 보호관찰 업무 보조 및 보호관찰관 선도조건부 기소유예 처분을 받은 사람에 대한 선도업무 보조
3. 갱생보호대상자에 대한 취업알선, 직업훈련, 원호 및 재정지원
4. 지역사회 학생을 상대로 한 법교육과 그 지원활동 및 학교폭력예방 등 청소년선도보호 범죄예방활동
5. 소년 · 소녀가장 등 배려대상 청소년, 노인 · 장애인 · 사회복지시설 거주자에 대한 지원 활동
6. 기타 지역사회에서의 범죄예방활동과 봉사활동

화, 특히 예방적 교정사역의 활성화에도 기여할 수 있다.[58]

5) 기타 보호 관련 규정

소년에 대한 보호처분과 관련해 소년법 제11조의 조사명령에 근거해 행해지는 청소년참여법정이 2010년부터 전국의 가정법원에서 시행되고 있다.[59] 청소년참여법정운영내규(법원실무제요)의 교정사역적 논점은 청소년참여법정의 진행인과 부과과제에서 찾을 수 있다.[60] 청소년참여법정 운영내규 제3조에서 진행인의 요건으로 변호사와 교육자 등을 들고 있는데 실무상으로는 변호사와 교사들만이 위촉되고 있다(천정환, 2017). 따라서 목사 등의 종교인은 완전히 배제되는바, 이는 보호공공재의 생산인 교화와 화해권고 등에서 종교인의 역할을 간과한 것이므로 종교인을 청소년참여법정의 진행인으로 포함시킬 필요가 있다.[61]

또한 판사가 내리는 부과과제가 모두 탈종교적인 내용인데[62] 법원이 지정해 놓은 부과과제들의 내용은 보호의 개별화를 저해할 수 있는 획일적 내용들이다. 따라서 부과과제 중에 교회 등 종교기관에서 종교적 강연을 듣고 소감문을 작성하거나 성

58 법사랑정책위원회의 구성에 목사 등 종교인이 들어가면 예방정책에서 신학적 관점을 포함한 종교적 관점의 중요성이 들어갈 수 있고 또한 위원들과의 회의과정에서 자연스럽게 교정사역의 역사와 성공사례를 홍보하는 과정에서 교정사역에 대한 감수성을 제고할 수 있다.

59 청소년참여법정의 근거는 소년법 제9조의 조사방침과 제11조의 조사명령이다. 그러나 법적 근거를 확실히 하기 위해 2017년에 소년법 개정안이 발의되었으나 입법화되지는 않았다.

60 청소년참여법정은 주로 경미한 비행을 한 소년에 대해 청소년참여인단(또래로 구성된)이 진행인의 진행에 따라 사건을 심리한 후에 판사에게 적합한 과제를 건의하면 판사가 과제를 부과하게 되고 소년이 이를 이행하면 더 이상 심리를 하지 않는 제도로 사실상 소년의 선도를 위한 보호제도이다.

61 가령 사건 본인인 비행소년의 종교가 기독교라면 진행인 명단 중에서 기독교인을 진행인으로 위촉하면 비행소년도 종교적 일체감에 의해 편안하게 임하므로 참여법정이 원하는 효과를 제고할 수 있다. 특히 청소년참여법정의 대상은 가벼운 비행을 한 소년이며 목적은 형사처분이 아니라 보호에 있으므로 형사처분적 분위기를 주는 변호사보다는 종교인이 더 적합하다. 사실상 진행인에 따라 청소년참여법정의 분위기가 달라지는데, 이 제도의 목적이 비행소년이 자신의 비행을 뉘우치게 하고 청소년참여인단이 선도를 위한 과제를 설정하므로 속죄와 사랑과 화합을 상징하는 종교인이 더 낫다.

62 서울가정법원의 경우 일기작성, 청소년참여인단활동, 안전운전강의듣기, 사회봉사활동, 법정방청 후 소감문, 인터넷중독 예방교육, 미디어체험학습, 금연클리닉이다(최인화, 2016:7). 부과과제는 미리 법원이 지정해 놓은 것이다.

경이나 불경 등의 일정 부분의 종교교리 필사 후 지역종교인에게 확인받기 등의 종교적 부과과제를 추가하는 것이 보호의 개별화와 청소년참여법정의 실효성을 제고한다. 기독교 입장에서는 결과적으로 교정사역이 촉진된다.[63] 따라서 법원이 만들어 놓은 부과과제 중에서 필수적 부과과제는 현행대로 하되 선택적 부과과제로 종교적 과제를 추가하는 편이 낫다.

또한 소년보호와 관련하여 소년업무규칙(경찰청 예규)은 교정사역에서 예방사역이나 교정사역과 관련될 수 있다.[64] 이 중에서 선도심사위원회의 외부위원에 관한 위촉대상자에 목사, 승려 등 종교인이 제외된바(제28조), 이는 비행소년의 선도에서 종교의 역할이 큰 점을 고려할 때 잘못된 것으로 종교인이 위촉대상자로 명시되어야 한다. 또한 제29조에서 선도프로그램으로 인성교육, 심리치료, 봉사활동만을 규정하고 종교활동을 제외시켰다. 따라서 종교활동을 추가하여 선도의 개별화를 제고할 필요가 있다.[65]

6) 치료감호 등에 관한 법령

여기에는 치료감호 등에 관한 법률과 동법 시행령, 동법 시행규칙이 포함된다. 치료감호란 사회보안주의의 이념의 반영으로 약물중독 등 특정한 상태에 있는 범죄인에 대해 치료감호라는 보호공공재의 생산을 목적으로 판사가 부과하는 보호처분으로, 대개는 치료감호와 형벌이 병과되고 이 경우 치료감호와 형벌의 원칙은 완전히 다른 이념에 입각하므로 각기 집행되어야 하나 국가정책에 의해 대체주의로 운영되고 있다.[66] 치료감호 등에 관한 법률의 목적과 대상자는 치료감호법에 나와

63 가령 비행소년이 기독교인이라면 기독교 관련 부과과제를 부과하여 자신을 종교적으로 돌아보게 하면 획일적인 일기작성보다는 효과가 더 클 수 있다. 또한 부과과제에 대해 몰입도와 진정성이 더 커지게 된다. 따라서 비행소년의 종교에 따라서 해당 종교기관적 과제를 부여하거나 무교라면 비행소년이 원하는 종교기관의 과제를 택하거나 아니면 비종교적 과제를 택하도록 하면 된다.

64 소년업무규칙은 경찰의 사전예방활동을 통해 소년비행을 방지하고 비행소년을 합리적으로 처우선도하는 것을 목적(제1조)으로 하는데 목사가 선도심사위원으로 참여하는 경우를 말한다.

65 가령 비행소년이 기독교인이라면 목사에 의한 종교프로그램을 통한 선도가 효과적일 수 있고 이 과정에서 교정사역이 촉진된다.

66 약물중독 등 특정 상태에서 범죄행위를 한 경우에 법원이 치료감호와 형벌을 부과하게 되면 치

있으며[67] 시설에 수용된 자가 아니고 통원치료를 하므로 여기서 논할 이유가 없다.

치료감호법령의 가장 큰 문제점은 치료감호 등에 관한 법률이나 동법 시행령, 동법 시행규칙 등 어디에도 피치료감호자에 대한 종교행사에의 참여보장이나 성경 등 종교서적 소지, 종교상담을 받을 권리가 규정되어 있지 않아 입법적 미비점을 보이는 것이다.[68] 물론 실무상으로는 치료감호소(국립법무병원)에서도 예배 등 종교행사가 병동마다 열리지만 이는 어디까지나 법적인 규정에 의해 실시되는 것이 아니라 소장의 재량에 의해 관행적으로 실시되는 '사실적 영역'의 문제이므로 다른 차원이다.[69] 그 결과 피치료감호자의 종교적 자유에 관한 법적 지위가 보장되지 않는 문제점이 있다.[70] 치료감호소 외에 지방에 있는 국립법무병원에 수용된 피치료감호도 마찬가지이다.[71] 그런데 실무상으로는 기존의 공주국립법무병원에서는 병동예

료감호는 치료라는 보호처분적인 사회보안의 영역이고 형벌은 책임주의에 의한 형사처분의 영역이므로 둘의 이념적 기초가 달라 제각기 집행되어야 한다. 그러나 대체주의 정책에 의해 치료감호 기간이 종료되면 그 기간만큼 선고받은 형벌의 기간에서 감해 주어 교도소로 이송하게 된다. 치료감호 기간은 형집행기간에 포함되기 때문이다.

67 제1조(목적) 이 법은 심신장애 상태, 마약류 · 알코올이나 그 밖의 약물중독 상태, 정신성적(精神性的) 장애가 있는 상태 등에서 범죄행위를 한 자로서 재범(再犯)의 위험성이 있고 특수한 교육 · 개선 및 치료가 필요하다고 인정되는 자에 대하여 적절한 보호와 치료를 함으로써 재범을 방지하고 사회복귀를 촉진하는 것을 목적으로 한다.

제2조(치료감호대상자) ① 이 법에서 "치료감호대상자"란 다음 각 호의 어느 하나에 해당하는 자로서 치료감호시설에서 치료를 받을 필요가 있고 재범의 위험성이 있는 자를 말한다.

1. 「형법」 제10조 제1항에 따라 벌할 수 없거나 같은 조 제2항에 따라 형이 감경(減輕)되는 심신장애인으로서 금고 이상의 형에 해당하는 죄를 지은 자
2. 마약 · 향정신성의약품 · 대마, 그 밖에 남용되거나 해독(害毒)을 끼칠 우려가 있는 물질이나 알코올을 식음(食飮) · 섭취 · 흡입 · 흡연 또는 주입받는 습벽이 있거나 그에 중독된 자로서 금고 이상의 형에 해당하는 죄를 지은 자
3. 소아성기호증(小兒性嗜好症), 성적가학증(性的加虐症) 등 성적 성벽(性癖)이 있는 정신성적 장애인으로서 금고 이상의 형에 해당하는 성폭력범죄를 지은 자

② 제1항 제2호의 남용되거나 해독을 끼칠 우려가 있는 물질에 관한 자세한 사항은 대통령령으로 정한다.

68 피치료감호자 분류 및 처우 준칙에도 종교의 자유에 관한 규정이 없다.

69 공주치료감호소의 교정사역을 개척한 사람은 석현 목사이다.

70 치료감호 등에 관한 법률 제4장에서 피치료감호자의 권리로 면회, 전화통화, 서신수수, TV시청, 라디오청취, 도서열람권, 근로보상금 수급권, 치료받을 권리, 청원권만 규정되어 있고 종교의 권리가 제외되어 있다.

71 피치료감호대상자의 증가에 따라 기존에 있던 공주의 치료감호소(공주국립법무병원)가 수용능력의 한계를 보여 경남 부곡에 기존의 국립부곡병원 내에 있던 부곡국립법무병원을 개설하게 되었다.

배 등 교정사역이 체계적 · 정기적으로 행해지고 있으나[72] 부곡국립법무병원에는 그렇지 못해 교정사역적 관심이 필요하다.[73] 또한 치료감호소에 수용된 대상자는 아니지만 치료감호 등에 관한 법률 제2조의 3에 규정된 치료명령대상자는[74] 사회적 감시와 행정적 감시의 대상이 되는 점에서 사회적으로 '갇힌 자'이므로 이들도 교정사역의 대상이 될 수 있다.

---

72 물론 이는 법적인 규정에 의한 것이 아니라 사실상 관행적으로 이루어지고 있다.

73 부곡국립법무병원에서도 교회에서 교정사역이 행해지고 있으나 정기적이지 않다.

74 제2조의 3(치료명령대상자) 이 법에서 '치료명령대상자'란 다음 각 호의 어느 하나에 해당하는 자로서 통원치료를 받을 필요가 있고 재범의 위험성이 있는 자를 말한다〈개정 2017.12.12.〉.

1. 「형법」 제10조 제2항에 따라 형이 감경되는 심신장애인으로서 금고 이상의 형에 해당하는 죄를 지은 자
2. 알코올을 식음하는 습벽이 있거나 그에 중독된 자로서 금고 이상의 형에 해당하는 죄를 지은 자
3. 마약 · 향정신성의약품 · 대마, 그 밖에 대통령령으로 정하는 남용되거나 해독을 끼칠 우려가 있는 물질을 식음 · 섭취 · 흡입 · 흡연 또는 주입받는 습벽이 있거나 그에 중독된 자로서 금고 이상의 형에 해당하는 죄를 지은 자

참고문헌

김철수(2004), 「헌법학개론」, 박영사.

박준우(2016), “소년보호처분 아동보호치료시설 위탁청소년을 위한 기독교프로그램 설계,” 총신대학교 석사학위논문.

천정환(2017), “교정복지에서 청소년 참여법정에 대한 비판적 발전방안,” 「교정연구」 제74호, 한국교정학회.

최인화(2016), “청소년참여법정,” 「2016년 법관내부연수자료집」.

제5장 교정사역의 실천영역론

1. 경찰영역에서의 실천방안

먼저 지방경찰청과 일선 경찰서의 조직도는 다음의 [그림 5-1]과 같다.

[그림 5-1] 경찰 조직도

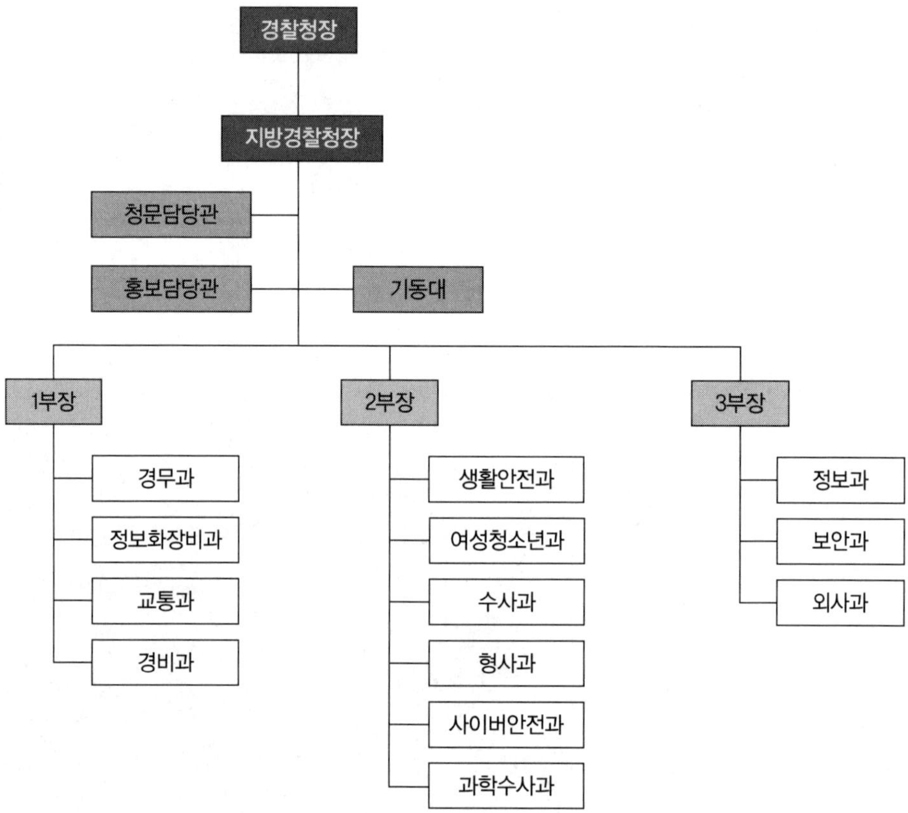

자료: 경찰청 홈페이지.

지방경찰서의 조직도는 경찰서마다 약간씩 차이가 있으나 여기에서는 부산지역의 경찰서를 중심으로 전개한다.[01]

01 대도시와 소도시의 경찰서 조직도는 차이가 있고 대도시의 경찰서 직제도 차이가 있다.

[그림 5-2] 부산진 경찰서의 조직도

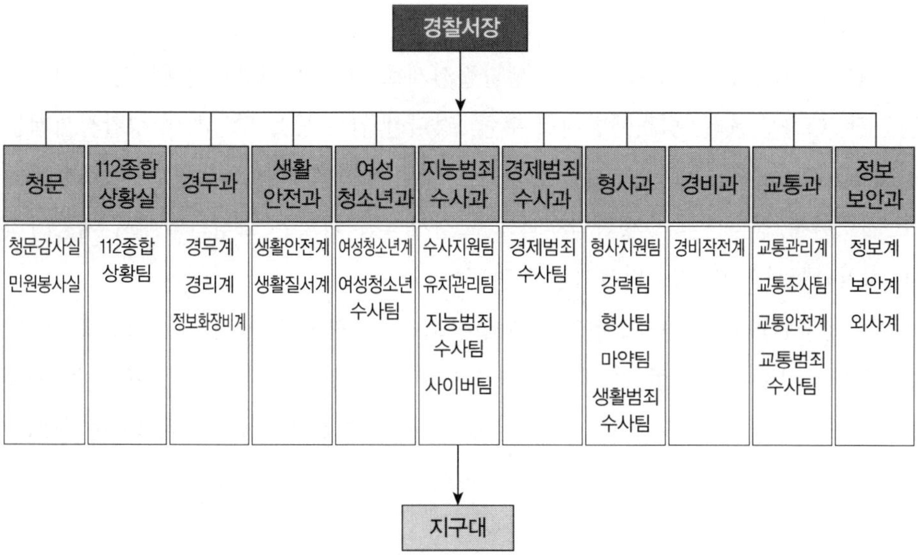

자료: 부산진 경찰서 홈페이지.

위의 [그림 5-2]를 보면 경찰의 질서권력의 특성상 철저하게 수직적인 계급구조로 되어 있다. 서장이 관내 치안의 모든 사항에 대해 최종의사결정권을 가진다. 청문감사실은 강력범죄의 피해자에 대한 심리적 상담서비스를 제공하며[02] 수사 등 경찰활동에 대해 불만이 있는 자들에 대한 민원접수처의 역할을 하고 경찰업무에 대한 전반적 관리와 감시를 하는 감사기능과, 민원인과 주민들의 불편사항에 대한 상담과 인권보호 등을 한다.[03] 청문감사실의 교정사역적 의의는 피해자에 대한 회복적 사역을 촉진시킬 수 있다는 점이다.

경무과는 주로 경찰관의 인사발령과 장비와 피복을 관리하고 경찰관들의 복지와 후생업무 및 총무과의 역할을 한다. 경무과의 교정사역적 의의는 경목실이 경무과의 소관업무라는 것이다. 경찰서 경목위원에 대한 위촉은 경찰서장이 하나 실질적

02 2015년부터 각 경찰서 청문감사실에 피해자전담경찰관이 배치되어 피해자의 신변보호, 심리상담, 법률지원기관연계, 피해상담 및 보호, 각종 정보제공, 사후 모니터링 등을 통해 신속한 피해회복을 지원하고 있는데 범죄피해자보호법령 등에 의해 운영되고 있다.

03 그러나 청문감사실은 대개 경찰관이 퇴직 전에 거의 마지막 부서로 가는 경향이 있어 전문성이 미약하고 경찰관 비리에 대한 온정적 처리가 문제가 되곤 한다.

업무는 경무과에서 주도한다.[04] 경무과는 교회나 경목위원 등과 밀접한 교류와 협조를 하기 때문에 교정사역자는 항상 그들과 유기적 관계를 맺어야 한다.

생활안전과는 보통 생활안전계, 생활질서계로 나뉘며 생활안전계에서는 범죄예방진단, CCTV 관리, 범죄예방계획 수립, 경미한 업무 등을 담당하며 생활질서계는 풍속 및 기초질서사범 집중단속, 즉결심판 및 청소년범죄 예방과 단속, 사행행위업소 지도단속 등을 한다. 생활안전과의 교정사역적 의의는 교정사역에서 예방사역과 지역사회사역 및 청소년사역과 연관된다.

여성청소년과는 여성청소년계와 여성청소년수사팀으로 나뉘는데 여성청소년계는 여성과 청소년에 대한 범죄예방, 아동학대, 가정폭력, 성폭력, 학교폭력 등 사회적 약자들과 관련된 업무를 한다. 또한 실종예방센터를 운영하고 학교와 협력해 학교폭력 예방활동과 117 신고를 받아 가해학생에 대한 학교폭력대책위원회 징계처분 및 형사처리와 피해학생에 대한 상담과 보호를 하는 SPO도 있다. 여성청소년수사팀은 성폭력전담팀(여성청소년과) 및 실종수사팀(수사과)을 여성청소년과에 여성청소년수사팀으로 구성하여 관내에서 일어나는 성폭력, 가정폭력, 아동학대, 학교폭력과 청소년범죄수사 및 실종수사를 24시간 전담체제로 한다.[05] 따라서 여성청소년과의 교정사역적 의의는 교정사역에서 예방사역, 학교사역, 피해자사역, 협력사역 등이 있다.[06]

일부 경찰서에 설치된 지능범죄수사과는 과거에 수사과 소속이었으나 범죄의 다양화에 대비하기 위하여 수사과를 지능범죄수사과와 경제범죄수사과로 분리해 업무의 능률화에 기여하고 있다. 지능범죄수사과에는 수사지원팀, 유치관리팀, 지능범죄수사팀, 사이버팀으로 나뉜다. 수시지원팀은 직접 수사는 하지 않고 각종 영장관리, 압수물관리, 사건접수 송치관리, 범죄단속계획, 서무 및 예산관리 등의 지원

---

04 물론 경무과에서는 개신교의 경목실 외에 천주교의 경신실, 불교의 경승실을 평등하게 담당하고 있으며 3대 종교만 참여하고 있다. 경목실에는 여러 교파가 관여하고 있다.

05 여성청소년과에는 여경 외에 남자경찰도 같이 근무하며 보통은 지구대에서 가정폭력이나 성폭력 등이 접수되면 경찰서의 여성청소년과가 처리하는 절차를 거친다. 또한 가정폭력 112 신고에 대해 재발우려 모니터링과 임시조치 및 아동 · 노인 학대에 대한 보호지원활동, 가정폭력담당팀(APO)과 성폭력자 신상정보등록대상자 중 고위험군대상자를 대면하여 전자발찌의 착용과 재범방지 등을 하는 성폭력 담당으로 구성되어 있다.

06 범죄예방과정에서 교정사역이 촉진될 수 있고 전자발찌대상자 중 고위험군에 대해서는 보호관찰소와 협력한다는 점에서 양 기관의 담당자가 기독교신우회원이면 연계사역도 가능하다.

업무를 한다. 사이버팀은 인터넷 관련 수사업무를 하며 지능범죄수사팀은 보이스피싱과 지능범죄를 담당한다. 유치관리팀은 경찰서 내의 유치장 담당업무를 한다. 지능범죄수사과의 교정사역적 논점은 유치장과 관련된 유치관리팀으로 이에 대해서는 후술한다. 경제범죄수사과는 수사과의 한 부분으로 몇 년 전에 일부 경찰서에서 기존의 수사과에서 분리해 만든 부서로 일반화된 것은 아니다.

강력계에서는 강력범죄나 일반범죄 외에 우범자 관찰업무를 한다. 그러나 우범자관리는 법적인 근거가 없다 보니 사회안전과 인권의 문제가 항상 제기되어[07] 출소자에 대한 재범방지가 어렵고 여러 문제가 제기되어 왔다.[08] 우범자 관찰업무의 교정사역적 의의는 예방사역과 특히 교정사역인권적 관점에 있는바, 이에 대해서는 후술한다. 마약수사대에서는 마약류 범죄수사 및 예방과 홍보활동 및 마약수사요원 교육과 지도 등을 한다.[09] 마약수사의 교정사역적 의의는 이들이 특정 물질에 중독된 것이므로 중독사역의 관점에서 접근하는 것이 필요할 수도 있다.

경비과에서는 다중범죄예방, 방범순찰대의 운영과 지도업무, 경호업무, 작전의 경계업무, 대테러업무, 훈련지도업무, 민방위업무협조와 재난관리업무 등의 위기관리업무, 의무경찰관리 등을 담당한다. 이 중에서 교정사역적 의의가 있는 분야에는 방범순찰대와[10] 자율방범대가 있다. 자율방범대는 민간단체로 취약지역 범죄예방과 순찰을 하고 청소년선도, 무질서행위계도, 경찰과 협조하여 질서유지 및 검문검색을 지원한다. 보통 자율방범대는 계급구조를 갖추고 대장 밑에 여러 부서가 있다.

교통과에서는 교통주요업무수립, 교통 관련 자료수집, 교통 관련 홍보, 면허 및

07 경찰관직무집행법에는 우범자를 경찰이 관리하는 근거가 없다 보니 예규인 "우범자 첩보수집 등에 관한 규칙"을 통해 관리하는 실정으로 법적 근거가 없다. 경찰의 행동이 제약되나 때로는 무리한 인권침해가 있었다.

08 2012년에 청주에서 실시된 우범자 집중점검기간의 탐방과정에서 출소자 Y씨가 자신의 과거를 가족들이 알게 되면서 고통 끝에 자살했다(2012.8.30., 뉴스1).

09 경찰서 마약수사대와 마약수사직 공무원은 하는 일은 비슷하나 9급 마약수사직 공무원은 중앙에서 채용하며 공항, 법원, 지방검찰청, 법무부 등에 소속되어 마약사건 조사, 마약범죄사건 처리, 마약위험구역 단속 등을 하고 피의자 심문, 수사보고서 작성 등을 한다. 다만 검찰 마약수사관은 세관과 협조해서 공항에서 단속을 하기도 한다. 경찰서 마약수사대는 일반 투약사범을 매일 단속하고 제보가 오면 체포하는데 마약사범의 특성상 제보가 중요한 역할을 한다.

10 방범순찰대는 주로 전경과 의경으로 구성되고 순찰활동, 범죄현장신고, 부녀자들의 안전귀가를 돕는 등의 업무를 한다.

자동차학원업무, 교통시설업무, 교통안전업무, 교통조사업무, 교통지도관 위촉 등의 업무를 한다. 교통과에서의 교정사역적 의의는 교통사고에서 교통계조사관이 경미한 사건 등 일정한 사건에서는 가해자와 피해자가 원만한 합의가 되도록 하는 조정역할을 하는바[11] 이때 조사관이 기독교이고 사건당사자들이 기독교인이라면 조정사역이 되기 때문이다.

정보보안과는 정보계, 보안계, 외사계로 구성되며 정보계는 주로 신원조사 및 채증, 집회신고 접수와 처리, 치안정보에 관한 기획과 지도, 치안정보의 수집 등을 한다. 또한 사회에서 일어나는 모든 현상들에 대한 정보를 수집하고 검토하는 일을 한다. 보안계는 국가보안사범을 취급하는데, 특히 탈북자들의 신변보호 등 탈북민 관련 업무가 이루어지고 하나원 수료자에 대한 보호업무와 지도 등도 행한다.[12]

외사계에서는 최근 증가되는 난민범죄[13]와 외국인범죄 및 내국인이 외사범죄에 관련된 사건을 다루고 외국인 유학생에 대해 범죄예방교육도 한다. 또한 다문화가정의 복지에 관한 지원과 다문화가정의 범죄예방업무를 한다. 결혼이주여성이나 다문화가정 중 취약계층에 대해 관내의 복지기관이나 병원, 외사협력위원회 등과 협력하여 복지적 지원을 하는데 최근에 중시되는 부분이다.[14] 정보보안과의 교정사역적 의의는 탈북민사역, 다문화사역, 피해자사역, 예방사역이 있다.

---

11 가령 이 씨가 교통사고 당사자라면 112나 서면신고 또는 방문신고 등을 통해 경찰이 사고인지 접수를 하고 교통사고 조사계에서 현장에 출동해 도주 등 특례 11개항 사고이면 가해자 피의조서를 작성한 뒤 수사절차에 따른다. 만약 공소권이 없는 일반교통사고에서 경미한 피해인 경우에는 가해자보험정보 등 견적서 제출 뒤 귀가조치시키고 중상해사고이면 피해자와 합의한 경우에는 앞의 절차를 따르나 합의가 안 되면 공소권 있는 사건으로 다루어 수사가 시작된다.

12 통일부 소속의 북한이탈주민 정착지원 사무소인 하나원에서 탈북자들은 3개월 동안 교육을 받는다. 하나원에는 여러 종교활동이 이루어지는데 하나원 내 교회가 이들에게 복음을 전하고 그들이 수료 후 전국의 하나센터나 임대 APT로 배정되면 지역교회와의 연계사역이 될 수 있다.

13 난민과 관련해서는 보통 외사계, 생활안전계, 수사계, 형사계가 태스크포스팀을 구성해 대처하기도 한다.

14 2006년에 경찰청장 소속하에 발족된 외사협력자문위원회는 10인 이상 30인 이내로 구성되며 외국인과 관련된 치안정책에 대한 자문을 한다. 설립배경은 점증하는 다문화가정과 외국인의 정책에 관한 사항과 체류외국인들의 범죄예방을 돕는 치안협력단체이다. 이런 활동에 다문화 이주여성들로 구성된 외국인 자율방범대도 어려운 다문화가정을 지원하고 있다. 경찰청 외사국에서 위촉하는 외사협력자문위원회는 주로 학계인사로 구성되나 지방경찰서 산하의 그것은 지역관내유지, 종교인 등으로 구성된다.

2. 검찰영역에서의 실천방안

1) 검찰의 조직

검찰조직은 대검찰청, 고등검찰청, 지방검찰청, 지방검찰청지청이라는 수직적 위계구조를 가진다. 교정사역자들이 개입할 수 있는 기관은 지방검찰청과 지방검찰청지청인데 이들 기관이 사실상 검찰조직의 일선기관으로서 핵심적 업무를 담당하며 검찰조직의 구성원은 검사와 검찰공무원으로 관료적 수직체계로 되어 있다.[15] 지방검찰청의 조직과 업무는 지방검찰청마다 다르게 구성되어 있다. 서울동부지검의 경우에는 지검장과 차장검사의 휘하에 인권 · 명예보호전담부, 환경 · 보건범죄전담부, 강력범죄전담부, 공정거래 · 경제범죄전담부, 금융 · 조세범죄전담부, 기업 · 노동범죄전담부, 공판부, 사이버수사부, 여성 · 아동범죄조사부, 중요경제범죄수사단, 사무국으로 구성된다.[16] 검찰청 업무의 주 구성원인 검사의 직무는 범죄수사에 관한 사법경찰관리의 지휘 · 감독권, 형의 집행의 지휘 · 감독권을 가진다. 특히 검사활동의 핵심은 수사의 주재자로 수사권, 수사지휘권, 수사종결권을 가지며[17] 또 검사는 즉결심판을 제외한 모든 범죄사건에 대한 공소권을 독점(기소독점주의)하고 기소 여부는 오로지 검사의 자유재량에 의한다는 기소편의주의와 기소변경주의를 취하고 있다.[18] 또한 법정에서 검사는 피고인과 대립되는 지위에서 공소사실을

15 검찰구성원은 검찰총장, 고검장, 지방검사장, 차장검사, 부장검사, 부부장검사, 평검사로 수직적으로 계급화된 검사들과, 검찰서기관(4급)에서 검찰서기보(9급)로 단계적으로 서열화된 검찰공무원으로 이루어진다. 실무에서는 6~8급 검찰공무원을 수사관이라 호칭하고, 검사실마다 1명의 실무관이 있는데 보통 실무관으로 호칭하고 검사실의 잡무를 담당한다.

16 사무국에는 총무과, 사건과, 집행과(재산형 집행), 수사과, 조사과, 공판과, 범죄피해자 상담지원실, 종합민원실이 있다. 공판과에서는 형집행, 상소, 감형, 사면, 복권, 범죄인의 인도 등을 담당한다. 범죄피해자 상담지원실에서는 신변보호, 피해자 구조제도, 법률구조상담, 민간 범죄피해자 지원기관 등 유관기관과의 연락을 한다.

17 모든 범죄사건을 검사가 직접 주재하는 것은 아니고 중요하지 않은 일반사건은 경찰의 송치의견을 원용한다. 또 검사에게 배당된 중요사건도 실무상 일부는 검사가 직접 피의자심문을 하지만 일부는 검찰수사관이 신문하고 검사가 지휘한다. 다만 수사종결권은 검사만이 갖는다.

18 기소편의주의란 혐의가 충분하고 소송조건이 구비되어 기소요건이 됨에도 기소를 하든 기소유예 또는 불기소처분을 하든 검사의 완전한 자유재량에 맡기는 것이다. 기소변경주의란 일단 제기한 공소의 취소를 인정하는 것이다.

입증하고 유지하며 이 과정에서 공소장 변경권과 취소권을 갖는다.

2) 검찰의 처리절차와 교정사역적 의미

검찰의 형사사건 등에 관한 처리절차는 다음의 [그림 5-3]과 같다.

[그림 5-3] 검찰의 사건처리절차

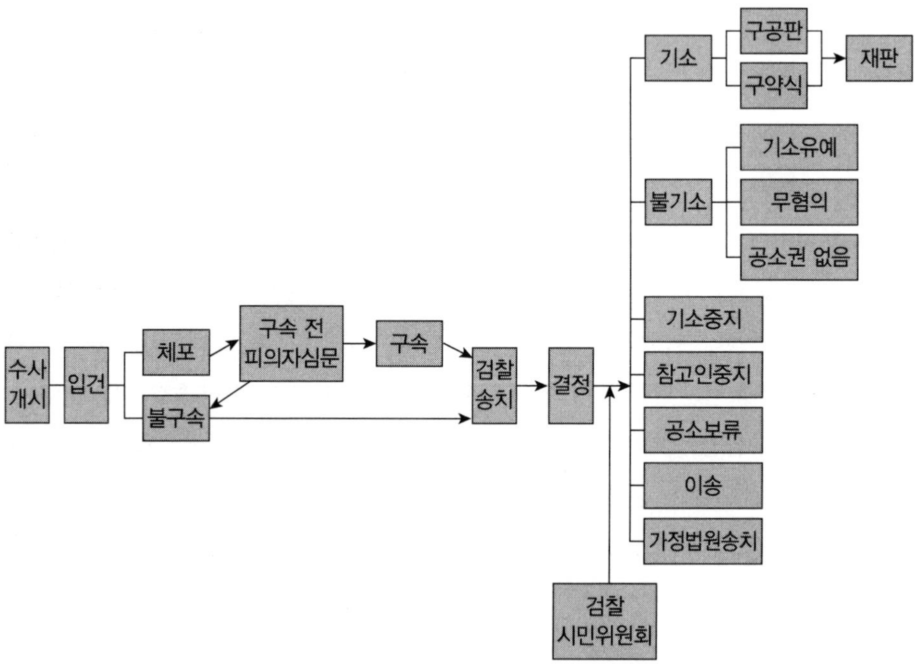

먼저 수사개시는 고소, 고발, 자체인지, 현행범의 체포, 자수, 불심검문 등을 통해 이루어지고 이를 통해 범죄사실이 인정되면 사건이 성립되어 입건이 된다. 입건과 함께 수사단계가 시작된다. 경찰에서의 수사과정을 통해 증거가 확보되면 검사의 지휘를 받아 사건이 검찰로 송치가 된다. 검사는 사건을 검토한 후 기소 여부에 관한 결정을 하게 된다. 국가소추주의에 의해 기소권은 검사가 독점하며(기소독점주의) 기소를 결정하기 전에 일정사건에 대해서는 검찰시민위원회를 거치는 경우도 있다. 이는 기소권의 행사에 관해 시민들의 의견을 반영하여 기소의 공정성을 담보하기 위한 외부통제의 성격을 지닌다. 여기서 교정사역적 논점이 있을 수 있는 것은 검사의 기소유예 처분이다. 신고전파 범죄이론의 산물[19]인 기소유예는 기소편의주의를 규정한 형사소송법 제247조 "검사는 형법 제51조 사항을 참작하여 공소를 제기하지 아니할 수 있다."에 의하여 기소를 유예할 수 있다.[20] 기소유예에는 일반기소유예와 조건부 기소유예가 있으며 조건부 기소유예에는 소년범에 대한 선도조건부 기소유예와 가정폭력사범과 아동학대사범에 대한 조건부 기소유예가 있다.[21] 이러한 조건부 기소유예의 교정사역적 의미는 교정사역자의 개입방안에서 후술한다.

불기소처분은 무혐의, 공소권 없음, 범죄불성립을 말하며 기소유예도 불기소처분에 포함할 수 있다. 기소와 불기소 외에 기소중지, 참고인중지, 공소보류, 이송 등의 결정을 한다.[22]

3) 교정사역자의 개입방안

검사는 국가소추주의에 의해 기소독점권을 가지며 형법 제51조의 사정을 참작하고 형사소송법 제247조에 의해 기소편의주의가 인정되며 이러한 기소편의주의로 인하여 조건부 기소유예를 내릴 수 있다. 검사가 행하는 선도조건부 기소유예에서 교정사역자가 개입할 수 있는데 검사는 소년법 제49조의 3에 의해 소년피의사건에 대해 소년과 소년의 친권자, 후견인 등 법정대리인의 동의를 얻어 선도조건부 기소유예를 내릴 수 있다. 이때 조건부 기소유예를 받은 소년은 범죄예방자원봉사위원

---

19 고전파 범죄이론과 달리 신고전파는 범행의 동기, 사정 등 개별적 사정을 고려해서 처벌하자는 이론으로 행위자이론이라고 한다.

20 형법 제51조에는 범인의 연령, 성행, 지능, 환경, 범행의 동기와 수단 및 결과, 범행 후의 정황 등 여러 사정을 참작해 형을 정해야 한다고 명시되어 있다.

21 선도조건부 기소유예는 소년법 제49조의 3에 있고, 상담조건부 기소유예는 가정폭력범죄의 처벌 등에 관한 특례법 제9조의 2에 있으며, 아동학대범죄의 처벌 등에 관한 특례법 제26조에 의하여 상담, 치료, 또는 교육을 받는 것을 조건으로 기소유예할 수 있다.

22 기소중지란 피의자의 소재불명, 질병 등의 사유로 수사를 종결할 수 없는 경우에 그 사유가 해소될 때까지 행하는 중간처분을 말하며 참고인중지란 참고인의 소재를 파악할 수 없는 등의 이유로 검사가 참고인의 진술을 듣기 어려울 때 내리는 처분이다. 공소보류란 국가보안법 위반자에 대해 연령, 지능, 범행동기 등을 참작해 기소를 보류하는 것이고, 이송이란 타 검찰청에 사건을 보내는 처분을 말한다. 물론 기소중지, 공소보류도 불기소처분에 포함된다.

의 선도 또는 선도교육과 관련된 단체, 시설에서의 상담, 교육, 활동 등에 의한 선도를 받아야 한다. 이에 따라 범죄예방자원봉사기본규정 제5조에 의해 범죄예방자원봉사위원(법사랑위원)은 선도조건부 기소유예처분된 자에 대해 접촉선도, 원호선도를 할 수 있다. 또한 동 규정 제31조에 의해 종교단체 등의 추천으로 신규 법사랑위원으로 영입 또는 위촉이 가능하므로 목회자들이 여기에 참여할 수 있도록 교회는 적격자를 추천하고 검찰청 내 기독교직장선교회에서도 적극 홍보하여 교정사역에 관심 있는 목회자들이 법사랑위원으로 위촉되어 선도조건부 기소유예된 소년들에 대한 종교적 교화를 통한 사역이 되도록 해야 한다. 또한 법사랑정책연합회와 법사랑지역연합회에도 많이 참여하여 선도업무에서 종교적 맥락을 가미시켜 종교교화를 촉진시키도록 하는 것이 선도조건의 개별화에 유리하다.[23]

또한 교회연합회나 교정사역자들은 검사신우회, 경찰기독신우회를 통하여 검찰청에서의 피의자 수사과정에서 종교적 감수성을 제고하여 교회 내부의 분쟁 등 종교적 사건에 대해서는 종교적 맥락에 의한 관점도 가질 것을 요구할 수 있다. 또한 검사의 조사과정에서 심리적으로 위축되는 피의자나 참고인, 피해자 등의 클라이언트에 대해 그들을 위하여 옹호자, 대변자, 심리적 지지자, 후견인, 상담가나 권능부여자(empowerer), 회복촉진자 등의 역할을 할 수 있다.[24]

또한 검찰의 형사조정과정에서 지역사역, 화해사역, 교정사역, 예방사역, 회복적 사역 등이 촉진될 수 있다.[25] 형사조정실무운용지침 제4조에 의하여 형사조정위원

23 가령 소년이 기독교인이라면 기독교 법사랑위원을 연결시키고 불교라면 불교 법사랑위원을 연결시키는 것이 효과적이다. 물론 무교나 타 종교를 믿는 소년에게도 소년이 거부하지 않는다면 기독교 법사랑위원이 참여할 수 있도록 해야 한다.

24 교정사역자는 사회적 약자가 피의자인 경우 검찰청 인권보호관에게 종교적 맥락에서 그들의 인권보호에 관한 의견을 낼 수 있다. 장애인이나 외국인인 경우에는 교회 또는 교정사역자가 교회의 자원을 통하여 수화통역자와 외국인통역자를 검찰청에 제공할 수 있다. 또한 피해자나 참고인이 심리적 안정이 필요한 경우 그들이 기독교인이라면 그들이 신뢰할 수 있는 목회자를 조사과정에 동석할 수 있도록 하면 된다. 또한 피해자가 검찰의 수사과정에서 2차 피해가 발생하지 않도록 그들의 옹호자와 대변자의 역할을 할 수 있다. 또한 피의자가 미성년이거나 장애 등의 사정으로 자신의 권리를 피의자 신문과정에서 제대로 행사하지 못할 경우 변호인 외에 그들을 보호할 수 있는 정서적 지지자로서 참여할 수 있다. 또한 검사의 피의자신문과정에서 피의자의 국적, 성별 등 다양한 사정을 고려해 심리적 안정이 필요한 경우에는 그와 신뢰관계에 있는 자가 동석할 수 있는바(형소법 제244의 5) 이때 교정사역자가 참여할 수 있다.

25 형사조정실무운용지침에 의하면 피의자 및 범죄피해자 간 형사분쟁에 대하여 원만한 해결을 위하여 피해를 실질적으로 회복하고 지역사회의 동참을 통한 형사분쟁의 자율적 해결을 촉진하기

(장)은 지방검찰청장이 관할 지역의 종교계 등 각계의 추천을 받거나 공모절차에 응한 사람들을 대상으로 위촉하므로 교회에서는 교정사역이나 조정사역에 전문지식이 있는 목회자를 추천하여 목사 등의 목회자가 형사조정절차에 참여하도록 하여 형사조정의 종교화를 통한 화해사역이 되도록 할 필요가 있다. 전술한 형사조정실무운용지침 제3조 제1항에서 규정된 1호와 2호의 일반분쟁사건 외에도[26] 3호에서 규정된 "기타 형사조정에 회부하는 것이 분쟁해결에 적합하다고 판단되는 고소사건"에서도 목사 등 종교분야의 형사조정위원은 형사조정의 실효성을 제고할 수 있다. 가령 일반분쟁사건에서도 목사 등이 조정위원으로 참여할 수 있고 사건당사자가 기독교인들이라면 더욱더 복음정신으로 화해를 촉진시킬 수 있다. 또한 사건당사자가 기독교인이 아니라도 목사가 예수 그리스도의 정신으로 잘 조정시키면 특히 교회 내부에서 목회자들 간의 고소사건 등 분쟁에 대해서는 더구나 기독교조정위원이 일반 법적 맥락이 아닌 종교적 맥락으로 접근하여 화해와 사랑과 용서에 대한 복음정신을 주지시키면 일반조정위원보다 훨씬 조정의 실효성이 크기 때문에 형사조정분야에서는 목사 등 교정사역자들의 적극적 동참이 필요하다. 이 과정에서 조정과 화해를 통해 회복적 사역과 재범의 예방사역, 중재사역이 이루어진다. 또한 2010년에 도입된 검찰시민위원회에 목사 등이 참여하여 활동하는 방안이 있다.[27] 검찰시민위원회 운영지침 제4조에 의하여 다양한 분야의 시민들이 위촉될 수 있도록 각급 청의 장은 추천을 받거나 공개모집해야 하므로 교회 등 교정사역 관련 기관에서 적극 참여할 필요가 있다. 또한 동 지침 제4조에 규정된 전문가 자문단의 전문위원으로도 참여할 수 있다.[28]

또한 갈수록 가정폭력사건과 아동학대사건이 증가하는 현대 사회의 특성상 이들에 대한 조건부 기소유예도 활성화되고 있는데 이러한 사건들의 조건부 기소유예에서도 교정사역과 회복적 사역 및 가정사역이 촉진될 수 있다. 가정폭력사범에 대

위해(제1조) 동 지침 제3조에 규정된 사건에 한해 형사조정을 할 수 있도록 규정하고 있다.

26 재산범죄사건, 명예훼손 · 모욕 등 사적 분쟁에 관한 고소사건 등을 말한다.

27 검찰시민위원회는 검사의 기소, 불기소, 구속영장 청구 등에 관한 의사결정과정에서 국민의 의견을 반영해 수사의 공정성과 투명성을 제고하고 인권보장을 실현하기 위해 고등검찰청과 지방검찰청에 설치한 기구로 검찰에 대한 민중통제적 성격을 지닌다.

28 가령 교회 내부의 분쟁 등 교회법적인 관점이 필요한 경우에는 목사 등은 종교분야 전문가 자문단으로 참여하여 검찰시민위원회의 심의과정에 의견을 낼 수 있다.

해서는 가정폭력범죄의 처벌에 관한 특례법에 의해 일정한 사건에 상담조건부 기소유예를 내리면 처리지침에 의해 가정폭력상담소에 상담을 위탁하게 되는데 이때 기독교계열인 YWCA 가정폭력상담소가 위탁받을 수 있다.[29] 이와 같이 YWCA 등 종교 이념에 근거한 가정폭력상담소에서는 종교적 접근도 가능한 특성이 있으므로 가해자에 대한 교정치료에서 전문기법을 통한 교정과 부부간 화해를 조성하고 이 과정에서 클라이언트가 원하거나 클라이언트에게 필요하다고 여기면 관내의 목회자 등 종교적 자원을 연결하여 치료효과를 더 공고히 할 수 있고 이 과정에서 교정사역과 회복적 사역이 촉진된다. 가해자의 교정 · 치료를 내용으로 하는 상담을 위탁받는 여러 민간가정폭력상담소 중에서 기독교계열인 YWCA 가정폭력상담소 등 종교단체의 그것이 일반가정폭력상담소보다 비교우위적 장점이 있으므로[30] 한국교회연합회와 기독교적 여성실천주의를 이념으로 하는 전국의 YWCA 가정폭력상담소가 검찰로부터 더 많은 상담위탁을 받을 수 있도록 적극적 홍보와 비교우위적 프로그램을 개발해야 한다.[31] 아동학대사범에 대한 검찰의 상담 · 치료 · 교육조건부 기소유예도 마찬가지이다. 이 경우 검찰은 관내의 아동보호전문기관 등에 위탁하게 되는데 여기에 굿네이버스 아동보호전문기관 등 종교적 맥락을 가진 아동보호전문기관이 적극 참여하여 전술한 가해자에 대한 교정사역을 촉진할 수 있어야 한다.

---

29 지방검찰청마다 자신들이 위탁할 가정폭력상담소를 여러 군데 지정하게 된다. 한국가정폭력상담소 등 다양한 기관이 지정된다.

30 일반가정폭력상담소나 기독교단체인 YWCA 가정폭력상담소는 가정폭력상담원 등의 전문인이 개입해서 치료하는 점은 같으나 종교기관은 그 외에 종교적 맥락에 의한 치유효과가 더해지므로 교정의 효과와 회복적 사역이 더 촉진될 수 있다. 가령 기독교인 부부간의 가정폭력사건은 일반상담소보다 기독교적 맥락과 규범을 상기시키는 종교기관에 의한 상담이 더 효과적이다. 기독교가 아닌 부부간에도 마찬가지의 효과를 낼 수 있다. 왜냐하면 상습화된 가해를 특징으로 하는 가정폭력은 단순히 교정프로그램이라는 전문기법만으로는 한계가 있기 때문에 거기에 더해 종교적 접근이 더해지면 효과가 클 수 있다.

31 현재 일반가정폭력상담소의 집단상담, 부부상담의 경우에는 사후관리와 치료의 개별화가 되지 않는 여러 문제점이 있으므로 YWCA 가정폭력상담소는 그런 한계를 극복하고 자조모임의 알선, 조기개입, 피해자보호역량의 강화 등 클라이언트 지향적 노력을 하여 좋은 평가를 받도록 해야 한다.

3. 법원영역에서의 실천방안

1) 법원의 조직

법원의 조직도는 다음의 [그림 5-4]와 같다.

[그림 5-4] 법원조직도

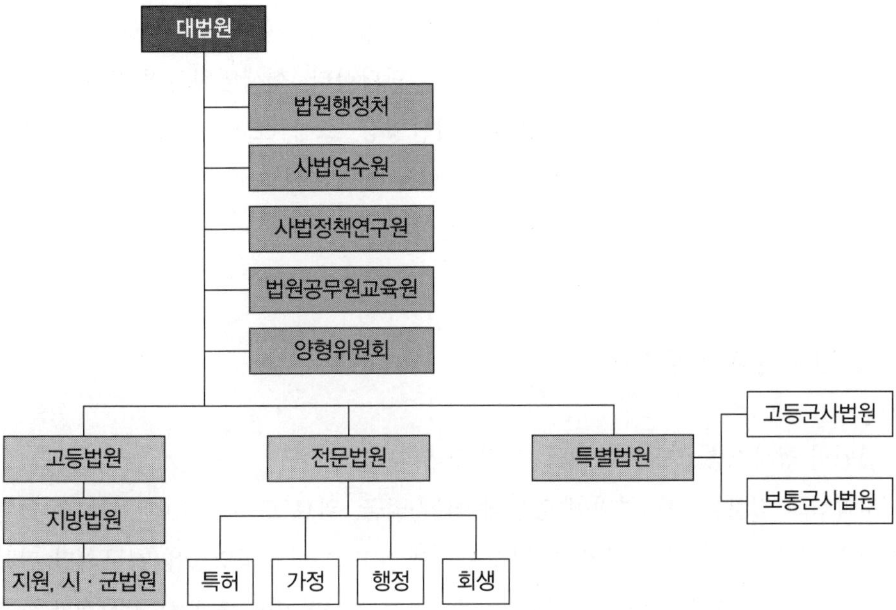

자료: 대법원 홈페이지.

대법원은 상고사건과 재항고사건을 최종심으로 판단하고 명령, 규칙, 처분 또는 조례가 위헌인지에 대한 최종적 심사권을 가진다. 대법원의 심판은 대법관 4인으로 구성된 부(部) 또는 전원합의체에 의하며 공개변론을 원칙으로 한다. 또한 대법원은 사법행정사무를 총괄하며 대법원 산하에 법원행정처, 사법연수원, 사법정책연구원, 양형위원회, 법원공무원교육원을 둔다.

고등법원은 제1심 판결에 대한 항소사건과 제1심의 결정과 명령에 대한 항고사건을 담당하며 서울, 부산, 대구, 대전, 광주, 수원에 설치되어 있다. 지방법원은 지방법원, 지원, 시 · 군법원(단독판사)으로 구성되고 지방법원의 단독부, 지원, 시 · 군법원은 민사 및 형사 사건에 대해 1심 재판권을 가지며 지방법원 · 본원 · 합의부는 제1심의 판결, 결정, 명령에 대한 항소 또는 항고 사건을 다루는 제2심으로 기능한다.[32]

특허법원은 특허사건에 대한 전문심판원으로 지방법원합의부에서 제1심을, 특허법원에서 제2심을 관할한다. 가정법원은 가사사건과 소년보호사건의 전문심판원으로 지방법원과 동급이며 이외에도 가정폭력사건에 대한 심판과 가정폭력피해자에 대한 보호명령의 심판권, 아동학대보호사건과 피해아동에 대한 보호명령의 심판권, 성년후견제를 시행하며 가사조정위원회가 있다. 가정법원과 가정법원지원이 없는 지역에서는 지방법원(지원)이 그 기능을 담당한다. 회생법원은 법인회생, 개인회생, 개인파산 등을 다루며 행정법원은 일반행정, 조세, 토지, 근로 등의 행정구제에 관한 소송을 담당하며 행정심판전치주의가 폐지됨에 따라 법에 별도규정이 없는 한 누구든지 바로 행정소송을 제기할 수 있다.

2) 법원의 형사소송절차

법원의 형사소송절차는 다음의 [그림 5-5]와 같다.

구약식의 절차는 약식명령이 있는데 이는 벌금, 과료 또는 몰수에 처할 수 있는 사건을 대상으로 하고 검사가 기소와 동시에 서면으로 약식명령을 청구하면 판사가 검토 뒤 약식명령을 받는다.[33] 이때 피고인이 약식명령에 불복 시 정식재판을 청구할 수 있다.

구공판에서 공판준비절차는 임의적이나 참여재판에서는 필수적이다. 구공판에서 국민참여재판은 국민의 형사재판 참여에 관한 법률에 의해 2008년부터 시행하는 제도로 사법에 대한 민간참여와 민중통제적 성격을 띤다. 외국의 배심원제와 참심제를 절충하여 한국적 배심제를 채택하고 있다.[34] 배심원에는 평의와 양형에 참

32 시 · 군법원은 20만 원 이하의 벌금 또는 구류나 과료에 처할 경미한 사건을 담당한다.

33 약식명령등본이 송달되고 7일이 경과되면 약식명령이 확정되고 이것은 확정판결과 동일한 효과를 가진다.

34 국민참여재판은 합의부 관할사건을 대상으로 하되 피고인이 원하는 경우에 그 의사를 서면으로

[그림 5-5] 법원의 형사소송단계

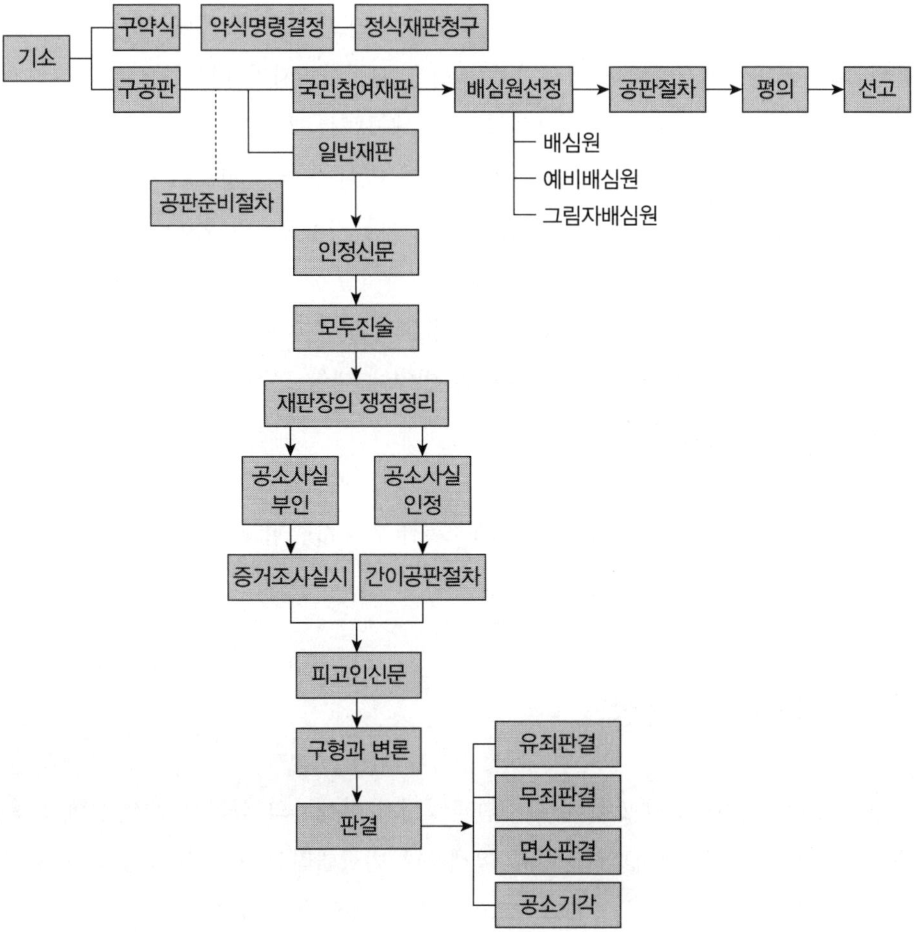

여할 수 있는 실제 배심원과 배심원의 궐위에 대비하는 예비배심원이 배심원석에 위치한다. 다만 모의배심원인 그림자배심원은 평의에 참여하지 못한다.[35] 국민참여

법원에 제출하면 법원이 국민참여재판 여부를 결정한다. 배심원 선정은 각급 법원이 배심원 후보자를 배심원 후보 예정자 명부에서 무작위로 추출해 배심원과 예비배심원을 선정한다.

35 그림자배심원은 2011년에 도입된 제도로 누구나 신청을 통해 참여 가능하며 방청객석에 앉아서 실제배심원처럼 유·무죄에 관한 평의와 양형의견을 내는바, 그림자배심원의 평의과정은 판사에게 공개된다. 판사는 그림자배심원의 평의과정을 검토해 실제 배심원의 평의과정을 추론하고 재판개선에 활용한다는 점에서 비록 모의배심원이지만 간접적으로 영향을 줄 수 있다. 물론 실제 배심원은 아니므로 판결에 반영되지 않는다.

재판의 공판절차는 대개 배심원 선서 → 증거조사 → 신문요청 → 당사자의 최종변론 → 재판장의 사건에 대한 쟁점과 적용법률에 대한 설명 → 평의절차의 순서로 진행된다. 국민참여재판의 교정사역적 논점은 교정사역자가 배심원으로 참여하게 되면 평의와 토의에서 종교적 맥락의 관점을 제공하는 데 있다. 가령, 어떤 사건의 원인이 가정적 · 사회적 환경 등 생태적 요인이 많이 반영된 것으로 범죄인의 처벌과 교화에 세속적인 법의 잣대만 적용하는 것보다 기독교적인 회복적 사법이 필요한 경우에 그런 관점을 다른 배심원들에게 주지시킬 수 있다. 또한 평의를 통해서 교정사역자는 범인에 대한 범죄심리와 그의 환경 및 범죄원인에 대한 심층적인 이해력을 학습하게 되어 앞으로 유사사건의 범인에 대한 교정사역에 있어서 사례관리의 참고자료로 삼을 수 있다.

그 다음으로 일반형사재판의 절차는 [그림 5-5]에서와 같이 인정신문과 모두진술, 재판장의 쟁점정리, 증거조사실시(공소사실 부인 시), 피고인신문, 구형과 변론, 판결의 순서로 진행된다.[36]

3) 교정사역가의 개입방안

형사소송법 제163조의 2에 의해 재판과정에서 피해자의 심리적 안정 등에 도움을 줄 수 있는 신뢰관계에 있는 자를 피해자나 법정대리인 또는 검사에 의해 신청할 수 있는바, 이때 피해자가 교회신도라면 목사 등의 목회자가 동석할 수 있고 이 과정에서 피해자사역이 촉진될 수 있다. 또한 소년재판, 가정재판, 청소년참여법정, 치료감호 관련 재판에서는 치료적 사법이념에 의해[37] 판사는 간접적으로 교정

---

36 인정신문은 출석한 피고인의 성명, 나이 등을 물어 피고인 본인의 참여 여부를 확인하는 절차이다. 그 다음에 검사의 모두진술에서는 이러이러한 범죄사실로 기소했다는 것을 밝힌다. 이에 판사가 피고인이나 변호인에게 기소사실에 대해 인정 여부를 묻고 부인하면 그때부터 무죄를 다투는데 이때부터 피고인은 검찰이 제출한 증거의 동의 여부에 관한 판단을 변호사와 협의하여 결정한다. 또한 무죄를 다투는 경우에는 증인신문 등의 절차가 진행되고 구형과 변론, 판결로 진행된다.

37 치료적 사법은 과거의 전통적 형사재판이 가치중립적 입장에서 피고인이나 피의자의 사정과 그들이 처한 문제해결에는 관여치 않고 오로지 법의 잣대로만 판결하는 것에 대해 판사는 그것을 범죄사건으로 보지 말고 하나의 문제로 보아 판사나 법원이 치료자라는 관점으로 그 문제의 해결을 위해 적극적으로 개입해야 한다는 것이다(Rottman and Casey, 2000). 범죄소년의 복지 등

사역과 회복적 사역 및 중재사역에 개입할 수 있다.[38] 또한 법원 내 신우회의 비공식모임과 관련 사법기관의 신우회 등과의 연계를 통하여 교정사역과 연합사역을 할 수 있다.[39] 또한 가정법원 소년부는 1호 처분과 6호 처분에서 운영자가 사실상 교정사역자로 개입하고 있으며[40] 이 과정에서 판사도 1호 처분기관과 6호 처분기관의 교정과 감호에 대한 집행을 감독하고 운영자 및 거기에 수용된 범죄소년들과 해당 시설에서 소통하는 과정에서 간접적으로 교정사역에 기여한다. 또한 법원은 가정폭력범죄의 처벌 등에 관한 특례법 제40조에 의해 가정폭력행위자에 대한 보호처분의 하나로 상담소에의 상담위탁, 사회봉사 · 수강 명령 등을 부과할 수 있다. 이때 기독교여성실천주의 단체인 YWCA 가정폭력상담소가 법원의 상담수탁기관으로 되어 있고 수강명령 등을 집행할 수 있으므로 가정폭력행위자에 대한 YWCA 상담원들의 전문적인 교정치료를 통해 자연스럽게 교정사역이 된다. 물론 기독교인이 클라이언트인 경우에는 상담효과가 더 클 수도 있다. 또한 이 과정에서 클라이언트에게 관내 목사를 연계할 수 있다.

가정법원의 가사사건에 목회자가 조정위원으로 참여하면 기독교정신에 의한 사랑과 화해의 복음으로 예방사역과 회복적 사역을 촉진시킬 수 있다.[41] 왜냐하면 가

에도 개입하여 판사가 복지자원을 연결한다.

38 판사가 기독교신자든 아니든 간접적으로 교정사역기관을 연계시켜 클라이언트를 지원할 수 있고 이때 직접적 교정사역은 교정사역기관에서 행하게 된다. 특히 가정법원에서 행하는 6호 처분은 수탁기관이 거의 모두가 기독교계열이므로 기독교적 교정사역을 하는 6호 처분기관과 상호작용을 한다.

39 사법연수원신우회와 법원신우회에서 가끔 행하는 소년원생들에 대한 음악회는 소년원생들의 교정과 보호 및 예방사역에 기여할 수 있으므로 법원신우회와 소년원신우회 및 교정신우회 등이 연합하여 범죄자들의 심성을 순화하기 위한 문화사역을 공동으로 할 필요가 있다.

40 소년재판에서의 보호처분(소년법 제32조)의 종류에서 판사가 감독과 개입할 수 있는 분야가 1호 처분과 6호 처분인바, 1호 처분은 보호자 또는 보호자를 대신할 수 있는 자(위탁보호위원)에게 감호를 위탁하는 것이고 6호 처분은 아동복지시설이나 소년보호시설에 교정과 감호를 위탁하는 처분이다. 1호 처분 중 위탁보호위원은 청소년회복지원센터와 같이 신병인수형과 신병불인수 위탁보호위원이 있는데 사실상 청소년회복지원센터는 거의가 기독교계열의 운영자가 담당한다. 신병불인수 위탁보호위원에서도 기독교목회자가 많이 위촉되어 활동하고 있다. 또한 6호 처분을 수탁받은 전국의 기관들 거의 모두가 기독교계열로 복음에 기초해 범죄소년들을 교정사역하고 있다.

41 가사소송법 제53조에 의해 가사소송법 제2조에 규정된 가사사건의 일부에 관해 조정위원의 조정전치주의를 하도록 하고 있고 동법 제54조에 의하여 조정위원은 조정 외에도 가정법원이 촉탁에 따라 분쟁의 해결을 위해 사건관계인의 의견을 들을 수 있다.

사사건의 상당수가 가정폭력, 형사고소 등이 원인이 된 경우가 많고 가사사건이 잘 해결되지 않으면 가정폭력범죄나 일반범죄 등 보복범죄가 일어날 가능성이 많기 때문이다.[42] 특히 사건관계자가 기독교인들인 경우는 더욱더 목회자에 의한 조정이 일반가사조정위원보다 효과성과 지속성이 클 수 있다.[43] 따라서 가사조정기법에 전문성을 가진 목회자들이 가정법원의 가사조정위원으로 많이 위촉되도록 하고 이를 위해 교회는 가정법원에 종교가사조정위원의 장점을 홍보해야 한다. 민사조정제도와 관련된 법원의 회복적 사역과 관련하여 살펴보면 범죄피해자보호법에 근거한 검찰에서의 형사조정제도와 달리 법원에서 행하는 민사조정법에 의한 민사조정제도는 민사관계의 분쟁에 관해 법원에 설치된 조정위원회가 당사자 간에 합의를 하도록 주선하는데 이러한 민사조정도 교정사역적 의미를 가진다. 왜냐하면 교회 내부의 민사소송이 형사소송과 같이 고소되는 등의 병합사건이 많고, 이런 경우 민사조정의 대상이 되면 그 과정에서 범죄와 관련되는 형사소송도 같이 해결되기 때문에 법원의 민사조정은 실제로 형사사건의 회복적 사역에 기여한다.[44] 조정과정에서 지나친 법적 잣대가 아닌 종교적 맥락이 조정의 효율성을 제고하기 때문이다. 가령 교회 내부의 분쟁이 아니어도 민사와 형사가 뒤섞인 고소사건의 당사자가 기독교인들이라면 목사조정위원의 개입으로 조정의 성립을 촉진할 수 있다. 조정의 원활한 성립으로 화해사역은 물론이고 조정불성립 시 생길지 모르는 분노범죄의 발생을 막을 수 있다는 점에서 예방사역의 성격을 가진다.

2008년에 설립된 기독교화해중재원은 원래는 교회 간의 분쟁을 조정하고 화해하

42 조정위원의 조정전치대상은 사실혼관계 파기나 이혼을 원인으로 하는 손해배상청구나 원상회복, 친권자지정, 양육비부담문제, 재산분할권청구권보전을 위한 사해(詐害)행위취소 등 상당수가 재산과 관련되어 있어 원만히 해결되지 않으면 일반범죄의 원인이 될 수 있다.

43 가령 사건관계자가 모두 기독교인인 경우에는 목사조정위원이 일반적인 조정기법과 합리적 조정기법을 일반가사조정위원처럼 한 뒤에 화해와 용서, 사랑에 관한 예수 그리스도의 복음을 그들에게 상기시키면 조정이 더 효과적일 수 있다.

44 서울 성북동 A교회의 원로목사가 장로를 명예훼손으로 고소하고 장로측은 목사를 살인음모로 고소하는 등 교회세습과 관련된 수십 건의 민사소송과 형사소송이 6년간에 걸쳐 법정공방을 벌였으나 교회 내 불신만 커졌다. 이 사건을 2012년 7월 법원으로부터 연계조정제도로 위탁받은 기독교화해중재원이 조정을 하여 양측의 합의를 이끌어냈다(노컷뉴스, 2013.2.6.). 따라서 민사분쟁에 형사고소가 병행된 때도 민사조정의 대상이 되고 이 과정에서 회복적 사법이 이루어진다.

는 교회법적인 교회법원이었으나[45] 2012년에 법원으로부터 교회분쟁 관련 소송을 위탁받으면서[46] 공적 분쟁해결기관으로 인정받게 되었다. 그 결과 과거 법원이 행하던 교회 내부의 형사사건에 대한 조정의 성공률보다 기독교화해중재원에서의 조정성공률이 더 높아졌다.[47] 이는 세속법을 재판, 조정하는 법원보다 기독교화해중재원이 더 효과가 있다는 것을 반증한다. 따라서 법원영역에서의 교정사역의 질적 효과성을 위해[48] 두 가지 방향이 모색될 필요가 있다. 첫째는 현재 서울고등법원과 서울중앙지방법원으로부터만 외부조정기관으로 지정받은 기독교화해중재원이 나머지 전국의 모든 법원에서도 교회 내부의 분쟁해결의 외부조정기관으로 지정될 수 있도록 기독교 관련 법조인들을 통해 노력해야 한다.

4. 국립교정기관영역

1) 조직도와 교정사역적 의미

우리나라의 교정기관은 철저한 수직적 계급관료제인 국영교정시설과 법무부의 감독을 받지만 수직적 계급관료제는 아닌 민영교정시설로 나뉜다.[49] 국영교정기관

45 원래 기독교화해중재원은 교인들 간의 법적 분쟁을 교회법적 차원에서 자체적으로 해결하기 위해 만들어진 교회법적인 민간기구였다. 2011년까지는 공적 분쟁해결기관은 아니었고, 2011년 11월에 대법원으로부터 조정에 관한 사단법인설립허가를 받았다.

46 교회 간의 소송사건이나 교회 내에서의 목회자들 간에 발생하는 고소사건 등 다양한 고소사건에 대해 과거에는 법원에서 재판 전 조정제도를 실시했으나 법원과의 연계조정제도가 생기면서 법원이 교회 내부의 형사사건 중 조정이 필요한 사건들을 먼저 기독교화해중재원으로 위탁하여 조정하게 한다. 그런 의미에서 기독교화해중재원은 교회법원의 세속화 기능도 담당하게 되었다.

47 이것은 상대적으로 기독교적 중재가 효과가 있고 설득력이 더 있기 때문이다.

48 교인들은 원래 복음이 전도된 자들이지만 교인들 간의 고소사건 등의 문제해결은 세속법원인 일반법원에 맡기지 말고 성경적 원리에 의해 자율적으로 해결하는 것이 그리스도인의 의무이고 비그리스도인들에 대한 모범이 된다는 기독교의 참모습이라는 것을 사건 당사자들에게 주지시켜야 한다. 기독교인들 간에 복음의 진정한 내면화를 실현시키는 것도 교정사역이기 때문이다. 교회 내부의 사건에 대해 기독교화해중재원이 중재사역을 통해 교회 내부의 문제나 기독교인들 간의 법적 다툼은 스스로 해결할 수 있게 하는 것이 성서의 화해사역의 실현이다.

49 현재 민영교정시설은 기독교연합회가 설립한 아가페교도소만 있으며 아직 구치소나 치료감호소 등은 모두 국영교정기관이다.

에는 대표적으로 교도소, 구치소가 있으며 일제시대에 검찰의 지배하에 놓였던 수직적 관료문화가 해방 이후에도 그대로 전승되어 오고 있다. 경찰조직처럼 교도관들도 계급제로 하는 등 특수교육교화기관의 본질에 맞지 않는 수직적 · 조직적인 형태로 운영되어 왔고 보안이라는 명목하에 외부에서의 개입은 상당한 제약을 받아 왔다. 그런 맥락에서 교정사역도 교도소의 종속적 위치에서 행하여져 왔다. 국립교정영역의 조직도는 일반교도소와 육군교도소로 나누어 볼 수 있다.

먼저 일반교정시설을 총괄하는 교정본부가 아직 독립된 외청이 아니다 보니 인사, 시험, 제도결정 등에서 많은 제약이 있다. 구치소의 직제에는 교도소에 없는 출정과와 민원과가 있으며 위원회는 교도소와 같다.[50] 구치소의 출정과나 민원과도 교정사역적 논점이 있을 수 있는바, 이에 대해서는 후술한다. 교정본부나 지방교정청, 구치소나 교도소의 직제에서는 수용자의 종교업무를 다루는 교종(矯宗)부서가 없는데[51] 이는 후술하는 거시적 교정사역의 관점에서 논점이 되는 부분이다. 현재 교도소에서의 교정사역 등 종교업무에 관한 것은 사회복귀과가 사회복귀업무의 한 영역으로 다루고 있고 이 과정에서 보안과와 복지과, 총무과와의 협조와 견제를 받는다.[52] 또한 교도소 직제는 철저한 수직적 계급으로 구성된 독점관료주의적 모형으로, 일제시대의 보안 위주의 행형 이념이 교육형주의로 전환된 오늘날까지도 깊이 작용하고 있다.[53] 따라서 비관료화되고 상대적으로 수평적 문화를 가진 교정사역기관은 사역에서는 수직적 보안논리를 절대시하는 교도소에 상당히 종속되어 있으며 그 결과 교정사역활동도 상당히 제약이 많다.

국군교도소는 헌병이 군사법경찰인데 군교도소로 명령이 나면 교도대 소속이 되

---

50 위의 교도소와 구치소의 위원회에서 분류처우위원회와 귀휴심사위원회는 미결수용자는 제외하고 수형자만을 대상으로 한다. 그러나 미결수를 수용하는 구치소에도 그런 위원회가 있는 것은 구치소에도 취사, 조경 등의 관용(官用)작업을 하는 수형자 등이 있기 때문이다.

51 미군정 시대와 이승만 대통령 때는 미군정의 이익과 지원 속에 형무소에 기독교목회자에 의한 형목제도가 실시되어 수용자를 교화하게 하였다. 그 뒤 박정희 대통령 때 위헌 논란으로 형목제도가 폐지되어 지금까지 종교업무를 다루는 전담부서가 교정시설에 없다.

52 보안과는 최우선 목적이 사고방지이고 복지과나 사회복귀과는 수용자의 교화와 복지가 주 임무이다.

53 형집행법의 목적에서는 수용자의 교화와 건전한 사회복귀가 규정되어 있고 보안과 규율 등의 질서 이념은 그 수단임에도 사실상 보안이 목적으로 될 만큼 보안논리는 거의 절대적 영역이다. 그러나 이는 오랜 군사독재 정권의 보안논리와 궤를 같이한 것도 한 원인이었다.

[그림 5-6] 일반교정시설의 조직도

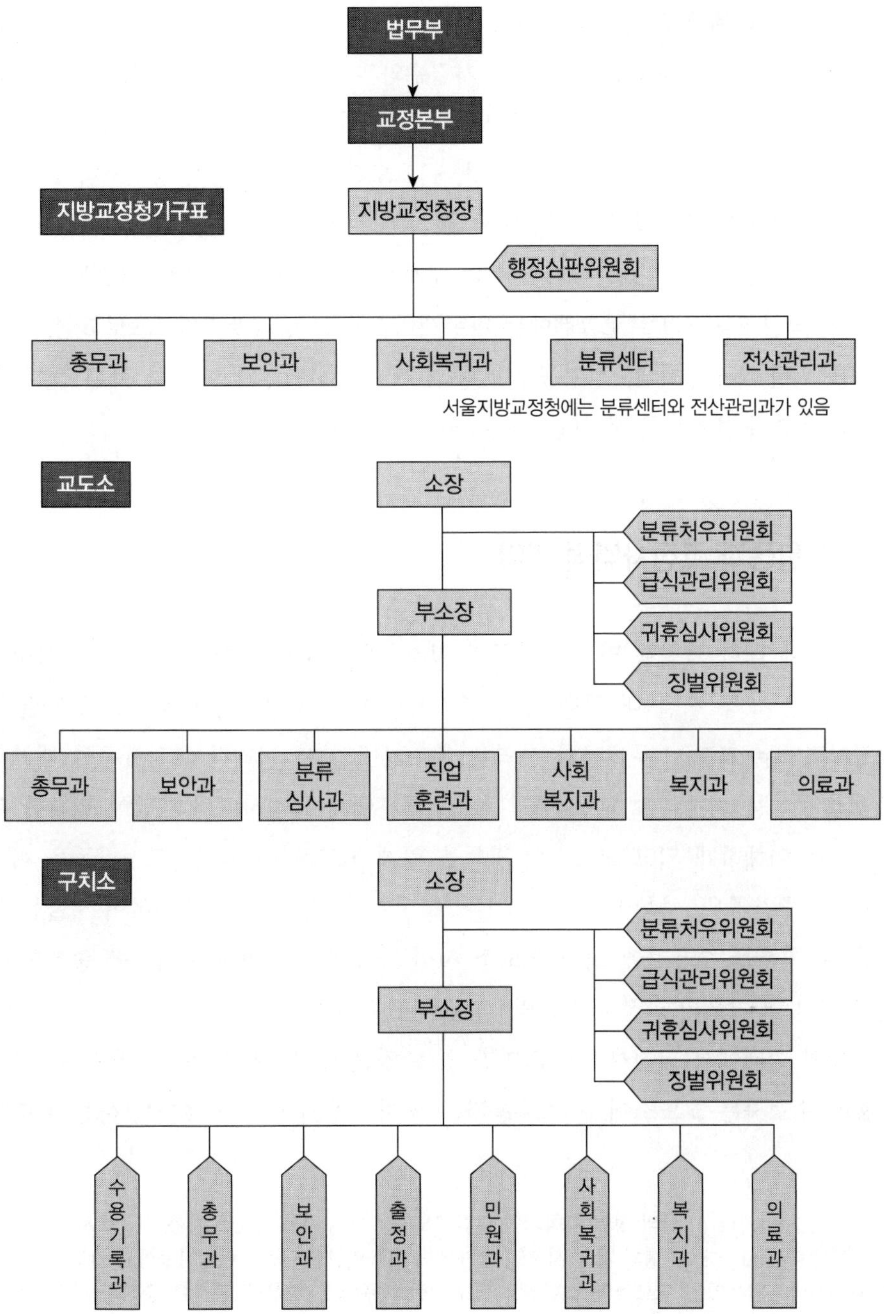

자료: 교정본부 홈페이지.

어 교도업무를 한다. 국군교도소는 보통 헌병 출신의 중령이 소장이며 소장 아래 4개의 과가 있는데 교도대는 교도관과 교도병으로 구성된다. 여기의 수용자는 수용자 대신 수련생으로 불리고 입소자는 기결수와 미결수로 전원 남자 현역군인이다. 여군범죄인은 계룡대의 여군 헌병에 의해 구금된다.[54] 과거에 육군교도소 시절에는 인권문제, 프로그램의 단순성과 획일성, 군교도관의 비전문성이 강했으나 2014년 국군교도소(희망대)로 직제가 바뀌면서 과거의 관리 위주의 행형에서 교육지향적 교정으로 변화되고 있다. 그러나 여전히 군사주의적 문화와 폐쇄성, 비전문성 등이 강하다. 국군교도소의 프로그램에는 파랑새미술치료반, 성폭력치료프로그램, 재범방지를 위한 새생명학교, 성경공부반 등의 정서순화반이 있고 특히 자생식물복원사업을 통한 원예치료를 한다(월간조선, 2015년 5월호).[55]

2) 교정활동과 교정사역적 의미

수형자에 대한 형집행 및 교화활동과 미결수용자에 대한 처우활동[56]을 포함하는 교정활동은 보통 시설 내 처우, 중간처우(사회적 처우), 사회 내 처우로 구분된다. 교정사역자는 교도소 등에서의 사역을 행하기에 앞서 이러한 교정활동의 기본적 개념과 종류를 이해해야 교정활동의 어느 부분에서 교정사역의 개념이 필요한 부분인가를 이해하게 되고 교도소의 활동을 알게 되므로 여기서는 교정활동을 시설 내 처우, 중간처우, 사회 내 처우로 나누고 기본적 개념과 활동에 대하여 서술한다. 시설 내 처우는 수용자에 대해 교도소 시설 내에서 이루어지는 처우를 총칭한다. 먼저 시설 내 처우의 과정은 다음의 [그림 5-7]과 같다.

수용의 형태에서 교정사역적 의미가 있는 것은 구분수용과 독거수용이다. 구분수용은 수형자는 교도소에, 미결수용자는 구치소에 수용하는 것을 말하는데 수형

54 병사는 1년 6개월 이상의 형이 확정되면 민간교도소로 이송되고 여군은 계룡대 근무지원단에 구금되었다가(여군대대) 형의 확정 시 청주여자교도소나 민간교도소의 여성사동에 수감된다.

55 자생식물복원사업은 교도소와 소년원을 희귀식물 채종포로 활용해 종자를 증식하는 사업으로 수용자들은 생명의 존중함을 경험하고 심리적 안정을 찾는다고 한다(월간조선, 2015년 5월호).

56 미결수는 무죄추정의 원칙에 따라 형이 확정되지 않았으므로 원칙적으로 형 확정을 전제로 하는 교화활동의 대상은 아니고 수용작용과 처우의 대상이 된다.

[그림 5-7] 시설 내 처우의 과정

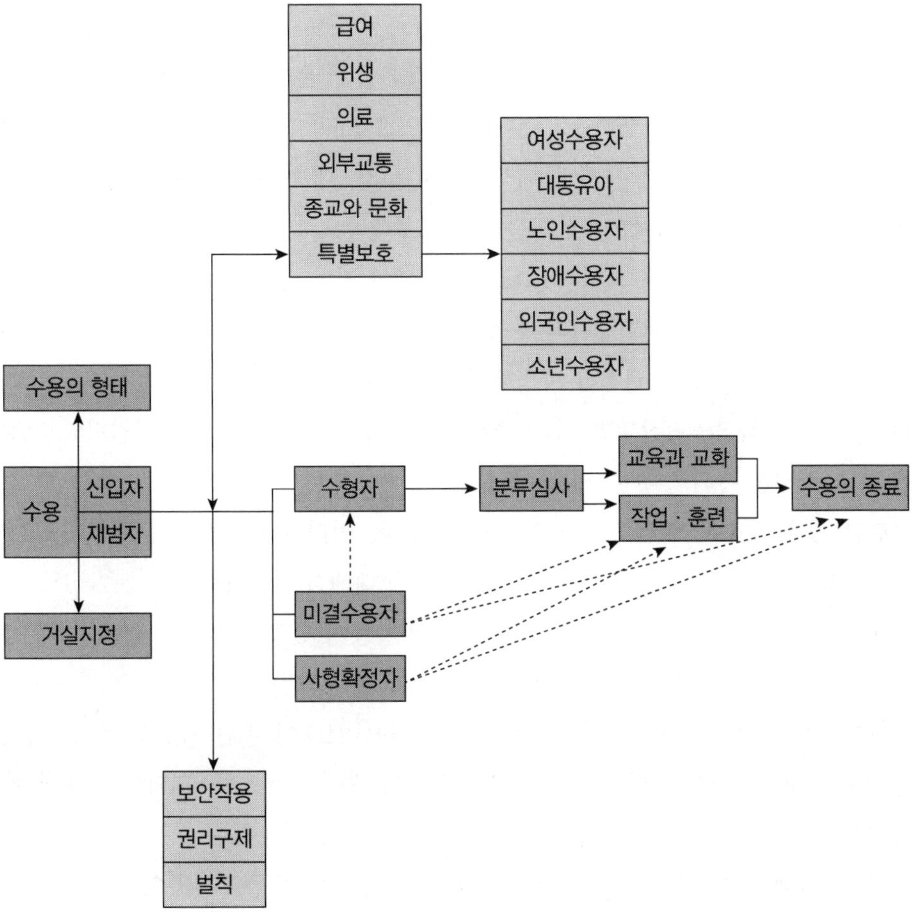

자와 미결수용자는 교정심리적 상태가 다르므로 교정사역의 중점방향도 다르다. 미결수는 재판결과에 대하여 불안과 초조한 심리가 지배적이기 때문에 그렇지 않은 수형자와 심리적 상태가 다르다. 또한 형집행법에서는 독거수용을 원칙으로 하나 실무상은 혼거수용을 하게 되는데 이에 대해서는 교정사역자의 개입에서 후술한다. 또한 수용자가 교정시설에 입소하는 경우, 처음 들어가게 되는 신입자와 수용경력이 여러 번 있는 재범자로 나뉜다. 신입자는 재범자와 달리 불안, 공포, 두려움 등의 구금반응이 강하게 작용하므로[57] 교정사역자는 수용단계에서의 사역 때 이

57 구금반응이란 수용자가 자유로운 사회에서 완전 폐쇄된 시설로 감금되면서 느끼는 심리적 불안,

들을 같이 취급해서는 안 되고 사역의 중점방향도 달라야 한다. 이에 대해서는 후술한다. 수용 뒤 모든 수용자는 시설 내 처우로서 급여, 위생, 의료, 외부교통, 종교와 문화에서 처우를 받는다.[58] 여기서 특징적인 것은 형집행법에서는 수용자의 종교적 권리를 교도소가 행하는 처우의 개념으로 보고 있다는 것인데 이에 대한 비판은 전술하였다. 또한 수용자 중에서 여성수용자, 대동유아, 노인수용자, 소년수용자, 외국인수용자, 장애인수용자는 특별보호대상으로 처우를 받는다.[59] 또한 모든 수용자는 교도소 등의 보안작용에 규율대상이 되어 금지물품의 소지금지, 신체검사, 계호권의 행사, 보호장비의 사용, 강제력의 행사, 무기의 사용, 보호실 또는 진정실에의 수용이라는 권력적 행정행위의 대상이 된다. 또한 모든 수용자는 규율위반, 형법 저촉 등 형집행법 제107조의 징벌사유에 해당되면 징벌위원회의 의결에 따라 징벌을 부과받을 수 있다. 또한 모든 수용자는 정보공개 청구, 청원권, 소장면담 등을 통해서 권리구제를 도모할 수 있다. 이러한 보안작용과 징벌제도 및 권리구제에서도 교정사역적 논점이 있는데 이에 대해서는 후술한다.

수용의 종료에는 수용자의 석방, 사망, 가석방 등이 있고 석방에는 사면, 형기 종료, 형의 집행면제, 감형에 따른 석방 등이 있다. 수용의 종료의 교정사역적 논점은 석방예정자 상담과 지도, 석방예정자의 석방 후의 보호에 관한 사항의 조사, 피석방자의 교정시설에서의 일시수용, 석방예정자에 대한 보호조치, 귀가여비 등의 지급에서 찾을 수 있으며 이에 대해서는 후술한다.

군수용자에 대한 시설 내 처우는 군에서의 형의 집행 및 군수용자의 처우에 관한 법률과 군수용자 교육교화 및 사회복귀지원에 관한 훈령에 규정되어 있으며 그 내

공황상태, 우울감, 초조감 등의 부정적 반응을 말하는데 특히 초범인 경우가 더 심하다.

58 급여에는 의류 및 침구, 음식물, 생활용품이 해당되며 위생과 의료에서는 운동 및 목욕, 건강검진, 교도소 내의 의료와 외부 의료시설의 진료, 부상자 치료 등이 있다. 외부 교통에는 접견, 편지수수, 전화통화가 있고 문화에서는 도서 이용, 인문 등의 구독, 라디오 청취와 텔레비전 시청, 집필 등이 있다. 종교에서는 종교서적 소지, 종교 상담, 종교의식 참석 등이 있다.

59 여성수용자는 자신이 출산한 유아(대동유아)를 교정시설에서 생후 1년 6개월까지 양육할 수 있다. 교정시설에 수용된 유일한 일반인이다. 문제는 생후 1년 6개월이 지나면 유아를 법인 또는 개인에게 보낼 수 있는데 보낼 곳이 없는 경우에는 해당 교정시설의 소재지를 관할하는 시장, 군수 또는 구청장에게 보내서 보호하게 해야 한다(법시행령 제80조). 이런 경우 대개 보육시설로 가게 된다.

용은 일반수용자를 대상으로 하는 시설 내 처우와 거의 유사하다.[60] 따라서 군수용자의 종교생활도 일반교정시설의 수용자와 같은 내용으로 되어 있다. 중간처우의 과정과 내용은 다음과 같다.

[그림 5-8] 중간처우의 과정

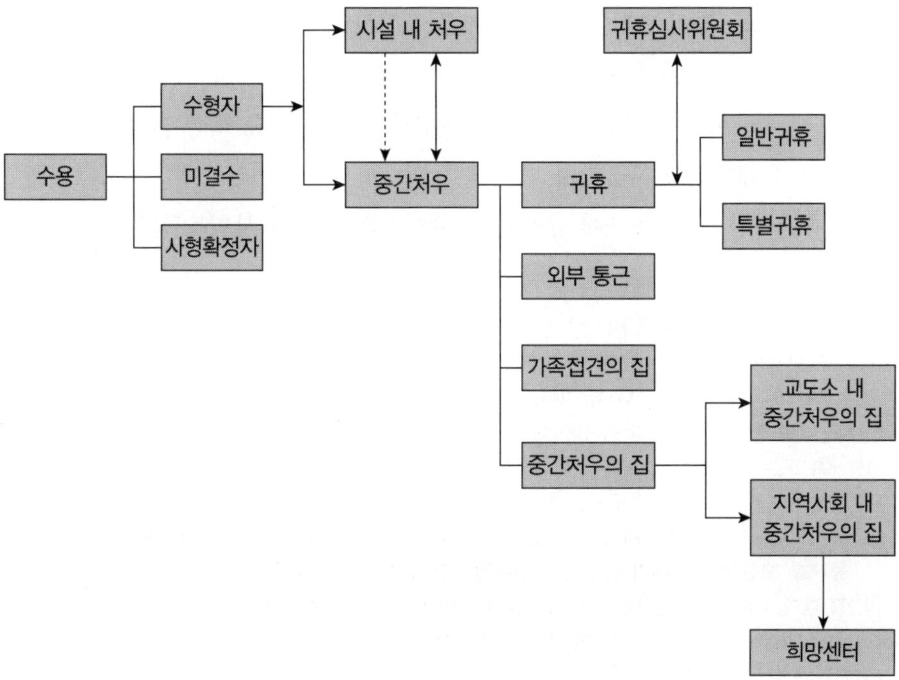

먼저 중간처우의 대상은 기결수인 수형자만 해당되고 그 과정은 시설 내 처우를 받다가 중간처우를 받는 경우(귀휴)도 있고, 시설 내 처우와 중간처우를 병행해서 받는 경우(외부 통근)도 있으며[61] 지역사회 내 중간처우의 집인 희망센터처럼 시설 내 처우는 받지 않고 중간처우만 받는 경우도 있다.[62] 또한 시설 내 처우를 받는 모

60 군에서의 형의 집행 및 군수용자의 처우에 관한 법령은 형의 집행 및 수용자의 처우에 관한 법령을 거의 그대로 원용하고 있다. 다만, 교도소에서는 일반공무원으로 구성된 교도관이 교정을 담당하나 군교도소에서는 계호와 군교정시설의 운영과 경비 등의 업무를 담당하는 장교, 준사관, 부사관, 군무원 등의 군교도관이 교정을 담당한다.

61 물론 귀휴는 기간종료 뒤에는 다시 교정시설로 수용되므로 시설 내 처우를 받는다.

62 희망센터에 수용된 자는 교도소가 아닌 지역기업체에서 일하고 숙식도 거기에서 하므로 교도소

든 수용자가 중간처우의 대상은 아니며 일부만 대상이 된다. 귀휴란 6개월 이상 복역한 수형자로서 그 형기의 1/3이 지나고 교정성적이 우수한 사람이 형집행법 제77조에 해당되면[63] 보통귀휴(20일 이내)나 특별귀휴(연 5일 이내)가 가능한데 이때는 형집행법 시행규칙 제131조의 귀휴심사위원회의 심사를 거쳐야 한다. 또한 법 제77조의 제1항 제4호에 해당되는 귀휴사유에는 형집행법 시행규칙 제129조 제3항에 예시사항으로 되어 있다.[64] 이 귀휴에서 교정사역적 의미는 귀휴의 사유에 종교와 관련된 내용이 없는바, 이에 종교적 귀휴의 필요성이 제기될 수 있다. 이에 대해서는 후술한다. 또한 귀휴심사위원회의 구성과 귀휴기관 중 교정사역의 문제 등이 있는바, 이에 대해서도 후술한다.

외부 통근이란 법 제68조에 규정된바, 수형자의 건전한 사회복귀와 기술 습득을

를 전제로 하는 시설 내 처우는 받지 않는다.

63 제77조(귀휴) ① 소장은 6개월 이상 복역한 수형자로서 그 형기의 3분의 1(21년 이상의 유기형 또는 무기형의 경우에는 7년)이 지나고 교정성적이 우수한 사람이 다음 각 호의 어느 하나에 해당하면 1년 중 20일 이내의 귀휴를 허가할 수 있다.

1. 가족 또는 배우자의 직계존속이 위독한 때
2. 질병이나 사고로 외부의료시설에의 입원이 필요한 때
3. 천재지변이나 그 밖의 재해로 가족, 배우자의 직계존속 또는 수형자 본인에게 회복할 수 없는 중대한 재산상의 손해가 발생하였거나 발생할 우려가 있는 때
4. 그 밖에 교화 또는 건전한 사회복귀를 위하여 법무부령으로 정하는 사유가 있는 때

64 제129조(귀휴 허가) ① 소장은 법 제77조에 따른 귀휴를 허가하는 경우에는 제131조의 귀휴심사위원회의 심사를 거쳐야 한다.

② 소장은 개방처우급 · 완화경비처우급 수형자에게 법 제77조 제1항에 따른 귀휴를 허가할 수 있다. 다만, 교화 또는 사회복귀 준비 등을 위하여 특히 필요한 경우에는 일반경비처우급 수형자에게도 이를 허가할 수 있다.

③ 법 제77조 제1항 제4호에 해당하는 귀휴사유는 다음 각 호와 같다.

1. 직계존속, 배우자, 배우자의 직계존속 또는 본인의 회갑일이나 고희일인 때
2. 본인 또는 형제자매의 혼례가 있는 때
3. 직계비속이 입대하거나 해외유학을 위하여 출국하게 된 때
4. 직업훈련을 위하여 필요한 때
5. 「숙련기술장려법」 제20조 제2항에 따른 국내기능경기대회의 준비 및 참가를 위하여 필요한 때
6. 출소 전 취업 또는 창업 등 사회복귀 준비를 위하여 필요한 때
7. 입학식 · 졸업식 또는 시상식에 참석하기 위하여 필요한 때
8. 출석수업을 위하여 필요한 때
9. 각종 시험에 응시하기 위하여 필요한 때
10. 그 밖에 가족과의 유대강화 또는 사회적응능력 향상을 위하여 특히 필요한 때

촉진하기 위하여 외부 기업체로 통근하여 작업을 할 수 있는데 외부 통근 기업체에서 종교행사가 가능한지가 교정사역적 논점이다.

가족접견의 집이란 주로 오랜 수형생활로 인하여 단절될 수 있는 부부관계와 가족관계의 유대를 확인시켜 주어 교화와 가족복지의 증진을 도모하는 제도로 1999년에 시범시행되어 지금은 전국의 모든 교도소에서 시행된다. 다만 대상이 극히 제한적이다.[65]

중간처우의 집이란 수용자 사회복귀지원 등에 관한 지침 제2조에 의하면 형집행법 제57조 제2항 제1호에 규정된 개방시설의 하나로 교정시설 내 중간처우시설인 사회적응훈련, 소망의 집과 지역사회 내 중간처우시설인 희망센터를 말한다.[66] 중간처우의 집에 수용된 중간처우대상자에 대한 처우는 소망의 집과 사회적응훈련원의 경우는 단계별 처우를 받고, 희망센터의 중간처우대상자는 시설적응단계와 사회복귀단계로 나뉘어 처우를 받게 된다.[67] 이러한 중간처우의 집의 교정사역적 의미는 사회복귀단계에서는 외부 종교행사의 참여가 가능하다는 것과 희망센터의 경우에는 기업체 내의 일반인과의 공동종교행사가 가능한지 등의 논점이 있는데 이에 대해서는 후술한다.

또한 군수형자의 중간처우로 가석방예정수형자와 처우상 특히 필요한 수형자는

---

65 교도소 내에서 사동과 떨어진 곳에 가족만남의 집이 있는데 거실, 침실, 주방 등이 있는 원룸형태이다. 주로 수형자와 그의 배우자가 여기서 1박 2일을 보내게 되고 성적 긴장감의 해소가 중요한 목적이지만 부부가 아닌 가족들이 이용하는 경우도 많다고 한다.

66 사회적응훈련원은 천안개방교도소에 있으며 소망의 집은 교정시설 구외에 설치되었고 희망센터는 지역사회 내의 기업체 내에 위치하는바, 희망센터는 교도소와 완전 분리되었다는 점에서 다른 중간처우의 집과 다르다.

67 희망센터의 경우 시설적응단계에서는 작업과 생활관체험교육 등을 하고 사회복귀단계에서는 기업체에 취업하고 작업이 지정되며 귀휴, 외부종교행사 참여, 사회견학 등의 다양한 처우가 있다. 다만 희망센터는 교도소 내의 교도작업수용자보다 훨씬 많은 작업상여금을 받게 되고 작업 후에는 인터넷 등도 가능하며 회사 내의 2인 1실 기숙사에서 지내는 등 시설 내 처우의 수용자보다 자유로운 생활을 한다. 희망센터의 직종은 주로 화학 관련 업체나 부품업체이고 안성희망센터는 세탁 관련 업종인데 전원 20~50대 사이의 남자수형자로 되어 있다. 소망의 집은 시설적응단계, 사회적응단계, 사회복귀단계로 나뉘어 있는데 외부 통근작업과 외부 종교행사 참여는 사회적응단계부터 가능하다. 사회복귀단계에서는 개별처우의 내용으로 사회적응의 문제요인 해결책을 제시하고 출소 후 생활계획서의 작성과 출소 후 지도에 관한 교육이 있다. 천안개방교도소 사회적응훈련원은 시설적응단계, 근로적응단계, 사회복귀단계로 나뉘어 있으며 외부 종교행사 참여 등은 근로적응단계와 사회복귀단계에서 이루어지고 사회복귀요인의 심층검토와 대안이 마련된다.

사회견학을 실시할 수 있는데 이 내용에 외부 종교행사의 참여가 있다(군수용자 교육교화 및 사회복귀지원에 관한 훈령 제128조). 사회 내 처우란 교도소 밖의 사회에서 이루어지는 것으로 그 내용은 다음과 같다.

[그림 5-9] 사회 내 처우의 과정

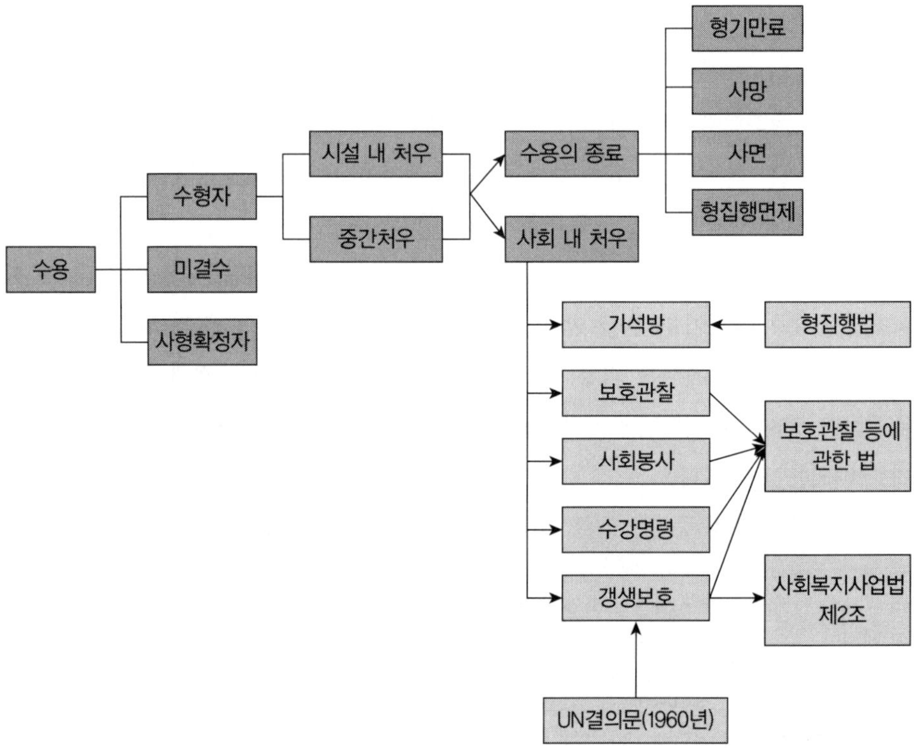

사회 내 처우의 대상자는 수형자로서 형집행법 등에서 규정한 일정한 요건을 구비한 경우에 해당된다. 먼저 가석방은 형법 제72조 제1항의 기간이 지난 수형자에 대해[68] 소장이 가석방심사위원회에 가석방 적격심사를 신청하면 가석방심사위원회가 형집행법 제121조 제2항의 사항을 고려하여[69] 가석방 적격결정을 하면 5일 이내

68 징역 또는 금고 수형자가 행상이 양호하고 개전의 정이 현저한 때에 무기에 있어서는 20년, 유기에 있어서는 형기의 3분의 1을 경과한 후 행정처분으로 가석방을 할 수 있으나 벌금 또는 과료의 병과가 있는 때에는 그 금액을 완납해야 한다.

69 위원회는 수형자의 나이, 범죄동기, 죄명, 형기, 교정성적, 건강상태, 가석방 후의 생계능력, 생

에 법무부장관에게 가석방 허가를 신청한다. 소장은 형집행법 제122조 제2항의 가석방 허가에 따라 가석방하는 경우에는 가석방자 교육을 하고 준수사항을 고지한다(형집행법 시행령 제140조).[70] 가석방자는 보호관찰을 조건으로 가석방되는 경우에는 보호관찰 등에 관한 법률 제32조와 동법 시행령 제16조부터 제19조까지의 규정을 준수해야 하며[71] 그런 조건이 없이 가석방된 경우에는 형집행법 시행규칙에 의해 일정한 사항을 준수하여야 한다.[72] 이러한 가석방 규정의 교정사역적 논점은 가석방심사위원회의 구성, 가석방 적격심사 시 고려할 요소, 가석방 기간 중 경찰서장의 지도, 가석방제도의 운영과 정책 등에서 살펴볼 수 있는데 이에 대해서는 후술한다. 이외에 보호관찰, 사회봉사, 수강명령, 갱생보호 등은 보호영역에도 관련되므로 이들 부분의 교정활동 내용과 교정사역적 논점은 후술하는 보호영역편에서 상술한다.[73]

군수형자에 대한 사회 내 처우에는 가석방제도는 있으나 보호관찰이나 사회봉사명령, 수강명령 등은 실시하지 않고 있다.

활환경, 재범의 위험성, 그 밖의 사정을 고려해 가석방 적격 여부를 결정한다.

70 가석방의 경우에는 출소 전 가석방자 교육을 하는 점에서 석방의 경우와 다르다. 석방예정자는 석방 전 3일 이내의 범위에서 별도의 거실에 수용하여 장래에 관한 상담과 지도를 할 수 있다(형집행법 시행령 제141조).

71 제32조(보호관찰대상자의 준수사항) ① 보호관찰대상자는 보호관찰관의 지도 · 감독을 받으며 준수사항을 지키고 스스로 건전한 사회인이 되도록 노력하여야 한다.
② 보호관찰대상자는 다음 각 호의 사항을 지켜야 한다.
1. 주거지에 상주(常住)하고 생업에 종사할 것
2. 범죄로 이어지기 쉬운 나쁜 습관을 버리고 선행(善行)을 하며 범죄를 저지를 염려가 있는 사람들과 교제하거나 어울리지 말 것
3. 보호관찰관의 지도 · 감독에 따르고 방문하면 응대할 것
4. 주거를 이전(移轉)하거나 1개월 이상 국내외 여행을 할 때에는 미리 보호관찰관에게 신고할 것

72 가석방 기간 내에 관할 경찰서에 출석하여 출석확인을 받아야 하고 생활계획서를 작성해 경찰서장에게 신고해야 하며 가석방 기간 중 관할 경찰서장이 실시하는 지도에 따라야 한다. 주거지 이전 또는 1개월 이내의 국내여행 또는 국외여행을 하려는 경우 신고서 등을 제출해야 한다는 의무 등이 있다.

73 보호관찰, 사회봉사, 수강명령은 보호관찰 등에 관한 법이 적용되고 갱생보호는 보호관찰 등에 관한 법과 동시에 사회복지사업법 제2조의 규정도 적용된다. 가석방의 경우에는 형집행법이 적용되지만 보호관찰을 조건으로 가석방되는 경우에는 보호관찰 등에 관한 법률 제32조와 동법 시행령 제16조부터 제19조까지의 규정이 적용된다.

3) 교정사역자의 역할과 개입방안

교정기관은 교정사역이 이루어지는 가장 전통적인 영역이며 교정사역의 핵심이다. 교정기관 중에서도 교도소가 교정사역의 대부분을 차지하므로 여기에서는 교도소를 중심으로 교정사역을 살펴본다. 교정기관에서의 교정사역은 사역자의 역할과 개입방안으로 나눌 수 있으며 교정기관에서 교정사역의 주체는 공식적 주체와 비공식적 주체로 나뉜다. 또한 교정사역의 개입방법도 공식적 개입과 비공식적 개입으로 나뉘고 공식적 개입은 미시적 개입과 거시적 개입으로 나뉜다. 따라서 이를 분설하면 다음과 같다.

(1) 교정기관에서 교정사역의 주체와 그 의미

교도소에서의 교정사역의 주체는 공식적 주체로는 종교교정위원(목사), 자원봉사자(교인), 두란노아버지학교의 교도소사역팀, 세진회 등 교정사역기관, 지역교회의 목사 등의 목회자, 군목(교도소) 등이 있으며 비공식적 주체로는 목사수용자, 복음화된 수용자, 신우회교도관, 수용자의 가족과 지인, 교도소프로그램 외부강사 등이 있다.[74] 공식적 주체와 비공식적 주체의 공통점은 둘 다 복음을 전도하는 활동이라는 점이지만 공식성, 체계성, 상징자본, 일관성과 지속성, 정확성 등에서 차이가 있다.[75] 다만 전도의 효과성에 대해서는 공식적 사역이 비공식적 사역보다 반드시 높다고 말할 수 없는데 종교상담의 종류, 목사의 태도, 비공식적 교정사역자의 특성, 클라이언트의 특성, 교도소의 특성 등 여러 요소의 복합적 역동성에 의해 비공식적 교정사역의 효과성이 공식적 교정사역보다 클 수 있으므로 비공식적 교정사역자를 개발하고 관리하는 것도 공식적 교정사역의 한계를 보충하는 의미를 가

74 보통 교도소에서 수요일날 총집예배의 인도는 교정위원인 목사가 주도하고 여기에서 세례식(상징자본)도 이루어지듯이 공식적 주체는 주로 교정위원 등이다. 그러나 목사 출신의 수용자도 간혹 있는데 이때 목사수용자가 같은 방에 있는 수용자들에게 전도하는 것이나 이미 세례받은 기독교수용자가 동료수용자를 전도하는 것 등은 비공식적 교정사역이다. 교정시설에서 프로그램을 진행하는 강사가 진행 중에 복음을 전하는 것 등도 비공식적 교정사역에 해당된다.

75 교정위원은 매주마다 일정하게 지속적으로 교정사역을 하고, 성서의 내용을 정확하게 전도하며 원하는 수용자에게 세례라는 기독교적 상징을 부여할 권위를 가지지만 비공식적 교정사역은 그렇지 못하다.

진다.[76]

교정사역의 객체로는 교도소장, 교도관, 수용자, 수용자가족, 교정 관련 사인(私人), 교정정책가 등이 있다.[77]

(2) 교정기관에서 교정사역자의 역할

교도소에서 교정위원(목사) 등의 공식적 교정사역의 주체는 교정사역의 외연 확대와 그 효과성을 위하여 다양한 역할을 수행하여야 한다. 첫째로 교정사역 관련 권력단체를 파악하여 이를 교정사역에 적절히 활용하고 유리한 선교자원을 확보할 수 있어야 한다. 교정사역 권력관계에는 교도관과 수용자 간의 권력형태, 사회복귀과 직원과 보안과 직원 간의 권력관계, 교도소와 목사를 파송하는 교회 간의 권력관계, 수용자 내부의 권력관계, 사인(私人)과 수용자 및 교도관의 권력관계, 교정사역팀 내부의 권력관계 등 다양한 권력관계가 역동적으로 작용하므로 그 속성을 잘 파악하여 교정사역에 활용할 필요가 있다.[78]

76 가령 총집예배나 소집단 상담에서는 제한된 시간으로 인해 목사의 사역이 효과가 적고 특히 사역의 개별화가 되지 않는 큰 한계가 있다. 그러나 세례받은 기독교수용자가 거실 내의 수용자에게 시간에 구애받지 않고 전도할 경우에는 둘 사이의 라포르(rapport) 정도에 따라 오히려 목사에 의한 사역보다 더 전도가 잘되고 전도의 개별화가 될 수 있다. 특히 비공식적 교정사역은 동질감을 느끼는 수용상태에서 편안한 분위기를 주고 피드백이 항상 가능하다는 장점이 있다. 따라서 유능한 목사는 세례받은 수용자 중에서 설득력 있는 수용자를 선택하여 그가 거실 내에서 전도자의 역할을 할 수 있도록 할 필요가 있고 이 점에서 비공식적 교정사역의 의의가 있다.

77 교도관은 수용자의 행태와 내면의 변화에 있어 영향력이 큰 사람이므로 목사는 수용자들에 대한 교정사역을 위해 교도소에 들어가는 과정에서 교도관들에게도 복음을 전하는 것으로 간접적 교정사역에 기여할 수 있다. 믿음이 충실한 교도관은 그들이 대하는 수용자들에게 복음을 전도할 수 있기 때문이다. 교정 관련 사인이란 교정작업을 위해 외부에서 들어오는 기업체 직원이나 중간처우의 하나로 지역희망센터(기업체)에서 수용자와 같이 일하는 민간인을 말한다.

78 교도소는 교도관과 수용자 간의 특별권력관계가 작용하는 강제적 조직이므로 일반적으로는 교도관이 수용자보다 권력이 강하다고 여길 수 있다. 그러나 법적 권력이 아닌 사실적 권력관계에서는 오히려 수용자가 담당교도관을 사실적으로 지배하거나 영향을 미치는 등 수용자의 다양한 자원과 교도관의 특성에 따라 권력관계의 양태가 다양하게 나타난다. 또한 종교교화를 담당하는 사회복귀과와 보안을 최우선 과제로 여기는 보안과와 총무과, 소장 등과의 역학관계도 다양하게 나타나고 교정위원과 그를 파송한 교회담임목사 간의 권력관계도 역동적일 수 있다. 그리고 교정사역팀 내부, 가령 교도소아버지학교팀원들 사이의 권력관계와 외부 통근기업체의 직원(사인)과 수용자 간의 미묘한 권력관계도 있다. 교정위원은 사회복귀과 직원보다 보안과 직원의 권력이 훨씬 강한 교도소에서 담당 사회복귀과 직원 외에도 보안과장 등 보안과 직원들과의 관계개

둘째로 사역자는 교도소 내부에 계층제의 역동적 현상이 있는지를 파악하여, 만약 불완전 계층제나 이중계층제가 보이면 이를 또 교정사역에 유리하도록 활용하여야 한다.[79] 따라서 불완전 계층제가 보이면 사역자는 담당상관 외에 그에게 불완전 계층을 일으키는 하급직원과의 관계개선을 위한 자원을 활용하여야 하며 동시에 이중계층제를 보이는 막료가 있으면[80] 교회나 사역자는 막료와의 유리한 소통을 촉진하는 전략을 펴는 것이 교정사역의 효과성을 제고한다.

셋째로 사역자는 교도소 수인(囚人)사회 내의 교도소화의 양태와 수용자들 사이의 비공식 집단의 양태에 주목해야 한다. 또한 교정사역에 유리한 비공식 집단의 양태에 주목하고 때로는 교정사역에 유리한 비공식집단을 조성하고 원조하는 조성자와 원조자의 역할을 수행하여야 한다. 또한 봉사원 중 복음을 전도할 수용자를 개발해야 한다.[81]

넷째로 사역자는 총집예배나 집단상담에 참여하는 수용자들에 대한 정확하고 합리적인 인간관을 파악할 수 있어야 그에 대응하는 적절한 선교전략을 펼 수 있다. 행정조직론에서 논하는 인간관 이론에는 여러 이론이 있으나 교도소수용자들에게는 Schein의 인간관의 변화가 적절하다. Schein은 조직 내에서 보이는 인간관의 변화를 합리적 경제인관, 사회인관, 자아실현인관, 복잡인관으로 나눈 바가 있다(Schein, 1965).[82] 따라서 Schein의 이론을 교정사역론에 원용하면 총집예배나 그룹

선에 다양한 자원을 활용하여야 교정사역이 보다 용이하게 될 수 있다.

79 교도소 직원은 철저한 상명하복의 수직적 계층제이다. 따라서 계급에 따라 명령이 전달되고 복종되는 관료제로 이는 직무상 계층제가 된다. 따라서 계급이 높은 상위계층에서 하위계층으로 영향력과 권력관계가 발생하는 것이 당연하다. 그런데 관료제의 복잡화로 어떤 경우는 조직 내의 하부단위가 상관의 영향력에서 벗어나 독립하는 불완전 계층화 현상도 많다. 가령, 6급 직원이 소장과 특수한 관계에 있으면 그의 상관인 5급 직원의 영향력에서 벗어나거나 오히려 사실상 권력은 더 클 수 있다.

80 계층제에서는 계급인 계선을 따라서만 권력이 행사되는 것이 정상인데 비서나 위원회 등의 막료기관은 계선에 명령권이 없음에도 사실상 막강한 권한을 가지는 경우가 있다.

81 사역자는 특히 수백 명이 보이는 총집예배에서 그들 사이의 비공식집단의 존재 여부와 그 성격에 대해 알아보고 이를 교정사역에 활용해야 한다. 왜냐하면 비공식집단은 교정사역의 전달경로에서 주요한 역할을 할 수 있으므로 비공식집단의 리더와 간부를 파악하여 교정선교의 링크자원으로 삼아야 한다. 동시에 세례받은 수용자 중에서 카리스마와 지도력이 있는 수용자를 발굴하여 그를 중심으로 교도소 내에서 성경공부모임 등의 비공식집단을 만들 수 있도록 지지하고 격려하며 그에 필요한 자원을 제공할 수 있어야 한다.

82 합리적 경제인은 경제적 동기를 중시하고, 사회인은 사회심리적 욕구의 충족을 중시하며, 자아

종교상담 등 교정사역에 참여하는 수많은 수용자들의 참여동기는 복음에는 무관심하고 단지 예배에 참여하면 작업이 면제되고 떡이나 빵 등이 제공되므로 이러한 경제적 동기에 의해 참여하는 소위 '떡신자' 수용자도 있으며 또한 그보다는 외로움을 해결하고 통담을 하며 사교에 필요한 수단으로 총집예배에 참여하는 사회적 동기를 가진 수용자도 있다. 또한 순수하게 복음을 전도받아 새롭게 갱생하겠다는 종교적 자아실현의 뜻을 가진 자아실현인도 있고 또한 위의 경제적 · 사회적 · 자아실현적 동기가 다양한 비율로 섞여 총집예배 등에 참여하는 복잡인도 있는바, 사실상 이러한 복잡인이 수용자 중에서 가장 많을 것으로 추론되는데 그것은 폐쇄되고 다양한 자원이 부족한 교도소의 특성에 기인한다. 따라서 사역자는 이 중에서 특히 복잡인에 가장 주목하여야 한다.[83] 왜냐하면 복음을 통해 종교적 자아실현의 동기로 참여하는 자아실현인은 이미 예배로 복음화가 되었기 때문에 사역자는 상대적으로 많은 자원을 복잡인에 대한 선교전략으로 짜야 한다. 특히 복잡인 중에서 종교적 자아실현동기가 가장 약한 비율로 파악되는 복잡인에 대해서 더 많은 선교자원을 동원하는 교정사역 전략이 필요하다.[84] 따라서 이를 위해서 사역자는 주의깊은 관찰을 통하거나 봉사원 도우미를 통해서 사역에 참여하는 수용자들에 대한 정확한 인간관을 가질 필요가 있다.

다섯째로 교정사역기관 또는 교화나 교정사역자는 수용자 등에 대한 복음전도의 효과성을 위하여 소위 행정학에서 말하는 동작화 기법을 활용해야 한다.[85] 교정사역의 효율적 동작화에는 사역자의 사역리더십, 사역과정에서의 의사소통전략과 갈

실현인은 성취에 대한 인정을 중시하고, 복잡인은 위의 여러 동기가 사람마다 다른 비율로 혼합되어 있다는 의미이다.

83 물론 떡신자나 통담을 위해 참여하는 수용자들도 교정사역의 대상이 된다. 이들은 처음에는 복음보다는 떡과 통담을 위해 예배에 참여했어도 인간의 욕구는 다양하게 변하고 동시에 교도소 사회는 집단심리의 영향을 크게 받을 수 있기 때문이다. 따라서 이들에 대해서도 사역자는 진정성과 헌신의 태도로 사역에 임해야 한다.

84 복잡인 수용자 중에서 종교적 자아실현동기가 경제적 · 사회적 동기보다 더 많은 비율을 가진 경우보다는 경제적 동기와 사회적 동기가 가장 많은 비율을 차지하고 복음을 통한 종교적 자아실현동기가 가장 적은 비율을 가진 그런 복잡인에게 더 많은 선교자원을 집중해야 한다는 의미이다.

85 행정학에서 동작화란 조직과 인력이 주어진 목적을 효과적으로 달성할 수 있도록 하는 과정을 말한다. 이때의 동작화는 일반조직의 장이 하는 동작화의 기법은 물론 영성에 의한 동작화가 추가되는 점이 특징이다.

등해결전략 및 조정전략, 사역팀과 사역을 돕는 봉사원 도우미 등에 대한 사기앙양책과 교도소 내외에 대한 교정선교 PR, 동기부여전략 등이 있다. 사역리더십은 특히 교도소아버지학교, 세진회 등 교정사역팀이 사역을 담당하는 경우뿐만 아니라 교정위원 등 교정사역자에게도 중시되는 부분이다. 보통 리더십의 유형으로는 White와 Lippit의 유형인 권위형, 자유방임형, 민주형 리더십으로 나뉘지만(White and Lippit, 1960) 민주형 리더십이 교정사역의 효율성을 제고하는 것은 아니며 수용자의 특성, 위기의 여부, 상황변수 등에 따라서 교정사역에 적합한 리더십 유형이 달라지므로 교정사역지도자는 그런 유연한 리더십을 발휘할 수 있는 역량을 가지거나 그렇지 않으면 거기에 맞는 리더십을 가진 사역자를 발굴해서 보완하는 것이 필요하다.[86] 교정사역의 적절한 리더십이 이루어지면 교정사역에 필요한 인적·물적·사회적 자원동원기능이 원활해지고 구성원들에게 교정사역의 소명에 대한 동기부여를 강하게 갖게 하며 팀원들 간의 통합과 조정 기능에도 긍정적 영향을 미친다. 특히 교도소아버지학교나 세진회, 교정사역 관련 기관 등 규모가 큰 교정사역단체에서는 이러한 교정사역의 리더십이 사역의 효과성을 좌우한다. 또 하나 중요한 것은 이러한 사역의 리더십은 교정위원 등 공식적 사역에서만 있는 것이 아니라 비공식적 교정사역에서도 발생하므로 교정위원 등 공식적 교정사역자는 그러한 비공식적 사역에서 발생하는 리더십의 유형과 특징에 대해서도 관심을 갖고 때로는 적절한 리더십이 행사되도록 지원할 필요가 있다. 그리고 사역자에 의한 이러한 리더십은 반드시 성서적 리더십을 기반으로 한다는 점에서 일반조직의 기관장이 하는 일반적 리더십과 다르므로 사역자의 리더십은 여러 특징을 갖는다.

그 다음으로 의사소통의 적절화를 통한 사역의 동작화가 필요하다. 사역에서 의사소통은 두란노아버지학교나 세진회, 대한예수교장로회 총회교정선교위원회 등과 같은 규모가 있는 교정사역기관에서 교정사역을 지휘하는 리더와 교정사역팀 간의 의사소통과 교정사역자와 교도소 간의 의사소통 그리고 교정사역자와 자원봉사자, 수용자 간에 이루어지는 의사소통을 말한다. 이러한 의사소통은 사역의 방향과 내

86 민주적 리더십이 반드시 좋은 것은 아니며 응급을 요하는 위기사역 때는 신속한 권위형 리더십이 낫고 교정사역팀원들의 자발성과 대처능력, 상황에 대한 이해력이 높으면 오히려 방임형 리더십이나 민주적 리더십이 교정사역의 효과성을 제고시킨다. 이외에 교도소의 특성, 수용자의 보안위험도 등 다양한 상황변수에 따라 적절한 리더십이 결정된다.

용에 관한 의사결정의 합리성을 제고하고 교정사역에 유용한 의견과 정보의 수집, 의사전달과정에 관련된 사람들 간의 조정과 감정교류 등 교정사역의 효과성에 직결되는 기능을 한다. 그러므로 교정사역자는 적절한 의사전달을 저해하는 요인들을 파악하여 합리적으로 대처할 수 있어야 하며 특히 공식적 관계에서뿐만 아니라 교도소의 특성상 비공식적 의사소통을 통한 유용한 정보와 자원의 확보에도 노력해야 한다.[87]

또한 교정사역자는 교정사역팀 내부 또는 교정사역팀과 수용자들, 수용자 간, 교도관과 수용자들 사이에서 발생하는 다양한 갈등에 대한 적절한 해결전략을 통해 사역의 동작화를 이루어야 한다. 교정사역자는 다양한 갈등의 유형을 인지하고 그 갈등이 교정사역에 미치는 영향과 갈등의 정도나 과정을 파악한 다음 그러한 갈등도 교정사역에 순기능적으로 작용할 수 있도록 대처하는 능력이 필요하고 이를 위해 갈등유형과 정도 및 갈등상황에 부합하는 순기능화 전략을 수립할 수 있어야 한다. 또한 갈등해결에는 화해와 용서 및 사랑이라는 성경적 갈등대응전략이 기초가 되어야 한다.

그 다음으로 교정사역자는 교정사역의 필요성에 대한 PR(공공홍보)을 전술적으로 사용하는 동작화 기법을 통해 교정사역에 필요한 다양한 자원을 확보하고 교정사역의 저변을 넓혀야 한다. 교정사역 PR의 대상은 잠재적 교정사역자인 교회의 교인들과 교도관, 수용자와 그들의 가족, 기업체와 언론 등 입법자와 정책가 등이 된다. PR도 일반기관의 홍보기법 외에 성경적 PR을 기반으로 해야 한다.

그리고 사역자는 팀원들과 수용자들에게 교정사역에 대한 적절한 동기부여전략을 사용할 수 있어야 한다. 이때 교정사역자는 교정사역팀이나 자원봉사자들에게 사용하는 동기부여전략과 수용자에게 사용하는 동기부여전략을 달리 해야 하는데 이는 그들이 처한 환경이 다르기 때문이다. 특히 교정사역에 참가하는 팀원이나 자원봉사자들에게 적합한 동기부여전략은 Maslow의 생리적 욕구, 안전의 욕구, 사회적 욕구, 존경의 욕구, 발전의 욕구라는 단계구조(Maslow, 1943)에 따른 전략이

87 교도소에서의 비공식적 의사소통에는 교정위원과 교도소 직원 간의 사실상 관계에 의한 의사소통과 교도관과 수용자 간의 개인적 관계에 의한 의사소통 등이 있다. 가령, 교정위원은 교도소 직원과의 공식적 관계를 통한 의사전달도 되지만 지연, 학연, 개인적 인연 등으로 공식적 관계에서 알 수 없는 다양한 정보를 얻을 수 있다. 가령 교도소 내의 이단파들에 대한 여러 정보를 입수하면 기독교수용자들이 넘어가지 않도록 하는 방어사역이 필요하다.

필요하며[88] 수용자에게는 수용자의 다양한 특성에 따라 복음이 내면화되도록 하는 동기부여전략을 개발하고 사용해야 한다.

여섯째로 범죄유형에 맞는 사역 기획과 상담 및 프로그램 개발능력을 지니거나 그런 사역자를 동원할 수 있어야 한다. 가령 마약중독같이 물질에 중독된 수용자에게는 교정사역과 더불어 중독에서 벗어날 수 있는 중독사역프로그램을 적절히 사용해야 하고 상습범과 과실범 및 초범은 범행의 상습성, 고의의 여부 등이 다르므로 각각의 유형에 맞는 사역기획과 사역상담을 할 수 있어야 한다. 범죄원인이 공리주의나 사회적 원인이 있느냐에 따라 전통적 교정상담과 여성주의적 상담이 적용될 수 있다.[89]

일곱째로 교정사역 환경과 클라이언트의 니즈에 따라 옹호자, 대변인, 상담가, 사례관리자, 변호인, 의뢰자, 조정가, 교육자, 개혁자, 협상가 등의 역할수행자가 되거나 그런 역할을 할 수 있는 사역자를 동원하고 개발할 수 있는 능력이 있어야 한다. 종교상담 과정 중에 사역자는 맥락적 경청을 하는 상담가가 되어야 하고 이 과정 중에 그가 교도관이나 수형자 또는 가족과의 갈등관계에 있다면 그것에 적절한 조정가나 협상가가 되어야 하며 교도소로부터 부당한 대우를 당했을 때는 그를 옹호하는 지위에서 교도소에 그를 대변할 수 있어야 한다. 징벌을 받게 되었을 때는 징벌심의위원회에서 사랑 등 종교적 맥락에 기반한 변호인이 되어야 하고 수용자에게 필요한 자원을 확보하기 위해서는 자원개발가가 되어야 한다. 또한 사례관리기법을 구비한 사례관리자가 되어 복음화의 정도, 그가 가진 교도소 내의 자원과 특성 등 여러 유형에 적합한 사례관리모형을 적용하거나 적용할 수 있는 사역자를 동원해야 한다.

그리고 거시적 교정사역에 대한 정책의제화 능력과 잘못된 교정사역 관련 제도에 대한 개혁적 · 혁신적 마인드를 통해 이를 실천하는 운동가가 되어야 한다. 우리나라는 과거 오랜 군사정권의 잔재로 보안지상주의를 사실상 가장 중시하는 철저한 수직적 계급제라 교정사역기관과 교정사역자들이 항상 교도소의 그런 제도에

88 여기서 생리적 욕구는 생활에 필요한 욕구의 충족을, 안전의 욕구는 교도소라는 특수사회에서의 사역의 안전성의 보장을, 사회적 욕구는 교정사역에 대한 사회의 긍정적 평가를 말한다.

89 여성의 범죄원인이 여성에 대한 사회적 편견 등 사회적 배경에 있다면, 즉 낙태범죄는 여성의 행복추구권의 관점이 아닌 남아만을 선호하는 남아선호문화나 가부장적 사회에서의 희생물이므로 여성에게 잘못된 사회제도에 대한 관점을 키우는 여성주의적 상담이 필요하다.

순종하는 열등적 관계모형에서 사역이 되어 왔다. 그 결과 교정사역과정에서 인지되는 잘못된 교정제도나 법에 대하여 시정조치나 거부점(veto point)으로의 작용은 전혀 없이 항상 교도소에 순종하고 수용자의 회심에만 관심을 가지는 미시적 교정사역에만 주력했다. 그러나 전술했듯이 거시적 교정사역이 전체 수용자에게 미치는 영향이 크므로 거시적 교정사역에도 관심을 가져야 한다.[90]

(3) 교정사역자의 개입

교정시설에서 교정사역자의 개입에는 가장 먼저 복음화를 위한 종교적 개입, 정서적 개입, 경제적 개입을 포함한 복지적 개입, 사회적 자본 등의 사회적 개입, 수용자의 권리 등에 관련되는 법적 개입, 잘못된 제도나 법의 시정을 개선하기 위한 거시적 측면의 제도적 개입 등이 있다. 복음의 전도를 위한 종교적 개입은 교정사역법제론에서 전술하였으며 다만 획일적인 전도가 아닌 범죄의 종류, 상습성, 형기, 국적, 연령, 성별, 종교 등 다양한 특성에 맞게, 또한 그처럼 다양한 특성들의 역동적 작용상태에 부합하는 복음의 개별화가 종교상담에서는 특히 중요하다. 그러나 성과주의적 물량에만 치우치는 한국 교정사역은 이러한 복음의 개별화보다는 총집예배처럼 소품종 대량생산방식의 성과주의적 복음화를 선호하다 보니 사역의 효과성과 지속성 등에서 여러 문제가 있었다. 이러한 기존의 경로의존적 성과주의 전도방식에서 벗어나는 것이 진정한 교정사역의 출발이다.

또한 교정사역에서는 심리적 개입도 중요한데 현재는 이런 심리적 개입이 거의 안 되고 있고 심리적 전문지식도 아주 부족하다. 가령, 신입자는 최초에 매우 불안하고 우울해 하는 등의 구금반응이 극심하므로 신입자 거실에 수용된 동안에는 교정사역자가 수용자, 특히 기독교수용자에게는 정서적 안정에 관련되는 성경의 내용과 아울러 탈구금반응 심리기법을 사용하여 신입자가 교정생활에 잘 적응할 수 있도록 해야 한다. 그러나 현재는 이런 개입이 전혀 안 되고 있다. 마찬가지로 출소

90 가령 중간처우로 희망센터를 운영하고 법무부가 언론을 통해 이 제도가 선진교정이라고 홍보하는 전시행정을 하나 기실은 지역희망센터의 직종이 일반인이 기피하는 유해환경에 관련된 일이고 출소 후 직업과 아무 연관이 없어 사실상 희망센터는 지역중소기업의 이익을 위한 제도이다. 따라서 사역자는 희망센터직종이 출소 후 직업과 연계될 수 있도록 법무부에 개선을 건의해야 한다.

전에도 사회로 갑자기 나가는 데 대한 두려움 등이 있으므로 사역자는 출소 전 수용자에게도 그러한 심리적 기법을 사용해야 한다. 특히 사형수는 항상 사형집행에 대한 공포심이 가득하므로 사역자는 그런 공포심을 해체할 심리적 개입을 하고 사형수가 그런 긍정적 심리를 갖게 할 임파워먼트를 할 수 있어야 한다. 사형수에게는 교정사역과 회복적 사역 외에 죽음사역의 관점에서 접근할 필요가 있다. 또한 교정사역자는 수용자와의 종교상담과정에서 수용자가 보이는 다양한 부정적 방어기제에 대하여[91] 그 본질을 정확히 파악하여 수용자가 스스로 부정적 방어기제에서 벗어나도록 지원하거나 때로는 사역자가 그런 방어기제를 해체시키고 승화 등 긍정적 방어기제를 갖도록 해야 한다. 또한 수용자의 교도소화의 진전에 따른 심리를 파악하고 사역의 변곡점을 적절히 파악하여 대처할 수 있는 심리적 대처능력이 필요하다. 동시에 수용자와 가족 간의 심리관계와 교도관과의 심리관계도 주의깊게 관찰하여 건강한 심리적 관계가 형성되도록 개입할 필요가 있다. 이는 특히 사역자 혼자의 힘으로는 힘들기 때문에 사역을 도와주는 봉사원 도우미 등도 이용해야 한다.

또한 수용에서 법적으로는 독거실이 원칙이나 현실은 혼거실이 대다수이므로 혼거수용자 간에 생기는 부정적 심리나 악행심리의 전파가 결국은 교정사역에도 부정적 영향을 미친다. 따라서 부정적 심리전파에 대처능력이 부족하거나 종교적 명상이 필요한 수용자는 독거실을 사용할 수 있도록 건의해야 하고 동시에 독거실 수용자도 자살충동 등 부정적 심리를 가질 수 있으므로 독거수용자에 대한 종교상담에서는 이런 점에 유의하는 사역기법이 필요하다. 또한 교도소에 따라서는 종교상담실이 부족하거나 협소한 곳이 많으므로 이의 시정을 위한 건의를 계속 하여야 한다.

또한 경제적 개입을 포함한 사역복지적 개입도 필요한바, 특히 빈곤한 수용자에 대해서는 그와 그의 가족에 대한 경제적 복지개입을 하거나 그런 경제적 자원을 알선하거나 연계하여야 한다. 자비치료가 필요하거나 환자수용자에 대해서는 종교적 상담 외에 의료복지적 접근이 필요하고 장애인수용자에 대해서는 장애인 복지적 개입을, 다문화 출신의 범죄인에게는 다문화 복지적 개입을, 작업수용자나 외부통

91 수용자가 사용하는 심리적 방어기제에는 자신행위의 합리화, 백일몽, 반동형성, 공격자나 사역자에 대한 동일시, 사역자에 대한 감정전이, 치환, 억압과 억제, 비뚤어진 보상심리, 사역자를 떠보는 위장술, 외적 귀인, 퇴행 등 다양한 방어기제가 있다.

근수용자에 대해서는 산업복지적 개입을 교도소와 협조하여 때로는 교도소정책과 다른 입장에서 할 필요가 있다.[92] 특히 복지적 개입은 교정사역에서 중요한 영역이므로 출소 전 취업 관련 기관을 연계하여 지원하는 추후관리도 필요하다.

사회적 개입은 수용자의 사회적 자본의 다양화와 축적을 위한 개입으로 특히 무연고수용자나 위기수용자, 가족과 갈등관계에 있는 수용자, 소통네트워크 등 사회적 자본력이 빈약한 수용자들에게는 다양한 소통의 증가를 위한 관계적 지원이 필요하다. 이를 위해 교회의 자원봉사자들에 의한 문서(편지)사역, 지역의 건강가족지원센터와 연계한 가족치료와 가족관계지원, 무연고수용자에 대한 결연사역을 위한 기독교 자원의 개발, 사회적 자본이 충분한 봉사원 도우미를 통한 관계사역의 다양화, 귀휴지가 열악한 수용자에 대한 적절한 귀휴처의 제공 등이 필요하다.

종교적 관점에서의 법적 · 제도적 개입에는 수형자에 대한 분류심사요인에서 기독교 등 종교적 요인을 넣고 개별처우급에서도 종교적 처우가 포함될 수 있도록 교정정책가에 대한 정당한 입법운동을 한다.[93]

또한 교도소 내 신문, 잡지의 구독이나 도서의 비치, 라디오와 TV의 편성프로그램 등에서 기독교 등 종교적 관점을 지원하거나 반영되도록 정책자원을 개발하고 동원할 수 있어야 한다.[94] 또한 각종 교화프로그램, 교육, 작업, 상벌과 규율 등의 보안, 사회적 처우 등에서도 종교적 맥락이 고려되도록 해야 한다.[95] 또한 귀휴심사위원회, 분류심사위원회, 가석방심사위원회 등 교도소에 설치된 각종위원회에 목

92 가령 장애인수용자 중에서 활동보조인이 필요한 경우 국가에서 지원해야 하지만 안 되고 있으므로 사역자는 이의 개선을 위해 입법적 자원을 동원해야 한다. 또한 수용자가 작업 중 부상을 당해도 산재보험이 적용되지 않는바, 이의 개선을 위해 교도소와 독자적으로 정부에 개선을 촉구하는 개혁가가 되어야 한다. 또한 자비치료비가 없는 경우에는 기독교계열의 병원에 협조를 구하는 등의 관련 자원을 동원하여야 한다.

93 가령 현재 형집행법 시행규칙 제76조에 규정된 개별처우급에는 종교적 처우가 없다. 그러나 종교의 자유와는 별도로 기독교 등 종교적 니즈(needs)가 큰 수용자들은 종교적 처우급으로 하여 처우케 하는 것이 교화에 도움이 된다. 또한 분류심사 사항과 분류조사 사항에도 종교에 관한 사항을 포함하여 분류에서 종교적 맥락을 반영하는 것이 분류의 과학화와 개별화에 기여한다. 이를 토대로 가능하면 종교가 같은 수용자끼리 거실을 사용하고 작업을 하는 등의 정책이 필요하다.

94 교회에서 기독교 관련 신문, 잡지, 도서를 수용자에게 보내도록 하고 방송프로그램에서 종교프로그램이 일정 시간 확보되도록 관련 기관에 건의할 수 있다.

95 가령 교화프로그램에도 종교 관련 내용이 포함되도록 노력하고 징벌에서도 종교형 징벌이 징벌의 종류로 되게 할 필요가 있다. 규율위반자의 성경필사, 종교실 청소 등이 그것이다.

사 등 목회자가 참여하여 각종 위원회의 심사가 법적 · 보안적 · 처우적 관점뿐만 아니라 종교적 맥락 등 종교적 관점까지 고려될 수 있도록 하거나 또는 위원회가 그러한 관점도 준거기준으로 삼도록 할 필요가 있다.[96] 그 외에 여성수용자, 트랜스젠더수용자, 장애인수용자, 사형수, 외국인수용자, 군수용자 등에 대한 특수사역에서는 그것에 맞는 미시적 개입과 거시적 개입을 통하여 교정사역을 촉진시킬 수 있다.[97]

5. 민영교정기관영역

민영교도소인 소망교도소는 법무부와 아가페 재단법인과의 위탁계약을 통해 2010년에 여주에 개소된 우리나라 최초의 민영교도소로 설립과정에서 한국교회연합회가 큰 기여를 하였다. 사실상 기독교교도소로 종교형 교도소이다. 운영비의 약 90%를 법무부가 지원하고 있는 비영리 민영교도소이다.

1) 조직

소망교도소의 조직은 다음의 [그림 5-10]과 같다.

민영교도소의 구성원은 법무부에서 파견된 교정공무원과 민영교도소 직원으로 되어 있어 민영교도소의 직원은 민영교도소 등의 설치 · 운영에 관한 법률 제37조

---

96 가령 가석방 심사에서 현재의 기준 외에 종교적 맥락을 고려토록 한다면 심사의 효과성과 타당도가 제고될 수 있다. 가령, 심사대상자가 기독교수용자라면 총집예배에의 참여율과 그에 대한 종교교화에서 담당목사의 의견 등도 고려하는 것이 그 예이다. 이는 재범 위험성 정도에 대한 예측지표의 하나로 활용될 수 있다.

97 가령 대동유아가 있는 여성수용자에 대해서는 아기용 육아물품의 제공, 정서적 안정과 회심을 위해 여성 목회자의 지원, 보육을 전공한 기독교자원봉사자의 보육지원 등 미시적 개입 외에 잘못된 정책에 대한 개혁을 교정정책가에게 제안하는 거시적 교정사역도 필요하다. 가령, 교도소 직원 자녀들과 달리 수용자의 유아는 교정시설 내 어린이집에서 보육을 받지 못하게 하는 것은 아동학대이며 차별이라는 점을 부각시켜야 한다. 또한 무조건 유아가 18개월이 되면 강제로 밖으로 내보내는 정책은 무연고여성수용자에게는 모성폭력이고 아동학대라는 것을 주지시켜 유아 대동기간이 늘어나도록 해야 한다.

공무원 의제규정에 의해 신분은 공무원이 아니지만 법령에 따라 공무에 종사하는 지위에 있다.

[그림 5-10] 소망교도소 조직도

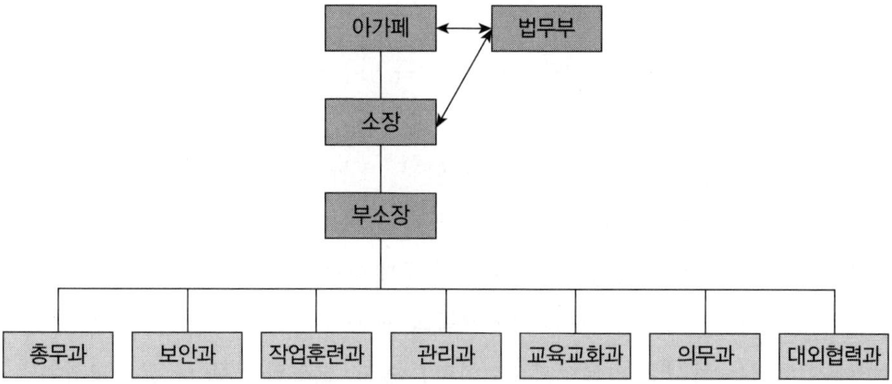

자료: 소망교도소 홈페이지를 재구성.

2) 이념과 교정활동

이념은 하나님의 복음으로 수형자의 내적 변화를 도모하는 것으로 무조건적 사랑인 아가페정신을 기초로 교정사역이 실천되고 있다.[98] 소망교도소의 시설 내 처우는 민영교도소 등의 설치 · 운영에 관한 법률 제40조에 의하여 이 법 및 위탁계약으로 달리 정하는 경우 외에는 형집행법을 준용한다는 규정에 의하여 원칙적으로 국영교도소와 같은 처우를 하며 민영교도소는 국영교도소와 동등한 수준 이상의 교정서비스를 제공해야 한다는 민영교도소 등의 설치 · 운영에 관한 법률 제25조에 의하여 국영교도소의 교정서비스 수준보다 높은 서비스를 제공할 수 있다. 다만 민영교도소 등의 장과 직원은 특정 종교나 사상을 강요해서는 안 된다는 단서조항을 두고 있다. 따라서 급여, 보건과 의료, 물품관리, 접견 등의 외부교통, 보안, 종교

98 기독교에서의 아가페는 희생적 사랑이며 예수님의 무한한 사랑을 말하는 것으로 대가를 바라지 않는 무조건적인 사랑을 말한다. 그리스도를 통한 하나님의 사랑(로마서 5:8)과 그 사랑에 대한 반응으로서 하나님께 응답하는 사랑(로마서 8:28) 및 그 사랑을 본받아 인간에게 행하는 성도의 사랑(로마서 13:8)을 말한다(라이프 성경사전).

와 문화, 교화프로그램, 작업, 누진처우와 분류심사 등의 시설 내 처우와 귀휴와 가족만남의 날, 가석방 등의 중간처우도 국영교도소와 동일한 기준에 따라 운영된다. 다만 배식, 식사, 호칭, 아버지학교프로그램 등에서 인권지향적이다.[99]

시설 내 처우에서 국영교도소와의 차이점은 신입자 수용 시 국영교도소는 긴장감이 흐르는 보안지향적인 관료적 절차를 거치나 소망교도소는 입소절차를 마치 입학식처럼 입소자 환영식을 개최하는 것이 특징이다. 이는 교도소에 최초 구금 시 생기는 구금심리와 불안감 등을 제거하고, 수형자가 자존감을 가져 능동적으로 수형생활을 할 수 있는 동기부여를 가지게 한다. 또한 환영식을 열어서 환대해 주는 기독교직원들의 기독교적 분위기에 호감을 갖게 하여 교정사역의 형성에도 기여할 수 있다. 급식과 배식은 국영교도소와 달리 구내식당에서 자유롭게 하고 더구나 급식의 내용도 직원과 동일한 것은 수용자들의 교화에 상당히 기여할 수 있다. 종교영역에 있어서는 사실상 기독교교도소이지만 불교 교정위원 등 타 종교교정위원도 있으며 불교 등 타 종교의 종교행사도 정기적으로 열리고 있어 종교적 편향성을 불식시켰다.[100] 그러나 소망교도소 곳곳에 있는 기독교적 분위기, 기독교로 복음화된 직원들과 자원봉사자들의 기독교적 어법, 기독교적 맥락을 느끼게 하는 커뮤니케이션 등은 기독교교도소의 특성이다. 교화프로그램은 관료화된 국영교도소와 달리 다양하며 특색이 강하고 자원봉사들이 주도하여 관료적 색채를 줄인 것이 특징이다.[101] 다만 교화프로그램에서도 종교적 맥락을 상당히 가지고 있는데 이는 결국 교정사역의 기초가 되지만 동시에 타 종교로부터 비판받을 수 있는 여지도 있다. 그럼에도 불구하고 '호텔급' 시설과 활발한 수용자 자치활동, 개인특성에 맞는 교화프로그램, 자원봉사자와 연결된 취업활동, 확 트인 공간에서 자원봉사자와 수용자가 함께하는 자유로운 인성교육, 야외 바비큐파티, 매주 한 번 직원들과 수용자들이

99 배식구를 통해 밥을 주는 국영교도소와 달리 개방된 식당에서 모여 식사하며 호명 때도 수인번호 대신 이름을 부르는 등 운영방식이 수형자들의 자존감과 인권을 배려하는 특색이 있다.

100 소망교도소는 개소 후 2012년 초반까지 기독교 예배만 가능해 수형자들의 타 종교행사 참여가 불가능하여 종교계에서 비판이 있었다. 이에 법무부와 국가인권위원회가 시정조치를 지시해 2012년 4월부터 불교 교정위원도 위촉하고 타 종교행사도 정기적으로 허용하고 있다. 그러나 사실상 타 종교의식에 참여하는 수형자는 아주 적은 편이다.

101 가령 영농과정 등 체험프로그램이 있으며 독특한 대화법과 레인보우라는 출소 전 프로그램을 실시하고 있다. 또한 국영교도소와 달리 소그룹중심의 인성프로그램을 진행하여 수형자들의 주체성을 강화시킨다.

밭일을 하는 등의 처우는(국민일보, 2014.3.12.) 믿음과 사랑으로 사람을 살리는 소망교도소의 특색을 보여주고 있으며 이는 재범률의 저하는 물론 사실상 교정사역을 촉진시키는 계기가 된다.[102] 그러나 아직 가족만남의 집이 설치되어 있지 않고 중간처우인 지역사회희망센터와 연계되지 않은 점은 국영교도소와의 차이점이다. 소망교도소의 교정사역모델인 IPIR(내적 변화를 위한 개별화된 프로그램)과 교화프로그램의 자세한 내용과 문제점에 대해서는 장을 달리하여 후술한다.

3) 교정사역자의 개입

소망교도소는 사실상 교정사역이 공식적으로 완벽히 실시되는 교정기관이다. 소망교도소의 모든 프로그램과 이념 및 직원들과 자원봉사자들의 종교 그리고 전체적 분위기와 맥락 모두에서 기독교정신이 깊이 내재화되어 있다는 점에서 그렇지 않은 국립교도소에서 실시되는 교정사역과는 차이가 있다. 그러나 소망교도소는 사역의 전문성이 부족하며, 입소대상의 제한에서 오는 사역 이념의 한계,[103] 사실상 교정사역을 거의 주도하고 교화프로그램을 주관하는 자원봉사자의 한계, 30여 개의 프로그램에 치중하는 미시적 교정사역의 한계, 수용의 한계 등 여러 문제가 있다. 따라서 소망교도소는 사실상 모든 프로그램과 건물배치, 식사형태 등에서 기독교적인 아가페정신을 통한 교정사역이 실현되고 있지만[104] 전술한 여러 교정사역적 한계가 있으므로 미시적 측면과 거시적 측면에서 그러한 문제점을 보완하는 방향

102 특히 아버지학교프로그램에서는 수형자가족뿐만 아니라 소망교도소 직원의 자녀도 참여하는데, 국영교도소에서는 상상도 할 수 없는 것으로 수형자들이 직원들과 한 형제라는 기독교정신을 그대로 실천하는 것이어서 수형자들의 복음화를 촉진시킬 수 있다.

103 입소대상은 잔여 형기가 1년 이상 7년 이하인 60세 이하의 남성수형자로 전과 2범 이하여야 하며 약물사범과 공안사범 등은 제외되어 교정사역 이념에서 사회적 형평의 이념이 저해된다. 입소대상 선정에서는 소망교도소의 면담을 거친다.

104 식사도 개방적 식당에서 수용자와 직원이 함께하며 작업실과 도서실 등 건축공간과 배치도 철저한 보안 위주의 국립교도소와는 전혀 다르다. 또한 모든 직원과 200명 내외의 자원봉사자들은 기독교정신이 투철한 교정사역자로 구성되어 기독교수형자는 물론 다른 종교를 믿는 수형자들에게도 자원봉사자들의 헌신적 봉사와 사랑의 태도가 전달된다. 이 과정 속에서 타 종교신봉자인 수용자도 기독교정신의 기반이 되는 아가페정신이 자연스럽게 체화되므로 교정사역이 실현된다.

으로 교정사역의 실질화를 위한 개선이 필요하다.

거시적 측면의 개입방안으로는 현재의 초범 위주의 7년 이하의 남자수형자 등으로 입소를 제한하는 것은 사회적 형평이라는 교정사역의 이념을 저해하고 그 사회에서도 가장 소외된 계층에 우선 복음을 전파하라는 예수 그리그도 정신의 실질적 실천이 아니다. 왜냐하면 전과 2범 이하 등 모범적 수형자로만 제한하여 교도소수형자 중에서도 가장 소외된 장기수나 무기수형자, 외국인수형자, 노인수형자, 장애인수형자, 여성수형자, 전과가 많은 경력수형자 그리고 개선이 곤란한 문제수형자 등은 소망교도소에 입소가 되지 않기 때문이다. 따라서 현재의 제한된 입소 대상에서 벗어나 국립교도소에서도 소외된 수형자들과 보안이 가장 많이 필요해 청송교도소 같은 중(重)구금교도소에 수용된 문제수형자들을 입소대상에 포함시켜 아가페 정신으로 교화시키는 것이야말로 진정한 교정사역이다. 따라서 다양한 수형자들, 특히 교도소에서도 가장 소외된 수형자들을 입소대상으로 하는 특수사역이 될 수 있도록 해야 한다. 이를 위해 법령의 근거도 없이 법무부와 소망교도소가 입소대상을 주관적으로 정하는 것은 적법절차에 어긋나므로 입소대상의 선정기준을 법령으로 정하되 국영교도소에서 관심을 덜 받고 교화가 잘 안 되는 주변부수형자를 일정 비율로 포함시킬 것을 소망교도소가 법무부에 요청해야 한다. 전술한 장애인수형자 등 국영교도소에서 소외된 수형자를 민영교도소에 수용해 교화하는 것이야말로 예수 그리스도의 정신을 실현하는 것이기 때문이다. 또한 소망교도소에서 가석방된 자들은 가석방 기간 동안 기존의 관료지향적 가석방처우 대신에, 소망교도소와 연계된 전국의 교화기관이 처우에 개입할 수 있는 종교형 가석방제도가 도입되도록 교단에서 노력할 필요가 있다. 왜냐하면 사실상 기독교교도소에서 인성이 재사회화된 수형자들에게 가석방이 되자마자 바로 감시적 · 관료적인 가석방 관리를 하면 기독교교도소에서 재사회화된 내용의 효과가 반감될 수 있기 때문이다. 따라서 종교형 가석방, 종교형 보호관찰 등의 제도적 논의가 모색되어야 한다.

미시적 측면의 개선방안으로 가장 중요한 것은 자원봉사자들의 전문성 부족이다. 교화프로그램을 거의 주도하는 자원봉사자들의 교육과정과 이수시간 등에서 교화활동에 필요한 전문지식과 기법이 부족하다.[105] 교정사역모형이 기독교로 이념

---

105 소망교도소 자원봉사자 교육과정은 5주로 구성되어 있는데, 1주에는 오리엔테이션, 2주에는 교정상담(듣기와 말하기), 3주에는 성격검사(MBTI), 4주에는 역동적 소그룹활동, 5주에는 자

화된 정신영역과, 가족관계와 사회적 관계 등의 역량을 제고시키는 사회자본영역, 수형자의 범죄성의 원인과 심리치료 및 교정에 대한 과학적 처우영역이라면 소망교도소 직원들과 자원봉사자들은 기독교 이념은 철저하나 교정과 교정복지, 교정심리치료, 범죄원인론 등에 대한 과학적 처우역량이 부족하여 이것이 교화프로그램에도 나타나는 문제점이 있다.[106] 그 결과 과학적인 교정사역이 되지 않는 근본적 한계점이 있게 된다. 자원봉사자 교육과정 어디에도 범죄의 원인에 대한 과학적 접근이나 범죄심리, 교정심리, 수용자가 보이는 공격성과 방어기제 등에 대한 사회심리, 교정복지 및 교정처우이론 등의 기본적 내용이 없다. 따라서 자원봉사자의 교육과정을 기본과정과 전문과정으로 나누어 전문과정에 교정사역심리, 교정사역복지, 교정사역상담, 가족치료기법, 사례관리, 교정처우의 기법론 등의 전문적 과정을 포함시켜 교정사역의 개별화를 촉진하는 방향으로 나가야 한다. 또한 교도소는 수용자들의 비공식조직의 리더십이 중요함에도 국영교도소의 교정사역이든 민영교도소의 교정사역이든 교정사역자들이 비공식조직론에 대한 기본지식이 부족하다 보니 비공식집단에 의한 교정사역적 효과를 간과하고 있다.[107] 따라서 소망교도소의 자원봉사자들에게도 비공식조직론에 대한 기본이론을 교육에 포함시켜 복음이 전도된 수형자를 통해 그들이 속한 교도소 내의 비공식집단의 무교 또는 타 종교를 신봉하는 수형자들에게 교정사역이 될 수 있도록 해야 한다.

6. 보호기관영역

보호영역에서는 관료형 또는 국가의 일부 지원에 의해 운영되는 공립형 보호기관과 민간기관에 의해 지원되는 민간보호기관이 있다. 전자에는 보호관찰소, 6호

원봉사 시 유의점으로 되어 있다(김무엘, 2015: 38).

106 소망교도소 직원채용이나 자원봉사자 위촉과정에서 그러한 전문성을 가진 자를 채용 또는 위촉하거나 그런 전문성을 전형하지 않고 있다.

107 오히려 공식적인 교정위원이나 목사에 의한 교정사역보다는 수용자 중 목사 또는 기독교수용자가 교도소 내 비공식집단에서 주도적 위치에 있을 때 이들에 의한 교정사역이 더 촉진될 수 있다. 같은 수용자라는 동질감에다가 비공식집단만의 영향력이 더해진 결과이다.

처분기관, 소년원, 소년분류심사원, 청소년회복지원센터, 청소년비행예방센터, 국립법무병원(치료감호소), 국립법무보호복지공단(갱생보호), 학교폭력대책지역위원회 등이 있고 후자에는 담안선교회 등의 민간형 출소자 보호기관 등이 있다.

여기에서는 공립형 보호기관을 중심으로 살펴본다.

1) 조직

[그림 5-11] 공립형 보호기관

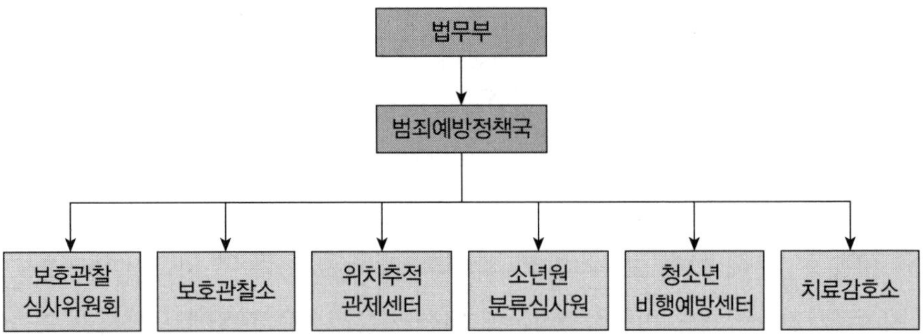

자료: 범죄예방정책국 홈페이지

보호영역을 담당하는 범죄예방정책국은 교정영역을 담당하는 교정본부와 분리되어 관료제로 운영되고 있다. 보호관찰소의 업무는 보호관찰관이 범죄인에 대한 사회 내 처우로 수강명령, 사회봉사명령, 지도와 감독 및 원호를 하고 행정업무로 판결 전 조사업무, 청구 전 조사업무, 검사결정권 조사업무를 하여 피고인의 인격과 환경에 관한 조사를 한다. 또한 전자감시 등의 위치추적과 대상자에 대한 지도와 감독을 한다.

소년원은 가정법원 소년부에서 보호처분(8~10호)을 받은 보호소년에게 학과교육, 직업훈련 등을 통해 건전한 성장과 사회화를 돕는 기관으로, 학교기관으로 취급되어 소년원과 학교명을 병행한다. 기구에는 행정지원과, 교무과, 분류보호과, 의무과가 있으며 여기에서 소년원생의 종교활동과 관련되는 부서는 교무과이다. 이외에도 취업지원협의회, 급식관리위원회, 처우심사위원회가 있는데 여기에 지역 목회자나 기독교기업인, 전문가 등이 참여하여 종교적 지원과 종교적 맥락을 제공

할 수 있다.[108]

분류심사원은 가정법원 소년부에서 위탁된 소년을 수용해 비행진단 등의 분류심사를 하고 동시에 위탁기간 동안 인성교육 등도 행한다. 분류심사원이 없는 지역은 지역소년원이 그 기능을 대신 하는바, 이를 대행소년원이라고 한다. 분류심사원에는 행정지원과, 교무과, 호송과, 분류심사과, 의무과의 부서가 있다. 청소년비행예방센터는 학교, 검사, 법원 등에서 의뢰한 위기소년 등에 대한 대안교육, 법교육, 보호자교육, 법체험, 법캠프, 심리상담 등을 하는 보호기관이다.

치료감호소는 치료감호 등에 관한 법률에 의해 설치된 보호기관으로 공주국립법무병원(치료감호소)과 지방의 지정법무병원(경남 창녕 부곡병원)이 있다. 대상자는 치료감호 등에 관한 법률 제2조에 규정된 자들이다.

2) 보호활동

소년범죄사건의 대상은 범죄소년, 촉법소년, 우범소년[109]인데 이러한 소년사건의 처리절차는 그 대상에 따라 달라진다. 먼저 소년사건 처리절차는 다음과 같다.

(1) 소년사건 처리절차

소년사건 처리절차는 소년이 14세 이상의 범죄소년인지 아니면 촉법소년, 우범소년인지에 따라 처리절차가 달라진다. 우선 범죄소년일 경우에 경찰이 인지하거나 사건을 신고받으면 경찰이 개입할 수 있고 이 경우는 비행의 정도에 따라 경찰

108 특히 급식관리위원회에는 내부의 영양사 외에 외부의 급식전문가도 위촉되는데 교정사역자는 그들에게 범죄소년의 급식에 기존의 영양식의 관점에서만 급식할 것이 아니라 특정 음식이 오히려 공격성을 증가시킬 수 있다는 과학적으로 증명된 것에 관한 정보도 제공할 수 있어야 한다. 공격적 호르몬을 많이 나오게 하는 음식(패스트푸드) 등이 그것이다. 또한 급식과 배식 과정도 기독교적 사랑이 감지되게 할 필요가 있다.

109 우범소년은 죄를 범하지는 아니하였으나 그 성격이나 환경으로 보아 장차 죄를 범할 우려가 있는 10세 이상 19세 미만의 소년이다. 촉법소년은 형벌법령에 저촉되는 행위를 한, 10세 이상 14세 미만의 소년으로 형사책임능력이 없기 때문에 범죄행위를 하였어도 처벌을 받지 않으며 보호처분의 대상이 된다. 범죄소년이란 범죄를 저지른 14세 이상 19세 미만의 소년을 말한다. 따라서 우범소년과 촉법소년은 형사처분의 대상이 되지 않고 소년법상 보호처분의 대상에만 해당되고 범죄소년의 경우에는 범죄의 질 등에 따라 보호처분 또는 형사처분의 대상이 된다.

이 비행예방센터 또는 검찰로 송치할 수 있다. 송치받은 검찰은 그 사건이 보호사건에 해당되면 가정법원 소년부로 보내어 보호사건으로 처리하게 하고 중범죄 등의 형사사건이면 검찰로 송치한다. 검찰은 선도조건부 기소유예로 처리하든지 아니면 기소해서 형사법원의 재판에 부치고 재판결과 유죄로 확정되면 남자소년은 김천소년교도소에, 여자소년은 청주여자교도소에 이송시킨다. 한편 학부모, 교장, 보호관찰소장, 사회복지시설의 장은 범죄소년을 발견했을 시 비행예방센터 또는 통고제도를 이용해 바로 가정법원 소년부로 보낼 수 있다.[110] 따라서 통고제도나 검찰을 통해서 사건을 받은 가정법원 소년부는 그 사건의 성격 등을 고려해 비행예방센터로 보내거나 아니면 가정법원 소년부에서 보호처분재판을 하게 된다.[111] 법원에서 보호처분결정을 하기 전에 분류심사원 또는 대행소년원에 임시위탁할 수 있다.[112] 또는 보호처분결정을 하기 전에 법원조사관으로 하여금 소년의 환경 등을 조사하게 하고 화해권고의 대상이 되는 사건은 화해권고에 부치기도 한다. 또한 경미한 범죄 등 청소년참여법정에 적합한 사건은 청소년참여법정에 회부할 수 있다.[113] 보호처분재판에는 보호처분결정, 불처분, 검찰에 송치결정이 있다.[114]

보호처분에는 보호자 등에게 위탁하는 1호 처분, 100시간 이내의 수강명령을 부과하는 2호 처분, 200시간 이내의 사회봉사를 명하는 3호 처분, 1년의 보호관찰을 받게 하는 4호 처분, 2년(1년 연장가능)의 보호관찰을 받게 하는 5호 처분, 아동복지법에 따른 보호시설이나 그 밖의 소년보호시설에 감호를 위탁하는 6호 처분, 병원, 요양소 또는 소년의료보호시설에 위탁하는 7호 처분, 1개월 이내의 소년원 송치인

110 통고제도는 학부모 등이 범죄소년을 경찰로 보내지 않고 바로 법원에 보내어 보호처분 등을 구하는 제도로 수사과정이 없고 낙인의 방지와 신속한 처리 등으로 최근 학부모들이 많이 이용한다.

111 청소년비행예방센터는 학교장이 의뢰한 부적응학생과 기소유예대상자, 법원이 의뢰한 비행청소년, 학폭법에 의해 교육이 의뢰된 가해학생에 대한 대안교육을 하는 곳이다. 비행진단, 심리진단, 법교육, 보호자교육 등을 행한다.

112 분류심사원이 없는 지역은 해당 소년원이 분류심사 역할을 하며 이 경우의 소년원을 대행소년원이라고 한다.

113 청소년참여법정은 소년법 제9조의 조사방침과 제11조의 조사명령에 기반해서 시행하고 있으나 법적 근거가 명확치 않다는 문제점이 있다. 미국의 또래법정(peer court)을 벤치마킹한 제도로 또래의 관점으로 사건을 심리하고 적합한 과제를 부여받아 이행하고 제출하게 된다.

114 사건이 미미한 경우는 불처분결정을 내리고 중범죄가 발견되었거나 중범죄인 경우에는 검찰로 송치하여 형사처분케 한다.

[그림 5-12] 범죄소년사건 처리절차

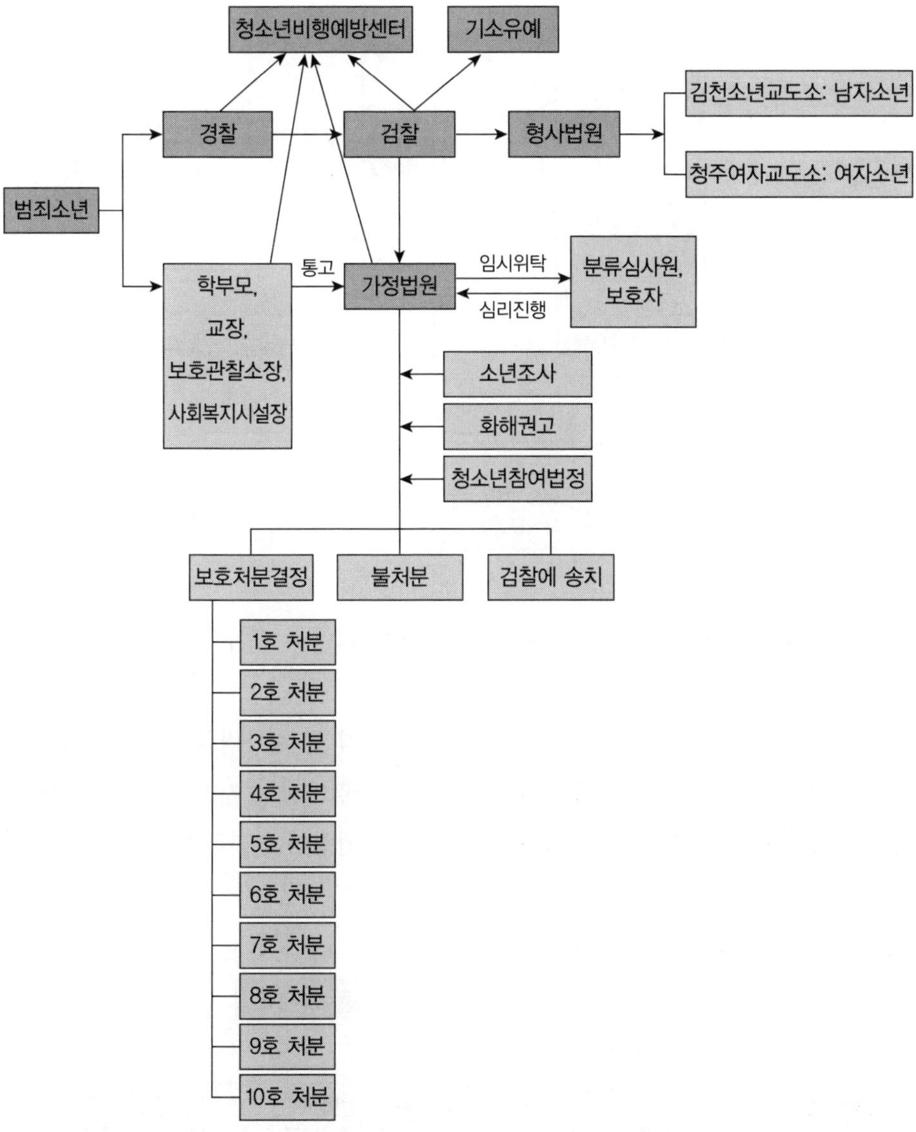

8호 처분, 6개월 이내의 소년원 송치인 9호 처분, 2년 이내의 소년원 송치인 10호 처분이 있다.

그러나 촉법소년은 14세 미만으로 형법상 책임능력이 없으므로 앞의 범죄소년의 사건처리절차에서 검찰과 형사법원과정은 없고 동시에 가정법원 소년부에서 보호

[그림 5-13] 촉법소년사건 처리절차

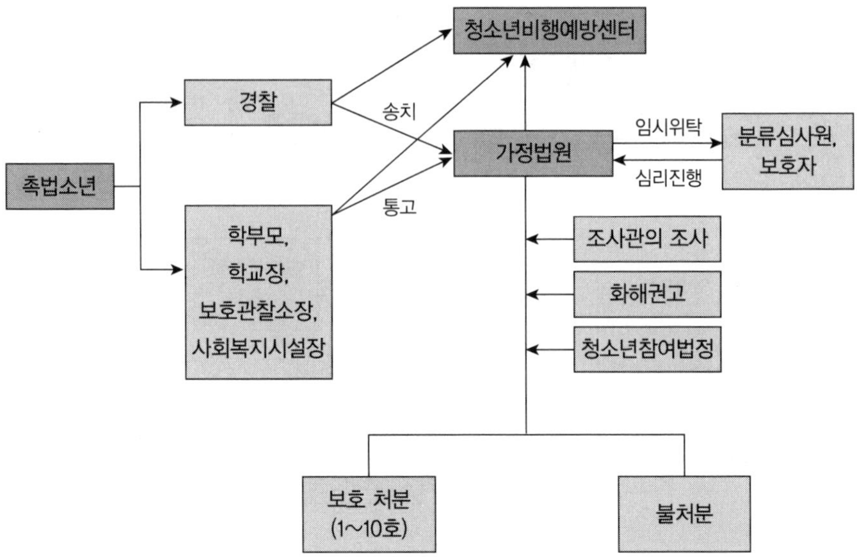

처분재판 시에 아무리 중범죄가 새로 발견되어도 검찰로 송치할 수 없다. 그 외에는 모두 범죄소년의 처리과정과 동일하다.

우범소년은 아직 범행을 하지 않은 단계이므로 검찰, 형사법원은 물론이고 경찰도 개입할 수 없다. 나머지는 범죄소년의 사건처리절차와 같지만 사건이 발생하지 않았으므로 보호처분결정 전 단계에서 청소년참여법정이나 화해권고는 있을 수 없

[그림 5-14] 우범소년사건 처리절차

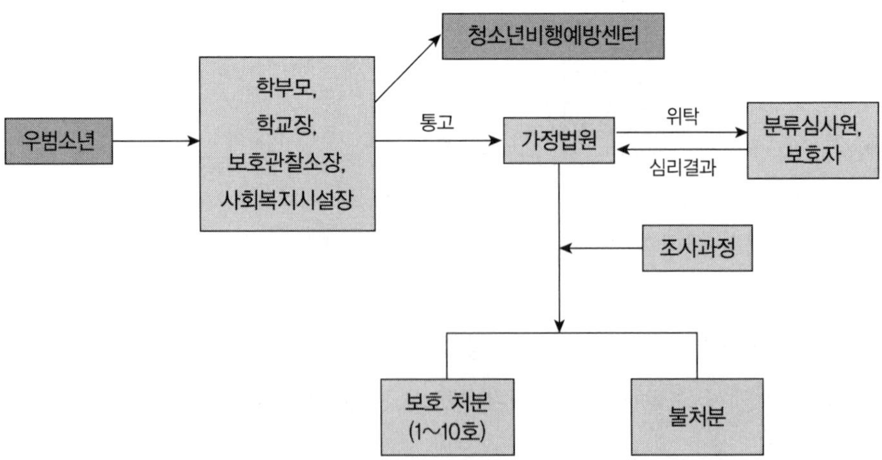

고 다만 우범소년의 가정환경 등을 조사하는 조사과정만 있다. 우범소년에 대한 핵심은 통고제도에 의한 보호처분이며 다만 우범소년제도는 존폐론에 대한 논란이 많다.

(2) 보호업무

① 보호관찰업무

보호관찰이란 범죄인을 구금하지 않고 일정한 의무를 조건으로 하면서 보호관찰관과 범죄예방위원의 지도, 감독, 원호를 받거나 사회봉사, 수강명령을 집행하여 건전한 사회복귀를 촉진하고 재범을 방지하는 활동을 말한다. 보호관찰 실시절차는 법원의 판결로 보호관찰이 개시되면 보호관찰소(준법지원센터)에서 신고접수해서 위험성 평가, 현지출장과 심층면담 등을 하고 분류등급을 결정한 뒤에 지도감독을 실시하며 보호관찰성적에 따라 성적 양호와 불량으로 나누어 조치하고 종료하는 절차를 거치게 된다.[115] 보호관찰에 부가되는 부가처분에는 외출제한명령, 상담교육, 대안교육, 보호자 특별교육이 있다.[116]

또한 보호관찰의 한 분야인 사회봉사명령은 법원이 유죄가 인정된 자에게 형벌대신 무보수로 사회에 유익한 근로를 명하는 제도인데 2009년부터는 벌금미납자에 대해서도 벌금대체 사회봉사명령제도를 시행해 오고 있다. 사회봉사명령대상자는 보호관찰관의 준수사항지시에 따라야 하고 집행 분야와 장소는 법원 또는 보호관찰관이 결정한다. 사회봉사명령시간은 적용 법률에 따라 다르며 보통 100시간 범

115 분류등급에는 집중보호관찰대상자, 주요보호관찰대상자, 일반보호관찰대상자, 분류등급제외자가 있고 분류에는 1개월 내에 실시하는 초기분류와 재범위험성 등에 따른 재분류가 있다. 보호관찰대상자 재범방지프로그램에는 법교육, 사회성 회복, 분노조절, 심성순화, 진로탐색, 체험, 금주, 금연이 있다. 보호관찰 근거법률에는 소년법, 치료감호법, 형법, 보호소년 등의 처우에 관한 법률, 전자장치부착 등에 관한 법률, 성충동 약물치료에 관한 법률, 가정폭력범죄자의 처벌 등에 관한 특례법, 벌금미납자의 사회봉사집행에 관한 특례법, 청소년의 성보호에 관한 법률 등이 있다(범죄예방정책국 홈페이지).

116 외출제한명령의 방법은 보호관찰관의 방문, 전화 등을 통해 야간외출을 감독하는 방법과 CVS를 통한 방법이 있고 상담교육은 소년법 제32조의 2 제1항에 의거해 소년의 선도, 교화, 상담과 관련된 시설에서의 상담을 명하는 제도이며 법원의 결정에 의거해 단기교육을 부과하는 대안교육에는 심성훈련 등을 실시하게 된다(범죄예방정책국 홈페이지).

위 내, 200시간 범위 내, 500시간 범위 내로 나누어진다.[117]

수강명령은 대상자에 대하여 일정시간 동안 보호관찰소에서 범죄성 개선을 위한 교육을 받도록 하는 제도[118]로 집행절차는 초기면접검사, 프로그램 구성과 진행, 평가와 종결로 구성되고[119] 프로그램에는 성폭력치료프로그램, 정신심리 및 폭력치료프로그램, 도박치료, 보호자특별교육, 소년수강프로그램, 가정폭력치료프로그램 등이 있다.[120] 프로그램의 집행은 보호관찰소 직원과 외부강사 등이 행한다.

보호관찰의 한 분야인 조사제도는 법원과 검사의 요구에 의해 피조사자에 대한 범죄동기 등을 조사하여 통보하는 제도로 여기에는 판결 전 조사, 법원결정 전 조사, 청구 전 조사, 검사결정 전 조사, 환경조사가 있다.[121] 조사절차에는 보호관찰소의 조사관이 담당자로 지정되면 대상자 외에도 보호자, 피해자 등 관련자와의 면담을 거쳐서 작성된다.

보호관찰업무의 하나인 심사제도에는 보호관찰 사안조사와 보호관찰 필요여부심사가 있는바, 보호관찰 사안조사는 보호관찰 심사위원회 또는 보호관찰소가 가석방 및 (임시)퇴원신청된 성인수형자의 생활환경, 교우관계 등을 조사하는 제도이다(범죄예방정책국 홈페이지).

전자감시란 성폭력범죄, 미성년자 유괴범죄, 강도범죄 등 특정 범죄자에 대하여 재범위험성 등의 청구요건이 갖추어져 판결 또는 부착명령의 결정이 이루어지면 보호관찰관이 대상자의 신체에 전자장치를 부착하여 24시간 대상자의 위치와 이동

117 300만 원 미만 벌금미납자를 대상으로 하는 사회봉사의 허가의 경우에는 통상 480시간 범위 내로 한다.

118 부과 대상과 시간은 적용 법률에 따라 다르다. 적용 법률에는 소년법, 형법 등이 있다.

119 초기면접에는 다면적 인성검사 등이 있고 프로그램 구성은 사범, 나이, 성별 등 대상자 특성에 따라 10~15명으로 집단을 구성하되 폐쇄성과 개방형으로 한다. 필요 시에는 개별 프로그램을 병행한다(범죄예방정책국 홈페이지).

120 정심심리프로그램에는 의사소통, 화 다스리기, 신경이완요법 등이 있고 도박치료에는 중독의 원인과 증상에 대한 이해가 있으며 소년수강프로그램에는 미술치료, 문제상황 해결하기 등이 있다(범죄예방정책국 홈페이지).

121 판결 전 조사와 법원결정 전 조사는 법원 또는 판사의 요구에 의해 이루어지고 검사결정 전 조사는 검사의 요구로 소년의 품행 등을 조사하는 것이다. 청구 전 조사는 성폭력 등 특정 범죄자에 대하여 재범위험성 등을 조사해 검사가 위치추적 전자장치 부착, 약물치료 명령 등을 결정하는 데 참고자료로 쓰이고 환경조사는 수용기관의 장의 요구로 소년의 범죄동기, 수용 전 환경 등을 조사하는 제도이다(범죄예방국 홈페이지). 보통 전자감독 청구 전 조사로 불린다.

경로를 파악해 보호관찰관의 지도와 감독을 받게 하는 제도이다.[122] 지도감독의 방법에는 월 1회 이상 면담지도, 준수사항감독, 보호관찰 분류감독지침에 따른 지도감독 등이 있다. 이외에도 성범죄자 신상정보 등록제도[123]와 성충동 약물치료 등이 있다.[124]

또한 출소자의 건전한 사회복귀를 위한 갱생보호제도가 있는데 우리나라는 출소자의 신청에 의해 보호서비스가 국가에 의해 제공되는 임의적 갱생보호의 형태이다. 보통 갱생보호절차는 출소자가 교도소에서 출소하기 1개월 전에 심리상담사와 출소상담을 하며 이것을 기초로 대상자가 출소 후 지방의 법무보호복지공단에 보호신청을 하게 되면 보호복지서비스가 실시된다.[125]

---

122 대상자에는 특정 범죄자의 형집행 종료 후의 전자장치 부착, 가석방된 특정 범죄자 보호관찰 시 필요적 부착, 특정 범죄자의 가종료 · 가출소 · 집행유예 시의 범죄인이 있다. 징역형 종류의 경우와 집행유예 시에는 법원이 선고하고 가석방과 가출소 경우에는 보호관찰심사위원회 또는 치료감호심의위원회가 부착명령을 결정한다.

123 성범죄 신상정보 등록제도는 성폭력범죄의 처벌 등에 관한 특례법 제42조에 근거를 두고 있다. 이 제도는 성범죄자들은 재범을 하는 특징이 강해 성범죄자들의 신상정보를 등록케 하여 지역사회에서 그들의 정보를 미리 알아두어 지역사회를 성범죄로부터 안전하게 보호하자는 입법취지가 있다.

제42조(신상정보 등록대상자) ① 제2조 제1항 제3호, 제4호, 같은 조 제2항(제1항 제3호, 제4호에 한정한다), 제3조부터 제15조까지의 범죄 및 「아동 · 청소년의 성보호에 관한 법률」 제2조 제2호 가목, 라목의 범죄(이하 "등록대상 성범죄"라 한다.)로 유죄판결이나 약식명령이 확정된 자 또는 같은 법 제49조 제1항 제4호에 따라 공개명령이 확정된 자는 신상정보 등록대상자(이하 "등록대상자"라 한다.)가 된다. 다만, 제12조, 제13조의 범죄 및 「아동 · 청소년의 성보호에 관한 법률」 제11조 제3항 및 제5항의 범죄로 벌금형을 선고받은 자는 제외한다.

124 성충동 약물치료는 성폭력범죄자의 성충동 약물치료에 관한 법률에 의해 성충동 약물치료를 받아야 하는 제도이다. 동법 제2조 3에 의하면 비정상적인 성적 충동이나 욕구를 억제하기 위한 조치로 성도착증 환자에게 약물 투여 및 심리치료 등의 방법으로 도착적인 성기능을 일정기간 동안 약화시키는 조치로 속칭 화학적 거세라고 불린다. 성충동 약물치료의 내용에는 약물치료 외에 심리치료프로그램을 이수해야 한다. 유형에는 성충동 약물치료를 선고받은 수형자의 경우에는 출소 전 2개월 때부터 집행하며(의무사항), 성충동 약물치료를 선고받지 않은 경우에는 수형자의 동의에 의해 집행된다(동의부 성충동 약물치료제도). 또한 치료감호의 집행 중 가종료 또는 가위탁된 자에 대해서는 보호관찰의 기간의 범위에서 치료감호심의위원회가 치료명령을 부과할 수 있다.

125 보호복지서비스에는 생활관에서 일정기간 동안의 숙식제공, 취업과 창업 지원, 가족희망사업, 주거지원, 긴급원호, 자립지원, 사회성 향상교육, 사후관리, 심리상담 등을 한다. 심리상담에는 분노치료, 심리검사, 우울증 치료 등이 있다. 한편 법무보호복지공단의 출소자들을 위한 주거시설인 생활관과 달리 소년원 등 소년보호기관 퇴원자는 22세 이하의 소년인 경우 기관추천서를 통해 한국소년보호협회에서 주관하는 청소년자립생활관에 6개월에서 최대 2년까지 입소가

② 치료감호업무

치료감호 등에 관한 법률 제2조에 규정된 치료감호대상자에 대해서는 치료감호를 먼저 집행한다.[126] 치료감호의 목적은 적절한 보호와 치료를 통해 재범을 방지하고 사회복귀를 촉진하는 데 있다.[127] 치료감호시설은 공주의 치료감호소와 국립정신의료기관 중 법무부장관이 지정하는 지정법무병원이 있다. 치료감호의 내용은 정신과적 치료, 환경요법, 심리극과 음악 · 미술치료 및 작업치료 등의 특수치료, 정신건강 교육, 단주교육, 사회기술훈련, 정신재활교육 등의 의료재활치료, 인지행동치료, 출소자 및 희망자에 대한 무상외래(정신)진료 등이다(범죄예방정책국 홈페이지).

또한 1호 처분자(심신장애자), 2호 처분자(약물중독자), 3호 처분자(정신성적 장애자)로 나누어 처분별 치료를 하고 증상이 양호한 자는 제과제빵 등 공과교육 및 정보화교육을 실시한다(범죄예방정책국 홈페이지). 또한 치료감호대상자와 달리 경미한 범죄를 한 주치 · 정신장애인 및 마약사범에 대해서는 형벌 외에 보호관찰관의 관리 아래 인근 지정병원에서 통원치료를 받아야 하고 치료명령대상자는 보호관찰소(준법지원센터)의 감독 아래 정기적으로 협력병원을 방문하여 약물치료와 인지치료 등을 받아야 한다.

3) 교정사역자의 개입방안

(1) 보호기관에서의 교정사역의 주체

보호소년에 대한 교정사역의 주체는 소년원과 분류심사원에서는 소년원 내 교회

가능하며 무료숙식과 학업연계 지원, 취업활동 지원, 인성교육 등의 현장체험 지원을 한다(한국소년보호협회 홈페이지). 청소년자립생활관은 복권기금과 일부 공기업에서 지원을 한다. 법무보호복지공단의 생활관과 한국소년보호협회의 자립생활관에도 인근 교회의 목회활동을 통하여 교정사역에 참여할 수 있다.

126 치료감호대상자는 형이 감경되는 심신장애인, 마약 등의 약물과 알콜에 중독된 자, 성적 기호증 등의 정신성적 장애인으로서 금고 이상의 형에 해당되는 자가 대상이 된다. 형벌과 치료감호가 동시에 병과되면 치료감호를 먼저 집행한 뒤에 치료감호 집행기간을 제외한 형벌의 잔여형기를 교도소에서 집행하는 대체주의를 택하고 있다.

127 치료명령대상자는 치료감호소에 수용되지는 않고 집에서 통원치료를 한다는 점에서 치료감호대상자와 다르나 그 목적은 동일하다.

의 담임목사와 목회자, 소년원과 분류심사원 내의 소년보호위원(목사), 인근 교회의 소년원 선교팀, 겨자씨선교회 등과 같은 소년원 사역단체 등이 있다.[128] 보호관찰소는 주로 지역기독교연합회나 기독청년회 또는 교회의 목사와 더불어 재범고위험군 보호소년에 대한 교정보호프로그램을 같이 개발하거나 수강명령이나 사회봉사명령 집행에 지역교회가 참여하여 보호소년의 사회복귀와 범죄예방업무를 담당한다. 보호관찰소와 연합해서 하는 지역교회 등의 범죄예방과 교화는 간접사역의 특징을 띤다는 점에서 소년원의 직접 사역과 약간 다르나 그 효과는 오히려 더 클 수도 있다.[129]

청소년회복지원센터는 교정사역의 주체로 인근 교회의 목사나 기독교 자원봉사자 또는 운영자들을 들 수 있는데 이때의 교정사역은 직접 또는 간접적 성격이 있다.[130] 또한 소년법 1호 처분인 소년위탁보호위원(신병불인수 보호위원)에 의한 감호위탁 시 교정사역의 주체는 목사 등 목회자 위탁보호위원으로 이들은 전술한 간접적 교정사역과 화해권고 시의 회복적 사역을 담당한다. 6호 처분기관에서의 교정사역은 비공식적 · 간접적으로 이루어지고 교정사역의 주체는 운영자, 직원, 외부교

---

128 서울소년원 내에는 겨자씨선교회가 후원한 고봉소망교회가 있고 광주소년원 내에는 고룡교회, 전주소년원 내에는 임마뉴엘교회 등이 있어 소년원생들을 대상으로 목회사역을 행한다. 또한 소년원 내의 종교지도위원(목사)도 정기적으로 예배집회와 종교상담 및 종교수련회를 열고 있다. 또한 분당우리교회 등 지역 교회의 소년원 선교팀의 교사봉사자들이 수시로 방문하여 교정사역을 행하고 있다. 또한 안산죄인교회는 소년원 출원자들을 성도로 모아 보호사역을 하고 있다. 이외에도 섬김선교회 등 소년원 사역단체가 많다. 보통 소년원 내에서 행하는 수련회는 교사기도회, 말씀과 찬양, 찬양과 간증, 심령부흥회 등을 내용으로 한다. 또한 교도소사역기관인 세진회도 소년원 사역을 하고 장학사업과 다양한 소년보호자원을 제공하고 있다.

129 보호관찰소는 수용시설이 아니므로 전담목회를 할 수 없다. 그러나 교회의 목회자가 보호관찰대상소년에게 종교를 강요하지는 않으면서도 신앙적 바탕 위에서 그들을 교화시키는 모습에서 목회자의 진정성을 느낄 수 있다.

130 소년법 보호처분에서 1호 처분의 하나인 청소년회복지원센터는 종전의 사법형 그룹홈으로 판사개인이 개발한 것인데 이곳의 특징은 운영자들의 대다수가 기독교계열의 목회자로 10명 내외의 보호소년을 받는 대리가정이다. 인근 교회목사가 종교상담을 할 때는 직접 사역이지만 운영자는 기독교를 강요하지 않으면서 보호소년들이 신앙생활을 보기 때문에 간접적 사역이 될 수 있다. 2018년 6월까지 청소년회복지원센터는 모두 민간이 운영하고 법원 등에서 지원금을 주는 민간형이었다. 그러나 광주시가 2019년에 여자청소년용 1개소, 2020년에 남자청소년용 1개소를 마련하여 최초의 공영형 시설이 들어서게 되었는데 운영은 살레시오회가 선정되었다(조선일보, 2018.5.15.). 천주교 계열인 살레시오회가 운영하게 되면서 직원들도 같은 종교인이라 간접적 교정사역이 촉진된다.

회의 목사, 기독교 자원봉사자 등이 있다.[131]

그 다음으로 성인범죄자에 대한 교정사역의 주체는 보호관찰소, 치료감호소, 한국법무보호복지공단으로 나누어 볼 수 있다. 이 중에서 치료감호소에서 종교위원이 행하는 교정사역은 공식적이지만 보호관찰소와 법무보호복지공단은 국가기관이므로 공식적 교정사역이 아닌 간접적 방식으로 이루어진다. 성인범죄자에 대한 보호관찰소의 업무는 사회봉사명령, 수강명령, 전자감시 등이며 교정사역자는 보호관찰소가 의뢰한 교정프로그램에 참여하는 방식으로 참여하고 있다.

치료감호소에서는 감호소 내의 기독교종교위원이 매주 정기적으로 교정사역을 하고 있으며 일반교회의 목사나 자원봉사자들도 참여하고 있다. 한국법무복지공단은 공식적인 교정사역자는 없으나 지부 산하의 기독교인 위원회가 출소자 등에 대한 자립지원을 함으로써 간접적 교정사역을 하고 있다. 출소자들의 자립생활관에 수용된 출소자들을 위해 지역교회의 목회자들이 교정사역에 참여하고 종교교화와 재범방지에 노력하고 있다. 이외에 민간출소자 지원기관에는 담안선교회 등이 있으며 여기에서는 예배실을 두어 교정사역과 함께 무의탁 출소자들을 위한 경제적 자립을 지원하고 있다.

(2) 교정사역자의 역할과 개입방안

보호영역에서 교정사역자의 역할과 개입은 크게 보호소년에 대한 것과 성인범죄자에 대한 것으로 나눌 수 있다.

먼저 보호소년에 대한 교정사역자의 역할은 교도소수용자에 대한 그것보다 더 다양하면서도 특히 교육자, 대리부모 등의 교육적 역할과 가정복지적 역할이 더 의미를 가지는바, 이는 아직 사회화의 과정에 있고 국가 후견주의 이념에 기인한 것이라고 할 수 있다. 특히, 치료적 사법과 치료적 교정이념에 대한 교정사역자의 역

131 6호 처분기관은 민간기관이나 법원, 지방자치단체로부터 지원을 받는다는 점에서 공적인 감독을 받게 되어 특정 종교를 강요할 수 없다. 그러나 6호 처분 수탁기관이나 전담기관은 거의가 기독교계열에서 설립한 것으로 사실상 종교형 6호 처분기관이다. 따라서 운영방식, 운영자, 직원, 시설의 분위기가 거의 종교적 색채를 띠어 기독교를 강요하지 않아도 보호소년들이 그런 기독교적 분위기에서 생활하고 기독교적 운영을 보면서 지내므로 자연스럽게 교정사역이 간접적으로 촉진된다. 그러나 일부 6호 처분기관은 예배를 강요하는 등의 문제점으로 인해 교정사역을 저해하고 오히려 기독교에 대한 부정적 사회화를 초래할 수도 있다.

할인 옹호자, 상담가, 조력가, 협상가, 조정가, 의뢰자, 개혁가 등에 덧붙여 교사, 부모, 아동복지사, 치료적 활동가 등의 역할이 필요하며 보호복지적, 교정복지적, 사역복지적 특색이 강하다. 따라서 보호소년 교정사역자는 보호사역과 아동학 등 보다 전문적 소양이 필요하다. 다만 현실적으로 사역자가 그러한 역할에 필요한 전문성을 갖추기 힘들면 그런 역량을 가진 사역자를 발굴하고 동원할 수 있어야 한다.

보호소년에 대한 개입방안으로는 소년원의 종교지도위원은 종교담당 직원을 통해 소년원 입원생 중 기독교신자이거나 기독교에 관심 있는 소년을 매주 예배나 종교수련회에 나오도록 인도하며 이를 위해 종교담당 직원과 항상 유기적 네트워크가 되어야 한다.[132] 또한 보호소년 등의 처우에 관한 법률 제7조에 따라 신입소년에 대해서는 건강진단과 위생에 관한 조치만 하고 신입소년의 정서적 안정에 관한 조치가 없다. 소년이 소년원에 처음 들어오게 되면 공포와 불안 등의 구금반응이 나타나 심리적 안정을 위한 조치가 필요함에도 현재는 법적으로 그런 조치가 없는 것이다. 따라서 사역자는 신입소년들의 첫 입원으로 인한 두려움의 방지와 소년원 생활의 적응을 위하여 종교지도위원을 통해 심리적 안정을 갖도록 하는 방안이 제도화되도록 원장에게 개입할 필요가 있다. 이런 과정은 무교소년에게 교정사역을 할 수 있는 방안이 된다. 또한 위기소년이나 취약소년, 문제소년으로 진단된 신입소년에 대해서는 직원을 통해 교정사역자가 상담 등의 개입을 할 수 있도록 직원과 유기적 네트워킹을 할 필요가 있다.[133] 또한 보호소년 등의 처우에 관한 법률 제15조에 의해 규율을 위반한 소년에 대해 20일 이내의 공동행사 참가 정지나 지정된 실내에서 근신이라는 징계를 할 수 있는데, 이런 조항은 사실상 헌법상 종교의 자유를 침해하는 것이고 과잉금지원칙에도 위배되므로 최소한 예배 등의 공동행사에는 징계와 관계없이 참여할 수 있는 예외조항을 두거나 소장의 재량으로 할 수 있도록 법적 또는 행정적으로 개입할 수 있어야 한다.[134]

---

132 대개 소년원에 소년이 입원하면 직원이 입원생들의 종교를 조사하여 해당 종교지도위원이 행하는 종교집회를 소개한다. 그리고 무교인 경우에는 직원이 종교를 가질 것을 권유하며 대개는 이에 따르기 때문에 무교소년에 대한 직원의 역할은 중요하다. 따라서 담당 직원에 대해 기독교 교화의 중요성과 효과를 홍보할 필요가 있다.

133 위기소년 등에 대한 소년원장이나 직원의 면담은 관료적 한계가 있으므로 그런 한계를 보완하는 방안으로 종교지도위원이 개입할 필요가 있다.

134 특히 규율위반 행위를 규정한 보호소년 등의 처우에 관한 법률 제14조의 4는 주관적 요소가 강하며 또한 소년의 규율위반의 원인이 다양함에도 그것을 보지 않고 나타난 행동에 대해서만 벌

또한 교정사역자는 규율을 위반했거나 징계를 받은 소년에 대해서 해당 종교위원과의 상담을 징계하기 전과 징계 중 그리고 징계가 끝난 후 받도록 개입할 필요가 있다. 행동주의적 요법인 징계에 의해 소년이 부정적 반응을 갖지 않도록 하기 위해서 비관료적인 종교상담이 필요하기 때문이다. 이때 목사 등 교정사역자는 종교적 접근과 함께 소년에게 징계라는 낙인효과가 생기지 않도록 소위 Braithwaite의 재통합적 수치이론(Braithwaite, 1989)에 입각해 종교적인 용서와 단어나 몸짓, 낙인해체의식을 통해 소년이 재통합될 수 있도록 할 필요가 있다. 또한 보호소년 등의 처우에 관한 법률 제18조에 의해 20일 이내의 근신조치의 징계를 받은 소년은 변호인 또는 보호자와의 면회만 허용토록 하는바, 이 역시 헌법상의 종교의 자유를 제한하는 것이므로 종교지도위원이나 외래목사 등의 종교인도 면회할 수 있도록 교회연합회 등을 통하여 입법자에게 법의 개정을 강력히 촉구하는 개혁가가 되어야 한다.[135] 또한 교정사역자는 소년원생이 산업체에 통근취업할 때는 통근회사가 근로기준법과 안전관리 등을 준수하는지에 대한 인권적 관심을 가지고 대처할 수 있는 자원과 항상 연계되어 있어야 한다. 특히 기독교신자인 경우는 더욱더 그렇다. 또한 보호소년 등의 처우에 관한 법률 시행령 제19조에 의해 보호소년이 심신안정실에 15일 이내로 수용될 때는 그 기간 동안 의사와 간호사만이 그 상태를 확인케 하는 것은 원인과 사태의 근본해법이 아니므로 담당목사 등 종교인도 면담을 통해 심신상태를 확인할 수 있도록 법령 개정을 촉구해야 한다.[136] 또한 보호소년 등의 처우에 관한 법률 시행령 제27조에 의해 징계 중인 보호소년에 대한 면접과 개별지도는 원장만이 가능하도록 되어 있으나 관료제의 보안질서를 우선하는 관료제적 한계가 있으므로 담당목사 등 해당 종교위원도 징계 중인 소년에 대한 면접과

을 가하는 행동주의 요법은 오히려 심각한 부작용을 초래할 수 있다.

135 사춘기의 예민한 소년에게는 부모보다도 오히려 고백을 진정으로 들어주고 낙인을 해체시켜 주는 해당 종교위원과의 면회가 재사회화에 더 도움이 될 수 있다. 특히 면회를 제한하는 법규정은 변호인 또는 보호자가 없거나, 보호자가 있어도 위기 또는 취약 계층으로 사실상 면회를 오기 힘든 경우, 면회할 수 있는 사람이 없어 결국은 빈곤하거나 취약한 소년만 면회에서 불리해지는 조항이다.

136 심신수양실에 수용되는 사유가 자해우려, 물건손괴, 소란행위 등인데 이는 그런 행위에 대한 다양한 심층적 원인이 있을 것이므로 위기상담이나 교정상담 등 상담능력을 갖춘 상담사와 소년원에서 그 소년에게 종교적 상담을 해 준 목사 등 종교인이 개입하는 것이 근본해결이 될 수 있다. 따라서 현재의 의료인 위주의 개입에 더하여 종교인도 포함해야 한다.

개별지도가 가능하도록 법령의 개정이 있어야 한다.

미시적 개입방안으로 교정사역자는 보호소년이 자신이 사회에서 다니던 교회목회자와 화상면회를 할 수 있도록 소년원 밖의 교회자원과 연계할 수 있어야 하며 소년이 보호소년 등의 처우에 관한 법률 제19조에 의해 외출을 할 때는 그가 다니던 교회의 목회에도 참석할 수 있도록 개입할 필요가 있다. 또한 무의탁 소년이 출원할 때는 소년보호협회가 운영하는 자립생활관과 취업지원 등의 사회정착지원을 안내해 주고 소년보호협회의 자원상 한계로 그런 사회정착이 되지 않을 때는 관련 지역교회 등의 다양한 자원을 연계하여 사회정착을 지원할 필요가 있다. 또한 보호소년이 임시퇴원 또는 퇴원 시 갈 곳이 없어 소년원장이 보호소년 등의 처우에 관한 법률 시행규칙 제80조에 의해 사회복지단체, 독지가 등에게 인도할 때는 소년원 종교지도위원(소년보호위원)이 지역의 기독교가 운영하는 사회단체나 기독교실천정신이 투철한 독지가 등의 여러 자원을 소년원장에게 소개하거나 직접 알선할 필요가 있다. 또한 소년원 내에 설치된 교회가 낡은 경우에 교정사역자는 교회신도들에게 보호사역의 홍보를 통하여 교회가 새롭게 될 수 있도록 모금운동을 할 필요가 있다. 또한 현재 소년원에서 방학 때 행하는 기독교종교수련회의 내용도 교사봉사자들의 보호사역 역량을 제고시키는 것이 포함되어야 종교인들의 부족한 전문역량을 제고시킬 수 있다. 또한 소년원에 설치된 처우심사위원회에도 목사 등이 외부위원으로 참여할 수 있도록 하여 소년원생의 처우에서 종교적 맥락이 작용할 수 있도록 할 필요가 있다. 또한 모든 소년원에 있는 보호소년의 종교 중에는 기독교가 가장 많으므로 토요일 외에 주일에도 종교집회를 할 수 있도록 소년원에 건의해야 한다. 종교집회에 참석자의 수가 너무 많으면 종교교화의 효과가 적기 때문이다.

또한 소년원생들의 교화에는 가족관계회복이 중요하므로 목사 등 소년보호위원은 지역의 사회복지기관, 건강가족지원센터, 동사무소를 통하여 위기가정이나 취약가정을 찾아내 그들이 자녀인 소년원생들과 자주 만날 수 있도록 연계하고 지원하는 가족사역이 필요하다. 이때 중요한 것은 지속적이고 과학적인 사례관리와 가족치료이다. 사역자는 가족과의 만남과정에서 갈등요인이 심각할 때는 가족치료사를 통하여 적절한 가족치료가 되도록 지원하고 또한 출원 후에도 지속적 관심을 보여 지역교회와 연계하는 연계사역이 되도록 하여 소년이 출원 후에도 교회에서 신앙생활을 계속할 수 있도록 해야 한다. 또한 불우소년에 대한 복지사역과 문화사역 및 검정고시 지원 등의 교육사역도 중요하지만 모두 지속성이 있어야 하고, 몇 명이 참여했고 몇 개의 소년원에서 했다는 물량주의적 사역에서 벗어나 질적인 변화를 중시하는 사역으로 나가야 한다. 또한 소년원에서 봉사하는 일반자원봉사자나 교사자원봉사자들은 종교적 영성은 강해도 아동심리, 교정심리, 사역복지기법 등의 전문성이 미약하여 자원봉사에 한계가 있다. 따라서 자원봉사자들에 대한 체계적인 보호사역에 필요한 전문성 교육이 필요하며 대도시와 달리 소도시에 있는 소년원에는 유능하거나 헌신적인 자원봉사자가 적으므로 사역자는 교회 등을 통하여 잠재적인 자원봉사자를 적극 발굴할 필요가 있다. 또한 한국소년보호협회에서 운영하는 청소년자립생활관에 수용된 출원생들의 사회적응과 종교지도를 위해 개입하거나 관련 자원을 연계할 수도 있는데, 자립에 필요한 물질사역과 멘토링사역이나 지역의 자립생활관과 지역교회가 MOU를 맺는 방안도 포함된다.

또한 일반소년원 외에 7호 처분인 의료소년원과 8호 처분인 1개월 소년원은 거기에 맞는 사역복지가 필요하다.[137] 또한 교정사역자는 복음화된 소년원생을 통한 비공식적 사역의 중요성을 알고 소년원 자취위원회나 소년원 내의 비공식집단의 기독교 소년을 통한 사역의 활성화에도 관심을 가져야 하는데 그 이유는 종교사회화에 있는 소년들은 또래효과에 의한 학습효과가 크기 때문이다.

그 다음으로 보호관찰소에서 행하는 보호소년에 대한 수강명령과 사회봉사명령, 보호관찰관의 지도와 원조에 있어서 사역자는 적절히 개입하여 보호관료제의 한계를 보완할 필요가 있다. 그 결과 교정사역이 촉진될 수 있다.[138]

---

137 대전의료소년원(대산학교)은 정신지체, 약물중독, 질병을 가진 다양한 보호소년들이 있어 성경을 이해하는 능력이 일반 소년원보다 낮다. 따라서 여기에서는 주일예배사역, 신앙수련회, 겨울성경학교 등의 기독교프로그램이 인근 교회의 협찬으로 진행되나 이해력이 낮은 소년들이 많으므로 문서선교나 설교 외에 이해력과 감수성이 생길 수 있는 찬양 등 다른 사역기법을 더 많이 활용해야 한다. 특히 보호소년들이 출원 후 무관심으로 방치되는 수가 많으므로 결연사역과 추후사역 등이 필요하다. 또한 8호 처분인 1개월 소년원은 남자는 대전의료소년원에, 여자는 청주의 미평여자학교(청주소년원)에 있는바, 1개월만 있으므로 이들에 대한 교정사역은 교회 등과 연계해 출원 후에도 계속 신앙생활을 하도록 하는 연계사역이 중요하다.

138 보호관찰소에서 행하는 각종 인성프로그램에 지역교회나 목회자 등이 참여하거나 보호관찰관이 위기소년, 고위험 재범소년 등에 대한 지도에서 관료적 한계를 느껴 원조를 요청하면 개입하는 방안 등이 있다. 보호관찰소에서 프로그램을 받는 보호소년에 대한 보호관찰관의 영향력이 크므로 교정사역자는 평소부터 유기적 관계를 맺어 관료제에 의한 교화의 한계를 보완할 수 있다.

그 다음으로 소년법 1호 처분의 소년위탁보호위원(신병불인수)들 중에서 목사 등 기독교신자가 많은데 이들은 지역의 소년위탁보호위원협의회의 기독교위원들과 상호유기적 네트워크를 형성해 교정사역에 관한 다양한 기법과 경험을 공유하여 교정사역의 부족한 전문성을 보완하는 방법으로 개입할 수 있다. 또한 소년위탁보호위원은 1:1 멘토링 상담이 특징이며 대개의 위탁소년들이 빈곤계층이거나 위기가정출신이 많으므로 가족복지와 자립에 필요한 자원이 있는 복지기관들과 연계하고 6개월 위탁기간이 종료된 후에도 사후관리나 소년의 거주지 인근교회 등으로 연계시켜 보호의 지속성을 가지도록 할 필요가 있다. 그리고 6호 처분기관들은 전술했듯이 대개가 기독교 또는 가톨릭 계열에서 설립한 기관들로 위탁소년들에게 종교적 분위기, 직원들의 기독교적 어법 등을 통해 자연스럽게 간접사역이 촉진될 수 있는 장점이 있다. 현재는 6호 처분기관 내에 예배실이 있으며 인근교회의 목사를 초빙하여 예배인도 등 종교적 행사 등을 다양하게 하고 있고 교과과정에도 기독교 등의 종교교리과정이 있다. 주의할 점은 기독교적 열정이 강한 일부 운영자들이 기독교적 의식을 위탁소년들에게 강요하는 일이 종종 발생하여 인권적 문제점이 발생하고 있다는 점이다. 또한 반항기에 있는 범죄소년에게 무조건 종교를 강요하여 예배참석을 강제하는 것은 6호 처분을 부과한 법원의 방침에도 위배될 뿐만 아니라 기독교에 대해 부정적 인상을 주어 오히려 교화와 교정사역을 저해할 수 있다. 따라서 민간기관이지만 국가의 재정지원과 감독을 받는 공영적 성격이 있으므로 기독교에 의한 교정사역은 강제되어서는 안 되고 간접사역 등 자연스러운 방법으로 해야 한다. 물론 기독교를 신봉하는 소년에게는 당연히 직접적 교정사역을 해야 한다.

그 다음 성인범죄인에 대한 사회봉사명령과 수강명령을 집행하는 보호관찰소에 대해 교정사역자는 전술한 소년보호에서 소년에 대한 사회봉사명령이나 수강명령과 같은 취지로 목사나 교회 등이 보호관찰소와 공동으로 프로그램을 개발하거나 위탁받아 종교교화하는 형식으로 간접적 교정사역에 기여할 수 있다.

또한 치료감호대상자에 대한 교정사역은 국립법무병원(공주치료감호소) 내에 목사 종교위원이 매주 총집예배와 종교상담 등의 공식적 교정사역을 하고 있다. 또한 일반교회 등에서도 치료감호대상자에 대한 교정사역과 물질사역 등에 다양한 방법으로 참여하고 있다. 그러나 치료감호소의 수용자들이 성기호증(성중독), 약물중독,

알콜중독의 범죄인이 많으므로 일반교도소의 교정사역 외에도 중독치유사역이 필요하다.[139] 그런데 현재 공주치료감호소와 부곡의 사법병동에서는 치료감호대상자에 대한 중독치료를 심리적 · 정신의학적으로만 접근하고 종교에 의한 중독치유의 효과를 간과하고 있는데 바로 여기에서 기독교에 의한 중독치유사역자와 교정사역자의 역할이 필요하다. 그러나 현재 치료감호소의 교정사역은 그러한 중독치유사역프로그램이 없어 앞으로 이 부분에 대한 목회자의 전문성 함양이 필요하다.[140] 따라서 치료감호소의 치료감호대상자에 대한 중독치유사역은 관료제적인 정신의학적 치료를 보완하거나 정신의학적 치료로 되지 않는 분야에서 행해질 필요가 있다. 치료감호소에서 교정사역자의 또 하나의 역할은 치료감호대상자들을 영성으로 지원할 의료복지사역가를 발굴하여 수용자나 출소자에 대하여 의료복지적 사역을 행할 필요가 있다. 기독교인이 치료감호소의 간호사나 직원으로 참여하는 방안이 그것인데 치료감호 중이거나 출소 후 가족들이 방치하는 경우가 많으므로 소외된 그들을 기독교적 사랑으로 결연하여 케어해 줄 자원봉사자를 발굴하는 것이 중요하다.

출소자에 대한 교정사역은 민간기구인 담안선교회가 있으며 공공기관으로는 한국법무보호복지공단이 있다. 담안선교회는 출소자에 대한 복음전파와 재범을 막기 위한 숙식제공, 취업알선, 정서교육, 결혼주선, 자립공장설치 등 다양한 보호복지적 프로그램을 시행해 왔다. 여기서는 예배실의 주도로 주일예배, 간증집회, 초청집회 등을 통하여 출소자들의 영성을 강화시키고 복음이 잘 전도된 출소자들을 전도사 등의 목회자로도 배출하여 활발한 교정사역을 행하고 있다. 이외에도 출소자들을 주로 복음시키는 의정부예하교회 등 다양한 사역기관에서 그들에 대한 교정사역을 진행하고 있다. 담안선교회 등 민간사역기관의 역할은 출소자에 대한 국가의 지원이 다양한 방법으로 제도화될 수 있도록 입법자나 정책가에게 민간출소기관의 장점을 홍보하는 것이 필요하다.

출소예정자, 18세 이상의 보호관찰대상자, 15세 이상의 위기청소년을 교도소,

139 물론 마약류나 알콜 관련 사범들 모두가 치료감호소에 수용되지는 않고 치료감호 등에 관한 법률 제2조의 치료감호대상자가 아닌 자들에 대한 중독치료는 일부 일반교도소의 심리치료센터에서도 행해지고 있다. 일반교도소에서는 보통 기본과정, 집중과정, 심화과정으로 구분하고 있다.

140 공주치료감호소에서는 석현 목사가 오랫동안 교정사역을 해 오고 있는데 치료감호소의 사역에는 선구자적 목회자이다. 그러나 일반교도소의 사역과 비슷하며 전문성 등의 한계가 있다.

소년원 등에서 추천받아 그들을 지원하는 한국법무보호복지공단은 공공기관이므로 공식적인 교정사역은 안 되지만 공단이 행하는 주거지원(생활관), 취업지원, 직업훈련, 가족지원, 심리상담 등 각종 지원사업에 기독교인들이 참여하는 방식으로 간접적인 교정사역을 할 수 있다. 또한 출소자들의 심성순화를 위한 종교교화사업도 행하며 최근에는 종교분야의 인턴을 각 지역별 공단을 통해 채용하기도 하는 등 지금까지의 경제적 자립에 치우친 보호복지에서 정신적 자립도 강화하는 추세에 있다. 특히 몇 년 전부터는 보호복지공단 산하 기독교위원회가 지부별로 설치되어 교정사역이 활기를 띠고 있다.[141] 또한 지부별 보호복지공단에 있는 보호위원연합회와 전국보호위원연합회에 목회자들이 참여하는 방식으로 출소자들의 자립에 종교적 맥락을 제공할 수 있다.

또한 해마다 성범죄 출소자, 미성년자 유괴범죄 전과자 등 전자발찌 착용자는 증가하고 이들의 재범률도 증가하는데 법무부는 여전히 보호관찰관과 GPS를 통하여 위치추적 등 사찰적(査察的) 감시업무의 강화에만 주력하고 있다.[142] 최근에는 감시 위주의 관리에 한계를 느껴 일부 보호관찰소에서는 전자발찌대상자에 대한 사회적 응력의 향상을 위한 심리치료프로그램을 하고 있으나 정신과의사나 직원들에 의해서만 하는 한계가 있다. 따라서 여기에 교회 등이 참여하는 교정사역의 필요성이 있으나 지역교회나 교정사역기관의 참여가 거의 없어 교정사역의 사각지대에 놓여 있다. 왜냐하면 전자감시 등 모든 감시의 대상자로 전락된 그들에게 경찰과 보호관찰관이 지금과 같은 관료적 · 사찰적 감시나 감독으로만 대하면 재범억제에 한계가 있으므로 교회 등이 참여하는 종교교화가 병행되어야 그들의 재범을 줄이고 갱생에 대한 희망을 영성을 통해 회복할 수 있기 때문이다. 따라서 교회나 교정사역기관은 관할 보호관찰관이 하지 못하는 종교상담 등 종교프로그램을 통하여 그들의 교정사역에 직접 참여해야 한다. 이를 위해 관할 보호관찰소와 유기적 협력을 맺어

141 2017년 강원지부 산하에 설립된 기독인위원회는 종교집회, 신앙상담, 집회인도, 보호대상자 가정방문 등을 한다(강원타임즈, 2017.4.28.). 관내 목사 10명이 창립총회를 하였다고 한다.

142 전자발찌라는 기계에 대한 맹신을 통해 심리적 재범 억제만 노리다 보니 최대 30년까지 착용해야 하는 대상자들은 전자적 감시와 사회적 감시 및 인적 감시(보호관찰관과 경찰)라는 모든 감시의 대상자로 전락되어 오히려 탈부착을 위한 시도나 도주 등 부작용이 심화되고 있다. 부착기간 장기화에 따른 스트레스로 인하여 전자발찌 부착대상자의 자살률이 일반 국민(0.029%)의 20배에 달한다고 한다(내일신문, 2015.11.9.).

종교프로그램이 제도화되어야 한다. 또한 성범죄 친고죄의 폐지로 해마다 증가하는 성범죄자 신상등록대상자에 대해서는 경찰이 사찰감시적인 관리감독만 하는 결과 재범이 증가하고 있다.[143] 따라서 전자발찌대상자처럼 교회 등이 참여하는 종교교화프로그램이 병행되어야 하고 여기에 교정사역이 개입될 수 있다.

7. 피해자지원기관

1) 피해자지원기관의 지원활동

(1) 범죄피해자지원센터의 활동

사단법인인 범죄피해자지원센터는 피해자를 도와주기 위한 민간단체로 자발적으로 참여하는 회원과 자원봉사자로 구성되어 상담, 법률, 경제, 의료, 환경개선, 취업 등에서 지원을 하고 유형별 자조그룹을 형성하는 도우미 역할과 법정동행 등을 하고 있다. 또한 한국범죄피해자지원중앙센터에서는 피해자 지원을 위하여 굽네치킨 등의 사회적 기업단을 운영하고 있다(한국범죄피해자자원중앙센터 홈페이지). 이들에 대한 자금을 확보하기 위하여 2011년에 법무부 인권구조과가 기인한 범죄피해자보호기금법이 제정되어 피해자들을 지원하고 있다.[144] 이외에도 복권 및 복권기금법에 의해 지원하고 있고 전국범죄피해자지원연합회는 지부를 통하여 피해자와 그들의 가족에게 경제적 지원, 심리 지원, 법률 지원, 주거 지원, 기타 지원 등을 하고 있다(전국범죄피해자지원연합회 홈페이지).[145]

143 경찰서가 등급별로 분류해 점검, 감독을 하는 관료제적 처리를 한다. 등록은 법무부가, 사이트에 공개는 여가부가 담당한다.

144 기금의 조성은 형사소송법에 의해 집행된 벌금에 100분의 6 이상의 범위에서 대통령령으로 정한 비율을 곱한 금액과 기금운용의 수익금, 정부 외의 자가 출연하는 현금, 물품 등, 범죄피해자 보호법 제21조 제2항에 따라 대위해 취득한 구상금으로 한다(범죄피해자보호기금법 제4조).

145 범죄피해자지원센터는 이외에도 법무부 인권구조과, 대검찰청 피해자인권과, 지방검찰청 피해자지원과, 경찰청 인권보호센터, 대한변협, 법률구조공단, 스마일센터, 한국여성상담센터, 피해자학회 등과 네트워크를 형성하고 있다.

(2) 디지털 성범죄 피해자지원센터

한국여성인권진흥원에서 수행하는 디지털 성범죄 피해자지원센터는 2018년 4월에 개소하였는데 증대되는 몰카(불법촬영)와 불법촬영물의 유포, 유포협박, 사진합성, 몸캠 등 디지털 성범죄로 인한 피해자들을 위하여 상담과 불법촬영물 삭제, 수사지원, 의료연계 등의 지원활동을 한다.[146]

(3) 스마일센터의 지원활동

2010년부터 설립되고 있는 피해자 트라우마 통합지원기관인 스마일센터는 강도, 강간 등 중범죄 피해자와 그 가족들에 대해 임시주거시설과 전문적인 심리지원 서비스 등을 제공하기 위해 법무부가 위탁한 기관을 말하며 전국의 광역자치단체에 주로 설치되어 있고 전액을 법무부가 국고로 지원하고 있다.[147] 2020년 10월 기준으로 전국에 15개가 있다. 사업내용은 정서적 지지프로그램, 피해자 자조모임 지원, 면담조사, 외부기관 강사초빙 등을 내용으로 하는 상담 · 심리치료 서비스의 제공과 피해자 보호를 위한 생활관 운영, 검찰청 또는 피해자지원센터 등과의 지원연계, 피해자 지원을 위한 운영위원회와 자문단의 운영, 지원업무 종사자에 대한 심리지원 교육과 연구 등을 한다(법무부 인권구조과, 스마일센터 운영기관 공고문, 2018.6.18.). 이외에도 집단활동프로그램을 시행하고 있으며 법률구조공단 등 협력기관과 연계해 법률상담, 서류제출, 조사 및 법정증언동행 등을 지원한다. 스마일센터의 교정사역적 의의는 회복적 사역과 피해자 사역 및 치료적 사역 등이 있는 바, 이에 대해서는 개입방안에서 후술한다.

(4) 해바라기센터

해바라기센터는 성폭력 및 가정폭력 피해자와 그들의 가족의 상담과 지원을 위

146 몰카범죄를 방지하기 위한 성폭력범죄의 처벌 등에 관한 특례법 제14조(카메라 등을 이용한 촬영)가 있음에도 몰카범죄가 급증하는 이유는 성산업의 증가와 관음증의 증가, 약한 처벌 때문이며 피해영상들의 대부분은 연인 사이의 은밀한 영상으로 동의 없이 촬영된 것이 많다. 과거에 이런 몰카범죄 피해를 지워 주는 디지털 피해구조업체가 있었으나 비용문제, 관료적인 늑장처리가 문제되었다.

147 인력구성은 센터장, 임상심리전문가, 정신보건임상심리사, 사회복지사, 상담원, 생활지도사, 행정요원, 보안요원 등이다. 또한 상담실, 심리치료실 등의 시설을 구비하고 있다.

해 만들어진 통합지원센터로 심리 지원, 의료 지원, 수사 지원, 법적 · 행정적 지원을 하며 지역거점병원에 설치되어 있다. 여성가족부, 경찰, 지방자치단체, 지역병원의 거버넌스 형태로 365일 24시간 피해자의 지원과 사례관리를 통해 피해자 등의 회복을 지원하는 공공기관이다. 주된 서비스에는 면담조사, 사회적 지원, 집단프로그램, 동행서비스 등의 상담 지원, 응급처치 및 법의학적 면담과 증거확보, 정신과 진료 등의 의료 지원, 피해조서 작성, 진술녹화지원, 증거수집 등의 수사 지원과 국선변호사 등의 법률 지원, 심리치료와 가족치료, 수사와 재판 시 의견을 제시하는 심리 지원 등이 있다(해바라기센터 홈페이지). 해바라기센터에는 임상심리전문가, 사회복지사, 경찰관, 행정직, 간호사 등 의료인, 상담원, 동행상담원 등이 근무하며 운영위원회가 있다.[148]

2) 교정사역자의 개입방안

피해자 지원의 교정사역적 의의는 용서사역이다. 성경의 용서복음을 기초로 전문화된 용서기법을 결합한 용서사역이 피해자 지원에서 교정사역적 의미를 가질 수 있기 때문이다.[149] 또한 성경의 회복적 사역에 기초한 회복적 사법을 통해서도 교정사역자는 개입할 수 있다. 그런데 피해자지원센터에서 행하는 다양한 지원내용에 심리적 지원이 있지만 이러한 심리적 지원은 피해자의 회복탄력성(레질리언스)을 위한 일반 심리적 · 상담학적 내용을 위주로 하고 있어 종교적 맥락에 의한 심리지원이 되지 않는 한계가 있다. 바로 여기에 교회 등 종교기관이 피해자들의 종교적 심리체계를 강화하여 회복탄력성을 높이는 종교적 지원이 필요하며 이런 맥락에서 조기에 피해자사역과 교정사역이 개입할 수 있다.

따라서 목사 등의 목회자는 교회의 다양한 자원을 통하여 현재의 피해자지원센터가 하지 못하는 종교적 지원에서의 종교적 역량을 통하여 피해자들에 대한 종교적 피해자사역과 교정사역에 개입할 수 있다. 물론 그 외의 경제적 지원, 법률 지

148 협업과정에서 피해자 신원의 철저한 보호와 2차 피해자화의 방지, 해바라기센터 여경과 성폭력수사대의 원활한 소통과 관료화의 방지 등이 필요하다.

149 물론 용서모형이 절대적인 것은 아니다. 피해유형은 다양하고 피해자의 니즈도 다양하기 때문에 용서모형이 일반화될 수는 없다.

원, 환경개선 지원 등 다양한 영역에서도 피해자지원센터와 협조하여 그들에 대한 지원을 할 수 있다. 특히 피해자는 초기 개입이 가장 중요한데 피해자 지원센터나 스마일센터보다 피해자에 대한 초기개입이 이루어지는 경찰부분에서 피해자 지원, 특히 심리적 지원이 중요하다. 따라서 교회 등은 경찰서의 피해자보호지원센터(케어센터)와 항상 유기적인 관계를 맺어 피해자 심리전담 경찰관이 하지 못하는 종교적 심리체계의 강화를 위한 종교적 지원에 개입할 수 있도록 할 필요가 있다. 또한 피해자지원센터와 항상 유기적 관계를 맺어 교회가 가진 피해자사역 역량과 교정사역 역량을 제공할 수 있어야 한다. 한편 교회 등 종교기관 내에서의 성범죄 등 각종 범죄로 인한 피해자들은 언론에 잘 알려지지 않는 암수범죄의 피해자가 되어 있고 특히 가해자는 이 문제를 성경을 왜곡해 피해자를 설득하므로 종교기관 내 성범죄 등이 비밀스럽게 처리되는 일이 많았다. 그로 인해 종교계 미투운동이 활성화되지 못했는데 그 원인의 하나는 종교기관의 온정적 처리에 있다.[150]

따라서 사역에 가장 앞장서고 모범이 되어야 할 목회자의 범죄에 대해서는 교단에서 철저히 처리되도록 하는 방안이 제도화되고 위하력 있게 집행되어야 하나 한국 교단의 역사적 특성상 상당히 쉽지 않은 분야이다. 그러나 우선적으로 종교기관 내에서의 범죄피해자는 일반피해자보다도 심리적 · 종교적 상실감이 더 클 수 있으므로 기존의 피해자 지원 외에 종교적 영성이 회복되는 종교적 피해자사역과 교정사역이 추가되어야 한다.

스마일센터에서 교정사역자가 개입할 수 있는 부분은, 손상된 내면의 상처로 인한 트라우마 경험 시 트라우마 극복프로그램의 하나로 심리적 트라우마와 영적 트라우마를 치유하는 데 개입할 수 있다.[151] 특히 피해자가 통합적 트라우마 상태인 때는 EMDR 등의 전문통합치료기법에 능숙한 교인들과 연계하여 피해자를 지원할 수 있다. 이외에도 스마일센터의 관료적 한계를 보완하기 위하여 스마일센터와 협

---

150 채수지 기독교 여성상담소 소장은 미투를 어렵게 하는 교회 특징으로 남성폭력을 허용하는 가부장적 가족이데올로기, 아버지의 사랑을 가장한 교회 내 그루밍 성범죄, 피해자에 대한 마녀사냥을 들고 있다(가톨릭프레스, 2018.7.6.). 그러나 구조적 원인으로는 오랜 권위주의 정권과 보수언론이 키워 온 수직적 가부장적 질서문화에 유착해 온 한국 기독교의 온정주의적 문화의 만연과 폐쇄적 문화가 지적될 수 있다.

151 특히 기독교인 경우에는 성경 속 인물들의 트라우마의 치유과정을 사역자가 목회함으로써 트라우마를 스스로 해체할 수 있도록 개입할 수 있다.

조하여 스마일센터의 서비스로도 되지 않거나 부족한 부분에 사역자는 교회자원과 자원봉사자 등을 통하여 개입할 수 있다. 개별적 종교상담, 자조모임에 대한 지원 등이 있다. 역사가 일천한 스마일센터에 대한 교회의 네트워크가 아직 많이 미약한 편이므로 트라우마 치료 역량이 있는 교인들은 연계하여 지원할 필요가 있다. 또한 용서모형과 회복적 모형에 기반한 회복적 사역도 보완적으로 개입할 필요가 있다.

해바라기센터에서 교정사역자가 개입할 수 있는 부분은 동행사역, 자조(self help)사역, 종교적 지지, 정서적 지지, 연계사역 등이 있다. 동행사역이란 해바라기센터에 근무하는 동행상담원이 피해자를 공적 · 사적으로 동행하는 모든 서비스를 담당하고 피해자 개인에 대한 심리지원 및 자원봉사자 관리와 센터홍보 등을 하는 바, 피해자 지원에서 중요한 역할을 한다.[152] 동행상담원은 상담과 지원의 전문성은 있으나 종교성이 부족하여 피해자의 개별적 보호에는 한계가 있을 수 있다. 그래서 그 보완적 역할을 기독교인 등 종교인의 종교적 · 정서적 지원을 할 수 있으므로 피해자사역에 관심 있는 기독교인들이 진출할 수 있는 분야이다. 또한 센터에서 행하는 피해자들의 자조모임에 대한 지원에서 교회가 가진 다양한 인적 · 사회적 자본을 통하여 개입할 필요가 있다.

또한 해바라기센터는 심리 지원, 의료 지원 등은 하지만 종교적 측면의 지원이 없다. 물론 심리 지원에 포함될 수 있지만 보통 심리 지원은 과학적 심리평가 등을 전제로 한다는 점에서 한계가 있다. 특히 피해자의 심리적 회복에는 종교가 큰 역할을 하므로 해바라기센터에 기독교 등 종교적인 심리적 지원이 확대될 수 있도록 교단이나 교회에서 노력해야 하고 법조인, 의료인, 심리치료사 위주의 해바라기센터의 운영위원회에 목회자들이 참가하여 피해자 보호에 종교적 지원이 가능하도록 해야 한다.

이상과 같이 피해자 사역으로 피해자들을 지원하는 다양한 방법들을 서술했지만 한국 교회의 피해자들을 위한 사역과 교정사역은 많이 미약하고 역량이 부족하다. 피해자 사목을 체계적으로 하고 있는 가톨릭 교회의 피해자사목위원회의 활동을 참조할 필요가 있다.[153]

---

152 동행상담원은 전문대졸 이상으로 성폭력 상담원 교육과정을 이수해야 지원이 가능하다.

153 천주교의 사회교정사목위원회는 수용자교화사업, 출소자자활사업, 자원봉사자 교육 외에도 피해자가족 지원사업을 정기적으로 행하고 있다.

참고문헌

김무엘(2015), "교화수단으로서의 종교,"「시민인문학」제29호, 경기대학교 인문학연구소.

Braithwaite, J.(1989), *Crime Shame and Reintegration*, Cambridge University Press.

Maslow, A. H.(1943), "A Theory of Human Motivation," *Psychological Review* 50(4).

Rottman, D. and P. Casey(2000), "Therapeutic Jurisprudence and the Emergence of Problem-Solving Courts," *Alternatives to Incarceration* 6(2).

Schein, Edgar N.(1965), *Organizational Psychology*, Englewood Cliffs, N.J.: Prentice-Hall.

White, Ralph. K. and Ronald Lippit(1960), *Autocracy and Democracy*, New York: Harper and Low.

가톨릭프레스(2018.7.6.), "종교계 미투운동 어디로 가고 있나."

강원영동cbs(2013.6.40), "유치장을 아름다운 벽화로."

강원타임즈(2017.4.28.), "법무공단 강원지부 기독인위원회."

국민일보(2014.3.12.), "맞춤형 교화프로그램, 낮은 재범률."

국민일보(2017.2.20.), "경찰복음화, 경찰선교 위해 기도를."

기독교헤럴드(2017.12.19.), "경목실장, 특혜 아닌 선교사직."

기독신문(2018.2.26.), "교경협의회 총회."

노컷뉴스(2013.2.6.), "기독교 화해중재원, 법원연계조정제도로."

뉴스1(2012.8.30.), "자살까지 부른 우범자관리."

내일신문(2015.11.9.), "전자발찌 부착자 자살률, 일반인 20배."

월간조선(2015년 5월호), "국군교도소를 가다."

조선일보(2018.5.15.), "청소년회복지원시설, 광주서 공영형도입."

경찰청 홈페이지.
교정선교회 홈페이지.
범죄예방정책국 홈페이지.
법무부 홈페이지.
소망교도소 홈페이지.
한국범죄피해자지원중앙센터 홈페이지.
한국소년보호협회 홈페이지.
해바라기센터 홈페이지.

제6장 교정사역복지론

1. 교정사역복지론의 의의

교정사역복지론은 교정사역의 기술적인 실천적 분야로 복지실현의 전문성을 가진 교정사역자 또는 클라이언트에 대한 교정복지 실현이란 과학적 기법의 중요성을 알고 수용할 수 있는 교정사역자가 신학적 관점을 전제로 사회복지사, 심리치료사, 상담사 등의 전문가들과 협조하여 범죄자, 수용자, 피해자 등의 재범예방 및 피해회복과 그들이 직면한 문제의 해결을 위하여 케이스워크, 그룹워크, 사례관리, 가족치료 등의 미시적 방법과 정책, 사회변화 대행자 등의 거시적 방법론으로 개입하는 전문적 활동이라고 정의할 수 있다. 이는 교정사역 현장의 과학화와 전문화에 필수적인 분야로 교정사역론의 학문적 체계화에도 중요한 역할을 한다. 오늘날 한국의 교정사역 활동에서 가장 취약한 부분이 바로 이러한 교정사역복지, 교정사역사례관리론, 교정사역심리론 등의 과학화 부분이다. 따라서 교정사역복지론은 교정사역의 체계화를 위한 필수적 요소이다. 이러한 교정사역복지론은 과거에는 교정영역에만 한정되었으나 오늘날에는 검찰, 법원 등 사법영역까지도 확대되고 있다. 따라서 교정사역복지론은 교정복지론과 사법복지론을 사역적 관점에서 접근하는 것이다.

먼저 교정사역복지란 교정사역이 갇힌 자와 범죄인 및 피해자 등에게 복음을 통하여 범죄예방과 클라이언트가 직면한 문제에 대한 대처역량을 지원하는 활동으로 정의될 수 있으며 이러한 교정사역론은 그 내용에 따라 교정사역역사론, 교정사역행정론, 교정사역법제론, 교정사역방법론 등으로 나눌 수가 있다. 교정사역복지론은 교정복지와 사법복지의 실천기술론과 교정복지정책론을 교정사역에 접목시킨 교정방법론의 한 영역이라고 할 수가 있다. 따라서 교정사역복지란 범죄인, 피해자 등과 그들을 둘러싼 환경에 대하여 사역적 관점에 기반해 사회복지실천기술론과 교정복지실천기술론을 통하여 그들을 원조하고 유해환경을 개선하는 미시적 교정사역복지와, 사회구조적 차원에서 왜곡된 구조와 제도의 개선을 촉구하는 거시적 측면의 교정사역복지를 말한다. 따라서 기독교 이념에 입각한 교정사역복지란 기술적 측면인 미시적 교정사역복지와 정책적 · 제도적 측면인 거시적 교정사역복지를 총칭하는 것으로 이해할 수 있다.

교정사역복지론과 교정복지론의 차이점은 교정사역복지론이 그 실천과정에서 기독교적 이념을 맥락으로 가진다는 점에서 그렇지 않은 교정복지론과 차이가 난다. 따라서 사회복지실천론의 적용에서도 기독교 사회복지실천론을 원용하는 점이 차이점이며 그 외의 과학적 측면 등은 동일하다. 교정사역론과 교정사역복지론의 공통점은 다양한 학제적 접근이 필요한 응용과학이라는 점, 기독교적 이념을 바탕으로 하는 점, 실천에 있어서 보수주의와 진보주의의 접근이 있는 점,[01] 영적 구원과 인간의 존엄성을 목표로 한다는 점이다. 또한 형사사법 전 과정에서 발생한다는 점, 클라이언트 외에 환경도 대상으로 하는 점, 접근에 있어서 거시적 접근과 미시적 접근이 있는 점, 클라이언트의 동의를 얻어 시행되는 민주성과 선택주의인 점, 범죄의 원인에 대해 환경결정론적 관점과 비환경결정론적 관점을 다같이 가리는 점, 교정공공재의 생산에 기여하는 점, 정의 외부효과가 큰 점, 한국 교정선교에서는 소외된 영역인 점, 관론제적 제약을 받는 점,[02] 많은 경비가 소요되는 점, 제3섹터적 모형에 의해 생산도 되는 점 등이 있다.

교정사역론과 교정사역복지론의 차이점은 교정사역복지론은 과학성과 기술성을—특히 미시적 교정사역복지론에서는— 필수적 요소로 하는 점, 상대적으로 사회복지사, 상담사, 심리치료사, 사례관리사 등의 전문가 협력이 필요한 점, 교정사역론이 소품종 대량생산이라면 교정사역복지론은 다품종 소량생산인 점,[03] 교정사역복지론, 특히 미시적 교정사역복지론은 사회변화라는 가치적 입장보다는 개인의 변화에 주력하는 비가치성, 개별성의 성격이 크다. 따라서 탈가치적 · 탈집합적 성

01 사회문제를 바라보는 신학노선은 복음을 강조하여 개인구원만 감당하는 보수주의적 신학노선과 제도적 문제를 지적하며 사회정책에 대한 구조적 개선을 주장하는 진보주의적 신학노선, 신학적 정통성을 주장하면서 사회문제를 제도적 차원으로 이해하는 중도적 신학노선이 있다(양찬호, 2011: 37–57; 김성호, 2015: 135에서 재인용). 또한 진보적 세력인 에큐메니칼(ecumenical) 진영과 보수적 복음주의인 에반젤리칼(evangelical) 진영으로 나누어지는데, 에큐메니칼 신학자들은 사회문제에 대한 비판의식으로 창조, 정의, 평화, 생명 등의 성경적 가치를 중요시한 반면 영력 차원과 교회성장에 대한 관심은 부족했고, 보수적 복음주의자들은 전도를 우선시해 사회활동으로 옮기지 못했다(이문식 2012: 42–50; 김성호, 2015: 135 재인용).

02 교도소에서 수용자를 대상으로 교정사역이나 교정사역복지를 하려면 보안문제 등 여러 관료적 제약을 받는다.

03 가령 교도소에서 복음을 전도하는 교정사역은 총집교회를 통해 많은 수용자에게 구원을 주어 교정공공재를 소품종 대량생산하지만 교정사역복지론은 개별 클라이언트를 대상으로 하기 때문에 교정공공재를 다품종 소량생산한다.

표 6-1 교정사역론과 교정사역복지론의 비교

	교정사역론	교정사역복지론
차이점	과학성과 기술성이 필수	과학성은 선택적 요소
	거버넌스적 접근이 강함	거버넌스적 접근이 약함
	소품종 대량생산	다품종 소량생산
	가치성, 이념성이 강함	비가치성, 비이념성이 강함
	오랜 역사성	일천한 역사성
	종합적 학문	부분적 학문
	평등성 이념	사회적 형평성 이념
	사역의 인본성이 강함	사역의 인본성이 약함
	약한 고객	강한 고객
	총체성	과정성(의뢰 → 사정 → 개입 → 종결 → 사후관리)
공통점	학제적 접근	
	응용과학	
	기독교적 이념을 기반으로 함	
	보수주의와 진보주의 접근이 모두 있음	
	영혼구원과 인간의 존엄성을 목표	
	거시적 접근과 미시적 접근이 있는 점	
	가외성, 민주적 이념과 선택주의	
	관료제적 제약을 받는 점	
	교정공공재의 생산에 기여	
	범죄원인으로 환경결정론과 비환경결정론을 인정	

격이 강하다. 교정사역론의 역사는 길지만 이에 비해 과학성으로 무장된 교정사역복지론의 역사는 일천하다. 실천신학의 역사에서도 마찬가지이다. 교정사역론은 종합적 성격을, 교정사역복지론은 부분적 성격을 가진다. 상대적으로 교정사역론은 형벌에서 일반예방적 성격이 강하고 교정사역복지론은 특별예방적 성격이 강하다. 또한 상적으로 교정사역론은 평등성을, 교정사역복지론은 사회적 형평성이 강조된다.[04] 교정사역론이 상대적으로 교정선교자의 온정적 인본성이 강하다면 교정

04 교정사역은 모든 수용자를 모아 복음을 전도하는 경향이 크지만 교정사역복지론은 특히 개별 클

사역복지론은 상대적으로 냉철한 전문가에 의해—사회복지사, 심리치료사 등—사역의 인본성이 약한 점이 차이점이다. 한국 교회에서의 관심은 교정선교의 자본화로 인하여 대량생산과 유형적 홍보, 전시효과가 강한 교정사역에 더 큰 관심을 두는 점 등이 차이점이다. 클라이언트의 주체성과 지위는 개별성이 강한 교정사역복지론에서 강하다. 또한 교정사역복지론이 상대적으로 교정사역론보다 실천에서 장시간이 소요된다. 이상의 공통점과 차이점을 도표화하면 앞의 〈표 6-1〉과 같다.

교정사역복지론은 과학성, 기술성, 가치중립성과 관계되는 교정사역복지실천론과 가치성, 변화성, 정책성을 내용으로 하는 정치사회학적 교정사역복지론으로 구성된다.[05] 따라서 과학성의 영역과 관계되는 미시적 교정사역복지(실천론)는 사회

[그림 6-1] 교정사역복지론의 학문적 성격

라이언트의 치료와 원조에 중립을 두게 되므로 여러 자원과 경비가 많이 들어가 평등성보다는 더 어려운 수용자를 먼저 고려한다는 사회적 형평에 의해 대상자가 결정된다는 의미이다.

05 클라이언트에 대해 단순히 사회복지실천기법만 적용하는 교정사역복지실천은 정의, 인권, 창조 등과 같은 가치성에는 무관심하고 오로지 과학화, 전문화, 계량화 등의 실천기법만 중시한다. 그러나 정치사회학적 측면에서 교정사역복지론은 성서적 정의, 사회정책의 개선을 추구한다.

복지학, 심리학, 사례관리, 상담학, 예술치료론, 자역과학, 의학 등과 관계되지만 거시적 측면인 교정사회복지론은 사회학, 정책론, 입법론, 정치학, 에큐메니칼적 진보신학, 사회운동론 등과 관계된다. 이를 그림으로 표시하면 앞의 [그림 6-1]과 같다.

2. 교정사역복지론의 이념과 접근법

교정사역복지론의 이념은 교정사역의 이념과 교정복지의 이념을 창조적으로 합친 것으로 이해할 수 있다. 범죄인 등 클라이언트에 대한 광의의 교정사역복지론은 사역과 사역실천에서 기독교적 사회복지 이념을 최우선으로 한다.[06] 또한 실천에서 과학성과 기술성 및 전문성의 이념을 필수로 하며 교화라는 교정공공재의 다품종 소량생산을 이념으로 한다. 또한 모든 처우의 내용이 교정사역복지와 관계되는 총체적 생산이념을 본질로 한다.[07] 또한 클라이언트와 그들 가족의 동의하에 행해지는 점에서 민주성 이념을 가지고 가해자와 피해자와의 관계회복뿐만 아니라, 원래 하나님의 형상을 갖고 태어났으나 죄로 인하여 타락한 범죄인은 회개를 통하여 본 모습을 찾는 하나님과의 관계회복도 의미하는 회복적 사역 이념과 치료적 사역 이념을 가진다.[08] 또한 교정사역복지실천의 효과성을 위하여 가외적 적용을 의미하는 가외성(redumdacy) 이념이 필요하며[09] 가장 소외된 클라이언트를 우선 배려하고 자원을 배분하여 교정사역실천을 행하는 사회적 형평성 이념을 가진다. 이외에도 거

06 유장춘은 기독교 사회복지를 기독교적 세계관을 가진 사람 또는 기관에 기독교의 다양한 생명자원을 동원하여 취약계층을 돕고 사회문제를 해결하는 일체의 활동이라고 정의하였다(유장춘, 2002: 90; 김성호, 2015: 130 재인용). 김기원은 기독교 사회복지의 근본정신으로 생명존중, 이웃사랑, 성서적 정의 실천, 상실된 하나님의 형상회복이라고 정의하였다(김기원, 1998: 199; 김성호, 2015: 131 재인용). 김은수는 하나님의 모습으로 창조된 인간의 본래 모습을 회복하는 것이 하나님 사랑이고 기독교사회복지는 그 회복을 돕는 것을 이념으로 한다고 하였다(김은수, 2003: 173-191; 김성호, 2015: 131에서 재인용).

07 가령 수용자가 먹는 식사, 의료, 접견, 교육 등 모든 내용이 교정복지사역적 의미를 가진다는 것이다.

08 회복적 교정사역복지는 형사정책적 측면과 신학적 차원의 이중성을 가진다.

09 가외성은 실천과정뿐만 아니라 사후관리와 사례관리에서도 필요하다.

버넌스 이념과 제3섹터적 이념 및 적법성을 가지며 특히 쇄신성과 사회변화를 이념으로 한다.[10] 이외에도 합목적성, 생산성, 수평성 등의 이념을 가진다.

교정사역복지론의 접근법에는 전통적인 접근으로 미시적 접근법이 있으며 이외에 거시적 접근법이 있다. 미시적 측면에서의 교정사역복지론은 기술적인 측면을 강조하는 교정사역복지실천기술론을 의미하며 종교적 관점의 기반에서 교정복지실천기술론, 사회복지실천기술론 등의 기법을 통하여 클라이언트를 변화시키는 개입활동으로 클라이언트와 그의 가족 등 생태를 주로 대상으로 한다. 보통 교정사역복지론에서 전통적 입장은 물론 현재 이러한 미시적인 실천기술론적 접근을 가장 중요시해 왔고 이러한 실천기술론적 접근이 교정사역복지론의 본질로 간주되고 있다. 그러나 범죄의 원인이 개인적 측면 외에도 사회구조적 측면에도 있는 만큼 미시적 접근으로만 접근하는 것은 한계가 있으므로 후술하는 거시적 접근도 고려하는 균형적이고 역동적인 접근이 필요하다. 거시적 측면에서의 교정사역복지론은 클라이언트인 범죄자의 범죄 원인을 그가 속해 있는 사회의 정치적 · 사회적 · 경제적 · 문화적 구조에도 있다고 보고 신학적 관점을 기반으로 하면서 클라이언트의 재범예방과 그가 직면한 통합적 문제를 사회구조와 사회정책의 개혁을 통해 해결하려는 체계론적 접근을 말한다. 이를 위해 교정사역자는 클라이언트를 원조하는 과정에서 클라이언트의 문제의 사회적 측면에도 관심을 가지고 잘못된 사회정책이나 제도에 대해서는 사회변화의 대행자의 역할을 수행할 수 있어야 한다. 미시적 접근은 개인의 영혼구원과 전도를 맥락으로 하면서 개인이 직면한 문제를 과학적 기법으로 해결하는 점에서 보수주의적 사역에 가깝고, 거시적 접근은 기독교 이념을 맥락으로 하면서 적절한 교정사역을 저해하는 잘못된 교정정책의 개혁에 앞장서는 진보적 사역에 가깝다. 범위를 보면 광의의 교정사역복지론에는 사법사역복지론, 경찰사역복지론, 협의의 교정사역복지론, 피해자사역복지론, 보호사역복지론, 지역사회복지론, 회복적 사역복지론, 치료적 사역복지론 등으로 나눌 수 있다. 경찰단계에서는 범죄인, 피해자 등에 교정사역복지론이 실시될 수 있는바, 이는 경찰사역복지론으로 볼 수 있다.[11] 또한 법정단계에서는 사법사역복지론이 실시될 수

10 사회의 왜곡된 구조가 범죄의 원인으로 사정되면 교정사역자는 왜곡된 구조의 개혁에 앞장서야 한다.

11 경찰단계인 조사, 수사 등에서 클라이언트가 그 가족에 대해 기독교적 이념에 근거해 그들이 직

있다.[12] 그 뒤 형이 확정되면 교도소에 수용된 수용자에 대한 협의의 교정사역복지론이 실시될 수 있고[13] 출소 후 갱생보호단계에서 보호사역복지가 실시될 수 있다.[14] 또한 회복적 사법 또는 치료적 사법과정에서 교정사역복지가 실시될 수 있다.[15]

3. 교정사역복지실천과정

교정사역복지의 실천과정은 교정복지의 실천과정과 기본적으로 유사하지만 기독교적인 종교적 개입이 추가된다는 점에서 가치지향성이 크다.

1) 의뢰단계

교정사역복지의 의뢰는 자발적 의뢰와 타율적 의뢰로 나뉜다. 자발적 의뢰는 수용자인 클라이언트가 스스로 교정사역복지프로그램을 신청하는 경우이고 타율적 의뢰는 교도관, 동료수용자, 클라이언트가 다니던 지역 교회의 목회자, 가족, 사회복귀과 직원 등이 교도소에서 구금반응이 심하고 교정사고가 잦아 교화가 잘 되지 않는 문제수용자를 교도소 내의 기독교종교위원 등 교정사역자에게 해당 수용자의 동의를 얻어 교정사역복지를 신청하는 것을 말한다. 의뢰단계는 수용자의 입소부

면한 문제에 대한 원조와 재활을 미시적 교정사역복지 측면과 거시적 교정사역복지 측면으로 접근하는 것이다.

12 재판단계와 법원의 조정, 중재 단계에서 클라이언트가 직면한 문제에 대해 지원과 재활을 돕는 교정사역복지론을 말한다.

13 전형적인 교정사역복지론으로 시설 내 처우, 사회적 처우, 사회 내 처우 단계에서 실시될 수 있다.

14 출소 후 재범을 방지하고 클라이언트의 안정적 사회정착을 위해 관련된 자원들의 협조를 얻어 시행된다.

15 회복적 사법으로서의 교정사역복지는 경찰단계부터 출소 후까지 모든 단계에서 이루어지며 이는 가해자와 피해자의 화해만이 아니라 하나님과의 화해를 통해 인간의 본모습을 회복하는 것도 포함된다.

터 출소까지 수용의 전 과정에서 발생할 수 있다. 특히 교도소장은 수용자가 최초로 입소 시 언제든지 종교적 교정복지실천프로그램을 신청할 수 있다는 것을 고지할 필요가 있는바, 이는 자발적 의뢰에 의한 교정사역복지를 증가시키는 데 중요하다.[16] 교도소수용자인 경우에 교정사역복지프로그램의 의뢰단계는 시설 내 처우의 모든 과정에서 생길 수 있는데 다음의 [그림 6-2]와 같다.

[그림 6-2] 의뢰가 발생되는 단계

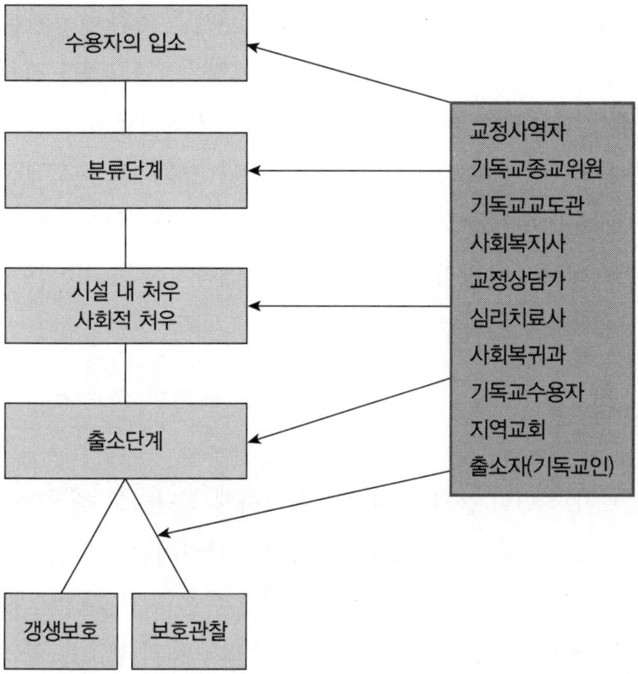

위의 [그림 6-2]를 설명하면 수용자는 입소하면 대개는 구금반응을 보이는데, 이는 교도소 생활에 적응하는 데 문제가 될 수 있고 교화에도 부정적 영향을 준다.[17] 입소과정 때 수용되는 신입자수용실에서 구금반응이 지나쳐 문제가 심각해지

16 물론 교도소장은 특정 종교적 관점에서 언급하면 안 되고 어떤 종교로 가든지 해당 종교위원의 교정복지실천을 받을 수 있다는 것을 고지하면 된다. 자연스럽게 기독교신자 또는 기독교에 거부감이 없는 수용자들은 교정사역복지로 연결될 수 있다.

17 일본학자인 오기(小木)는 구금장소에서의 구금반응으로 신경증, 정신신체질환, 원시반응, 꾀병반응성 망상 등을 보인다고 하였다(정갑섭, 1995: 375-376). 이외에도 불안, 스트레스, 공포,

면 기독교 교도관 또는 사회복귀과 직원은 교도소 내의 종교위원(기독교)에게 교정사역복지실천을 의뢰할 수 있고 클라이언트가 동의하면 입소 때부터 교정사역복지실천이 시작된다. 또한 수형자 분류심사단계에서 교도관은 수형자의 특이한 인성이나 행동특성을 발견한 경우에 예방적 차원에서 교정사역복지실천을 의뢰할 수 있고 수형자가 경비처우급이나 개별처우급에 불만이 있어 문제행동이 심각한 경우에도 의뢰할 수 있다. 또한 기독교교도관 등은 기독교 정기교회(教誨), 급식, 독거 및 혼거 수용, 보안, 교육, 교화프로그램, 교육방송, 교도작업, 운동, 의료, 보건, 접견, 징벌 등 시설 내 처우과정에서 심각한 문제를 가진 수용자를 발견하여 교도소 내의 교정상담을 받게 하여도 효과가 없는 경우 기독교종교위원에게 사역적 관점에서 교정사역복지를 의뢰할 수 있다.[18] 또한 가족만남의 집, 소망의 집, 가족캠프 등을 통해서 수용자의 잠재된 문제가 드러난 경우에도 교도관 등이 기독교종교위원에게 교정사역복지를 의뢰할 수 있다. 또한 출소단계나 출소 후 갱생보호 또는 보호관찰 단계에서도 예방적 차원에서 교정사역복지실천을 의뢰할 수 있다.

2) 사정단계

클라이언트가 직면한 문제의 원인을 정확하게 진단하고 해결방안을 강구하는 것을 사정(査定, assessment)이라고 한다. 사정은 클라이언트의 문제해결에서 가장 중요한 단계로 다만 교정복지실천에서의 사정과 다른 점은 사정단계에 목회자 등 교정사역자가 교정복지사, 심리치료사, 전문상담가 등의 협조를 얻어 사정에 참여한다는 점이다. 참여의 형태는 다양하며 사정의뢰도 그중의 하나이다. 기독교 교회(教誨) 모임에 나오던 교도소의 여성지체장애인수용자가 관규위반이 심하고 우울증 등이 심해 자해행위로 금치처분을 받아, 담당교도관으로부터 교도소목사인 종교위원에게 교정사역복지가 의뢰된 경우, 교정사역자인 종교위원은 사회복지사, 교회직 공무원, 전문상담가 등의 도움을 얻어 장애인 여성수용자의 이상행동에 대한 사

무력감 등의 구금반응이 나타날 수 있고 이런 구금반응의 정도는 개인차가 크다.

18 교도소 수용생활의 대부분이 시설 내 처우에서 발생하므로 이 과정에서 가장 많은 의뢰가 이루어질 수 있다. 또한 동료수용자가 종교위원에게 의뢰할 수도 있다.

정을 하게 된다. 사정의 내용을 도식화하면 다음의 [그림 6-3]과 같다.

[그림 6-3] 사정의 내용

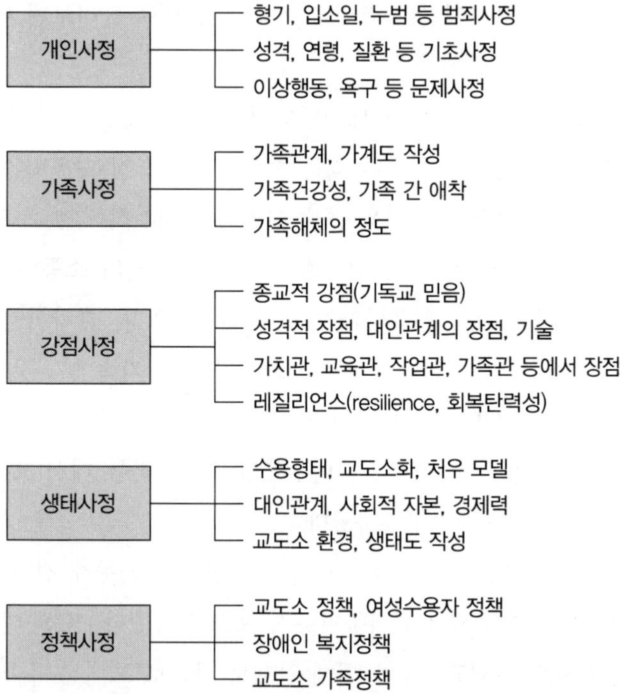

개인사정에서는 클라이언트의 범죄와 관계되는 사정을 하고 범죄원인을 상담과 자료조사 등에 의해 사정한다. 또한 클라이언트의 신체적 · 정신적 특징을 조사하게 되는데 여기의 사례에서는 클라이언트가 여성지체장애인이므로 이런 특성이 교도소의 관규위반과 관계 있는가를 조사한다. 또한 클라이언트의 심리적 · 사회적 기능, 자기통제력과 스트레스 내구력 등을 조사한다. 개인사정의 결과 클라이언트는 인지기능이나 사회기술 등 심리적 · 사회적 요소에는 큰 문제가 없으나 상담 결과 지체장애인의 특성을 고려하지 않은 거실 면적, 목욕시간, 운동시간, 혼거수용, 교육프로그램 등에서 상대적 차별감이 컸고 이의 시정을 위한 고충상담도 여러 번 했으나 해결되지 않아 분노가 내재되어 있는 상태였다.

그 다음 클라이언트의 가족관계, 가족 내 권력관계, 가족 간의 애착 등에 관한 가족사정을 하고 가계도를 작성하게 된다. 여기 사례의 클라이언트는 3살 여아의 어머니수용자로 알콜중독인 남편과는 갈등관계에 있으나 자녀에 대한 애착은 아주 강했다. 가족사정을 한 결과 클라이언트의 자녀가 18개월까지는 교도소에서 대동유아를 하였고 대동유아기간이 끝나고 자녀를 집으로 돌려보낸 뒤로 우울증이 심해진 것으로 나타났다고 한다.

그 다음에 강점사정을 하면 모태신앙인 클라이언트는 교도소에서도 기독교종교집회와 구역예배에 잘 참여했으나 최근 종교집회에도 참여하지 않게 된 사실을 알게 되었고 교정사역자와의 상담을 통해 신앙심은 여전히 강한 것으로 나타나 이런 신앙심을 강점으로 파악하였다. 교도소 내의 목회자와의 소통이 부족하고 신체적 특성, 무력감 등이 종교집회에 나가지 않은 원인이었다. 클라이언트는 여성지체장애인이지만 인내심과 대인관계에서는 친화력이 있고 가족애가 강하며 가족 레질리언스의 가능성도 큰 것으로 조사되었다.

생태사정에서는 좁은 거실에 일반인수용자와 혼거하는 데서 오는 소외감이 있었고 경제력과 사회적 자본이 부족하였다.

정책사정에서는 교정정책이 젠더적 관점을 반영하지 못해 접견시간, 접견장소와 형태, 가족만남의 집 등에서 젠더불평등적 요소가 강했다. 또한 대동유아기간이 짧아 어머니수용자로부터 교도소에 의해 강제로 사회로 보내진 유아는 양육자로부터 받아야 할 애착이 박탈되어 모성실조(母性失調)가 생기게 되고, 그러한 모성실조가 생기게 된 데 대한 죄책감, 불안 등이 어머니수용자의 우울증과 관규위반의 원인으로 조사되었다.

3) 개입단계

개입단계는 교정사역자 등의 교정사역복지실천팀이 범죄인 등의 클라이언트와 초기에 합의한 문제를 유효적으로 해결하기 위해 행동을 실천하는 단계로 교정사역복지실천의 핵심적 단계이며 가장 많은 자원이 소요되는 단계이다. 일반 교정복지실천의 개입과정과 다른 점은 기독교적인 사역의 관점이 직접적이든 간접적이든 반드시 내포되어야 한다는 점이다. 앞의 형기 5년의 30대 초반의 여성지체장애인수용자 문제에 대한 개입단계는 다음의 [그림 6-4]와 같이 도식화 할 수 있다.

[그림 6-4] 개입단계

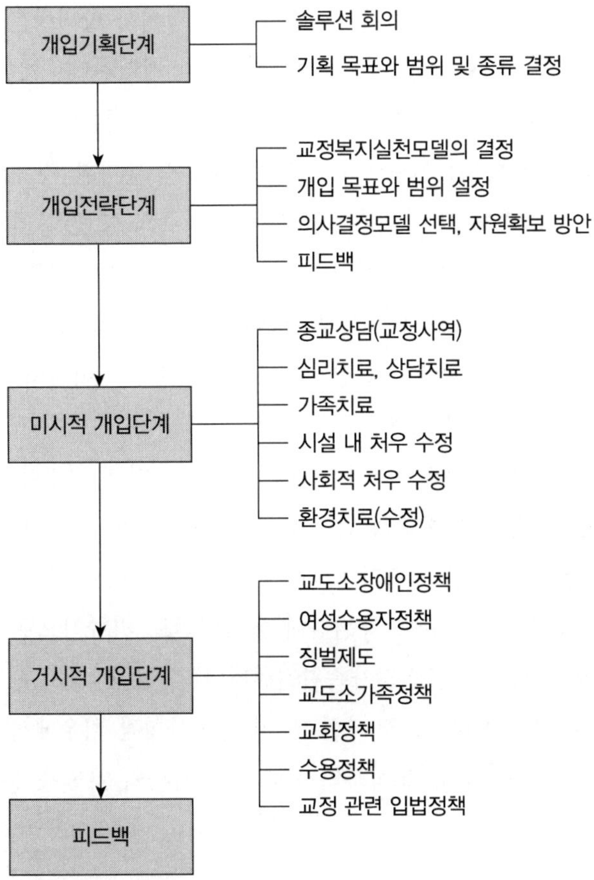

개입기획단계는 교정사역자, 담당교도관, 사회복지사, 상담사, 교정위원 등이 모여 클라이언트의 목표 수행을 위한 합리적 사전준비를 하는 단계로 계속적 설계과정이다. 이때 기획과정에서는 관료제 소속인 교도관 및 사회복지사와 민간인 교정사역자 간에 기획의 범위와 목표를 두고 갈등이 생길 수 있다. 개입기획의 합리성을 위해서는 종합적 · 거시적 · 쇄신적 가치관을 가진 교정사역자 등이 기획의 작성자가 되어야 하나. 다만 교도소의 보안적 · 관료제적 관점을 반영해 기획의 실효성을 제고해야 한다. 그러나 한국의 교정사역복지에서의 기획의 합리성을 제약하는 요인은 클라이언트의 목표에 대한 관련자들의 갈등, 비용과 시간의 제약, 실질적 가치가 있는 기획 대신 질 낮은 기획이 선호되는 기획의 그레샴(Gresham)의 법칙, 온정주의, 관료적 처리, 관계자의 저항, 경험의 부족과 할거주의 등이 있다.

따라서 교정사역자는 기획의 목표와 범위의 설정에서 합리성을 저해하는 요인에 대한 대처방안을 마련해야 한다. 기획이 설정되면 개입전략단계인바, 먼저 클라이언트의 문제해결에 적합한 교정사역복지실천모델을 선택한다. 교정사역복지실천모델은 일반적인 교정복지실천모델에 사역적 관점을 추가한 것으로 정신역동모델, 교류분석모델(TA), 과제모델, 위기개입모델, 여성주의 모델 등의 실천모델을 클라이언트의 특성과 욕구 및 발전성에 맞게 선택하는 과정을 말한다.[19] 따라서 교정사역복지모델로 위기개입모델, 인지모델, 생태모델, 여성주의 모델을 정하는 것이 해당 여성수용자의 문제해결에 필요한 것으로 판단된다면 이것의 실천을 위해 필요한 자원의 확보와 의사결정모형을 선택한다.

미시적 개입단계에서 교정사역자는 클라이언트가 현재 직면한 문제를 깊은 신앙심으로 해결할 수 있도록 종교적 원조를 해야 한다. 이 과정에서 외부교회의 협조를 받아 적절한 지원을 할 필요가 있다. 또한 교도소 내의 각종 미술치료, 음악치료, 독서치료 등의 심리치료를 동원하여 클라이언트 지향적으로 지원하고 갈등관계에 있는 사회의 남편과는 건강가족지원센터나 가족상담사 등을 통하여 가족치료가 될 수 있도록 지원한다. 또한 시설 내 처우와 사회적 처우에서 클라이언트가 호소하는 문제의 해결을 위해 교정사역자는 관련 기관의 자원을 통하여 해결하도록 한다.

---

19 정신역동모델은 Freud의 정신심리이론을 원용해 수용자의 무의식에 있는 개인의 특성과 위장된 방어기제를 해체하여 문제의 원인과 해결방안을 찾는 기법이다. 교류분석모델은 보통 수용자의 A(성인) 자아가 낮으므로 이들의 잘못된 인생관과 왜곡된 의사교류패턴의 수정을 통해 교도소화의 방지에 도움을 주는 기법이다. 과제모델은 우선 수용자가 이행하기 쉬운 과제를 교정사역자와 합의하여 정하고 그가 그 문제를 해결할 수 있도록 원조하는 모델이다. 위기개입모델은 수용자가 자해 우려 또는 심각한 이상행동을 보일 때 교정사역자가 신속히 개입하여 원조하는 모델이다. 인지모델은 수용자가 가진 인지적 왜곡을 교정하기 위해 인지기법을 통해 수용자가 자신이 직면한 문제를 성찰할 수 있도록 원조한다. 행동수정모델은 반사회적 행동을 보이는 수용자에게 행동수정기법을 통해 바람직한 행동으로 나아가도록 원조하는 방법이고 임파워먼트모델은 클라이언트인 수용자가 가진 역량을 강화해 스스로 문제를 해결해 나갈 수 있도록 원조하는 것이다. 생태모델은 수용자의 왜곡된 생태에 대한 진단을 통해 해결방안을 모색하는 것이고 여성주의 모델은 젠더적 관점에서 개입하는 것이다.

거시적 개입단계에서 교정사역자는 이번 사례의 가장 큰 제도적 원인이 된 1년 6개월의 짧은 대동유아기간이 여성수용자와 유아와의 안정된 애착관계의 형성을 가로막아 결과적으로 여성수용자의 우울증과 이상행동의 원인이 된 것으로 판단하고 법무부와 국회에 교정사역복지운동의 일환으로 형집행법의 개정을 건의하고 중앙교회에도 협력을 구할 필요가 있다. 동시에 장애인수용자의 특성을 고려하지 않고 획일적으로 규정한 거실면적, 운동시간, 종교시간, 교육시간 등에 관한 교정관계법령의 개정을 장애인차별금지 및 권리구제 등에 관한 법률의 차별행위(제4조 제2항)를 근거로 당국에 촉구하고 접견장소, 접견시간 등에 관한 규정도 젠더적 관점을 반영할 것을 촉구하는 교정정책의 변화 대행자의 역할을 수행할 수 있어야 한다.

4) 종결과 평가 단계

교도소수용자에 대한 교정사역복지실천의 종결은 여러 사유에 의해 발생한다. 가장 보편적 사유로는 클라이언트가 직면한 문제가 어느 정도 해결되어 더 이상의 교정사역복지적 개입이 없어도 되는 경우이다. 그 외에도 수용자가 다른 교도소로 이송되거나 출소하는 경우 또는 수용자가 교정사역복지프로그램에 더 이상 참여하기를 거부하는 경우 또는 교도소에서 사망하는 경우 등에 의해 종결된다.

5) 사후관리단계

정상적 절차로 교정사역복지실천과정이 종결된 경우라도 클라이언트의 특성에 따라 사후관리가 필요할 수 있고 또한 사후관리 기간도 달라진다. 특히 가족 등 사회적 자본이 빈약하고 경제력과 사회기술 등에서 불리한 처지에 있는 수용자인 경우에는 사회적 형평성 이념과 가외성 이념에 의해 사후관리가 반드시 있어야 재범 등의 문제행동이 줄어들 수 있으므로 교정사역자는 사후관리가 필요한 대상자들을 사역복지적 관점에서 사례관리자, 교도소, 사회복지사 등의 협조를 얻어 클라이언트 지향적인 사후관리와 사례관리를 할 필요가 있다.

4. 교정사역복지실천프로그램

교정사역자가 교도소 내의 시설 내 처우 대상자인 클라이언트에 대해 교정복지실천을 위한 교정사역복지적 개입과 사회 내 처우 대상자인 클라이언트에 대한 교정사역복지실천을 위한 교정사역복지적 개입을 가상사례를 중심으로 살펴본다.

1) 가상사례 개요

교정사역대상자(client)는 35세인 남성 출소자로 기혼자이다. 클라이언트가 어릴 적에 일용직을 하던 아버지가 중풍으로 사망하였으며 어머니는 자녀들에 무관심하여 클라이언트와는 안정된 애착관계의 형성이 안 된 상태이다. 중학교만 졸업한 클라이언트는 그 뒤 강도, 폭행, 상해 등 여러 비행으로 소년원에 수용되었으며 출원 5년 뒤에 범죄로 징역 2년과 500시간의 수강명령이 병과되었다. 교도소에서 기독교종교위원과의 만남을 통해 기독교를 믿게 되지만 신앙심이 약해 잦은 관규위반과 교정사고를 일으키며 총집교회(敎誨) 때도 형식적으로 참여하게 되었다. 교도소에서 혼거수용으로 장물처리방법 등을 알게 되어 교도소화가 많이 진행되었으며 결혼은 소년원 출원 뒤 22세 때 아르바이트를 하던 계기로 또래 여성과 결혼하여 남매를 둔 상태이며 부부관계는 좋지만 경제력이 매우 약한 상태이다.

출소 후 갱생보호공단을 통해 중소기업에 생산직 사원으로 입사하였으나 1년 만에 질병으로 일을 그만 둔 상태이고 거기다가 치매에 걸린 70세의 어머니와 동거중인데 효심이 강한 부부가 치매 어머니를 케어하고 있으며 주민센터로부터 기초수급자로 지정된 상태이다.

최근 클라이언트가 음주 후 치매 어머니를 폭행하여 법원으로부터 징역 6개월에 집행유예 3년, 수강명령 200시간을 부과받은 상태로 보호관찰관으로부터 교육을 받고 있으나 수업에 잘 참여하지 않고 장물범죄에 가담하는 등 지켜야 할 준수사항을 어겨 보호관찰소로부터 경고를 받은 상태이다.

2) 개입의 필요성

(1) 간병범죄는 처음에는 폭행, 정서적 학대 등 가벼운 단계부터 시작되나 초기에 위기개입하지 않으면 더 큰 간병범죄로 발전할 가능성이 있으므로 초기에 개입해야 한다.

(2) 클라이언트는 효심이 매우 강하지만 간병기간이 길어지다 보니 심한 갈등이 생기고 부부가 심각한 간병 스트레스 상태에 놓이게 되었다. 원래 어머니는 요양원에 있었으나 요양원의 음식 등 여러 문제로 클라이언트가 집으로 모셔와 간병하고 있다.

(3) 경제적으로 매우 어려운 상태인 데다가 교도소동기들과 교류가 빈번해 재범의 위험성이 있으므로 종교적 믿음을 통한 강한 범죄절연체의 구축이 필요하다.

(4) 클라이언트는 지병으로 인한 의료적 욕구, 협소한 주거시설로 인한 주거복지 욕구, 경제적 욕구, 간병케어에 대한 사회화의 욕구 등 복합적 욕구가 강하므로 통합사례관리를 통해 위기에 개입할 필요가 있다.

(5) 보호관찰대상자가 지켜야 할 준수사항을 위반해 경고를 받은 상태인 데다가 음주 후 다시 치매 어머니를 학대하는 사건이 신고되어 집행유예가 취소될 수 있으므로 초기에 개입할 필요성이 크다.

3) 기본적 사항과 의뢰경로

(1) 성명 : 김○○(35)

(2) 문제 : 치매를 앓고 있는 어머니와의 심한 갈등으로 인한 간병범죄의 재범 가능성과 부부의 심각한 간병 스트레스로 인한 가족위기 및 집행유예 기간 중의 준수사항 위반 및 주거, 경제, 의료 등 복합적 문제가 발생하였다.

(3) 교정사역자에게 의뢰된 경로: 클라이언트가 기독교신자임을 알게 된 보호관찰관과 보호자원봉사자가 그를 보호관찰소 내의 교정사역자에게 의뢰한 상태(클라이언트가 동의하였음)이다.

⑷ 초기 면접일 : 2019.3.5.

⑸ 통합 솔루션 회의 : 보호관찰소의 교정사역자(목사), 동사무소의 통합사례관리사, 지역교회, 의료복지사, 간병심리상담사, 사회복지사, 보호관찰관, 범죄예방위원 등이 모여 솔루션 회의(2019.4.1.)를 정기적으로 개최하고 교정사역자는 관련 자원의 동원과 개발 및 관련 전문가들의 조정을 행한다.

4) 클라이언트의 강점과 약점

⑴ 강점 : 효심이 강한 편이며 장남으로서 책임감이 강하고 부부관계가 좋고 자녀들과도 관계가 좋다. 미술, 음악 등 예술과 문학에 흥미가 있어 예술 치료적 접근과 이야기 치료 등 인문학적 교정치료가 가능하다. 기독교교리에 거부감이 없고 교정사역자와 소통이 좋다.

⑵ 약점 : 지병이 있고 경제력과 주거상태가 열악하다. 이웃과의 소통이 부족하며 교도소동기들과 단교를 못하고 술만 먹으면 치매 어머니와 갈등이 심해진다. 형제간에 사이가 안 좋고 자립심이 약하며 범죄의 유혹에 약하다.

5) 문제목록

⑴ 종교적 측면 : 기독교교리에는 거부감이 없으나 출소 후 다닌 교회의 자본화에 실망하여 목사에 대해 종교적 신뢰심이 아주 약하다. 교인들과도 교류가 없고 기독교정신의 종교적 사회화가 내면화되지 않았으며 교회에 나가지 않는다.

⑵ 경제적 측면 : 기초수급자로 생활이 아주 열악하다

⑶ 의료적 측면 : 부부 둘 다 우울증이 심하다.

⑷ 주거적 측면 : 주택이 낡고 좁아 다섯 식구가 거주하기에 불편하며 특히 간병케어에 취약한 주거시설이다.

⑸ 사회적 측면 : 담당 보호관찰관과 긴장관계에 있고 담당 사회복지사와도 형식적 관계이며 주민들 및 형제들과도 갈등관계이다. 교도소동기 등 전과자들

과의 친화동기가 강해 재범의 위험성이 있다.

(6) 교정적 측면 : 교도소에서 범죄 수법을 익혀 교도소화가 진전되었으며 범죄 유혹에 약하고 교도소에서의 종교(기독교)교화상담도 참여했으나 효과가 없었다. 출소 후 교정사역자에게서 도움을 받지만 교화에는 한계가 있다.

(7) 심리적 측면 : 부부가 간병 스트레스가 심하여 임계치에 다다랐다. 오랜 간병 케어로 인해 클라이언트는 물론 클라이언트의 부인도 간병 스트레스가 강하게 내재되어 있어 때로는 시어머니에게 직·간접적 공격성을 보이며 그런 공격성이 자녀들에게 치환되어 나타난다. 또한 클라이언트의 아들도 부모의 간병 스트레스로 인한 정신적 스트레스가 심한 상태인데 클라이언트는 위장된 방어기제를 사용하고 회피-회피 갈등상태에 있다. 어머니가 싫어하는 요양원(무료)에 보내기는 싫으나 케어에 지친 상태이다. 클라이언트는 어릴 때부터 가부장적 문화와 충, 효를 강조하는 학교교육으로 인하여 부모는 큰아들이 책임져야 한다는 고정관념이 강하다. 클라이언트의 아들도 학교에서 가르치는 인성교육진흥법의 내용인 효, 예, 배려 등을 배워 효심은 강하나 할머니의 치매 상태가 중하고 기간이 길어짐으로써 부모의 간병 스트레스가 자신에게 전이되어 자신도 할머니에 대해 양가감정의 상태이다.

6) 교정사역복지실천론적 개입단계

교정사역복지실천론적 개입단계는 클라이언트의 문제를 의뢰받은 교정사역자가 사례관리사, 사회복지사, 보호관찰관 등과 협조하여 클라이언트의 재범을 막고 클라이언트 가족에게 적절한 원조를 하기 위해 실천하는 과정을 말한다. 단계는 의뢰단계, 사정단계, 개입단계, 종결과 평가 단계, 사후관리단계로 나눌 수 있다.

의뢰(초기)단계는 클라이언트와의 관계형성, 욕구와 기대 파악, 서비스에 대한 정보제공, 원조과정에 대한 안내, 관련 서식의 작성 등(백은령 외, 2005: 289)으로 구분할 수 있다. 관계형성에서 교정사역자는 클라이언트와의 효과적이고 건설적인 관계형성이 있어야 원활한 교정사역이 되므로 초기에 클라이언트와의 유대적 관계형성은 매우 중요하다. 물론 이러한 유대적 관계형성은 교정사역복지실천의 모든 단계에서는 필수적이다. 이를 위해 교정사역자는 클라이언트와의 강한 치료적 동맹이 형성되어야 하며 그 책임은 교정사역자와 사회복지사 등 교정사역복지실천과 관련된 자들의 몫이다.[20]

교정사역자 등은 클라이언트가 직면하고 있거나 직면할 수 있는 문제들을 파악하고 클라이언트와 그의 가족들이 가진 욕구의 내용과 성격을 파악한 다음, 위기개입이 필요한 경우와 그렇지 않은 경우로 나누어 해결해야 할 우선순위를 정한다. 클라이언트가 가진 통합적 요구에 대해서도 마찬가지로 접근한다.

그 다음으로 원조과정 안내를 하는바, 교정사역자 등은 클라이언트와 그의 가족들에게 제공할 수 있는 원조의 종류와 내용 및 한계를 안내한다.

의뢰(초기)단계의 끝에는 교정사역자는 클라이언트와 면담한 내용을 반드시 일정한 서식을 통해 기록해야 하고 클라이언트에게 이 면담기록지는 교정사역복지에 관계된 사람들이 열람할 수 있다는 사실을 알려야 한다. 면담을 기록한 사회진단 서식은 다음과 같다.

20 치료적 동맹은 Bordin의 개념으로 과제에 대한 동의, 목표에 대한 동의, 정서적 유대로 구성된다(Bordin, 1979: 252-268). 따라서 교정사역자와 클라이언트 간의 관계형성에도 이러한 치료적 동맹이 필요하고 이런 치료적 동맹은 종교로 연결되면 더 강해진다. 이를 위해 교정사역자 등은 클라이언트의 말과 부언어(paralanguage)를 무조건적 경청이 아닌 맥락적 경청기법을 통해 정확히 찾아내야 한다. 또한 사회복지사는 자신의 관점을 잃지 않으면서 클라이언트의 느낌과 경험을 이해해야(감정이입) 한다(백은령 외, 2005: 291). 그렇게 해야 클라이언트는 편안한 상태에서 자신의 문제를 전달할 수 있다. 또한 교정사역자, 상담가 등은 클라이언트가 보일 수 있는 왜곡된 방어기제를 파악하고 이에 대한 대처를 위해 심리치료전문가의 도움을 통해 클라이언트가 끈질기게 왜곡하고 숨기는 방어기제에 대해 성숙한 대응을 할 수 있어야 한다. 필요한 경우에는 가족치료전문가의 도움을 받는 등 관련 전문가의 도움을 받도록 한다.

사회진단 서식

Ⅰ. 가족사항

1. 주 부양자 : 1) 본인　2) 배우자　3) 부모　4) 자녀　5) 기타
2. 가족관계 : 1) 원만형　2) 방임형　3) 거부형　4) 지배형
　　　　　　5) 간섭형　6) 보호형　7) 모순형　8) 불일치형
3. 가족 중 환자 유무 :

Ⅱ. 가정환경

1. 주택의 형태 : 1) 자가　2) 전세　3) 월세
2. 월수입 :
3. 생활 정도 : 1) 영세민(상, 중, 하)　2) 일반(상, 중, 하)

Ⅲ. 교육사항 :

Ⅳ. 종교사항

1. 종교 : 1) 기독교　2) 타 종교　3) 무교
2. 기독교신자인 경우 :
   1) 신앙심이 강하고 교회에 잘 나간다.
   2) 신앙심은 강하나 교회에는 잘 나가지 않는다.
   3) 신앙심이 있으나 때로는 거부감이 든다.
   4) 신앙심은 거의 없고 형식상 신자이다.

Ⅴ. 상담내용

주요 문제	
가족력	
문제력	
클라이언트 태도	

Ⅵ. 상담자 의견 및 상담계획

20　.　.　상담자　　　　인

자료: 백은령 외, 2005: 294-295면을 참고로 재구성.

사정(assessment)단계는 클라이언트가 보이는 부적응현상, 가족 간의 갈등현상, 보호관찰관 등 관련 사회자원과의 긴장현상의 원인을 정확히 조사, 진단하여 효과적 개입을 위한 계획을 세우는 과정을 말한다. 이러한 사정은 개인에 대한 사정,[21] 가족에 대한 사정, 사회적 환경에 대한 사정, 클라이언트의 감정에 대한 사정[22]으로 보통 분류되나(백은령 외, 2005: 310-324) 이러한 일반적 사정 외에 정책사정도 포함시켜야 한다. 그것은 기존 사정의 내용들이 미시적 측면에 한정되어 입법, 정책 등의 문제점에서 파생하는 클라이언트의 문제점을 거시적 측면에서 파악할 수 없는 한계가 있기 때문이다. 마찬가지로 교정사역복지도 미시적 측면 외에 거시적 측면으로도 접근해야 클라이언트에 대한 총체적 접근이 가능하기 때문이다. 따라서 개인에 대한 사정을 먼저 전통적 입장에서 하면 클라이언트의 특별한 신체적 특이점과 이상행동은 없으나 당뇨병과 디스크 증세로 힘든 일을 하지 못하는 상태이고 원래 정신적 건강은 좋았으나 오랜 간병과정에서 오는 스트레스와 우울증, 신경증, 무력감이 내재되어 있다. 약물중독은 없으나 어릴 적부터 음용한 알콜을 남용하는 경향이 크다. 알콜은 특히 클라이언트가 대처하기 곤란한 문제에 직면할 때 도피처로 이용하는 경향이 있고 음주 후 폭행 습관이 있다. 인지기능에서는 인지장애는 없고 선과 악, 준법과 위법에 대한 인식능력은 분명히 갖고 있다. 사물을 보는 관점도 절대적 관점이 아닌 상대적 관점을 견지하고 있고 자신의 범죄로 타인이 입는 피해에 대한 인식과 죄책감도 어느 정도 갖고 있다. 다만 효와 가족에 대한 인지는 한국적인 효 문화와 가부장적 집안 문화에 깊이 세뇌되어 전통적인 고정관념을 갖고 있다. 부모에 대해서는 장남인 자신이 끝까지 책임져야 한다는 사고방식이 내면화되어 있다. 쉽게 판단하는 경향이 있고 대인지각에서 편파(bias)가 강하며 제한된 정보로 스키마(schema)를 형성하는 경향이 강해 적응력이 저하된다. 정서적 측면에서는 이웃에 대한 관심과 친밀감의 표현에서 소극적이며 오랜 간병에서 생긴 스트

21 개인에 대한 사정에는 신체기능 등의 생리적 요소와 인지기능, 정서기능, 동기, 대인관계, 대처능력 등이 있다(Cowger, 1994; 백은령 외, 2005: 310-312에서 재인용). 그러나 이러한 전통적 내용 외에 역사적 요소, 경제적 요소, 정치적 요소 등도 개인에 대한 사정의 내용에 포함이 되어야 한다. 정치적 요소는 개인이 자신의 문제를 거시적 정책적 관점에서 보는 능력이다.

22 가족에 대한 사정은 흔히 가계도로 불리고 사회적 환경에 대한 사정은 생태도라고 한다. 개인사정, 가족사정, 환경사정, 강점사정은 전통적인 사회복지실천론에서의 사정의 내용들이다. 그러나 교정사역복지에서는 이러한 일반적인 사정들 외에도 신앙의 종류나 신앙의 정도 등에 대한 종교사정이 선택적 요소로 추가될 필요가 있다.

레스를 이성적으로 조절하지 못하고 음주로 도피하려는 경향이 강하다. 자녀와 부인에 대한 가족애는 강하나 적극적 표현을 잘 하지 않는 편이며 범죄유혹에 대해 억제하는 자기통제력이 비교적 약하다. 대처능력에서는 위기상황에서 도피하려는 경향이 있지만 치매 어머니에 대한 간병에서는 인내력을 가지고 대처하고 있다. 비교적 자립심이 약한 편이다. 대인관계에서는 교정사역자, 사회복지사 등 제한된 관계를 맺고 이웃과는 사적인 경계를 유지하고 있다.

클라이언트의 가계도 분석에 대한 사례관리자의 의견은 클라이언트는 2남 1녀 중의 장남으로 어릴 때부터 한국적 효 문화와 가부장적 문화에 강하게 사회화되어 치매상태인 어머니에 대한 효심은 강한 편이다. 처음에는 집에서 간병하다가 지쳐서 가까운 무료 요양원으로 보냈으나 요양원의 여러 비리와 비인간적 처우에 대한 보도와 치매 어머니의 호소에 의해 다시 집으로 모셔와 간병하게 되었다. 그러나 간병기간이 길어질수록 클라이언트는 신체적 · 경제적 · 사회적 스트레스가 커지고 아내도 마찬가지로 간병 스트레스에 놓이게 되자 이때부터 치매 어머니에 대해 갈등관계가 시작되었고 가끔 정서적 학대도 있었으나 곧 반성하는 등 복잡한 양가감정을 가지게 되었다. 아내도 간병 스트레스가 크지만 남편과의 좋은 부부관계로 인하여 인내심 있게 대하지만 간병기간이 길어지게 되면서 서서히 시어머니하고도 갈등관계에 놓이게 되었다. 클라이언트는 간병 스트레스를 술로 해소하려 하는 일이 잦아지고 음주 뒤에는 가벼운 폭행도 빈번히 발생하게 되었다. 클라이언트는 사회복지사의 도움으로 치매 어머니에 대한 노인장기요양보험을 신청해 현재는 요양보호사의 방문서비스 등이 있으나 제한된 시간으로 인해 간병 스트레스는 거의 그대로이다. 한편 클라이언트는 동생들이 자신에게 도움을 주지 않는 데다가 케어에 대한 의견 차이로 갈등관계에 있다.

클라이언트의 태도에 대해 사례관리자의 의견은 클라이언트가 교정사역자에게는 도움을 받지만 교정사역자의 권유로 다니는 교회와 그 구성원들과는 갈등을 빚고 있으며 동시에 이웃 주민들과도 갈등관계에 있다. 이에 반해 교도소동기들과는 매우 친한 관계이며 가족애가 강해 부인과 자녀들에게는 많은 관심을 갖고 있으며 그를 돌보는 사회복지관의 사회복지사와는 약한 관계에 있고 동창도 그렇다. 보호관찰을 실시하는 보호관찰소와는 갈등관계에 있다. 클라이언트는 음악과 미술, 문학, 스포츠 활동에는 긍정적 유인을 가지고 있다. 자녀들에 대해서는 학교사회복지사와 지역아동복지센터가 정기적 상담과 원조를 하고 있다. 그리고 클라이언트의 강점사정은 약점보다는 강점이나 순기능적인 부분을 중심적으로 사정하여 클라이언트에게 힘을 부여하자는 것이다(백은령 외, 2005: 323). 이때 강점을 사정하기 위해 유용한 질문들로 Saleebey는 생존전략에 관한 질문, 지지망에 관한 질문, 예외적 질문, 가능성에 대한 질문, 자존감에 관한 질문을 들고 있지만(saleebey, 1996; 백은령 외, 2005: 324에서 재인용) Saleebey가 들고 있는 이러한 강점사정 질문들은 모두 미시적 측면에서 한계가 있다. 클라이언트가 사회정책, 입법, 정치, 문화, 교육제도 등에 대해서 갖는 거시적 측면에서의 강점사정이 없으므로 Saleebey가 들고 있는 미시적 측면의 강점관점의 질문들 외에도 거시적 측면의 강점관점의 질문을 추가하는 것이 총체적인 강점사정이 될 수 있다.

우선 Saleebey가 들고 있는 강점관점의 질문들을 클라이언트에게 적용하면 생존전략에 관한 질문으로는 클라이언트가 치매 어머니에게 무엇이었는지에 대해 질문을 한다. 지지망에 관한 질문으로는 클라이언트가 가난한 생활임에도 치매 어머니를 무료 요양원에 보내지 않고 부부가 간병할 때 교정사역자, 사회복지사, 친구, 친족들이 어떠한 사회적 지지를 보냈는가를 묻는 식이다. 예외적 질문으로는 부부관계 및 자녀와의 관계가 좋을 때 어떤 다른 점이 있었는지를 묻는 방식이다. 가능성에 대한 질문으로는 클라이언트가 목표가 무엇이며 이런 목표를 위해 교회와 교정사역자, 사례관리사 등은 어떻게 도움이 될 수 있고 클라이언트의 계획에 대해 질문을 한다. 자존감에 관한 질문으로는 클라이언트가 가지는 자부심에 관한 질문을 한다. 그리고 거시적 측면에서 강점사정을 위한 질문으로는 한국에서 살기 힘들면 외국으로 이민 오라는 친족들의 권유를 뿌리치고 한국에 있으려는 이유에 대해 질문을 하거나 우리나라의 효와 가족문화에 대해 가지는 관점에 관한 질문이나 클라이언트가 긍정적으로 여기는 사회정책들에 관한 질문을 하는 방식이다. 또한 클라이언트가 직면한 문제의 원인과 해결에 관계되는 교정사역적 정책사정이 필요하다.

정책사정은 이것이 올바르게 이루어진다고 해도 당장 현실적 변화의 가능성은 적지만 장기적 관점에서 서서히 변화할 수 있는 입법적 · 사회적 동력이 될 수 있고 클라이언트가 직면한 문제의 사회, 구조적 원인을 살펴볼 수 있어 클라이언트의 문제에 대한 거시적 · 총체적 접근이 가능하다는 점에서 그 의의가 있다.

이 사례에서 클라이언트가 직면한 문제의 사회, 구조적 측면에서 사정을 하면 먼저 한국의 교정선교정책의 형식화 · 비전문화, 교회의 세속화 · 획일화로 인하여 클라이언트가 교회와 갈등을 갖게 된 것으로 조사되었다.[23] 또한 국가의 치매정책의 문제점,[24] 간병범죄예방정책,[25] 노인장기요양보험정책,[26] 선교사업의 문제점,[27] 가족정책,[28] 사회복지정책,[29] 커뮤니티케어정책,[30] 교정보호정책[31] 등에서 클라이언트가 직면한 문제의 사회적 · 제도적 원인을 찾을 수 있다.

---

23 클라이언트가 교회의 상업화에 실망하여 교회에 나가지 않는 것은 그 교회만의 문제가 아닌 한국 교회의 구조적 문제이며, 교정사역자와는 좋은 관계이나 전문성의 한계로 과학적 원조에 한계가 있는 것은 한국 교정선교의 구조적 문제이다.

24 치매의 통합적 치료관리가 되지 않는 구조적 문제, 치매관리의 지역적 불평등성 문제, 치매가족 지원제도의 문제점, 치매파트너제도의 문제점, 치매상담센터의 관료화, 치매 돌봄가족에 대한 사회적 돌봄화가 되지 않는 점, 간병가족에 대한 사회적 휴가가 없는 점 등이다.

25 일본과 달리 간병범죄가 범죄통계로 잡히지 않고 있으며 국가의 범죄예방정책도 전통적 범죄예방정책에 머물러 클라이언트처럼 증대되는 간병범죄에 대한 예방 관련 제도가 없는 문제점이 있고 보호관찰관과 범죄예방위원도 이에 관한 전문성이 없다.

26 클라이언트가 치매 어머니를 요양원에 보내지 못하는 이유는 요양원의 치매환자에 대한 비인권적 처우 때문이므로 이는 요양원 한 곳의 문제가 아닌 국가의 요양원 관리정책의 문제이다. 또한 재가급여에 있어서 방문요양 시간의 제한, 방문목욕, 방문간호정책의 문제점, 일본과 같은 방문의료가 되지 못하는 구조적 문제, 주간보호센터의 문제점, 노인장기요양 재가급여에 있어서 가족요양보호사 인정의 제한 문제, 노인요양병원의 간호간병 통합서비스 부담의 개인화로 저소득층에 불리한 점 등이 있다.

27 한국 교회는 해외선교, 도시선교 등 자본화와 유형화가 가능한 곳에만 몰리고 클라이언트와 같은 간병선교나 교정선교에는 무관심한 구조적 문제점이 있다.

28 간병가족 등 위기가족에 대한 건강가정지원센터의 구조적 · 관료적 한계, 간병가족 등 위기가족에 대한 가족심리상담이 제도화되지 않고 있다.

29 클라이언트와 같이 복합적 복지욕구를 가진 자에 대한 통합적 사례관리가 잘 되지 않는 점, 사회복지사 등이 클라이언트를 발굴해 찾아가는 사회복지가 아니라 찾아오면 상담하는 관료화된 사회복지정책의 구조적 문제점, 할거주의로 인해 주민센터와 민간복지기관의 클라이언트에 대한 연계메뉴얼이 개발되지 않는 점, 치매부모를 모시는 저소득층이 공공임대아파트에 우선 순위로 저렴하게 들어갈 수 없는 주택정책의 문제점, 치매환자에 대한 주거, 의료, 요양 등의 통합돌봄이 안 되는 점 등이 있다.

30 클라이언트의 치매 어머니에 대한 커뮤니티케어(지역사회 통합 돌봄)가 지역 내 보건소, 종합복지기관, 노인복지기관, 의료기관, 민간복지시설, 주민센터 등의 거버넌스 체제로 되지 않는 구조적 문제가 있다. 관 주도적 커뮤니티케어의 구조적 한계이다.

31 클라이언트가 교도소에서 교화는커녕 오히려 교도소화의 심화로 새로운 범죄수법을 배우고 출소하는 것은 관료화되고 형식화된 한국 교정정책의 구조적 문제점이고 출소 후 간병범죄로 수강명령과 보호관찰을 받음에도 교화가 되지 않는 것은 해당 보호관찰관 또는 보호관찰소의 개별적 문제가 아닌 보호 획일화에 치우친 구조적 문제점이다.

클라이언트의 문제에 대한 사정이 끝나면 교정사역자는 클라이언트와 합의하여 해결해야 할 목표를 설정하여야 하며 이 과정에서 통합사례관리사, 사회복지사, 보호관찰관, 교정상담사 등의 협조를 얻도록 한다. 이때 목표는 유형성, 가시성, 가능성, 친사회성, 발전성, 단계성, 과학성, 인본성을 특징으로 해야 한다.[32] 따라서 목표를 보호관찰소의 교육을 잘 받을 것, 교회에 정기적으로 나가고 교인들과 소통할 것, 음주를 줄이고 보호관찰의 준수사항을 지킬 것, 교도소동기들과 단교할 것, 간병 스트레스의 감소를 위한 심리치료를 받을 것 등으로 정하고 목표설정이 끝나면 교정사역자와 클라이언트는 목표 등에서 계약을 하고 계약서를 작성한다.

개입단계에서는 먼저 개입은 교정사역자 등과 클라이언트가 합의한 목표를 유효적으로 실천하기 위한 과정을 말하며 개입의 목표는 클라이언트가 바람직한 방향으로 변화되도록 원조하는 데 있다. 개입을 위한 실천모델은 교정사역복지실천모델에서 어떤 것을 택하느냐에 의해 결정되는바, 여기 사례에서는 클라이언트의 특성에 따라 인지모델, 행동모델, 강점모델을 활용할 수 있다. 개입의 접근법에는 미시적 접근법과 거시적 접근법이 있는데 기존의 거의 모든 이론은 미시적 접근법만 전제하고 거시적 접근법을 간과하나 이는 종합적 · 근본적 해결을 저해하므로 거시적 접근법도 병행되어야 한다. 따라서 미시적 접근으로 교정사역자는 사회복지사, 통합사례관리사, 보호관찰관, 심리치료사, 상담사, 교회 등 클라이언트의 원조와 관련되는 기관들과 협조하여 클라이언트가 직면한 간병범죄의 문제, 통합적 복지문제, 신앙심의 문제, 대인갈등 등 여러 문제를 다양한 사회복지실천기법을 통해 개입하고 실행을 한다. 이 과정에서 교정사역자는 클라이언트를 기본적으로 대변하고 옹호하는 역할과 교정선교라는 목회자의 역할 및 관련 원조기관들 간의 조정자 역할, 중개자의 역할, 자원동원가의 역할, 행정가의 역할을 할 수 있어야 한다.[33] 거시적 접근으로 교정사역자는 사회복지사, 변호사, 사회정책가 등 관련 인사

32 유형성은 목표가 수치적으로 계량화되는 것이고 가시성은 관찰 가능한 것이어야 하며 가능성은 클라이언트가 실현 가능한 범위 내의 과제여야 한다. 친사회성은 과제나 목표가 준법, 교정, 친사회적 행동처럼 반사회적 내용이어서는 안 된다는 의미이다. 목표는 쉬운 단계부터 시작해 점차 난이도를 높이는 것이 단계성이고 발전성은 클라이언트의 인격적 발전과 생태적 발전, 복지적 발전에 도움이 되는 것이다. 과학성은 전문화된 기법을 사용해 원조한다는 것이다.

33 교정사역자는 여러 방면의 전문가가 아니므로 여러 전문가를 동원하고 조정하는 역할을 해야 하기 때문이다. 가령 교정사역자는 클라이언트가 직면한 복합적 문제를 해결하기 위해 교회, 공공기관, 복지기관, 사회적 기업, 의료시설 등을 통해 가용한 자원을 동원하는 역할이 필요하다.

들의 협조를 얻어 왜곡된 사회정책의 혁신자 역할을 수행할 수 있고 이에 대한 관심을 가져야 한다.[34]

그 다음으로 종결단계에서 교정복지사역이 종결되는 경우는, 개입목적이 어느 정도 달성되어 클라이언트가 직면한 문제가 해결된 경우, 개입목적이 달성되지 않았지만 클라이언트가 여러 이유로 교정선교, 상담 등 교정사역복지서비스를 받는 것을 원치 않을 때 또는 클라이언트를 담당한 교정사역자 팀이 여러 이유로 해당 업무를 할 수 없게 되는 경우 등 다양한 이유가 존재한다. 보통은 목표가 어느 정도 달성되어 교정복지사역팀의 원조가 없어도 되는 경우는 서서히 감정관리 등 종결 기법을 사용하여 종결을 하는 것이 이상적이다. 종결 후에는 교정사역복지프로그램의 평가를 하게 되고 평가의 방식에는 프로그램 효과의 생산성, 실천과정의 민주성, 프로그램의 전문성, 프로그램의 사역성 등이 있게 된다. 평가는 교정사역자가 프로그램에 참여한 관련 전문가들과 함께 진행하고 반드시 기록으로 남긴다.

사후관리단계에서는 보통의 사회복지실천론에서는 종결과 평가로 끝나지만 교정사역복지프로그램의 경우에는 종결 뒤에도 한동안은 사후관리가 필요하다. 그것은 교정사역복지대상자는 선교적 대상이면서 교정복지 및 사회복지의 복합적 대상이므로 종결 뒤 일정기간 동안은 사후관리기법을 통해 클라이언트에 대한 지속적 개입이 필요하다. 이러한 사후관리가 필요한 이념적 배경은 가외성(加外性, redumdacy)으로 이는 범죄인에 대한 교정사역복지에서는 중첩적 · 반복적 관심과 개입이 필요하기 때문이다.

34 현재 보건소에서 하는 치매관리정책은 치매환자의 이용 가능 기간이 3개월에 그치며 그 뒤의 케어는 개인에 맡기고 있다. 이는 결과적으로 이번 사례와 같이 저소득층의 치매환자에게는 케어의 개인화를 가속화시키고 결과적으로 간병범죄의 유발원인이 되므로 교정사역자는 이러한 국가치매책임제의 문제점을 알리고 정책의 변화를 도모하는 혁신적 역할을 중앙교회나 입법자를 통해 해야 할 필요가 있다. 그것은 이런 사례의 근본적 방안이기 때문이다. 또한 이번 사례에서 클라이언트가 치매 어머니를 요양원에 보내지 못하는 것은 요양원에서 발생하는 각종 사건들로 인해 어머니를 요양원에 보내는 것이 안심이 되지 못하는 데서 기인하므로 교정사역자는 한국의 요양원 관리감독에 대한 정책의 변화를 촉구할 수 있어야 한다. 또한 클라이언트가 난방이 잘 안 되는 협소한 낡은 주택에서 월세로 살아 간병 스트레스의 원인이 되고 동시에 주거복지도 미약하므로 토지주택공사의 임대아파트정책에서 치매환자가 있는 저소득층은 보다 저렴한 임대료로 우선 입주할 수 있는 정책을 하도록 교정사역자가 사회정책의 혁신에 앞장서야 한다.

참고문헌

김기원(1998), “기독교사회복지학의 학문적 정체성에 관한 연구,” 「장신논단」 제14호, 장신대 기독교 교육연구원.

김성호(2015), “기독교 사회복지의 정체성과 나아갈 방향 연구,” 「기독교 사회윤리」 제31호, 한국기독교사회윤리학회.

김용준(2001), 「교정법학」, 박영사.

김은수(2003), “하나님의 형상과 기독교 사회복지,” 「신학과 실천」 6호, 한국실천신학회.

노혜련 외(2012), “가정법원 전문조사관 제도의 활용과 성과에 대한 법관의 인식,” 「비판과 대안을 위한 사회복지학회」, 비판사회정책.

박영숙 외(2007), 「교정복지론」, 청목출판.

배종대(2011), 「형사정책」, 서울: 홍문사.

백은령 외(2005), 「사회복지실천론」, 대왕사.

법무부(1996), 「외국교정제도」.

신현주 외(2013), “북한이탈주민의 범죄피해와 피해자 보호를 위한 형사사법복지의 실천,” 「교정복지연구」 제29호, 한국교정복지연구.

양찬호(2011), “사회복지신학은 필요한가?,” 「교회사회사업」 제16호, 한국교회사회사업학회.

옥필훈(2012), “회복적 사법의 교정복지적 성격 고찰,” 서남대학교 박사학위논문.

유장춘(2002), “기독교사회복지운동의 방향과 전략,” 「연세사회복지연구」 8호, 연세대복지연구소.

이무웅(2001a), “우리나라 사법보호복지 서비스에 관한 소고,” 「보호관찰실무연구논문집」, 법무부 서울보호관찰소.

______(2001b), “우리나라의 사법복지적 보호관찰제도 발전방안에 관한 연구,” 경희대학교 석사학위논문.

_____(2006), “재범예방과 사법복지적 보호관찰,”「청소년정책연구」제6호, 한국청소년정책학회.

_____(2013),「사법복지론」, 서울: 청문사.

이문식(2012), “한국복음주의 사회선교의 방향성에 관하여,”「목회와 신학」7월호, 두란노.

이영우(2002), “소년교도소수형청소년의 사법복지적 방안에 관한 연구,” 경희대학교 석사학위논문.

이정찬(2000),「교정복지」, 한국교정선교회.

정갑섭(1996),「교정심리학」, 경기도서.

조홍식(2009), “사회복지적 측면에서 보호관찰제도의 20년 고찰,”「한국보호관찰학회 2009년 춘계학술대회 자료집」.

천정환(2004a),「신교정학」, 한국고시회.

_____(2004b),「신판교정학」, 대왕사.

_____(2005),「천정환 교정심리학」, 한국고시회.

천정환 외(2010),「교정복지론」, 창지사.

허완(2001), “범죄자처우의 새 패러다임과 사법복지적 활동에 관한 연구,”「아태공법연구」제39호, 아시아태평양공법학회.

허주욱(2002),「교정학」, 법문사.

Bordin, E. S.(1979), “The Generalizability of the Psychoanalytic Concept of the Working Alliance,” *Psychotherapy: Theory, Research and Practice* 16(3).

Cowger, Charles D.(1994), “Assessing Client Strengths: Clinical Assessment for Client Empowerment,” *Social Work* 39(3).

Saleebey, Dennis(1996), “The Strengths Perspective in Social Work: Extension and Cautions,” *Social Work* 41(3).

제 7 장 교정사역심리론

1. 귀인심리

1) 귀인심리의 기본이론

귀인(attribution)이란 어떤 사람의 행동을 보고 어떤 원인에 결부시키는 것을 말한다(권석만 외, 2002: 286). 수용자나 범죄인이 어떤 행동을 할 때 교정사역자가 그 원인을 찾는 과정으로 사회심리학의 한 분야이다. Heider(1958)에 의하면 귀인의 방향에는 내부귀인과 외부귀인이 있는데 내부귀인은 행동의 원인을 당사자의 성격과 동기 등 내적 특성에서 찾는 것이고, 외부귀인은 행동의 원인을 당사자 밖에 있는 요소(상황, 타인, 우연)에서 찾는 것이다(공정식 외, 2009: 376). 가령 어떤 수형자가 교도소에서 교정점수가 낮게 나왔을 때 교정사역자가 그 원인을 그 수형자가 교활하고 게을러서라고 귀인하면 이는 내적 귀인이며 반대로 그 교도소의 해당 교도관이 워낙 깐깐해서라고 여기면 이는 외적 귀인이 되는바, 이처럼 교정사역자가 수형자 등 범죄인의 행동 또는 그 행동의 결과의 원인을 어느 쪽으로 귀인하느냐에 따라 그에 대한 태도와 교정선교의 방향이 결정될 수 있다.

Heider의 귀인이론에서 항상성(invariance)의 원리란 사람의 행동이 여러 이유에 의해 일어남에도 보통 사람들은 하나의 원인으로만 귀인하는 것을 말한다. 가령 소년수형자가 보호위원을 만나 상담하기만 하면 그 다음부터 열심히 공부하는 모습을 보였다면 동료수형자들은 그 소년수형자가 열심히 공부하는 행태를 보일 때마다 또 외부 보호위원과의 상담이 있는 것으로 판단하는 경향을 말한다. 사실은 외부 보호위원과의 만남이 없이 순수한 내적 각성에 의해 열심히 공부하려는 모습을 보였음에도 주위에서는 그렇게 보지 않는다.

Heider와 달리 Kelley의 귀인이론은 인간의 행동에 대한 귀인에 있어서 공변량의 원리(cube theory)인 자극대상(stimulus object), 행위자(actors), 상황(context)을 정보의 독특성(distinctiveness) · 합의성(consensus) · 일관성(consistency)을 통해 설명하고 있다(Kelley, 1967: 192–238). 따라서 어떤 사람의 행동을 귀인하는 데 있어서 3차원인 자극대상, 행위자, 상황에서만 접근해서 귀인하는 것이 아니라 각자에 있어서 정보의 독특성과 합의성, 일관성을 활용하여 귀인하는 점에서 보다 귀인과

정의 과학적 접근이 가능하다.[01] 가령 교도소의 기독교종교위원이 수형자들에게 선교다큐영화인 '순종'을 보여주고 나서 감상을 물었을 때 평소에 관심수형자인 A가 그 선교영화에 감명을 받았다면 A는 행위자이고 선교영화는 자극대상이며 A가 어떤 상황에서 그 선교영화를 보았느냐가 상황에 해당된다. 이때 A가 그 선교영화에 대해 좋은 감명을 받게 된 원인을 찾는 귀인을 Kelley의 이론을 통해 설명하면 A가 독특성과 합의성도 없는데 일관성 있게 감명을 받았다고 말하면 이는 행위자에 귀인하게 되고 독특성, 합의성, 일관성이 모두 높으면 이때는 자극대상에 귀인하게 되며 독특성은 높으나 일관성과 합의성이 낮으면 상황에 귀인하는 경우이다.[02]

Kelley의 이러한 귀인이론의 하나로 절감의 원리(discontenting theory)가 있다(Kelley, 1967). 이는 행동의 원인은 따로 있음에도 교정사역관리자가 보기에 그 수형자가 그런 행동을 하게 된 원인이 있다고 잘못 알게 되면 행동의 본래 원인의 역할이 사라진다는 의미이다. 가령 평소에 기독교집회에 잘 나가지 않는 수형자가 갑자기 기독교교도관 또는 기독교종교위원에게 기독교교리에 대해 알고 싶다면서 개별상담을 청해 상담이 이루어질 때 교리상담과정에서 가석방 절차나 가난한 부인에 관한 이야기를 하게 되면 기독교교도관이나 기독교종교위원은 그 수형자가 상담을 청한 원인을 집안일을 부탁하거나 가석방을 부탁하기 위한 것으로 귀인하게 된다는 것이다. 그런데 사실은 그 수형자가 상담을 청한 본래 이유는 기독교교리를 알고 싶은 것이며 다만 상담이 인간적 상담으로 되다 보니 집안일에 대한 상담이 추가되었을 뿐인데 교정사역자는 잘못 귀인하게 된다는 의미이다.

귀인에 있어서 오류가 발생하는 것을 귀인편향이라고 한다. 가령 교정사역자의 편견 또는 경험에 의해 수형자의 행위에 대한 판단에서 생기는 오류를 말한다. 귀인오류에는 기본적 귀인오류, 방어적 귀인, 행위자-관찰자 편향이 있다(공정식 외, 2009: 379-380). 기본적 귀인오류란 타인행동에 대한 귀인에서 외적 귀인보다는 내

---

01 가령 수형자가 교도소의 목회자 설교가 좋다고 했다면 독특성은 그 수형자만 그 설교를 좋아하느냐와 관계되고 합의성은 그 설교를 다른 수형자들도 좋아하느냐이며 일관성은 그 수형자가 그 설교를 다시 들어도 좋다고 여기느냐이다.

02 합의성이 낮은 경우는 다른 수형자들이 그 선교영화에 감명을 받지 않은 경우이며 일관성이 낮은 경우는 다음에 그 선교영화를 다시 볼 때는 별로 감명을 받지 못한 경우이다. 이때 독특성이 높은 경우(다른 선교영화에는 감명받지 못한 경우)라면 A는 상황에 귀인한 경우로 그 선교영화를 볼 때 좋은 상황이었다는 것을 의미한다.

적 귀인을 많이 하는 경향을 말한다. 가령 소년수용자가 검정고시에 낙방했을 때 사실은 이때 난이도가 너무 높아 합격자가 적었음에도 교정사역자나 사람들은 그가 게을러 낙방했다고 내적 귀인하는 것을 말한다. 방어적 귀인은 성공하게 되면 내적 귀인을 하고 실패하면 외부 탓으로 돌리는 외적 귀인을 하는 것을 말한다. 행위자(actor)-관찰자(observer) 편향은 각자가 보는 관점의 차이 때문에 행위자는 외적 귀인을 하고 관찰자는 내적 귀인을 하는 것을 말한다. Jones와 Nisbett은 행위자는 외적 귀인을 하고 관찰자는 내적 귀인을 한다는 주장을 하고 가설을 세웠다(Monson and Snyder, 1977: 89).

2) 교정사역 현장에서의 시사점

교정사역자는 과학적 교정사역을 위해서 수용자가 보이는 행동의 심리적 원인인 귀인에 대해 정확한 과학적 귀인을 해야 교정사역의 적정성을 기하고 오류를 줄일 수 있다. 앞에서 서술한 귀인이론을 통해 교정사역에서의 시사점을 보면 첫째로 교정사역자는 수용자 등에게 복음을 전도하는 과정에서 종교적 사역 외에 수용자가 어떤 현실적인 일에 선택갈등을 느낄 때 그에게 특정한 선택을 강하게 권고하거나 강요해서는 안 된다는 점이다. 만약에 수용자가 강한 권고나 강요를 받고 한 일이 잘못되었을 때 클라이언트는 그 실패의 원인을 외적 귀인 또는 방어적 귀인을 할 수 있고 교정사역자에게는 낭패가 될 수 있다. 가령 수용자가 출소 후 학업을 계속할 것인가 직업훈련을 받을 것인가에 대해 갈등할 때 사역자는 어느 한쪽을 권고 또는 강요하지 말고 정보제공만 하여 선택은 클라이언트가 하도록 할 필요가 있다.

둘째로 교정사역자는 클라이언트의 의도나 기질에 대한 평가에서 기본적 귀인오류에 빠지지 말아야 한다. 가령 교정사역자는 교회에 나오는 출소자가 또 재범을 한 경우에—사실은 친구의 강압에 의해 어쩔 수 없이 참여했는데— 무조건 그가 범죄욕구로 인해 한 것으로 내적 귀인해 버리면 교정사역의 방향선택에서 오류가 생기게 된다.

셋째로 교정사역자는 Nisbett이 증명한 사역에서 행위자-관찰자 편향이 생길 수 있음에 유의해야 한다. 가령 교도소 내 성경공부방에 A라는 수용자가 새로 왔을 때 교정사역자가 A와 그의 동료인 B수용자에게 A가 성경모임에 들어오게 된 이유를 적게 하니 A(행위자)는 성경모임이 매력적이어서 왔다는 외적 귀인을 하고 B는 A가 내적으로 불안하므로 가입했다고 외적 귀인할 수 있다. 따라서 이때 교정사역자는 행위자–관찰자 편향의 차이에서 오는 귀인의 종류에 대해 정확한 귀인을 해야 교정사역의 효과성을 제고할 수 있다.

넷째로 교정선교에서 Kelley의 귀인이론이 시사하는 바는 그의 cube theory와 정보의 독특성 · 합의성 · 일관성에 대한 이해가 있어야 교정선교의 효율성 또는 교정의 효율성을 가져올 수 있다는 점이다. 가령 교도소 내 소그룹 성경공부모임에 무교신자인 문제수용자가 새로 들어왔을 때 일정기간이 지난 후 교정사역자가 그에게 성경공부모임에 대해 물었을 때 그가 "성경공부가 좋았다."라고 답하면 사역자는 귀인사정(査定)을 정확히 해야 한다는 의미이다. 가령 그가 독특성은 높으나 일관성과 합의성이 낮은 것으로 나오면 그는 상황(context)에 귀인하는 것이므로 교정사역자는 문제수용자가 성경 자체보다는 그의 옆에서 같이 공부하는 동료수용자라는 상황 때문에 귀인한 것이므로 앞으로 성경공부에서 그와 친하게 지내는 동료수용자와 같이 자리를 배치하는 것이 선교와 교정에 효율적이다.

다섯째로 Kelley가 들고 있는 절감의 원리(discontenting theory)가 수용자 등 클라이언트와의 사역상담에서 작용하지 않도록 유의해야 귀인의 오류를 방지할 수 있다.

여섯째로 종교적 귀인과 심리적 귀인을 구분해야 한다. 종교적 측면에서는 인간의 모든 행동의 근본에는 하나님의 섭리가 있고 인간의 자유의지는 하나님의 예정을 벗어나지 못하므로 교정사역자도 이런 성서적 입장을 가져야 한다. 그러나 하나님의 형상을 받은 인간이 범죄로 인하여 하나님의 형상을 상실한 상태이므로 범죄의 종교적 측면의 귀인은 하나님과의 관계에서 벗어난 것이다. 그러나 과학과 논리의 영역을 초월한 신학적 입장에서만 서면 귀인오류가 발생한다.

일곱째로 수용자 또는 피해자가 자신이 직면한 문제에 대해 하나님의 방관을 언급하면서 하나님 탓으로 귀인할 경우에는 기독교적 상담으로 연계되어야 한다. 수용자의 모든 행동 원인을 종교적 귀인으로 해 버리면 교정사역의 과학성은 저해되고 수용자의 문제행동의 원인을 찾지 못해 사역과 교정의 효율성을 저해한다. 가령 수용자가 교정사역자에게 고민이나 상처에 대해 상담을 신청했을 때 교정사역자가 과학적 귀인사정은 하지 않고 무조건 “같이 기도합시다.” 등의 종교적 대응만 한다면 수용자는 교정사역에 대해 실망할 것이다. 바로 이 점에서 심리적 측면의 귀인이 필요한 것이다. 특히 무교신자나 불교수용자인 경우는 더욱더 그렇다. 따라서 교정사역자는 수용자 등 클라이언트에 대해서는 과학적 귀인이론에 근거해 올바른 귀인을 해야 그에 대한 원조나 사역 또는 개입의 방향이 결정된다는 점을 알고 종교적 귀인과 심리적 귀인을 구분하여 접근해야 한다.

2. 애착심리

1) 애착심리의 기본이론

애착이란 아기와 돌봐 주는 사람 간의 강한 정서적 유대관계로 애착형성의 결과는 이후 정서적 안정성, 대인관계 및 성격형성의 중요한 기반이 되고 애착형성의 기제는 심리역동적 관점, 학습이론, 생태학적 관점이 있다(권석만 외, 2002: 354-355).[03] Ainsworth는 유아의 애착의 종류에 대해 안정된 애착, 불안정한 애착, 불안전-저항의 양가애착이 있다(Bretherton, 1992: 759)고 하였다. 그런데 이런 유아의 애착이론은 오늘날 성인애착이론으로까지 발달되고 있다. 최근에는 주 양육자 외에 다른 사람과의 관계에서도 애착이 형성될 수 있다는 전 생애적 조망을 갖게 되었고 Hazan과 Shaver(1987)는 Ainsworth의 분류를 적용해 성인애착유형을 회피형, 불안-양가형, 안정형으로 명확히 하였다(하진의, 2013: 7-8). 이러한 성인 간 애착이론은 크게 가족 등 친족 내에서의 애착과 가족구성원이 아닌 제3자와의 애착이 있는바, 가령 교정사역자와 수용자 간의 애착은 후자에 속한다. 이러한 애착이론은 자유가 제한된 교정시설에서 수용자와 그의 가족 및 교정사역자들 간의 관계에서도 중요한 의미를 지닌다. 그러나 교도소의 어머니수용자들과 유아와의 애착관계에 대한 연구는 아주 부족하다.

---

03 학습이론은 유아와 양육자 간에 서로의 행동에 대해 긍정적 강화를 줌으로써 애착관계가 형성된다는 이론이다.

Powell이 언급한 대로 어린 아동과 분리된 교도소의 어머니(수용자)들은 간과되어 왔고, 애착이론은 개입을 지지하는(underpin interventions) 유용한 모델을 제공하며 유아와 분리된 어머니들을 충분히 지원해 주었다(Powell *et al.*, 2016: 274). 따라서 교정사역자는 일반아동과 일반사회의 어머니 사이에 형성된 애착이론을 국가에 의해 애착관계를 박탈당한 여성수용자와 유아 또는 소년에 의해 생긴 애착 트라우마를 해결하는 데 활용할 수 있어야 한다. 강제적 분리에 의한 애착 트라우마는 유아와 교도소부모 사이에 의해서만 발생하는 것이 아니라 성인수용자와 그들의 성인가족 사이에서도 발생한다.[04] 따라서 그동안 거의 간과되어 온 교도소의 유아애착, 성인애착의 중요성에 대해 교정사역자들이 관심을 가져야 하며 이미 형성된 애착 트라우마에 대해서는 치료적 개입을 하고 그렇지 않은 경우에는 안정적 애착의 형성을 위하여 심리적 · 사회적 · 영적 측면에서 관심을 가져야 한다.

2) 교정사역 현장에서의 시사점

애착심리이론의 교정사역 현장에는 세 가지 측면의 시사점이 있다. 첫째 수용자와 대동유아 간의 애착문제, 둘째 애착이론이 성인으로 확대된 오늘날 수용자와 그들의 사회 내 가족 간의 접견 등을 통한 애착관계의 문제, 셋째 가족이 아닌 교정사역자가 교정사역과정에서 사역자와 애착관계가 형성된 애착의 성격과 분리애착 등의 문제이다.

첫째로 현재의 형집행법에서는 수용자가 교도소에 대동유아를 할 수 있는 조건은 여성일 것, 생모일 것, 기간은 생후 1년 6개월로 되어 있다. 그 이후가 되면 유

04 성인수용자의 안정된 애착은 그들의 심리적 · 사회적 레질리언스(회복탄력성)에 큰 영향을 미친다. 그것은 폐쇄된 공간이기 때문에 더욱 그렇다. 이인열은 Snyder의 희망척도를 이용하여 교도소 성인수형자의 성인애착과 심리적 탄력성과의 실증적 연구를 통하여 성인애착이 직접적으로 심리적 탄력성에 영향을 미치기보다는 희망을 매개로 심리적 탄력성에 영향을 미친다고 주장하고 희망이라는 변인을 높이는 방안이 강구돼야 한다면서 수형자의 접견교통권을 확대할 필요성 등을 주장하였다(이인열, 2012: 40-43). 그러나 이는 교도소 성인수형자의 애착과 탄력성 사이에 존재하는 다양한 개인적 · 조직적 · 사회적 변수의 동태적 융합작용을 지나치게 희망이란 심리적 영역으로만 단순화하는 문제점이 있다. 왜냐하면 희망이 매개되지 않는 경우에도 애착관계의 안정적 형성은 심리적 탄력성에 큰 영향을 미치기 때문이다.

아는 집으로 가게 되는데 돌볼 가족이 없으면 사회복지기관으로 가게 되어 애착박탈이 되는 위기상태가 된다. 교정사역자는 종교집회에 참여하는 수용자—대동유아한 경우나 또는 유아를 사회복지기관 등에 보낸 경우 등—의 애착 관련 심리상태의 변화를 관련 전문가의 협조로 알아야 한다. 만약 자신이 상담하는 여성수용자가 대동유아기간이 지나 유아를 복지기관으로 보낸 경우에 심리적 허탈 등 모성실조(失調)나 모성박탈로 인한 심리적 충격이 크면 심리적 문제에 대처할 수 있는 과학적 심리적 요법을 알선해 미시적 교정사역을 지원해야 한다. 또한 사회복지기관에 보내진 유아가 다인(多人)애착, 저항애착, 분리애착 등으로 인해 심리적 불안이 있는 경우에도 관련 기관의 협조를 얻어 심리적 지원에 나서야 한다. 특히 여성수용자가 기독교신자인 경우에는 기도 등 종교적 접근이 병행되어야 한다. 동시에 교정사역자는 현행 대동유아제도의 국가폭력적 · 아동학대적 성격을 인지하고[05] 현행 법령의 개정을 건의하는 거시적 교정사역도 필요하다. 거시적 교정사역의 성과는 보다 많은 수용자들과 그들의 가족이 혜택을 보기 때문이다.[06]

둘째로 애착은 정서적 안정을 주고 이는 오늘날 성인 간에도 인정되므로 교도소 수용자와 그들 가족의 접견의 확대와 접견의 질의 향상은 일반적으로 수용자와 그들 가족의 애착에 기반한 가족관계의 강화를 가져온다. 그러나 한국 교정관계법령의 보수주의적 교정문화로 가족 간의 애착을 유지, 복원하기는 어려우므로 교정사역자는 수용자와 가족과의 외부접견의 확대가 교화는 물론 교정사역에도 유리한 환경을 제공하므로 거시적 교정사역 측면에서 불합리한 교정관계법령의 개정을 주장할 수 있어야 한다. 특히 가족 등 외부접견의 확대는 교화는 물론 가족관계의 애착과 건전성에 큰 영향을 미치는 점을 고려할 때 중요하다고 할 수 있다.[07] 또한 애

---

05 현행 대동유아제가 잔인한 국가폭력임을 밝히고 젠더적 문제점을 지적한 논리에 대해서는 저자의 "여성수용자의 대동유아처우에 관한 천정환 교수의 새로운 접근론"(「교정연구」 제28권 제4호)을 참조할 것.

06 가령 미시적 사역에서는 당사자만 대상이나 거시적 사역으로 법령이나 제도가 바뀌면 그 대상자가 많아진다.

07 수용자의 가족접견을 통한 정서적 안정과 애착형성에 관한 연구는 많다. Hairston은 수용기간 중 가족과의 유대의 정도가 석방 뒤의 성공적 사회적응 여부를 판가름한다고 하였다(Hairston, 1988: 48). Bales와 Mears의 연구에서는 수용자의 가족 등 외부의 방문은 재범률을 줄인다는 연구를 내놓았고(Bales and Mears, 2008: 311–312) 미국 내 교도소의 가족만남의 집은 가족유대를 강화시켰다(Sullivan, 2003:18). Casey 등은 교도소에 대한 가족방문의 증가는 여성수용자와

착 트라우마가 형성된 경우에는 심리적 접근과 영적 접근을 사용할 필요가 있다. 기독교상담을 통해 내담자로 하여금 절대자를 의지하려는 동기를 갖게 함으로써 애착 트라우마의 충격을 완화해 가도록 해야 한다(김미경, 2018: 48).

셋째로 교정사역자가 클라이언트와의 사역과정에서 애착이 생긴 경우 이의 처리 문제이다. 특히 부모로부터 애착이 형성되지 못한 소년원생이나 1호 처분대상자, 6호 처분대상자 등이 교정사역자와 사역기간에 사역을 통해 안정된 애착이 강하게 형성된 경우에 그 안정된 애착이 저항애착으로 될 문제가 있다. 가령 1호 처분대상자와 보호위탁위원인 교정사역자와의 위탁기간은 6개월인데, 6개월간 교정사역자의 헌신으로 아동이 그에게 강한 애착이 형성되었다가 6개월 종료로 헤어지게 되면 형성된 애착관계도 소멸될 수 있고 이로 인한 문제점이 예상된다. 따라서 교정사역자는 사역기간 종료가 다가올수록 강하게 형성된 애착관계가 사역기간의 종료로 인해 문제점이 발생하지 않도록 소년의 심리상태를 면밀히 관찰해 사후관리 또는 관련 기관에의 의뢰 등 필요한 조치를 할 필요가 있다.[08] 또한 교정사역자는 특히 소년원생이나 무연고수용자 등 애착욕구가 강한 수용자와의 사역과정에서는 애착심리의 부작용을 알고 과도한 애착형성이 되지 않도록 절제된 사역이 필요하며 애착불안이 생기지 않도록 그에 맞는 영성적 접근이 필요하다.

자녀들의 애착관계 등 모두에게 이익이 된다는 결과를 내놓았다(Casey and Bakken, 2011). Kampfner도 교도소의 자녀방문이 증가하면 수용자의 교화와 자녀들에게 이익이 된다는 연구결과를 내놓았으며(Kampfner, 1991), Adams 등도 외부접견이 많을수록 재범률이 낮아진다는 실증적 연구를 내놓았다(Adams and Fisher, 1976). Holt와 Miller도 가족 간 접촉의 증대와 가석방 성공률 간의 높은 인과관계를 실증하고 있다(Holt and Miller, 1972). 이외에도 많은 연구에서 수용자가족의 접견의 확대가 애착과 가족관계의 강화에 영향을 미치고 있음을 보여준다.

08 가령 10대 초반의 1호 처분대상자가 교정사역자와 부모보다 더 강하게 애착이 형성되었는데 6개월 뒤 교정사역자가 관료적 이유로 갑자기 종결해 버리면 아동은 심각한 애착박탈로 인하여 재범 등 이상행동이 나올 수 있다.

3. 사회지각심리

1) 사회지각의 기본개념

사회지각(대인지각)은 인상형성과 귀인으로 구별되는데(권석만 외, 2002: 280) 귀인은 앞에서 다루었으므로 여기에서는 인상형성의 기본개념에 대해 언급한다. 사회지각으로서의 인상형성은 사람들이 남을 만나게 되면 몇 가지 단서를 통해 인상을 형성해 간다는 것인데, 여기서 중요한 것은 물리적 지각과 달리 인상형성으로서의 사회지각은 오류나 편견이 작용한다는 점이다. 가령 교정사역자가 신입수형자를 처음 만났을 때 생기는 인상형성이 사회지각이다. 이러한 인상형성은 신입수형자가 처음 보는 목회자인 교정사역자에 대해서도 가지는 사회지각이므로 교정사역 현장에서 이러한 인상형성은 쌍방으로 작용하며 인상형성의 내용에 따라 교정사역의 방향이나 성패가 결정될 수 있다. 이러한 인상형성이론에서는 인상형성의 특징과 편파가 중요하다.

먼저 인상형성의 단서로는 외모, 제스처나 억양 등의 비언어적 대화, 언어, 상대에 대한 기본적 정보가 있다.[09] 특히 언어가 제한되는 교도소에서 준언어(paralanguage)는 수용자의 목회자에 대한 인상형성에서 주요 역할을 한다. 인상형성의 특성으로는 인상에 큰 비중으로 작용하는 핵심특성(따뜻하거나 차갑다), 좋은 평과 나쁜 평이 엇갈릴 때 단점에 관한 정보에 더 큰 비중을 두는 부정보효과(negativity effect), 먼저 들어오는 정보가 뒤에 들어오는 정보보다 더 유력하게 작용하는 초두효과(primary effect)가 있다(권석만 외, 2002: 284-285).

핵심특성(중심특성)이란 가령 수형자가 처음 교정사역자를 만날 때 하게 되는 평가에서 하나가 평가되면 다른 모든 것도 영향을 받는 결정적 요소로 바로 교정사역자가 따뜻한 사람인가 차가운 사람인가를 말한다. 수형자가 처음 대하는 목회자를 아주 따뜻한 사역자로 평가했다면(핵심특성) 사역자의 인성, 능력, 자원동원력 등 다른 평가에도 좋은 영향을 준다는 의미이다. 이는 교정사역자의 교정선교의 전문

09 목사가 신입수형자를 처음 만날 때 교도관으로부터 그가 성폭행 상습범이고 젊은 연령이며 교정사고가 잦다는 기본정보를 얻게 되는 것이다.

성, 능력, 종교적 역량, 사교성, 인성 등 그 어떤 것보다도 따뜻함(warm)이 인상형성에서 결정적 요소임을 말해 준다.

부적 특성(negativity effect)이란 교정사역자가 처음 수형자를 만날 때 그에 대해 다른 목회자로부터 이미 그가 "성실하다."는 좋은 평을 들은 상태지만 동시에 교도관으로부터 "사고를 잘 친다."는 부정적 평을 받았다면 교정사역자는 그에 대한 인상형성에서 부정적 측면이 더 큰 비중을 차지한다는 것을 말한다. 이는 부정적 장면이 더 눈에 잘 띄고 강한 인상을 주는 것으로 지각이론에서 설명되고 있다.

인상형성에서 편파(bias)란 사회지각에서 잘못된 판단을 할 가능성을 말한다. 여기에는 후광효과(Halo effect), 관대성의 효과, 스키마(schema)에서의 편파가 있다. Dion과 Walster는 미네소타대학에서 60명의 학생들을 대상으로 매력적 모습을 가진 사진, 보통 매력적 수준의 사진, 매력이 없는 사람의 사진을 보여주고 이타주의 등 27개의 성격특성에 대해 예측하게 해 본 결과 매력적으로 보이는 사람이 그렇지 않은 사람보다 사회적으로 바람직한 특성들을 가진 것으로 예측하였다(Dion and Walster, 1972: 285-290). Dion의 연구에서 보통 사람들은 첫인상이 좋거나 매력적으로 보이면 그의 나머지 부분(성격 등)들도 모두 좋게 평가한다는 것(후광효과)을 알 수 있다. 이는 교정사역자와 수용자 상호 간의 인상형성에 대해 시사점을 주고 있다.

관대성의 효과는 가능하면 타인에 대해 부정적 평가보다는 긍정적 평가를 하는 경향을 말한다. 관대성(leniency)은 산업심리학에서 상사가 직원을 평가할 때 나타나는 경향뿐만 아니라 일반사회에서도 종종 나타나는 오류이다. 스키마에서의 편파란 사회인지론의 용어로 사람들이 사람 또는 사물에 대해 갖는 이해의 틀을 말한다. Piaget에 의해 발달된 스키마는 기억에 도움을 주는 등 여러 장점이 있지만 보통 사람들은 편견, 잘못된 정보 등 여러 이유로 처음에 스키마를 형성할 때 제한된 면만 가지고 스키마를 형성하므로 오류를 범할 수 있는 문제점이 있다. 가령 소년원생이 어릴 때 목사에 대해 십일조, 기독교 강요, 엄격함, 권위 등으로만 스키마를 형성했을 경우에 그런 스키마는 고정화된다. 또한 수용자는 원래 교도소에 있던 교정사역자가 자상하고 일일이 챙겨주어 그런 식으로 스키마가 형성되었는데 나중에 새로 온 사역자는 수형자들이 의존하지 않고 독립적인 모습을 갖기를 바라는 경우라면 그 수형자는 적응에 어려움을 겪게 된다.

2) 교정사역 현장에서의 시사점

교정사역자는 수용자를 처음 만나면 여러 제한된 정보—범죄인, 외모, 성별 등—에서 인상을 형성하는바, 이것이 사회심리학에서의 사회지각이론이다. 사회지각심리를 통한 인상형성은 교정사역의 효과성을 결정하는 주요 요인이므로 사회지각심리의 기본적 이론을 숙지하고 교정사역에 나설 필요가 있다.

먼저 교정사역자는 인상형성에서 작용하는 특성인 항상성(consistency)의 특성을 알고 잘 대처해야 한다. 가령 교정사역자가 기독교 신앙을 청하는 수용자를 처음 봤을 때 그에 대해 처음 형성한 인상을 가능하면 일관성 있게 유지하려는 항상성(일관성)에 지나치게 매몰되면 때로는 교정 또는 교정사역의 합리성을 저해할 수 있다. 가령 교정사역자가 교도관에게 소개받은 수용자를 명문대 출신, 모태신앙가정, 공무원, 과실범이란 제한된 정보에 의해 아주 긍정적으로 좋게 평가했다면, 나중에 사역과정에서 그의 부정적 면이 나타나도(나쁜 성격) 교정사역자는 자기가 이미 형성한 인상에 부합시키기 위해 계속 그를 긍정적으로 보는 항상성에 의존하여 정작 그의 왜곡된 성격이나 무의식에 잠재된 불안 등에 대한 심리적 치료를 하지 못하게 된다. 따라서 교정사역자는 항상성 원리에 너무 의존하지 말고 비록 처음에 제한된 정보에 의해 인상을 한 번 형성해도 나중에 다른 면이 나오면 항상성 원리를 수정하는 합리적 지각이 필요함을 시사한다.

또한 핵심특성은 교정사역자와 수용자 양쪽에서 시사점을 준다. 먼저 핵심특성에 의하면 수용자가 교정사역에 대한 첫 인상이 따뜻한(warm)지 차가운(cold)지가 가장 핵심적 평가요소로 가령 '따뜻함'으로 평가되면 교정사역자의 다른 모든 것도 영향을 받아 '따뜻'하다고 여긴다는 것이다. 이것은 교도소에 배치되는 사역자는 차가운 인상을 주는 목회자보다 가능하면 따뜻한 인상을 주는 목회자의 배치가 중요함을 시사하는데 교정사역의 성공의 한 요소일 수 있다. 그러나 사역자가 수용자에 대한 첫 인상형성에서 핵심특성에 지나치게 매달리면 오히려 교정사역에 저해가 될 수 있으므로 부정적 면도 알아야 한다. 가령 사역자가 수용자에 대한 첫인상을 핵심특성에 의해 '따뜻함'으로 평가해 버리면 다른 모든 평가요소도 흡수하게 되어 교정의 기회를 간과할 수 있다. 동시에 인상형성에서 부적(negative) 특성에 지나치게 매몰되면 안 된다.

또한 인상형성에서 편파인 후광효과의 시사점은 교정사역의 성공과 지속을 위해서는 가능한 한 교정사역자는 수용자와의 첫 대면에서 좋은 인상을 주어야 한다는 것이다. 반대로 교정사역자가 수용자에 대해 가지는 후광효과는 오히려 교정사역에서 해가 될 수 있으므로 후광효과에 세뇌되지 않아야 한다. 가령 교정사역자가 수용자와의 첫 대면에서 좋은(good) 인상을 받아도 그가 '좋음'에 해당되는 다른 특성들도 모두 갖고 있다고 평가해서는 안 되기 때문이다. 동일한 논리로 교정사역자는 인상형성에서 관대성의 효과에 매몰되면 안 되는바, 관대성의 효과는 오히려 클라이언트의 성장과 교정을 저해할 수 있기 때문이다. 또한 교정사역자는 사회인지에서 편파인 스키마(schema)의 문제점을 알고 그가 형성한 스키마에 의해서만 수용자나 사물을 평가해서는 안 된다는 점을 사회인지론이 시사한다.

4. 공격심리

1) 공격성의 기본이론

(1) 공격성의 주요 원인

공격성(aggression)이란 타인에게 해(harm)를 가하거나 해를 끼치려는 의도적 행위로 정의된다(Coie and Dodge, 1998). 일반적으로 범죄, 비행 등 남을 괴롭히는 모든 행동을 뜻한다. 공격성의 원인에는 본능설, 좌절-공격가설 등이 있으나 교정사역심리론에서 의미가 있는 것은 좌절-공격가설이라고 할 수 있다. 좌절-공격가설은 Hovland의 연구에 잘 나타나 있다. Hovland와 Sears는 1882~1930년까지 미국의 남부 14개 주에서 목화(cotton)가격이 하락하면 좌절감이 생기고 이로 인해 흑인과 백인 사이의 폭력사건이 증가했다는 연구결과를 내놓았다(Hovland and Sears, 1940: 301-310). 그러나 이러한 좌절-공격가설이 항상 지지되는 것은 아니다.

또한 Bandura는 보보(BoBo)인형 실험을 통해 사회학습(모방)에 의해 공격성이 나타난다고 주장했다(Bandura, 1973). 또한 자신이 공격을 받았기 때문에 공격적 행동이 나타날 수 있다고 했는데, 이는 특히 교정현장에서 교정사고와 관련되어 자주 일어나는 일이다. 또한 공격은 반드시 신체적 공격에만 한정되는 것은 아니다. 언어적 공격성도 직접적 · 간접적인 공격성의 양식이다(Smiths, De Boeck, and Vansteelandt, 2004: 552).

(2) 공격적 행동의 학습

공격충동이 생긴다고 항상 공격행동을 하지는 않고 공격충동이 어떤 방식으로 표현될 것인가를 결정짓는 주요 기제는 강화와 모방이다(김정희 외, 1997: 419-420). 강화란 어떤 행동 후에 좋은 결과가 나오면 그 행동이 반복해서 일어날 가능성이 높아지는 것을 말한다(김정희 외, 1997: 420). 가령 수용자가 교도소 내 기독교 성경모임에 잘 참여할 때 교도관이나 교정사역자가 그 행위를 칭찬 또는 격려하면 칭찬받은 그 행위—성경모임에 참여—는 자꾸 증가된다는 것으로 이때 칭찬 또는 격려는 정적(正的) 강화이다. 또한 교도소 내의 수용자가 교도관에게 욕할 때 수용 거실의 최고참 수용자인 리더가 그에게 "잘했다."고 칭찬하면 그 수용자는 다음에도 그 교도관에게 공격적 행동을 한다는 것이 강화의 원리다. 그러나 강화받았다고 항상 공격성이 증가하는 것은 아니다.

또한 소년원과 교도소에서 보여주는 TV방영물의 폭력적 행위도 수용자에게 일정한 영향—소년원 내에서는 교정사고, 출원 후에는 범죄—을 미칠 수 있다. TV 등 미디어에서의 폭력물이 사람들의 공격성에 영향을 미치느냐에 대해 여러 연구들은 흥분가설, 정화(카타르시스)가설, 반억제가설(공격적 반응), 둔감화이론 등을 제시하였다(최용준 외, 2005: 71-72). 흥분가설은 폭력적 행위를 시청할 때 흥분하게 된다는 것이고 정화가설은 자신의 억압적 요소가 해소되어 폭력을 유도하는 것을 제한하게 된다는 것이다(최용준 외, 2005: 71-72).

한편 Bandura와 Ross는 모방(imitation)이론을 통해 공격적 비디오를 시청한 아동들은 그 이후에 더 공격적 활동을 한다는 연구를 보여주었는데(Bandura and Ross, 1966: 3-11) 이는 모방이라는 대리학습경험이 공격성에 영향을 미칠 수 있음을 시사한다. 다만 모방이론도 모든 사람의 공격성을 설명할 수는 없다. 왜냐하면 범죄학의 자기관념이론에 의해 자신이 착한 소년(good boy)이라는 관념이 사회화가 된 경우에는 범죄절연체의 구실을 하기 때문이다. 또한 동일한 조건에서도

Berkowitz 등이 말한 공격유발인자(aggression-eliciting stimuli)가 있게 되면 공격적 행동의 가능성은 더 높아질 수 있다(Berkowitz and Lepage, 1967: 202-207). 가령 폭력물을 시청한 소년이 마침 자신을 화나게 했던 친구가 지나갈 때 옆에 무기가 있으면 공격적 행동이 쉽게 나온다는 것이다. 따라서 미디어의 폭력물 시청의 효과도 시청자의 성격, 시청할 때의 맥락, 가지고 있는 범죄절연체의 형태, 공격불안형성 등 다양한 개인적 · 사회적 요소에 의해 복잡한 영향을 받는다고 할 수가 있다.

(3) 공격적 행동의 감소

공격적 행동을 감소시키는 것에는 흔히 카타르시스, 처벌, 공격억제학습, 치환, 고통의 단서제시 등이 논의되어 왔다. 카타르시스(catharsis)는 심리학에서는 Freud에 의해 사용되었으며 Gentile은 자신의 논문 "카타르시스와 미디어 폭력성"에서 폭력물에의 노출을 통해 공격성을 환기시켜 나중에 공격적 행동을 감소시키는 데 목적이 있다면서 치료적 카타르시스(therapeutic)는 정신건강을 유지하는 데 도움을 주는 감정을 표현하게 할 수 있다고 하였다(Gentile, 2013: 492). 물론 카타르시스에 대해서는 많은 논쟁이 있지만 적어도 수용자들이 자신들의 억압된 공격성을 운동, TV 시청 등 허용된 범위 내의 활동을 통해 해소(카타르시스)할 수 있다.

처벌은 일반적으로 부적절한 행동을 통제하는 데 사용되며 사람들의 공격성을 감소시킬 수 있다. 그러나 처벌은 여러 부작용을 나타낸다. 2002년 Gershoff 연구에서 나타났듯이 육체적 처벌(corporal punishment)은 좋은 것을 초래하지 않고 심지어 해(harm)를 초래하는 원인이다(Holden, 2002: 594). 이외에도 처벌이 부적절하면 오히려 공격성의 원인이 되거나 모델링 또는 조건형성이 되기 때문에 처벌은 신중해야 하며 이는 처벌지향적인 한국 교정에 시사하는 바가 크다. 치환은 공격의 대상을 원래 대상이 아닌 자에게 돌리는 것이고 고통의 단서는 공격성을 보이려는 자에게 피해자의 고통의 단서를 보여주어 공격성을 줄이려는 것이다. 공격억제학습은 겁(공격불안)의 형성을 내면화시키는 것이다.

2) 교정사역 현장에서의 시사점

공격심리가 교정사역에서 시사하는 측면은 수용자 등 갇힌 자의 측면, 출소자 등 사회에 있는 자의 측면, 피해자 등의 측면에서 서술할 수 있다. 먼저 교정사역자는 접촉하는 수용자들이 교정시설에서 보이는 공격성에 대해 무조건 성경적 접근으로 억누르려는 방법은 지속성과 효과성에 한계가 있다는 것을 알고 공격성을 보이는 심리적 메커니즘을 통해 과학적으로 접근할 필요가 있다. 가령 좌절-공격가설에 의해 수용자가 좌절을 받아 공격성이 나타난 것이라면 그 좌절이 절대적 좌절인지, 상대적 좌절인지 또는 수용자가 자신에게 좌절을 준 사람의 행동의 원인에 대해 내적 귀인을 하는지 외적 귀인을 하는지를 과학적으로 살펴야 올바른 대처가 가능하다.[10]

또한 교정사역자는 수용자 등의 공격성의 상당수가, 특히 어린 아동일수록 강화나 모방 등을 통해 발생한다는 것을 알고 부정적 행동에 대해서는 정적 강화나 모방이 일어나지 않는 환경조성에 관심을 가지고 지원할 수 있어야 한다. 특히 소년원생 등은 수용자든 출소자든 공격성을 감소시키기 위해서 수용자의 종교 등 특성에 따라 심리치료적 접근과 영적 접근을 병행하거나 심리치료적 접근을 먼저 할 필요가 있다. 가령 기독교신자가 현실적 이유 등 여러 이유로 공격성을 보이면 성경적 접근을 통해 영성을 회복하고 하나님의 품에 오게 할 필요가 있다. 이 방법이 가장 근본적 방법이다.[11]

동시에 심리적 기법인 카타르시스, 공격억제학습, 고통의 단서를 통해 공격성을 감소시킬 필요가 있다. 가령 Freud가 말한 카타르시스(정화)를 성경적 관점에서 응용하여 부흥집회 참여 등의 종교적 카타르시스를 하거나 운동 등 허용된 방법으로 치료적 카타르시스를 할 필요가 있다. 또한 그들이 범죄 등을 행하면 현실적 자원 박탈이 따른다는 공격불안을 형성시키는 공격억제방법도 수용자의 특성에 맞게 정교하게 개입할 필요가 있다. 만약 수용자나 출소자가 보이는 공격성이 본래 대상에

10 상대적 좌절이면 공격성이 더 심하고 오래가기 때문에 사역자는 수용자의 좌절의 심리와 성격을 객관적으로 이해하고 대처할 필요가 있다.

11 진실로 너희에게 이르노니 죄를 범하는 자마다 죄의 종이라 종은 영원히 집에 거하지 못하되(요한복음 8:34-35) 악한 사람은 악을 행하리니 악한 자는 아무것도 깨닫지 못하되 오직 지혜 있는 자는 깨달으리라(다니엘서, 12:9-10).

게 한 것이 아닌 치환된 공격성으로 판단되면 아직 분노가 잠재된 상태이므로 분노 조절기법을 통해 대처할 필요가 있다. 또한 처벌도 공격성을 감소시키는 방법이지만 육체적 처벌 등은 부작용이 많으므로 교정사역에서는 피해야 한다. 다만 하나님의 형상을 받은 자가 타락으로 인하여 죄를 지어 회개치 않으면 그 죄의 결과의 무서움에 대해 성경적 접근으로의 처벌은 유용할 수 있다.[12]

5. 동조심리

1) 동조심리의 기본이론

(1) 동조의 개념

동조(conformity)란 Kiesler에 의하면 현실적 또는 가상적 집단의 압력에 의하여 자신의 행위나 신념을 변화시키는 것을 말한다(Kiesler and Kiesler, 1969). 가령 교회 내에서 교정사역자가 교회 게시판을 열심히 쳐다보면 다른 교인들도 가던 길을 멈추고 게시판을 보는 것처럼 실제 또는 가상의 사람이나 그룹의 행동에 의해 자신의 태도나 행동을 바꾸는 것으로 현실에서는 이러한 동조행동이 많이 발생한다. 또한 마트에 간 손님이 앞의 손님들이 우르르 몰려 특정 코너로 달려가면 자신도 따라 달린다는 것이 동조의 의미이다.

Asch는 지각에 있어서 객관적 사실과 달리 주위의 압력에 의해 자신의 의견을 왜곡해 타인과 같이 의견을 제시하는 현상을 그 유명한 동조실험(conformity experiment)에서 보여주었다(Asch, 1951).

다음의 [그림 7-1]에서 Asch가 실험에 참가한 사람들(actors)에게 왼쪽 그림의 선(line)과 같은 길이의 선을 오른쪽 그림에서 고르라고 했을 때(오른쪽 그림의 B라인이 왼쪽의 그림의 라인과 같아 100%에 가까운 응답이 예상됨에도) 여러 번 실험을 했는데도 36.8%가 부정확한 응답을 한 것으로 나타났다(Asch, 1951). 이는 틀린 반응을

---

12 죄의 삯은 사망이요(로마서 6:23).

[그림 7-1] Asch의 동조실험

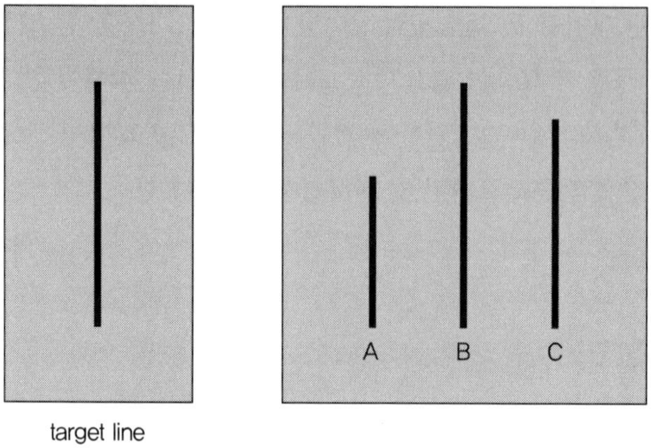

보인 사람들은 앞의 피험자들이 잘못된 응답을 했을 때 그들의 의견에 동조해서 이같이 잘못된 반응을 보인 것으로 쉬운 과제임에도 사람들은 동조를 잘 한다는 시사점을 주고 있다.

(2) 동조하는 이유

Asch의 연구에서는 대다수가 잘못된 판단을 하는 경우에도 사람들이 동조한다는 이유로 개인에게 영향을 미친다는 것을 보여주어(Asch, 1951). 집단의 의견(만장일치 또는 다수결)이 개인의 의견에 미치는 영향이 크다는 것을 나타냈다. 또한 상황이 모호할 때 사람들은 그것에 대한 답을 가진 사람에 의존하려고 한다. 그 정보가 정확하다고 진정으로 믿게 되면 정보의 사회적 영향력은 종종 내면화 또는 개인적 수용으로 나타난다(Hogg and Vaughan, 2005). 따라서 사람들은 어떤 정보에 대해 정확한 판단이 서지 않을 때 정확성과 신뢰성을 주는 정보제공자에게 쉽게 동조한다는 의미이다. 사회적 규범의 영향력도 동조에 영향을 미치는데 규범의 영향은—사회적 영향의 기능으로서의— 세 가지 요소인 집단의 수, 집단의 힘, 즉시성(immediacy)으로 구성된다고 한다(Latané, 1981: 343-356). 또한 응집성(cohesion)도 동조에 영향을 미친다. 응집성은 사회적 관계, 직무관계, 일체감, 감정으로 구성된다(Forsyth, 2010: 118-112). 따라서 집단의 일체감이 크고 감정적인 유대가 크며 주어진 과제가 중요하다고 여길수록 응집성과 동조가 강하다. 이외에도 성별, 지능,

개인적 특성, 교육, 문화적 차이 등에 의해 동조의 영향이 달라진다.

(3) 동조의 형태

Kelman은 동조의 세 가지 형태로 순종(compliance), 동일시(identification), 내면화(internalization)를 들었는데, 순종은 승인받고 싶은 욕구 또는 거절의 두려움 때문에 발생하고, 동일시는 유명인사(celebrity) 등 좋아하거나 존경하는 사람과 자신을 일치하려는 것이고, 내면화는 그 자원(출처)이 신뢰할 수 있다면 공개적 또는 사적으로 그 행동이나 신념을 자기 것으로 만드는 것으로 오랫동안 사람에게 영향을 미친다고 하였다(Kelman, 1958: 51–60). 순종과 동일시, 내면화는 수용자가 하나님의 말씀에 순종하고 동일시하는 데 있어서 교정사역자의 중요성을 시사한다.

① 순종

i) 순종에 영향을 주는 요인

가) 호손효과

호손효과(Hawthorne effect, 관찰자효과)라는 용어는 Landsberger가 1924~32년에 시카고 외곽에 있는 웨스턴 전기회사의 호손공장에서 행해진 실험을 분석하면서 1958년에 붙인 용어이다(Landsberger, 1958). 그 실험에는 6명의 직원들이 선택되었는데, 자신들이 관리자로부터 특별히 선택되었고 관리자가 자신들에게 기대하는 것이 생산성의 증가라는 사실을 인식하게 되면서 6명으로 된 한 팀은 헌신적(wholeheartedly) · 자발적(spontaneously)으로 실험에 참여한다는 이론이다(Mayo, 1945: 72). 실험조건이 변화될 때마다 생산량이 증가된 것에 대해—심지어 그 작업조건은 최초의 상태로 돌아가는 것임에도— 연구자들은 근로자들이 개별적으로 관심받고 관찰된다는(monitored) 사실을 인식하기 때문에 더 열심히 하는 것으로 결론을 내렸다.

따라서 호손효과란 실험자 또는 경영자가 피험자 또는 근로자들에게 깊은 관심을 주고 있다는 인식을 그들에게 주게 되면 피험자 또는 근로자들은 실험자 또는 경영주의 기대에 부응해 반응하고 동조한다는 현상을 말한다. 이는 작업의 생산성에서 감성적 · 정서적 요인이 중요함을 반영하는 것으로 행정학 등에서의 인간관계론의 태동을 가져온 계기가 되었다.[13] 이러한 호손효과는 교육현장이나 교도소 교화현장 그리고 교정선교현장에서 매우 중요한 의미를 주는 심리적 기제이다. 그러나 교정선교에서 호손효과는 맹신할 것이 아니라 절제되고 체계적으로 사용해야 하는바, 이에 대해서는 후술한다.

나) 모방(modeling)

사람들 중에는 판단이 애매할 때 타인들이 순종하는 것을 보게 되면 자신도 순종하는 경향성이 증가한다고 한다. 그러나 이는 성숙된 사람이나 가치판단이 확실한 사람들에게는 효과가 별로 없다.

다) 보수, 처벌

보수(reward)나 처벌(punishment)은 순종에 결정적 영향을 미친다. 다만 이는 외재적인 성격이라는 점에서 순종자의 내면적 작용에 의한 것이 아니므로 순종의 질과 깊이 및 영속성을 담보하지 못하는 한계가 있다.

ii) 순종을 증가시키는 방법

가) 발 들여놓기 기법

Freedman과 Fraser의 연구에 의하면 사람들은 일단 작은 요구에 먼저 순종하게 만들면 그 다음 더 큰 요구에 순종하기 쉽다는 연구를 발표했다(Freedman and Fraser, 1966: 195-202). 발 들여놓기 기법(foot-in the door technique)은 사실상 생활 곳곳에서 사용되고 있다. 이는 특히 범죄인의 행동교정과 기독교불신자에 대한 전도에 좋은 기법이다. 교정사역자는 수용자 중에서 기독교를 무조건 싫어하는 자에게 성경이야기를 듣지 않아도 되니 일단 편안하게 만나 교도소 생활고충 이야기를 하자는 작은 요구에 수용자가 먼저 응하게 할 필요가 있다. 서로 간에 신뢰가 형성된 다음에 수용자의 고충에 해당되는 성서적 믿음을 자연스럽게 이야기하는 방안을 쓰면 된다.

13 인간관계론은 조직에서 사회심리적 요소, 인간적 관계를 중시하므로 행정학에서 과학적 관리론에 대비된다.

나) 면전에서 문 닫기 기법(door-in the face technique)

Cialdini, Vincent, Catalan 등은 설득 연구에서 설득자가 상대방이 거절할 가능성이 큰 요구를 먼저 부탁하여 상대가 거절하게 하고 그 다음에는 그보다 작은 부탁을 하여 상대방이 쉽게 수락하도록 하는 것을 말한다(Cialdini *et al.*, 1975: 206–215).

다) 명명하기(labeling)

Kraut의 연구로 자선을 하는 한 집단(subject)에는 자선적(charitable)이라고 명명하고 다른 집단에는 비자선적(uncharitable)이라고 명명하니 자선적이라고 명명된 집단들은 더 자선적이 되었다는 내용이다(Kraut, 1973: 551–562). 가령 교도소장이 교정사역을 하는 목사에게 '성경 이념에 가장 충실한 목회자'라고 명명하면 그는 더욱더 교정사역에 헌신하고 교정사역자가 수용자에게 '하나님의 제자'라고 명명하면 수용자는 명명받은 대로 성경적 생활에 더 충실하게 된다는 논리이다. 이는 사람들은 자기에게 부여된 긍정적 명명(labeling)에 가능한 한 부합되려는 심리를 가지고 있음을 보여주므로 교정사역에 있어서 교정사역자 또는 수용자 등에게 긍정적 명명의 중요성을 반증해 주고 있다.

② 동일시

동일시는 대상의 매력에 의해 동기화되는 것이다(Kelman, 1958: 51–60). 가령 자신이 좋아하는 사람이 매력적 요소가 강할수록 그와 같아지려는 욕구이다. 동일시는 방어기제로도 설명된다. 동일시는 어떤 개인이 타인 또는 어떤 집단과의 동질성을 느끼거나 유대감을 가짐으로써 자기만족을 찾는 방어기제이다(권석만 외, 2002: 392). 가령 기독교신자인 수용자가 교정사역에 헌신적인 교도소의 A목사를 자신이 동일시하는 모델로 삼아 자신도 출소하면 교도소의 교정사역자가 되려는 목표를 가지고 있다면 얼마 후에 A목사가 다른 목회지로 간다고 해도 그에게 강력한 영향을 준 A목사의 가치관과 행동은 그에게 여전히 영향을 미친다는 의미다.

③ 내면화

내면화와 동일시와의 차이점은 영향이 깊어 오래가는 점과 정보를 주는 사람의 신뢰성이 크게 영향을 미친다. Kelman은 출처 또는 정보제공자가 신뢰성이 큰 경우라면 그의 행동과 감정에 순응해 자기 것으로 내면화하는데, 오랫동안 그리고 깊게 영향을 미친다고 하였다(Kelman, 1958: 51-60). 가령 수용자가 무교인데 기독교 신앙을 가지려는 경우 신앙적 전문성과 영성을 주는 교정사역자가 신뢰성이 큰 전문가라면 그의 가치를 동조하는 것뿐만 아니라 그의 신념과 행동을 수용해 자기 것으로 갖게 되는 현상을 말한다. 교정사역에서 사역자의 신뢰성의 중요성을 시사한다.

2) 교정사역 현장에서의 시사점

Asch의 동조실험은 사람들이 집단의 압력에 의하여 왜곡된 반응을 나타낼 수 있다는 사실을 보여주므로 교정사역자는 집단적 교정사역을 행함에 있어서 이런 왜곡된 반응이 있다는 심리적 사실을 알아야 교정사역의 효과성이 제고될 수 있다. 왜냐하면 왜곡된 반응을 보이는 사람들은 그런 반응의 지속성이 없기 때문이다. 순종에서는 호손(Hawthorne)효과가 전도나 교정 모두에게 중요하다는 시사점을 준다. 가령 교정사역자는 수용자가 초보신자인 경우에 호손효과에 따라 교회의 담임목사와 교도소의 목회자가 그에게 깊은 관심을 주고 있고 그가 성화(聖化)되는가에 대해 주의 깊게 지켜보고 있다는 인식을 주면 그 수용자는 교정사역자의 기대에 맞게 신앙생활과 영성회복에 매진하게 되므로 교정사역의 생산성이 제고될 수 있다. 특히 그에게 교정사역자는 하나님의 대리자이고 교정사역자의 관심은 바로 하나님이 당신을 주의 깊게 지켜보는 것이라는 인식을 주게 되면 전도의 효과는 커진다. 이는 교정사역자가 수용자의 교정작업, 직업훈련, 학습 등 모든 것에서 호손효과를 활용하면 생산성이 증대된다는 시사점을 주므로 호손효과는 수용자 등 클라이언트가 하나님 또는 교정 이념에 순종케 하는 주요 기법이다.

그러나 호손효과 실험이 간과한 것은 호손효과가 지속되기 위한 조건을 제시하지 않고 있다는 점이다. 가령 호손효과의 지속성을 위해서는 교정사역자의 관심이 계속되어야 하고 또한 클라이언트의 능력 내에 있어야 하며 클라이언트가 다른 시급한 일에 관여하고 있지 않아야 한다는 것이다. 가령 교정사역자가 처음에는 수용자에게 깊은 관심을 주었고 호손효과에 의해 수용자가 신앙생활 또는 교도소의 작업과 교육을 열심히 하지만 그 뒤에 교정사역자가 관심을 주지 않으면 수용자 등 클라이언트는 동기부여가 되지 않아 오히려 부작용이 나타날 수 있다. 따라서 교정사역자가 전도 또는 교정을 위해 호손효과를 사용할 때는 점진적 관심의 증가, 관심의 지속성과 적절한 피드백, 그리고 그의 능력 내에서 할 것 등이 필요하다.

또한 순종에서 발 들여놓기 기법도 전도나 교정, 교육에서 까다로운 수용자에게 행할 수 있는 기법이다. 교정사역자는 Kraut의 명명하기(labelling)를 원용해 수용자에 대한 전도, 교정, 교육, 성격교정 등에서 원하는 효과를 얻을 수 있으므로 이를 활용해야 한다. 다만 이때 명명은 구체적 사실에 의해 적시에 진정성 있게 해야 그 효과가 지속된다. 가령 수용자가 협동심을 발휘한 일이 있다면 사역자는 '저 수용자는 협동심이 강한 수용자'라고 명명을 하고 관련된 사회적 장면 또는 종교집회에서 수시로 그런 명명을 확인시켜 주게 되면 순종의 효과는 커진다.

동일시는 종교적 측면과 심리적 측면 모두에서 사용할 수 있는 기법이다. 기독교 신자인 수용자에게는 교정사역자가 그리스도와 동일시되어 하나님을 더 깊이 체험할 수 있도록 성경을 통한 접근이 가능하다.[14] 종교적 영역이 아닌 교정의 영역에서도 교정사역자는 수용자가 동일시할 만한 인물을 찾아 주는 방법을 통해 원하는 효과를 얻을 수 있다.

내면화도 마찬가지로 영성적 측면과 심리적 측면 모두에게 사용될 수 있다. 교정사역자는 수용자에게 예수 그리스도의 인격적이고 헌신적인 삶을 내면화시켜 그가 그리스도의 인격에 다가갈 수 있도록 목회할 수 있다. 동시에 심리적 측면에서도 그가 내면화하고 싶은 세속적 인물을 소개하여 교정과 교육 등에서 바람직한 효과를 얻을 수 있다. 다만 무교나 불신자의 수용자에게는 영성적 측면의 동일시나 내면화의 강조는 부작용을 일으킬 수 있으므로 심리적 측면에서 먼저 행하는 전략이 효과적이다.

또한 모방도 순종에 영향을 미치는 주요한 요인이므로 교정사역자는 전도 또는

14 시편 90-92편이 이에 해당된다.

교정, 성격교정 등에서 모방심리의 메커니즘을 클라이언트의 특성에 맞게 적절히 활용할 줄 알아야 한다. 가령 소년수용자는 모방이 강하다는 점을 활용해 신앙생활 또는 교육 등에서 모범적인 소년원생을 문제수용자들이 대리학습 또는 모방을 자연스럽게 할 수 있는 심리적 · 사회적 환경설계에 관심을 가지는 것이 좋다.

6. 동기심리론

1) 동기심리의 기본개념

동기란 개인으로 하여금 어떤 목표로 움직이게 하는 추론된 내적 상태를 지칭한다(권석만 외, 2002: 262). 특히 교정사역자가 수용자에 대한 사역을 행할 때 그들에게 종교적 동기의 형성, 갱생의 동기, 작업이나 학업에의 동기의 형성에서 그들을 지원하고 원조하려면 동기의 종류와 성격에 대한 이해를 기반으로 하면 사역의 효과성이 제고된다.

2) 동기의 종류

동기에는 개인적 동기와 사회적 동기가 있으며 사회적 동기에는 성취동기, 친화동기, 비교동기, 작업동기, 사회적 인정동기가 있다. 여기서는 사회적 동기를 중심으로 살펴본다.

(1) 성취동기

Mcclelland는 동기를 감정이 여러 단서와 연합되는 것으로 보았고 따라서 어떤 단서에 의해서 감정을 유발시킬 수 있다면 그것만으로 동기가 성립된다고 보았다(한충효, 1979: 85). 성취동기는 기대 수준을 탁월기준(standard of excellence)에 두는 동기를 말하며(한충효, 1979: 76) 개인은 이 탁월기준과 관련해 자신의 업무수행을 지각하며 이 인지요소 간의 차이에 의해 정적 감정이나 부적 감정을 갖게 되고 이런 감정이 여러 단서와 연합되어 재생될 때 개인은 성취동기를 가졌다고 한다(한충효, 1979: 75).

(2) 친화동기와 사회적 비교동기

친화동기란 남과 같이 있으려는 욕구를 말한다. Schater는 증가되는 불안(anxiety), 기아 등이 친화경향을 증가시킨다면서 애매한 감정(ambiguous)이 생기면 자신이 느끼는 감정이 적정한지를 알기 위해 타인과 같이 있으려고 한다고 하였다(Schater, 1959). 즉 Schater의 친화동기란 사람은 불안 때문에 타인과 같이 있으려는 군집욕구가 생기고 특히 불안, 기갈 등의 욕구가 강할 때는 자신이 느끼는 그런 욕구가 그 상황에서 적절한지를 알아보기 위하여 사회비교욕구가 증대되고 이것이 친화동기를 가져온다는 논리이다. Schater의 연구에서는 인간이 타인과 같이 있으려는 군집(친화)동기가 인간의 본능으로 인한 것이 아니라 불안 때문이라는 것이다.

그런데 Zimbardo는 공포(fear)와 불안(anxiety)의 차이점을 밝히고 공포(fear)가 증대될수록 타인과 군집(친화동기)동기는 증대되지만 불안에 대해서는 정반대의 결과를 보인다고 하였다(Sarnoff and Zimbardo, 1961: 356-363). 즉 공포(위험의 대상이 있을 때 느끼는 공포)가 있으면 친화동기는 증가하나 이와 반대로 위험이 존재하지 않는 경우에 느끼는 불안(anxiety)은 불안의 정도가 높을수록 혼자 있고 싶고 그 정도가 낮을수록 친화동기가 크다는 것이다. 이는 교도소에서 수용자들이 공포보다 불안이 많다는 현실에서 수용의 형태와 관련해 시사점을 준다고 할 수 있다.

(3) 작업동기

작업동기에서 교정사역과 관련된 이론에는 Herzberg의 2요인론과 Deci의 과정당화효과설이 의미가 있으므로 이들을 중심으로 살펴본다. Herzberg는 작업동기에서 위생요인과 동기요인이 모두 충족되어야 사기가 증가된다는 2요인론을 발표했다. Herzberg는 1959년 미국에서 200명의 기술자와 계산원을 상대로 감정분석을 하였는데 직원들의 좋은 감정은 직무에 있어서 주로 동기요인(motivator)에 관련되어 있고 나쁜 감정들은 위생요인(hygiene factor)에 관련되어 있는 것을 발견했다.

동기요인은 성취감(achievement), 인정(recognition), 책임감 부여(responsibility), 발전(advancement)과 같은 직무 자체 내에 있는 요인들이고 위생요인은 직원의 불만 감정과 관련된 것으로 대인관계, 월급, 감독, 회사정책 등 직무 외의 것들이었다(Herzberg, 1966; Tan and Waheed, 2011: 5에서 재인용). 따라서 위생요인이 충족되었다고 만족하지는 않고 동기요인까지 충족되어야 만족한다는 이론이다.

작업에서 과잉정당화(overjustification)효과가 있다. Deci 등은 퀴즈게임을 푸는데 서로 다른 조건하에서 흥미도를 조사한 연구에서 (내재적 동기에) 현금과 같은 외재적(extrinsic) 보상이 주어지면 내재적 동기(intrinsic motivation)가 의미 있게 줄어든다는 것을 보여주었다(Lepper, Greene, and Nisbett, 1973: 129-137). 이는 작업 그 자체에 흥미가 있어 수행되는 내재적 동기화에 현금, 칭찬 등의 외재적 동기가(외재적 보상) 주어지면 직무 그 자체에 대한 흥미(내재적 동기)가 줄어들고 작업은 돈을 얻기 위한 수단으로 지각된다는 점을 시사하고 있다.

Maslow는 동기(motivation) 또는 욕구를 5단계의 위계로 발표하고 인간의 동기를 생리적, 안전, 사랑 및 소속의 욕구, 자존의 욕구, 자기실현의 욕구로 표현하였다. 동기가 다음 단계에서 발생하려면 그 아래 단계의 욕구가 먼저 충족되어야 한다는 5단계 위계설을 발표하였다(Maslow, 1943: 370). 다음의 [그림 7-2]로 표시된다.

[그림 7-2] Maslow의 욕구위계설

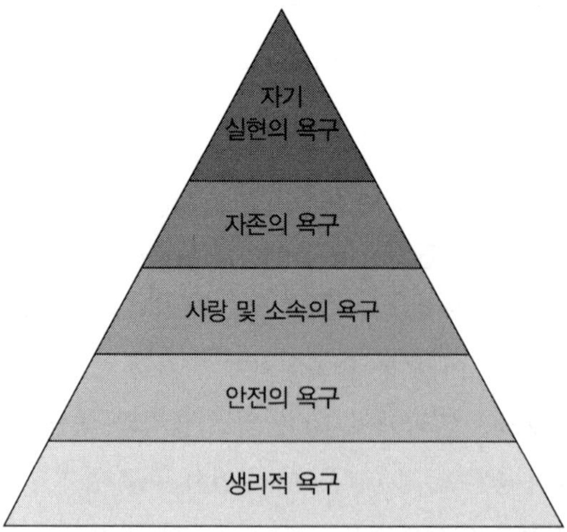

그는 욕구위계설에서 5단계는 순서대로 충족되어야 하고 건너뛸 수 없다고 주장하였다. 그러나 그는 말년에 그의 초기의 욕구 5단계설을 비판하면서 자기초월(transcendence)—예를 들면 영적인 것 또는 이타주의적인 것—의 욕구라는 더 깊은 차원의 동기를 추가하였다(Maslow, 1971: 269). Maslow가 말년에 추가한 인간의 욕구인 자기초월의 욕구는 바로 종교적 동기와 관계된다고 할 수 있다. 물론 자기실현의 욕구도 종교적 욕구와 관련된다.

Maslow의 이론을 수용자에게 적용하면 어떠한 교화나 기독교적 성령이 충만해도 생리적 욕구(동기)의 충족이 없으면 교화나 기독교적 영성도 무력해질 수 있다는 의미이다. 교도소수용자에게는 생리적 욕구와 안전의 욕구는 비교적 국가에 의해 보장되지만 사랑의 욕구와 소속의 욕구는 충족되지 않는 경우가 많으며 자존의 욕구와 자기실현의 욕구도 마찬가지이다. 다만 자기실현의 욕구는 관점에 따라서는 수용자가 기독교적 영성을 최선을 다해 추구하면 그것이 바로 종교적 측면에서 자기실현이 될 수 있고, 교정사역자도 열악한 환경이지만 최선을 다해 교정사역하여 궁극적 만족을 얻게 되고 하나님에 대한 목회자의 의무를 다했다고 여기게 되면 그것이 바로 자기실현이 되는 것이다.

3) 동기부여이론

동기부여이론은 교정사역자의 수용자 등에 대한 동기부여이론이 되고 또한 교정사역조직팀 내에서의 리더가 직원들에 대한 동기부여이론도 될 수 있다. 대표적 이론으로는 McGregor의 X이론과 Y이론이 있다. X이론에서는 근로자들은 야망이 적고 책임을 회피하려 하며 개인적인 목적에만 충실하다는 입장이며 Y이론에서는 노동자들은 내적으로 동기화되어 있어 답례로 직접적 보상이 없어도 그들의 직무에서 잘할 수 있다고 한다(Hattangadi, 2015: 20-21). 따라서 관리전략으로 동기부여에서는 X이론의 경우 철저한 감독과 권위적 접근이 필요하며 Y이론의 경우 감독보다는 인정과 민주적 관리전략이 필요하다. McGregor의 이론 뒤에 많은 동기부여이론이 나오지만 대개는 McGregor의 X, Y 이론에 근거하고 있다.

한편 Schein의 인간관도 교정사역현장에서 유용한데 그의 이론에서는 현대인을 복잡인으로 보았다. 그는 인간관을 합리적 경제인관(rational-economic man), 사회인관(social man), 자아실현인관(self-actualizing man), 복잡인관(complex man)으로 나누고 인간관은 합리적 경제인관에서 사회인관, 자아실현인관 그리고 궁극적으로는 복잡인관으로 이동하고 복잡인관은 가변적이라고 했다(Schein, 1965; Schein, 2015: 10). 그는 사람들은 이 4가지 유형을 모두 가지고 있고 어느 모형이 그 순간에 가장 적합한 모형인가를 배우게 된다고 하였다(Schein, 2015: 10). 다시 말해 그는 가장 적절한 인간관을 복잡인관으로 보며 인간에게는 인간관—경제적 · 사회적 · 자아실현적 인간관—이 순간에 따라 다양한 비율로 작용한다는 논리이다. 가령 교회에 사역을 위해 들어가는 교정사역자는 월급이라는 경제적 동기와 사회적 동기, 그리고 교도소사역을 통해 자신의 이상을 실현하려는 자아실현동기가 복잡하게 서로 다른 비율로 작용해 교정사역자가 된다는 의미이다.[15]

따라서 조직을 경영하는 사람은 직원이 어떤 인간관에 기초해 동기를 가졌는가를 파악하는 것이 동기부여의 효과적 전략이다. 이는 수용자에게도 적용된다. 교도소수용자가 교도소 내의 기독교 성경모임에 참여하는 동기는 경제적 · 사회적 · 자아실현적 동기가 다양한 비율로 구성되어 참여하므로 교정사역자는 그가 사회심리적 동기가 가장 크다면 수용자의 친교 등 사회심리적 욕구를 충족시켜 주는 것이 효과적인 동기부여전략이 된다.

Adams의 공평성이론(equity theory)은 직원이 업무에서 노력(effort), 헌신(loyalty), 근면(hard work), 기술(skill) 등의 입력물과 안전, 급여, 성취감, 칭찬(praise), 자극(stimuli), 평판 등의 산출물이 공평하게 균형을 이루면 업무에서 동기유발이 잘 된다는 이론이다(Adams, 1963: 422-436).

4) 교정사역 현장에서의 시사점

교정사역에서는 동기심리이론을 첫째로 교정사역의 동기측면에, 둘째로 교정사역자와 수용자의 관계에, 셋째로 교정사역팀 내부에서 조직의 리더가 조직원들과

15 A라는 사역자는 그 비율이 3:3:4라면 B라는 사역자는 그 비율이 2:4:2가 될 수 있듯이 그 배합 비율은 사람마다 다르다는 의미이다.

의 관계에 적용할 수 있다.

첫째로 교정사역자인 목회자가 다른 목회자들이 거의 꺼려하고 기피하는 힘든 교정사역에 몸바치는 이유는 근본적으로는 교정사역을 그리스도인의 기본사명으로 여기는 소명의식과 영성에 있지만 또 다른 심리적 측면에서는 다양한 동기가 있다. 따라서 영성적 측면과 심리적 · 성격적 · 행동적 측면을 구분하여야 한다. 성경의 이념에 충실한 목회자라면 교정사역이 힘든 줄 알면서도 참여하는 영성적 동기는 다 있지만 현실적인 동기들도 있기 때문이다. 그런 현실적 동기에는 성취동기도 포함되므로 사역장소인 교도소 등에서는 사역자의 성취동기가 실현될 수 있도록 지원할 필요가 있다.

둘째로 수용자와 그들의 가족 등 클라이언트와의 관계에서 교정사역자라는 클라이언트가 가진 동기의 성격을 먼저 파악하는 것이 과학적 교정사역의 전제조건이다. 동기의 성격을 이해하고 그런 동기와 욕구를 충족시킬 수 있는 합법적 자원과 방법을 중개, 조정, 알선, 지원하고 나서 복음의 전파와 영성의 계발이 필요하다. 그렇지 않고 배고픔 등 기본적인 생리적 욕구가 충족되지 않은 수용자의 절대적인 기본욕구(동기)를 우상으로 파악하거나 접근하는 입장은 옳지 않다. 김준수는 인간의 욕구를 우상으로 보는 Powlison의 견해를 소개하면서 인간의 동기를 파악하기 위해서는 신앙적 관점을 가질 것을 주장하였다(김준수, 2012: 127). 그러나 이는 동기에 대한 교정사역의 영적 접근은 되더라도 과학적 교정사역은 아니며 오히려 교정사역의 효과성을 저해한다. 가령 무교인 수용자가 Maslow가 말한 생리적 욕구가 충족되지 않을 때 이의 해결을 신앙적 관점에서 접근하여 마음의 우상에서 벗어날 것을 권유하는 것은 아무런 효과가 없기 때문이다.

우선, 1차적으로는 심리적 접근을 한 다음에 2차적으로 영적 접근을 해야 한다. 가령 신입수용자가 독거실에 수용되면서 갑자기 불안이나 공포로 인해 친화동기가 생기게 되면 교정사역자는 교도소, 심리치료가와 협조하여 친화동기가 발생하게 된 원인을 과학적으로 조사해야 한다. 그 다음에 친화동기를 충족시킬 수 있는 과학적인 심리적 조치를 하고 마음의 불안과 공포에 대한 근본적 해결은 하나님과의 관계회복과 회심, 영성 등이 필요하다는 종교적 접근을 해야 한다. 따라서 교정사역자는 교도소 등의 협조를 통해 기독교종교집회에 참여하는 수용자들 중에서 문제수용자가 가진 동기의 종류와 성격, 가령 성취동기인가 친화동기인가 아니면

Maslow의 욕구인가를 먼저 파악하고 그런 욕구의 원인과 심리적 대처에 관한 과학적 접근이 필요하다. 물론 영성적 접근과 심리적 접근이 병행되거나 순서를 다르게 하는 것은 수용자 등의 특성에 따라 적용해야 함은 물론이다. 가령 기독교신자인 수용자가 특정 동기가 강할 때는 영성적 접근과 동기부여에 관한 심리적 접근이 병행되어야 하고 그렇지 않고 무교 또는 불신자인 경우에는 심리적 접근이 우선되어야 한다.

셋째로 교회와 교정사역자 또는 교정사역팀 내부에서 교정사역직원들이 가진 심리적 동기를 잘 파악하고 대처해야 교정사역조직의 효율성이 담보된다. 물론 목회자나 신자로 구성된 교정사역직원은 기독교적 영성동기에 의해 교정사역에 참여했지만 그와는 별개로 현실적 동기들이 또 작용하고 있기 때문에 조직의 리더나 교회는 과학적 동기부여론에 입각한 동기관리가 필요하다. 특히 조직의 리더는 Schein의 복잡인관에 의해 교정사역팀 직원들—목회자, 자원봉사자, 행정직—이 교도소 수용자에 대한 교정사역에 참여하는 동기가 근본적으로는 영성에 의한 것이지만 심리학적 입장에서는 경제적 동기, 사회적 동기, 자아실현동기 등 직원마다 다양한 비율에 의해 참가한다는 사실에 입각하여 동기비율에 따른 과학적 동기부여관리전략을 펴야 교정사역의 효과성이 제고된다. 가령 월급 등의 경제적 동기가 강한 직원의 경우와 월급은 개의치 않고 목회일 그 자체에 동기가 강한 직원인 경우는 동기부여방안이 달라야 한다. 또한 Herzberg의 2요인설에 근거해 근무조건 같은 위생요인의 충족 외에 "너 때문에 교정사역이 잘된다."는 성취에 대한 인정 등의 동기요인을 구체적으로 부여해야 직원이 교정사역에 더 헌신할 수 있다. 따라서 교회나 교정사역팀의 지도자는 교정사역팀 직원들에게 맞는 동기부여요인을 끊임없이 개발하고 이를 상황에 맞게 구체적으로 적용하여야 교정사역팀의 생산성은 증가한다.

또한 Deci의 과잉정당화효과가설에 유의해 교정사역팀 직원이 과잉정당화효과가 발생하지 않도록 과학적 동기관리가 필요하다. 가령 신학생이 앞으로 교정사역에 헌신할 것을 마음먹고 대형교회의 교정사역팀에 들어간 경우에는 교정사역에 내재적 동기화가 된 경우이다. 이런 경우에는 그 신학생이 사역에 헌신적이라고 물질적 보상을 의미 있게 한다면(외재적 동기화) 교정사역을 돈을 얻기 위한 수단으로 지각할 수 있고 그 결과 교정사역 자체에 대한 흥미가 감소할 수 있다. 이러한 시사점은 특히 교정사역의 효과성을 제고하기 위해서는 사역에서 동기심리의 과학적 적용이 얼마나 중요한가를 반증한다. 그렇지 않고 무조건 영성에만 호소하는 종교적 전략은 영성 외에 다양한 심리적 동기를 가진 직원들에게는 효과가 적기 때문이다.

7. 학습심리학

1) 학습심리의 기본개념

학습이란 환경 속에서 경험을 통한 훈련의 결과로 일어나는 행동잠재력의 영속적 변화를 말한다(Kimble, 1961; 공정식 외, 2009: 137에서 재인용). 가령 A라는 수형자가 B교도관을 볼 때마다 숨는 행동을 보이면 숨는 행동도 교도소 환경 속에서 B교도관과의 경험을 통해 나타난 학습행동인 것이다. 이러한 학습현상은 어릴 때부터 노년에까지 전 생애에 걸쳐 나타난다. 이러한 학습이론에서 교정사역심리론과 관련되는 학습심리이론에는 조작적 조건형성이론과 사회학습이론, 기억이론 등이 있으며 여기에서는 조작적 조건형성이론과 사회학습이론을 중심으로 기술한다.

(1) 조작적 조건형성이론

조작적 조건형성(operant conditioning)이론에는 Thorndike의 이론과 Skinner의 이론이 있다. Thorndike는 퍼즐박스에서 탈출하려는 고양이의 행동을 관찰한 결과 만족스럽지 못한 결과(consequence)를 주는 행동은 점점 줄어들고 만족스러운 결과를 주는 행동은 점점 반복된다는 것을 통해 고양이는 자기에게 유리한 효과(강화)가 나오는 방향으로 행동한다는 것을 효과의 법칙으로 일반화하였다(Thorndike, 1901: 1-109). 따라서 고양이의 행동은 만족스러운 목표를 얻기 위한 도구적 행동으로 보상이 주어지는 행동은 반복된다는 것이다. 따라서 보상의 여부는 오로지 고양이의 능동적 행동에 달려 있다. 유기체의 능동적 행동이 필요하다는 점에서 유기체가 수동적으로 있기만 해도 조건형성이 되는 Pavlov의 고전적 조건형성과 차이가 있

다.[16]

행동주의 심리학자인 Skinner는 그의 초판인 「유기체 행동론(*Behavior of Organism*)」에서 다른 방식으로 통제되는 두 가지 종류의 행동을 반응적(respondent) 행동과 조작적(operant) 행동으로 구분하였다. 반응적 행동은 반응조건화(respondent conditioning)에 의해서만 나오는데 이는 고전적 조건형성으로 불린 것이다(Skinner, 1938).[17] 이에 반해 조작적 행동은 조작적 조건형성에 의해서—가끔 도구적 조건형성으로 불리는— 강화된다(Skinner, 1938). Skinner의 행동주의 핵심 개념은 강화(reinforcement)로 그는 이것을 긍정적(positive) 강화와 부정적(negative) 강화로 나누고 부정적 강화는 처벌(punishment)과 동의어로 간주하였다. Skinner는 이러한 처벌은 종종 인간의 행동을 억제할 수 있지만 이러한 억제는 일시적 효과만 있고 많은 부작용(unwanted)을 가져온다고 하였다(Skinner, 1953). 다시 말해 처벌의 부정적 측면을 강조했고 긍정적 강화—예를 들면 칭찬, 인정 등—가 주어지는 행동은 조건형성이 되어 강화받은 행동을 반복한다는 것이 그의 조작적 조건형성의 핵심적 개념이다. 가령 교도소의 수용자가 보이는 반사회적 행위도 이러한 정적인 보강(강화)을 통해서 없어진다는 것이다. 수용자가 친사회적 행동을 할 때마다 칭찬, 인정, 좋은 처우 등 긍정적 강화를 해 주면 강화받은 행동이 더 많아진다는 것이다.

특히 그는 1971년에 「자유와 존엄을 넘어서(*Beyond Freedom and Dignity*)」에서 그의 조작적 조건형성을 통해 친사회적 행동과 사회적 변화를 바람직한 방향으로 이끌 수 있다고 기술했다. 그는 이 책에서 처벌의 부작용을 설명하고 정적인 보강을 통해 인간행동의 변화와 사회적 환경을 더 좋게 할 수 있다고 주장했다(Skinner, 1971). 다시 말해서 인간의 내면적 자율에 의해 행동이나 사회가 변화하는 것이 아니라 환경의 긍정적(positive) 강화를 통해 인간과 사회환경 등을 보다 나은 상태로 바꿀 수 있다는 논리이다. 가령 교도소에서 수용자들의 행위를 교정하기 위해서는 가능한 처벌을 지양하고 교도소가 바라는 행동을 수용자가 할 때 교도소가 칭찬,

16 가령 Pavlov의 실험에서는 종소리와 고기를 연결시키면 나중에는 종소리만 들어도 침을 흘리듯이 개는 수동적으로 있어도 조건형성이 되었다.

17 Pavlov의 고전적 조건형성에서는 조건자극(종소리)과 무조건자극(고기)을 짝지어 나중에는 종소리만 들어도 침을 흘리는 조건반응이 나오는바 이것이 반응조건화이다.

보다 나은 처우 등의 긍정적 보상이 주어지면 수용자는 교도소에서 부정적 행위가 줄어든다는 논리이다. 사회적으로 적응적 행동을 강화시키게 되면 인간행동의 변화와 현대 사회의 시급한(pressing) 문제도 해결 가능하다는 논리이다.

(2) 사회학습이론

Bandura는 1961년 Bobo인형 실험을 통해 사회적 행동이 관찰과 모방에 의해 얻어질 수 있는가에 대한 연구를 하였다. 그는 스탠포드대학의 양육학교에서 36명의 소년과 36명의 소녀를 대상으로 공격적 모델을 통해 공격성 모방(imitation)이 되는가에 대한 연구실험을 하였다(Bandura, 1961: 576-578). 남성과 여성의 두 성인 어른이 공격적 행동의 모델이 되었고 어른들이 공격적 행동을 통해 유쾌한 결과를 가져오게 한 것을 아이들이 보게 한 실험이었다. 이 실험의 결론은 1953년 Skinner에 의해 주장된 강화가 없어도 타인의 행동을 관찰하는 사회적 모방(social imitation)은 새로운 행동의 획득을 촉진시킨다는 것이었다(Bandura, 1961).

Bandura의 사회학습이론은 개인의 직접적 경험 없이 모방이나 관찰을 통해서 학습될 수 있다는 점에서, 자신의 직접적 경험을 통해서만 학습이 될 수 있다는 고전적 조건형성이나 조작적 조건형성과는 완전히 다른 이론이다. 특히 인간은 상징능력, 모방능력이 강해 직접적 경험 없이도 타인의 행동을 집중 관찰하여—마치 자신이 직접적 강화를 받았을 때와 똑같이— 어떤 행동을 학습할 수 있다. 가령 수용자는 자신이 직접 경험하지 않았음에도 다른 수용자가 어떤 일을 할 때 교도관이 칭찬(강화)하는 것을 주목하게 되고 그 기억이 유지되고 나중에 자신도 그런 행동을 하고 싶다는 동기가 있을 때 자신도 그런 행동(대리학습)을 한다.

Bandura는 관찰학습(사회학습이론)의 인지과정을 4단계로 설명하고 있다. 먼저 주의집중과정(attention process)으로 사람들은 모델의 특징적 행동에 주의를 하지 않으면 학습되지 않으므로 주의집중과정은 모델링의 과정에서 어느 한 가지 측면에 주의를 기울일지 결정하는 과정이다(Bandura, 1977: 6). 그 다음은 기억유지과정(retention process)으로 사람들(관찰자)이 모델의 행동을 기억하지 못한다면 관찰에 의존할 수 없으므로 정보의 암송(rehearsal)을 통해 시각화 또는 언어화와 같은 상징적 형태로 기억한다(Bandura, 1977: 7). 그 다음은 행동재생과정(motor reproduction process)으로 관찰자는 인지적 시연(cognitive rehearsal)을 통해 그의 행동을 모델의 행동과 유사하게 한다(Bandura, 1977: 8). 그 다음은 강화 및 동기화 과정(reinforcement and motivational process)으로 관찰자는 모델의 유능한 수행능력을 보유할 수는 있어도 그 학습이 부정적 또는 비호감적이라면 그 학습된 것은 외부로 활성화되어 나타나지 않는다(Bandura, 1977: 8). 긍정적 유인이 주어질 때 관찰학습은 즉각 행동으로 나타날 수 있다고 주장한다. 그런 점에서 강화(reinforcement)와 동기화의 역할을 강조하고 있다(Bandura, 1977: 7-8). Bandura의 사회학습과정을 그림으로 표시하면 다음과 같다.

[그림 7-3] Bandura의 사회학습과정

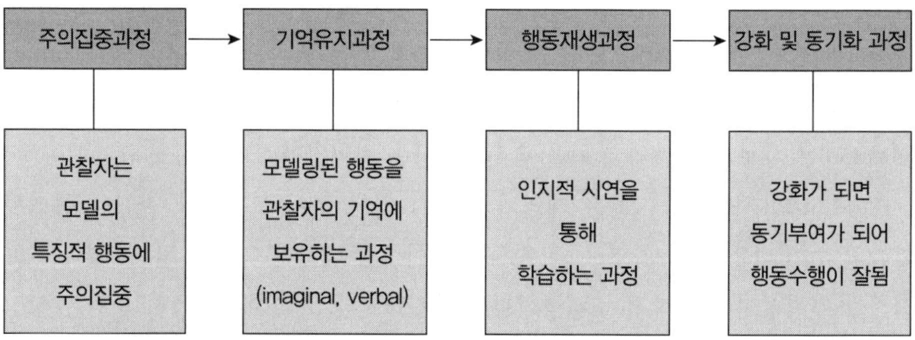

자료: Bandura, 1977: 7-8을 재구성.

따라서 Bandura의 사회학습이론에서는 observation, imitation, modeling, attention, memory, motivation을 강조함으로써 행동주의 심리학과 인지심리학의 특징을 모두 가진 이론으로 평가받고 있다.

Bandura의 사회학습이론을 교도소수용자에게 적용하면 A수용자는 자신과 유사한 특징을 가진 모범수(봉사원)가 교정사고를 잘 범하는 문제수용자에 대해 적절한 제재를 가했을 때 교도관이 그에 대해 칭찬을 하는 강화를 주었다면 A수용자는 칭찬을 받은 모범수의 행동을 주의해서 보게 되고 제재를 가할 때의 특징들을 주목한다. A수용자는 대리강화를 받게 된 것으로 그는 심상적 또는 언어적 이미지로 모델의 그 특징적 행동을 장기기억구조 속에서 보존하는 기억유지과정을 거친다. 따라서 A수용자는 교도소 내에서 문제수용자가 부적절한 행동을 할 때 어떻게 제재하면 되는가를 대리강화를 통해 학습하게 되었고 인지적(마음속)으로 시연과정을 통해 학습과정을 그려보고 재생한다. 다만 A수용자는 모델인 모범수를 통해 문제수용자를 어떻게 제재하는가를 학습했어도 학습된 내용이 바로 행동으로 옮겨져 문제수용자가 나타날 때 모범수처럼 제제를 가하는 것은 아니고 문제수용자를 제제하고 싶은 동기가 있을 때 비로소 대리강화를 통해 학습된 것이 나타나 문제수용자를 제재한다는 의미이다. 따라서 학습된 행동과 실제의 행동 사이에는 그만큼의 간격이 있다.

2) 교정사역 현장에서의 시사점

교정사역 현장에서 학습심리이론을 사용할 때는 교정사역자를 중심으로 세 가지 측면에서 시사점을 알 수 있다. 첫째는 교정사역자가 수용자 등 클라이언트를 대할 때의 측면, 둘째로 교정사역팀 내에서 교정사역팀의 리더가 교정사역직원들을 대할 때의 측면, 셋째로 교도소장, 사회, 교회 등의 사회적 행위자들이 교정사역자를 대하는 관계에서의 측면으로 나누어 고찰할 수 있다.

여기서는 클라이언트에 대한 측면을 중심으로 서술한다. 교정사역자가 수용자들에게 복음을 전도하고 동시에 교화를 하는 교정사역에 있어서 수용자의 문제행동을 바람직한 방향으로 유도하기 위해서는 Skinner의 조작적 조건형성이론과 Bandura의 사회학습이론 및 영적 접근을 포함하는 통합적 접근이 필요하다. 그것은 클라이언트에게는 과학적 학습심리기법에 의한 접근으로 바람직한 행동이 학습되어도 학습된 내용의 지속성을 위해서는 근원적인 영적 접근이 필요하기 때문이다. 그러나 심리적 접근을 무시한 채 인간의 모든 행동은 하나님과 연관되어 있으므로 기도나 회개를 통해서 원하는 행동이 나올 수 있다는 종교적 관점은 교정사역의 과학화를 저해하므로 먼저 학습심리적 접근을 한 뒤 영적 접근을 하는 균형적 관점이 필요하다.

학습심리적 접근에서 수용자의 문제행동을 시정하는 데는 Skinner의 조작적 조건형성의 원리가 유용하게 이용될 수 있다. Skinner의 조작적 조건형성 원리의 핵심은 조성(shaping), 계기적 근사법, 정적(正的) 강화이다. 가령 교정사역자가 담당하는 비행소년이 공부를 하지 않고 나쁜 친구들과 어울릴 때, 이때 최종목표는 그 비행소년이 열심히 공부해서 60점 이상을 받는 것이라면 처음부터 이런 어려운 목표를 제시할 것이 아니라 처음에는 나쁜 친구들만 안 만나도 칭찬 등 보상(강화)을 주고 그 다음에는 수업에 참여하면 칭찬 등 보상을 하는 이런 단계를 계속하다가 시험에서 일정 점수 이상을 받으면 보상을 주는 방법으로 단계적으로 학습시켜 원하는 반응을 얻는 방법이 계기적 근사법이다.

이는 특히 보상에 예민한 소년수용자들의 행동교정에 유리하며 이런 계기적 근사법은 무교수용자가 기독교집회에 헌신적으로 참여하게 하는 목적에도 사용될 수 있다. Skinner의 핵심이론은 바로 정적(正的) 강화이다. 그에 의하면 범죄 등 반사회적 행동도 학습된 것이므로 이런 정적 강화를 활용하면 반사회적 행동의 수정 외에도 보다 나은 사회환경도 만들 수 있다고 하였다. 핵심은 수용자가 교도소나 교정사역자가 바라는 바람직한 행동이 나올 때마다 합당한 보상을 하면 바람직한 행동이 증가된다는 것이다. 그러나 Skinner의 정적 강화에 의한 행동수정도 영속적인 상태는 아니므로 이런 점에서 영적 접근 등 종교적 접근이 보충될 필요가 있다.

Bandura의 사회학습이론은 직접적 강화의 경험이 없어도 수용자가 친사회적 행동을 학습하거나 기독교에 대해 호감을 표시할 수 있다는 점에서 의미가 있다. 모방능력과 상징능력이 있는 인간은 직접 경험이 없어도 타인의 행동을 통해 대리강화를 받게 되면 마치 자신이 직접 강화를 받은 것처럼 그 행동이 학습된다는 것이다. 사회학습에 의해 수용자가 기독교집회에 참여한 적이 없어도 또는 교정사역자의 사역을 받은 적이 없어도 대리학습을 통해 전도될 수 있다는 점에서 교정사역자는 대리학습이 될 수 있는 환경설계에 관심을 가져야 한다. 물론 사회학습에 의해 형성된 학습도 영속성이 있는 것이 아니므로 영적 접근에 의해 보완되어야 한다.

8. 편견심리

1) 기본이론

(1) 개념

Allport는 편견을 현실적 경험을 하지 않거나 현실적 경험에 기초함이 없이 사람 또는 사물에 대해 가지는 좋은 또는 나쁜 감정으로 정의하였다(Allport, 1979: 6). 1954년에 Allport는 「편견의 특성(*The Nature of Prejudice*)」에서 편견을 범주적 사고와 연관시켰고 편견은 인간에게 있어서는 자연스럽고 정상적인 과정이라고 주장했다. 그에 의하면 사람들은 범주 내에서만 사고하기 마련이고 일단 범주가 형성되면 범주는 선입관의 기초가 되어 이런 과정을 피할 수 없다고 하였다(Allport, 1954).

Aronson 등은 이러한 편견이 인지적 측면, 정서적 측면, 행동적 측면으로 구성되었다고 하였다(Aronson *et al.*, 2010). 인지적 측면은 개인의 특정한 고착된 신념에 의해 타인이나 외부집단에 가지는 편견으로 고정관념적 성격을 가진다. 가령 특정 인종, 특정 지역출신에 대해 가지는 인지적 태도로 중요한 것은 이런 인지적 측면은 잘 변화되지 않는다는 것이다. 정서적 측면은 그러한 신념에 그치지 않고 감정과 연결되는 것이며 행동적 측면은 그러한 믿음이 타인 또는 외집단에 대해 외형적 행동으로 표출되는 것이다.

(2) 편견의 이론

① 외집단 동질성 효과

Quattrone과 Jones가 프린스턴대학교와 경쟁관계인 럿거스(Rutgers)대학교의 학생들을 대상으로 한 실험연구에서 외집단(out group)은 내집단(in group)보다 유사성이 매우 강하다는 것을 밝혀냈다(Quattrone and Jones, 1980). 여기서 내집단은 자신들이 속해 있는 집단이고 외집단은 자신들이 속해 있지 않은 집단을 말한다. 외집단 동질성 효과(The-out-group homogeneity effect)는 결국 사람들은 자신이 속한 내집단은 다양성이 많지만 자신들이 속하지 않은 외집단은 다양성이 매우 낮아 동질성 또는 유사성이 매우 강하다고 여기는 데서 오는 편견을 말한다. 이 이론은 우리나라의 지역감정에 근거한 편견을 잘 설명한다. 가령 ㅇㅇ도에서 우연히 강력 사건이 발생하면 네티즌들은 그 특정 사건에서 보인 사람의 특징이 그 지역의 모든 사람들이 가졌다고 왜곡된 평가를 하는 것이 대표적인 외집단 동질성 효과에 의한 편견이론이다. 따라서 무조건 특정 지역민들에 대한 왜곡된 평가를 하게 되는 편견을 가진다는 이론이다.

② 정당화-억제모델

Crandal과 Eshleman에 의해 만들어진 정당화-억제모델(justification-suppression)은 보통 사람들은 편견을 나타내려는 욕구와 긍정적 자아관념(positive self-group) 사이에서 갈등이 생기는데, 사람들이 외집단에 대한 혐오에 기해 행동하면 인지부조화(cognitive dissonance)에 의해 그들 자신들에 대한 부정적 감정을 피하려고 정당화를 택한다는 것이다(Crandal and Eshleman, 2003).

이 이론은 개인 내 편견에 관한 인지적 일관성 이론을 의미한다. 사람들은 자신들이 과거에 가졌던 기존의 성향에 맞추어 자신의 인지와 태도를 가져야 인지부조화에 따른 불편한 감정을 피할 수 있다는 것이다.

③ 현실적 갈등이론

Sherif 등은 도적동굴(robbers cave)실험에서 두 캠프집단이 상을 타기 위한 경쟁관계일 때는 타 집단에 대한 부정적 편견이 생겼으나 두 집단이 공동의 목적을 달성하기 위한 관계일 때는 악의가 줄어들었다고 한다(Sherif, Harvey, White, Hood, and Sherif, 1988). 따라서 물질적 자원을 둘러싼 집단 간 갈등을 편견의 원인으로 보는 이론이다.

④ 통합위협이론

이는 Stephan 등에 의해 발전된 이론이다(Stephan *et al.*, 2000: 63-73). Stephan 등은 통합적 위협을 현실적 위협(realistic threats), 상징적 위협(symbolic threats), 집

단 간 불안(intergroup anxiety), 부정적 고정관념(negative stereotypes)으로 나누었다. 현실적 위협은 소득 또는 자연적 자원에 대한 경쟁에서 오는 위협을 말하고, 상징적 위협은 문화적 차이에서 오는 것으로 가령 외집단의 종교를 자신들 집단과 양립할 수 없는 것으로 인식하는 데서 오는 위협이다.

⑤ 사회지배이론

사회지배이론은 지배계급이 부족한 자원을 다른 집단들과 다투는 과정에서 제한된 자원에 대한 불만을 터뜨리는 다른 집단들에 대한 우월적 지위를 정당화시키는 수단으로 합법적 신화인—가령 차별적 고용관습— 편견을 만든다는 것이다(Sidanius *et al.*, 1996: 476–490). 가령 지배계층은 동일한 노동을 제공함에도 국내인과 외국인의 임금구조가 차별적인 문화—가령 국내인의 생산성이 높다든지—를 만들어 우월적 지위를 강화한다는 개념이다.

(3) 편견감소방법

편견감소에 가장 전통적인 주장은 접촉가설이다. Stephan은 접촉가설에서 고정관념과 일치하지 않는 외집단과 자주 만나면 고정관념이 수정될 수 있다면서 접촉의 효과성을 높이는 요소들로 상호 의존성, 공동의 목표, 동등한 지위, 정보의 교환과 접촉, 평등에 대한 사회적 규준을 들고 있다(김청자 외, 2002: 311). 오늘날 널리 통용되는 접촉가설은 다른 집단 외에 동일집단 내 세대 간에도 적용되고 있다. Caspi는 세대 간의 통합연구에서 어린이들이 매일 노인들과 접촉하는 경우에는 그들에 대해 매우 적극적 태도를 가지지만 이와 반대로 그런 접촉이 없는 아이들은 노인들에 대해 썩 좋지 않은(indifferent) 태도를 보였다(Caspi, 1984: 74). 그의 연구는 세대 간의 접촉이 편견의 해소와 상호 이해의 증가에 중요함을 보여준다. Oskamp는 편견과 차별을 줄이는 데에는 법, 규정, 널리 통용되는 규범이 가장 강력한 방법이라고 하였다. 또한 매스컴의 영향력 과정—규범적(normative)이든 비공식적이든—, 집단 간 또는 개인 간의 영향을 미치는 과정, 개인적 특성을 수정시키기 위한 심리적 치료접근을 들고 있다(Oskamp, 2000: 5).

그러나 기존의 편견이론은 상징폭력에 의해 생기는 상징편견을 간과하고 있다.

따라서 편견을 줄이는 방법은 단순한 접촉만으로는 안 되고 상징폭력의 해체가 필요하다.

2) 교정사역 현장에서의 시사점

교정사역에서 편견심리는 네 가지 측면에서 의미를 가진다. 첫째는 교정사역자가 수용자 등 주변부 사람들에게 가질지 모르는 편견의 문제로 인한 교정사역적 문제, 둘째로 무교 등 기독교 불신자들과 수용자들이 기독교에 대해 가지는 편견의 문제에 대해 어떻게 그런 편견을 해소시키느냐의 문제, 셋째로 교정사역홍보에 있어서 교회신자들이나 교회지도자, 일반인들이 교정사역에 대해 가지는 편견의 문제, 넷째로 교정사역자들은 수용자들 중에서 편견으로 생긴 증오범죄 등 편견범죄에 대해 어떠한 사역적 기법을 가지고 대처하느냐의 문제이다.

교정사역자는 어떤 경우에도 수용자, 전과자 등에 대한 편견을 가져서는 안 되며 이는 성서에도 나온다.[18] 그러나 실제로 일반사회의 목회자든 교정사역자든 정도의 차이는 있지만 편견을 갖고 있기 마련이다. 특히 교정사역자는 수용자를 처음 대할 때 편견을 갖고 있는 것이 수용자에게 인지된다면 교정사역이 저해될 수 있으므로 수용자에 대한 편견을 줄여야 한다. 교정사역자가 수용자에 대해 편견을 줄이는 방법에는 성경적 방법과 동시에[19] 심리적 방법을 원용해야 한다. 개인적 편견은 사회문화적 학습의 결과이거나 인지적 문제이므로 초기의 사회화를 바꾸거나 인지적 오류에서 벗어나고 동시에 수용자 등 클라이언트와 대등한 지위에서 진정성 있는 접촉이 증가되는 방향으로 나가야 한다. 또한 왜곡된 상징편견에서 벗어나기 위해

18 사회적 지위로 인한 편견(마가복음 6:3, 야고보서 2:2–4), 개인적 편견(창세기 25:27, 28), 사상적 편견(사도행전 17:18), 외모로 인한 편견(사무엘상 17:42) 등이 있고 편견의 특징으로 우월의식(사도행전 11:2), 편협(누가복음 9:49, 50), 독선(이사야 65:5, 마가복음 2:16), 미움(사도행전 7:54) 등이 있다. 편견을 갖지 말아야 할 이유로 하나님은 모든 자의 하나님이며(로마서 3:29) 하나님이 금지하였으며(사도행전 10:28, 29) 하나님께서 모든 사람을 차별 없이 창조하셨기 때문이며(창세기 12:7) 장차 모두 하나님의 심판대 앞에 설 것이기 때문이다(로마서 14:10).

19 그리스도의 영으로 판단함(고린도후서 3:14–17), 하나님을 두려워하는 마음으로 행함(역대하 19:7), 소문으로 판단하지 않음(고린도후서 13:1, 2), 인간은 불완전하다는 사실을 인정(열왕기상 3:7).

서는 사회의 그릇된 상징폭력에 세뇌되지 않도록 상징 리터러시(literacy) 능력이 함양되어야 한다. 가령 사형제의 존폐론에서 강요하는 각각의 상징형성 및 상징우상, 그리고 응보주의적 상징—수용자들은 교활하고 재범 가능성이 많으므로 철저한 교육과 엄벌로 대해야 사회가 안전하다는 상징—에 세뇌되어서는 안 된다. 상징세뇌는 고착된 편견을 초래해 교정사역을 저해하기 때문이다. 또한 수용자의 지위—대통령이었든 노숙자였든—에 따른 차별적 편견은 지양되어야 하지만 잘 안되는 부분으로 한국 교회의 자본적 특성을 보여주고 있다.

또한 무교수용자 등이 교회에 가지는 편견—십일조 등 교회의 상업화, 언론에 보도되는 일부 목사들의 각종 범죄, 교회의 파벌싸움 등등—에 대해 교정사역자는 성서적 방법 이외에도 편견심리이론에 입각해 그들의 잘못된 사회인지와 학습을 교정해야 하고 이를 위해 적절한 접촉이 있어야 한다. 또한 교회신도들이 교정사역에 대해 가지는 편견에 대해서는 심리적 방법보다 성서적 방법에 의해 편견을 줄여 교정사역자원의 확보에 도움이 되도록 해야 한다.

9. 발달심리

1) 발달심리의 기본이론

교정사역심리와 관련한 발달심리이론에는 인지발달, 도덕발달, Erikson의 발달이론 등이 있는데 여기에서는 이들을 중심으로 살펴보기로 한다.

(1) 인지발달

Piaget는 인간이 인지발달이 되어 가는 두 가지 중요한 측면으로 동화(assimilation)와 조절(accommodation)을 들었는데 동화란 자기가 이미 가지고 있는 인지구조에(pre-existing cognitive structures) 맞추어 사물을 해석하고 적용하는 과정이고, 조절이란 환경(사물)으로부터 어떤 것을 수용하기 위해(자기가 이미 가지고 있는) 인지구조를 바꾸는 과정을 말한다고 하였다(Huitt and Hummel, 2003). 이런 동화와 조절의 과정을 통해 인지가 발달되는데 가령 유아는 계급장을 달고 제복을 입은 사람에 대해 이미 '교도관'이라는 이해의 틀이 있다면 그 유아는 계급장을 단 제복 입은 사람을 보면 모두 교도관으로 인지하는 것이 '동화'의 개념이다. 어느 날 교도소에 모자 쓰고 계급장을 단 경찰이 왔을 경우에는 기존의 이해의 틀로는 사물이 해석되지 않으니 이때는 인지구조를 바꾸는 것이 조정이다. 가령 계급장과 모자가 있는 사람은 경찰로, 계급장만 있는 사람은 교도관으로 인지하는 것이다. 이런 두 과정은 보통 동시에 또는 교대로 발생하는데, Piaget는 인지발달을 스키마(schema)로 설명하고 보다 복잡한 행동을 달성하기 위하여 스키마들은 점차 복잡하게, 일반적인 것에서 특수한 것으로 위계구조를 갖추게 된다고 하였다(Huitt and Hummel, 2003).

가령 아동(child)은 어릴 때는 계급장이 있는 제복 입은 사람을 처음에는 모두 교도관이란 스키마에 집어넣었으나 점차 조정의 과정을 통해 계급장이 있는 제복 착용자에는 경찰, 군인, 소방관 등 새로운 스키마가 수없이 생겨나고 복잡해지면서 인지발달이 된다는 의미이다.[20] 또한 군인이란 단순한 일반적 스키마에서—그 전에는 모두 같은 계급으로 스키마가 되었으나— 나이가 들수록 계급차이에 따른 스키마가 형성된다는 뜻으로, 수많은 스키마들이 분화, 확대, 통합되면서 인지가 발달되어 간다는 의미이다. 동화와 조절 및 스키마의 교정사역적 의미는 수용자 등의 클라이언트가 교정사역자나 기독교에 대해 가지는 스키마의 형성이 중요한바, 이에 대해서는 후술한다.

Piaget는 이러한 인지발달을 4단계로 나누었는데, 감각운동기(sensorimotor stage), 전 조작기(pre-operational stage), 구체적 조작기(concrete operation stage), 형식적 조작기(formal operational stage)로 나누었다(Huitt and Hummel, 2003). 감각운동기에는 7개월 무렵에 사물의 영속성을 획득하고 감각운동기 끝에는 약간의 언어적 상징능력을 갖는다(Huitt and Hummel, 2003). 여기서 교정사역과 관련해서 주요한 의미는 유아가 7개월 무렵에 사물의 영속성을 획득한다는 것이다. 가령 처음에는 어머니수용자가 자기 옆에 없으면 없어진 줄 알지만 나중에는 잠시 옆에 없어도 어머니수용자가 존재한다는 사실을 안다는 것으로 이는 대동유아기간과 관련해

20 가령 교도관, 군인, 경찰이 모두 계급장이 있는 제복을 입었으나 각각의 특색에 따라 다른 스키마들을 형성해 가고 이 과정을 통해 인지가 발달한다는 뜻이다.

시사점을 준다. 이 부분에 대해서는 후술한다.

전 조작기 단계에서는 상징의 사용력이 생기나 사고는 비논리적이고 자아중심적 사고가 우세하다. 구체적 조작기에서는 보존개념(conservation)이 생기고 논리적 지능이 생기며 자아중심적 사고는 감소한다(Huitt and Hummel, 2003).[21] 형식적 조작기에는 추상적(abstract) 사고와 관련되는 상징의 논리적 사용도 가능하지만 초기에는 자아중심적 사고로 돌아가기도 한다(Huitt and Hummel, 2003).

(2) 도덕발달

Piaget는 도덕발달을 인지발달과 유사하게 보았다. 4~7세 사이의 유아들이 가지는 타율적 도덕성(heteronomous morality) 단계에서는 도덕적 규칙은 불변인 것으로 믿었고, 7~10세 사이의 아동들은 게임의 규칙을 배우지만 이런 게임의 규칙들은 여전히 불변(unalterable)인 것으로 믿고 있으며 10세 무렵 시작되는 자율적 도덕성(autonomous morality) 단계에서는 공식적 게임의 룰도 변화될 수 있다는 것을 알게 된다고 하였다(Lotfabadi, 2008: 35). 따라서 타율적 도덕성 단계에서는 도덕은 누구나 절대적으로 준수해야 하는 것으로 알고 자율적 도덕성 단계에서는 스스로 도덕의 의미를 찾는 단계이다.

Kohlberg는 도덕발달을 도덕적 판단의 근거에 따라 전 인습적 단계(pre-conventional reasoning), 인습적 단계(conventional reasoning), 후(後) 인습적 단계(post-conventional reasoning)로 나누었다. 전 인습적 단계에서는 아직 도덕적 가치가 내면화되지 않고 벌과 보상에 따라서 도덕적 판단을 한다(Lotfabadi, 2008: 36). 인습적 단계에서는 부모 등 타인들과 법에 의해 도덕적 판단을 하고, 후 인습적 단계에서는 타인의 규범에 의존하지 않고 다양한 도덕적 과정들을 인식한다(Lotfabadi, 2008: 36). 따라서 전 인습적 단계에서는 처벌을 피하고 보상(reward)을 얻기 위한 수단으로 도덕을 지킨다. 인습적 단계에서는 사회규범과 부모 등 타인들의 규범에 따라 행동을 한다.

---

21 여러 측면을 볼 수 있는 보존개념은 이때부터 생기게 되어 지각우위판단을 하지 않는다. 가령 나무박스와 야구공은 사실 같은 무게인데 전 조작기에서는 지각우위판단으로 나무박스가 무거운 줄 안다.

(3) Erikson의 발달이론

E. H. Erikson은 1982년에 심리 · 사회적 발달에 관한 8단계론을 발표했다. 그러나 8단계에 대한 비판이 있자 1997년의 확장판에서 Joan M. Erikson이 1단계를 추가하여 발달단계를 9단계로 분류하였다(Erikson and Erikson, 1998: 105-114). 그러나 여기에서는 전통적인 8단계이론을 살펴보기로 한다. Erikson의 1982년 심리 · 사회적 8단계론은 다음과 같다.

표 7-1 Erikson의 심리 · 사회적 발달단계

발달단계	심리 · 사회적 위기
제1단계 영아기(0~2세)	기본적 신뢰감 대 기본적 불신
제2단계 유아기(2~3세)	자율성 대 수치심
제3단계 놀이시기(3~5세)	주도성 대 죄의식
제4단계 학교시기(6~12세)	근면성 대 열등감
제5단계 청소년기(12~18세)	자아정체감 대 역할혼란
제6단계 청년기(19~35세)	친밀감 대 고립감
제7단계 장년기(35~65세)	생산성 대 침체성
제8단계 노년기(65세 이상)	자아통합 대 절망감

자료: Erikson, 1982: 32-33; 부영호, 2006: 26에서 재인용.

2) 교정사역 현장에서의 시사점

Piaget의 인지발달에서 감각운동기는 0~2세까지인데 감각운동기의 특징은 사물의 영속성을 획득하는 단계이므로 이런 영속성에 혼란을 주게 되면 유아발달에 해가 된다. 그런데 우리나라의 형집행법에서는 여자수용자가 유아를 18개월까지만 교도소에서 데리고 있을 수 있어(대동유아) 18개월이 지나면 집이나 사회복지기관으로 보내지게 된다. 따라서 18개월이 되면 강제적으로 국가에 의해 집 또는 사회복지기관 등에 보내지므로 유아가 가진 어머니에 대한 사물의 영속성에 큰 장애를 가져와 유아에 혼란을 주게 되는 문제점이 있다. 사물의 영속성에 의해 유아는 어

머니가 잠시 옆에 없어도 어머니수용자가 계속 옆에 있을 것이라는 영속성이 있는데 집 또는 사회복지기관에 보내진 유아는 이런 영속성이 깨지는 경험을 하게 되어 결국 애착불안으로 연결된다. 따라서 교정사역자는 대동유아제도의 문제점으로 사물의 영속성에 혼란을 겪는 유아를 위해 미시적으로는 유아를 데리고 접견을 자주 가서 영속성의 유지를 해 주고 거시적(제도적)으로는 현행 대동유아제도의 아동인권침해적 요소의 시정을 건의할 수 있어야 한다.

또한 Piaget의 인지발달이론에서 스키마의 발달과 관련하여 초기의 경험이 중요하므로 교정사역자는 자기가 담당하는 10대 초반의 보호(비행)소년이나 소년원생이 기독교, 성경, 사회규범, 법 등에 대한 적절한 스키마가 형성되고 다양한 인지적 자극을 통해 동화와 조절이 이루어지도록 해야 한다. 10대 때는 종교적 사회화 등이 그가 경험하는 스키마의 동화와 조절작용 여하에 의해 결정되기 때문이다. Erikson이 영아기의 특성으로 본 기본적 신뢰 대 기본적 불신은 2세까지 영아가 부모에 대한 기본적 신뢰가 형성되지 않으면 불신이 생긴다는 것으로 이런 불신은 그 후의 모든 발달과정에 부정적 영향을 미친다. 따라서 교정사역자는 교도소에 대동유아된 유아가 어머니와 세상에 대한 신뢰를 갖는 환경조성에 관심을 가져야 한다.

Erikson의 이론은 특히 소년원과 교도소에 있는 수용자 및 그들의 가족이나 피해자에 대한 교정사역에서 중요한 시사점을 준다. 특히 소년원의 원생들은 Erikson의 발달단계 중 청소년기로 자아의 정체성에 대해 크게 혼란을 겪는 시기이므로 이때 이들에 대해 기독교적 영성을 통해 정체성의 위기에서 벗어나게 할 필요가 있다. Erikson은 종교를 자신의 발달이론에 근거해 이해했기 때문에 종교의 역할도 인간의 성장에 영향을 미칠 수 있다고 보았다(부영호, 2006: 45).[22] Erikson이 분류한 청소년기와 장년기의 단계에서의 부정적 특징인 고립감과 정체성이 교도소수용자들에게 두드러지므로 교도소수용자는 심리적 · 세속적 측면과 영성적 측면에서 이들을 지원해야 한다. 특히 교도소의 중년수형자는 위기요인이 많으므로 교정사역자는 클라이언트 특성에 맞는 개입을 하고 Adams의 성경적 방법 등 종교적 상담

22 Erikson은 심리 · 사회적 발달단계에 여덟 덕목(희망, 의지, 목적, 능력, 성실, 사랑, 돌봄, 지혜)을 연계하였다(부영호, 2006: 47). Capps는 이런 Erikson의 여덟 덕목에 상응하는 악덕을 그리스도교의 칠대 악덕에서 찾아 죄의 개념을 미성숙의 악덕으로 표현하고 악덕을 Erikson의 덕목들과 연계시켜 사목적 접근을 시도하고 도덕적 상담가로서의 사목기능을 주장하였다(김영민, 1995: 30-31; 부영호, 2006: 47에서 재인용).

도 병행할 필요가 있다. 특히 노년기에는 자아통합에 실패하면 절망감이 생긴다는 게 Erikson이론인데 교도소의 노인수용자들은 대개 자아통합에 실패한 자들이므로 교정사역자들은 이들의 절망감을 기독교적 영성 등 회심을 통해 하나님으로 통합이 되게 하는 사역이 필요하다. 또한 심리적 측면에서는 미술치료 등의 통합적 치료를 통해 심리적 지원이나 개입을 하여야 한다.

10. 적응심리학

1) 적응심리의 기본이론

적응심리학의 기본이론 중에서 교정사역과 관련된 것에는 갈등이론, 스트레스이론, 방어기제, 이상행동에 대한 심리치료 등이 있다. 여기서는 이들을 중심으로 살펴보기로 한다.

(1) 갈등의 종류

Lewin은 갈등의 유형을 접근-접근갈등(approach-approach conflict), 접근-회피갈등(approach-avoidance conflict), 회피-회피갈등(avoidance-avoidance conflict)으로 유형화하고 접근-회피갈등은 긍정적 유인가(positive valence)와 부정적 유인가(negative valence)가 경쟁적 힘(competing forces)을 가질 때 느끼는 갈등이라고 하였다(Lewin, 1935). 그리고 Lewin은 접근-회피갈등의 발생의 힘에 영향을 미치는 요소로 유인가의 크기(magnitude of valence), 긴장의 정도(state of tension), 심리적 거리(psychological distance)를 들고 있다(Lewin, 1935). 접근-접근갈등은 두 대상이 모두 긍정적 요소(reward)일 때 느끼는 갈등이다. 회피-회피갈등은 부정적 요소(punishment)가 동시에 2개 제시될 때 느끼는 갈등으로 갈등이 해결되지 않을 때는 일시적 도피를 하기도 한다. 이러한 갈등이 제대로 해결되지 못하면 스트레스나 욕구좌절의 원인이 될 수 있다. 교정사역 현장에서 교정사역자는 Lewin이 말하는 다양한 갈등을 경험하는데 이는 수용자도 마찬가지이다. 가령 수용자는 교도소종교집회 중에 기독교총집집회에 가고 싶은 욕구가 강하지만 그 강한 정도만큼 또 다른 종교집회에도 가고 싶을 때 어느 한쪽의 선택에서 갈등을 느끼는 것이 접근-접근갈등이다. 무교수용자가 기독교교리에 호감을 느껴 기독교총집집회에 나가고 싶지만 그 목회자에 대해 부정적 감정을 느껴 망설일 때 느끼는 갈등이 접근-회피갈등으로 갈등의 유형 중에서 해소가 가장 어렵고 선택갈등이 장기간이 되면 신경증 같은 정신병적 증세와 스트레스의 심화를 가져온다. 또한 수용자가 교육프로그램에는 나가기 싫고 나가지 않으면 벌점을 받게 되어 이것도 싫을 때 느끼는 갈등이 회피-회피갈등이다.

Lewin의 분류는 개인 내적 갈등이며 갈등은 그 외에 개인 간의 갈등, 개인과 조직 간의 갈등 등 복수당사자 간 또는 복수기관 간 또는 개인과 조직 간의 갈등 등 여러 형태가 있다. 갈등은 반드시 역기능만 있는 것은 아니며 갈등의 존재로 인하여 교정사역조직의 문제점을 알게 해 주어 발전의 계기가 되기도 하는 순기능도 있다. 따라서 교정사역자는 이런 갈등의 역기능을 순기능화시킬 수 있어야 한다. 갈등은 반드시 존재하는 필연적 현상이기 때문이다.

(2) 방어기제

① 개념

방어기제란 수용할 수 없거나 해로운 자극에서 유래되는 불안을 줄이기 위해 나온 무의식적 심리적 과정이라고 한다(Schacter, 2001: 482-483). Anna Freud는 본능적 자아(원초아, id)의 충동적 욕망을 수용 가능한 모습으로 변화시키는 과정 또는 이러한 이드(id)의 충동적 욕망을 의식적 또는 무의식적으로 봉쇄하는 것을 방어기제로 설명하였다(Freud, 1937). 이러한 방어기능은 역기능만 있는 것이 아니라 순기능적 측면도 있다.

② 종류

방어기제의 종류에는 Freud의 분류가 있는데 그의 딸 Anna Freud는 Freud의 분류에 이타주의와 공격자에의 동일시를 방어기제에 추가하였다. 또한 Valliant의 분류도 있다. 「정신질환의 진단 및 통계편람」 3판(DSM-Ⅲ-R)에 규정된 자아방어기제의 종류는 정신병적, 미성숙, 신경증, 성숙된 방어기제의 4단계로 구분되고 있으며 이에 관한 자세한 내용은 다음의 〈표 7-2〉와 같다.

표 7-2 방어기제의 종류(DSM-Ⅲ-R)

범주	방어기제
정신병적(psychotic) 방어기제	부인(denial) 왜곡(distortion)
미성숙된(immature) 방어기제	수동적 공격성(passive aggression) 행동화(acting out) 해리(dissociation) 투사(projection) 자폐적 환상(autistic fantasy) 실망(devaluation) 이상화(idealization) 분열(splitting)
신경증(neurotic) 방어기제	주지화(intellectualization) 유리(isolation) 억압(repression) 반동형성(reaction formation) 전위(displacement) 신체화 장애(somatization) 취소(undoing) 합리화(retionalization)
성숙된(mature) 방어기제	억제(suppression) 이타주의(altruism) 유머(humor) 승화(sublimation)

자료: Vaillant, 1994: 45.

그러나 위에 제시된 방어기제 외에도 일반적으로 퇴행(regression), 동일시(identification), 용인(tolerance), 보상(compensation), 백일몽, 감정적 자부(emotional self-sufficiency) 등이 있다. 여기에서는 교정사역과 특히 관련되는 방어기제를 중심으로 살펴본다.

ⅰ) 부인과 왜곡

부인(denial)은 불편한 정보나 환경을 부정하여 불안에서 벗어나려는 방어기제이다. 1심에서 높은 형을 선고받은 미결수가 판사가 선입관에 의해 재판했거나 법령 적용의 오해가 있었다고 믿고 2심에서는 바로 잡힐 것으로 생각하여 1심 선고로 인한 불안에서 벗어나고자 하는 마음이지만 일시적 안정에 불과해 불안은 여전히 존재한다. 부인은 제3자에 대해서도 발생한다. 아내가 외도해 민사소송에 걸렸다는 소식을 들은 남편이 아내의 외도를 부정하고 오해에서 비롯된 것으로 생각해 불안으로부터 도피하려는 마음이다.

ⅱ) 수동적 공격화

가령 수용자가 교도관에 대한 불만이 있을 때 직설적 표현 대신 간접적으로 자신의 공격성을 전달하는 것이다. 이때 수동적 공격성은 상대방이 그것이 공격성의 하나임을 알게 하는 데 특성이 있다. 수용자가 교도관의 지시에 묵묵부답하거나 말을 되받는 것이 그 예이다. 수동적 공격화에는 그 밑에 맥락이 내재된 경우가 있으므로 교정사역자는 맥락에 대한 이해력이 있어야 한다.

ⅲ) 투사

투사는 자신의 동기나 불편한 감정을 타인에게 돌려 불안과 죄책감에서 벗어나는 것이다(권석만 외, 2002: 394). 수용자가 자신이 교정사고를 친 것은 불친절하고 관료화된 교도관 때문이라는 식의 책임회피이다. 이를 통해 죄책감에서 벗어나려는 것으로 보통 외적 귀인화와 연결되며 자존심이 일시 유지될 수는 있다. 특히 미성숙된 수용자나 교활한 수용자에게 많이 발생한다.

ⅳ) 이상화와 실망

이상화란 자신이 중요하다고 여기는 대상을 절대적으로 이상화시킴으로써 자신도 편안한 마음을 갖는 현상을 말한다. 가령 사회에서 목회자들의 비리가 보도되어도 수용자는 자신이 참여하는 종교집회의 교정사역자는 절대로 비리를 저지르지 않고 오로지 하나님 말씀대로 사역하여 최고의 사역자로 평가받는 사람으로 믿는 것을 말한다. 특히 이상화는 소년수용자 등 어린 사람이나 미성숙된 성인에게 나타난다. 실망은 이상화한 대상이 사실은 그렇지 않을 때 나타나는 현상이다. 가령 자신이 다니는 교회의 목회자만은 정말로 청렴한 사람으로 알고 그를 동일시했지만 그 목회자가 사실은 그렇지 않다는 객관적 정보를 얻게 되면 탈이상화되면서 실망(격화)하는 현상이다. 이때 실망에 따른 분노의 감정은 극단적이 될 수도 있고 인지적 부조화로 인한 고통이 있게 된다.

ⅴ) 주지화와 억압

주지화란 고통스러운 감정을 나타내지 않고 객관화시켜 이성적으로 인지화시키는 방어기제이다. 가령 여성수용자가 교도소에서 심각한 성추행을 당한 사건을 출소 후에 친구들에게 차분하게 남의 이야기처럼 이성적으로 이야기하는 것이 그 예이다. 그 여성이 가진 내부의 큰 고통이 감정적으로 이입되지 못하도록 인위적으로 차단하여 마치 제3자가 말하는 것처럼 이성적 · 지적 작용으로 내면의 트라우마에 대처하는 것이다. 그러나 감정적으로 분노는 표출되지 않았지만 내면에 깊이 남아 있게 된다. 억압은 수치스러운 생각, 고통스러운 기억을 의식 수준 아래로 밀어내는 반응이다(권석만 외, 2002: 395). 수용자가 교도소에서 추행당했던 사건을 억압하여 자아의 불편함을 막고자 하는 것이다.

ⅵ) 반동형성과 퇴행

반동형성은 정반대로 감정을 표현하는 것이다(권석만 외, 2002: 393). 가령 교정사역자가 출소자를 교회에 소개해 그가 교회직원이 되었을 때 그 직원이 자신을 험담한 것을 알게 되어 분노가 치밀어 올랐지만 그런 것을 교회담임목사 앞에서 드러내지 않고 오히려 반대로 그 직원을 칭찬하는 경우이다. 반동형성을 하는 이유는 자신의 분노의 감정이 들킬 경우 여러 부정적 반응이 예상되므로 그런 불안에서 벗어나 오히려 대립물—분노의 대립인 칭찬—에 속감정을 왜곡해서 나타내는 것이다. 반동형성은 반동형성을 하는 자가 그것을 하고 있다는 사실을 알기 때문에 내적 갈등이 생길 수 있다.

퇴행은 가령 수용자가 여러 이유로 어렸을 때의 미성숙한 행태를 보이는 경우로 직면한 불안을 해소하려는 방어기제이다. 중년의 수용자가 갑자기 교정사역자 앞에서 어린아이처럼 펑펑 우는 경우이다. 퇴행의 이유로는 관심받고 싶어 하는 경우도 있고, 특정한 자원이나 혜택을 받기 위한 수단으로 활용되기도 한다. 퇴행은 주로 자신이 편하다고 생각하거나 부모처럼 힘 있는 사람 앞에서 행해질 때가 많다.

ⅶ) 전위(치환)

전위(치환)는 가령 수용자가 교도소장에게 화가 많이 났을 때 교도소장은 너무 강력한 존재이므로 그에게 분노를 표시하는 대신 만만한 동료수용자에게 화풀이하는 경우를 말한다. 치환된 공격은 보통 힘이 약한바, 그것은 동료수용자는 실제 분노의 대상이 아니라는 것을 자신이 알기 때문이며 때로는 인지부조화로 고통을 받기도 한다. 문제는 치환이 발생해도 원래 분노의 대상에 대한 앙금은 남아 있어 내적 불안과 갈등은 계속된다. 때로는 수용자가 자신의 분노를 교정사역자에게 치환할 때도 있는데 이때 교정사역자가 그가 평소 존경하는 목사라면 이때의 치환은 자신이 직면한 문제에 대해 들어달라는 호소의 수단이 될 수 있다. 따라서 교정사역자는 수용자가 보이는 방어기제의 성격과 그 밑에 깔린 맥락을 이해할 수 있는 감수성이 있어야 한다.

ⅷ) 합리화와 억제

합리화란 자신의 불만스런 감정이나 행동의 원인을 내적 귀인(자기 탓)하지 않고 외적 귀인(남의 탓)하여 자신의 자존심을 유지하려는 방어기제이다. 가령 수용자가 검정고시에 실패한 원인을 시험출제의 난이도가 잘못되었다는 식으로 외적 귀인하는 것을 말한다. 합리화는 성숙된 사람이나 미성숙된 사람 모두에게 나타나지만 성숙된 사람은 합리화를 해도 자신의 마음속에서는 자신의 합리화가 잘못된 태도임을 안다는 점에서 미성숙된 자의 합리화와 다르다.

억제(suppression)는 억압(repression)과 달리 의식적 수준에서 잊으려는 노력이다. 억압은 무의식적 차원이다. 억제는 감정을 의식적 수준에서 눌러 더 이상 나가지 못하게 하는 것이다. 수용자는 여성자원봉사자에 대해 호감이 있지만 그것을 표현하면 유부녀가 곤란해지는 것을 알기 때문에 의식적으로 그런 감정을 눌러 자제하는 것이 억제이다.

이에 반해 억압은 가령 어릴 때 어머니를 흠모한 것은 수치스러운 기억이므로 무의식 속에 집어넣는 것이다.

ⅸ) 이타주의, 승화, 동일시

Vaillant가 들고 있는 이타주의(altruism)는 가령 자신이 불편한 감정이 들 때마다 친사회적 행동을 하는 것을 말한다. 수용자 김○○는 이번에 가석방 심사대상에서 제외된바, 이와 반대로 자신보다 교정성적이 낮고 사이가 안 좋은 동료수용자가 가석방이 되었을 때 분노의 마음이 들었지만 그는 이런 분노를 연소시키는 방법으로 오히려 몸이 아픈 장애인수용자를 헌신적으로 간호하였는데 이것이 이타주의적 행동이다. 이에 대해 Anna Freud는 이런 행동을 이타적 양도(altruistic surrender)로 표현하였는데 자신의 야망(ambitions)을 버리고 타인들을 위해 사는 것으로 대치함으로써 불안을 회피(avoids anxiety)하려는 태도로 기술하여(Freud, 1936) 자신의 욕구를 무시하는 이타주의를 비난하였다.

승화란 사회적으로 잘 용납이 되지 않는 욕구가 바람직한 형태로 변형되는 것이다(권석만 외, 2002: 393). 가령 자신을 배신하고 외도한 부인에 대한 극도의 분노를 가진 수용자가 기독교적 회심을 통해 종교적 생활에 헌신하게 되는 것으로 이 단계에서는 이해력과 친사회적 행동이 증가되고 마음이 편안해진다.

동일시란 여러 이유로 어떤 사람의 특성을 수용해 자신과 동일한 것으로 받아들이는 방어기제이다. 가령 수용자가 자신에게 주요한 영향을 주는 교정사역자와 같아지기를 바라기 때문에 그와 동일시하게 된다. Anna Freud는 공격자에의 동일시(identification with the aggressor)를 방어기제로 설명하면서 자신이 두려워하는 사람의 특성을 따라한다고 하였다(Anna Freud, 1936).[23]

ⅹ) 보상, 백일몽 등

보상이란 열등한 점을 메우기 위해 뭔가 내세울 수 있는 것을 개발하는 것(이양 외, 2003: 293)이다. 가령 경제력, 사회적 지위, 사회적 자본에서 열등감을 가진 수용자는 상대적 좌절감에서 벗어나기 위해 교정사역에서 헌신적 활동을 통해 성경적 목회의 전문가가 되는 것이다.

백일몽은 상상을 통해 불안과 고통에서 벗어나려는 것이다. 가령 수용자는 자신을 괴롭힌 교도관에 대해서 직접적 공격을 하는 대신 공상을 통해 그를 공격하는

23 Ferenczi는 학대받은 아동이 침략자(어른)의 욕구와 행동에 최면술에 걸린 것처럼 동화되는(hypnotically transfixed) 과정을 공격자에의 동일시로 설명한다(Howell, 2014: 48).

방어기제로 잘 활용하면 적응력이 제고될 수 있다.

(3) 스트레스

① 개념

스트레스(stress)에 대한 정확한 개념정의는 어려운데 이는 관점에 따라 다르기 때문이다. 다만 스트레스는 부정적 측면으로 쓰이는 경향이 있으며 이때는 어떤 외적 · 내적 자극으로 생기는 심리적 · 생리적 · 사회적 반응으로 정의할 수 있다.[24] Selye는 스트레스를 유스트레스(eustress)와 디스트레스(distress)로 구분한바, 유스트레스는 신체적 · 정신적 기능을 강화시키는 개념이며 디스트레스는 불안과 침울을 가져오는 것으로 여겼다(Selye, 1975: 37–44).

② 스트레스 반응

Selye는 스트레서(stresser)에 대한 생리적 반응을 일반적 적응증후군(general adaptation syndrome)이라며 유기체가 스트레스에 대해 나타내는 반응을 경고(alarm), 저항(resistance), 소진(exhaustion) 또는 회복(recovery)으로 나누고 있다(Taylor, and Sirios, 2012).[25] 가령 수십 년간 공무원을 한 사람이 동료의 모함에 의해 갑자기 수감되게 되면 그 스트레스가 극심해지는데 이때 이 스트레스에 대해 처음에는 신체적 이상이 오는 충격단계가 왔다가 역충격단계에서는 처음의 충격이 진정된다. 그럼에도 스트레스가 지속되면 신체는 스트레스 유발자(stressor)인 동료 공무원과 교도소 상황에 대해 저항력이 생기지만 전반적으로 신체적 저항력은 약해진다. 그러다가 그가 스트레스 요인을 성공적으로 물리치게 되면 회복단계가 되는데 그렇지 않으면 완전히 소진된다는 의미이다.

24 많은 책에서 심리적 · 생리적 반응으로 정의하나 이는 사회적 반응을 간과하고 있는 것이다.

25 경고는 충격과 역충격으로 이루어지고 충격단계에서는 스트레서(stressor)에 대한 저항이 일시적으로 정상 수준 이하로 내려간다. 역충격단계에서는 스트레서(stressor)의 실체를 알게 되어 반응하는 단계이다. 저항단계에서는 스트레스를 주는 자극에 저항하지만 신체의 화학적 자원은 점차 고갈된다. 3단계에서 회복은 스트레스 요인을 잘 극복한 경우이고 소진은 신체의 자원이 고갈되는 단계이다(Gozhenko *et al.*, 2009).

오늘날 스트레스에 대한 신체적 반응으로 Selye의 견해가 통용되지만 모든 상황에 일반화할 수는 없다. 가령 저항단계 없이 바로 회복 또는 소진단계로 갈 수도 있고 회복단계에서 또 충격과 저항이 나타날 수 있듯이 개인의 스트레스에 대한 평소의 탄력성 등 여러 요인에 의해 달라진다.

③ 완화 및 대처방법

스트레스의 완화기법에는 긴장이완법, 요가와 명상법, 약물사용과 음식조절이 있다(권석만 외, 2002: 397-399). 직접적 대처에는 적극적 대처인 문제해결방식, 포부 수준의 조정, 철수가 있다(권석만 외, 2002: 387-389). 가령 문제해결방식이란 교정사역자가 사역에 실패해 그가 담당한 출소자가 문제를 일으켰다면 이에 화내는 방식이 아니라 사역방식의 문제점 등을 통해 자신의 사역을 객관적으로 통찰하는 방식이다. 포부 수준의 조정은 사역자가 사역의 성공률을 지나치게 높이 잡지 않고 목표보다 낮추어 잡는 것이다. 철수란 수용자가 교정작업으로 인해 스트레스를 받을 때 교정작업을 다른 것으로 신청하는 것이 그 예이다. 스트레스를 받는 상황에서 피하는 것으로 때로는 긍정적 기능도 가진다.

그러나 위에서 언급한 일반적인 스트레스의 방법은 교도소수용자 등 특수한 자들에게는 여러 이유로 한계가 있으며 그런 점에서 기독교 등 종교적 입문 또는 종교생활의 강화는 강력한 스트레스의 절연체가 될 수 있다. 이런 종교적 생활과 인지기법 등 다양한 심리치료기법이 병행되면 구금스트레스의 해소에 도움이 될 수 있다.

(4) 심리치료

교정사역에서 관계되는 심리치료기법에는 정신분석치료, 행동치료, 인지치료, 집단치료, 인본주의 심리치료 등이 있다.

① 정신분석치료

Freud는 인간의 성격구조(psyche)는 이드(id), 에고(ego), 슈퍼에고(superego)라는 세 부분으로 되어 있으며 이드(id, 본능적 욕망)는 전적으로 무의식하에 있고 충동적이며 쾌락의 원리에 따라 즉각적 쾌락과 만족을 추구한다고 하였다(Hothersall, 2004: 290). 그는 이드가 욕구와 에너지를 제공하는 반면에 에고는 마부(charioteer)와 말(horse)의 관계처럼 그렇게 이드의 방향을 제시한다고 하였다(Hothersall, 2004: 290). 따라서 본능적 원리에 따라 말처럼 날뛰는 이드의 본능적 욕구를 현실적 자아인 에고가 현실에 맞게 적절히 조절한다는 의미이다. 슈퍼에고는 성격구조에서 도덕적 구성요소로 흔히 양심으로 불린다. 이때 이드는 철저히 무의식 수준에 있다. 따라서 정신분석에서는 무의식화되어 있는 갈등, 좌절의 요소들을 의식화하는 수단으로 자유연상, 꿈의 해석을 사용해 이런 무의식적 요소들이 어떻게 인간행동의 동기를 지배하게 되는가를 환자가 깨닫도록 한다(권석만 외, 2002: 436).

가령 교도소수용자의 현재의 문제되는 행동은 이미 어릴 적 경험에 의해 결정되었다고 보고 다만 그 무의식 속에 있는 경험을 의식화하면 수용자가 불안을 경험하게 된다는 입장에서 수용자의 무의식에 잠재된 비정상적인 심리—가령 수용자의 어머니에 대한 강한 이성적 욕구—를 치료사가 자유연상, 꿈의 분석 등을 통해 의식화하여 수용자가 현재 보이는 문제행동에 대한 통찰력을 키워주는 작업이 정신분석치료이다. 가령 소년교도소의 수용자가 교도소에서 어머니 같은 여성 직원에 대해 강한 성적 욕구와 같은 특이한 이상행동을 보이는 경우 그런 이상행동의 근원(무의식)에는 어릴 적에 소년이 어머니에 대한 이성애가 이미 있었지만 그런 이드를 양심인 슈퍼에고의 제지를 받아 좌절된 경험을 여러 번 하게 된 경우라고 할 수 있다. 그러나 이런 과거에 충족되지 못한 이드가 현실 속에서 다른 방향으로 나타난 것이 여성직원에 대한 이성애이므로 교정사역자는 이런 경우에 치료사의 도움을 받아 소년수용자가 저항하는—감히 어머니에 대한 성적 욕구를 의식화하는 것에 대한 두려움— 무의식적 요소들을 찾아내어 그가 보이는 현재 행동의 원인에 대한 통찰력을 갖게 하는 것이 정신분석치료이다.

② 행동치료

행동치료는 수용자의 내심의 변화에는 관심이 없다는 비판을 받지만 수용자의 잘못된 행동을 쉽게 교정할 수 있다는 장점이 있다. 여기에는 체계적 둔감화치료, 행동조성기법 등이 있다.

ⅰ) 체계적 둔감화

Wolpe에 의해 개발된 체계적 둔감화(systematic desensitization)는 환자의 공포나 불안증을 불안의 위계를 만들어 체계적 단계를 통해 극복케 하는 것이다. Wolpe는 환자에게 이완과 불안이 동시에 작용하지 않도록 이완반응훈련을 가르친다. 이 방법을 통해 환자가 평온상태에 이르기까지 긴장과 이완을 가르친다(Wolpe, 1958). 그는 체계적 둔감화기법이 공포증치료에 있어서 90%의 성공률을 보인다는 사실을 발견했다(Wolpe, 1969). 수용자가 처음 교도소에 입소하게 되면 극도의 불안과 공포반응을 보인다고 한다. 가령 분류심사에서 독방에 수용되어야 하는 수용자가 협소한 공간에 대한 폐쇄공포증이 심한 경우로 판정되면 먼저 불안위계를 만든다. 아주 큰 방에서 홀로 있게 되는 사진을 보여주면 처음에는 이완과 불안이 경쟁하다가 긴장이 사라지게 되고 그 다음 조금 큰 방에서 독거사진을 보여주는 훈련을 통해 긴장반응을 이기는 이완상태가 되게 한다. 그리고 마지막 단계인 좁은 공간에서의 독거사진을 보여주게 되면 결국은 이완이 긴장을 억제하게 되어 협소한 독방에 대한 폐쇄공포증이 사라진다는 논리이다. 다시 말해서 작은 공포에 대해 쉽게 둔감화시키고 그 다음 조금 더 공포를 느끼는 것에 이완훈련을 시키게 되면 결국은 목적을 달성한다는 것이다. 교도소사역 현장에서는 수용자가 보이는 다양한 불안장애에 적용될 수 있다.

ⅱ) 행동조성기법

행동조성기법은 교도소수용자들에게 가장 많이 사용되는 행동치료기법이다. 여기에서 많이 사용되는 것이 토큰경제(Token economy)이다. 조작적 조건형성의 원리에 기초한 토큰경제에는 토큰(Token), 대체강화물(back-up reinforces), 바라는 특정한 행동(specified target behaviors)이라는 요소가 필요하다(Kazdin, 1977). 여기서 토큰은 본질적 가치(intrinsic value)를 가지는 것은 아니며 다른 대체강화물(back-up reinforcers)로 교환될 수 있는 것이고 이러한 토큰은 파괴적 행동(disruptive behavior) 등 특정된 목적행동에 사용된다. 가령 교도소에 수형자가 파괴적 행동 등 교정사고를 많이 낸 경우에 그를 바람직한 방향으로 교정하기 위해 그가 파괴적 행동을 하지 않을 때마다 토큰(token)을 주고 이런 토큰이 일정 수가 모아지면 그에게는 맛있는 음식, 신문 등의 물질적 강화물이나 외출허가, 접견시간

증대 등의 특권을 포함한 대체강화물을 주어 이를 통해 교도소가 바라는 바람직한 행동을 이끌어 내는 기법을 말한다. 이러한 토큰경제기법은 교도소에서 많이 적용될 수 있고 Skinner의 조작적 조건형성이론을 응용해 부적절한 행동을 소거하는 것이다. 교정사역에서도 사역자가 성경모임 등에서 활용할 수 있다. 그러나 교활한 수형자에게 악용될 수 있고 진정한 내심의 변화는 알 수 없다는 한계가 있다.

③ 인지치료

Ellis에 의해 개발된 합리적 정서치료(rational emotive behavior therapy: REBT)의 기본적 전제는 사람들은 불운한 환경에 의해 정서적으로 장애를 받는 것이 아니라 그들을 둘러싼 세계와 타인들, 자신들에 대한 언어나 신념, 의미, 철학을 통해 그들의 관점(views)을 어떻게 구축하느냐(지각하느냐)에 따라 심리적 장애가 유발될 수 있다는 것이다(Ellis, 2001). 그는 REBT는 인간의 생각, 감정, 행동은 모두 분리된 것이 아니라 겹쳐진 것으로(overlap) 소위 감정이라고 불리는 많은 것은 일종의 사고(thought)이며 생각이 감정과 행동에 영향을 미치는 것과 마찬가지로 감정과 행동은 생각에 의미 있게 영향을 미친다는 것이다(Ellis, 2003).

예를 들어 설명하면 공무원이 자신의 부인이 외도를 하는 것 때문에 심리적 장애를 받는 것이 아니라 그런 사건(부인의 외도)을 어떻게 지각하느냐에 따라 심리적 장애를 받을 수도 안 받을 수도 있다는 의미이다. 부인의 외도에 대해 어떠한 가치체계, 신념체계를 가지느냐에 따라 그의 행동이나 감정에 영향을 미칠 수 있다는 의미로 부인의 외도를 파트너의 사랑의 자기결정권이란 의미로 신념체계를 구축한다면 그는 정서적인 교란을 받지 않는다는 것이다. 이 이론은 교도소수용자의 정서적 괴로움을 치유할 수 있고 교정사역에서도 사용될 수 있다. 다시 말해 수용자가 직면한 문제로 심리적 장애가 있다면 심리적 장애를 가져오는 비합리적 신념을 찾아 교정하면 그의 심리적 장애를 교정할 수 있다는 뜻이다.

1960년대 Aron, Beck에 의해 개발된 인지치료(cognitive therapy: CT)는 사람들이 그들의 정서적 · 행동적 · 심리적 반응에 영향을 끼치는 경험을 잘 인식하는 방법에 초점을 둔다. 따라서 잘못된 인식(misperception)을 교정시키고 잘못된 행동과 잘못된 사고를 수정하여 바람직한 반응을 가져오게 하는 방법이다(Beck, 1964). 따라서 그는 심리적 장애를 가진 사람들은 사물 등에 대해 잘못된 인지(cognition), 사고를 갖고 있다고 보고 이런 왜곡된 인지나 사고를 교정시키는 것을 인지치료기법으로 보았다. Beck이 주장한 인지적 왜곡(cognitive distortion)의 하나가 바로 과잉일반화(overgeneralization)이다.[26]

과잉일반화는 수용자나 교정사역자 모두에게 일어날 수 있다. 가령 수용자는 갱생하려고 노력하는 과정에서 일이 하나 잘못되면 자신은 항상 하는 일마다 안 된다고 생각하는 것이 과잉일반화이다. 따라서 인지치료사는 클라이언트가 가진 이런 인지적 왜곡들을 교정시켜 사물을 바르게 보도록 해야 심리적 장애가 고쳐진다. Beck의 인지치료는 단기상담이 가능하며 내담자의 인지구조에 관심하기 때문에 목회상담가들 역시 선호해 온 치료적 접근이다(정희성, 2011: 79). 이러한 인지치료는 교도관이나 교정사역자들이 특히 왜곡된 인지구조가 심한 수용자들에게 그들의 왜곡된 인지구조를 깨닫게 하여 교화시키는 데 유용한 방법이며 특히 기독교적 관점이 깃든 교정사역적 인지치료는 교정사역에서 유용할 수 있다. 그러나 인지치료는 거시적 관점이 부족한 점에서 한계를 가지므로 수용자에 따라서는 다른 치료기법과 병행해야 한다.[27]

④ 집단치료

집단치료에는 심리극과 가족치료기법이 있다. Moreno에 의해 창안된 심리극은 연극의 형식을 빌려 개인의 내면문제를 행동을 통한 연기로 드러내어 갈등을 명료화시키고 해결책을 찾아가는 기법으로 정서적 갈등의 명료화, 잠재력 계발, 자발성의 회복 등에 적용될 수 있다(양혜진, 2016: 15). 이러한 심리극은 비행소년, 수용자 등이 직면한 심리적 문제를 드라마를 통해 연기하게 하되 창조성을 발휘하도록 하

26 Beck은 인지적 왜곡의 종류로 임의적 추론, 선택적 추상, 개인화, 확대 또는 축소, 낙인과 잘못된 낙인, 이분법 사고(dichotomous)를 들고 있다.

27 가령 정희성은 인지치료와 담화이론의 만남을 주장한다. 담화이론은 모든 지식은 사회적으로 구성되어 한 개인의 인지 역시 개인 내면에서 독자적으로 파생한 것이 아니라 가족, 결혼, 제도, 학교, 종교의 담론에서 영향받는다고 보고 여성의 우울은 다양한 사회적 담론의 경합 속에서 조장되는데 특히 가부장제, 종교, 문화, 가족의 지배적 담론이 많은 영향을 미치는 것으로 보았다(정희성, 2011: 79). 따라서 우울한 여성을 대상으로 한 인지치료는 담화이론의 관점에서 재구성하는 것이 필요하며 개인의 우울을 조장하는 지배담론의 전복, 저항담론의 발견 등을 주장한다(정희성, 2011: 79).

는 등 여러 심리극 기법을 통해 자신의 문제를 표현케 한다. 가족치료기법은 가령 수용자가 직면한 문제를 개인적 측면에서 접근하는 것이 아니라 그가 속한 가족관계의 병리나 구조적 · 관계적 문제점을 통해 수용자의 문제를 해결한다는 이론으로 가족폭력범죄, 존속범죄, 케어범죄 등 특정 범죄자와 피해자에게 적합한 치료법이다. 가족치료기법에는 여러 이론이 있지만 현대 사회의 가족구조에는 Minuchin의 구조적 가족치료이론이 많이 응용된다.

구조적 가족치료이론(structural family therapy: SFT)을 주장한 Minuchin은 병리(pathology)현상은 가족 내 개인에 있는 것이 아니라 가족구조체계 내에 있다면서 가족구조를 건강한 형태로 변화시키기 위해서는 가족구성원 간 또는 가족하부구조의 관계를 지배하고 통제하는 보이지 않는 가족규칙을 이해하여 궁극적으로 역기능적(dysfunctional) 관계를 변화시켜야 한다고 하였다(Minuchin, 1974). 가령 가족 중의 한 명이 가진 문제는 그 자신의 고유한 특성이나 사회적 환경에 의해 발생된 것이 아니라 가족구성원 간의 권력관계, 가족 간의 잘못된 가족규칙 등 가족의 구조적 문제로 인하여 발생하므로 가족치료자는 왜곡된 가족규칙을 발견하여 가족규칙을 재정립시키고 가족구조를 재구조화해야 한다는 입장이다. 가령 치매 부모를 돌보는 큰아들이 겪는 자살충동이나 케어범죄 같은 문제는 개인적 특성이나 치매 부모 때문에 발생하는 것이라기보다는 가족 내 형제 간, 동서 간의 권력구조와 잘못된 가족규칙—부모는 반드시 큰아들이 부양해야 한다.— 등의 가족구조관계에 따라 발생한 것으로 보는 입장이다.

⑤ 인본주의 심리치료

인본주의 심리치료는 Rogers의 내담자중심치료와 실존주의적 치료가 있다. Rogers는 내담자(client)중심치료에서 치료과정은 전적으로 클라이언트에 의해 주도되어야 하며 심리적으로 유리한 환경의 도움이 있어야만 성장과 질적 발전을 가져온다고 하였다(Rogers, 1951). 가령 교도소에서 심리치료사가 수용자의 문제를 다룰 때 수용자인 클라이언트가 스스로 문제를 해결해 나가도록 어떠한 감정이나 충동도 자유롭게 표현하게 하는 등의 편안한 상태가 되면 수용자는 자신의 문제에 대한 이해가 증가하게 된다는 것이다. 과거에 주로 상담사가 상담의 주도권을 잡은 지시적 치료기법과는 다른 비지시적 기법을 통해 클라이언트의 문제를 해결해 나가는 치료기법이다.

실존적 심리치료는 Yalom에 의해 개발된 이론으로 그는 인간의 궁극적 관심사로 죽음, 자유, 고립, 의미 없는 것을 들었는데(Yalom, 1980), 이러한 실존적 문제에 대한 심리적 치료를 다루고 있다. 그는 다른 어떤 합리적 심리치료보다 이러한 실존적 접근이야말로 가치 있고 유효한 심리치료 이념이라고 하였다(Yalom, 1980: 5). 그는 격리를 개인 간 격리, 개인 내부에서의 고립, 자신과 타인 사이의 메울 수 없는 간격과 같은 실존적 고립으로 들고 이러한 실존적 고립으로부터의 탈출을 위해서는 융합을 주장했다(Yalom, 1980). 그는 인간의 실존적 문제인 죽음을 인간을 절망시키는 차원이 아닌 긍정적 관점에서 극복할 수 있는 가능성을 제시하고 사람들을 자신의 인생의 실존적 문제를 변화시킬 수 있는 존재로 보았다.

2) 교정사역에서의 시사점

(1) 갈등심리의 교정사역적 시사점

갈등심리는 교정사역에서 사역자와 수용자 등 클라이언트와의 갈등, 사역자와 교도소 등 관료제 조직과의 갈등, 교정사역팀 내부에서의 갈등, 교회 내에서 자원과 우선순위를 둘러싼 교정사역가와 교회 또는 교회 내부의 타기관들 간의 갈등, 교정사역자가 사역과정에서 느끼는 내적 갈등 등에서 시사점을 찾을 수 있다. 사역자와(또는 사역팀) 교도소 또는 교회 내의 다른 사역팀 간의 갈등원인에는 교정에 대한 목표의 해석의 차이, 이해관계의 차이—교도소는 보수적이고 보안적이지만 사역자는 전도가 목적—, 의사소통의 부족, 역할기대의 차이, 가치관 등의 차이에서 유래되고 이러한 복수당사자 간의 갈등은 교정사역에 부정적이므로 교정사역자는 갈등을 순기능화시키거나 갈등해결방안의 합리화 전략을 수립해야 그들의 심리를 잘 파악할 수 있다. 특히 조직 내에서의 갈등은 Litterer가 표현했듯이 조직의 근본적 속성에 깊이 내재된 것으로 갈등을 모두 피할 수는 없지만 통제 가능한 요소이므로 역기능을 최소화하고 순기능을 최대화해야 한다는 주장을 수용할 필요가 있다(Litterer, 2017). 따라서 교정사역자는 교정사역기획의 작성, 정책결정, 시행 등에서 교회와 교도소 간에 생기는 갈등을 갈등관리전략을 통해 최소화하고 때로는 조직 내의 갈등으로 오히려 교정사역이 활성화되는 순기능전략으로 나가야 한다.

(2) 방어기제이론의 교정사역적 시사점

방어기제의 시사점은 수용자가 보이는 측면과 교정사역팀 내부의 직원이 보이는 방어기제로 나누어 접근할 수 있다. 수용자는 다양한 성격들로 구성되어 있고 어릴적 깊은 트라우마를 가진 사람 등 다양하게 구성되어 있는 데다가 범죄자이므로 교정사역자와의 관계에서 여러 이유로 다양한 방어기제를 사용해 교정사역자를 곤란하게 할 수 있으므로 교정사역자는 사역과정에서 수용자 등의 클라이언트가 보이는 여러 방어기제의 성격을 파악해야 교정사역의 효과성을 제고할 수 있다. 가령 교정사역자는 수용자나 강간피해자와의 교정사역과정에서 클라이언트가 전혀 감정의 동요 없이 차분하게 자신의 상처나 트라우마를 마치 제3자가 이야기하듯이 하면 그 방어기제가 주지화에 해당되는지를 판단해야 한다.

주지화라는 방어기제를 사용한다면 클라이언트는 그 내면에 깊은 분노를 인위적으로 억제하고 있는 상태이기 때문에 이는 교정사역에 저해가 될 수 있다. 따라서 교정사역자는 심리치료사 등 전문가의 협조를 얻어 클라이언트가 주지화보다는 다른 건강한 방법으로 방어기제를 표현하게 할 필요가 있고 잠재된 분노에 대한 심리치료와 때로는 기독교신자라면 영성적 치료가 필요하다.

또한 교정사역자는 수용자 등의 클라이언트가 어린아이처럼 유치한 행동을 보이는 퇴행(regression)을 하면 그 퇴행의 성격이 불안을 해소하기 위한 퇴행인지 아니면 사역자의 관심을 받기 위한 주의집중 메커니즘의 일환으로 사용하는지를 파악해 대처해야 한다. 주의집중기제인 경우에는 사역자가 그에 대한 관심을 증대시키면 퇴행 현상은 줄게 마련이다. 또한 교정사역자가 보기에 수용자가 자신의 본심과 정반대의 행동—가령 그 수용자는 다른 수용자와 갈등이 심함을 사역자가 알고 있는데—을 하면 그 행동의 방어기제가 반동형성인지 아니면 종교적 승화인지를 파악해 대처해야 한다. 만약 그 행동이 반동형성이라면 그 내면에 불안의 깊은 에너지가 내재된 상태이므로 그 불안을 반동형성이 아닌 다른 방법으로 표출해 클라이언트가 효과적으로 대처할 수 있도록 해야 한다.

또한 수용자가 보이는 동일시 현상이 어떤 성격인지를 파악해 부정적 동일시는 감소시키는 방안을 심리적 개입을 통하여 접근하여야 한다. 가령 대상상실 동일시(object-loss identification)나 공격자에의 동일시는 바람직하지 않은 동일시이므로 교정사역자는 그 원인에 맞는 심리적 개입을 통해 클라이언트의 탈동일시를 원조해야 한다. 수용자들이 가장 많이 사용하는 합리화라는 방어기제에 대해 교정사역자는 무조건 비난 또는 용인하기보다는 그 밑바탕에 있는 합리화 심리의 기층과 역사 및 사회적 관계, 문화적 구조, 맥락을 읽어야 수용자를 거시적으로 이해하게 되고 교정사역의 내용과 방향을 결정할 수 있다.

수용자가 보이는 이타주의나 승화 등의 바람직한 방어기제를 보인 경우에도 교정사역자는 그런 방어기제의 심층적 구조까지 파악할 수 있어야 한다. Vaillant와 달리 Anna Freud는 이타주의를 불안을 회피하는 방어기제로 비판했지만(Freud, 1936) 이타주의적 방어기제의 심층적 구조는 다양하므로 반드시 Anna Freud처럼 부정적으로만 대할 필요는 없다. 왜냐하면 승화의 한 형태로 이타주의가 나타날 수 있고 특히 그 승화가 종교적 승화에 의한 경우는 불안을 회피하는 방어기제가 아니기 때문이다. 따라서 교정사역자는 관련 전문가의 도움으로 이타주의에 대한 정확한 심층적 해석을 통해 대처할 필요가 있다.[28]

그리고 승화는 교정사역에서 중요한 의미를 가진다. 수용자이든 피해자이든 분노나 원망이 가득찬 사람들에게는 가치 있는 대상을 통해 욕구를 충족시키는 승화가 바람직한 방어기제이기 때문이다. 가치 있는 대상에는 학업, 훈련, 예술, 문학, 스포츠, 봉사활동과 같은 이타주의 등이 있지만 신앙을 통한 승화는 그 지속성과 견고성에서 분노와 공격성이 가장 많이 해소될 수 있다. 따라서 교정사역자는 분노나 원망이 가득한 클라이언트에 대한 교정사역에서 기독교적 신앙을 통한 승화를 할 수 있도록 영적 접근을 안내할 필요가 있다.[29]

28 Anna Freud의 표현처럼 불안 회피용 이타주의로 판명되면 건전한 방어기제가 아니기 때문에 심리적 개입이 필요하다.

29 너희는 노함과 분냄과 떠드는 것과 비방하는 것을 모든 악의와 함께 버리고 서로 용서하기를 하나님이 그리스도 안에서 너희를 용서하심과 같이 하라(에베소서 4:31-32). 원수를 사랑하고 기도하라(마태복음 5:43-48). 누구에게 불만이 있거든 서로 용납하여 피차 용서하되 주께서 너희를 용서하신 것 같이 너희도 그리하고(골로새서 3:13).

(3) 스트레스 이론의 교정사역적 시사점

스트레스 심리의 교정사역적 의의는 두 가지 측면이다. 수용자가 교도소라는 폐쇄공간에서 경험하는 구금 스트레스와 교정사역자, 교정사역팀 내부 직원이 가지는 직무 스트레스가 있다. 특히 교도소수용자가 가진 구금 스트레스의 성격에 대해 교정사역자는 관심을 가지고 적절히 대응해야 하며 수용자가 질환을 보이면 그것이 단순한 신체적 질환인지 아니면 스트레스에 기인한 질환인지를 의무관 등의 도움을 얻어 정확히 파악해야 개입의 방향을 결정할 수 있다. 또한 교정사역자는 Selye가 말한 건강한 스트레스인 유스트레스(eustress)가 수용자에게 생기도록 심리적 측면과 종교적 측면에서 개입할 필요가 있다. 유스트레스의 발생은 부정적 스트레스인 디스트레스(distress)의 부정적 효과를 어느 정도 차단하기 때문이다. 또한 수용자의 스트레스 완화를 위해 교정사역자는 심리적 기법과 종교적 기법을 클라이언트의 특성에 따라 적절하게 사용할 수 있어야 한다. 가령 기독교를 믿는 수용자인 경우에는 심리적 기법과 동시에 영성체험 등의 종교적 방법에 의해 탈스트레스화되도록 지원하고 무교인 수용자의 경우에는 심리적 기법을 지원 또는 알선하는 방안이 필요하다.

또한 소외된 교정사역에 헌신하는 교정사역자와 사역팀 직원들의 스트레스에 기인한 탈진 및 우울증에 대한 합리적 대책이 필요하다. 합리적 대책이란 목회자들인 교정사역자들의 탈진과 스트레스를 종교적 대책으로만 치유해서는 안 되며 심리적 · 사회적 대책이 적절히 사용되어야 한다는 의미이다. 하재성은 목회자의 탈진의 문제는 자발적 착취와 억압의 요소를 함께 보유하고 있다고 주장하고(하재성, 2015: 315)[30] 우울과 탈진을 예방하기 위해서 안식을 찾고 누려야 한다고 주장하였다(하재성, 2015: 315). 그러나 하재성의 주장은 미시적 측면에 치우치는 점에서 거시적 접근의 대책을 간과하고 있다. 목회자의 탈진에 대한 대책은 안식, 전문적 상담, 담화회복(하재성, 2015: 315)으로만 해결되지 않는다. 상업화되고 세속화된 한국

30 근무시간의 불분명, 사회적 페르소나의 과도한 남용 등의 자발적 착취가 있다(하재성, 2015: 315). 한국 목회자들의 어깨에는 보이는 사람들의 요구와 보이지 않는 자기착취에 의해 소진과 우울증의 위험스러운 짐들이 지워져 있어 목회자들이 이를 깨닫지 못하고 방치할 때 그 피로는 탈진을 일으키고 또 하나의 폭력이 되어 목회자 개인과 공동체의 친밀감을 파괴한다(하재성, 2015: 315-316).

교회의 구조적 문제와 권위적 리더십, 중앙집권적인 목회문화 등의 사회적 · 문화적 측면의 개혁이 병행되어야 목회자들의 탈진과 스트레스의 구조적 원인이 약화되기 때문이다. 특히 교정사역은 한국 교회가 그 중요성을 알면서도 거의 방치할 수밖에 없는 구조적 문제가 있고 그 결과 교정사역자의 스트레스와 탈진이 생기는 점을 인식할 때 전문적 상담 등의 미시적 측면 외에도 거시적 접근이 동시에 진행되어야 한다.

(4) 심리치료이론의 교정사역적 시사점

영적 접근과 심리적 접근(심리치료, 성격교정 등)은 구분해서 클라이언트의 특성에 따라 둘을 동시에 하거나 분리해서 해야 한다.

Freud의 정신분석치료기법은 과학적 교정사역에서 중요하다. 그러나 과거부터 현재까지 교정사역자들은 이러한 정신분석기법이 필요한 수용자들—가령 수용자가 과거에 경험한 깊은 트라우마가 무의식에 남아 있어 교도소 생활에 적응하지 못하는 경우처럼 무의식에 깊이 배태된 수용자들—에게 단순히 계속 기도하고 성경을 읽고 교도소교회사역에 열심히 참여하면 하나님이 화답한다는 식의 비과학적 교정사역을 해 온 것이 사실이었다. 따라서 수용자가 감히 의식 위로 떠올릴 수 없는 부모에 의해 생긴 깊은 심적 고통으로 인해 갱생과 교화에 저해가 될 경우에는 교정사역자는 정신분석치료사의 도움을 받아 Freud가 내세운 기법인 자유연상, 꿈의 분석 등을 통해서 무의식화되어 의식 속에 잠재적으로 작용하는 여러 갈등적 요소와 두려움 등을 의식 위로 떠올리는 심리치료가 필수적이다. 교정사역자는 수용자가 교도소에서의 문제행동을 일으킨 근본원인에 이러한 정신역동적 요소가 있음을 알게 되었다면 전도 이전에 심리치료가 우선되어야 하고 그것이 과학적 교정사역의 첫 단계이다. 무조건 기도가 부족하니 등등의 고전적 접근은 이제 지양되어야 한다. 이런 정신분석기법은 상당한 전문성을 요하므로 반드시 심리치료전문가의 도움을 받아야 한다. 이런 점에서 정신분석학은 과학적 교정사역의 도구이다. 이런 과학적 심리치료법이 선행되고 난 뒤에 수용자가 기독교신자라면 영적 접근을 병행할 필요가 있다.

행동에 문제를 보이는 수용자에게는 클라이언트의 특성에 따라 행동치료인 체계적 둔감화, 혐오치료, 행동수정요법을 선택적으로 적용해야 한다. 가령 알콜중독이 된 수용자에게는 혐오자극을 통한 역조건형성을 통한 혐오치료를 통해서 문제행동이 수정될 수 있음에도 교정사역자가 신앙적 접근에만 의존하면 수용자의 문제행동은 교정되지 않는다. 클라이언트(수용자)가 마약중독자인 경우에 그가 기독교신자라면 교정사역자는 중독치료에 관한 과학적인 심리요법과 신앙적 관점을 병행하되 심리요법이 선행되어야 한다. 물론 교정사역자는 기독교신자인 클라이언트가 자신의 행동을 치료해 주는 행동치료물을 우상으로 섬기지 않도록 해야 함은 물론이다. 행동치료는 단순히 심리적 측면에서 그런 부적응적 행동의 발현을 막아주는데 그치기 때문에 성숙된 교정사역자라면 수용자의 심리적 · 행동적 · 성격적 장애의 해결에는 미시적 측면에서는 과학적 · 심리치료적 · 행동치료적 기법이 필요하고 거시적으로는 사회적 · 정치적 · 관료적 · 법적 측면에서의 개입도 필요하며 또한 영적 접근도 필요하다는 균형적 입장을 가져야 한다. 그것은 수용자의 심리적 · 행동적 장애의 원인에는 심리적 측면 같은 미시적 측면과 제도적인 거시적 측면 및 영적 측면이 수용자의 특성에 따라 다양한 비율로 혼합되어 있기 때문이다.

인지치료나 가족치료 같은 집단치료도 마찬가지이다. 수용자의 심리적 장애가 개인적 측면이 아닌 그의 가족 내에 있는 가족역동적 관계에서 기인된 것으로 사정(査定)되면 가족구조적 치료가 선행되어야 한다. 그 다음으로 전인적 치료, 통합적 치료로 영적 접근이 되어야 한다.

또한 Yalom의 실존적 심리치료기법은 죽음을 두려워하는 수용자들에 대해 심리적 안정을 줄 수 있다. 실존적 심리치료전문가의 도움을 받아 교정사역자는 성서적 관점에서 죽음을 극복할 가능성을 제시하여 수용생활의 안정과 교화를 도울 수 있다.

참고문헌

고홍화 외(1998), 「심리학개론」, 교육과학사.

공정식 외(2009), 「심리학」, 가람북스.

________(2010), 「현대교정학」, 학술정보.

권석만 외(2002), 「심리학개론」, 박영사.

김미경(2018), "애착외상의 이해와 기독교 상담적 함의," 「복음과 상담」 제26권 제2호, 한국복음주의 상담학회.

김영민(1995), "에릭슨의 생애주기이론과 한국적 상황에서의 목회학적 대응책," 감리교신학대학교 석사학위논문.

김정희 외(1997), 「심리학의 이해」, 학지사.

김준수(2012), "인간동기의 심리학적 이론과 성경적 이해," 「복음과 상담」 제18권, 한국복음주의 상담학회.

김청자 외(2002), 「심리학의 이해」, 동문사.

남상철(2005), 「교정학개론」, 법문사.

박신자(2000), 「심리학의 이해」, 형설출판사.

부영호(2006), "그리스도인의 영적 성장에 관한 발달심리학적 고찰," 광주가톨릭대학원 석사학위논문.

신진규(1995), 「범죄학 겸 형사정책」, 법문사.

심수명(2004), 「인격치료프로그램」, 학지사.

양혜진(2016), "역할극의 이해: 심리극을 활용한 교육대상의 이해," 문화체육관광부.

오세진 외(2005), 「인간행동과 심리학」, 학지사.

이동원 외(2000), 「사회심리학」, 학지사.

이양 외(2003), 「심리학의 이해」, 교육과학사.

이윤호(2007), 「교정학」, 박영사.

이인열(2012), “수형자의 성인애착과 탄력성과의 관계에서 희망의 매개효과,” 고려대학교 석사학위논문.

정갑섭(1996), 「교정심리학」, 경기도서.

정희성(2011), “인지치료와 담화이론의 만남: 우울한 여성을 위한 목회상담,” 「신학과 실천」 제2권 제2호, 한국실천신학회.

조아라(2010), “에릭슨의 생애주기발달단계에서 바라본 교회 내 선교교육프로그램,” 총신대학교 석사학위논문.

천정환(2007), 「신범죄피해자학」, 대왕사.

_____(2012), “외부커뮤니케이션이 교정복지의 성과에 미치는 연구,” 고려대학교 박사학위논문.

_____(2018), “여성수용자의 대동유아처우에 관한 천정환 교수의 새로운 접근론,” 「교정연구」 제28권 제4호, 한국교정학회.

총회 군경교정선교부(2018), 「담 안에 갇힌 또 다른 이웃」, 한국장로출판사.

최성균 외(2005), 「사회복지개론」, 대왕사.

최용준 외(2005), “폭력영상물의 청소년영향성에 대한 정책연구,” 청소년위원회.

하재성(2015), “목회자의 우울증과 탈진: 거룩한 자기착취의 성과,” 「복음과 상담」 제23권 제1호, 한국복음상담학회.

하진의(2013), “성인애착불안이 외상 후 스트레스와 성장에 미치는 영향,” 숙명여자대학교 박사학위논문.

한덕웅 외(2005), 「사회심리학」, 학지사.

한충효(1979), “Mcclelland의 이론과 성취동기개발,” 「춘천교대 논문집」 19권.

허영식(2015), “다문화사회에서의 편견 · 차별의 문제와 해결방안,” 「다문화와 인간」 제4권 제2호.

현성용 외(2008), 「현대심리학의 이해」, 학지사.

홍대식(1994), 「사회심리학」, 양영각.

Adams, Don and Joel Fischer(1976), “The Effects of Prison Residents Community Contacts on Recidivism Rates,” *Corrective and Social Psychiatry and Journal of Behavioral Technology, Methods and Therapy* 22(4).

Adams, J. S.(1963), “Toward an Understanding of Inequity,” *The Journal of Abnormal and Social Psychology* 67(5).

Allport, G. W(1954), *The Nature of Prejudice*, Reading, MA: Addison–Wesley.

___________(1979), *The Nature of Prejudice: 25th Anniversary Edition*, Basic

Books.

Aronson, E., Robin M. Akert, Timothy D. Wilson, and Anthony R. Pratkanis(2010), *Social Psychology*, Pearson.

Asch, S. E.(1951), "Effects of Groups Pressure on the Modification and Distortion of Judgement." in H. Guetzkow(ed), *Groups, Leadership and Men*. Pittsburgh, PA: Carnegie Press.

_________(1955), "Opinions and Social Pressure," *Scientific American*, 193(5).

Bales, William D. and Daniel P. Mears(2008), "Inmate Social Ties and the Transition to Society-Does Visitation Reduce Recidivism," *Journal of Research in Crime and Delinquency* 45(3).

Bandura, Albert(1961), "Transmission of Aggression Through Imitation of Aggressive Models," *The Journal of Abnormal and Social Psychology* 63.

_______________(1973), *Aggression: A Social Learning Analysis*, Prentice-Hall: Oxford, England.

_______________(1977), *Social Learning Theory*, General Learning Press.

Bandura, A., D. Ross, and S. A. Ross(1963), "Imitation of Film-Mediated Aggressive Models," *The Journal of Abnormal and Social Psychology* 66.

Beck, A. T.(1964), "Thinking and Depression: Theory and Therapy," *Archives of General psychiatry* 10.

Berkowitz, L. and A. Lepage(1967), "Weapons as Aggression-Eliciting Stimuli," *Journal of Personality and Social Psychology* 712.

Bretherton, I.(1992), "The Origins of Attachment Theory: John Bowlby and Mary Ainsworth," *Development Psychology* 28(5).

Casey, Karen and Tim Bakken(2001), "The Effects of Visitation on Woman in Prison," *International Journal of Comparative and Applied Criminal Justice* 25.

Caspi, Avshalom(1984), "Contact Hypothesis and Inter-Age Attitudes: A Field Study of Cross-Age Contact," *Social Psychology Quarterly* 47(1).

Cialdini R. B., J. E. Vincent, S. K. Lewis, J. Catalan, D. Wheeler, and B. L. Darby(1975), "Reciprocal Concessions Procedure for Inducing Compliance: The-Door-in-the Face Technique," *Journal of Personality and Social Psychology* 31(2).

Coie, J. D. and K. A. Dodge(1998), "Aggression and Antisocial Behavior," in W. Damon and N. Eisenberg, *Handbook of Child Psychology: Social, Emotional,*

Personality Development, Hoboken, NJ, us: John Wiley and Sons Inc.

Crandal, Christian S. and Army Eshleman(2003), "A Justification-Suppression Model of the Expression and Experience of Prejudice," *Psychological Bulletin* 129(3).

Dion, K., E. Berscheid, and E. Walster(1972), "What is a Beautiful is Good," *Journal of Personality and Social Psychology* 24(3).

Dirk, J. M., Paul De Boeck Smiths and Kristof Vansteelandt(2004), "The Inhibition of Verbally Aggressive Behaviour," *European, Journal of Personality* 18(7).

Ellis, Albert(2001), *Overcoming Destructive Beliefs, Feelings and Behaviors: New Directions for Rational Emotive Behavior Therapy*, Prometheus Books.

__________(2003), "Early Theories and Practices of Rational Emotive Behavior Theory and How They have been Augmented and Revised During the Last Three Decade," *Journal of Rational Emotive and Cognitive-Behavior Therapy* 21.

Erikson, E. H. and J. M. Erikson(1998), *The Life Cycle Completed*, W. W. Norton and Company.

Freedman, J. L. and S. C. Fraser(1966), "Compliance Without Pressure: The Foot in the Door Technique," *Journal of Personality and Social Psychology* 4(2).

Freud, Anna(1936), *The Ego and the Mechanism of Defense*, KARNS Books.

Freud, Anna(1937), *The Ego and the Mechanisms of Defense*, London: Hogarth Press and Institute of Psychoanalysis.

Gentile, Douglas A.(2013), "Catharsis and Media Violence: A Conceptual Analysis," *Societies* 3.

Gozhenko, A. I., I. P. Gurkalova, W. Zukow, Z. Kwasnik, and B. Mroczkowska, B.(2009), *Pathology: Medical Student's Library*, Radom University.

Hairston, Creasie F.(1988), "Family Ties During Imprisonment," *Federal Probation* 52.

Hattangadi, Vidya(2015), "Theory X and Theory Y," *International Journal of Recent Research Aspects*, Z.

Hazan, C. and P. Shaver(1987), "Romantic Love Conceptualized as An Attachment Process," *Journal of Personality and Social Psychology* 52(3).

Heider, F.(1958), *The Psychology of Interpersonal Relations*, New York: Wiley.

Herzberg, Frederick(1966), *Work and The Nature Man*, Cleveland World Publishing.

Hogg, M. A. and G. M. Vaughan(2005), *Social Psychology*, Harlow Pearson/ Prentice Hall.

Holden, George W.(2002), "Perspectives on the Effects of Corporal Punishment: Comment on Gershoff 2002," *Psychological Bulletin* 128(4).

Holt, Norman and Donald Miller(1972), *Explorations in Inmate–Family Relationships*, California Department of Corrections.

Hothersall, D.(2004), *History of Psychology*, 4th ed, Mcgraw–Hill, NY.

Hovland, C. I. and R. R. Sears(1940), "Minor Studies of Aggression: Correlation of Lynchings with Economic Indices," *Journal of Psychology: Interdisciplinary and Applied* 9.

Hovland, C. I., L. Janis, and H. H. Kelley(1953), *Communication and Persuasion: Psychological Studies of Opinion Change*, New Haven, CT, US: Yale University Press.

Howell, E. F.(2014), "Ferenczi's Concept of Identification with the Aggressor: Understanding Dissociative Structure with Interacting Victim and Abuser Self–States," *The American Journal Psychoanalysis* 74(1).

Huitt, W. and J. Hummel(2003), *Piaget's Theory of Cognitive Development, Educational Psychology Interactive*, Valdosta, GA: Valdosta State University.

Husemann, L. Rowell, Leonard D. Eron, Rosemary Klein, Patrick Brice, and Paulette Fisher(1983), "Mitigating the Imitation of Aggressive Behaviors by Changing Children Attitudes about Media Violence," *Journal of Personality and Social Psychology* 44(50).

Jose–Kampfner, Christina(1991), "Michigan Program Makes Children's Visits Meaningful," *Correction Today* 53.

Kazdin, A. E.(1977), *The Token Economy: A Review and Evaluation*, New York: Plenum Press.

Kelley, H. H.(1967), "Attribution Theory in Social Psychology," *Nebraska Symposium on Motivation* 15.

Kelman, H. C.(1958), "Compliance, Identification, and Internalization: Three Processes of Attitude Change," *Journal of Conflict Resolution* 2(1).

Kiesler, Charles A. and Sara B. Kiesler(1969), *Conformity*, Addison–Wesley Pub.

Co.

Kimble, G. A. and J. M. P. Ost(1961), "A Conditional Inhibitory Process in Eyelid Conditioning," *Journal of Experimental Psychology* 61(2).

Kraut, Robert E.(1973), "Effects of Social Labeling on Giving to Charity," *Journal of Experimental Social Psychology* 9(6).

Landsberger, Henny A.(1958), *Hawthorne Revised*, Ithaca.

Latané, B(1981), "The Psychology of Social Impact," *American Psychologist* 36(4).

Lepper, M. P., D. Greene, and R. E. Nisbett(1973), "Underming Children Intrinsic Interest with Extrinsic Reward: A Test of the 'Overjustification' Hypothesis," *Journal of Personality and Social Psychology* 28(1).

Lewin. K.(1935), *A Dynamic Theory of Personality*, New york: McGraw-Hill.

Litterer, Joseph A.(2017), "Conflict in Organization: A Re-Examination," *Academy of Management Journal* 9(3).

Lotfabadi, Hossein(2008), "Criticism on Moral Development Theories of Piaget, Kohlberg, and Bandura and Providing a New Model for Research in Iranian Student's Moral Development," *Quarterly Journal of Educational Innovations* 24.

Maslow, A. N.(1943), "A Theory of Human Motivation," *Psychological Review* 50(4).

____________(1971), "The Father Reaches of Human Nature," *Journal of Transpersonal Psychology* 1(1).

Mayo, Elton(1945), *Social Problems of An Industrial Civilization*, Boston: Division of Research, Graduate School of Business Administration, Harvard University.

Minuchin, S.(1974), *Families and Family Therapy*, Harvard University Press.

Monson, Thomas C. and Mark Snyder(1977), "Actors, Observers, and the Attribution Process: Toward a Reconceptualization," *Journal of Experimental Social Psychology* 13(1).

Oskamp, Stuart(2000), *Reduce Prejudice and Discirmination*, Lawrence Erlbaum Associate, Inc.

Powell, Clare, Lisa Marzano, and Karen Ciclitira(2017), "Mother-Infant Separations in Prison. A Systematic Attachment-Focused Review of the Academic and Grey Literature," *The Journal of Forensic Psychiatry and Psychology* 28(6).

Quattrone, George A. and Edward E. Jones(1980), "The Perception of Variability Within In-Groups and Out-Groups: Implications for the Law of Small

Numbers," *Journal of Personality and Social Psychology* 38.

Rogers, Carl(1951), *Client–Centered Therapy*, Cambridge Massachusetts: The Riverside press.

Sarnoff, I. and P. G. Zimbardo(1961), "Anxiety, Fear, and Social Isolation," *The Journal of Abnormal and Social Psychology* 62(2).

Schachter, S.(1959), *The Psychology of Affiliation: Experimental Studies of the Sources of Gregariousness*, Palo Alto, CA, US: Stanford University Press.

Schacter, Daniel L., Daniel T. Gilbert, and Daniel M. Wegner(2010), *Psychology*, 2nd edition, 41 Madison Avenue, New York: Worth Publishers.

Schein, E. H.(1965), *Organizational Psychology*, Engle Wood Cliffs, NJ: Prentice–Hall.

__________(2015), "Organizational Psychology Then and Now: Some Observations," *Annual Review Organizational Psychology and Organizational Behavior* 2.

Seyle, Hans(1975), "Confusion and Controversy in the Stress Field," *Journal of Human Stress* 1(2).

Sherif, Muzafer, O. J. Harvey, B. Jack White, William R. Hood, and Carolyn W. Sherif(1988), *The Robbers Cave Experiment: Intergroup Conflict and Cooperation*, Middletown, Connecticut: Wesleyan University Press.

Sidanius, Jim, Felicia Pratto, and Lawrence Bobo(1996), "Racism, Conservatism, Affirmative Action, and Intellectual Sophistication: A Matter of Principled Conservatism or Group Dominance?," *Journal of Personality and Social Psychology* 70(3).

Skinner, B. F.(1938), *Behavior of Organisms*, New York: Appleton–Century–Crofits.

__________(1953), *Science and Human Behavior*, New York: Macmillan.

__________(1971), *Beyond Freedom and Dignity*, New York: Alfred A. Knopf.

Stephan, Cookie White, Walter Stephan, Katherine M. Demitrakis, Ann Marie Yamada, and Dennis L. Clason(2000), "Women's Attitudes Toward Men: An Integrated Threat Theory Approach," *Psychology of Women Quartely* 24.

Sullivan, Charles(2003), "Private Family Visits are a Matter of Logic," *Corrections Today* 65(3)

Tan, Teck-Hong and Amna Waheed(2011), "Herzberg's Motivation–Hygiene and

Job Satisfaction in the Malaysian Retoll Sector: Mediating Effect of Love of Money," *Asian Academy of Management Journal* 16(1).

Taylor, Shelley and Fuschia Sirois(2012), *Health Psychology,* 2nd Canadian Edition.

Thorndike, E. L.(1901), "Animal Intelligence: An Experimental Study of the Associative Processes in Animals," *Psychological Review Monograph Supplement* 2.

Vaillant, George E.(1994), "Ego Mechanisms of Defense and Personality Psychopathology," *Journal of Abnormal Psychology* 103(1).

Wheeler, Stanton(1961), "Socialization in Correctional Communities," *American Socialization Review* 26(5).

Wolpe, J.(1958), *Psychotherapy by Reciprocal Inhibition*, Stanford, CA: Stanford University Press.

__________(1969), *The Practice of Behavior Therapy*, New York: Pergamon Press.

Yalom, Irvin D.(1980), *Existential Psychotherapy*, Basic Books.

제8장 교정상담사역론*

* 이 장은 저자가 「교정복지연구」 제65호(2020년 4월)에 발표한 "한국의 교정상담사역의 개선방안"을 수정 · 보완한 것임.

1. 교정상담사역의 의의

범죄인에 대한 행형 이념은 고대의 응보주의에서 근대의 교육형주의, 현대의 치료적 교정 및 교정복지 이념으로 변화되어 왔는데 범죄인에 대한 교화라는 교정공공재의 생산의 개념은 교육형주의에서 시작되었다. 근대의 교육형주의 이념에서는 정신교육, 훈육, 일반교육 등이 중시되었으나 현대로 오면서 심리학과 상담학의 발달로 인해 상담심리학은 교정에도 영역을 펼치게 되었고 이는 교도소의 관리 이념에도 부합되었다. 따라서 교육형주의의 후기부터 교도소에서는 교도관과 외부인사들에 의한 교정상담이 교정현장에서 수용자의 교화와 교정시설에서의 적응을 위한 수단으로 사용되어 왔고 한국도 마찬가지로 교도관과 교화위원 등에 의해서 교정상담의 다양한 기법이 실시되고 있다. 그러나 가치중립적인 교정상담과 관료적 교정상담은 상담효과의 가역성(reverse)이 강해 상담효과의 지속성이 담보되지 않았고 이는 많은 교정상담이 행해짐에도 높은 재범률로 나타나게 되어 기존의 가치중립적 교정상담은 관료적 한계를 보였다.

그런데 서구에서는 오래전부터 치료적 교정복지 이념에 의해 가치지향적인 종교적 교정상담이 기존의 관료적 교정상담을 보완하는 상담으로 기능한바, 그것은 종교가 시멘트처럼 견고하게 내면화되기 때문이었다. 기존의 인지상담치료 등 가치중립적 교정상담은 상담이 종결되면 그 효과가 지속되지 못했는데 이러한 한계를 기독교 등의 교정상담이 보완할 수 있었다. 인간본성의 변화와 삶의 변화 가능성은 인간 자신의 노력이나 프로그램으로는 불가능하며(하도균, 2018: 131-61; 손동신, 2018: 330에서 재인용) 인간본성과 환경의 변화는 예수 그리스도를 통해서만 가능하다(손동신, 2018: 330)는 표현에서 알 수 있듯이 범죄자의 진정한 죄성의 근본변화는 종교적 교정상담이 될 때 가능하다. 그것은 종교적 교정상담이 기존의 가치중립적인 교정상담에 전인적 치유를 가져다주는 종교가 개입되기 때문이었다. 특히 가치지향적인 치료사법적 교정 이념이 중시되는 오늘날 이러한 종교적 교정상담은 기존의 관료적 · 가치중립적 교정상담을 보완해 주는 측면에서 의의가 있다고 할 수 있다. 특히 기독교신자 수용자가 가장 많은 한국 교도소에서는 이러한 교정상담사역의 중요성은 크다고 할 수 있다.

그런데 한국 교정상담사역은 해방 이후 지금까지 계속되고 있음에도 재범률이 여전히 높은데 이는 우리나라의 교정상담사역의 문제점을 그대로 반증하는 것으로 볼 수 있다.[01] 교정상담사역을 청하는 수용자에게 "같이 하나님 앞에 기도합시다.", "성경을 믿으면 하나님이 응답해 줄 것입니다." 또는 수용자의 고민에 어울리는 성경구절들을 단편적으로 인용해 주는 정도의 비과학적인 교정상담사역과 물질사역, 온정주의적 사역으로만 접근해 온 경우가 많았기 때문이었다. 한국 교정상담사역의 문제점을 미시적 측면과 거시적 측면으로 나눈다면 미시적 측면에서는 상담사역 주체, 상담기법, 심리학 이론 등의 전문지식 등에서 문제가 많았으며[02] 동시에 성경적 상담방법론에 대한 적절한 인지와 적용이 되지 않아[03] 교정상담사역의 과학화와 개별화 및 효과성을 저해한다.

거시적 측면에서는 이렇게 한국 교회의 자본화와 세속화, 관료화, 보수화, 성장위주의 부흥론 등으로 인하여 교정사역이 가장 소외된 사역이 되었고, 마찬가지로 상담사역도 일반선교와 같이 취급되었다. 그런데 교정상담(선교)에 관한 선행연구들에는 손동신(2018), 김재광(2008), 이현림 외(2017), 현정은(2015), 이재창(1996), 김영란(2005), 조광석(2011), 김석현 외(2009) 등이 있으나 주로 미시적 측면으로만 접근해 한국 교정상담사역의 구조적 · 거시적 측면은 전혀 언급하지 못하고 있고 미시적 측면에서도 일부 논문은 무조건 성경적 상담론을 절대시하고 있는 한계가 있다.

---

01 기독교수용자도 가장 많고 기독교종교위원도 가장 많다.

02 상담사역 주체인 종교위원이나 목회자 및 비공식적 주체 등의 문제점과 상담기법의 문제점도 많은데 이에 대해서는 후술한다. 특히 사역자는 심리적 배경지식이 상담에서 아주 중요함에도 이러한 상담심리학적 이론에 대한 전문성이나 보수교육이 없다. 가령 교도소수용자가 보이는 방어기제, 교정심리, 공격성의 원인, 범죄심리, 친화심리, 동조심리, 집단심리, 귀인심리, 이상심리 등에 대한 이해는 상담사역에서 필수적이다. 이외에도 관료제이론, 사례관리론, 교정복지론, 교도소사회학, 상담기획론, 조직화 및 동작화와 동기부여론 등의 상담행정 관련 지식이 필수적인데도 이런 관련 지식이 부족하다.

03 특히 실천신학과 성경적 상담론을 전공하지 않은 종교위원이나 목회자, 교정자원봉사자, 상담멘토대학생 등에게 이런 현상이 나타난다. 성경적 상담방법론에 자주 언급되는 Adams의 권면적 상담이론이나 Welch의 성경적 변화모델, Crabb의 상담론과 Tripp의 성경적 상담방법론의 특징과 적용대상 및 한계 등에 대한 정확한 이해와 적용경험과 사례관리가 있어야 교정상담사역이 제대로 됨에도 이런 전문지식이 부족하게 되면 무조건 "같이 기도합시다."라거나 적절한 성경구절로 대처하는 경우가 많다.

따라서 이 장에서는 선행연구들이 간과한 미시적 측면의 문제점들을 독창적이고 학제적인 관점으로 서술하였으며 거시적 측면의 문제점과 개선방안을 제시하여 한국 교정상담사역의 발전에 이바지하려는 목적으로 작성하였다. 접근방법은 교정사역론이 학제적인 성격에서 연유하여 정치학, 법학, 인문학, 교정학, 공학, 심리학, 사회학 등 응용과학적 입장에서 전개하였으며 문헌연구를 주된 연구방법으로 하였다. 다만 외국과의 비교법적 연구가 부족한 점에서 이 장의 한계가 있다.

교정상담사역은 일반상담의 원리를 원용하는 측면에서 일반상담과 공통된 면이 있으며 교정현장에서 사용되는 측면에서 교정상담과 공통된 면도 있고 또한 교정사역의 한 종류인 점에서 교정사역과도 공통점을 가진다. 그러나 교정상담사역은 그러한 공통점 외에도 독립적인 정체성을 갖는다는 점에서 교정상담과 교정사역 등과의 개념과는 구분된다.

1) 교정상담사역의 개념

교정상담사역의 개념은 우선 교정상담의 개념과 연관이 있는바, 교정상담의 개념에 대해 법무부는 "교정현장에서 수용자를 직접 대면하는 교정직원이 수용자가 가진 여러 문제를 대화를 통해 지도 관리해 수용생활의 적응을 돕고 수용자 스스로 부정적 감정과 억눌린 욕구를 긍정적 방향으로 전환시켜 성장과 발전의 기회로 바꿀 수 있도록 이끌어 주는 것"이라고 하였다(법무부, 2002: 4). 그러나 법무부의 정의는 상담과 면담을 혼동하고 있는바, 그것은 상담은 비권력성과 전문성 및 자발성을 속성으로 하지만 면담은 반드시 그러한 요소를 필요로 하지 않기 때문이다. 또한 상담은 상담기관의 목적보다는 내담자인 클라이언트의 개인적 이익이 1차적 목적인 데도 법무부의 정의는 클라이언트의 이익이 아닌 기관의 목적이 1차적으로 되어 있다. 법무부는 교정상담을 "내담자의 복지를 최우선적으로 고려해야 하는 것이 아니라 수용질서를 먼저 생각해야 한다."면서(법무부, 2002: 4) 기관의 목적을 상담의 1차적 목적으로 하는바, 이는 교정상담이 아니라 기관의 목적을 위한 관료적 면담에 지나지 않는다. 또한 법무부의 교정상담 정의는 주체를 교도관으로만 한정시키는 전형적인 권력적 · 관료적 본성을 보여주는데 이는 교정상담의 목적이 어디에 있는가를 보여준다. 또한 교육위원, 취업위원, 교화위원 등 다양한 교정자원봉사자에 의한 상담을 간과하고 있다.

면담은 상담의 목적을 달성하기 위한 수단적 · 비가치적인 중립적 성격이며 상담은 목적적 · 가치지향적 개념이라는 점에서 면담과 상담은 구별되어야 한다. 법무부가 공식화한 교정상담의 개념은 가치중립적인 교정면담의 성격이 강하다는 점에서 교정면담과 교정상담은 구별되어야 한다. 또한 면담은 주체와 대상의 제한이 없이 언제든지 교정기관의 욕구와 이익을 위해 교도관이 행하지만 교정상담은 주체와 대상의 제한이 있으며 고객의 1차적 욕구의 원조에 목적을 둔다. 따라서 교정상담사역의 개념에 대해 당위적으로는 종교위원, 목회자 등의 교정사역자가 갇힌 자[04]와 그들의 가족, 피해자 등이 직면한 여러 문제에 대하여 사역상담의 기본원리에 입각한 전문적 상담을 통해 성서적 내용에 배치되지 않으면서 그들에 대해 원조하는 일체의 활동으로 특수선교이면서 실천신학의 한 영역이라고 정의할 수 있다.[05] 따라서 당위적으로는 전문성과 과학성이 필수적 요소이지만 현실적 측면의 교정상담사역에서는 이러한 전문성과 과학성이 담보되지 않은 상태에서 교정위원, 기독교교도관, 목회자, 자원봉사자 등이 갇힌 자와 그들의 가족 등이 호소하는 문제에 대해 성서적 맥락을 가지고 상담 등을 통해 원조하는 활동을 말한다.

2) 교정상담사역의 이념과 목표 및 기능

교정상담사역의 이념에는 성경적 재사회화, 인간존중의 이념, 민주성의 이념, 사회적 형평성, 치료적 사역주의, 상담의 가외성, 상담사역의 탈자본성, 상담사역의 다양성, 생산성, 상담사역의 거버넌스, 회복적 사역, 상담사역의 인간화 등이 있다. 성경적 재사회화란 예수 그리스도의 사랑과 희생의 정신을 바탕으로 타락된 죄성에서 벗어나 복음을 통해 구원받게 하는 것을 말한다. 인간존중의 이념은 상담사역

04 갇힌 자란 광의의 개념으로 시설적 개념인 교도소와 전자적 · 법적 감시인 전자발찌 부착 등의 보호관찰대상자도 포함되는 개념이다. GPS 부착자도 마찬가지이다.

05 일체의 활동이란 클라이언트인 수용자의 고민 등을 해결해 주는 미시적 측면의 상담에다가 수용자의 고민이 제도나 법령 등의 개정과 관련된 것인 경우에 그것이 합리적인 경우라면 그러한 측면의 해결에 대한 원조도 하는 거시적 상담도 포함됨을 의미한다.

자가 어떠한 편견도 없이 내담자를 목적적인 존재로 여기는 이념을 말하며 민주성의 이념은 상담사역의 방법과 형식 등에서 상담자가 내담자의 의사를 존중하는 방향으로 하는 것을 말한다. 이는 또한 내담자와 치료동맹의 형성도 민주적이어야 한다.

치료적 사역주의란 치료적 사법의 이념에 의해 상담사역자가 단순한 상담자의 지위에만 있는 것이 아니라 상담의 생산성을 위해 다양한 역할을 수행하거나 다양한 역할을 할 수 있는 기관으로부터 자원을 동원하는 가치지향적인 적극적 이념을 말한다. 상담의 가외성은 일반인과 달리 제한된 환경에서 다양한 욕구를 가진 수용자와의 상담은 1회로 종결하지 않고 효과의 지속성을 위해 중복적 상담을 하는 것을 말한다. 생산성은 상담결과로 내담자의 실질적 만족도가 증가되는 정도를 말한다. 이러한 생산성은 상담횟수와 비례하지 않으므로 상담 과정과 기법 및 내용의 질적 측면이 중시되어야 한다. 상담사역의 거버넌스는 상담효과의 생산성과 지속성을 위하여 상담사역자가 관련 기관과 협제적 관계를 유기적으로 갖는 것을 말한다. 상담사역의 탈자본성은 사역자가 상담을 횟수 등으로 계량적인 상품화를 하지 말고 질적 측면을 중시해야 한다는 의미이다. 회복적 상담사역은 상담자가 범죄인이 가진 피해자나 환경에 대한 분노나 부정적 감정과 외적 귀인적 태도를 화해와 용서사역을 통해 범죄인과 피해자 등과의 관계회복을 도모하는 관계상담사역이다. 다양성 이념은 내담자의 특성과 환경 등 다양한 특징에 따라 상담 기법과 내용이 개별화되어야 한다는 것이다.

교정상담사역의 목표는 상담을 통한 복음화가 가장 중요한 목표인데, 다만 이러한 복음화는 내담자의 문제를 원조하는 과정에서 성경적 방법을 사용하거나 또는 일반상담기법을 통해서 자연스럽게 예수 그리스도의 복음을 내면화시키는 방법이어야 한다. 또한 상담사역을 통해서 내담자가 자신의 긴장된 심리상태와, 직면한 문제에 대해 스스로 해결역량을 갖도록 상담기법을 통해 지원하여 수용생활 등에 잘 적응케 하는 것을 목표로 하며 이 과정에서 사역자는 자원을 동원하거나 연결하여 원조할 수 있다. 이런 과정을 통해 수용자인 내담자는 왜곡되거나 부정적인 가치관에서 벗어나 합리적이고 긍정적인 가치관을 형성하게 되고 타인행동을 이해하며 재사회화한다. 이러한 소극적 목표 외에도 형집행법의 목적에 규정된 건전한 시민으로의 복귀를 위해 건전한 시민성을 형성하게 하는 적극적 목표도 가져야 한다.

교정상담의 목표가 사회에 적응할 수 있는 능력을 길러 주는 것이라는 주장도 있으나(홍종관, 2013: 97) 이러한 소극적인 '적응'만이 교정상담의 목표가 되어서는 안 된다. 적응은 준법과 화합에는 필요한 덕목이지만 건전한 민주시민으로의 복귀를 목표로 하는 형집행법의 정신에 비추어 그러한 '적응' 외에도 주체적 비판정신과 다양성 및 창의적 정신의 함양도 필요하므로 교정상담사역의 목표에는 시설 내와 사회의 적응 외에 주체적 비판성과 주인정신의 확립이란 민주적 시민성의 함양도 포함되어야 한다. 이를 위해서는 민주주의에 대한 사역자의 기본적 내면화가 있어야 한다. 수용자가 상담사역을 통해 자신을 사회의 주체로서 인식하게 되면 재범률의 저하에도 도움이 되기 때문이다.

교정상담의 기능에 대해 이재창은 시설 내 적응과 사회적응의 기능을 주장하지만(이재창, 1996: 355) 이 역시 소극적 기능에 그치며 민주성이라는 시민성의 확립으로 연결되지 못하는 한계가 있다. 교정상담의 기능에는 비판성과 주체성이라는 시민적 인성의 함양도 포함되기 때문이다. 따라서 교정상담사역의 기능에는 외부효과로 인하여 기독교수용자의 증가와 교도소화의 방지, 교정사고의 감소와 방지, 가족복지와 여성복지 및 장애인복지, 아동복지, 노인복지, 의료복지 등 교정복지의 향상, 교정관료제의 형식성에 대한 보완적 기능과 집단적 · 물량적 교정사역에 대한 보완적 기능, 회복적 내담자의 심리적 안정과 문제해결역량의 강화, 교도소소집단 내의 권력관계의 파악과 비공식집단 및 비공식지도자의 제자화 등의 활용, 교정행정의 문제점 파악으로 인한 교정제도의 개선, 재범률의 감소, 교정상담의 전문성에 기여, 교회자원의 관심촉구와 특수선교의 활성화 등을 들 수 있다.[06]

---

06 교도소화란 보통은 수용자가 교도소의 하위문화인 나쁜 문화에 물들어가는 현상으로 교화에 부정적 요소로 작용한다. Clemmer에 의하면 교도소의 일반적 문화를 취하는 것(Wheeler, 1961: 697)이라고 한다. 기간이 길수록 교도소화가 강화되며 시기와 동조성의 관계로 교도소화를 설명한 Wheeler는 입소 초기와 말기에 시설화의 정도가 낮고 중기에는 시설화 정도가 높다고 하였다(Wheeler, 1961: 697). 시설화란 교도소화를 의미한다. 따라서 상담사역으로 내담자인 수용자가 고충이 해결되고 심리적 안정을 얻으면 부정적 측면인 교도소화의 진행을 막고 이미 교도소화가 된 부문도 탈교도소화가 될 수 있으며 규범지향적이 되어 교정질서에 순응하고 교화에도 기여할 수 있다는 의미이다. 특히 이러한 상담사역의 외부효과가 크게 발생하면 직접 상담을 받지 않은 수용자도 직접 상담사역을 받은 수용자의 탈교도소화에서 대리학습의 효과도 갖게 될 수 있다.

3) 일반상담과 교정상담의 차이

교정현장 등에서 행하는 효과적인 교정상담심리를 이해하기 위해서는 교정현장 상담, 일반상담과의 차이를 통해서 교정상담의 특징을 알 수 있다. 먼저 일반상담과 교정상담의 차이를 서술한다.

일반인을 상대로 한 상담과 교정시설 등에 수용된 범죄인을 상대로 한 교정상담은 주체와 대상, 방법 등 여러 면에서 차이가 난다.[07] 이러한 일반상담과 교정상담의 차이를 표로 비교하면 다음의 〈표 8-1〉과 같이 나타낼 수 있다.

표 8-1 일반상담과 교정상담의 차이점

내용 \ 종류	일반상담	교정상담
상담의 주체	상담전문가	교도관, 교정위원, 교육위원, 동료수용자 등 다양
상담자의 지위	단선적	이중적 구조
상담의 전문성	강함	약함
상담의 목표	내담자의 문제해결	내담자의 문제해결, 교정질서 유지, 교화 등 다양
상담의 대상	신청한 개별 내담자	수용자, 가족
상담의 기능	심리적 지원	심리적 지원, 교정사고 방지, 탈교도소화, 가족복지 등
상담대상자의 지위	단선적(linear)	이중성
상담의 자발성	아주 강함	권력적 상담(호출 상담)은 비자발성
상담의 권력성	없음	강함
상담의 자본성	강함	약함
상담의 대칭성	약함	비대칭성
상담의 계층성	약함	강함

07 물론 "상담이란 내담자가 전문적 훈련을 받은 상담자와의 대면관계에서 생활과제의 해결과 사고, 행동 및 감정측면의 인간적 성장을 위해 조력하는 과정"(이장호, 1986: 3)이라고 하는 개념의 원칙은 교정상담과 교정상담사역에서도 같다. 다만 장소와 대상자 등에서 차이가 난다.

상담의 환경	양호함	열악
상담의 비용	비용성	무료
상담시간	개방적	폐쇄적, 제한적
상담의 관료성	약함	강함
치료적 동맹	강함	약함
수요의 탄력성	약함	강함
수요자의 방어기제	약함	강함
상담의 낙인화	약함	강함
상담의 가외성	약함	강함
상담의 방법과 형식	다양함	제한적
상담공급의 탄력성	탄력적	비탄력적
상담의 외부성	외부효과는 약함	외부효과가 강함
상담의 총체성	약함	강함
상담의 연계성	강함	약함
상담의 제3섹터화	약함	강함(관 · 민간의 협동)

위의 〈표 8-1〉을 상설하면 우선 상담의 주체가 교도소에서는 교도관과 교정위원, 교육위원, 동료수용자 등이라는 점에서 일반상담과 다르고 교정상담에서 교도관은 상담가이면서도 직원이란 이중적 지위에 있으며 상담내용이 두 지위 간에서 갈등이면 관료적 지위가 앞선다. 또한 교정상담의 목표는 일반상담의 목표 외에 교정질서의 유지가 추가되고 상담의 기능도 다양하다. 상담대상자의 지위도 교도소 수용자는 내담자의 지위와 동시에 형집행을 받는 수용자라는 이중적 지위를 갖고 교정상담은 일반상담과 달리 직원이나 교정위원이 원하면 언제든지 할 수 있는 권력적 상담이 가능한 점에서 비자발성이 크다. 일반상담은 상담비용이 많이 든다는 점에서 자본성이 강하나 교정상담은 비용이 무료로 자본적 성격이 약하다. 일반상담은 상담자와 내담자가 서로가 서로에 대한 자세한 정보를 모르는 대칭성 관계에 있지만 교정상담, 특히 교도관에 의한 상담은 교도관이 수용자의 모든 것을 안다는 점에서 비대칭적 관계이다. 일반상담은 누구든지 상담의 대상이 되고 평등하게 대하나 교정상담은 상대의 지위(수용자)에 따라 상담 방법과 내용이 달라지는 계층적

성격이 강하다.[08] 교정상담은 수직적 지위에서 이루어지므로(교도관) 관료적 성격이 강하고 수용자는 구금상태이므로 여러 욕구가 강해 상담수요의 기회비용이 증가해도 수요가 그만큼 줄지 않아 상담수요는 비탄력적이지만 일반상담은 그렇지 않다. 교정상담에서 수용자는 저항 등 방어기제를 많이 쓰며 또한 동일한 수용자에게 교도관, 교정위원 등 다양한 상담이 중복적으로 되어 가외적 성격이 강하며 상담공급비용이 증가해도 교정상담에서는 그만큼의 상담공급이 줄지 않아 공급의 비탄력성이 크다. 또한 동료수용자 등 환경에 있어서도 교정사고의 방지 등 긍정적인 정(正)의 외부효과가 있어 교정상담은 외부효과가 크다.

4) 교정상담사역의 형태

교정상담사역의 효과성은 교정상담사역의 형태에 따라 달라지므로 먼저 교정상담사역의 형태를 살펴볼 필요가 있다. 교정상담사역의 형태는 다양한 기준에 의해 분류할 수 있지만 여기서는 다음의 〈표 8-2〉와 같이 나타낼 수 있다.

표 8-2 교정상담사역의 형태

기준	내용
성경적 상담의 종류	
장소	시설 내, 사회적, 사회 내 교정상담사역
수용과정	신입, 징벌자, 가석방자, 출소예정자 등 수용과정에 따른 상담사역
대상자	일반수용자, 소년, 노인, 장애인, 여성, 외국인, 군 수용자 및 가족, 피해자 등에 대한 상담사역
공식성	공식적 교정상담사역, 비공식적 교정상담사역
관료성	관료적, 민영형, 제3섹터형 상담사역
대상자의 수	개인상담, 멘토링, 집단상담
대상자의 특성	기결수 상담, 미결수 상담 / 범죄 종류별 상담
상담의 근거	성경적 모델에 근거, 일반심리학 모델, 혼용형태

08 특히 교도관은 정치적 거물수용자나 대기업 재벌수용자 등 엘리트적 수용자를 대할 때와 노숙자 등 하층 출신 수용자를 대하는 태도가 다르다.

상담시기	예방적 교정사역상담, 사후적 교정사역상담
상담기간	단기상담, 장기상담형
상담의 연속성	1회 상담, 연속상담, 추후상담, 간헐상담
상담내용	종교상담, 비(非)종교상담, 혼합형 상담
할거성 여부	할거적 교정상담사역, 연합형 교정상담사역
위기 여부	위기목회상담, 준위기목회상담, 평시목회상담
진정성	진정 교정사역상담, 부진정(위장) 교정상담사역
상담의 정형성	단용 교정사역상담, 상용 교정사역상담
제도변화와 관련성	미시적 교정사역상담, 거시적 교정사역상담
상담의 계층성	계층적, 비계층적 교정사역상담
주체의 '人(인)' 여부	사람에 의한 교정상담사역, AI교정상담사역, 혼합형
상담의 방법	지시적, 비지시적, 혼용적
상담의 형식	대화, 문서상담, 전화상담, 화상상담
주체의 행태	권위형, 민주형, 자유방임형, 혼합형
상담의 초점	문제해결형, 교정형, 회복적 교정상담사역, 관계지향적, 치료적 교정상담사역
주관자	내부 교정상담사역, 외부 교정상담사역, 혼합형

성경적 상담방법론은 기준에 따라 다양하다. 보통은 Adams의 권면적 상담론, Collins의 기독상담론, Crabb의 성경적 상담론, Welch의 상담론, Tripp의 상담방법론 등이 있지만 문제는 내담자의 특성에 따라 적절한 성경적 상담방법론을 적용하지 않거나, 획일적으로 사용하거나 때로는 성경적 상담방법론을 지나치게 절대시하여 상담효과를 저해하는 등의 문제점이 있다.[09] 시설 내 상담사역은 교도소 내에서 이루어지는 것이고, 사회적 사역은 귀휴, 희망센터 등 중간처우센터 등에서의 상담사역이며, 사회 내 사역은 가석방, 보호관찰 중인 경우에 행해지는 상담사역으로 구분실익은 상담사역이 시설 내 위주로 있어 되어 사회적, 사회 내 상담사역은 개척사역의 영역이자 상담사역의 한계지대이다. 대상자에 따른 구분에서는 일반

09 원칙적으로 성경적 상담방법론을 적용해야 하지만 내담자의 특성에 따라서는 일반심리학적 상담론을 적용해야 한다. 무조건 성경적 상담방법론에만 꿰맞추다 보면 오히려 역효과가 나기 때문이다. 특히 초심자, 불신자, 타 종교의 수용자에게는 더욱 그렇다.

수용자 위주로 되어 있어 장애인, 군 수용자 등에 대한 주변부 상담사역은 상품성과 비용문제로 소외되어 있으며 피해자에 대한 상담사역도 활성화되지 못해 회복적 상담사역을 저해하고 있다. 공식적 상담사역이 거의 대부분이고 동료수용자나 가족 등에 의한 비공식적 상담사역은 관료적 이유와 교회의 자본적 이익에 밀려 활성화되지 못하고 있어 비공식적 상담사역의 중요성과 효과성이 간과되고 있다. 관료적 상담사역은 교도관, 교정위원 등에 의한 사역이고 민영형은 민영교도소나 외부 목회자에 의한 사역을 말하며 제3섹터형은 교도소와 외부 상담기관의 협력에 의한 상담사역을 말한다. 대상자의 특성에 따른 상담사역은 기결수와 미결수에 따라 그 내용과 기법이 달라야 함에도 동일한 정형적 상담사역이 적용되는 문제점이 있다.[10]

범죄종류에 따른 상담사역도 당연히 범죄의 종류와 상습성에 따라 달라야 함에도 현재는 동일한 상담사역이 정형적으로 진행되는 문제점이 있다.[11] 상담시기에 따른 구분실익은 거의 대부분이 사후적 상담사역으로 되어 있어 그만큼 사회적·선교적 비용부담이 크므로 문제가 발생하기 전에 문제발생을 진단하고 예방하는 사전적 상담사역이 되어야 하는데 현재는 찾아가는 상담이 전혀 안 되고 있다. 상담기간은 교도소의 특성상 그리고 사역의 물량적 자본화를 중시하는 한국 교회의 특성상 단기상담이 주류이며 이는 상담사역의 확대와 대중화에는 기여하나 질적인 상담사역의 중요성은 간과되고 있다. 상담내용의 원칙은 종교적 상담방법론에 의해 교리지도와 교리상담 등의 종교적 상담이 주가 되어야 함에도 사실상 수용자의 개인적 고민에 대한 비종교적 상담이 거의 대부분이고 이 과정에서 물질적으로 도와주는 온정적인 상담사역이 많다. 물질사역도 모두 교정사역과 상담사역으로 전환되는 소위 수단과 목적의 전치현상이 발생하고 동조과잉현상까지 발생하는 문제점이 있어도 사역의 자본화와 관료화에 밀려 인지되지 않고 있다.[12]

10 미결수는 재판확정 전이므로 상담내용이 기결수와 다르며 고민과 호소내용도 수형자와 다름에도 현재는 동일한 상담사역이 되고 있다.

11 가령 마약중독 등 중독적 범죄자에게는 Welch의 성경적 변화모델이 적용되어야 하고 소년범죄자나 의존성이 강한 범죄인에게는 지시적 성격이 강한 Adams의 권면적 상담이론이 적용되어야 한다. 주체성이 강하거나 불신자인 경우에는 Rogers의 비성경적인 심리적 상담모델이 적용되어야 함에도 이러한 전문화된 상담모델이 아닌 일반화된 상담이나 관계지향적 또는 자선적인 물질사역으로 대치되는 경우가 많아 상담의 전문성을 저해하고 있다.

12 상담사역의 목적은 복음화이고 이를 위한 수단으로 관계지향적 대화와 물질사역 등의 자선적 사

할거성 여부에 따라 개교회중심의 할거주의적 사역이 거의 대부분이고 교회연합에 의해 임무를 나누어 상담사역하는 연합적 상담사역은 적은 편인데 이는 한국 교회의 자본성과 이기주의적 교회성장론에 기인한다. 수용자의 위기에 따른 구분실익은 위기상담사역과 평시상담사역에 적용하는 상담 기법과 내용 및 상담이 종결된 후에도 클라이언트인 수용자를 돕기 위해 행해지는 추수상담(follow-up counselling, 追隨相談) 여부가 달라짐에도 이러한 차별화된 상담사역이 적다는 데 문제점이 있다.[13] 진정성 여부에 따라 수용자들이 종교적 욕구가 아닌 자신의 특수한 목적을 숨긴 위장된 교정상담 수요가 많은바,[14] 문제는 사역자들이 사실상 복음화가 시급한 이러한 위장수요자들에 대해 내담자와 교정시설의 특성 및 환경 등 다양한 유형에 맞게 그때마다 상담기획을 하고 상담기법을 택하는 단용(單用) 상담기획을 해야 함에도 관료적 이유, 비전문성, 시간상의 문제, 사역의 자본성, 관성 등 여러 요인에 의해 기존에 사용한 획일적인 상담기획모형을 그대로 적용하는 상용(常用) 상담기획을 적용하여 상담사역의 효과성과 개별성을 저해한다.

또한 제도변화의 개혁을 추구하는 거시적 상담사역은 거의 없으며 그냥 주어진 제도 속에서 개인적 측면의 고민을 해결하는 미시적 상담모형이 대부분이다. 상담사역이 치료적 · 동맹사역적 상담이 되려면 수평적 · 비권력적 지위에서의 비계층적 상담사역이 되어야 함에도 사역자가 우위에서 행하는 계층적 상담모형이 많다. 또한 인공지능 등 상담봇이 교도소 내에 설치되어야 함에도 관료적 이익과 교회적 이

역과 비종교적 문제해결이 있음에도 상담사역 횟수만 중시하다 보니 전치(轉置)현상이 발생하고 이런 수단에 지나치게 동조하여 마치 수단이 목적처럼 된다는 의미이다.

13 자살소동자, 이혼 등 가족위기의 수용자, 탈주 미수 등 교정사고자, 심한 종교적 갈등의 수용자 등 위기상태의 수용자에게는 예방적 상담사역과 위기상담사역 기법이 적용되고 상담 후에도 다시 확인하는 추후상담사역이 있어야 하나 시간부족, 교도소 사정 등 관료적 요인과 위기심리학과 위기상담에 대한 목회자의 전문성 부족, 관성화된 상담문화, 상담사역의 물량적 자본화 등 다양한 원인에 의해 실시되지 않고 있다. 또한 가족 간 갈등이 심하거나 금치 등 심한 징벌수용자는 자살 등 위기로 갈 수 있는 준위기적 수용자인데도 이들에 대한 예방적 상담사역도 잘 안 되고 이들이 호소하는 문제에 대한 전문적 상담도 없이 그냥 "하나님이 응답하니 기도합시다."라는 일반화된 상담사역이 많다. 특히 교도소의 심한 부조리 등 교정제도의 문제에 대한 거시적 상담에 대해서는 목회자들의 강한 보수성으로 인해 거의 한계를 보이고 있다.

14 가령 이단자들이나 불신자들이 목회자를 시험하기 위해 하는 경우도 있고 수용자들이 심심해서 사역자를 이용하거나 특정한 청원이나 부당한 청원 등을 할 목적으로 사역자를 이용하는 교활한 수용자 등 다양한 위장수요자가 많다. 이는 개인상담 외에 집단상담 등에서도 많다.

익에 반하는 거부점이 강해 상담봇, 설교봇이 상담사역의 주체는 물론 보조적 위치에도 자리하지 못하고 있다. 상담의 방법 구분실익은 내담자의 특성에 따라 지시적 · 비지시적 · 혼용적 모형을 해야 함에도 교회의 권위를 중시하는 목회자나 관료적 교도관은 지시적 상담모형으로 일관해 상담사역의 효과성과 치료적 동맹사역의 형성을 저해한다. 상담의 형식은 거의가 대면적인 언어상담이 주류로 문서상담, 방송상담사역이 거의 활성화되지 못하고 있다. 또한 농아수용자 등에 대한 수화통역 상담사역은 비용 등 여러 문제로 잘 되지 않고 있다. 사역자의 행태에 따라 권위적 · 민주적 · 방임적 사역형태가 있는데 이때 반드시 민주적 상담사역이 좋다는 단선적 사고방식은 위험하며 내담자의 특성, 조직의 문화, 목표의 성격 등 다양한 요소의 역동성에 의해 상담형태가 결정되어야 함에도 획일적으로 권위적 상담사역을 주류화로 적용하는 문제점이 있다. 상담의 초점도 문제해결에 중점을 두는 형태와 문제해결보다 온정적 태도와 관계로 대하는 관계지향적 상담이 본 목적으로 되는 경우도 많다.

(1) 교정상담과 교정상담사역의 비교

교정상담과 교정상담사역의 공통점과 차이점은 다음과 같다.

표 8-3 교정상담과 교정상담사역의 비교

내용 \ 종류		교정상담	교정상담사역
차이점	상담의 종교성	약함	강함(기독교)
	상담의 주체	교도관, 교화위원	종교위원, 외부의 목사 등 목회자, 동료수용자 (목회자, 신자), 교도관
	상담자의 역할	제한적	종교인, 원조자, 중개자, 치료자, 교육자 등 다양
	상담의 자발성	약함(호출상담)	강함
	상담의 성격	지시적 상담이 강함	지시적 · 비지시적 상담

	상담의 대상	수용자, 가족	수용자, 가석방자, 출소자, 귀휴자, 가족 등 다양
	상담의 관료성	아주 강함	약함
	상담의 권력성	강함	약함
	상담의 방법과 형식	제한적	다양함
	상담의 내용	개인적 문제로 제한적	다양함(복지상담 등)
	상담의 낙인성	강함	약함
	상담의 자본성	관료적 자본성	선교적 자본성
	상담의 치료적 동맹	약함	강함(종교 치료적 동맹)
	상담의 인간화	약함	아주 강함
	상담의 외부효과	약하거나 강함	강하거나 아주 강함
	상담의 대칭성	비대칭성이 강함	비대칭성이 약함
	상담의 총체성	약함	강함
	상담의 계층성	강함	상대적으로 약함
	상담의 보안성	약함	강함(비밀 보장 등)
	상담공급의 탄력성	상대적인 탄력성	비탄력성
	상담의 목표	개인적 문제해결, 교정질서	복음화, 구원, 복지
	상담의 인문성	약함	강함
	상담자원의 파레토화	약함	강함
	상담시간	융통성	제한적
공통점	상담의 과학성	미약함	
	상담비용	클라이언트는 무료	
	사회적 상담(위장상담)	다른 것을 얻기 위한 수단으로 상담을 이용하는 경향	
	클라이언트의 방어기제	다양하고 강함	
	상담의 상품화	강함(관료적 · 종교적)	
	상담수요의 탄력성	비탄력적	
	외부통제	강함	

위의 〈표 8-3〉을 상설하면 우선 교정상담은 종교적 색채가 없으나 교정상담사역은 기독교교도관이나 기독교목회자에 의한 상담이라는 점이 다르며 교정상담사역에서 목회자는 상담가 외에도 다양한 역할을 수행한다. 교정상담사역에서는 호

출상담이 없다는 점에서 자발성이 강하고 비지시적 · 수평적 · 비관료적이며[15] 교정상담과 달리 수용자는 다양한 욕구를 편한 상태에서 상담하고 상대적으로 종교적 · 심리적 신뢰관계가 강한 치료동맹적 성격이 있다. 상담의 자본성에서는 교도관에 의한 상담은 교도소 이익과 교도관의 이익을 위한 관료적 자본성이 크나 상담사역에서는 선교적 목적과 교회의 이익을 위한다는 점에서 선교적 자본성이 작용한다. 교정상담사역에서는 수용자가 교정상담과 달리 인간적 · 가족적인 분위기를 느낄 수 있고 보통은 종교적 선교와 물질사역, 인간적 사역이 동시에 전해져 동료수용자들에게도 대리상담 학습효과가 발생해 상담수요가 증가하는 외부효과가 큰 점이 관료적 · 법적인 교정상담과 다르다.

상담사역에서 목회자는 교도관과 달리 수용자의 자세한 정보를 몰라 상담의 비대칭성이 크며, 수용자와의 상담 외에도 수용자의 음식, 대인관계, 가족관계 등 모든 것이 기독교적 영혼구원이나 복음화와 관련되었다는 점에서 상담의 총체성이 강하고 수용자의 지위에 따라 목회자는 크게 차별하지 않는다는 점에서 상담의 계층성이 약하다. 상담에 드는 여러 비용과 기회비용이 증가하면 교정상담에서는 상담공급이 그 정도의 비율로 줄어들지만 목회자의 상담사역인 경우에는 상담비용이 증가해도 세속적 이익보다 그리스도인의 사명으로 보기 때문에 상담공급이 그만큼 줄지 않아 공급의 비탄력성이 강하다. 상담사역의 목표는 내담자의 문제해결 외에 복음화가 큰 목적이며 교정상담과 달리 수용자의 개인적 역사 속에서 상담이 이루어져 인문적 상담의 성격이 강하다. 또한 목회자는 자신이 가진 복음정신과 성경적 지식, 세속적 재산을 수용자에게 일부 주어도 자신의 영적 효용은 그대로이고 사회의 복음적 총효용은 증가된다는 점에서 복음자원의 파레토 최적화가 실현되므로 교도관에 의한 교정상담과 차이가 난다. 그러나 교정상담에서는 관료적 상품화가 크고 교정상담사역에서는 선교적 상품화가 크다. 상담수요가 비탄력적인 점은 둘의 공통점이다.

15 물론 기독교교도관에 의한 상담사역 때는 수직적 · 관료적 · 지시적 상담의 성격도 크다.

(2) 교정사역과 교정상담사역의 비교

표 8-4 교정사역과 교정상담사역의 비교

<table>
<tr><th colspan="2">종류 / 내용</th><th>교정사역</th><th>교정상담사역</th></tr>
<tr><td rowspan="13">차이점</td><td>사역의 개별화</td><td>약함</td><td>강함</td></tr>
<tr><td>사역수요의 자발성</td><td>약함</td><td>강함</td></tr>
<tr><td>수요의 탄력성</td><td>탄력적</td><td>비탄력적</td></tr>
<tr><td>1차 목표</td><td>복음화</td><td>내담자의 문제해결 원조
(복음적 맥락)</td></tr>
<tr><td>수요자의 주체성</td><td>약함</td><td>강함</td></tr>
<tr><td>위장수요</td><td>많음</td><td>적음(상대적)</td></tr>
<tr><td>사역의 상품화</td><td>강함</td><td>약함(상대적)</td></tr>
<tr><td>사역의 외부효과</td><td>약함</td><td>강함(상대적)</td></tr>
<tr><td>사역의 방법</td><td>지시적, 권위적</td><td>비지시적, 민주적</td></tr>
<tr><td>사역의 효과성</td><td>약함</td><td>강함(상대적)</td></tr>
<tr><td>사역의 가외성</td><td>약함</td><td>강함(상대적)</td></tr>
<tr><td>사역서비스 생산</td><td>소품종 대량생산</td><td>다품종 소량생산</td></tr>
<tr><td>사역의 보완성</td><td>관료행정제에 대한 보완성</td><td>집단적 교정사역과
교정관료제에 대한 보완성</td></tr>
<tr><td rowspan="8">공통점</td><td>온정주의적 사역</td><td colspan="2">강함</td></tr>
<tr><td>사역의 전문성</td><td colspan="2">미약</td></tr>
<tr><td>사역의 주체</td><td colspan="2">동일함</td></tr>
<tr><td>사역의 대상</td><td colspan="2">동일함</td></tr>
<tr><td>거시적 사역</td><td colspan="2">미약함</td></tr>
<tr><td>사역의 보수성</td><td colspan="2">강함</td></tr>
<tr><td>사역의 정형성</td><td colspan="2">강함</td></tr>
<tr><td>성서적 맥락</td><td colspan="2">강함</td></tr>
</table>

상담사역은 교정사역의 한 부분이라는 점에서 온정주의적 · 감성적 · 비전문적 성격은 동일하다. 또한 한국 교회의 특성상 보수적 · 미시적 · 경로의존화된 정형적

사역인 점에서 동일하다. 그러나 상담사역은 개인적 상담이 많고 교정사역이나 집단상담에서 해소되지 못한 것을 상담한다는 점에서 사역의 개별화가 크고 사역수요의 자발성도 크다. 상담사역의 이러한 장점으로 인해 상담의 기회비용 등이 증가해도 그만큼의 상담수요량이 줄지 않는다는 점에서 비탄력성이 강하며 수요자도 주체적 성격이 상대적으로 강하다. 주로 총집예배 등 집단적인 교정사역에서는 빵 등 물질적 이익이나 수용자 간의 통담을 위해 또는 여성을 보기 위한 목적 등 다양한 목적을 가진 위장수요자가 많으나 개별상담 위주의 상담사역에서는 그런 위장수요가 상대적으로 적다. 사역의 상품화는 교정사역은 많으나 상담사역은 상대적으로 적다.[16] 집단적 · 권위적 · 일방적 성격이 강한 교정사역과 달리 개별적 · 수평적 · 인간적 성격이 강한 상담사역이 제대로 되면 이는 동료수용자들에게도 전달이 되어 상담사역의 수요가 증가하고 대리상담사역의 효과도 발생하는 등의 외부효과가 크다. 집단적 교정사역과 달리 개별적 성격이 강한 상담사역에서 목회자는 확인사역과 추후사역, 반복사역도 하므로 가외성이 강하다.[17] 그런 점에서 집단사역이 중심인 교정사역은 선교라는 종교적 재화를 대량생산하지만(총집예배 등) 상담사역에서는 다양한 욕구를 가진 수용자 개인에 대한 사역이므로 다품종 소량생산이란 사역공공재생산의 성격을 가진다. 또한 교정사역은 관료적인 교정행정에 대해 보완적 성격이 있지만 상담사역은 집단적인 교정사역의 한계를 개별사역을 통해 보완하는 점이 다르다.

5) 교정상담사역자의 주체와 역할

교정상담사역자의 주체에는 기독교교정위원, 기독교종교위원, 기독교교도관, 상담사, 기독교공무원, 교도소아버지학교와 세진회 등 외부 선교기관의 목회자, 개교회의 개별목회자, 기독교자원봉사자, 동료수용자인 목회자나 신자, 지인, 가족 등

16 집단예배 등이 많은 교정사역은 총 몇 명이 예배에 참여하였는가의 물량적 · 비가치적 상품화를 중시해 교단에 보고하고 이것이 선교실적에 반영되지만 주로 개별상담인 상담사역에서는 그런 상품화적 요소가 적다는 뜻이다.

17 물론 교정사역도 개별적으로 이루어지는 것이 있지만 주로 총집예배 등 집단적 사역이 많다는 점에서 개별성이 강한 상담사역과 차이가 있다.

이 있으며 앞으로는 로봇이나 AI(인공지능)에 의한 상담봇도 등장할 수 있다. 민간 자원봉사자인 교정위원은 수용자의 상담을 기본으로 하며 그 종류에는 교화위원, 종교위원, 교육위원, 의료위원, 취업위원이 있는바, 기독교종교위원이 아닌 다른 교정위원들도 상당수가 기독교인이며 이들도 모두 성서적 맥락과 배경 또는 분위기 속에서 교육, 의료, 취업 등에서 상담활동을 하므로 교정상담사역자라고 할 수 있다. 그러나 교정상담사역에서 가장 핵심적 주체는 기독교종교위원과 세진회 등의 외부선교단체 및 개교회의 목회자이다.[18] 교정상담사역의 주체에는 교정위원 등과 같은 공식적 교정상담사역자와 동료수용자나 출소자, 가족(기독교신자), 사회의 지인(기독교인) 등에 의한 비공식적 교정상담사역자가 있는바, 한국의 경우에는 공식적 교정상담사역자 중심이었고 비공식적 교정상담사역의 중요성은 간과되어 온바, 이러한 문제점에 대해서는 후술한다.

상담사역자가 가져야 할 자질에는 기독교적 사랑과 종교성 이외에도 인권감수성과 절제된 태도 및 인간존중에 대한 철학과 민주적 태도 및 비밀준수 등 윤리적·개방적·융통적 태도가 필요하다. 또한 성경적 상담방법론의 전문지식 외에 사회심리학과 성격심리학 및 교정심리 등의 심리적 배경지식과 형집행법 등 관련 지식 및 사회복지와 일반적 상담이론과 기법, 기획이론 등에 대한 배경적 지식도 필요하다. 교정상담사역자의 규범적 측면의 역할에는 목회자로서 종교적 인도자의 역할을 기본으로 중재자, 교육자, 대리부모, 조언가, 조정자, 옹호자, 후원자, 사례관리자, 자원연결자. 홍보자, 교정개혁가, 슈퍼바이저(사회복지사), 행정가, 상담사역기획자 등의 다양한 역할을 할 수 있어야 한다.[19] 그러나 실제로는 이러한 다양한 역

18 「교정통계연보」에 의하면 종교분야의 교정위원 종교별 현황은 2017년의 경우 전체 1,910명 중 기독교교정위원이 887명(46.4%)으로 가장 많고 활동현황은 교리지도가 33,215명, 수용생활 지원이 24,725명, 자매결연이 3,988명, 교화도서 기증이 164건으로 나타났다. 교화위원의 활동현황은 수용생활 지원이 4,434명, 상담이 1,704명, 자매결연이 260명으로 나타났다(법무부, 2018: 174).

19 상담사역자는 예수 그리스도의 복음을 전하는 전도자로서의 역할 외에도 소년수용자에 대해서는 교육자나 대리부모의 역할을, 검찰과 법원의 형사조정단계와 회복적 교정단계에서는 중재자나 조정자의 역할을 해야 하고 때로는 법원 등지에서 수용자의 권익을 옹호해야 하며 상담과정에서 필요한 다양한 자원의 확보를 위해 자원동원과 연결의 역할을, 또한 효과적인 상담 모형과 기획을 하는 기획자의 역할을, 사회복지적 슈퍼바이저와 사례관리자의 역할과 상담자의 역할이 필요하며 왜곡된 교정제도의 개혁에 앞서는 개혁가와 정책제안가의 역할도 필요하다. 또한 상담사역 자원의 인적·물적 확보를 위한 홍보가의 역할도 필요하다.

할을 다 하기에는 현실적인 어려움이 있으므로 자신의 부족한 부분을 보완할 자원봉사자를 상담사역팀 내에 항상 확보하여야 한다.

6) 교정상담사역의 대상

교정상담사역의 대상(수요자)자에는 범죄자 모두가 해당되므로 시설적인 수용자와 전자감시에 의한 수용자, 사회 내 처우인 보호관찰대상자, 가석방자, 수강명령대상자, 사회봉사명령대상자, 벌금형을 받은 자, 기소유예나 형사조정으로 형사처벌되지 않은 자, 집행유예나 선고유예 받은 자, 소년법 1호 처분에 의해 보호자 또는 소년위탁보호위원에 감호가 위탁된 소년, 6호 처분인 아동복지치료시설에 수용된 소년, 소년원수용자, 출소자 및 퇴원자, 형 집행정지자, 사면된 자 등과 출소자와 그들의 가족들도 대상이 된다. 또한 회복적 상담사역을 교정상담사역에 포함시킨다면 피해자와 그들의 가족도 교정상담사역의 대상이 될 수 있다.

이러한 논의의 실익은 첫째로 교정상담사역의 대부분이 교도소와 소년원 등 시설에 수용된 자만을 대상으로 하는 경우가 대부분이어서 사회 내 처우대상자와 아예 어떤 처우도 받지 않는 벌금형 수형자, 기소유예자 등 많은 범죄인들이 교정상담사역에서 제외되어 있는바, 교정상담사역의 한계지대에 있는 이들에 대한 교정상담사역이 시급하다. 그것은 재범을 방지하고 동시에 자신의 타락과 죄성을 복음을 통해서 구원받게 하는 것이 교정상담사역자의 소명이기 때문이다. 이러한 개척교정상담사역의 활성화를 위한 교회의 탈자본화와 탈물량화가 필요한 데도 한국교회의 세속화와 자본화로 잘 되지 않는 문제점이 있다.[20]

둘째로 교정상담사역은 경제성의 원리와 사회형평성의 원리에 의하여 상담사역 수요자 중에서 장애인수용자나 환자수용자 등의 위기 또는 긴급 수요자에 대한 형평적 상담사역이 우선되어야 함에도 일반수용자 등의 중심부수용자 중심으로 이루어지고 있고 또한 상담사역의 수요의 탄력성 조사를 통해 사역의 순위가 정해져야 함에도 전혀 반영되지 않아 상담사역 수요의 탄력성의 조사에 기반한 대상자의 선

20 교회는 교도소 등 시설 내 수용자를 대상으로 하는 것이 상담사역의 실적도 잘 드러나고 용이하며 홍보효과도 있다. 그래서 수용되지 않은 범죄인 등에 대한 상담사역은 상품화와 수치화가 되지 않아 개척교정사역이 잘 안된다.

정과 순위가 필요하다.[21]

셋째로 수용자의 가족 중에 위기가족들도 상담사역의 대상이 되므로 그런 측면에서 교정상담사역은 교화지향적 상담사역 외에도 가족복지사역, 아동복지사역 등으로 상담사역이 확대되어야 하며 이는 그만큼 상담사역자원의 다원화와 전문성 및 거버넌스적 상담이 필요하다는 의미이다.

2. 교정상담사역의 문제점

1) 교정상담사역자(공급자) 및 공급기관 측면

먼저 교정상담사역의 주체에는 종교교정위원, 개교회의 목회자, 선교단체의 목회자 및 직원, 기독교교도관, 출소자 목회자나 기독교인, 동료수용자, AI, 기독교인 가족 또는 지인, 상담 관련 학과 학생(기독교), 교정자원봉사자 등이 있는데 교정상담사역의 효과성을 위해서는 사역자의 자질에 종교성 · 인간성 · 전문성 · 경험성(성숙성) · 헌신성이 필요하다. 이 중에서 종교성(기독교적 내면화) · 인간성 · 전문성은 필수적 요소이고 나머지는 보충적 요소이다. 그런데 현재의 교정상담사역자(이하 상담자로 약칭)는 종교성과 헌신성은 강하지만 전문성이 너무나 부족하여 상담의 효과성을 저해하고 있다.[22]

전문성은 종교위원은 물론 거의 모든 주체들이 부족하며 이는 개인적 문제뿐만 아니라 구조적 문제이기도 하지만 근본적인 것은 교정상담의 중요성을 모르는 데

21 상담사역자의 자원과 시간은 제한되어 있으므로 수용자 등에서 상담사역 수요의 탄력성이 비탄력적인 대상자는 그만큼 상담사역을 간절히 원하고 급하다는 의미이다. 이는 상담사역 자원배분의 기준을 나타내기 때문인데, 상담사역 수요의 탄력성이란 수용자가 상담사역을 받는 데 드는 기회비용 등을 포함한 상담비용이 증가해도 그 증가한 비율만큼 상담수요가 줄어들지 않는다는 의미이다. 따라서 과학적인 상담사역 수요의 탄력성을 조사할 필요가 전제된다.

22 전문성에는 형집행법 등 법적 전문성은 물론 귀인심리 등 사회심리학과 성격심리 및 집단심리, 이상심리, 적응심리, 교정심리, 종교심리 등 심리적 측면과 상담기법이론과 사회복지실천론 및 사례관리실천론 등의 상담 관련 실천기술론 측면과 가족복지, 장애인복지, 여성복지, 소년복지, 교정복지 등의 사회복지적 측면과 상담심리, 상담기획 및 정책, 상담자원 확보와 PR 등의 상담 관련 행정적 측면이 포함된다.

기인하는바, 이는 면담과 대화, 자선을 상담과 동일시하는 고전적 전통에 기인한다. 이러한 전문성의 부족은 수용자 등의 내담자에 대한 상담효과의 개별화와 과학화 및 지속화와 외부효과를 저해하여 상담의 형식화 · 자선화로 되어버린다.[23] AI에 의한 상담봇과 설교봇은 전문성을 가질 수 있으나 교도소의 반대 및 목회자 등의 거부점으로 인해 도입할 수 없는 문제점이 있다. 또한 전문성에는 윤리적 의무인 비밀보장 등이 필수적 사항인데 이러한 비밀보장 등이 잘 준수되지 않아 수용자 등의 상담수요를 감소시키는 원인이 된다. 목사와 종교위원 등은 비밀보장이 잘 되지만 특히 기독교교도관의 경우에는 이러한 비밀보장이 잘 되지 않고 상관에게 보고하는 경우가 많으며 동료수용자나 실습나온 학생들도 별 생각 없이 흘려버리는 경우가 있다. 또한 성숙성도 많이 부족하다. 상담사역자는 인생의 다양한 경험을 원숙히 수행하고 다양한 상담경력이 있어 내담자가 공감하기 쉽고 상담의 효과성도 제고되지만 젊은 기독교교도관이나 목회자 또는 신학대학생 등은 그런 성숙성이 담보되지 않는다.[24]

또한 상담자의 상담역량의 개인차가 크다. 인간적 자질인 인간성에는 맥락적 공감능력, 내담자의 이익우선, 내담자에 대한 존중, 민주적 태도, 절제된 통제력, 따뜻함과 배려, 평등하고 편견 없는 태도 등이 있다. 그런데 많은 상담자들은 적극적 경청과 적극적 공감을 하지만 맥락적 경청과 맥락적 공감에 대한 이해가 부족하다.[25] 또한 내담자의 이익우선이 잘되지 않는데, 이는 상담자의 이중적 지위에서 오

23 가령 수용자가 상담에서 보이는 저항인 방어기제를 알기 위해서는 이상심리에 대한 지식이 필수이며 수용자의 이상행동의 원인을 찾기 위해서는 과학적인 귀인심리학에 대한 기본지식이 필수이다. 수용자들 간의 권력관계를 알기 위해서는 집단심리와 교정심리 등에 관한 지식이 필요하고 또한 수용자에게 적합한 상담기법과 실천론이 중요함에도 이런 전문성이 거의 없고 그냥 단순히 수용자의 욕구를 들어주는 정도로 상담이 종결되는 경우가 많다. 수용자의 본래적 욕구의 근본적 해결은 안 되고 부차적 욕구인 음식, 영치금, 가족왕래 등 생활처우적 지원에 그치는 경우가 많기 때문이다. 소위 자선의 상담화가 된다.

24 교도소수용자는 50대가 가장 많아 이제 20대 초반의 교도관이나 대학생이 아무리 기독교신자라고 해도 상담사역을 하기에는 성숙성이 부족하다. 전문성과 헌신성이 있다고 해도 동시에 성숙성이 담보되어야 상담효과가 제고되기 때문이다.

25 적극적 경청은 무조건 상대의 말을 진지하게 끝까지 들어주는 것이고 맥락적 경청은 내담자가 그런 말을 하거나 행동을 하는 것에 숨겨진 역사적 · 정신적 · 사회적 · 젠더적 · 구조적 맥락을 이해하면서 적극적으로 경청하는 것으로 둘은 다른 개념이며 맥락적 경청의 성공에 따라 상담효과가 달라진다.

는 경우가 많다. 가령 기독교교도관이 상담사역을 할 때 그는 상담사역자의 지위이면서 조직의 교도관이란 관료적 지위를 갖는바, 수용자의 고충이 조직의 이해와 충돌하거나 조직의 이익에 해가 된다고 여기면 예외 없이 수용자의 니즈보다는 조직을 먼저 챙겨 상담은 축소되고 관리상담으로 전환되어 상담의 효과성이 저해된다.[26] 이는 교회의 목사나 교정위원도 마찬가지이다. 목회자도 상담사역의 지위와 동시에 개교회에 소속된 목회자로서의 이중적 지위를 가지며 상담내용이 교회이익과 상충하면 교회이익을 우선시하는 상담이 되는 점에서 한계를 가진다. 또한 상담자는 수용자 등을 대할 때는 편견 없이 대해야 하나 이미 그가 여러 범죄를 저지른 전과자라는 차별적 편견을 갖고 행하는 경우가 많다는 문제점이 있다.

또한 상담에서 계층적 선택성이 있으면 안 되는데 대개의 경우 계층적 선택성을 강하게 지녀 주변부수용자에게 소홀하기 쉽다.[27] 또한 목사 등의 사역자는 교도관과 수용자 사이의 갈등에 대한 중재상담 등 모든 상담이 관료적 이익을 우선시하는 관료제적 한계를 지닌다.[28] 또한 권위를 중요시하는 교회와 관료적인 계급질서를 중시하는 교도관 등은 공식적 교정사역상담자만 중시하고 동료수용자나 출소자 등의 비공식적 교정사역상담자를 간과하여 상담사역의 총체적 효과성을 저해하고 있다.[29] 그럼에도 교회나 교도소에서 이러한 비공식적 상담사역을 선호하지 않는 이유는 사역의 상품화와 세속화라는 현실적 이익과 관료적 이익을 더 중시하기 때문이다.[30]

---

26 가령 수용자가 상담자인 교도관의 동료나 상관으로부터 부당한 대우를 받는 것이 명백할 때도 상담자는 그것의 시정보다는 관료적 질서를 우선시하므로 형식적인 원조에 그치게 된다.

27 가령 수용자가 정치, 경제적인 상류층 출신인 경우와 그렇지 않고 난민이나 빈민 등의 주변부 수용자인 경우에는 대하는 태도가 달라진다. 특히 기독교교도관이 그런 경향이 있고 목회자도 마찬가지이다. 또한 수용자 중에서 소년수용자, 여성수용자 등에는 상담자원이 많이 몰리나 장애인수용자나 노인수용자 등에게는 그렇지 않다.

28 교도소 내의 종교시간과 목회시간의 배정 등은 모두 교도소가 결정하고 또한 수용자보다는 교도소(관)의 자원이 유리하므로 교도소 우위의 입장에 서기 마련이다.

29 가령 동료수용자에는 목사 등 목회자 출신도 있고 또는 종교위원으로부터 구원받아 복음이 내면화된 수용자나 출소자 등도 있는데 이들은 교도소 사회의 특성과 수용자의 현실적 심리와 욕구를 가장 잘 알기 때문에 이들에 의한 상담사역은 큰 효과가 있을 수 있다. 특히 그들은 내담자와 같은 신분이어서 동질감이 큰 데다가 같이 보내는 시간이 많아 충분한 상담과 교리지도가 가능하므로 상담사역의 한계생산성이 교도관이나 목사보다 더 클 수도 있다. 차이점은 외부의 목사나 종교위원은 자선 등 물질사역이 가능하다는 점과 공식적 권위가 있다는 점이다.

30 교도소는 철저한 수직적 계급사회이자 형 집행기관이므로 형 집행을 받아야 하는 수형자가 상담

교정상담사역을 공급하는 교도소 및 교회나 외부선교단체 측면에서는 교회 간에 할거주의적 성격이 강하고 상담사역의 실적을 올리는 세속화 경향이 강해 동일한 내담자에 대한 상담이 여러 기관에 의해 제공되는 상담의 중복성과 가외성이 발생해 상담자원의 효율적 배분을 저해한다. 특히 소년수용자 등에 대해 이런 경향이 강하다. 또한 연계상담사역이 되지 않는다. 가령 수용자가 이송되거나 출소 시에 상담사역자는 해당 지역의 상담사역자에게 연계상담을 의뢰하는 체제가 안 되어 있어 상담사역의 연속성이 없고 상담을 다시 하게 되므로 상담자원이 낭비된다. 또한 교도소와 교회 등에서는 상담에 대한 연수교육이나 과학적 훈련수요조사에 의한 훈련도 거의 없다.[31] 또한 교회와 법원, 학교 등 다른 사회기관 간의 거버넌스적 상담사역이 되지 않아 상담사역의 효율성과 적정성을 저해하고 있다.[32] 또한 기독교교도관연합회나 경목회연합회 등도 친목적 모임의 성격이 강해 상담사역에 대한 헌신성이 부족하다. 또한 상담기획을 하는 교회 등의 상담팀은 상담환경의 변화나 수용자의 특성 등에 따라 그때마다 새로운 상담사역기획을 해야 함에도 시간과 경비 및 인력의 부족과 관성에 의해 기존에 사용한 상담기획을 그대로 사용하는 소위 '기획의 그레샴의 법칙'이 발생해 상담사역기획은 상용(常用)기획이 되어버린다.[33]

2) 피상담자(내담자) 측면

수용자 등 내담자 측면에서의 문제점은 상담을 자신의 특수한 목적을 위해 이용

자로 나서는 것에 관료적 거부감을 느낀다. 또한 교회도 상담횟수는 실적이므로 수용자에게 넘기기 싫어한다.

31 상담은 교정공공재 생산의 필수적 요소임에도 교정상담은 교도관 임용과목도 아니며 교회 등에서도 상담사역자에 대한 전문적인 교정상담연수가 거의 없다. 또한 훈련수요란 이러한 고도의 상담을 하기 위해 필요한 능력을 갖추지 못한 사역자는 그만큼 필요한 역량을 채워야 하는 수요적 역량을 말하는바, 문제는 상담사역에서 이러한 훈련수요의 조사도 거의 없이 파송한다는 것이다.

32 가령 수용자가족에 대한 상담은 시 · 군 · 구의 건강가족지원센터와 복지기관, 동사무소, 지역교회 그리고 교도소의 교정위원이나 교도관 간의 거버넌스적 협조상담이 안 되고 있다.

33 상담사역기획은 대상자들의 특성과 환경이 다 다르므로 그때마다 맞는 단용(單用)기획이 되어야 함에도 시간의 부족, 관성, 경로의존적 선호, 자원의 부족 등으로 과거에 쓰던 상담기획모형을 그대로 쓰게 된다.

하려는 교활한 수용자, 비자발적 내담자 및 방어기제 등을 복잡하게 사용하는 내담자, 상담자의 종교성을 확인하거나 공격하기 위한 기독교 이단수용자, 발달장애수용자 등 상담에 대한 인지도가 낮거나 농아수용자처럼 대화가 되지 않는 한계 내담자와 상습적 내담자, 교정제도의 개혁이나 법령의 개혁을 요구하는 거시적 내담자 등인 경우가 있다. 또 상담으로 인해 교정작업의 불리함 등의 문제가 있다.

첫째로 위장된 수요자의 문제는 이로 인하여 상담이 시급한 진정 수요자들에 대한 상담사역의 기회와 시간이 부족하다는 사실이다. 따라서 다른 처우상의 목적을 가진 위장상담수용자는 교도소의 고충처리제도를 이용하도록 하면 해결되지만 문제는 교도소의 고충처리제도가 가진 형식적 · 관료적 성격으로 인해 고객지향적 처리가 되지 않으니 온정적인 사역자로 위장상담이 전환되는 실정이다.

둘째로 방어기제를 다양하고 복잡하게 사용하는 수용자로 인해 상담시간이 많이 소요되고 그 결과 상담기회가 대중화되지 못하는 문제는 결국 수용자와 상담사역자 간에 강한 치료적 동맹관계가 형성되지 않았기 때문이므로 평소부터 사역자는 수용자와 충분한 교류로 신뢰관계를 구축하여야 한다.

셋째로 장애인수용자 등 언어로 효과적 상담이 어려운 특수상담인 경우에는 사역복지적 입장에서 오히려 이들에 대해 우선적 관심을 가져야 한다. 따라서 상담사역자는 교회에 요구하여 수화통역사나 시청각적 상담도구를 요청하거나 교도소당국에 장애인수용자 복지친화적 교정을 건의해야 한다. 그러나 한국 교회와 사역자의 강한 보수성과 보신적 태도로 이러한 정책적 제안자로의 역할을 상담사역자나 교회가 하지 않아 농아수용자 등 장애인수용자에 대한 상담사역은 사실상 거의 방치상태에 있다.

넷째로 잘못된 교정제도로 인해 상담을 신청하는 거시적 문제와 관련된 상담사역에 대해서는 한국 교회와 상담사역자가 침묵해 온바, 이는 교정상담사역이 공공신학적 성격을 가진 것을 외면하고 있는 것으로 상담사역의 한계를 나타내고 있다.[34]

다섯째로 상담으로 인해 교정작업의 배치나 작업시간의 배정 등에서 불리함이

34 가령 외국의 교정제도에 비해 너무 응보적 교정제도로 가족위기가 초래되어 왔다. 부부 만남의 집, 귀휴 등의 가족관계 강화적 교정제도가 너무 엄격하여 수용자의 가족관계가 와해됨에도 한국 교회와 교정사역자는 이런 불합리한 제도의 개혁에 대해서는 침묵으로 일관해 왔다.

없어야 한다.

3) 상담내용과 형식 및 상담기법 측면

상담내용 측면에서는 상담사역인 특성에 비추어 성경적 상담방법론이 내담자의 특성에 맞게 적용되어야 하고 또한 성경적 내용과 물질사역, 문제해결사역 등을 내담자의 특성에 맞게 적절히 배분해야 함에도 전혀 안 되고 있다. 먼저 성경적 상담방법론에서 많이 사용되는 Adams의 권면적 상담과 Crabb의 성경적 상담, Welch의 성경적 변화모델, Tripp의 상담방법론 등이 적용되지 않거나 획일적으로 적용되고 있다.[35] 수용자 등이 목사 등의 종교위원에게 상담을 청했을 때 사역자가 무조건 "하나님 앞에 기도하면 응답할 것이다."라는 식으로 대하면 수용자는 실망하게 된다. 이런 이유로 상담사역의 형식화와 물량화만 촉진되므로 구체적인 성경적 상담방법론을 적절한 예시를 통하여 접근해야 한다. 또한 사역자는 수용자가 직면한 문제에 어울린다고 여기는 성경구절들을 나열식으로만 언급해 상담하는 방식이 획일화되어 있는데 이런 방식은 상담사역의 성경적 과학화를 저해한다.

또한 교정상담과 교리지도, 교정봉사, 교정교육 등이 분리되지 않고 혼재되어 있어 자선의 상담화, 복지의 상담화 등 전환현상이 발생해 상담사역의 정체성을 저해하고 있다. 이렇게 전환현상이 발생하는 이유는 사역의 질보다는 계량화를 중시하는 사역의 상품화와 세속화에 기인한다. 가령 수용자의 정신적 고충을 상담하는 사

35 권면적 상담은 Rogers의 비지시적 상담의 '자율적 존재'가 성경의 사고와 다르다면서 인간은 의존적 존재로 피조되었다는 것에 의해(Adams, 1986: 1-2; 현정은, 2015: 22에서 재인용) 주권자이신 하나님만이 인간을 변화시킬 수 있고 상담자는 성령을 통해 변화의 도구인 성경말씀을 사용해야 하고 상담자는 하나님의 말씀을 떠나서는 그들의 삶이 변화될 수 없다는 것을 알려주어야 한다는 것을 의미한다고 하였다(현정은, 2015: 24). 권면적 상담의 요소는 문제를 언어적 수단에 의해 권면(가르치다)적으로 해결하는 상담이며 권면적 활동의 배후에는 목적이나 동기가 있다는 것으로 항상 말로 징계하는 것이 내담자를 유익하게 한다고 하였다(Adams, 1986: 81-87; 박은아, 2011: 15에서 재인용). Welch는 중독은 궁극적으로 잘못된 경배의 문제이므로 중독에 대해 성경적 관점으로 이해할 필요성을 지적하였다(강윤경, 2016: 228). Tripp은 성경적 상담을 내담자와 상담자 사이에 좋은 관계를 맺는 "사랑하라"의 1단계와 성경적으로 내담자의 마음을 이해하고 알아가는 2단계, 내담자와 그리스도의 만남을 통해 진리와 직면하는 3단계, 새로운 출발점에 서서 자신의 방식을 버리고 주님의 방식대로 믿고 따르는 "행하라"의 4단계를 거친다고 하였다(신재덕, 2017: 187-190).

역임에도 전문적 상담기법을 통한 근원적 해결보다는 영치금 등의 물질과 따뜻한 언어 등의 관계지향적 대화로 '내담자의 고민을 들어주는' 차원으로 변질이 됨에도 상담사역이나 사역으로 수량화된다는 것이다.

또한 상담사역의 내용도 교도소생활의 적응만을 강조하는 보수성을 띠어 비판과 창의성을 내용으로 하는 시민성과 관련되는 내용은 하지 않는데, 이는 교정상담사역의 목적인 건전한 민주시민의 양성과 정의로운 그리스도인의 양성이라는 성경정신에도 반한다. 상담내용도 인문적 상담사역은 하지 않고 여러 제약요인으로 인하여 임상적 상담사역만 하고 있다. 인문적 상담사역이란 내담자의 문제에만 집중하는 것이 아니라 그의 역사적 배경과 가족관계, 사회적 관계의 동태적 구조 등 다양한 맥락과 배경을 통해 그가 호소하는 문제에 접근하는 방법을 말한다. 상담사역의 형식도 전통적인 대면과 대화 위주이고 편지 등 문서에 의한 상담사역과 방송을 통한 상담사역도 안 된다. 또한 간접상담사역이나 교차상담사역도 없고 직접상담사역만 있어 교정시설의 특성에 부합하는 상담사역과 상담의 다원성을 저해하고 있다.[36] 또한 상담사역의 물량적 계량화와 상품화가 확실한 집단상담을 선호하는 문제점이 있다.[37] 그러나 집단상담사역은 개별적 수용자의 주체성과 개별성이 묻히게 되는 문제점이 있으므로 개인상담도 병행되어야 한다. 성경적 상담기법과 사례관리 등의 다양한 전문적 기법은 내담자의 특성과 니즈에 맞게 개별적으로 적용되어야 함에도 전문적·개별적 적용이 되지 않고 일반적 기법으로 획일화되는 경향이 크다.[38]

---

36 수용자가 특정한 사역자에 의한 상담사역으로 심리적 안정이 안 되거나 만족하지 못할 때도 다른 종교위원과의 교차상담 신청이 쉽지 않다.

37 집단상담사역이 되면 시간의 절약 외에도 주어진 시간에서 많은 상담을 했다는 유형적 상담실적이 되고 이는 교회의 홍보에도 이익이 된다.

38 가령 Adams의 권면적 상담론은 내담자가 성경을 잘 아는 기독교신자이고, 소년범죄자나 의존성이 강한 범죄인에게는 적절한 방법이다. 그러나 Adams의 이론은 문제해결에 관심이 있어 경청을 소홀히 하고 상담자가 너무 권위적이며 내담자가 기독교인이 아닐 때는 적용이 불가능하며 일반상담이론을 모두 비성경적이라고 배척해 독단론에 치우친다는 비판이 있다(이중표, 2012: 23). 따라서 내담자가 주체성이 강하거나 비지시적 상담을 선호하거나 초심자 또는 타 종교인 경우에는 권면적 상담기법은 적용하지 말아야 함에도 이를 획일화시키는 경향이 있다.

4) 상담환경 측면

상담환경은 물리적 환경과 심리적 환경 및 사회적 환경을 말하는데 물리적 환경은 내담자(수용자 등) 지향적인 상담사역실의 환경을 말한다.[39] 이는 가장 중요한 상담환경의 요소로 작용한다. 심리적 환경이란 상담사역을 반복하거나 장시간 신청한다고 해서 문제수용자로 분류되거나 낙인찍히지 않는 교정문화를 말하며 심리적 환경이 좋아야 상담사역 수요도 증가하고 상담의 효과성도 제고된다. 이는 결국 한국 교정문화가 가진 폐쇄적 · 밀행주의적 · 보안 위주적 · 사찰적 · 경찰구조적 통제문화가 개혁되어야만 수용자들이 어떠한 문제에 대해서도 편하게 상담을 신청할 수 있다는 것을 의미한다. 그러나 수직적 · 통제적 교정문화에 익숙한 기득권층적인 교정 엘리트와 이에 대해 침묵하는 한국 교회와 사회구조로 인해 이러한 심리적 환경의 변화를 위한 근본적 교정문화의 개혁은 어렵다. 사회적 환경은 수용자를 둘러싼 가족관계의 위기나 취업 등과 관련된 경제적(전과자에게 낙인찍는 기업) · 입법적 구조를 말하는바, 이런 사회적 환경이 수용자 지향적이어야 수용자는 편한 상태로 상담을 신청할 수 있다. 결국 이것은 사회정책적 문제이다.

5) 상담방법의 측면

상담방법 측면의 문제점은 상담과정, 상담기법, 형식 등에서 접근할 수 있다.

교정상담사역의 과정은 기본적으로 교정상담과정의 속성도 가지므로 우선 교정상담의 과정에 대해 살펴본다. 법무부는 교정현장에서 필요한 교정상담의 공식적 과정에 대하여 상담기술을 통해 적극적 경청, 공감, 수용적 존중, 핵심문제 찾기, 행동 바로잡기, 끝내기로 하되 호출상담인 경우에는 즉시 행동 바로잡기에서 끝내기로 종결할 수 있다고 주장한다(법무부, 2002: 79).[40] 그러나 법무부의 주장에는 문

39 물리적 환경은 상담실과 종교방 등의 시설 내 구조와 위치가 내담자 지향적인 구조와 설계로 되어 있는 것을 말하며 CCTV의 설치와 투명아크릴 등의 개방성과 조명과 색상 및 상담책상의 배치나 구조 등에서 내담자의 주체성과 편안한 상담이 구현되어야 한다.

40 한숙자는 접수, 사정, 개입, 평가로 나누고 교정상담 초기, 중기, 종결 단계로 나누어 설명하였다(이현림 외, 2017: 296).

제가 있는바, 우선 맥락적 경청을 간과하고 있다. 적극적 경청과 맥락적 경청은 다른 개념으로 후자는 상대의 문제를 적극적으로 듣는 것만이 아니고 내담자가 그런 말을 하게 된 역사적(개인)·상황적 맥락이란 배경을 이해하는 것을 전제로 한 개념이며 이런 맥락적 경청은 특히 구금되어 구금반응이 심하고 다양한 욕구와 방어기제가 심한 수용자와의 상담에서는 일반상담보다 더 중요하다. 공감도 마찬가지로 적극적 공감이 아닌 맥락적 공감이 필요하다. 특히 관료적 이익을 위한 호출상담인 경우에 바로 행동 바로잡기로 시작하는 상담은 상담의 효과성을 저해하는 위험한 방식이다. 그것은 수용자의 심한 내적 반발을 가져올 수 있으며 문제의 근본적 해결이 될 수 없다.[41] 또한 신청상담이든 호출상담이든 상담의 효과성을 검증하는 추후상담과정이 없다. 상담과정도 일반적 상담과정인 접수와 사정 및 개입과 종결이란 형식이 결여되어 상담의 과학화와 기록화에 저해가 된다. 따라서 교정상담도 일방상담의 단계를 따라서 하되 특히 호출상담의 경우도 즉시 행동 바로잡기로 들어가는 관료적 면담에서 벗어나 갑자기 호출된 수용자의 심리적 안정을 갖게 할 준비과정을 거칠 필요가 있다.

6) 거시적 측면

거시적 측면에서의 교정상담사역이란 수용자 등의 내담자가 원하는 상담내용이 교정관료제의 개혁이나 형집행법 등 법령의 잘못된 점으로 인한 불리한 처우에 관한 법제도적 문제, 교도관 등의 관료적 이익과 상충되는 문제, 사역을 하고 사역자를 파송하는 교회의 이익과 관련된 문제 등의 사회구조적 측면에 관한 것을 말한다. 기독교교도관이나 종교위원 등의 목회자는 이중적 지위를 갖게 되지만 상담내용이 조직의 이익에 상충해도 그것이 하나님이 말한 정의의 실현에 부합되는 것이라면[42] 성서의 내용에 충실한 공공신학의 입장에 서야 함에도 개인주의적 보신주의

41 사실상 호출상담은 상담의 일반적 원리인 자발성 원리에 어긋나는 것으로 관료적 목적을 위한 강제적 면담의 성격을 갖고 있다. 이러한 호출상담의 부작용이 심해지면 다음에 수용자가 신청하는 상담에서 상담자와 내담자의 강한 치료동맹의 형성을 어렵게 하여 상담은 형식화되기 쉽고 그만큼 상담의 효과성은 저해된다.

42 "가난하고 소외된 자들을 위해 기독교신학이 사회에서 비평적이고 합리적으로 참여하는 것"으로 정의되는 공적 신학은 사회정치적이고 경제적 정의를 모색하듯이(한국기독공보, 2018.6.18.) 목

와 개교회주의적인 조직의 이익에만 관심을 갖는 보수적 태도로 수용자가 원하는 잘못된 교정제도에 대한 호소를 축소하거나 단순히 자선적 물질로 달래는 관리상담과 물질적 복지사역으로 일관해 왔고 이것이 한국 교정사역의 본질적 한계이다. 사회정의보다는 개인구원과 교회의 부흥, 자본적 성장론에만 관심을 가져 온 한국 교회는 잘못된 제도에 대한 비판적 개혁자나 합리적 정책제안자로서의 상담사역자는 거의 없었는데 이는 그러한 개혁적 운동에 무관심했기 때문이다. 거시적 측면의 교정상담사역에는 예방적 측면과 사후적 측면이 있는바, 사역자는 수용자 등의 최소한의 기본적 욕구가 충족되지 않는 교정제도로는 상담의 효과성도 낮다는 것에 주목해 상담수요를 줄일 수 있는 예방적 측면에서 왜곡되거나 불합리한 교정처우에 대해 입법적 정책제안을 할 필요가 있다.[43]

거시적 측면의 사후적 교정상담사역은 수용자들이 교도소의 부당한 처우나 또는 부작위적 입법으로 인해 수용자들의 고충이 큰 경우에 사역자가 그러한 제도적 개선에 관해 정의를 실천하는 그리스도의 입장에서 나서야 하는 데도 보수적 · 보신적 성향이 강한 한국 교정사역 풍토에서는 잘 되지 않는 근본적 한계가 있다. 이는 과거 해방 이후 권위주의적 개발독점정권에 교회의 성장론이란 명분하에 순치되어 온 한국 교회의 역사적 경험에 기인하는 본질적 속성이다. 상담사역자는 좀 더 사회신학적 입장에 서야 한다.

회자는 사회정의에 앞장서야 한다. 특히 실천신학은 사회문제에까지 해답을 줘야 하며 이는 공공신학의 입장이다. 공공신학에서 교회의 사명은 개인구원뿐만 아니라 사회의 구조까지 변화시키는 더 큰 책임과 연결되도록 해야 한다(류준영, 2018: 62). Wallis는 신앙생활을 자기 자신과 하나님과의 관계에 한정해서 집중하는 경향은 사적이고, 성경적이지 않다고 단정하고 중요한 점은 하나님의 성품과 정반대의 직무를 갖는 사회구조를 분별해 내는 일이며 잘못된 사회구조로 인해 소외된 사람이 억압당하는 체제를 바꾸고자 하는 실천이라고 하였다(류준영, 2018:62). Stackhouse는 공공신학은 우리가 살아가는 사회의 공적 현장에서 삶의 구조화와 정치화의 안내자 역할을 해야 하며 신학이 교회적 담론만으로 만족하면 안 된다고 했듯이(한국기독공보, 2017) 목회자는 사회공동체의 정의에 관심을 가지고 상담에 임해야 한다고 하였다.

43 가령 겨울철에 교도소의 일반재소자는 엄동설한 속 1주일에 딱 한 번 공동목욕실에서 온수 목욕을 하지만 박근혜 등 '범털'재소자들 독방에는 별도의 샤워실이 있어(세계일보, 2019.2.7.) 수용자들의 불만사항이 크다. 이외에도 과밀수용 등 많은 문제점이 있다.

3. 개선방안

지금까지 한국의 교정상담사역의 개념과 목표, 특징, 교정상담사역의 단계와 추진전략을 살펴보았다. 또한 교정상담사역의 문제점을 공급자, 수요자, 내용과 기법, 거시적 측면 등에서 살펴보았다. 따라서 교정상담사역의 개선방안으로는 교정사역의 문제점을 시정하는 방향에서 서술할 수 있다. 우선 상담사역자(공급자)와 기관 측면에서 보면 교도관 채용시험에서 교정상담, 종교학 등을 임용과목으로 포함시켜 상담역량이 있는 신학대학생 등이 교도관으로 많이 진입할 수 있는 임용제도의 개혁이 필요하다. 현재의 교도관 임용과목은 국어, 영어 등의 교양과목 위주로 되어 있어 교정상담역량이 필요한 교도관 시험의 타당성을 저해하기 때문이다. 동시에 기독교교도관들에 대해 예장총회 등의 연합교회에서 교정상담사역의 중요성을 홍보할 필요가 있는바, 사실 기독교교도관들이 가장 오랫동안 수용자들을 접촉한다는 점에서 이들에 대한 교정상담의 전문기법을 관련 상담전문기관과 연합해 시행할 필요가 있다.

또한 종교위원들의 상담역량과 기법의 전문화를 위해 교정당국과 상담 관련 기관 및 교회 등 종교기관들이 해마다 보수교육을 실시할 필요가 있으며 현재 목사 등 기독교종교위원을 일반선교종교위원과 상담종교위원으로 구분하여 교회가 파송하거나 교정본부에서 종교위원 등 교정위원을 위촉 시 상담사 등 상담 관련 자격증이 있는 자에게 가산점을 주는 방식으로 지역유지형 교정위원보다는 전문화된 교정위원(종교위원)을 진입시키는 방향으로 나가야 한다.

또한 기존의 기독교종교위원이나 기독교교도관은 성경적 상담방법론이나 일반심리학적 상담역량이 부족하므로 이의 보완을 위해 (기독교)상담학과 대학원생들을 현장실습생으로 받는 방법도 있는데 이때 주의할 것은 상담학과 관련 대학원생들이 행하는 상담은 심리검사와 상담의 실시에 한하며 주도는 종교위원이 해야 한다.[44]

또한 동료수용자들에 의한 상담사역은 상당한 효과가 있으므로 목사 등 목회자 수용자 또는 신심이 두터운 수용자들을 보조적 또는 비공식적 상담사역자로 교회

44 특히 대학생 조교들을 상담에 투입시키게 되면 상담사역의 신뢰성을 저하시키게 된다.

가 위촉하고 이들에 대해서는 유급 자원봉사로 대하여 일정한 물질적 보상을 하고 상담기법을 문서를 통해 훈련시키도록 할 필요가 있다. 또한 교도소당국도 이들에 의한 상담을 정역의 하나인 관용작업으로 인정해 매달 작업상여금을 지급하고 상담훈련을 국가가 해마다 실시할 필요가 있다.[45] 동시에 출소자 중 기독교신심이 두텁거나 목회자가 된 사람들은 교도소심리를 잘 알기 때문에 상담사역의 효과가 크다. 따라서 교회는 이들을 교정상담사역자 또는 보조자로 적극 개발하여 교도소나 소년원으로 파송시키고 해마다 상담역량 보수교육을 시키는 방안을 범교회적으로 시행할 필요가 있다.[46]

또한 교도소아버지학교, 세진회, 예장총회나 교회 등 교정상담사역을 공급하는 기관 측면에서는 우선 상담사역팀을 전문화 · 다양화된 인력으로 구성하여 상담환경의 변화에 동태적으로 대응할 필요가 있다.[47] 동시에 교정상담사역을 담당하는 교회 등 기관에서는 폐쇄적 PR 대신 적극적 홍보를 통해 상담능력과 자격증이 있는 신자 등을 자원봉사자로 확보하고, 교정상담사역팀의 사기앙양과 적절한 동기부여방안을 모색하여 수평적 의사소통과 민주적 관리행태로 선교팀의 민주화를 도모해야 하며 창의적 기획과 동작화로 경로의존화된 관료적 상담형태는 지양해야 한다. 사실상 상담사역을 직접 실행하는 사역자가 즐겁게 할 수 있는 환경을 만들어 주는 것이 중요하다.

또한 한국 교회의 고질적 문제점인 교회기관 할거주의에서 벗어나 상담사역의 거버넌스화와 연계상담이 될 수 있는 제도화 방안이 범교회적으로 입법화될 필요가 있다.[48] 또한 한국 교회의 소년수용자 등 중심부적 수용자 등에 대한 상담사역에

45 국가는 교도소에서 수용자들에게 이발, 취사, 간병 등의 관용작업을 시키고 이를 정역으로 보아 매달 작업상여금을 주므로 여기에 목사수용자 등 종교적 신심이 두텁거나 상담능력이 뛰어난 수용자는 동료수용자에게 '상담'만 해 주는 관용작업을 인정할 필요가 있다.

46 다만 이런 경우에는 최소한의 물질적 보상이 있어야 한다. 무급으로 하게 되면 유능하지만 가난한 출소자를 모집하기 어렵다.

47 상담사역팀에 목사, 권사, 집사 등의 목회자와 상담자격증이 있는 자원봉사자, 사회복지 관련 자격증이 있는 자원봉사자, 청소년전문가, 퇴직한 교도관, 기독교대학원생, 어머니회, 출소자신자, 일반자원봉사자, 예술담당, 상담기획 행정가, 자원동원력이 있는 기업가, 지역유지 신자, 변호사, 교육자 등을 중심으로 구성하는 것이 이상적이며 충분한 인력 풀을 확보하는 것이 좋다. 또한 이들에 대해서는 정기적으로 성경적 상담방법론과 심리적 상담기법을 연수시킨다.

48 가령 현재는 A교도소의 수용자가 B교도소로 이송되면 A교도소에서 상담사역한 사역기관이 B교도소 관할의 교회나 사역기관과 그 수용자의 상담과 관련하여 연계가 되지 않는다. 또한 사역의

치중해 장애인수용자, 트렌스젠더수용자, 노인수용자, 군수용자, 외국인수용자 등 특수상담사역에 소홀히 한바, 이러한 특수사역에서의 상담을 강화하는 방향으로 나가야 한다. 또한 교도소의 교정심리치료센터와 연계되는 상담사역이 되어야 한다. 상담사역의 내용과 기법은 아직도 여전히 비전문화된 상담으로 인하여 온정적 · 자선적인 물질상담과 물질사역이 상담사역으로 여겨지는 풍토이므로 물질사역과 상담사역을 구분하고 상담사역도 원칙적으로는 성경적 상담방법론에 기초해서 상담을 진행하되 동시에 상담에서 성경적 상담방법론과 일반심리학적 상담방법론이 충돌할 때는[49] 내담자의 특성에 따라 성경적 상담방법론 대신 일반심리학적 상담론으로 상담을 진행하는 유연한 상담기법을 적용하되 성서적 맥락이나 분위기를 바탕에 두면 된다.[50]

또한 한국 교회의 교정상담사역의 문제점인 획일화된 상담기법을 대상자의 특성과 니즈에 관계없이 사용하는 경향이 있으므로 사형수, 노인수용자, 트렌스젠더수용자, 탈북자수용자, 문제수용자, 미결수용자, 위기수용자 등의 특색에 맞는 상담기법과 상담내용을 특화 · 개발하여야 하고[51] 위기출소자의 복지를 위해 관련 자원의 동원이 필요할 때는 복지상담, 연계상담이 활성화되어야 한다.[52]

또한 지나친 대화 위주의 상담기법에서 벗어나 발달장애인수용자나 농아수용자, 정신지체수용자 등 언어적 인지력이 낮은 경우에는 시청각적 상담도구와 수화통역

자본화로 인해 동일지역에서 상담사역이 중복되므로 이를 거버넌스를 통해 조정할 필요가 있다. 그리고 민영교도소의 상담사역팀과 일반교도소의 상담사역팀은 연계가 되지 않는다.

49 가령 성경적 상담방법의 핵심인 Adams의 권면적 상담론은 Rogers의 인간 중심적 상담론과 정면배치되고 이는 사역자에게는 갈등을 초래할 수 있다.

50 특히 불신자, 기독교초심자, 타 종교자이거나 소년수용자 중에서 인간중심적으로 자아실현욕구가 아주 강한 경우에는 지나치게 지시적인 권면적 성경상담론은 오히려 역효과가 나고 이는 기독교에 대한 불신의 계기가 되므로 일반 심리학적 상담을 사용하는 것이 장기적 측면에서 효과적이다.

51 가령 사형수나 노인수용자는 죽음사역과 웰다잉에 관한 상담사역이 필요하고 트렌스젠더나 여성수용자에게는 젠더적 관점의 상담사역이, 위기수용자에게는 그 위기의 해소에 맞는 상담내용과 기법이, 문제수용자에게는 그 문제의 특성과 관련된 상담기법이 사용되고 개발되어야 한다.

52 가령 무의탁 출소예정자나 치매 환자 출소자 등의 주거약자에 대해서는 커뮤니티라는 사회적 기능이 내포된 '사회주택'을 교회 소속의 비영리법인이나 사회적 기업이 지을 수 있도록 교회가 가족공동체의 개념에서 나설 필요가 있다. 특히 치매 환자나 노인출소자는 케어가 필요하지만 빈곤해 갈 곳이 없을 경우에 기존의 주거기능만 있는 공공주택과 달리 공동체적 성격과 케어커뮤니티적 기능이 있는 사회주택의 건설에 교회가 지방자치단체와 같이 나설 필요가 있다.

상담 등 특수고객의 니즈에 맞는 상담기법이 동원되어야 한다. 또한 상담사역의 전략에서는 수용자의 인간관을 '복잡인관'에 두어 수용자가 상담사역수요를 하는 동기를 복잡한 동기의 결정체로 보아 내담자의 특성에 따라 복잡한 동기의 비율을 달리하는 다양화된 상담사역이 필요하다.[53] 또한 상담형식에서 기존의 대면적 · 언어적 상담 외에 교도소 내의 방송을 통한 방송상담사역도 활성화될 수 있도록 교정본부에 건의해야 한다.[54]

또한 심리학적 인지치료나 행동수정상담, 교류분석, 사례관리, 정신분석적 상담 등에서 기독교적 인지치료,[55] 기독교적 행동수정상담, 기독교적 교류분석, 기독교적 사례관리 등 심리학적 상담기법과 성경적 상담을 결합시키는 방법이 교정상담사역의 정체성에 맞다. 또한 상담도 수용자가 원하는 상담만을 하는 단편적 상담에서 벗어나 총체적 상담사역과 통전적 상담사역이 되어야 한다.[56] 또한 시설 내 상담사역에서도 징벌예정자, 자살 난동자, 단식 중 수용자, 귀휴수용자, 중간처우수용자, 가석방자 등에 대해서는 기존의 상담사역 매뉴얼을 그대로 적용하지 말고 특화된 상담사역으로 임해야 한다. 또한 2020년 이후에는 기독교이단을 믿는 대체복무자들이 교도소 내에서 행정업무 등을 하게 되므로 교정상담사역자는 초심자 기독교수용자 등이 그들에 의해 종교적 오염이 되지 않도록 방어사역에 대한 상담도 펼

---

53 가령 수용자가 목사의 상담사역에 응하는 동기의 비율은 수용자마다 다를 것이다. 보통 수용자는 종교적 니즈, 경제적 니즈, 심리적 니즈, 관계적 니즈, 사회적 니즈, 가족적 니즈, 교육적 니즈, 생물학적 니즈(성) 등이 다양하게 들어 있는 복잡인관이 현실적이다. 그러므로 사역자는 상담을 통해 정확한 사정(assessment)으로 해당 내담자가 경제적 니즈가 가장 크고 가족적 니즈, 종교적 니즈 순서로 되어 있다면 상담 시간과 자원을 경제적 니즈의 해결에 가장 많이 배분하고 차례로 그 다음 순위로 상담 자원을 배분한다는 의미이다. 아예 종교적 욕구가 전혀 없는 내담자라면 성경의 강요나 성서적 상담은 하지 않고 그가 가장 원하는 니즈에 상담의 초점을 두되 다만 성서적 맥락을 바탕에 두면 된다는 것이다.

54 수용자가 듣는 라디오방송에서 수용자나 출소자가 보내는 종교적 고민 등에 대해 사역자가 상담하게 되면 유사한 니즈를 가진 수용자는 대리학습에 의한 상담효과를 얻게 되어 경제적이다. 교도소 내 방송을 종교시간에 배정, 편성하면 된다.

55 인지치료만 가지고는 전인적 치유기대가 어려우므로 기독교만이 가진 신앙에 대한 사고를 다시 정의해 주고 하나님에 대한 바른 이해를 통해 신앙적 사고로 전환하는 것을 기독교적 인지치료라고 한다(신철웅, 2008: 36).

56 총체적 상담사역은 수용자의 모든 처우나 현상을 상담사역으로 연결시키는 것을 말한다. 수용자가 경제적 측면의 호소를 해도 사역자는 그 외에도 교도소 운동, 식사, 의류, 가족 등을 물어보면서 숨겨진 니즈를 찾아내고 그것을 성경적 방법으로 원조하는 사역을 말한다. 통전적 상담이란 수용자의 모든 삶에 영향을 미치는 상담을 말한다.

쳐나가야 한다. 또한 지나친 교화지향적 상담에만 치우치지 말고 회복적 상담과 치료사법적 상담사역이 되도록 해야 하며 이를 위한 관련 자원의 동원과 기법의 연수가 있어야 한다.

또한 편지 등을 통한 문서상담사역이나 인터넷화상상담사역, 전화상담사역 등 다양한 형식이 수용자의 특성에 맞게 개발되어야 하며 개인상담과 집단상담의 방법도 상담내용과 수용자의 특성에 따라 결정되어야 하고 집단상담에서 부족한 것은 개인상담으로 보완해야 한다. 또한 단기상담을 하더라도 그 뒤 확인상담이나 추후상담으로 연계하여 상담효과의 지속성이 있어야 한다. 또한 내담자의 익명성이 보장되는 범위에서 상담사역 기록의 과학화가 있어야 하고 사역자의 교체 시 이중적 상담사역이 방지되도록 한다. 상담환경에서는 가장 중요한 상담실의 위치와 구성 등을 내담자 지향적 입장에서 설계하고 배치해야 하며 인권지향적 상담실이 되도록 해야 한다.[57] 상담의 심리적 환경은 좁게는 상담자와 내담자의 강력한 치료동맹이 형성되어야 하며 단지 감정이입이나 상담자의 감정을 내담자에게 전환하는 역전이(逆轉移, counter transference) 등이 생기지 않도록 조정하고 내담자의 다양한 방어기제 등의 저항을 해체하는 분위기가 조성되어야 한다.[58] 또한 상담자의 환경도 중요하므로 상담사역자가 교도소수용자 등에게 헌신적 상담사역을 할 수 있는 교회의 제도적 · 인사적 · 재정적 환경과 분위기가 조성되어야 하며 상담자의 탈진 등 상담스트레스에 대한 교회 차원의 디스트레스 환경정책이 필요하다. 이러한 상담환경은 치료동맹의 발달에도 영향을 줄 수 있다.

특히 일반인과 달리 수용된 범죄인은 여러 요인에 의해 상담자와 치료적 동맹형성이라는 정서적 관계가 잘 되지 않고 치료동맹의 발달단계나 형태도 수용자의 교도소화의 정도, 상담자의 권위성 등 여러 요인에 의해 달라지므로 상담자는 상담회기에 걸쳐 진행되는 치료동맹의 발달과 위기 등에 대해 정확한 인지와 대처능력을

57 CCTV의 설치는 기본으로 하되 내담자가 원하면 작동시키지 않도록 한다. 상담책상도 권력적 · 수직적 설계가 아닌 원탁형처럼 상담자와 대등한 지위가 되도록 설계하고 밝은 조도와 충분하고 넓은 상담실이 가능하면 보안사동에서 벗어난 위치에 있도록 해야 한다. 또한 시청각적 파워포인트 등이 가능하도록 컴퓨터와 오디오 등이 배치되어야 한다.

58 Bodin은 상담에서 치료적 동맹이 상담자와 내담자 간의 정서적 유대, 상담목표와 상담과제에 대한 합의로 구성된다고 제안한바(이정화 외, 2009: 2), 이정화는 치료동맹의 발달유형에 따라 상승형, 위기해결형, 정체형으로 명명하였다(이정화 외, 2009: 1).

가져 치료적 동맹이 강한 동맹이 되도록 해야 교정상담사역의 성공적 종결을 가져올 수 있다.[59] 따라서 상담자는 내담자와의 치료동맹과정을 질적으로 발달시키되 치료동맹과정에서 나타나는 위기에 대해서는 전문적인 치료동맹위기의 대처와 해결법을 모색할 수 있어야 한다.

거시적 측면에서는 수많은 수용자들의 고민에 맞는 다양한 성서적 상담방법과 내용이 들어 있어 수용자의 어떠한 종교적 니즈에도 종교적 상담으로 구원이 가능한 상담로봇, 상담AI가 종교교정위원이 될 수 있도록 형집행법 등 관련 법령의 개정이 필요하며 이 과정에서 자신들의 이익 축소를 우려한 목회자들의 강력한 거부점에 대해서는 교회헌법을 통해서 해결하는 입법적 개혁이 필요하다.[60] 이외에도 상담사역의 활성화를 위해서는 폐쇄된 교정이 열린 교정으로 바뀌어야 하므로 교도소장도 종교인 등 민간인을 개방형 공직자로 개방하고 교정상담과를 교도소마다 두게 하여 교정상담 관련 전공자에 대한 특채나 교정상담사의 국가자격증화 등 입법적 · 제도적 개혁을 위해 앞장서야 한다.

또한 상담사역 관련 형집행법 등 많은 법령에서 교정상담을 소장의 재량사항으로 하거나 교정상담의 기본권적 성격이 규정되지 않아 수용자의 상담이익을 침해하므로 상담사역자는 그런 법의 개정을 위해 노력해야 한다.[61]

59 치료동맹의 발달유형에 대해 상담 초기에 강한 동맹을 맺는 것이 좋다는 결과도 있고(Horvath and Symonds, 1991; 이정화, 2007: 17에서 재인용) 상담 후기에 강한 동맹을 맺는 것이 좋다는 의견도 있지만(Stiles *et al.*, 1998; 이정화, 2007: 17에서 재인용) 일반인과 다른 수용자는 수용자의 특성 등에 따라 유형이 달라진다. 이정화는 치료동맹의 발달유형을 상승형, 위기해결형, 정체형으로 나누고 위기해결형은 치료동맹값의 평균은 크게 변화가 없으나 어느 한 시점에서 급격히 하락했다가 다시 회복된 내담자로 구성되고 정체형은 회기가 진행될수록 전체적으로 미묘하게 하락하는(이정화, 2007: 148) 내담자로 구성하고 있다.

60 특히 교도소 내의 가장 많은 신자가 기독교수용자들이고 이들의 성서적 욕구도 강하지만 체계화된 교리지도나 교리상담을 하기에는 교도소 내에 종교위원에게 허락된 시간이 너무 적어 상담사역에 근본적 한계가 있으므로 상담로봇을 도입하면 그 효과는 엄청날 것이다. 수용자가 원하는 시간이나 공휴일 등 언제든지 종교실에 설치된 상담로봇과의 상담이 가능하며 특히 목사마다 다른 해석이 나올 수 있는 위험이 없기 때문이다.

61 가령 경찰청 피의자 유치 및 호송규칙에는 유치장에 상담실과 종교실에 관한 규정도 없고 종교적 상담을 할 수 있는 근거규정도 없다.

참고문헌

강양숙(2002), "청소년의 위기에 대한 성경적 상담," 경성대학교 석사학위논문.

강윤경(2016), "성경적 상담운동의 역사에 관한 개혁주의 생명신학적 조명," 백석대학교 박사학위논문.

김길자(1989), "교정시설 내 상담실 운영개선방안연구," 연세대학교 석사학위논문.

김석현 외(2009), "교정상담이 수형자의 적응과 수용생활에 미치는 영향,"「사회문제」제15권 2호, 한국심리학회.

김영란(2005), "교정상담에서 공감의 중요성,"「교정연구」제29호, 한국교정학회.

김재광(2008), "비행청소년에 대한 분석과 목회상담적 돌봄," 목원대학교 석사학위논문.

류준영(2018),「한국초대교회 공공신학」, CLC.

박은아(2011), "성경적 상담에서의 성령의 역사연구," 총신대학교 석사학위논문.

법무부(2002),「교정상담」.

______(2018),「교정통계연보」.

손동신(2018), "범죄청소년을 위한 선교,"「영산신학저널」46권, 한세대학교 영산신학연구소.

신재덕(2017), "예수님의 상담에 관한 분석과 독특성 연구," 백석대학교 박사학위논문.

신철웅(2008), "기독교적 인지치료를 통한 성도들의 우울증 치료방안," 아세아연합신학대학교 석사학위논문.

이장호(1986),「상담심리학 입문」, 박영사.

이재창(1996), "교정상담의 이론과 기법,"「교정연구」제6호, 한국교정학회.

이정화(2007), "치료동맹의 발달유형과 위기해결과정," 연세대학교 박사학위논문.

이정화 외(2009), "치료동맹의 발달유형과 상담성과,"「상담 및 심리치료」제29권 제1호, 한국심리학회.

이중표(2012), "성경적 목회상담에 관한 연구," 칼빈신학대 석사학위논문.

이현림 외(2017), 「교정상담」, 학지사.

조광석(2001), "교정시설 내 상담실 운영실태에 따른 수용자교화의 목회상담학적 접근," 연세대학교 석사학위논문.

하도균(2018), "구원의 완성을 위한 십자가와 성령의 역사에 관한 연구," 「영산신학저널」 44호, 한세대학교 영산신학연구소.

현정은(2015), "성경적 상담을 적용한 비행청소년 회복프로그램연구," 경성대학교 박사학위논문.

홍종관(2013), "교정상담의 이론과 실제에 관한 연구," 「청소년행동연구」 제18호, 대구한의대 청소년문제연구소.

Adams, Jay E.(1986), *The Christian Counselor's Manual*, Zondervin.

Horvath, A. O. and B. D. Symonds(1991), "The Relation Between Working Alliance and Outcome in Psychotherapy," *Journal of Counseling Psychology* 38.

Wheeler, Stanton(1961), "Socialization in Correctional Communities," *The American Sociological Review* 26(5).

세계일보(2019.2.7.), "일주일에 한 번 … 구치소 감방 온수."

한국기독공보(2017.12.27.), "비종교인, 교회에 무엇을 바랄까?"(조주희 목사)

__________(2018.6.18.), "장신신학과 공적신학."(김창환 교수)

제9장 교정사역 프로그램론*

* 이 장은 저자가 「효학연구」 제27호(2018)에 발표한 "교정측면에서 교도소아버지학교에 대한 이해"를 수정 · 보완한 것임.

1. 교정가족사역프로그램

범죄인에 대한 처우 이념의 전개는 시대에 따라 달라져 왔다. 국가주의의 지배하에 있던 고대와 중세에는 범죄자에 대해 철저한 응보형주의 이념이 지배해 남에게 해를 준 만큼 고통과 형벌을 가하는 대응적 응보형과 철저한 격리를 통해 사회보호를 목적한 보안공공재의 생산이 처우의 이념이었다. 그러다가 근대로 오면서 인본주의 운동에 기초한 르네상스 운동과 교도소 개혁운동에 의해 기존의 철저한 응보형주의의 비인간화와 재범률의 증가에 대한 비판이 전개되었고 이때부터 "형벌은 교육이다."라는 교육형주의의 이념이 범죄자인 수용자에 대한 합리적 교정처우 이념으로 대두되었다. 비로소 교육형주의에 의해 수용자에 대한 교화와 건전한 사회복귀라는 교정공공재의 생산이 법적 · 제도적으로 도입되게 되었다.

이러한 교육형주의의 시초는 수용자에 대한 일반교육과 직업훈련교육이 주류를 이루는 교육프로그램이었으나 이는 두 가지 측면에서 한계를 노출했다. 첫째는 종교적 영성교육이 배제된 기존의 가치중립적인 일반교육은 수용자의 정서적 · 종교적 니즈(needs)에 한계를 드러냈고, 둘째는 기존의 기초교육과 획일화된 교육만으로는 수용자의 교화라는 교정공공재의 합리적 생산을 제고하는 데 한계가 있었다. 이는 수용자에 대한 교정공공재의 생산에는 수용자의 구금으로 인한 탈가족화의 가족위기와 가족스트레스에 대응하는 교정가족친화적 교육프로그램이 또 하나의 중요한 요소임을 간과했기 때문이다. 따라서 교육형주의의 중기 이후부터 교정교육프로그램에 시설 내 처우로서 교정위원에 의한 교회(敎誨)활동과 가족접견 등의 교정가족프로그램이 법적으로 제도화되었다. 그러나 이러한 교육형주의하에서 이루어진 종교교육프로그램과 교정가족프로그램은 또다시 전문성의 부족에 기인한 근본적 한계에 놓이게 되었다. 기존의 교육형주의하에서의 종교교육과 교정가족프로그램은 행정모형에 의한 것으로 수용자의 개별적 니즈(needs)에 대한 과학적 · 전문적 대응이 없었기 때문에 개별처우로 이행되는 데 어려움이 있었다. 수용자의 가족복지에 대한 개별적 니즈를 과학적으로 사정(assessment)하는 가족사정과 가족복지귀인, 가족회복탄력성에 기인한 가족치료와 가족복지적 개입을 기존의 행정모형으로는 대응할 수 없었다. 때마침 사회복지학계는 사회복지 이념의 새로운 개척 영역으로 교정분야에 관심을 가졌고 이에 따라 과학성으로 무장된 사회복지학의 가족복지, 가족치료, 교정복지와 사회복지이론이 교정에 도입되면서 기존의 교육형주의는 이제 "형벌은 교정복지이다."라는 교정복지형주의로 이행되었고 이는 회복적 교정과 치료적 교정도 내포하게 되었다. 따라서 이때부터 수용자는 교정복지주의 이념에 의해 클라이언트라는 교정공공재의 생산에서 주체적 지위가 되었고 교정관계법령은 교정복지관계법령으로 변화되었으며 기존의 가족접견 외에 가족사랑캠프, 가족만남의 날, 가족만남의 집, 가족복지접견실, 가족희망센터, 가족의 소리라는 교화방송 등의 가족복지적 교육프로그램이 추가되었다. 종교분야에서도 교정복지주의의 이행으로 종교복지가 되었고 종파별 총집교회, 개별 사회사업으로서의 종교교정위원들의 개입이 법적으로 확대되고 제도화되었다.

그러나 이러한 교정복지형주의도 또 다른 근본적 한계가 있는바, 그것은 이들 모두가 관료제 내부에 의한 내부주도형 모형이란 점과 철저한 관료독점레짐이란 점에서 관료제적 한계를 보게 되었다. 가령 가족접견횟수나 총집교회횟수 등 계량적이고 유형화된 실적과 형식성에 치우쳐 획일성, 동조과정, 레드테입(번문욕례), 보수성, 철저한 법규준수 등의 관료제적 한계는 수용자들의 질적인 개별적 욕구에 부응하지 못하게 되었다. 이러한 교정관료제의 위기에 정부도 능동적으로 대처할 필요성이 있었다. 오래전부터 수용자에 대한 교정사역과 교정사목을 목회활동의 특수사역으로 인식한 기독교 등의 종교단체는 비제도적이고 외부적인 방법으로 수용자에 대한 가족프로그램의 지원과 교정사역을 행하여 왔다. 따라서 종전의 관료독점 내부모형에 의한 종교교육과 교정가족프로그램에서 벗어나 국가와 외부종교기관인 민간기관의 협력이라는 제3섹터에 의한 외부주도적 모형으로서 교정가족프로그램이 교정분야에서 활성화되게 되었고 관료제 위기에 봉착한 정부도 이를 적극 지원하게 되었다. 이러한 외부주도형 민간기관의 대표적인 예가 기독교세진회였다. 기독교세진회는 아예 이념을 교정복지주의로 천명하고 수용자 교화사업, 수용자가족 지원사업을 시행하여 그 과정에서 예수 그리스도의 교정에서의 실현이라는 교정사역을 행하여 왔다. 기독교세진회가 주로 수용자와 그 가족에 대한 경제적 · 정서적 · 종교적 지원에 초점을 맞춘 것이라면 1995년에 설립된 두란노아버지학교는 "아버지가 살아야 가정과 교회와 국가가 산다."라는 이념으로 가정의 회복을 통한 사역을 실시한바, 이는 가족 이데올로기와 기독교 이데올로기의 역동적 결합이었다. 두란노아버지학교는 실시범위를 확대하다가 교정에서도 이러한 운동을 확대하기 위하여 2003년 여주교도소에서부터 특수사역의 일종으로 교정사역을 제3섹터적 외부모형에 의하여 실시해 오고 있다. 명칭은 교도소아버지학교이며 두란노아버지학교운동본부의 특수사역팀에 의해 운영되고 프로그램의 진행은 팀장과 자원봉사자들에 의한 스텝과 교도소의 협력에 의해 실시되는바, 프로그램은 두란노아버지학교의 일반아버지학교프로그램을 기본으로 하되 교정의 특수성을 가미하였다. 2003년 실시 이후 지금까지 해마다 전국의 거의 모든 교도소에서 실시되고 있는데 교도소아버지학교프로그램을 수료한 수용자들의 반응은 여러 조사에서 모두 90% 이상의 만족도를 보일 만큼 수용자들의 반응이 매우 긍정적으로 나오고 있다. 이는 기존의 경로의존화된 관료적인 교정가족프로그램을 종교적 색채와 가족 이데올로기를 정서적으로 독특하게 결합시켜 비관료화된 프로그램으로 차별화하였기 때문이다.

이에 따라 학문적 차원에서도 일반아버지학교와 교도소아버지학교의 효과성에 관한 연구가 많이 나왔고 특히 교도소아버지학교에 관한 모든 선행연구들은 프로그램의 효과에 대해 아주 긍정적으로 평가했으며 비판적 관점도 없었다. 그러나 이는 교도소아버지학교의 발전적 관점에서 바람직하지 않다. 발전적 측면에서 교도소아버지학교의 문제점을 비판하고 건설적 대안을 제시하는 것이 수용자의 효 이념과 가족관계 회복성을 실질적으로 제고하고 교정공공재의 생산과 교정사역의 효과성을 지속시킬 수 있기 때문이다. 가치나 프로그램에 대한 만장일치적 태도는 민주사회에서는 바람직하지 않다. 따라서 이 장은 현재 극찬받고 있는 교도소아버지학교라는 독특한 한국적 교정가족프로그램에 대한 기존의 선행연구들의 문제점을 지적하고 수용자가족관계의 실질적 회복과 교정공공재의 지속적 생산성의 제고를 위한 관점에서 현재의 교도소아버지학교프로그램의 문제점과 발전방안, 독창적인 대안을 이념, 공급자, 수요자, 조직, 프로그램, 인권적 측면 등에서 제시하는바, 이것이 선행연구들과의 차이점이며 이 글을 쓰는 이유이다. 연구범위는 교도소아버지학교가 외국에는 없는 국내 유일의 프로그램인 점에서 이에 관한 국내의 연구와 조사자료에 초점을 두었으며 접근방법은 법학, 사회복지학, 심리학, 정치학, 교육학, 가족학 등의 학제적 접근방법을 사용하였다.

2. 교도소아버지학교의 의의

교도소아버지학교의 이념적 연원인 아버지학교는 사단법인인 두란노아버지학교 운동본부가 1995년에 개설한 기독교적 가족강화프로그램이다. 아버지학교의 설립 이념은 오늘날 우리 사회의 문제는 바로 가정의 문제라고 정의하고 가정의 문제는 바로 아버지의 문제라는 인식 위에 올바른 아버지상을 추구해 실추된 아버지의 권위를 회복시키고 아버지가 부재한 가정에 아버지를 되돌려 보내자는 목적으로 설립되었다. 가정의 수준은 아버지의 수준을 넘기 어렵고 아버지가 바로 서야 가정과 사회, 나라가 바뀐다는 취지로 아버지학교는 사회를 바꾸는 남성들의 회복운동이라고 하였다(두란노아버지학교 홈페이지). 아버지학교의 사명으로는 아버지들이 그리스도 안에서 경건한 남성, 가정의 목자, 교회의 지도자로서 사명을 감당할 수 있도록 격려하여 사회를 변화시키는 영적 운동으로 정의하고 있다(두란노아버지학교 홈페이지). 아버지학교프로그램의 목표는 진정한 아버지의 권위는 섬김을 통한 지도력과 사랑, 성결을 바탕으로 한 책임감에 의해 세워질 수 있다는 것을 깨닫게 하고 아버지로부터 받은 부정적 영향을 단절하고 자녀들에게 긍정적 영향력을 미치는 아버지가 되도록 하며 아버지의 회복이 가정과 교회와 사회의 회복임을 깨닫게 하는 중심 목표 외에도 성적 순결을 지키고 아내 격려, 부모 공경, 형제간의 우애를 지키는 것이다(박차실, 2015: 39, 김요한, 2007: 29 재인용). 아버지학교프로그램의 주제는 아버지의 영향력, 아버지의 남성, 아버지의 사명, 아버지의 영성, 아버지와 가정이다(두란노아버지학교 홈페이지). 위에서 아버지의 남성을 지탱하는 것은 지도자로서의 왕, 약자를 돌보는 전사, 삶의 모범을 보이는 스승, 친구로서의 네 가지 요소가 있다(하용조, 2010: 44-45). 따라서 교도소아버지학교에 적용되는 아버지학교의 이념 등을 보면 보수적인 가부장적 이데올로기에 기반하고 있고 한국의 전통적 성역할을 강조한 유교문화와 철저한 기독교적 신본주의를 본질로 하고 있음을 알 수 있다.

아버지학교는 처음에는 기독교인을 대상으로 하는 일반아버지학교의 형태였으나 IMF 이후 아버지학교가 알려지면서 비기독교인의 참여가 급증해 2004년부터 기독교 색채를 배제한 열린아버지학교가 개설되어 운영되고 있다(두란노아버지학교 홈페이지). 따라서 일반아버지학교는 기독교인을 대상으로 한 일반아버지학교와 일반인을 대상으로 하는 열린아버지학교로 구분되고 이의 성공에 힘입어 대상을 세분화하여 현재는 부부학교 국군사역, 관공서 열린아버지학교, 기업아버지학교, 다문화가정에 대한 특수사역, 해외의 이민사회의 아버지와 현지인, 국내의 외국인 근로자에 대한 해외협력으로서의 아버지학교, 교도소아버지학교로 확대되어 왔다(두란노아버지학교 홈페이지).

이러한 아버지학교의 목적과 이념은 교정시설수용자를 대상으로 한 교도소아버지학교에서도 그대로 적용되었다. 2003년에 처음 여주에서 개설된 교도소아버지학교는 해마다 개설하는 교도소가 확대되었고 2010년에는 소년수형자가 수용된 김천소년교도소에서 예비아버지학교프로그램이 개설되었다. 2005년에는 육군교도소에서 미혼자와 기혼자 수용자를 대상으로 군교도소예비아버지학교가 개설되었다. 민영교도소인 소망교도소도 2011년부터 교도소아버지학교를 운영하고 있다. 교도소어머니학교도 2004년에 여주교도소를 시작으로 개설되었고 그 뒤 2005년에는 청주여자교도소에서 교도소어머니학교가 개설되었다. 2011년에 교정시설 최초로 여자소년수와 미혼수용자를 대상으로 여성성의 회복을 통한 올바른 어머니상의 정립을 목적으로 한 예비어머니학교가 개설되었다. 교도소아버지학교와 교도소어머니학교가 좋은 호응을 얻자 2011년에 법무부는 전국 교도소에 아버지학교와 어머니학교 프로그램을 인성교육으로 할 수 있도록 하였으나 다만 법적으로 제도화되지는 않았고 개별 교도소장의 재량으로 실시하도록 하고 있다.

3. 운영현황

1) 교도소아버지학교 운영통계

교도소아버지학교프로그램의 연도별 이수자는 다음의 [그림 9-1]과 같다.

[그림 9-1] 교도소아버지학교프로그램의 연도별 이수자

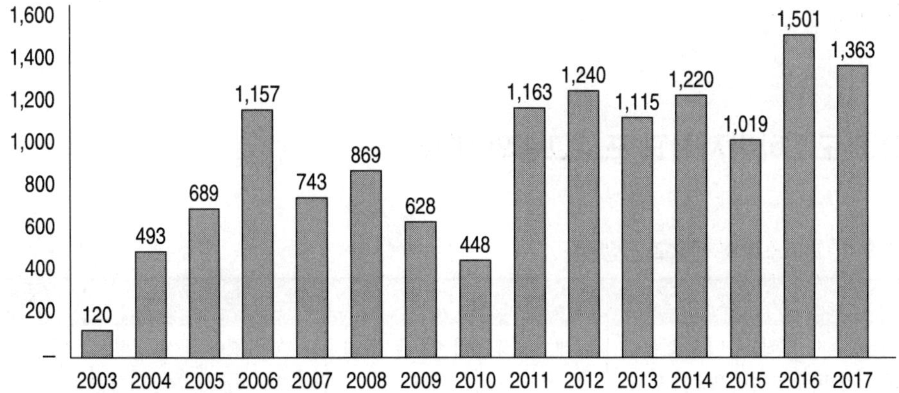

자료: 두란노아버지학교 홈페이지.

위의 통계에 의하면 2003년에는 120명이 이수했으며 갈수록 증가하다가 2007년과 2010년에는 대폭 감소하였다. 이는 해당 연도에 신종 전염병 등의 유행으로 외부에서 전염병이 유입될 것을 우려한 교정당국이 예방보건적 차원에서 교도소아버지학교프로그램의 개설을 꺼려한 것에서 연유하는바, 교도소장 등은 형집행법에 의하여 감염병에 관한 예방조치의 의무가 있기 때문이다. 신종 전염병이 사라진 2011년 이후에는 교도소아버지학교프로그램의 개설이 대폭 증가하였는데 이는 과거에 일반교도소에서만 하던 것을 청송교도소 등 중구금교도소와 김천소년교도소, 국군교도소 등 주변부 교정시설에까지 확대한 데다가, 기존에 실시하였던 일반교도소의 반응이 좋고 교화효과도 있는 것으로 판단한 교정당국의 적극적 협조로 일반교도소에서도 반복적으로 시행이 된 것에 연유한다. 그러나 가장 근본적인 원인은 교정사역에 헌신적인 두란노아버지학교운동본부의 교정사역팀과 교정자원봉사자들의 헌신적인 개척사역적 열정이 있었기 때문이다.

현재는 거의 모든 교도소와 구치소 등지에서 교도소아버지학교프로그램이 실행되고 있으며 이러한 성공적인 교정사역의 효과로 인하여 청주여자교도소 등에서도 수형자어머니학교프로그램이, 김천소년교도소에서는 예비아버지학교프로그램이 실시되고 있다. 또한 민영교도소인 소망교도소에서도 실시하고 있다. 다만 보호기관인 치료감호소에서는 아직 실시되지 않고 있으며 소년원에는 아버지학교 등의 출신인 조장스태프와 관리스태프 등이 성경학교(청소년 비전캠프)를 통해 교정사역을 행하고 있다.

2) 교도소아버지학교 프로그램의 내용

표 9-1 교도소아버지학교 진행안

1주차 진행안(주제)	주요 진행사항 내용	숙제
아버지 영향력과 남성회복운동, 아버지 역할(결속, 사랑, 인도, 파송)	노래, 영상물시청, 강의 및 묵상, 조별 나눔, 허깅 지도, 환송, 노래	아버지에게 편지쓰기, 허깅하기, 아버지와 화해하는 이야기
2주차 진행안(주제)		
아버지의 남성회복, 태우기 예식으로 과거의 죄를 단절	노래, 영상물시청, 구호제창, 전체 발표(과제물 발표), 강의, 삶의 이야기, 묵상, 태우기 예식, 환송	아내에게 편지쓰기, 아내가 사랑스러운 이유
3주차 진행안(주제)		
아버지의 사명(자녀의 건천, 자녀의 지표, 자녀의 자부심)	노래, 영상, 전체발표, 조별 나눔(지난주 과제중심), 강의, 촛불예식, 폐회 환송	자녀편지, 수료감상문
4주차 진행안(주제)		
아버지는 가정의 지도자의 역할	노래, 구호제창, 조별 나눔, 전체 발표, 아버지와 가정, 영상편지, 세족식, 수료식과 순결서약식, 교도소장 인사	배운 내용 실천하기

자료 : 두란노아버지학교, 열린아버지학교 사역매뉴얼

허깅은 두란노아버지학교의 기독교식 인사법으로 "○○○형제님, 사랑합니다."라고 말하면서 주로 스태프(봉사자)가 수용자를 그리스도의 사랑으로 안아주는 것을 말한다. 허깅 때는 애찬식이 진행된다. 애찬식은 그리스도 안에서 한 형제임을 확인하며 사랑을 나누는 예식으로 서로 격려하고 기도하며 경건에 이르는 연습을 할 것을 다짐하는 예식이다(박차실, 2015: 45). 태우기 예식은 남성으로서 세상문화 속에서 지냈던 죄를 종이에 써서 태우는 예식으로 자신의 잘못들을 회개하고 고백하는 것이다(김요한, 2007: 31). 촛불예식은 어둠 속에 살아왔던 아버지들이 예수 그리스도를 만나 가정과 교회와 사회를 밝히는 촛불이 된다는 예식이다(박차실, 2015:

47). 영상편지는 주로 교도관이나 스태프가 수용자의 집을 방문하여 자녀들이 아버지에게 하고 싶은 말을 촬영하여 당일에 영상으로 보여주는 것을 말한다. 이때는 사전에 가족의 동의를 받고 행해진다. 세족식은 예수님을 닮은 남성으로 아내와 자녀를 섬기며 살기로 결단하는 예식으로(박차실, 2015: 47) 이는 일반아버지학교와 교도소아버지학교에서 중시하는 공통적 예식이다. 다만 교도소아버지학교에서는 수용자의 부인이 수용자인 남편의 발을 세족하지만 일반아버지학교는 남편이 부인의 발을 세족하는 점이 차이점이다. 이처럼 프로그램이 상당히 이벤트적 · 흥행적 요소가 강한 것을 알 수 있다.

4. 선행연구에 대한 검토

교도소아버지학교에 관한 선행연구를 살펴보면 이명헌은 2011년에 수형자아버지학교프로그램 수료자인 실험집단(40명)과 프로그램을 수료하지 않은 통제집단(20명)을 대상으로 프로그램이 수형자의 자아존중감과 대인관계에 미치는 실증적 연구를 하였다. 실험결과에 의하면 자아존중감 점수에서는 유의미한 차이가 없었고 만족감, 이해성, 개방성이라는 대인관계 측면에서는 유의하게 향상된 결과가 나왔다고 한다(이명헌, 2011).

그러나 그의 실증연구는 표본집단의 수가 너무 적다는 문제점이 있고 교도소아버지학교프로그램의 시간경과에 따른 효과의 변동성을 간과하고 있다. 그의 연구는 프로그램을 수료한 직후를 대상으로 했는데 보통 프로그램의 효과는 프로그램 직후에 가장 높게 반응되기 때문이다. 그러나 프로그램 수료 뒤 몇 개월 등의 시간경과가 있게 되면 기억심리학의 순행 억제, 역행 억제, 간섭 효과에 의해 프로그램 직후의 조사와 상당히 다르다. 따라서 정확한 평가는 프로그램 직후와 유의미한 기간 경과 뒤를 비교하여 조사해 볼 필요가 있다. 또한 그의 실증연구는 수형자의 형기, 죄명, 가족관계, 학력 등 조절변수에 의한 조절모형이 없는 단순모형에 그쳐 대인관계의 향상이 조절변수에 따른 조절효과인지 알 수 없는 한계가 있어 프로그램 수료 후 클라이언트에 대한 개별적 교정처우의 수립을 곤란하게 만든다.

유샤론은 기독교세계관에 근거한 교정복지를 창조-타락-구속의 관점에서 성경적 분석틀과 사회복지 개입기술을 통합해 범죄영역을 재조명하고 영성과 이성, 육성의 전 인격에 걸친 인간성 회복에 대한 통합적 노력이라고 정의한다(유샤론, 2015: 8). 또한 다른 교정교화프로그램과 비교해 수형자아버지학교는 일관성과 통합된 교육체계를 갖춘 심화된 프로그램이라고 주장한다(유샤론, 2015: 12). 이를 바탕으로 그는 수형자아버지학교 수료자 100명을 상대로 실증연구를 한바, 프로그램은 수형자의 영적 건강에 중요한 영향을 미쳤으나 수형자의 자아존중감에는 유의한 영향을 미치지 못한다고 하였다(유샤론, 2015: 52).

그러나 유샤론은 범죄영역을 기독교세계관에 근거한 교정복지로 접근하면서도 교도소아버지학교에 대해서는 교정복지나 사회복지적 접근을 하지 않고 기존의 종교적 · 행정적 접근대로 하는 한계를 보였다. 또한 그는 영성과 이성의 통합을 말하면서 수형자아버지학교가 통합된 교육체계와 일관성을 가졌다고 주장하나 현재의 교도소아버지학교프로그램은 사실상 종교적 영성에 치우친 것으로 이성과 도덕성, 영성이 균형적으로 통합된 교육체계는 아니다. 또한 일관성은 모든 교도소에 적용되는 획일성과 내용적 동일성을 말하는 것이므로 이러한 일관성은 개별 처우를 이념으로 하는 교정가족프로그램에는 부합되지 않는다. 또한 그는 프로그램의 수료자들이 그들의 영적 건강에 중요한 영향을 미쳤다고 주장하나 그러한 영적 건강의 의미가 기독교수용자를 대상으로 말하는 것인지 비기독교수용자를 말하는 것인지에 대한 구분이 없다. 또한 기독교수용자인 경우에도 교도소에서는 매주 기독교총집교회, 교리상담, 자매상담을 하므로 영적 건강의 유의미성이 순수한 수형자아버지학교에 의한 것인지 구분이 되지 않아 정확한 효과의 산정이 어렵다.

김요한은 2007년에 교도소아버지학교프로그램 이수자 121명을 대상으로 실증적 연구를 한바, 교도소아버지학교는 수료 후 아버지 역할수행도 증진, 가족문제 해결, 가치관 변화, 바른 아버지의 역할 재정립, 가족의 포용력, 수용생활의 변화를 촉진해 가족관계 회복과 가족해체의 예방적 기능을 한다는 결과를 내놓았다(김요한, 2007: 76-77). 그는 이를 바탕으로 교도소아버지학교가 개설되지 않은 타 교정시설의 수용자들이 처우상 소외되었다고 주장하고 교도소아버지학교를 교정교화프로그램으로 정규 편입할 것과 누진계급과 연계해 일정한 누진계급자의 신청에 의해 대상자를 산정할 것, 각 종교단체별 또는 통합적인 교도소아버지학교프로그램의 운용, 보안상 문제의 효율적 해결 등을 주장하였다(김요한, 2007: 79–80).

그러나 그의 연구는 독립변수와 종속변수 간의 단순한 인과모형에 그치는 한계가 있어 수용자들의 인구통계학적 변수에 의한 조절효과를 알 수가 없다. 또한 아버지학교를 교정교화정규프로그램으로 도입하자는 그의 주장에는 동의할 수 없다. 왜냐하면 현재 전체 수용자의 3%에도 미치지 못하는 아버지학교프로그램 이수자의 비율은 이 프로그램이 지나치게 기독교적 색채를 띠고 있기 때문에 확산되지 못한다는 것을 반증하며 동시에 정규프로그램으로 도입되면 국가가 특정 종교를 지원한다는 위헌 문제가 발생한다. 또한 이 프로그램이 정규화되면 관료화된다는 것을 의미하는바, 관료적 프로그램의 문제점인 유형성의 강조, 동조과잉, 형식주의 등의 문제점이 예상되어 현재의 아버지학교의 장점이 상쇄될 수 있고 동시에 민간부문이 형벌집행의 하나인 교정프로그램을 주도하는 데 따른 문제점이 생긴다. 그리고 그는 누진계급이 일정한 자의 신청에 의해 지원자를 선정할 것을 주장하나 이는 오히려 아버지학교의 존재가치를 약하게 할 수 있다. 아버지학교는 교화와 가족관계의 회복에 있는 만큼 대개 누진계급이 우수한 수용자들보다 누진계급이 낮은 한계수용자들이 상대적으로 교화와 가족관계 회복의 필요성이 더 크다. 따라서 가족위기나 문제수용자 등의 한계수용자를 오히려 지원자로 선정하는 사회적 · 형평적 제도가 프로그램의 취지에 더 부합된다.

이동임과 천정환은 2014년에 교도소아버지학교프로그램 이수자 256명을 대상으로 아버지의 영향력, 아버지의 남성, 아버지의 사명, 아버지의 역할 및 회복이라는 네 가지 독립변수가 수형자의 교화와 가족관계 회복에 미치는 실증적 연구를 범죄명 등의 조절모형을 산입시켜 연구결과를 내놓았다. 결과에 의하면 아버지의 영향력, 남성, 아버지의 사명은 수형자의 교화와 가족관계 회복에 긍정적 영향을 미쳤으나 아버지의 역할 및 회복은 수형자의 교화와 가족관계 회복에 미치는 영향이 거의 없었다(이동임 · 천정환, 2015: 136–149).[01] 이동임 · 천정환의 연구는 기존의 다른 실증연구와 달리 두 변수 사이에 조절변수라는 조절모형을 삽입하여 조절변수에

01 조사대상자의 인구통계학적 특성을 보면 40대와 50대가 67.2%로 가장 많았고 교육 수준은 고졸 이상이 75.8%를 차지했으며 결혼 상태는 기혼(사실혼 포함)이 63.8%로 가장 많았고 이혼과 사별이 21.9%였다(이동임 · 천정환, 2015: 140). 수료자들의 교육과정별 만족도를 보면 가족관계 회복에는 숙제와 나눔이 35.2%, 세족식이 29.1%로 나타났다(이동임 · 천정환, 2015: 142).

의한 조절효과를 제시한 점에서 좀 더 상세한 효과를 볼 수 있다는 장점이 있다.

그러나 조절변수들에 따라 조절효과가 달리 나타난 현상에 대한 형사정책적 설명이 부족하고 여러 교도소에서 다른 시기에 프로그램을 수료한 이수자들을 대상으로 한 점에서 교도소별 이수자에 따른 프로그램의 효과가 다를 수 있음에도 이를 언급하지 못한다. 또한 전통적 젠더불평등의 가부장적 보수적 관점을 이론의 전제로 하는 한계가 있다.

지금까지 나온 선행연구들은 교도소아버지학교에 대한 논의를 학문적 차원에서 실증조사했다는 점에서 제3섹터적 교정가족프로그램의 과학적 측면에서 의의가 있다. 그러나 발전적 측면에서 선행연구들에 대한 공통된 비판을 하면 첫째, 2017년까지의 연구들은 모두 교도소아버지학교의 장점들만 주로 언급하여 비판적 관점이 거의 없다는 것이다. 둘째, 기존의 선행연구들은 현재 아버지학교프로그램에 내재된 젠더불평등적 가치이데올로기, 지나친 가부장적 이념의 헌법과 젠더 관련법의 위배 등을 간과하여 교도소아버지학교의 이념적 문제점에는 접근하지 못하고 있다. 셋째, 현재 비전문화된 스태프 등의 공급자 측면의 문제점과 지원자들의 이수 후 사후관리의 필요성에 대해서는 간과하고 있다. 또한 오늘날 교정가족프로그램의 방향이 교정복지, 사법복지, 가족치료적인 전문성의 강화로 나가는 것에 비해 아버지학교프로그램은 그러한 전문성과 과학성이 부족하다는 것을 간과하고 있다.

교도소아버지학교프로그램 이수자들의 반응을 보면 2005년도에 실시된 안양교도소의 교도소아버지학교를 수료한 100명의 수형자를 대상으로 자체 조사한 결과 90.7%가 기존 프로그램과 다르다고 답했고 99%는 프로그램이 효과가 있다고 답했으며 95.86%가 가정회복, 갈등해소, 가족문제 해결에 도움이 크다고 답했다(김요한, 2007: 40). 2003년에 여주교도소에서 실시한 아버지학교 이수자 840명에 대한 자체평가에 의하면 편지쓰기, 영상편지, 세족식 때 수용자가 감동의 눈물을 흘렸고 문제수용자들이 변화되고 솔선수범하여 부부와 자녀와의 관계에 있어서 용서하고 화해하는 과정이 많았다고 하였다(김요한, 2007: 41). 홍남식의 조사결과에 의하면 2008년에 아버지학교 수료자 97명의 93.8%가 기존 교육보다 좋다고 평가했고 91.75%가 자신의 죄를 뉘우치고 긍정적 가치관을 형성하는 데 도움이 된다고 답했으며 95.88%가 가족관계회복에 긍정적이었다고 하였다. 교육과정에 대해서는 세족식, 영상편지, 편지쓰기, 봉사스태프 등에서 효과가 매우 크다고 답했다. 질적 반응조사에 의하면 95.87%가 교도소프로그램 중 이런 감동은 처음이라고 답했고 98.96%가 다른 교도소에서도 실시해야 한다고 답했으며 79.38%가 이렇게 웃어본 적이 없다고 답했다(홍남식, 2008).

그러나 이러한 조사결과는 몇 가지 한계가 있는바, 첫째 교도소의 교도관에 의한 내부평가라는 점이다. 수용자들은 자신들과 이해관계가 큰 교도관이 직접 보는 평가 앞에서는 모든 것을 좋게 하려는 관대성 효과가 아주 크게 나타나기 때문이다.

또한 프로그램 수료 직후, 즉 이수자들이 감정적 흥분사태가 남아 있는 상태에서의 조사결과는, 응답자들의 긍정적 반응이 최고점에 달한다는 점에서 한계를 가진다. 또한 설문지의 구성이 조사방법론의 과학성과 규칙성을 준수했는지를 알 수 없다. 따라서 프로그램의 정확한 평가를 위해서는 독립성과 조사방법의 전문성을 가진 외부의 교정 관련 시민기관이 프로그램의 실시 직후가 아닌 충분한 시간이 경과한 뒤에 해야 하고 가능하면 출소 전에 하는 것이 가장 좋다. 수용자는 자신의 평가로 인한 어떠한 두려움도 없어 정확한 평가를 하기 때문이다. 또한 출소 후 일정시간이 경과한 뒤의 추행조사도 필요하다.

5. 교도소아버지학교의 문제점과 개선방안

1) 이념적 측면

교도소아버지학교프로그램도 시설 내 처우인 점에서 형집행법과 교정처우 이념과 헌법 및 가족 관련 법의 지배를 받는다. 형집행법의 이념은 교화라는 교정공공재의 생산 이념과 시민으로서의 건전한 사회복귀라는 시민성 이념, 민주주의 이념, 평등 이념을 내포한다. 또한 오늘날 교정처우 이념은 교정복지주의, 사법복지주의, 회복적 교정, 치료적 사법, 사회적 형평, 과학적 처우 이념이 있다. 먼저 시민성 이념은 사회민주주의와 관련되며 이는 법 준수, 화합 외에 건전한 비판과 정의감을 속성으로 한다. 그러나 교도소아버지학교는 가정과 사회와 국가 등에 가족구성원의 화합과 순종만을 강조하는 내용으로 되어 있어 민주주의의 필수적 요소인 시민성의 확립을 저해할 수 있고 권위적 국가이상과 국가주의적 요소인 복종적 국민성만 내면화될 수 있는 문제점이 있다. 따라서 화합과 수용자가족의 가족민주주의와 준법의식의 제고 및 사회에 대한 비판성을 가진 시민성의 확립을 위해 순종지향적 프로그램의 구성보다는 비판성과 주체성이 가미된 균형적 프로그램이 될 필요가 있다. 둘째로 평등 이념의 실질화가 필요하다. 현재 수용자들은 여러 종파의 종교 활동이 보장되어 있음에도 교도소에서 다시 기독교단체에 4주간이나 사실상 사역 활동을 하게 하는 것은 국가가 특정 종교를 지원하는 것으로 오해할 수 있고 그로 인한 기회비용의 발생으로 비기독교수용자들이 불만을 가질 수 있다.

다음으로 사회적 형평의 이념이 부족하다. 교도소아버지학교의 지원자 선정과정에서는 아무래도 교정사고를 우려한 보안적 관점으로 인해 모범수들이 우선 선정될 가능성이 높고 그 결과 관규위반이 심한 문제수용자, 장애인수용자, 심각한 가족위기수용자 등의 주변부수용자는 소외될 가능성이 높다. 그러나 현대의 교정 이념이 그 사회의 가장 불리한 계층을 우선 배려해야 한다는 사회적 형평 이념에 선다면 상기의 주변부수용자들을 우선하는 지원자 선정이 되어야 한다. 또한 교정복지 이념이 부족하다. 교도소아버지학교는 교정사역의 성격을 가진다는 점에서 교정공공재의 생산을 목적으로 하나 교도소아버지 담당팀은 교정복지적 전문성이 없다는 점에서 근본적 한계를 갖고 있다. 사역의 효율성과 일관성을 위해 교도소 기독교신우회와 교도소담당 사역팀장과 진행자 등의 스태프는 경험이 많은 종교적 열성형으로만 충원하여 교정의 전문성을 가진 사회복지사 등의 전문가가 참여할 수 없다. 그 결과 프로그램의 사전준비과정과 진행과정 또는 수료 후에 나타나는 수용자의 교정복지적 니즈에 대한 과학적 진단과 개입이 되지 않는다. 특히 그룹별 지도과정에서는 집단사회사업적 복지사의 도움이 필요한데 현재는 비전문가인 스태프가 담당하는 문제점이 있다.

따라서 해당 지부에서 팀장 등을 선정할 때는 교정복지적 슈퍼비전을 담당할 수 있는 슈퍼바이저 등의 전문가와 교정복지사나 사회복지사가 보완적으로 배치되는 방향으로 전문성의 보완이 필요하다. 또한 교도소아버지학교는 수용자와 그 가족의 가족관계의 강화를 목적으로 한다는 점에서 현재의 열성적인 행정적 팀장 등의 스태프에 가족치료나 가족복지적 전문가가 보완적으로 개입될 필요가 있다. 수용자나 그의 가족이 가진 가족회복 탄력성을 측정하고 적절한 가족복지적 개입을 위해서 필요하기 때문이다. 또한 프로그램이 수용자의 교정사역과 가족관계회복에 중점을 두기 때문에 회복적 교정과 치료적 교정 이념이 부족하다. 따라서 교정사역의 대상에도 피해자를 포함시키는 회복적 사역인 중재사역과 치료사역 이념을 보충할 필요가 있다. 또한 현재 프로그램이 부부나 자녀 중심적 성격이 강해 효 지향적 이념이 소외될 수 있으므로 효 지향적 이념을 고취시키는 내용을 보완할 필요가 있다. 교정에서 효 이념은 중심부수용자 외에도 가족이 없거나 이혼 등의 위기수용자도 모두 포섭할 수 있는 포괄적 교정 이념이기 때문이다.

2) 공급자 측면

교도소아버지학교프로그램은 교정공공재의 생산수단으로 공급자에는 스태프(봉사자), 교도소 기독교신우회(교도소 내 기독교신자 교도관), 아버지학교본부(지회) 등이 있다. 공급자 측면의 문제점으로는 우선 스태프의 폐쇄성을 들 수가 있다. 스태프의 폐쇄성에는 종교적 폐쇄성, 젠더적 폐쇄성, 전문성의 폐쇄성, 구성의 폐쇄성인 대표성의 문제, 연속성의 문제 등이 있다. 팀장, 진행자, 관리팀, 찬양팀, 조장팀 등으로 된 스태프(봉사자)는 모두가 기독교신자여야 하는 종교적 폐쇄성이 아주 강하다. 물론 교도소아버지학교가 교정사역을 위한 하나의 수단이라는 점에서 기독교신자로 스태프가 구성되는 점은 이해가 가나 기독교신자가 아니거나 타 종교신자라도 그리스도의 정신과 교정사역을 이해하고 공감하는 경우라면 스태프로 참여할 수 있게 하는 것이 교화라는 교정공공재의 생산과 수용자가족복지의 생산성을 제고할 수 있다. 왜냐하면 현재 지원자(클라이언트)로 참여하는 교정시설 내 수용자들은 기독교가 아닌 타 종교신자나 무교도 있기 때문에 거부감을 완화하고 프로그램의 효과성을 제고하기 위해서라도 더욱 그렇다.

특히 프로그램을 직접 기획하고 실질적으로 집행하는 진행자와 수용자인 지원자들과 그 가족들을 접촉하면서 보살피는 관리팀의 경우는 지나치게 기독교적 가치관을 강요하는 것보다 자연스럽게 그리스도의 사랑을 전파하는 것이 모든 수용자들의 자연스러운 공감을 얻는다. 또 스태프의 젠더적 폐쇄성이 있는바, 현재는 원칙적으로 스태프는 보안의 문제와 효율적 진행을 위해 남성만을 참여시키지만 이는 사회유사화 원칙에 반한다. 교정시설 내의 처우나 프로그램의 진행에서도 가능하면 일반사회에서 대표성을 가진 일반인의 자연스러운 참여로 이루어지는 일반사회의 프로그램과 유사하게 이루어져야 한다는 교정의 사회유사화 원칙은 교화라는 교정공공재의 생산에 필수적 요소이기 때문이다. 때문에 일반사회의 프로그램의 봉사자들이 남녀노소 등의 대표성으로 구성되듯이 교정시설 내 처우의 하나인 교도소아버지학교의 진행도 그러한 사회유사화 원칙에 맞도록 여성도 스태프에 참여시키되, 다만 부모와 원숙함을 상징할 수 있는 중년 이상의 여성이 참여하는 방안을 모색할 필요가 있다.

다음으로 전문성의 폐쇄성이 있는바, 현재 스태프는 주로 교정사역에 있어 그리스도적 사명감을 가진 열렬한 자원봉사자로 구성되는 열성형이 대부분으로 이러한 무보수의 열성형 스태프가 있기에 아버지학교프로그램의 인간화와 종교화를 도모하고 프로그램의 지속적 성공의 한 요인이 되었다. 그러나 열정형 스태프의 단점은 가족치료나 가족복지, 가족심리, 교정복지 등 가족복지와 교정복지의 생산성을 제고할 수 있는 과학성과 전문성이 부족하다는 점이다. 프로그램의 성공적 요소는 열정형과 전문형의 조화가 있어야 한다. 특히 가족치료나 가족복지, 교정복지 등에 전문가가 스태프로 참여하는 것은 중요하다. 현재는 지원자 선정 등에서 비전문가인 교도관들이 보완적 관점 등에서 선정하나 이는 클라이언트인 지원자나 그 가족의 가족복지적 욕구에 대한 과학적 사정(assessment)과 실천기술적 개입을 할 수가 없는 문제점이 있고 이는 교도소아버지학교 프로그램의 실질적 효과성을 제고하지 못할 수가 있다. 가령 프로그램의 시작 전이나 진행 중 또는 종료 후 클라이언트가 나타낼 수 있는 이상반응에 대해서는 가족복지사 등의 전문가가 개입되어야 하기 때문이다. 따라서 이러한 전문가들을 배치할 수 있는 방안이 필요하다. 또한 공급자로 교도소 기독교신우회가 있다. 영상촬영(영상편지)을 위한 지원자 선정 등 주요한 역할을 하는 교도소 내 기독교 공무원 모임인 교도소 기독교신우회는 교도소 내에서 수용자에 대한 목회활동과 교정사역에서 주요한 지원을 하고 있다. 그러나 교도소 기독교신우회 직원은 교무과, 보안과 등 고유 업무가 많아 각 과에서 차출하여 오는 데도 한계가 있고 과부화가 걸리는 등 여러 문제점이 있다. 따라서 외국의 교정기관에서 실시하는 교목제도를 우리나라 교정기관에서도 도입할 필요가 있다.

군대에는 군목제도[02] 등의 군종제도가 1950년대부터 실시되고 군 공무원으로 법적으로 제도화되고 있는바, 교정기관도 기독교, 천주교, 불교 등의 교종제도를 도입하여 수용자들의 종교생활을 지원할 필요가 있다. 교종제도 중에서 기독교의 교목제도는 신학과를 졸업하고 교단의 추천을 받은 자를 대상으로 공개채용하되 남녀별로 인원을 할당하여 실시하고 직급은 교종직 7급으로 하되 이를 위해 교정본부내에 교종감실과 교종감 관련 직제를 법적으로 규정해야 한다. 만약 교목제도가 도입되면 현재 아버지학교 프로그램을 지원하는 교도소 기독교신우회 역할을 교목이 전담하고 교정시설 내 총집교회, 교리상담 등 수용자에 대한 목회활동을 지원 또는 담당하도록 하면 된다. 그 다음으로 구성의 폐쇄성이 있는바, 현재 스태프는 주로 중장년층의 열성적인 자원봉사자로 한정되는데 이는 구성의 대표성에서 문제가 된다. 다양한 연령과 계층의 수용자를 대하는 특성상 스태프도 중장년층 외에 젊은층과 노년층도 포함시키고 심지어 전과자 출신이라도 기독교신자이고 아버지학교에 대한 경험이나 이해력이 있다면 포함시킬 필요가 있다. 다음으로 스태프들은 4주간의 프로그램이 종료되면 보안상의 문제와 악용 우려 등으로 인하여 클라이언트인 지원자(수용자)와는 원칙적으로 사후접촉이나 교정사역 등 어떠한 커뮤니케이션도 허락되지 않아 연속성의 폐쇄성이 있게 된다. 이는 또 다른 문제점을 야기하거나 프로그램의 효과의 지속성이 소실되게 하는 원인이 될 수 있다.

3) 수요자 측면

대상자에는 수용자와 수용자의 가족, 예비교도관(민영교도소) 등이 있다. 수용자 측면에서는 먼저 구성의 이질성으로 인한 상대적 소외감의 발생과 비교심리의 작동으로 인한 부작용이 예상된다. 현재 교도소아버지학교프로그램의 지원자(수용자)는 보통 기혼이 가장 많고 이혼과 사별을 경험한 수용자와 이혼수용자, 별거 등의 가족위기 상태의 수용자 등 다양한 구성으로 되어 있다. 그러나 가족관계가 좋은

---

02 1950년에 장로교, 감리교 등이 한국교회연합회에서 이승만 대통령에게 군목제도를 건의해 1951년에 군목제도가 설치되었으나 현재는 군종의 신분은 장교이다(다음 백과사전). 과거에는 군목은 남성에 한정되었으나 2015년 병역법 개정으로 여성도 군목을 별도 인원을 배정하여 선발해 오고 있다.

모범수의 경우에는 가족관계의 회복을 도모하는 이 프로그램이 의미가 없으므로 가족 간 유대가 약하거나 가족위기 상태로서 가족관계 회복수요가 큰 기혼수용자나 별거상태의 수용자들이 더 포함되도록 할 필요가 있다. 이혼과 사별 수용자는 이 프로그램의 실시로 오히려 심리적 부작용이 있을 수 있으므로 사전에 충분한 상담을 거치는 등의 조치가 필요하다.

형집행법 제108조에 의해 공동행사 참가 금지, 접견 제한, 금치 등의 징벌을 받은 수용자는 이 프로그램에 참여할 수 없도록 되어 있다. 그러나 금치 징벌을 제외하고 나머지 징벌수용자라도 가족관계 회복수요가 크고 가족회복 탄력성이 클 것으로 기대되는 경우에는 예외조항을 두는 방향으로 하여 프로그램의 지원자가 될 수 있도록 할 필요가 있다. 또한 프로그램의 이수자가 해마다 1,000여 명으로 보통 5만여 명인 수용인원을 고려할 때 전체 수용인원의 3%에도 미치지 못해 프로그램의 확산성과 대표성에 근본적 한계를 갖고 있다. 따라서 수요자 개발을 위한 과학적 · 적극적 PR이 전개될 필요가 있다. 동시에 지나친 기독교적 색채에 거부감이 많아 수요자의 확산성에 문제가 되므로 기독교적 색채를 약화시키고 가족복지적 요소를 더 포함시켜 기존의 교정가족관계 프로그램과 다른 차별성을 보여주어야 한다. 수용자의 가족의 동의와 선정도 중요한데 현재는 아버지학교팀이나 교도소 기독교신우회가 방문해 상담과 동의절차를 구하나 수용자가족은 여러 문제가 발생할 수 있다. 따라서 무조건 동의를 구하는 것보다 수용자가족의 심리적 · 정서적 상태와 가족관계 회복수요 지수를 정확히 사정(assessment)하여 적격자를 구하는 것이 중요하므로 방문 시 사회복지사 등의 전문가를 포함시킬 필요가 있다. 또한 수용자가족의 동의는 반드시 진정성, 자발성, 프로그램에 대한 이해성이 전제되어야 한다.

또한 수요자에 대한 복지적 추후관리와 거버넌스적 연계활동이 되지 않는 문제점이 있다. 따라서 프로그램의 이수 후 수요자가 심리적 허탈, 부적응 등의 이상반응을 보일 우려가 있는 경우에는 교도소 기독교신우회가 종교위원이나 사회복지사, 가족상담전문가, 심리상담가 등의 지원을 받을 수 있도록 할 필요가 있다. 수용자가족도 마찬가지로 프로그램 이수 후 정서적, 가족관계적 문제점이 발생하는 경우 교도소아버지학교팀이 기독교세진회, 건강가족지원법에 의한 건강가정사, 가족복지사, 심리상담사 등의 지원을 받을 수 있도록 복지적 위기대응 네트워크를 구성할 필요가 있다.

4) 프로그램적 측면

프로그램을 내용적 측면과 환경적 측면에서 나누어 보면 먼저 내용적 측면에서는 교도소아버지학교프로그램이 지나치게 정서적으로 접근한다는 문제점이 있다. 인지과학적 측면에서 마음의 네 가지 요소인 MECA(동기, 정서, 인지, 행동)에서 '인지'는 치우친 감정에서 벗어나 현실을 균형 있게 볼 수 있도록 도와주는 것이다(박경숙, 2016). 그러나 교도소아버지학교의 주요 프로그램이 주로 수용자의 감정적 · 정서적 측면에 치우쳐 있는바, 가령 허깅(hugging), 세족식, 영상물 시청, 노래, 예찬식, 포스터그리기, 편지쓰기 등이 그것이다. 인지과학적 측면에서 수용자는 교도소아버지학교프로그램을 통해 갱생과 교화의 동기를 형성했고 그러한 갱생의지는 사회의 부인 또는 자녀들과의 허깅, 세족식, 집단 세리머니 등의 감정적 측면에 의해 촉진되지만 인지적 측면이 거의 없는 프로그램으로 인하여 갱생과 교화에 대한 균형적인 인지적 관점을 가지기 어렵다는 문제점이 있다. 감정에 치우치지 않고 자기 이성과 객관성에 의해 현 상황과 문제점을 조명하고 직시하는 인지적 관점은 내구성이 뛰어나고 견고해 교화와 갱생의지의 확립이라는 교정공공재(correction public service)의 생산에 지속성을 준다.

그러나 발을 씻어 주는 세족식과 울면서 껴안는 허깅, 눈물샘을 자극하는 영상물 등 지나친 감정적 측면은 기억심리학의 입장에서 심상이미지로 잘 약호화(encoding)되어 수용자와 그 가족의 장기기억구조에 체계적으로 저장된다. 이는 나중에 문제장면에 직면해도 그때의 세족식 등의 정서적 장면의 맥락효과로 작용해 기억구조에서 효과적으로 인출(retrieval)되어 문제장면을 효과적으로 해결할 수 있는 의지의 단초가 된다. 그러나 기억흔적 쇠퇴이론과 망각심리학에서는 그러한 정서적 이미지의 기억은 역행억제[03]와 둔감화 현상,[04] 망각의 정서적 요인에 의해 추

03 수용자가 나중에 학습하거나 체험한 내용, 이미지가 선행기억이나 선행이미지를 쇠퇴시키는 것이다.

04 허깅, 세족식 등 감정적 측면의 요소가 반복되거나 주위 동료수용자들로부터 반복해서 들으면 정서적 효과가 소실되는 현상을 말한다. 이는 정서적 프로그램의 한계를 보여준다.

후에 쉽게 소실되어 영향력이 사라진다고 하였는데 이는 인지적 접근과의 차이점이다. 프로그램의 내용이 수용자의 감정이나 눈물샘을 자극하지 않고 수용자의 자기이성과 주체적 깨달음을 가져올 수 있도록 도와주는 인지적 접근은 수용자의 장기기억구조에 체계적으로 저장되고 역행억제에 의해 쉽게 소실되지 않는다. 그것은 외부의 선정적 자극에 의해 심어진 기억이 아니고 자기 스스로의 주체성에 의해 스스로 학습한 내용이기 때문이다. 교정경제학의 측면에서는 이성과 자기주체성에 의해 확립된 인지프로그램은 시간이 지나도 교화라는 교정공공재의 한계생산성이 체감하지 않고 균등하지만, 외부의 선정적 자극에 의해 갑자기 형성된 정서적 프로그램은 처음에는 갱생의지와 자기교화라는 교정공공재의 한계생산성이 아주 높지만 망각의 정서적 요인의 한계로 인하여 시간이 지날수록 그 효용은 점차 줄어드는 한계효용체감의 법칙을 따르기 때문이다. 또한 현재 교도소아버지학교프로그램은 두란노아버지학교의 표준진행안에 의해 내용과 절차가 획일적으로 정해져 이는 수용자 특색이나 교도소 특성에 따른 프로그램의 효과성이 제고되지 않을 수 있다. 교도소아버지학교프로그램은 클라이언트의 의사나 교도소의 특성이 반영되지 않고 모든 교도소에 거의 비슷하게 적용되는바, 일반교도소와 다른 장애인교도소, 노인교도소, 외국인교도소 등 특수교도소의 수용자에게는 맞지 않을 수 있다.

따라서 대안으로는 교도소아버지학교프로그램의 요소를 지나친 정서적 측면보다는 인지적 요소와 정서적 요소를 균형 있게 배치하되 정서적 요소는 보완적 측면에 그쳐야 하며 주된 프로그램이 되어서는 안 되도록 교정의 특성에 맞는 프로그램의 개발이 필요하다. 또한 프로그램의 내용과 절차는 아버지학교의 표준진행안을 원칙으로 하면서 수용자의 특성이나 교도소의 특성 등에 따라 차별적 내용을 포함시키고 클라이언트인 수용자나 그의 가족들의 합리적 의사도 반영시키는 고객지향적 프로그램의 수립이 필요하다.

둘째로 프로그램의 환경적 측면에서 보면 교도소아버지학교가 진행되는 교도소 내의 장소, 무대배치, 음향과 음악 및 조명, 스태프와 수용자, 수용자의 복장과 색상 테이블의 배치와 테이블 위에 두는 장식물, 세족식과 애찬식 등의 예식의 진행, 입장순서, 식사메뉴 등 모든 것이 프로그램의 환경적 측면이다. 이러한 환경적 측면의 세팅은 현재는 계호 등의 보안적 관점과 집단감동, 감정이입을 불러일으키는 종교적 관점 등의 조화에 의해 진행되고 있는데 공간심리나 배치, 디자인 등에 심리적 · 가족지향적 · 교화적 요소가 간과되는 문제점이 있다. 왜냐하면 이러한 프로그램의 환경적 요소는 수용자와 그의 가족에게 효심, 가족관계, 교화, 자존심 등을 상징하는 요소로 작용하기 때문에 단순히 보안적 · 종교적 관점에서만 환경을 세팅하지 말고 환경심리적 요소를 고려한 환경세팅이 되어야 한다. 프로그램이 진행되는 교도소 교회당 내부의 경비교육대와 교도소 기독교신우회 소속의 교도관에 의한 인적 계호도 지나친 사찰적 계호보다는 촘촘하면서도 부드럽고 자연스러운 보호적 계호가 될 필요가 있다. 수용자나 그의 가족이 프로그램의 진행 시 철저히 감시당한다는 인상을 받게 되면 의도치 않은 부작용이나 프로그램의 효과가 반감될 수 있기 때문이다. 음악의 선곡도 지나친 종교적 찬양으로 진행되면 비기독교신자들에게는 거부감을 줄 수 있으므로 찬양음악 외에 효심과 가족관계, 참회와 교화를 상징할 수 있는 일반음악도 적절히 곁들일 필요가 있다. 수용자의 복장도 죄수복 차림보다는 사복이나 운동복 등으로 할 필요가 있다. 특히 수용자를 처음 만나는 부인이나 어린 가족은 수용자의 관복이 심리적 충격을 줄 수 있으므로 보안에 해가 되지 않는 범위에서 사복 등으로 하게 되면 효과가 클 수 있다. 수용자나 그의 가족에게는 죄수복이 아닌 사복은 '자유로의 회복'과 '희망'을 주는 상징으로 각인될 수 있기 때문이다. 참가한 모든 수용자와 가족들을 울게 만들어 프로그램에서 효과가 큰 예식인 세족식[05]은 스태프가 수용자의 발을 씻겨 주거나 수용자가 자신의 아내나 가족의 발을 씻겨 주는 형식으로 획일적으로 진행되나 이런 형식 외에 교도소장이나 교도소간부가 수용자의 발을 씻겨 주는 세족식도 포함시킬 필요가 있다.[06] 왜냐하면 한 번의 만남에 그치는 스태프보다는 오랜 시간 교화를 직·간접적으로 담당하는 교도관들이 하는 경우가 훨씬 효과가 크기 때문이다. 그것은 사회심리학에서 말하는 호손효과(Hawthorne effect)가 교화라는 교정공공재의 생산과 가족회복 탄력성의 향상을 가져올 수 있기 때문이다.[07]

05 세족식은 기독교 의식으로 예수가 십자가에 못 박히기 전날 밤 최후의 만찬을 하기에 앞서서 제자들을 세족하면서 몸소 '섬기는 자세'를 보여준 것의 유래가 되었고 교도소의 수용자도 예수님을 닮은 남성으로 가정을 섬기며 살기로 결단하는 의식이다.

06 2003년에 시작된 교도소아버지학교 세족식에서 지금까지 교도소장이나 간부들이 직접 수용자를 세족한 경우는 없었다.

07 사회심리학의 호손효과란 원래 사장이 직원들에게 진정한 관심을 갖고 있다는 인식을 줄 경우에는 직원들이 사장의 기대에 맞게 동조하고 반응해 생산량이 증대되는 것을 말한다. 수용자는 교화의 총책임자인 소장이 직접 자신의 발을 씻겨 주고 관심을 보여주면 관규위반도 적어지게 되

또한 부인이나 자녀들이 수용자의 발을 씻겨 주는 세족식도 교화의 촉진과 가족관계의 강화에도 도움이 되므로 수용자들과 가족들의 니즈에 따른 다양한 형태의 세족식을 상황에 맞게 적용시키는 탄력적 세족식이 필요하다. 또한 프로그램의 한 내용인 식사 때도 음식의 내용이나 색상이 교화나 부모, 어린 시절의 단란한 가족관계, 부부관계 등을 상징할 수 있는 음식메뉴를 만드는 음식 인문학적 관점이 적용될 필요가 있다. 또한 테이블 위에 두는 장식물 세팅도 마찬가지로 효도, 좋은 가족관계, 화합을 상징시킬 수 있는 공간심리학적 디자인이 필요하다.

5) 인권적 측면

첫째로 젠더인권적 측면에서 문제점이 있다. 교도소아버지학교프로그램에서 강조하는 아버지의 사명과 영향력 등의 지나친 가부장적 이데올로기는 기존의 가부장적인 젠더질서의 재생산이라는 젠더불평등이 심화될 수 있고 그 결과 젠더인권 감수성 문제가 제기될 수 있다. 역사적으로 보면 조선시대의 가부장적 유교문화의 심화로 여성은 객체화되어 왔고 군국주의적 국가여성으로 무장한 일본 제국주의는 그들의 젠더불평등적인 '양처현모론'을 조선의 효율적 통치를 위해 '현모양처론'으로 상징 조작했고 해방 이후의 권위주의 정권은 국가주의와 산업화라는 이념의 실현을 위해 신자유주의적 압축성장과 개발독재의 수단으로 일제가 만든 현모양처론의 전통적 젠더이데올로기를 그대로 계승해 현모양처론을 한국의 전통미덕으로 상징화하였다. 조선시대의 가부장적 이데올로기와 권위주의 정부의 현모양처론이 제도적으로 결합되면서 젠더불평등적 가족이데올로기는 강화되어 왔지만 많은 국민들은 그런 상징정책에 세뇌되어 왜곡된 젠더질서가 오랫동안 지속되어 왔다. 그러나 고도산업 자본주의 시대로 접어들고 인권운동이 활발해지면서 젠더평등에 기반한 젠더통합적 입법이 나오면서 그러한 가부장적 이데올로기와 현모양처론은 쇠퇴되어 가고 젠더중심적인 평등적 성 주류화 관점이 깃든 양성평등기본법이 나오면서 올바른 젠더감수성에 입각한 제도와 문화가 형성되어 가고 있다.

고 교도소화의 진행도 되지 않아 교화가 촉진될 수 있다.

그런데 아버지학교의 이념과 내용은 아버지가 왕의 자세로 아내와 자녀를 지도하고 아버지만이 하느님의 축복권을 아내와 자녀에게 행사할 수 있고 아버지만이 하느님의 말씀권과 훈육권을 아내에게 행사할 수 있다. 아버지가 바로 서야 가정과 사회가 바로 설 수 있고 가정의 수준은 아버지의 수준을 넘을 수 없다는 이러한 전통적 성 역할에 근거한 가부장적 이데올로기는 여성을 완전히 객체화시킨다. 이는 젠더평등과 평등한 가족권을 규정한 헌법 이념은 물론 양성평등기본법에 정면으로 배치될 뿐만 아니라 젠더리스화되는 현대 사회의 추세에도 맞지 않다. 특히 그리스도적 영성이 강한 기독교신자와 달리 비기독교인수용자나 그의 아내 또는 젠더의식이 강한 비판적 수용자나 그의 가족에게는 이러한 지나친 가부장적 가치의 아버지학교프로그램은 프로그램의 효과를 반감시키고 또 다른 부작용을 가져올 수 있다. 아버지학교가 의도하지는 않았겠지만 이러한 가부장적 이념은 왜곡된 젠더이데올로기를 재생산하고 여러 인권적 문제를 초래할 수 있다. 역사적으로 보수화된 한국 교회의 특성상 잘못된 구시대적 가치를 적극적으로 청산하지는 않더라도 오랫동안 한국 여성들을 객체화하고 수동화시켜 온 전통적 젠더불평등 이데올로기를 온존하거나 확대 재생산한다는 오해를 줄 수 있다는 점에서 현재의 젠더불평등적인 아버지학교의 프로그램을 평등한 젠더통합적 · 젠더인권적 프로그램으로 수정할 필요가 있다. 그렇게 될 때 교도소아버지학교프로그램은 더 확대되고 종교와 관계없이 수용자나 그의 가족들에게 교화나 가족관계회복에 더 도움을 줄 수 있다.

둘째로 비기독교수용자와 그의 가족에게는 기독교적 가치관의 강요로 자유가 침해될 수 있다. 교도소아버지학교 프로그램은 4주 동안 철저히 기독교적 예식과 용어로 진행되는 과정이기 때문에 본의 아니게 교도소에서 특정 종교를 강요받는다는 오해를 불러일으킬 수 있다. 아버지학교의 워커(조장)들 일부에서도 주 목적을 전도방편으로 삼고자 하는 형태가 있다(박우희, 2004). 따라서 교도소아버지학교의 본래 목적인 가족관계의 회복과 교화라는 공공재의 생산은 명목적이고 실제로는 비기독교 수용자와 가족에게 목회활동이 주가 되는 소위 목적과 수단의 전치현상이 발생할 수 있으므로 기독교적 색채를 약화시키고 교도소아버지학교의 본래목적에 충실할 수 있도록 절제된 프로그램의 구성과 진행이 필요하다.

셋째로 성적 순결을 강조하는 순결문화의 교육은 종교와 관계없이 도덕적으로 바람직하나 헌법의 행복추구권을 침해할 소지가 있다. 가령 무기징역수용자와 그의 아내가 참여한 교도소아버지학교에서 기독교적 순결문화의 강조는 사회의 아내에게는 하나의 족쇄로 작용할 수 있다. 성적 자기결정권과 성 생활권의 추구는 헌법상 행복추구권의 본질적 요소이므로 지나친 가족이데올로기의 강요와 성적 순결의무를 강조하는 것은 조선시대의 여인에게 유교문화가 강조한 열녀문, 효부처럼 상징세뇌와 상징폭력이 될 수 있기 때문이다. 특히 성 의식이 진보화된 현대의 여성들에게는 더욱 그럴 수 있으므로 순결문화는 시대에 맞게 그리고 강요가 아닌 자연스러운 방식으로 수용자와 그의 부인이 주체적으로 재해석하여 수용할 수 있도록 유연해야 한다.

넷째로는 프로그램의 사전과정과 진행과정에서 수용자의 부인과 자녀의 양심의 자유나 프라이버시권 등이 침해될 우려가 있다. 프로그램의 가족참여를 위해 교도소 기독교신우회나 교도소아버지학교 담당팀이 수용자의 가족을 사전에 상담해 세족식이나 영상편지 등에 참여의사를 물어보게 되는데 이 과정에서 아내와 가족은 다양한 이유로 상황으로부터 압력을 받을 수 있어 내심의 의사와 표시된 의사가 다를 수 있다. 세족식 등의 참여는 부인 등 가족의 자발적 동의가 필수적인데 교도소로부터 수용자가 간절히 부인의 참여를 바란다는 의사를 전달받을 때 부인이나 가족이 거절하게 되면 남편에게 혹시 불이익이 있지 않을까 하는 불안이 있을 수 있고 그렇지 않더라도 프로그램의 성공을 위해 아버지학교담당자의 참여설득이 프로그램의 참여에 소극적인 가족에게는 심리적 보상을 줄 수 있어 다양한 이유로 원치 않는 참여가 될 수 있기 때문이다. 특히 비기독교가족에게는 더욱 그렇고 가족이 타 종교를 가진 경우라면 기독교적 예식프로그램에의 참여로 인한 종교적 양심의 갈등이 있을 수 있다. 또한 많은 수용자와 그의 가족이 참여하는 세족식에 참여할 경우 얼굴이 알려지게 되면서 잘못하게 되면 범죄자의 가족이란 낙인의 우려나 또 다른 범죄의 대상이 될 위험성도 있다는 점에서 개인의 프라이버시권과 정보권이 침해될 수 있다. 따라서 이러한 가족들의 프라이버시권과 안전권이 침해되지 않는 방향으로 프로그램이 구성되고 진행되어야 할 것이다.

다섯째로 보통 4주간의 교도소아버지학교를 진행하는 과정에서 소수의 중도탈락자가 나오는바, 현재 이들에 대한 사후관리적 인권조치가 없다는 점이다. 수용자든 그의 가족이든 중도에서 탈락하는 사유는 다양한 것이지만 공통적인 것은 중도탈락에 대한 불안과 실망감, 트라우마가 있을 수 있다. 교도소와 아버지학교팀이 가족복지적 접근이 아닌 관료적 · 행정적으로 접근하는 관계로 중도탈락에 따른 가족복지적 니즈와 그에 따른 적절한 전문적 개입치료가 되지 않는 문제점이 있다.

6. 결어

수용자에 대한 교화와 가족관계의 회복에서 한국의 기독교는 국내 종교 중에서 가장 큰 공헌을 할 만큼 교정사역에서 열정적이었다. 수용자들 중에서 가장 많은 종교가 기독교였고 교도서 기독교신우회도 교정사역에서 많은 지원을 할 만큼 수용자와 출소자에 대한 기독교인들의 관심은 지대했다. 특히 기존의 관료지향적 교정가족 프로그램과 달리 민간기관에 의한 외부주도형 교도소아버지학교프로그램은 수용자들의 교화와 가족관계 회복에 아주 높은 긍정적 영향을 줄 만큼 경로혁신적인 교정가족 프로그램이었다. 그러나 교도소아버지학교에 대한 지나친 맹종화보다는 발전적 측면에서 교도소아버지학교에 내재된 문제점을 적시하고 건설적 대안을 제시하는 것은 교도소아버지학교의 확산성과 지속성 및 질적 효과성을 위해 바람직하다.

그런 측면에서 본 논문에서는 선행연구들이 간과한 문제점을 지적하고 개선방안을 이념적 · 조직적 · 공급자와 수요자, 프로그램, 인권적 측면에서 새롭게 제시하였다. 이념적 측면에서는 민주주의, 사회적 형평, 평등성, 교정복지주의, 사회복지이념 등에서 대안을 제시했다. 수요자 측면에서는 수요자의 합리적 선정, 수요자에 대한 사후복지와 거버넌스적 지원의 필요성을 제시했고 공급자 측면에서는 폐쇄적 스태프를 열린 스태프로, 열정형 스태프에서 전문형 스태프로의 보완을 제시하고 교도소 공무원으로서의 교목제도의 도입을 제안하였다. 프로그램적 측면에서는 지나친 정서적 · 가정적 측면보다는 균형적 프로그램과 심리적 측면의 대안을 제시했다. 인권적 측면에서는 젠더인권, 프라이버시권 등에서 접근했다. 결론적으로 교도소아버지학교는 기존의 관료적인 교정가족프로그램과 보완적 관계, 건전한 경쟁적 관계에서 독특한 외부주도적 제3섹터형 교정가족 프로그램으로 의미 있는 역할을 해 오고 있지만, 프로그램의 확산성과 대표성, 전문성을 위해서는 가부장적 이념과 종교적 색채의 약화와 교정복지와 가족복지 등의 전문성의 보완 등 균형적이고 열린 방향으로 개선될 필요가 있다.

참고문헌

김안식, “수형자의 교화와 종교의 역할,” 「교정담론」 제4권 제1호, 아시아교정포럼.

김요한(2007), “지역사회 교정을 통한 가족회복프로그램 연구,” 경기대학교 석사학위논문.

김정자(2009), “가톨릭 교정사목과 성 프란치스코의 영성,” 가톨릭대학교 석사학위논문.

박경숙(2016), 「문제는 저항력이다」, 서울: 와이즈베리.

박우희(2004), “아버지학교 프로그램이 중년남성의 아버지역할과 자존감에 미치는 영향,” 강남대학교 석사학위논문.

박차실(2015), “아버지학교 프로그램이 중년남성의 아버지역할 증진과 자존감에 미치는 영향,” 백석대학교 석사학위논문.

유샤론, “수형자아버지학교가 수형자의 영적건강 및 자아존중감에 미치는 영향,” 백석대학교 석사학위논문.

이동임 · 천정환(2015), “아버지학교 프로그램이 수형자의 가족관계 및 교정에 미치는 영향,” 「교정연구」 제67호, 한국교정학회.

이명헌(2011), “수형자아버지학교가 수형자의 자존감과 대인관계에 미치는 영향,” 연세대학교 석사학위논문.

천정환, “수용자에 대한 효 관련 사회적 처우 교정프로그램의 발전방향,” 「효학연구」 제13호, 한국 효학회,

하용조(2010), 「아버지! 제가 아버지입니다」, 서울: 두란노아버지학교.

홍남식(2008), “아버지학교 프로그램에 대한 연구,” 「두란노 아버지학교 학술대회자료집」.

교정본부 홈페이지.

기독교세진회 홈페이지.

두란노운동본부 홈페이지.

법무부 홈페이지.

제10장 특수교정사역론

1. 노인수용자 교정사역론[01]

1) 의의

일반사회의 사역에서도 연령을 기준으로 하여 청소년사역, 중년사역, 노인사역이 있듯이 수용자 등을 포함한 범죄자도 연령을 기준으로 소년수용자사역, 중년수용자사역, 노인수용자사역으로 구분될 수 있다. 예수 그리스도의 복음을 전도하여 신자화하는 사역의 시급성은 상대적으로 죽음이 가까운 노인수용자가 가장 크고 소년수용자는 가장 작다. 그러나 교회사역의 자원의 배분은 이러한 사역의 시급성에 따른 자원배분의 합리성에 따르지 않는다. 교회의 자본화와 사역의 상품화 및 외부효과에 기여할 수 있는 한계생산성과 상품성이 적다는 이유로 노인수용자는 항상 교정사역 등 모든 사역에서 철저히 후순위로 배제되고 차별되어 오거나 성과주의의 포장물로 전락되어 온 것이 한국의 현실이다.

교회사역의 이러한 세속적 자본주의는 모든 서비스의 상품성과 가치성 및 대중성에만 치중해 온 한국 상업주의적 저널리즘과 모든 재화의 생산에서 한계생산성 제일주의를 추구해 온 한국의 비인간적 국가관료 경제레짐 등의 사회구조적 성과주의 문화에 편승해 철저히 자본의 논리로 접근해 온 한국 교회의 경로의존적 사역에 그 연원이 있고 이러한 경향은 앞으로도 계속될 것이다. 그러나 성경에서도 노인은 사회에서 존중받아야 할 존재로 묘사되어 있으며[02] 노인수용자와 노인범죄자는 노인의 지위와 범죄인의 이중적 지위에 있지만 사회적 약자인 갇힌 자에 대한

---

01 이 부분은 저자가 「교정복지연구」 제67호(2020.8.31.)에 발표한 "노인수용자 교정사역의 개선방안"의 일부분인 노인교정사역의 특징 및 이념, 문제점과 개선방안을 인용하였고 일부 내용은 추가하였음.

02 백발의 어른이 들어오면 일어서고 나이든 어른들을 보면 그를 공경하여라(레위기 19:32). 백발은 영화로운 면류관이니 의로운 길을 걸어야 그것을 얻는다(잠언 16:31). 아득한 옛날을 회상하여 보아라, 조상 대대로 내려온 세대를 생각해 보아라. 너희의 아버지에게 물어보아라. 그들이 너희에게 말해 줄 것이다(신명기 32:7). 이외에도 성경 곳곳에서 나이든 노인을 존중의 대상으로 묘사하고 있다(출애굽기 15:17, 잠언 23:25, 디모데전서 5:1-2)

우선적 관심과 돌봄은 예수 그리스도의 근본적 명령이다.[03] 그러나 이러한 예수 그리스도의 근본적 명령에도 불구하고 성장제일주의와 성과주의적 성공론에 매몰되어 온 한국 교회는 사역의 자본생산성이 지극히 낮은 수용자에 대한 사역은 가장 후순위이거나 관심 밖이었다. 특히 감옥사역 중에서도 그나마 사역의 한계생산성과 외부효과가 높은 소년수용자에 대한 사역에 치중했고 사역의 자본화와 상품화가 가장 미약한 노인수용자에 대한 사역은 비과학적 · 형식적으로 감옥사역의 사각지대였다. 그러나 한국 사회가 갈수록 초고령화되어 가고 있으며[04] 이에 따라 노인범죄도 급증하여 전체 범죄자에서 65세 이상 노인범죄자의 비율도 계속 증가하고 있다.[05] 특히 이러한 노인범죄의 급증을 보이는 통계에 암수범죄나 온정주의적 형사정책에 의해 입건되지 않은 노인범죄는 제외한 것을 고려할 때 실제 노인범죄는 통계상의 범죄보다 훨씬 그 비율이 높다.

또 하나의 문제는 60대 이상 인구가 전체 인구에서 차지하는 비중이 2010년 16.6%에서 2015년 말에는 3.2% 더 증가했지만 고령 인구의 증가속도에 비해 노인 재소자가 더 빠르게 늘고 있다(일요시사, 2016.11.2.)는 데 있다. 이런 추세라면 2050년에는 노인범죄자가 141만 2,000명이 되고 전체 범죄자의 64%가 노인범죄자로 추산된다고 한다(서울경제, 2018.6.29.). 이것이 의미하는 바는 앞으로 교정사역에서 노인범죄자와 노인수용자에 대한 사역의 중요성이 증대된다는 의미이고 교도소 교회의 신자들도 노인수용자들이 많이 차지한다는 의미이다. 이는 앞으로의 교정사역의 자원배치에서 하나의 시사점을 주는바, 그러나 여전히 소년수용자와 중년수용자 위주의 사역이 경로화된 것이 현실이다. 또한 고령수용자 비율도 매년

03 갇힌 자에 대한 돌봄의 강조가 성서의 내용에는 많이 있다. "여호와께서 갇힌 자를 해방하시며 수금자를 끌어내어 형통케 하신다"(시편 68:6). "마음이 상한 자를 고치며, 포로된 자에게 자유를, 갇힌 자에게 놓임을 전파하며..."(이사야서 61:2-2), 예수께서 "내가 주릴 때에 너희가 먹을 것을 주었고... 옥에 갇혔을 때에 와서 보았느니라", 이에 의인들이 대답하여 가로되 주여... "우리가 어느 때에... 옥에 갇히신 것을 보고 가서 뵈었나이까 하리니"(마태복음 25:35-40).

04 미국 인구통계국에 의하면 2050년에 한국의 노인인구비율은 35.9%로 일본에 이어 세계 2위가 될 것이라고 한다(가톨릭평화신문, 2018.8.5.).

05 노인범죄자는 2012년 84,725명에서 2016년에는 138,668명으로 63.7%가량 급증했고 전체 범죄자에서 노인범죄자의 비율도 2012년 3.64%에서 계속 증가하여 2016년에는 5.35%나 되었다(이용주 의원 보도자료, 2017.10.10.). 노인범죄에 대한 검찰청 통계에 의하면 2014~16년에 절도가 74.4% 증가했고 강력(27.4%), 폭력(24.4%) 순서로 증가했다(서울경제, 2018.6.29.).

증가하고 있고[06] 이 중에서 절도범죄의 재범률도 높다고 한다.[07] 이러한 노인범죄가 증가하는 이유는 회사에서 퇴직한 자들에 대한 탈상품화 지수가 낮은 데다가 노인 빈곤의 경제구조적 원인 등 한국 사회의 경제적 구조문제와 사회연금기금 등의 부족, 사회복지시스템의 개인화 등으로 인한 복지구조적 문제와 핵가족화와 이기주의로 인한 아노미현상으로 인한 노인소외, 성 의학기술과 일반 의학기술의 발달로 인한 노인의 건강지수의 증가 등에 기인하지만 또 하나의 이유는 노인들의 정신적 영역과 종교적 관점을 굳건히 해 줄 종교시스템의 왜곡된 자원배분에도 한 원인이 있다고 할 수 있다.[08] 위기에 몰린 노인들에 대한 사회봉사와 복음화가 잘되면 노인범죄율의 급증은 줄어들 수 있기 때문이다. 마찬가지로 노인수용자들과 노인범죄자들의 심리적 특성[09]으로 인해 노인수용자와 노인범죄자는 교도소 내 또는 가정에서 극단적 행동이나 무력감이 더 심화될 수 있다. 그런데 기독교 등 종교사역에 의한 종교적 지지는 노인수용자 등의 무력감이나 여러 심리적 고통의 감소에 조절효과를 줄 수 있다.[10] 현재 노인수용자만을 위한 노인전용교도소는 없으며 노인수용자는 노인수용자 전담교정시설과 일반교정시설에 수용된다.[11] 따라서 노인수용자

---

06 2012년에 고령수용자 수는 1,371명이었으나 해마다 갈수록 증가하여 2016년에는 2,436명이 되었고 전체 수용자 중에서 고령수용자 비율도 2012년 2.94%에서 해마다 증가하여 2016년에는 4.22%를 보이고 있다(이용주 의원 보도자료, 2017.10.10.).

07 형사정책연구원에 의하면 노인들의 절도범죄 재범률(61.9%)은 다른 범죄보다 눈에 띄게 높은바 법무부는 "고령전과자들은 출소 후 어려움을 겪는 일이 많아 경범죄 후 재입소하는 일이 잦다."고 하였다(일요시사, 2016.11.2.).

08 전술했지만 기독교의 일반목회에서도 교회 성장주의에 입각해 대도시, 중심부 중심이었고 교회 사역자원도 주변부적 위치에 있는 수용자나 노숙자 등에 대해서는 항상 후순위였다. 또한 교회에서는 청소년사역 등 일반목회에 치중했고 노인목회는 상대적으로 소외되어 왔다.

09 노인수용자는 대개 노인범죄자들보다 더 심리적 왜곡현상을 보일 수 있다. 수용으로 인한 구금반응이 나타나기 때문이다. 구금반응이 잘 해결되지 않으면 교정사고나 자해 등이 초래될 수 있다.

10 조절효과란 독립변수와 종속변수 간의 인과관계에 대한 검토에서 조절변수를 삽입시켜 조절효과가 있느냐(+), 없느냐(−)를 살펴보는 것이다. 조절효과의 유무에 따라 두 변수의 인과관계를 좀 더 상세히 볼 수 있고 보다 유의미한 대응전략을 얻을 수 있기 때문이다. 가령 "노인수용자에 대한 가족의 면회가 재사회화에 미치는 영향"이란 모형에서 수용자의 종교의 유무, 종교의 종류, 종교집회의 참여횟수 등의 조절변수를 개입하여 두 변수 간에 조절효과를 보는 것이다.

11 노인수용자 전담교정시설에도 일반수용자와 같이 수용되어 있으며 노인수용자 전담교정시설의 의미는 노인수용자에 부합하는 전용프로그램을 운영한다는 것이다. 2014년부터 서울남부교도소, 광주교도소, 대전교도소, 대구교도소를 지정해 노인수용자에 맞는 프로그램과 시설을 하고 있으나 한계가 있다. 광주교도소는 장애인수용자 전담교정시설도 겸하고 있다.

는 어디에 수용되느냐에 따라 프로그램과 시설 등에서 차이가 있으며 다만 종교집회는 모두 통합하여 운영되므로 노인수용자 전담교정시설이라고 종교집회가 연령별로 열리지 않는다. 하여간 노인인구의 증가와 이보다 더 높은 비율로 증가하는 노인범죄자와 노인수용자의 비율은 교정당국에 큰 부담을 주고 있다. 중년수용자 등 일반수용자보다도 더 교정경비와 계호의 부담이 크기 때문이다.[12] 현재 노인수용자를 위한 다양한 프로그램을 교도소에서 실시하고 있지만 대부분이 현재 노인수용자의 상태가 유지되도록 하는 데 중점을 둔 관리에 그쳐 정신적 교정이나 출소 후 성공적 정착을 위한 프로그램은 매우 부족하다. 바로 여기에 교정관료제의 한계를 보완하는 역할로 노인수용자사역의 의의가 존재한다.

따라서 여기에서는 사회적 약자이면서 이중적 지위에 있는 노인수용자 등에 대한 사역을 개념과 특징 및 이념, 노인사역 등 유사사역과의 차이점을 살펴보고 노인수용자 등에 대한 사역의 문제점과 개선방안을 살펴보되 노인범죄자와 노인출소자보다는 노인수용자에 중점을 두어 서술한다. 또한 노인수용자사역에서 사역자의 역할은 클라이언트에 대한 복음화라는 미시적 측면 외에 불합리한 제도개혁에 관한 거시적 측면도 같이 다루는데 그것은 그리스도인의 사회적 참여는 예수의 지상명령이기 때문이다.[13] 또한 AI(인공지능)에 의한 목회상담이 되고 있듯이(크리스천투데이, 2018.5.24.) 일반교회에서는 AI, 증강현실 등 4차 산업혁명에 의한 디지털 목회가 시작되는 변화에 맞추어 당위적으로는 AI, VR 등 4차 산업혁명 신기술에 의한 디지털 목회와 설교도 교도소사역에 창조적으로 활용되어야 한다. 특히 이러한 디지털 목회는 교도소사역에서도 노인수용자사역에 가장 필요하다는 논리로 접근하고 이러한 디지털적 교정사역을 거부하는 거부점(veto point)과 찬성하는 접근점(access point)을 살피는 전략이 필요하다는 논리로 서술하기로 한다.[14]

---

12 노인수용자는 일반수용자보다 의료적 취약성이 크므로 외부병원에의 통원치료 등이 증가하고 이 경우 계호하는 교도관의 기회비용도 증가한다. 또한 노인수용자의 신체적 특성에 맞춘 기구나 시설의 보완과 노인건강관리에 필요한 경비가 추가로 들어가기 때문에 경비부담이 커진다.

13 성서 곳곳에는 사회정의에 관해 나온다. 또한 전도와 사회-정치적 참여는 그리스도인의 두 가지 책임이라는 그리스도인의 사회적 책임을 다룬 1974년 로잔언약 제5조 "우리는 어느 곳에서나 정의와 화해를 구현하고 모든 종류의 억압으로부터 해방시키려는 하나님의 관심에 동참해야 한다."에서와 마찬가지로 교정사역자는 불합리한 교정제도에 직면하면 이의 시정을 위해 노력해야 한다.

14 AI가 교정사역에 사용된다면 목회, 설교, 예배, 복음상담이 가능하고 특히 클라이언트의 니즈에

2) 노인수용자 교정사역의 특징과 이념

(1) 노인수용자 교정사역의 특징[15]

노인수용자 교정사역은 먼저 노인교정신학의 실천적 성격을 가진다. 노인교정신학은 성경적 관점에서 노인수용자 등의 클라이언트에 대하여 교정적 활동과 복지적 활동 및 종교적 활동을 지원하고 조력하여 클라이언트들이 구원받아 주체적으로 사회에 복귀하게 하는 데 관련된 교정신학의 한 영역으로 정의할 수 있다. 노인교정신학은 신학의 한 부분인 철학의 단편적 성격이 아니라 법학, 경제학 등을 포함하는 사회과학과 문학, 신학, 철학, 심리학 등을 포함하는 인문과학 및 의료학, 영양학 등의 자연과학과 인공지능, 건축학 등의 공학 및 예·체능학 등을 포함하는 복합적 응용과학이다.[16] 따라서 노인교정사역론도 복합적인 학제적 성격을 띠므로 목회자는 성경적 관점의 기본에서 학제적 접근을 역동적 · 개별적으로 해야 한다. 특히 소년교정사역론 등 다른 교정사역론과는 달리 학제적 접근에서 노인복지학과 죽음학, 노인심리학, 노인교정학, 노인의학, 노인범죄자의 특성에 맞는 학문적 특성이 보다 고려된 복합성을 가져야 한다.[17]

노인수용자는 중년수용자에 비해 상대적으로 특정 계층성에 강하다. 중년수용자

맞는 성서적 내용에 기초한 정확한 복음이 될 수 있으며 성서의 왜곡도 없다. 그러나 후술하듯이 AI로 인해 경제적 · 종교적 · 행정적 · 사회적 이익 등 다양한 이익을 의미하는 경제적 지대(rent)가 줄어들 것을 우려해 사역자나 교회는 거부점을 가지고 반대할 것이다. 동시에 설치비용, 콘텐츠 등 다양한 거부점이 있다. 그러나 AI가 하는 복음상담 등은 임상적 성격이 강하고 맥락이나 깊은 관점을 가져야 하는 인문학적 상담이나 여성주의적 상담 등에 한계가 있고 복지적 지원은 못하므로 사람의 목회와 병행되어야 한다.

15 '노인수용자 교정사역'이 정확한 표현이나 '교정'이 수용자를 내포하므로 줄여서 '노인교정사역'으로 쓰기도 한다. 따라서 이 책에서는 둘을 혼용한다.

16 노인교정신학은 노인문제와 노인수용자문제의 복잡한 학제성이 강하므로 소년수용자의 경우 등 다른 수용자에 대한 사역보다 더 응용과학성이 강하다. 가령, 노인의 신체적 · 심리적 특성에 의해 노인공학적 입장이 필요하며 노인인문학, 노인사회학 등 다양한 학제성에 기인해 노인수용자의 문제에 접근할 수 있기 때문이다. 또한 죽음학의 이해 등은 노인수용자에 대한 필수적 교정프로그램이다.

17 특히 초고령수용자와 초고령범죄자는 선교적 기반 위에서 노인복지, 죽음사역 등이 중시되어야 한다. 죽음사역은 일반적인 죽음프로그램 외에 성경적 기반에서 죄의 구원과 부활사역 등의 기독교적 가치관에 근거한 프로그램을 역동적 · 개별적으로 적용해야 하는데 현재는 이것이 거의 되지 않고 있다.

는 상대적으로 경제력도 다양한 계층에서 진입해 오고[18] 그 결과 출신계층, 국적, 문화권도 다양하다. 그러나 노인수용자는 상대적으로 빈곤계층 등 특정 계층이 많아 계층성이 강하다. 이러한 사역대상의 강한 계층성은 사역전략 수립의 준거점이 될 수 있다.

노인수용자는 교도소의 소년수용자, 중년수용자 등에 비해서 국가나 교도소의 관심과 가족 등 사회의 관심과 지원이 가장 빈약한 주변부적 위치에 있다. 물론 노인수용자는 형집행법에 의해서 특별한 보호의 대상으로는 되어 있지만 일반사회의 노인과 마찬가지로 국가나 사회, 가족 등의 관심이 가장 낮은 위치에 있다. 사실상 교정제도의 운영은 중년수용자인 중심부수용자 위주로 운영되고 모든 프로그램의 준거점도 중심부수용자 위주로 되어 있는바, 이는 신자유주의적인 교정의 효율성을 중시한 결과이다. 중년수용자는 상대적으로 교정과 사역의 생산성이 높아 자본화에 기여하기 때문이다. 교도소에서 행하는 목사나 종교교정위원의 총집예배나 소집단 예배 및 상담도 거의 모두가 중년수용자인 중심부수용자를 중심으로 포맷이 되어 있어 노인수용자들을 위한 사역이나 총집예배는 중년수용자들에 맞춘 총집예배에 포함되어 통합목회적 성격을 가진다. 또한 중심부수용자의 하나로 가장 많은 관심과 지원을 받는 소년수용자에 대해서는 다양한 공적, 민간 기관에서 지원과 관심을 보이고 교회기관 등 종교기관도 경쟁적으로 이들에 대한 종교사역을 하고 비통합목회를 하는 것과는 대비되는바, 이는 성서의 가르침에 위배된다.[19]

노인교정사역은 정치성 등을 가지는데 정치성이란 크게는 국가 차원이고 좁게는 교회, 회사 등 사회집단 내에서 발생하는 희소한 자원의 획득과 배분에 관한 집단 간, 개인 간의 권력적 갈등과 협상 및 투쟁을 말한다. 국가차원에서도 아동복지에 국가재정의 가장 많은 예산이 배분되고 노인복지에 가장 적게 배분되듯이 교회에서도 노인은 재정, 선교의 외부효과, 교회성장에 가장 낮은 생산성을 가진 한계인으로 취급된다. 교회의 수용자에 대한 사역자원의 배분에서도 마찬가지의 논리가

18 특히 화이트칼라범죄, 사기범죄, 지능형 범죄 등 중년화이트칼라층이 저지르기 쉬운 범죄가 상대적으로 많다.

19 물론 노인수용자들에게는 중년수용자와 같이하는 프로그램이나 통합목회도 필요한 부분이 있는바, 이는 교정이나 종교의 사회유사화 원칙 때문이다. 그러나 전술한 바와 같이 노인수용자에게만 필요한 프로그램이나 목회는 따로 하는 것이 낫다. 모든 프로그램과 목회를 항상 통합목회로 하면 중년수용자 위주로 되기 때문에 노인수용자에게는 불리하다.

작용해 소년수용자나 중년수용자에게 많은 사역자원이 배분되고 노인수용자에게는 그런 자원의 배분에서도 사실상 차별과 배제의 영역에 있다. 노인수용자사역은 상품성과 자본성이 아주 미약한 한계수용자로 생각되며 교회에서 교도소사역에 관한 인적 · 물적 자원의 배분과 우선순위의 배치에서도 의사결정자 간에 큰 대립과 갈등이 아주 적은 미약한 정치성을 보인다.[20]

전술한 교정사역의 한계생산성과 상품성이 낮다는 이유와 연관되는 것으로 교회에서 교정사역서비스를 공급할 때 한계비용이 상승하면 소년수용자에 대한 사역과 달리 노인수용자에 대한 사역서비스 공급량은 사역서비스 한계비용상승률보다 더 높은 비율로 감소하게 되므로 공급의 탄력성이 강하다. 그러나 소년수용자의 경우는 한계비용이 상승해도 공급량이 그 비율만큼 감소하지 않는 비탄력성을 지닌다. 이는 전술했듯이 노인수용자에 대한 사역의 상품성과 외부효과 및 자본성은 소년수용자의 그것에 비해 훨씬 낮게 평가되기 때문에 사역서비스 공급가격이 올라갈 경우 제한된 자원을 가진 교회나 사역자의 사역자원의 재배분에서 노인수용자의 경우에 가장 불리하게 작용한다. 이는 소년수용자에 대한 사역은 교회자원의 감소나 사역비용의 증가에도 큰 변동이 없지만 노인수용자에 대한 사역공급은 갈수록 줄어드는 이유와 같다. 또한 노인수용자와 노인범죄자를 위한 사역자원의 확보에 관한 사역마케팅도 거의 없다.

노인수용자는 소년수용자 등 다른 수용자들에 비해 사역의 급박성과 시급성이 가장 필요한 클라이언트이다. 그것은 상대적으로 소년수용자 등보다 남은 생이 더욱더 제한되어 있고 특히 무교나 불신자인 노인수용자는 소년수용자 등보다도 더욱더 빨리 복음을 내면화시키고 주님을 통해 회개하고 속죄하여 구원을 받고 재사회화되어야 한다. 또한 가족이나 사회와의 화해를 통한 회복주의적 사역도 시급하다. 그것은 노인수용자가 가족이나 그가 피해를 준 지역사회와의 화해 없이 생을 마치게 되면 그 자신은 물론 남은 가족이나 지역사회에도 심리적 상처를 주기 때문이다. 그러나 현실은 전술한 바와 같이 사역의 상품성과 외부효과 및 자본성이 노인수용자가 가장 미약하므로 교정사역 자원의 배분순위에서는 항상 후순위로 밀려

20 교회의 교도소사역에 관한 교회자원의 배분에서는 노회나 목사와 부목사, 전도사, 교정사역자 간에 생기는 의사결정의 갈등에서 노인수용자에 대해서는 의미 있는 대립적 정치성을 보이지 않는다는 의미이다.

났다.

당위적 측면에서는 노인수용자사역의 프로그램은 중년수용자 등에 비해 노인수용자 친화적인 프로그램의 특수성이 있어야 한다. 가령 실버사역프로그램, 노인복지적 사역프로그램, 노인문화적 프로그램, 죽음학과 내세에 관한 프로그램, 웰다잉 등이 그것이다. 그러나 노인수용자도 수용자이므로 모든 수용자에 공통되는 프로그램이 적용되며 또한 교정사역의 취지에 맞게 복지프로그램 등 사역자가 제공하는 프로그램에는 기독교적 맥락이 직접 또는 간접적으로 있어야 한다.

사역프로그램의 계층성은 노인수용자를 70세 미만의 준고령수용자, 70세 이상 80세 미만의 고령수용자, 80세 이상의 초고령수용자로 나누고 사역프로그램의 시간과 내용을 계층에 따라 다르게 배분시키는 것을 말한다. 사역정책도 마찬가지로 차등화시키는데, 가령 준고령수용자에게는 죽음프로그램보다는 출소 후 사회정착에 도움이 될 노인친화적 프로그램에 중점을 두는 사역이 필요하고 90세가 넘은 초고령수용자는 교화의 의미보다는 케어나 죽음과 내세에 관한 프로그램이 더 필요하다는 의미이다. 또한 80세 이상의 초고령수용자는 탈교도소화할 수 있도록 사역자들이 관련 법령의 개정을 건의할 수 있는 거시적 교정정책이 필요하다.[21] 또한 연령별 계층성 외에 질병의 종류와 정도에 따른 사역프로그램의 계층성과 다양성이 있어야 한다. 가령, 노인수용자의 점증으로 치매질환을 가진 수용자나 범죄자에 대해서는 그 진행의 정도에 따른 프로그램의 적용과 이에 관련된 자원봉사자의 확보 등이 있어야 한다.[22]

노인수용자사역은 장애인수용자사역, 외국인수용자사역 등과 같이 교정사역에서도 가장 소외되고 관심이 적은 주변부 사역으로 특수교정사역에 속한다. 교정사역자의 자원배치도 주로 소년수용자, 중년수용자, 언론의 주목을 받는 범죄인 등에 집중되고 사역의 상품성과 자본성이 미약한 노인수용자사역은 교정사역에서도 가장 소외된 부분이다. 따라서 교정사역도 특수사역에 해당되지만 그중에서 노인수용자사역은 교정사역 중에서도 가장 소외된 부분이라는 점에서 특수사역 중 또 하

21 초고령수용자는 가택구금이나 요양원 등에서 보낼 수 있게 하는 것을 말한다.

22 치매가 의심되는 노인수용자 등에 대해서는 목회자가 작업치료사나 인지치료사 등의 자원을 동원하여야 하며 노인수용자의 치매예방에 도움이 되는 성경필사프로그램을 교도소에서 할 수 있도록 문서선교 등의 지원이 필요하다.

나의 특수사역이므로 이중적 특수사역의 성격을 가진다. 노인수용자사역이 한국 교회의 사역 중에서도 특수사역인 교정사역 중에서 이중적 특수사역으로 소외된 이유는 범죄문제와 교정문제에 대한 사회선교의 실천의지가 부족한 것이 원인이고 그러한 원인의 배경에는 해방 이후부터 1960년대 권위주의 독재정권하에서 보수화된 순종적인 한국 교회의 역사가 지금까지 계속되고 있기 때문이다. 또한 동시에 계량화와 유형적 목표달성 및 단기적 효과를 중시하는 한국 교회의 성과주의적 세속화 문화가 그 원인이다.[23]

(2) 노인수용자 교정사역의 이념

노인수용자 교정사역의 이념이란 노인수용자 등의 클라이언트에 대한 사역을 행함에 있어서 지향하는 이념으로 이에는 목표적 이념과 수단적 이념이 있다. 일반수용자에 대한 교정사역의 이념과의 차이점은 노인수용자 등의 특색에 부합하는 사역 이념이어야 한다는 것이다. 그러나 현재는 이러한 노인교정사역의 이념이 실현되지 않고 있다. 여기에는 성서주의, 균형적 사역주의, 형평성, 기독교사회복지, 인문적 사회복지, 통전적 케어 이념, 가외성, 민주성, 과학성, 효 사역, 회복적 사역 등이 있다.

성서주의 이념이란 노인수용자 등의 클라이언트에 대한 교정사역과 복지선교를 행함에 있어서 직접적이든 간접적이든 반드시 성서의 근본정신에 입각해서 이루어져야 한다는 것으로 이는 노인수용자 등에 대한 단순한 복지활동이나 교육지원, 문화지원과 구별되는 결정적 구분점이다. 그러나 현실적으로 교정현장에서는 목회자가 행하는 노인수용자에 대한 단순한 자선적 복지활동과 교육지원, 문화지원 등의 활동이 사실상 선교활동으로 치환되어 계량화되거나, 선교활동은 복지활동 등에 보수적이거나 가려져 있는 현실로 성서주의 이념이 잘 지켜지지 않는 것이 현실이다. 이에 대해서는 문제점에서 후술하겠다.

역동적 · 균형적 사역주의 이념이란 전술한 교정사역에서 클라이언트 개인에 대

23 가령 개인영혼 구원이라는 미시적 복음화의 경우, 교회에 참여한 교인들은 주로 계량화되고 목표의 유형화가 가시적으로 드러나지만 범죄문제나 노동문제, 인권문제 등의 사회문제들은 목표의 달성도 지난하고 단기적 성과로 나타나지 않으며 성과가 쉽게 계량화되지 않기 때문이다.

한 복음화라는 미시적 측면과 클라이언트에 대한 교정사역을 저해하는 각종 법, 제도 등의 개혁도 추구하는 거시적 측면의 교정사역을 동시에 고려하면서 클라이언트의 특성과 교정 관련 제도 등의 상태에 따라 역동적으로 어느 한 측면을 더 중시하는 역동적인 균형적 사역을 말한다.[24] 그러나 현실적으로 그리고 역사적으로 한국 교회는 권위적 보수주의 정권에 항상 순치되어 왔고 그 결과 거시적 측면의 교정사역은 철저히 무시되어 왔으며 복음주의자는 개인적 · 미시적 측면의 교정사역에만 치중해 왔다.[25] 필자의 이러한 균형적 사역주의는 개인구원과 사회구원을 모두 함께 강조하는 통전적 선교의 개념(안승오, 2019: 55)과 유사하다.

사회적 형평성은 형식적 평등주의 이념과 반대로 그 사회에서 가장 소외된 계층에 최우선적인 관심을 가지고 자원을 배분하라는 Rawls의 정의론에서 나온 개념이지만 이는 구주 예수 그리스도가 일찍이 말한 가장 소외된 자에 대한 우선적 관심을 가지라고 한 성서 이념과도 상통한다. 그러나 한국 교회나 교정사역자는 수용자에 대한 교정사역에서 소년수용자나 일반수용자에게 가장 우선적으로 자원을 배분하고 관심을 가져왔으며 이는 일반교회의 신도들에 대한 사역에서도 교회성장론에 의해 노인신도들에 대해 상대적으로 무관심한 것과 같은 맥락이다. 이러한 사회적 형평성 이념은 교도소 사회에서 가장 열악한 지위에 있는 장애인수용자, 노인수용자 등에게 적용될 수 있고 이는 헌법의 상대적 평등의 이념인 '같은 것은 같게, 다른 것은 다르게'라는 정신과도 상통한다. 동시에 사역자는 주변부적 지위에 있는 노인수용자 등에 대한 사역에서 사회적 형평 이념은 이중적으로 적용되는바, 그것은 이중적 주변부 지위에 있는 자에게 더 많은 관심과 지원을 가지고 임해야 한다는 것이다. 가령 교도소수용자 중에서 노인수용자는 1차적인 주변부이지만 노인수용자 중에서도 극빈자, 장애인 등은 이중적 주변부이기 때문이다. 이러한 사회적 형평성은 사역의 개별화와 사역공공재의 다품종 소량생산과도 일치한다.

---

24 가령 교정사역과 관련된 형집행법령, 교정인권, 노인복지법, 교도소에서의 클라이언트에 대한 각종 사회보험과 형사정책이 인권적 · 민주적으로 잘 정비되어 있으면 사회개혁이라는 거시적 교정사역의 기능보다는 노인수용자 등의 클라이언트에 대한 영혼구원이라는 미시적 측면이 더 강하게 고려되어야 하는 것을 말한다.

25 물론 일반사역에서는 거시적 측면의 사회개혁 활동도 있었다. 그러나 항상 주류적 선교관은 보수적 권위주의 정권에서 순치되어 온 보수적 선교관이 주류였고 민주화를 위한 사회개혁적 선교활동은 항상 소수였고 열세였다. 그런데 일반사역과 달리 교정사역에서는 그러한 사회개혁적 사역이 전혀 없었다.

기독교 사회복지란 선교적 관점에서 출발하여 그리스도인들이 사회문제에 대해 전문적 개입, 특히 영적인 개입을 통해 통전적인 인간회복을 이룸으로써 하나님의 나라를 도래케 하는 것이라고 한다(최무열, 2004: 39). 따라서 기독교 사회복지는 일반 사회복지이론이 간과한 영적인 관점을 중시한 점에서 특징이 있다고 할 수 있다. 이러한 기독교 사회복지 이념은 우리 사회의 한 문제인 노인수용자에 대한 복지적 이념이 될 수 있다. 노인수용자에 대한 기독교 사회복지 이념은 특히 가족복지, 의료복지, 교정복지, 문화복지에서 그 의의가 있을 수 있다. 왜냐하면 노인수용자는 노인의 지위에서 오는 가족관계의 약화와 범죄자의 지위에서 오는 가족관계의 단절 등으로 가족복지적 수요가 높고 수요의 질적 내용도 다양하므로 단순히 일반사회의 클라이언트에 대한 단순한 사회복지적 가족복지실천론으로는 한계가 있는데 가족복지나 사회복지는 기독교적 사랑과 용서, 화해라는 가치관과 영성이 사상(捨象)되었기 때문이다. 의료복지도 일반사회의 노인 등의 클라이언트에 대한 단순한 사회복지실천론으로는 노인수용자에게는 그 실효성에 한계가 있으므로 영적 가치와 종교적 요소가 있는 기독교적 의료복지론이 실효적이며 고객친화적 요소가 강하다. 이는 교정복지 등도 마찬가지이다.

기독교적 교정복지란 최무열이 정의내린 기독교 사회복지의 개념을 원용하여 선교적 관점에서 그리스도인들이 범죄와 교정문제에 대해 영적 개입의 기반에서 클라이언트에 대하여 교정복지실천론의 미시적 개입과 거시적 개입을 통해 클라이언트의 삶의 질을 향상시키고 구원받게 하는 분야라고 개념화할 수 있다. 따라서 종교적 · 가치적 개입이 박제된 일반 교정복지와 달리 기독교적 사랑의 가치와 영적 기반 위에서 클라이언트 및 그와 관련된 교정제도에 전문적으로 개입하는 것이라고 할 수 있으며 이러한 기독교적 교정복지 이념은 당연히 노인수용자 등에게도 적용됨은 물론이다.

인문적 교정사역 이념은 조작된 개념으로 만들어 본 것인바,[26] 여기서 주장하는 인문학적 교정사역이란 연륜과 다양한 인생경험이 많고 복잡한 노인수용자나 노인범죄자에 대한 상담과 사역 및 지원에서는 교정사역자가 소년수용자나 중년수용자

26 인문학적 교정사역 이념은 인문의료와 사회의료의 개념에서 아이디어를 착안하여 원용하였다. 인문의료는 임상의료와 달리 클라이언트의 개인역사적 맥락에서 접근하는 사회적 의료를 말한다.

와 같이 바로 성서적 기초에 입각해 동일한 방식으로 상담, 선교하지 말고 노인수용자의 오랜 굴곡진 개인적 · 역사적 맥락에서 이해하고 상담 및 선교와 복지적 지원을 하는 것을 말한다. 이러한 인문학적 교정사역 이념은 노인수용자에 대한 교정사역의 실효성과 개별화 효과 및 교정사역의 지속성을 가져올 수 있는 장점이 있으므로 노인교정사역 전문가는 이러한 인문학적 · 사회적 교정사역에 대한 이해도와 감수성 및 접근능력이 있어야 하고 소년수용자처럼 임상적 교정사역이 되어서는 안 된다. 가령, 교정사역자가 노인수용자와 개별 상담이나 개별 사역을 행할 때 노인수용자가 호소하는 신경증세나 특이한 신체생리적 증세에 대해 바로 관련 의료나 상담으로 연계하는 임상적 연계사역을 하지 말고 노인수용자가 호소하는 신경증세나 불안, 우울증세의 원인에 과거 노인수용자가 가족이나 사회에서 겪었던 다양하고 깊은 트라우마가 그 원인일 수 있다는 인문적 교정사역의 민감성을 가지고 사역에 임하는 태도를 말한다. 이러한 인문적 교정사역이 되려면 교정사역자와 클라이언트인 노인수용자는 깊고도 신뢰할 수 있는 치료적 동맹체의 구축이 선행되어야 한다.[27] 이러한 인문적 교정사역은 중년수용자에게도 물론 필요하지만 노인수용자의 이해에 가장 필요한 이념인바, 그것은 중년수용자보다도 더 많은 인생역정과 복잡성을 가졌기 때문이다. 그러나 노인교정사역 현실에서도 전문성의 부족, 시간과 관심의 부족, 교회와 교도소의 성과주의적 · 관료적 계량화와 자본화 및 세속화로 인해 사실상 달성이 어렵다.[28] 그러나 노인교정사역의 전문화를 위해서는 이러한 인문적 교정사역 이념이 필요하다.

강채은에 의하면 통전적 돌봄은 물질적 돌봄과 영적 돌봄[29]이며 물질적 돌봄과 영적 돌봄에 필요한 교육, 복지선교프로그램을 제공함으로써 그리스도의 보혈로 죄를 용서받은 기쁨과 자유를 누리며 샬롬의 삶을 영위하다가 생을 마감할 수 있도록 돌보는 것이라고 하였다(강채은, 2009: 73). 이러한 통전적 케어는 수용자, 특히 노인수용자와 노인범죄자에 대한 사역 이념으로도 될 수 있는바, 그것은 교육과 복

27 Bodin이 말한 치료적 공동체를 말한다.

28 노인수용자는 사역의 한계생산성도 낮고 교회의 재정에도 기여하지 못하는데, 교도소나 교회는 주어진 기간에 몇 명의 수용자를 사역하였는가와 같은 양적 성과주의에 치중하기 때문이다.

29 통전적이란 말은 개인적 구원과 사회적 구원을 다 같이 포함하는 경우도 있듯이(통전적 사역) 맥락에 따라 다르게 사용되고 있다. 따라서 강채은의 통전적 케어는 미시적 측면인 개인적 영역의 개념이며 제도나 사회의 개혁과 구원이란 거시적 측면은 제외되어 있다.

지선교가 가장 필요한 클라이언트 중의 한 영역으로 노인수용자가 될 수 있기 때문이다. 특히 빈곤한 노인수용자가 많은 교정현실을 고려할 때 더욱 그렇다고 할 수 있으며 출소 후 중년수용자보다 죽음이 상대적으로 얼마 남지 않은 것을 고려할 때 더욱 그렇다고 할 수 있다. 다만 강채은의 통전적 케어에서 부족한 것이 관계(회복)적 돌봄과 제도적 돌봄인데 노인수용자에 대한 교정사역 이념의 통전적 케어란 선교적 기반 위에서 물질적 돌봄과 영적 돌봄 및 제도적 돌봄, 관계적 돌봄을 클라이언트에게 행하는 케어의 사회화, 케어의 종교화라고 이해할 수 있다.

중첩성이란 의미를 가지는 가외성 이념(Landau, 1969: 351)은 수용자 중에서도 노인수용자에 대한 사역에서 특히 중시되어야 하는바, 그것은 상대적으로 노인수용자는 의식이 고착화되어 있어 사역과 교정의 한계생산성이 낮은 데다가 소년이나 중년수용자에 비해 교리에 대한 이해도도 낮고 남은 생도 적으므로 복음화와 물질적 복지가 반복적 · 중첩적으로 행해질 필요가 있다. 특히 한국 교정사역의 현실에서 소년수용자 등에 비해 관심과 지원이 많이 적다. 이러한 가외성은 무교 등 불신자의 노인수용자에게는 더 필요한 개념이다.

노인사역의 민주성 이념은 미시적으로는 노인사역의 복지적 실천과정에서 접수와 사정(査定) 및 개입전략과 피드백의 모든 과정에서 철저히 클라이언트인 노인수용자와 노인범죄자의 니즈(needs)와 의사에 기반해서 이루어지는 것을 말한다. 또한 노인수용자에 대한 인권친화적 감수성을 가지고 노인수용자 인권에 반하는 공격적 사역이나 시혜적 대상화로만 여기는 태도는 지양되어야 한다. 노인수용자도 헌법상 존엄권의 주체이며 형집행법 제1조에서 규정된 것처럼 건전한 시민으로 복귀할 수 있도록 사역의 모든 과정과 의사결정과정에서 노인의 주체성과 존엄성이 보장되어야 한다. 교도소수용과정에서 노인수용자는 사실상 제도나 질서에 길들여져 있어 의존성이 심화된 상태이므로 사역을 통해서 이러한 의존적 성향을 없애고 삶과 복음에서 주체성을 회복하도록 한다. 또한 노인수용자를 획일적인 사역화로 대상화하지 말고 노인수용자의 특성과 니즈에 따라 해당 노인수용자에게 적합한 사역의 개별화가 있어야 하고 필요한 경우 연계사역과 협력사역이 민주적으로 진행되어야 한다.

그러나 한국 교회들의 개교회중심주의와 폐쇄성으로 인하여 연계사역이 잘 되지 않고 있다. 거시적 측면에서는 사역행정 내부의 민주성과 교정사역제도에 대한 민주적 개혁의 필요성이 있는 경우 교정사역 관련 법이나 교정제도 등의 시정을 위한 합법적 운동을 말한다.[30] 이러한 거시적 측면은 교회의 사회적 책임과도 관련된다.

과학성이란 전술했듯이 노인수용자와 노인범죄자에 대한 사역은 노인사역과 동일시하거나 소년수용자나 중년수용자의 그것과 동일시하면 노인수용자사역의 전문성과 개별화를 저해하여 노인수용자 등의 사역의 실효성을 저하시키게 된다. 노인교정사역자가 이러한 전문성을 갖추면 좋지만 그렇지 못한 경우 노인교정사역자는 노인복지, 노인상담, 노인심리, 교정심리, 노인수용자 사례관리 등의 전문성에 관한 중요성과 민감성을 가지고 있어야 하고 그러한 전문성을 가진 인적 자원들을 연계해서 협력사역을 할 자원개발력이 있어야 한다. 그러나 현실적으로 교정사역의 전문성도 극히 미약한 현실에서 주변부수용자인 노인수용자에 대한 과학적 사역은 거의 되지 않고 있는 실정이다. 노인수용자의 과학적 사역은 물론 영적 관점에서 출발하지만 영적 관점을 지나치게 강조하면 사역의 과학성을 저해하게 된다. 따라서 지나친 종교적 환원주의 사역은 오히려 사역의 과학성을 저해하여 노인수용자의 재사회화에 도움이 되지 않으므로 이러한 점에 유의하면서 사역에 임해야 한다.[31]

효 사역에서는 노인수용자가 범죄자이지만 동시에 노인으로서의 성서적 지위에서 오는 효의 대상이기도 하다.[32] 따라서 사역자는 다른 수용자사역과 달리 노인수

---

30 가령 2018년 여름에는 폭염이 강했는데 현재 교도소나 구치소 수용자 거실에는 선풍기가 있으나 심야 등 일정한 시간 때는 전원을 차단해 버린다. 그러나 이런 교정실무적 제도는 신체적 허약성이 강한 노인수용자를 고려하지 않고 모든 수용자에게 공통적 · 획일적으로 적용하여 결과적으로는 노인수용자의 건강인권을 침해할 수 있다. 따라서 교정사역자는 상담과정에서 이런 호소를 들으면 불합리한 제도의 시정을 위해 열대야 등 특별한 경우 노인수용자의 온열질환을 예방하기 위한 시정이나 제도개혁을 교회 등을 통해 중앙정부에 건의할 수 있어야 한다.

31 종교적 환원주의란 이 세상의 모든 사상(事象)과 그 해결책을 종교에서만 찾아 종교만 믿으면 모두 해결된다는 논리이다. 가령 노인수용자가 범죄의 원인을 가족관계 또는 사회적 문제에 귀인할 경우 그의 가족관계의 회복 전략과 사회적 문제에 대한 해결 전략이 정확한 범죄대책이 됨에도 그런 것을 무시하고 무조건 클라이언트에게 회개를 촉구하고 예수 그리스도만 믿으면 모두 해결된다는 논리를 말한다. 이는 복음의 전도효과는 있어도 재범을 방지하기 위한 과학적 사역은 되지 못한다.

32 성서에서는 효의 중요성에 대하여 여러 군데서 언급하고 있다. 구약 및 성경 곳곳에서 효와 불효에 대해 언급하고 있다. 너희 각 사람은 부모를 경외하고 나의 안식일을 지키라. 나는 너희 하나님 여호와니라(레위기 19:3). 너는 너의 하나님 여호와의 명한대로 네 부모를 공경하라. 그리하면 너의 하나님 여호와가 네게 준 땅에서 네가 생명이 길고 복을 누리리라(신명기 5:16). 자녀들

용자에 대해 성경적 효 이념을 바탕으로 대리봉양자의 자세로 사역을 할 성경적 당위성이 있다.

회복적 사역은 피해자와 가해자 간의 화해와 용서를 그리스도의 사랑의 가치관에 의해 도모하는 것이라고 할 수 있으며 이는 형사사법의 한 흐름인 회복적 사법과 연관된다. 다만 가치중립적인 회복적 사법은 조정기술 등을 중시하고 영적 관점의 기반이 없는 점에서 회복적 사역과 다르다. 이러한 회복적 사역은 수용자에 대한 사역에서 중시되지만 특히 노인수용자에게 가장 시급한바, 그것은 다른 수용자에 비해 피해자와 예수 그리스도와의 관계회복을 할 시간이 얼마 남지 않았기 때문이다. 따라서 노인수용자에 대한 사역에서는 회복적 사역에 대한 민감성을 가지고 클라이언트를 대해야 한다.

3) 일반수용자사역과의 차이점

일반수용자사역과의 차이점을 살펴보면 다음과 같다. 수용자를 연령에 따라 소년수용자, 중년수용자, 노인수용자라고 나눌 수 있는바,[33] 노인수용자에 대한 사역의 실효성과 과학성을 제고하기 위해서는 소년수용자나 중년수용자에 대한 노인수용자의 특징에 맞는 교정사역이 되어야 한다. 그러나 현실적으로는 구분이 되지 않고 있으며 각 연령대의 특색에 부합하는 교정사역이 아니라 혼합사역이 되고 있다. 이는 노인수용자 교정사역의 전문성을 저해하므로 당위적 입장에서는 다른 사역과 구별하여 논할 필요가 있다. 그것이야말로 노인교정사역의 전문성의 출발이기 때문이다.

먼저 사역의 목표에서는 소년수용자는 보호복지적 선교가 강하나 중년수용자와 노인수용자는 교정복지적 선교가 강하고 이 중에서도 중년수용자는 교정복지적 성격이 더 강하다. 보호복지와 교정복지는 구분이 되는데 소년법과 소년원법에 규정

아 너희 부모를 주 안에서 순종하라. 이것이 옳으니라. 네 아버지와 어머니를 공경하라. 이것이 약속 있는 첫 계명이니 이는 네가 잘 되고 땅에서 장수하리라(에베소서 6:1-3). 자녀들아 모든 일에 부모에게 순종하라. 이는 주 안에서 기쁘게 하는 것이니라(골로새서 3:20).

33 형집행법 등에 따라 19세 미만의 소년수용자, 65세 이상의 노인수용자, 그 중간은 중년수용자가 된다. 범죄소년의 보호시설에는 소년교도소, 소년원, 6호 처분시설 등이 있다.

되어 있듯이 소년범죄인에 대해서는 품행개선과 생태계 등의 환경조정 및 처벌이 아닌 후견주의적 국친사상에 입각한 교육에 목적이 있는바, 생태, 교육, 관계의 세 가지에 바로 보호복지의 핵심이 포함되어 있다. 따라서 보호복지는 비행소년의 환경을 조정해 비행소년을 범죄로부터 보호하는 생태적 관점과 관계적 관점 및 응보적 처벌이 아닌 교육적 지원을 통해 품행을 개선하려는 교육적 관점이 포함되고 이의 실천은 청소년복지, 사례관리 등 사회사업방법을 통해 이루어진다고 할 수 있다. 그러나 성인수용자에 대한 교정복지는 그러한 생태적 관점과 관계적 관점 및 교육적 관점보다는 형벌의 엄격한 집행과 교정프로그램 및 교정작업 등을 통해 재사회화와 출소 후 건전한 사회복귀를 강조하는 점에서 교정복지와 보호복지가 구분되어야 하고 마찬가지로 선교도 구분되어야 한다.

특히 중년수용자에게는 보다 강한 교정복지적 선교가 중시되지만 노인수용자에게는 상대적으로 약한 교정복지적 선교로 특징될 수 있다. 가령 90세를 넘긴 초고령노인수용자는 출소하더라도 살 날이 얼마 남지 않았으므로 출소 후 사회에서 건전한 갱생생활을 전제로 하는 교정보다는 관리를 더 중시하는 상대적으로 약한 교정복지라고 할 수가 있다. 그것은 노인수용자라는 교정의 한계생산성의 의미가 작기 때문이다. 사역의 주체에서는 소년수용자의 경우 보호직 공무원, 보호위원, 담임교사, 목회자, 교회의 교사 및 자원봉사자 등으로 다양하며 중년수용자와 노인수용자는 교정위원, 목회자, 기독교교도관, 동료수용자 등이 있지만 주체의 다양성은 소년수용자가 가장 넓은 편이다. 소년수용자에 대해서는 후견주의에 의해 관심과 지원이 가장 많다. 사역의 대상은 모두가 수용자와 그의 가족 및 환경 등의 생태계이나 소년수용자의 경우는 생태계가 다른 연령의 수용자에 비해 보다 중시되는바, 그것은 차별적 접촉이론과 모방이론 및 학습이론에 의해 생태계의 영향을 가장 많이 받기 때문이다. 사역의 중점에서는 소년수용자는 교육과 보호 및 복지선교, 연계선교, 문화선교가 되고 중년수용자는 교정, 방어사역, 선교, 복지, 취업역량, 회복적 사역이 되며 노인수용자는 케어, 복지선교, 의료선교, 죽음프로그램을 통한 부활사역 등에 중점이 있다. 또한 성경에서 중시하는 효를 통한 효 사역도 중시되어야 한다. 특히 중년수용자의 경우에는 교정사역자는 일반사역 외에 방어적 사역이 특히 중요한 역점이 되어야 하는바, 그것은 중년수용자는 사실상 교도소수용자의 대다수를 이루고 연령 폭이 가장 넓으며 기독교이단 등 이교도의 범죄자가 교정시설에 유입되는 경우가 가장 많기 때문이다. 따라서 교정사역자는 상대적으로 다른 연령대의 수용자보다도 기독교수용자나 무교수용자를 기독교이단으로부터 보호하는 방어사역에 유념하면서 교정사역을 행하여야 한다.

사역의 접근법에서는 미시적 접근과 거시적(에큐메니즘) 접근이 모든 연령층의 수용자에게 적용되지만 상대적으로 접근은 중년수용자에게 가장 의미가 있는바, 이는 연령대가 가장 넓은 데다가 교정사역 인권과 관련되는 내용이 가장 많기 때문에 제도적 개혁의 중요성이 그만큼 크다. 또한 상대적으로 노인수용자의 경우는 거시적 접근의 의미가 가장 약하다고 할 수 있다. 교정모델로는 소년수용자는 교육형주의와 후견주의가 가장 강하게 작용되므로 후견적 교육모델이 적용되고 중년수용자에게는 개선모델이 되며 노인수용자에게는 교육이나 교정의 의미가 상대적으로 약하므로 케어모델과 복지모델, 관리모델이 적용될 수 있다. 사역의 시급성으로는 노인수용자가 가장 크고 그 다음이 중년수용자, 소년수용자 순서로 되는데 그 이유는 노인수용자, 특히 초고령노인수용자는 살 날이 얼마 남지 않기 때문에 불신자노인수용자의 경우는 복음을 빨리 전도해야 한다. 그러나 사역의 외부효과[34]는 상대적으로 사회적 · 인적 자본이 많고 여러 자본의 활용능력과 성취역량이 강한 중년수용자가 가장 크고 그 다음이 소년수용자이며 노인수용자는 가장 미약하다. 신체적 · 의지적 활용능력이 약하고 조용히 지내려 하는 것이 일반적이기 때문이다.

또한 사역의 마케팅으로 인한 상품화는 소년수용자가 가장 크고 노인수용자가 가장 적은데 그 이유는 소년수용자에 대해서는 교회뿐만 아니라 사회, 국가, 언론 등에서도 많은 관심과 자원을 배분하기 때문에 마케팅효과가 크다. 따라서 여기에서 교정사역자와 교회는 교회자원과 사역자원의 배분에서 딜레마에 놓인다. 왜냐하면 사역의 시급성으로 인한 1순위는 불신자인 노인수용자임에도 노인수용자는 사역의 외부효과와 사역의 마케팅효과 및 사역의 상품화가 가장 낮아 사역의 자본생산성에 거의 도움이 되지 못하기 때문이다.[35]

---

34 외부효과에는 정(正)의 외부효과와 부(負)의 외부효과가 있는데 정의 외부효과란 클라이언트가 사역에 의해 교정되고 변화되면 당사자의 변화 외에 교정사고도 감소되며 가족관계회복뿐만 아니라 주위 동료수용자들에게 복음을 전하는 등 주위 생태계에 긍정적 영향을 미치는 효과를 말한다.

35 사역의 자본생산성이 미약한 것은 일반노인도 마찬가지이다. 사역자원의 우선배분 순위가 노인임에도 생산성이 낮다는 이유로 교회와 국가, 미디어의 관심에서 멀어져 있기 때문이다. 일반사

사역의 형식에서 소년수용자는 소년들만을 대상으로 하는 목회라는 점에서 계층성을 띠나 중년수용자와 노인수용자는 연령별로 구분하지 않고 행하는 통합목회를 한다는 점에서 차이가 있다. 사역의 종류에는 소년수용자는 총집예배, 개인상담, 소그룹상담 외에 캠프활동, 방학사역, 체험활동 등 다양하지만 중년수용자와 노인수용자는 총집예배, 소집단상담 등으로 제한적이다. 사역의 전문성은 상대적으로 소년수용자의 경우에는 사회복지사, 청소년상담사, 임상심리사, 교사 등의 자격을 가진 사역자나 자원봉사교사 등이 많이 참여하고 소년수용시설의 직원들도 미술치료, 원예치료, 작업치료 등을 하는 경우도 있어 전문성이 있지만 노인수용자의 경우는 상대적으로 전문성이 약하고 노인사역전문가도 거의 없는 실정이며 전문적 관심도 거의 없다. 사역의 제3섹터화나 거버넌스는 소년수용자의 경우가 상대적으로 강하며 노인수용자의 경우는 가장 약하다. 그 이유는 소년수용자의 경우에는 국가후견주의에 의해 다양한 기관과 교회들이 경쟁적으로 지원활동과 연계협력을 맺지만 사회의 관심이 가장 적은 노인수용자의 경우는 가장 약하다. 사역서비스 수요의 탄력성은 소년수용자가 높고 중년수용자는 낮은 편이다. 그것은 사역서비스의 가격에 소년수용자는 민감하고 동시에 소년수용자들은 소년원 등의 소년교정시설에서 사역서비스에 대체할 수 있는 대체재가 중년수용자들보다 많기 때문이다.[36] 사역서비스 공급탄력성은 상대적으로 소년수용자의 경우가 가장 낮고 노인수용자의 경우가 가장 크다. 그것은 사역의 상품화나 자본화[37]의 연장으로 이해하면 된다. 이러한 사역서비스의 탄력성 이론은 사역 전략의 효과적 응용에 도움이 될 수 있다는 점에서 그 의의가 있다.[38] 사역의 효과성을 저해하는 교도소화의 정도에 관해서

회든 교도소든 소년은 가장 많은 관심과 지원을 받는 이유이다.

36 사역서비스의 가격이란 일반재화의 가격의 개념이 아니라 소년수용자들이 총집예배나 기독교프로그램 등에 참여할 시간과 매력, 동기, 참여의 심리적 비용 등의 기회비용을 말한다. 또한 소년원이나 소년교도소 내에는 기독교프로그램 외에도 합창단, 동아리활동 등 다양한 프로그램들이 중년수용자들보다 많다.

37 소년수용자의 경우에는 여러 교회에서 경쟁적 사역의 대상이 되고 사역의 자본화와 상품성도 크고 국가나 언론, 사회의 정책의제화의 우선순위가 되기 때문에 교회나 사역자가 소년수용자에 대한 사역을 공급할 때 들어가는 비용(사역자의 기회비용, 복지선교에 들어가는 비용)이 올라가도 가격의 변동만큼 공급량의 감소비율은 비탄력적이란 의미이다.

38 사역서비스의 탄력성은 계층별, 계층에서는 개인별로 그 크기를 과학적으로 조사해서 전략을 세우면 사역의 효과성이 커지게 된다. 가령, 수용자가 사역수요에 대한 탄력성이 높은 경우로 조사되면 낮은 경우로 조사되는 수용자보다 상대적으로 더 많은 사역 자원과 시간을 배분하고 수용

는 일반적으로 중년수용자가 가장 높고 지속적이며 그 다음이 노인수용자, 소년수용자의 순서로 된다. 사역자의 역할로는 전도자 외에 소년수용자의 경우에는 교육자, 훈육자, 후견인(대리부모), 옹호자, 봉사자, 연계자 등이 있고 노인수용자의 경우에는 봉양자, 복지사, 조정자, 연계자, 관리자 등이 있다. 봉양자는 효 사역과 관련된 개념이다. 클라이언트의 특성으로는 소년수용자는 모방성, 의존성, 충동성, 또래효과, 활동성 등이 있고 노인수용자는 고착성, 보수성, 비활동성, 계층성, 비권력성 등이 있다. 중년수용자는 다양성, 활동성, 권력성, 대응성(권리적 대응), 상대적 논리성 등이 있다. 종교에 대한 욕구는 노인수용자가 가장 강하고 소년수용자가 가장 낮다. 특히 불신자인 노인수용자는 죄를 지었기 때문에 종교를 통해 구원받으려는 욕구가 강하다. 심리적 방어기제의 사용은 소년수용자는 상대적으로 교활함이 덜하고 일천하므로 방어기제가 합리화, 승화, 동일시, 치환 등으로 제한적이나 범죄성이 고착화되고 경력이 많은 중년수용자는 자신의 이익을 위해 보다 많은 방어기제를 사용하게 된다. 방어기제의 의의는 사역자는 클라이언트가 보이는 심리적 방어기제를 이해하고 해체할 줄 알아야 사역의 올바른 실효성이 된다. 가령, 노인수용자는 어길 때의 행동으로 돌아가려는 퇴행이나 주의관심 집중기제의 특성을 보이는 경우가 있으므로 교정사역자는 노인수용자의 특이한 심리에 대해 민감성을 가지고 노인심리전문가 등의 도움을 받아 적절한 귀인(attribution)사역을 할 수 있는 역량을 키워야 한다. 이상 이들을 도표화하면 다음의 〈표 10-1〉과 같다.

표 10-1 소년수용자, 중년수용자 및 노인수용자 사역의 차이점

종류 / 기준	소년수용자사역	중년수용자사역	노인수용자사역
사역목표	보호복지적 사역	강한 교정복지적 사역	약한 교정복지적 사역
사역의 주체	가장 다양하고 많이 참여	목회자, 종교위원, 자원봉사자 등	가장 적음 (목회자, 종교위원)
사역의 대상	수용자, 가족, 생태계	수용자, 가족	수용자, 가족
사역 중점	교육, 문화, 보호, 선교	선교, 방어사역, 복지	케어, 복지, 부활사역(죽음), 효 사역

자의 수요탄력성을 낮출 수 있도록 사역서비스의 가치를 높여 수요욕구를 불러일으키는 전략을 세워야 한다.

사역 접근법	미시적, 거시적	미시적, 거시적(강함)	미시적, 거시적(약함)
교정모델	후견적 교육형주의	개선모델	관리모델
사역의 시급성	가장 약함	강함	가장 강함
사역의 외부효과	보통	가장 큼	가장 약함
사역의 상품화	큼	보통	약함
사역의 자본화	높음	보통	낮음
사역의 형식	비통합목회	통합목회	통합목회
사역의 종류	다양	보통	제한적
사역의 공학성	가능성이 큼(SNS 등)	보통	가장 낮음
사역의 전문성	강하고 다양	보통	약하고 제한적
사역의 거버넌스	다양하고 강함	보통	약함
사역수요 탄력성	높음(민감)	낮음	낮음
사역공급 탄력성	낮음	상대적 높음	높음
교도소화	낮음	높고 지속적	낮음
사역자의 역할	교육자, 후견인, 옹호인, 연계자, 조력가	봉사자, 변호인, 조정자	봉양자, 복지사, 관리사, 대리인
클라이언트의 특성	의존성, 모방성, 활동성, 변덕성	다양함, 권력성, 권리성	고착성, 보수성, 비활동성, 은둔성
종교욕구	낮음	강함	강함
방어기제종류	단순	복잡하고 다양함	보통, 퇴행 등 특수한 기제

4) 노인수용자 등에 대한 사역의 문제점과 개선방안

(1) 이념적 측면

전술한바 노인교정사역의 이념이 성서주의, 균형적 사역주의, 사회적 형평성, 기독교적 사회복지와 교정복지, 인문적 교정사역, 민주주의, 통전적 케어, 가외성, 과학적 사역, 회복적 사역 등이라고 한다면 과거는 물론 현재 교정시설에서 행하는 노인교정사역은 이러한 이념이 거의 충족되지 못하거나 왜곡되고 있다.[39] 또한 노

39 물론 노인교정사역뿐만 아니라 일반교정사역에서도 이러한 이념적 정체성은 거의 없다.

인수용자만을 위한 노인수용자집단 또는 그룹사역도 거의 안 되고 사역의 개별화 이념도 저해되어 사역의 실효성이 낮다.

우선 노인수용자사역의 근본은 성서주의로 직접 또는 간접적으로 복지나 문화 등을 제공할 때도 성서적 맥락이 있어야 하는데 많은 수용자들을 총집예배에 모으기 위한 접촉점으로 물질선교는 의미가 있다고 해도 현실적으로는 수용자에 대한 빵, 자선 등의 복지적 활동이 교도소사역 활동으로 바로 치환되는 수단과 목적의 전치현상이 발생하고 수단인 물질에 지나치게 동조과잉하는 현상을 보이고 있다. 물론 이런 현상은 일반사회의 노인목회에서도 비슷할 것으로 추론된다.[40] 또한 균형적 사역주의 이념은 거의 달성된 적이 없고 철저히 노인수용자에 대한 복음전도와 자선복지라는 미시적 측면에만 치우쳐 사역을 저해하는 불합리한 교정제도에 대한 시정운동과 같은 거시적 측면은 완전히 사상(捨象)된 불균형적 사역주의로 점철되어 온바, 이의 원인은 한국 교회의 보수주의와 성과주의적 자본화이다.

또한 사회적 형평성 이념도 부족한데 이는 효율성과 성과주의를 중시하는 신자유주의적인 사역이 그 원인이다. 사회적 형평성을 위해서는 다품종 소량생산의 사역을 해야 하고 이 과정에서 많은 사역 자원과 시간이 필요하고 사역의 한계생산성이 낮아지므로 사역의 대상자 수도 줄어들게 된다. 이런 것은 형식적 평등과 관련되는 소품종 대량생산방식의 경우보다 사역의 자본성이 크게 낮아지므로 교회의 성장과 양적 부흥에 관심이 많은 한국 교회에서 선호하지 않는다.

또한 노인수용자 개인의 역사적 맥락에서 접근하는 인문적 교정사역도 임상적·획일적 사역에 그치고 있다. 그 이유는 인문적 교정사역에 대한 시간과 기회가 부족한 데 따른 원인도 있지만 인문적 교정사역의 필요성에 대한 사역자의 감수성 부족과 역량 부족 등 여러 요인이 있다.

또한 민주주의적 이념도 철저하지 못한바, 민주성이란 클라이언트(노인수용자) 측면, 교정사역을 행하는 교회나 교정사역팀 내부의 측면, 교정사역팀과 외부 생태계인 교도소 등에 관한 측면으로 나눌 수 있다. 먼저 사역자가 클라이언트에 대한 사역에서는 클라이언트의 자발성, 주체성, 존엄성, 욕구에 기초해서 절차적 민주성과 사역의 내용이 주님을 영접하는 복음화라는 종교적 측면 외에 형집행법에 규정된

40 일반사회에서 이루어지는 노인목회는 사람을 끌어모으는 수단으로, 자선 등 물질선교의 영향이 크다.

교정의 목적인 건전한 사회복귀라는 취지에 맞게 교도소 내에서 준법, 질서존중, 화해, 배려 외에도 수용자의 교정제도에 대한 비판정신, 창의성 등의 내용적 민주성도 달성해야 한다. 그러나 교정사역에서는 복음화 외에는 교도소에서의 준법과 순종적 태도를 가지게 하여 비판이나 주체성의 향상에는 소홀한 것이 사실이다. 또한 종교의 권유는 좋지만 상대의 반대 의사에도 계속 종교를 강요하는 것은 지나친 공격적 사역으로 오해를 받을 수 있다. 또한 사역에서 클라이언트의 평가를 받아 고객친화적 사역을 하는 것도 부족하다. 또한 사역팀 내부에서 사역자와 자원봉사자 간의 수평적인 사역에 관한 정책결정도 약하고 사역팀이나 교회가 관료조직인 교도소나 법무부와 대등한 지위에서 협력하는 것도 부족하다.

통전적 케어 이념도 부족한데 앞에서 전술했듯이, 통전적 케어를 영적 돌봄, 물리적 돌봄, 관계적 돌봄, 제도적 돌봄 등의 전체적 측면에서 그런 돌봄들에 필요한 자원을 클라이언트에게 제공하는 것이라고 규정한다면 현재의 노인수용자사역, 교정사역 등은 대개가 물질봉사 등 물질적 돌봄에 편중하는 경향이 크다. 이것은 한국 교회의 보수성, 보안을 강조하는 교도소의 관료주의화로 인한 시간의 제약, 자원의 부족, 참여한 수용자 수와 목회횟수를 중시하는 교정사역의 계량화와 자본화 등 여러 원인이 있다.[41]

가외성 이념도 약한바, 특히 다른 수용자에 비해 의식과 행태가 고착화되어 잘 변화되지 않는 노인수용자에게는 복음의 가외적 전도가 필요함에도 노인수용자에 대한 사역의 낮은 자본성과 상품성으로 인해 소년수용자 등 다른 수용자에 비해 사역횟수가 적다.

사역의 과학주의 이념도 부족한바, 대개 교정사역 목회자와 자원봉사자는 철저한 종교성을 기반으로 한 헌신성과 열정, 공감 등의 인본성은 강하나 노인심리, 노인상담, 사회심리, 교정론, 노인범죄론, 노인사회복지, 교정복지, 사례관리 등 노인수용자사역의 과학화에 필요한 전문성은 상당히 미약한 편이다.

노인수용자에게 특히 중요한 회복적 사역 이념도 교도소라는 한계, 교회의 자원의 한계, 회복적 사법에 대한 낮은 감수성, 사역자원 배분에서의 후순위, 클라이언

41 주로 교정사역의 현실은 통닭, 떡, 빵, 생수 등 수용자들이 좋아하는 물질을 앞세우고 있으며 여러 요인으로 인해 신앙의 교리, 복음화 등의 영적 측면과 노인수용자들 간의 관계형성 촉진이나 친교 등에 관한 관계적 돌봄 등은 미약하다.

트의 특성 등 여러 요인으로 인하여 약한 편이다. 회복적 사역과 관련 있는 효 사역도 약한 편인데, 이는 성경적 효의 상징성에 대한 개념과 효의 개념에 대한 정확한 파악이 부족한 것도 한 원인이며[42] 실제의 혈연을 중시하는 한국의 유교문화, 노인범죄자에 대한 편견 등 다양한 이유로 사역자나 자원봉사자가 효 사역을 실현하기 어려운 실정이다. 특히 가정폭력이나 가족, 친족 간 불화에 의해 수감된 노인수용자에게는 더욱더 효 사역이 필요한 이념이 된다. 따라서 이러한 노인수용자사역에서의 이념적 문제점을 개선하기 위해서는 지금까지 관행화된 교정사역의 근본부터 바꾸는 패러다임의 일대 개혁이 있어야 한다. 더구나 이제는 해방 이후 오랫동안 계속된 보수적 권위주의 정권이 막을 내렸고 균형적인 민주주의 정부가 들어선 만큼 교회도 과거에 교도소나 법무부에 취했던 종속적 태도를 버리고 종교의 자유를 규정한 헌법정신에 맞게 당당하고 주체적으로 교도소와 사역의 기회, 방식 등에 관해 협상할 수 있어야 한다. 또한 교회도 자본화된 사역중심에서 벗어나 성서의 근본정신으로 돌아가 예수 그리스도의 명령대로 가장 소외된 '갇힌 자'에 대한 교정사역에 진정한 관심을 가지고 교회자원의 배분에서도 우선순위를 둘 수 있도록 일대 개혁이 있어야 한다.

따라서 전술한 이념인 민주성, 성서주의, 균형적 사역주의, 인문적 교정사역, 과학적 사역, 통전적 케어, 회복적 사역 등이 효율적으로 뿌리내리기 위해서는 이러한 이념들의 필요성에 대한 민감성과 반응성이 사역자와 교회에 확산되어야 한다. 또한 이러한 이념들을 실현할 수 있도록 이의 실현을 위한 다양한 역량매트릭스가 있어야 한다.[43]

(2) 조직적 · 인적 측면

노인수용자사역의 과학화와 실효성을 위해서는 조직적 측면과 인적 측면에서 이

42 성경적 효란 부모나 노인에 대한 공경과 섬김으로 부모란 1차적으로는 실제 부모지만 성경적 효의 개념은 상징성을 띠어 실제 부모가 아니어도 지역사회의 어른에 대한 효도 포함된다. 또한 효의 개념은 수직적 · 상향적 개념만이 아니라 수평적 · 상호적 개념도 포함되어 노인의 자녀에 대한 존중과 배려, 애정도 포함된다.

43 역량매트릭스 전략은 교정사역에 필요한 다양한 자본역량들의 신축적 조합과 교정사역의 지속성과 효과성을 위한 협력거버넌스역량, 환경조정역량, 자원개발역량들의 동태적 매치를 말한다.

에 관한 전문성과 거버넌스 및 민주적 동작화 과정이 필요하다. 우선, 인적 측면에서는 현재 노인교정사역에 관한 경험자는 있어도 전문성과 과학성을 체계적으로 갖춘 목회자는 드물다.[44] 이는 일반교정사역에 경험 있는 목회자는 많아도 학문적 · 실천기술론적 전문성이 부족한 일반수용자사역도 마찬가지이다. 이의 원인은 우선 대학의 신학과에도 자본과 상품화의 논리가 작용해 교과과목에서 교정선교나 교정목회를 편성한 곳이 한 곳도 없어 교정선교학에 관한 전문 목회자가 양성되지 못하고 있기 때문이다. 기독교 관련 사회복지학과나 노인복지학과 및 교정보호학과에서도 교도소선교(복지)에 관한 교과목을 편성한 곳은 한 곳도 없다. 이렇다 보니 신학과 교수 등 신학 관련 연구자들도 교정선교에 관해 학술논문을 거의 내지 못하고 있어 교도소사역은 학문적으로 가장 중심이 되어야 할 대학 및 신학연구자들에게도 외면당하고 있다. 노인수용자사역을 포함한 교정사역의 전문성은 대학에서 학문적 정체성과 전문성을 제공해 주어야 한다. 노인수용자사역의 실효성을 위해서는 전문성과 노인수용자에 대한 감수성과 열정이 강한 인본성이 필요한데 이러한 인본성을 위해서는 노인을 이해하고 관심 있게 대하는 노인친화적인 자원봉사자와 사역자가 필요하다. 따라서 노인교정사역의 인적 측면에서는 첫째로 전문성의 확보가 필요하고 둘째로 사역의 인적 자원의 확산성과 대중성을 위한 방안이 필요하다. 인적 측면의 전문성을 위해서는 신학대학교에 교정선교 관련 과목을 개설할 수 있는 합리적 동기부여 체제를 마련해야 한다. 그 방안의 하나로는 교목(prison-ministry)제도의 입법화도 있다. 이에 대해서는 후술한다. 따라서 신학대학이나 관련 연구소에서 노인교정사역 등에 관한 이론적 · 과학적 기반을 제공하고 예장통합교 등 관련 교단에서는 이를 실천적으로 변용하여 활용할 수 있는 노인교정사역 전문가에 대한 양성과 기존의 경로의존화된 교정사역[45]에 과학성과 전문성을 보완하기 위한 보수교육을 목회자에게 실시할 필요가 있다. 또한 노인교정사역의 전문성을 목회자에게만 부담지우는 것은 한계가 있으므로 교정사역이나 노인수

44 노인사역의 전문성이란 교정학적 전문성, 노인학에 대한 전문성, 노인심리와 노인상담, 노인복지, 노인범죄 등에 대한 전문성을 말하는데 이는 성서적 전문성을 전제로 한다. 세진회 등 일부 교정사역기관은 전문성 교육을 하지만 대체로 자원봉사자들을 위한 초보적 단계이고 과학성과 전문성은 아주 미약하다.

45 경로화된 교정사역이란 과거부터 교도소사역에서 행해온 빵 등의 물질제공과 기도, 예배 등으로 진행되는 관행화된 사역을 말하며 이론적 전문성의 기반은 거의 없다.

용자사역의 전문성이 있는 성도들로 구성된 팀을 구성하는 것도 방안이 될 수 있다.[46]

인적 자원의 확산성이란 교도소수용자에 대한 한국 사회의 왜곡된 편견으로 인해 교정사역에 관심을 가진 자원봉사자나 교인이 적으므로 갇힌 자에 대한 예수 그리스도의 사랑과 관심을 교인들과 일반사회에 주지시켜 노인교정사역에 관심을 가질 수 있는 잠재된 인적 자원을 개발하는 것을 말한다.

조직적 측면이란 노인수용자사역을 담당하는 교회의 조직내부적 측면과 노인수용자사역을 하거나 할 수 있는 외부교회나 기관들 간의 거버넌스적 측면 및 기관의 생태적 감수성을 말한다. 조직내부적 측면에서는 노인수용자사역에 대한 기획과 목표설정 및 인적 자원에 대한 동기부여 및 조직 내 리더십의 유형과 의사소통 등을 포함한 동작화 과정을 말한다. 그러나 현재의 노인수용자사역 등을 포함하는 교정사역은 교정사역의 특성에 부합하는 기획설정과 목표수립 및 합리적 의사결정모델과 동작화 모형은 체계화하지 않았으며 기존의 다른 사역에서 사용되어 온 방법들을 원용하는 경우가 많아 노인수용자사역의 과학적 정체성이 부족하다. 또한 교정사역 관련 기관에서도 교정사역을 하나의 영역으로 취급하는 기관 중에 상대적으로 사역의 상품화와 자본화가 강한 경찰, 군 등은 조직화가 잘 되어 있으나 교정사역 부문은 그러한 조직화가 미약하다.[47]

(3) 거시적 측면

오랫동안 권위주의 정권에 순치되어 온 한국 교회는 교정사역에서 개인의 복음화를 위한 미시적 측면으로만 접근하여 거시적 측면의 교정사역은 거의 안 되었으며 현재도 여전히 그렇다. 교정사역에서도 마찬가지로 교회와 사역자는 노인수용자 등에 대한 복음화와 개인의 영혼구원이라는 미시적 사역을 기본으로 하면서도

46 가령 종교성과 인본성을 갖춘 목사는 노인수용자에 대해 축도나 기도 등의 종교의식을 하고 노인수용자의 니즈에 대한 과학적 사역이 필요한 때는 노인복지나 노인심리 등을 전공한 성도들의 도움을 받아 협제사역을 하는 방안 등이 있다.

47 가령 예장통합총회에서는 다양한 선교사업을 하고 그중의 하나가 군경교정선교부인데 이 중에서도 군과 경찰에 대해서는 조직화와 선교활동이 가장 활발하나 상품성이 약한 교정선교 분야는 선교활동이 미약하다. 특히 교정선교 중에서도 노인수용자선교는 더욱더 그렇다.

노인수용자에 대한 교정사역이나 성서에서 언급한 사회정의에 저해되는 교정 관련 제도나 법령에 대해서는 그러한 제도의 개혁이나 시정에 대해 민감성과 반응성을 가지고 거시적 측면에서 노력해야 한다.[48] 이와 같이 한국 교회가 노인수용자사역을 포함한 교정사역에서의 제도적 개혁 등에 대한 거시적 사역이 전무했던 것은 권위주의 정권에 오랫동안 순치되어 온 데다가 교회의 성과주의적 자본화가 큰 이유를 차지한다. 교정사역을 행하다가 불합리한 점을 교도소에 건의하거나 법무부 등에 시정을 촉구하면 사역횟수가 바로 교회의 선교활동의 양으로 계량화되는 현실 앞에서 교정사역의 지속성이 보장되지 않기 때문에 거시적 교정사역이 쉽지 않다.[49] 또한 대형교회 목사의 자녀세습 등 한국 기독교 내부의 고질적 문제점과 기독교 내부의 혁신이 되지 않는 보수적 태도도 교정사역의 거시적 측면을 어렵게 하는 하나의 요인에 해당된다.

(4) 프로그램적 측면

과거부터 현재까지 노인수용자사역에서는 특색에 맞는 사역프로그램이 거의 없다. 이는 교도소의 총집예배가 노인수용자만을 위한 전용예배가 아니라 다양한 연령층이 모여서 하는 예배이기 때문이다. 물론 소집단사역에서는 노인수용자에 부합하는 프로그램이 있을 수 있지만 소집단사역에서도 통합사역이 거의 주류를 이

48 가령 형집행법 제23조에서는 노인수용자 전담교정시설에 전문의료인력을 배치하도록 기속조항화하고 있음에도 현재는 노인질환에 부합하는 전문의료인력이 배치되지 않고 있다. 의사들이 교도소근무를 기피하고 있으며 교도소의사들도 공중의가 태반으로 전문분야의 의료인력이 매우 부족하다. 따라서 노인수용자를 사역하는 목회자는 이런 왜곡된 교정현실에 대한 제도적 보완을 위해 교단을 통해 법무부에 촉구하거나 기독교의사회를 통하여 신경과 등 노인전문 의료인력이 배치될 수 있도록 자원하는 활동을 할 필요가 있다.

49 특히 노인수용자사역뿐만 아니라 일반교정사역을 사역자들이 행하는 데서 교정제도의 시정 등 건의가 어려운 이유의 하나는 해방 이후 계속되어 온 권위주의 정권의 철저한 보안레짐으로 일관한 교정당국의 밀행주의와 보안주의 및 철저한 통제적 장치가 너무 견고해 시민단체나 외부단체의 교정제도 건의에 둔감한 반응을 보여 온 행태이다. 대통령이나 국회의원 등 유력 정치인에게는 매우 민감하게 반응하면서도 그렇지 않은 단체 등의 교정행정의 개선 지적에 대해서는 둔감하게 반응하는 이중성을 보여 왔다. 이러한 폐쇄적인 교정당국의 경로의존화된 관행으로 애초부터 교정사역에서의 사역자들의 거시적 교정사역은 거의 불가능했다. 그러나 이제 진정한 민주정부가 들어선 만큼 잘못된 교정행정에 대한 민주적 · 외부적 통제를 강화하고 열린 교정행정이 되어야 거시적 교정사역이 가능하다. 그 중심에 사회정의를 중시하고 실천할 의무가 있는 기독교인들과 교회가 있어야 한다.

루므로 사실상 노인수용자만을 위한 사역프로그램은 거의 없는바, 이는 소년수용자에 대한 사역과 대비된다. 또한 교도소당국이 노인수용자들만을 위한 각종 실버프로그램을 제공하는 것과도 대비된다.[50] 이는 노인수용자가 적어 규모의 경제가 적용되지 않기 때문이기도 하지만 근본적으로는 최소비용으로 최대의 효과를 얻으려는 경제성의 원칙이 교정사역에도 적용되기 때문이다. 물론 여러 연령층이 모여서 하는 통합프로그램도 필요하고 해야 하는바, 그것은 일반사회에서도 다양한 연령층이 모여 진행되는 것처럼 사회의 유사화 원칙이 교정사역에서도 필요하기 때문이다. 그러나 노인수용자에게 특히 필요한 프로그램은 통합목회나 통합상담이 아닌 형식으로 진행되어야 하는데 현재 여러 교단이나 기독교세진회, 두란노아버지(어머니)학교, 개교회에서 행하는 노인수용자에 대한 교정사역프로그램은 전무하고 중심부수용자인 소년수용자, 중년수용자에 맞는 프로그램으로만 배치되어 있다. 이는 노인수용자 전문사역의 과학성과 개별화 및 기독교를 통한 노인수용자 복지의 실효성을 저해하고, 결과적으로는 노인수용자사역이 또 하나의 목표로 하는 재범방지와 사회통합, 세대통합이라는 이념의 달성도 방해하여 교정사역의 형식화와 자본화 및 관료화만 촉진하게 된다. 얼마나 많은 수용자들이 얼마나 자주 교도소 예배나 프로그램에 참여했느냐의 계량주의적 사역의 들러리로 노인수용자사역이 전락하게 될 가능성이 크다.

따라서 노인수용자들이 관심을 많이 갖고 있고 특히 필요한 죽음과 내세 및 웰다잉, 구원을 통해 속죄하는 회심방법, 실버건강, 실버워십, 실버전자론, 실버여가론 등을 기독교적 맥락 속에서 프로그램화시켜 교정사역을 행할 당위성이 있다. 따라서 지방교정청별로 있는 노인수용자 전담교정시설에서는 현재 모든 연령이 참여하는 일반목회와 일반프로그램에도 노인수용자들이 지금처럼 참여하도록 하되 전술한 죽음학, 부활사역, 기독교적 내세관 등 노인에게 맞는 프로그램은 노인수용자만을 별도로 총집시켜 행할 필요가 있다. 현재 노인수용자 전담교정시설에는 프로그램을 진행할 수 있는 규모의 경제에 해당되는 노인수용자들이 있기 때문이다. 그

50 재소자의 10%가 노인수용자인 남부교도소는 복도에 안전장비를 설치하고 마사지 기구가 있는 운동실을 마련하여 웃음치료, 노래교실, 체조 등을 하는데 일반수용자보다도 더 많은 경비가 든다고 한다(MBC NEWS, 2016.11.24.). 이외에도 노인전담교정시설에서는 치매예방, 구강관리, 인지프로그램 등을 실시한다.

외의 일반교도소에 있는 노인수용자들은 현재의 통합목회 외에 10명 내외의 소집단사역이나 개인사역을 통해 전술한 노인수용자 전용프로그램을 시행할 필요가 있다. 이의 효과적 시행을 위해서는 현재 중년층 위주로 운영하는 두란노아버지(어머니)학교에 비록 적은 횟수라도 노인수용자 학교를 개설하도록 두란노운동본부에 학교교단이 건의하는 방법이 필요하다.[51] 또는 가장 활발한 교정사역을 해 오고 있는 기독교세진회나 예장통합 등의 교단에서도 이에 관한 참여를 할 수 있도록 하는 동기부여 방안이 필요하다. 그리고 2010년 개소 당시부터 60세 이상 수용자는 받지 않는 아가페 민영교도소도 노인수용자를 일정 수 이상 받게 하여 기독교적인 노인수용자사역의 모범을 보일 수 있도록 한국교회연합회가 아가페재단에 촉구해야 한다. 현재 성서적 교정사역프로그램에 관한 전문성 축적이 가장 잘된 곳이 아가페 민영교도소이기 때문이다.

(5) 물적 측면

교정사역에서 물적 측면이란 가장 중요한 교정사역에 소요되는 재정적 측면과 교정사역에 필요한 다양한 사회자원의 측면 및 노인수용자사역의 효율성을 위한 전략적 측면 등의 기술적 측면을 말한다. 우선 재정적 측면에서는 교정사역팀 내부의 인건비, 노인수용자들을 위해 지원하는 성경 등 복음화에 들어가는 비용, 간행물, 총집예배 시의 떡, 과일, 빵 등의 비용, 물질과 불우한 노인수용자들에 대한 복지지원 비용, 이외에도 문서선교비 등 다양한 비용이 들어간다. 사역에 소요되는 재정적 경비 중 예장통합총회의 군경교정선교부는 주로 노회에서 지원되고 기독교세진회 등 교정선교 관련 기관이나 일반 개교회 등에서는 자체예산과 헌금으로 충당한다. 이러한 물적 측면은 다른 사역에 비해 교정사역이 열악하고 교정사역 중에서도 노인수용자를 위한 자원의 물적 측면은 더 열악하다. 특히 사역자원의 물적 확보를 위한 사역마케팅도 일반선교나 해외선교 등 사역마케팅의 한계생산성이 큰 부분에만 집중되어 있고 이를 위한 마케팅 전략도 잘 되어 있지만[52] 교정사역 마케

51 현재 두란노아버지(어머니)학교는 성공적으로 운영되고 있으며 중년수용자 외에도 소년수용자를 위한 예비아버지학교프로그램도 운영 중이지만 노인수용자학교만 시행하지 않고 있는데 이는 노인수용자들은 사역의 상품성과 외부효과 및 자본화가 낮기 때문인 것으로 추론된다.

52 가령 해외선교 관련 단체에서는 TV나 라디오 등의 방송매체를 활용해 해외빈곤아동들의 열악한

팅은 거의 없으며 노인수용자 마케팅은 더욱 그렇다.

따라서 이러한 노인수용자사역의 물적 측면의 문제점을 해결하기 위해서는 교회신도들을 대상으로 하는 헌금모금 방식에서 교정선교 항목을 따로 두고[53] 교정사역에 대한 헌금 등 기부금 모집에서도 잔여적(residual) · 구호적 차원이 아닌 제도화된 과학적 모금방식으로 전환하여 교정사역의 중요성과 필요성을 주지시켜야 한다. 특히 교정사역 중에서도 노인수용자사역의 재원마련을 위한 마케팅은 거의 생산성이 없으므로 현재의 해외빈곤아동 지원을 위한 선교단체의 마케팅전략을 벤치마킹하여 수용자의 미성년자녀들의 열악한 현실을 국민에 호소하는 방송광고를 통해 교정사역자원을 확보하고 그중의 일부를 노인수용자사역의 재원으로 쓰는 기법 등도 필요하다.

또한 한국효학회 등 노인과 관련된 기독교단체들과 거버넌스를 맺어 열악한 노인 수용자와 출소자를 위한 사역의 물적 역량강화를 위한 세미나 등을 통해 노인수용자사역의 중요성에 대한 정책의제화를 환기시킬 필요가 있다. 사역전략에서는 그동안 경로의존화된 관행에 치우쳐 사역전략의 기획과 목표설정 및 교정사역에 유리한 접근점(access point)과 거부점(veto point)등에 대한 과학적 체계화가 거의 없었다. 더구나 교회신도의 감소 등 교회환경의 변화와 고령화 사회의 진입 등 다양한 외생적 변수가 역동적으로 작용한다. 따라서 급변하는 사회환경과 한국 교회의 현실 등을 감안한 노인수용자사역의 효율적 전략의 수립을 위해서는 교정사역의 외부요인을 기회요인과 위협요인으로, 한국 교회의 내부요인을 강점요인과 약점요인으로 나누어 이를 SWOT전략으로 대처할 필요가 있다. 이를 표로 도표화하면 다음의 〈표 10-2〉와 같다.

장면을 생생하게 보여주는 감수성 마케팅 전략을 통해 해외빈민아동 복지지원경비에 사용하는 바, 이는 국민들의 모성과 부성에 호소하는 기법이다.

53 보통 교회에서는 주일에 주는 교회보에 교육선교, 해외선교, 아동선교 등 일반선교의 헌금에 대해서는 자세한 항목을 두나 교정선교 항목은 없다.

표 10-2 노인수용자사역의 효과성을 위한 SWOT전략

외부요인 / 내부요인	기회요인	위협요인
	법무부의 노인수용자 복지강화, 하이테크 발달, 교정행정의 민주화 진전, 교정사역기관의 증대, 노인공학발달, 노인수용자의 점증으로 인한 규모의 경제	교회신도의 감소, 사회의 편견과 무관심, 교도소 내 이단세력의 증가, 개인주의 가치관의 확대, 노인출소자의 재범률 증가, 개신교에 대한 국민의 비판증가
강점요인	SO전략	ST전략
기독교인들의 결속력, 교회의 풍부한 자원, 교정사역의 풍부한 경험과 역사, 사역자의 강한 헌신성, 기독교교도관들의 협조, 수용자와 출소자들의 높은 전도력	인공지능로봇의 발달과 앞으로 도래할 AI목회를 교도소 목회에 접목, 교회의 풍부한 자원으로 교도소 내 SNS사역과 노인출소자에 대한 SNS사역, 정책의 모색, 교정사역의 오랜 경험과 기법을 노인수용자 사역에 활용, 국가의 복지정책 강화와 교회자원을 접목, 기독교교도관의 활용을 통한 규모의 경제에 대응하는 사역전략, 노인출소자들을 위한 노인공학적 전도역량 개발	교정사역에 대한 사회의 편견을 사역자의 경험과 헌신성 및 교회의 자원과 지원으로 해결, 한국의 신자의 감소로 인한 자원의 감소가 교정사역에 미치는 영향의 최소화 전략, 출소한 노인신도들을 교정사역의 제자화 정책, 교도소 내 이단세력에 대한 기독교교도관들과 공동대책 마련, 노인출소자의 재범을 줄일 수 있는 지역의 기독교교인들의 헌신성 활용방안
약점요인	WO전략	WT전략
교정사역에 대한 무관심, 교정사역에서도 노인수용자에 대한 낮은 가치화, 노인수용자 사역의 전문성 부족, 사역자원의 부족, 낮은 거버넌스	노인수용자 점증에 따라 노인교정사역의 당위적 전문성의 필요성에 대한 홍보강화, 교정사역기관의 증대와 관심의 증대에 따른 사역자원의 확보방안 마련	이단세력의 위험성 홍보를 통해 교정사역에 대한 관심의 촉구전략과 사역자원 확보전략, 교회신도의 감소와 사역자원의 감소에 따른 위기 타개책으로 거버넌스 강화정책 모색, 성경적 효 의식 강화정책

(6) 초디지털 목회 측면

1세대의 문서와 언어중심의 선교방식에서 2세대는 컴퓨터, 인터넷 등의 디지털 선교방식이 추가되었으며 앞으로는 AI 등의 초디지털 선교방식이 대두될 것이다. AI(인공지능), 사물인터넷, 빅데이터, 감성알고리즘을 구비한 로봇의 등장, 가상현실(VR), 증강현실(AR) 등 첨단 초디지털 기술이 교회의 목회 등에 서서히 모습을 드러내고 있는 4차 산업혁명 시대에 초디지털 목회는 시간과 출입이 제한된 교도소사역에서는 훨씬 효율성이 높을 것이다. 그러나 이러한 디지털 목회는 아직 교도소사역에서는 전혀 사용을 못하고 있는데 이러한 디지털 목회가 특히 필요한 계층은 성경에 대한 이해가 상대적으로 낮고 다른 수용자들에 비해 시간이 여유로운 노인수용자이다.[54] 특히 기존의 목회방식에 의해서 효과적인 복음화와 교육화 및 복지화, 치유화가 잘 되지 않은 노인수용자에게는 최첨단기술을 통한 디지털 목회의 효율성이 클 것이다.[55] 그러나 이러한 초디지털 목회는 비용 측면, 교도소 보안논리, 교회의 자본화, 목사의 긴장 등 여러 제약요인이 강하게 작용할 수 있어 실현이 쉽지 않다. 특히 현재 논의되는 교회에서의 AI(인공지능) 목사의 등장은 기존의 다양한 지대(rent)적 이익을 누려온 목사와 교회의 강력한 저항에 부딪칠 수 있기 때문이다. 물론 일반교회에서의 AI의 효용에 대해서는 여러 논란이 있지만[56] AI 설교는 시대적 추세이다. 또한 유튜브의 UR업로드를 통해 성도들은 예배에 참여하지 않고도 실제 현장에 있는 것처럼 생생하게 말씀을 들을 수 있다(아이굿뉴스, 2018.5.21.). 신기술은 이미 교회에 영향을 미치고 있다.

따라서 이러한 디지털 환경의 변화에 능동적 · 동태적 대응을 하며 노인수용자의

54 물론 앞으로는 이러한 디지털 목회가 소년수용자 등 다른 수용자에게도 필요하겠지만 상대적으로 이해도가 낮고 느린 노인수용자에게는 쉬운 예화가 있는 이미지와 동영상으로 된 AR에 의한 복음화가 전도의 효율성도 높고 필요성도 크다.

55 AR 등 최첨단기술을 통해서 목회하면 성경의 내용이나 복음화에 대해 많은 흥미를 느끼게 되고 자연스럽게 내면화될 수 있는 장점이 있다. 물론 이는 소년수용자 등 일반수용자에게도 효과적이나 성서책에 잘 집중하지 못하는 노인수용자에게는 화려한 AR 등 첨단기술이 효과성이 크다.

56 신재식은 인공지능을 시키는 대로 하는 약한 인공지능, 스스로 판단하는 강한 인공지능 시대로 분류하고 강한 인공지능이 설교한다면 성도들의 안면을 인식해 감정을 파악하고 본문을 맞춰 선택하여 전달할 수 있어 효율적이지만 예전과 성찬중심의 가톨릭과 달리 설교가 핵심인 개신교 예배가 가장 큰 타격을 입을 수 있다고 주장하였다(크리스천투데이, 2018.5.24.). 또한 AI로 설교와 예배가 디지털로 공급되고 스크린화 홀로그램과 증강현실 등 문자에서 이미지 · 영상중심이 되어 가상화로 비물리적 예배가 가능해지고 탈매개화로 중간매개자가 사라져 목회도 직접 연결 가능한 시대(크리스천투데이, 2018.5.24.)가 될 것이다. 양동욱은 AI로봇이 빅데이터와 딥러닝을 통해 인간보다 더 완벽하게 회중의 필요도를 측정하고 가장 효과적인 형태로 설교할 수 있으나 인격적 교류를 통한 만남이 아닌 내장된 정보의 유출에 불과하다고 주장한다(문화일보, 2018.5.9.). 이외에도 인간소외, 양극화 등의 부작용도 지적되고 있다(아이굿뉴스, 2018.5.21.). 그러나 어떠한 디지털 기술과 물질도 하나님의 피조물로 여기고 그리스도인이 그 사회에서 올바른 청지기로 나아가는 데 유용한 것으로 여기는 주체적 대응이 필요하다.

복음화의 생산성을 제고하기 위해서는 초디지털 목회가 필수적이다.[57] 또한 성서의 정확하고 통용된 의미를 전달하는 데는 AI가 더 유용할 수 있어 복음의 내용으로 인한 혼란도 줄어들 수 있다.[58] 그러나 교정사역에서 AI가 도입된다고 해도 복음의 전달 등과 같은 성경적 부문 등에 한정되고 AI가 할 수 없는 복지적 지원이나 깊은 공감력과 사랑 등 인간 고유의 인본적 영역은 기존의 목회자가 하여 보완적 모델로 나가야 한다. 그러나 교도소 노인수용자사역에서 AI 등과 같은 4차원의 신기술이 필요하다고 해도 전술한 여러 저항에 부딪히고 교도관들과 교정당국도 AI의 외부효과에 긴장하기 때문에 실현 가능성은 적다. 그러한 거부점(veto point)들을 상쇄하는 상징의 원천을 기독교의 참정신에서 찾아야 한다.

2. 장애인수용자 교정사역론[59]

1) 서론

장애인수용자 교정사역이란 장애인범죄자 및 교정시설 등에 수용된 장애인수용자에 대하여 목회자 등이 예수 그리스도의 복음을 전하여 회심, 교화시키는 교정사역과 장애인교정사역과 관련된 사회복지적 서비스의 제공을 포함하는 개인적 · 미시적 교정사역의 측면과 교정시설 등에서 장애인교정사역을 저해하는 제도와 법, 인권 등에 개선활동을 전개하는 거시적 교정사역의 양 측면을 내포하는 개념으로

57 기존에 목회자가 교도소예배에서 말로 하는 전도는 노인수용자의 줄어드는 기억용량체계에서는 비효율적이다. 그러나 UR 등 4차 산업혁명 시대의 초디지털 목회로 영상과 이미지를 통해 목회하면 노인수용자의 복음화가 더 깊고 지속화된다. 그것은 인간이 구두(oral)에 의한 정보처리보다는 심상과 이미지를 통한 기억체계를 효과적으로 저장하고 나중에 복음내용을 인출할 때도 훨씬 효과적으로 인출하기 때문이다. 기억체계가 약화되어 가는 노인수용자에게 특히 필요한 이유이다.

58 AI가 하면 엄청난 성서의 정확한 의미를 정확히 맥락에 맞게 전달할 수 있으나 인간이 하면 목회자의 자의적 해석이 가미될 수 있어 성경의 원래 뜻이 왜곡될 수 있다. 신도들이 교회를 떠나는 이유 중의 하나가 목회자가 성경을 자의적으로 전달하는 것이다.

59 이 부분은 저자가 「교정복지연구」 제63호(2019)에 발표한 "장애인수용자 기독교 교정사역의 개선방안"을 인용하였으며 일부 표현은 수정하였음(특징과 기능은 제외).

이해할 수 있다. 이러한 장애인교정사역은 교정사역 중에서 특수사역의 일종이다. 교정사역은 일반적 교정사역과 특수교정사역으로 나눌 수 있다. 특수교정사역은 교정사역에서 상대적으로 소외되거나 수적 열세로 인하여 관심을 덜 받는 클라이언트에 대한 사역으로 여기에는 장애인교정사역, 군교정사역, 노인교정사역, 외국인교정사역, 여성교정사역, 유치장교정사역, 출소자교정사역 등이 있다. 이러한 특수교정사역 중에서도 장애인수용자와 노인수용자는 그중에서 더 사역에서 소외받는 주변부로 이해될 수 있다. 특히 교회 등에서 장애인수용자에 대한 교정사역이 교정사역 중에서도 사역과 복지에서 가장 소외된바, 그것은 성경의 말씀과 다르게 한국 교회의 성장주의적 · 자본주의적 논리가 깊이 배태된 결과로 교회의 대형화와 부흥화에 장애인사역은 소외되었다.

또한 국민들의 장애인에 대한 편견과 가부장적 유교문화 및 정상성만을 대상으로 해 온 한국 권위주의 정권의 개발논리 등의 정치, 경제, 사회학적 역동성에 의해 장애인은 부차적 대상이거나 소외되어 왔다. 또한 정치경제적 문화구조가 그대로 반영된 한국 교회에서도 장애인에 대한 편견과 교회재정이나 사역의 한계생산성이 적다는 신자유주의적 시장논리에 의해 장애인사역은 항상 후순위이거나 때로는 형식적이었다. 그 결과로 교정사역에서도 소년수용자나 일반수용자 등의 중심부수용자에 대한 교정사역은 활발하게 진행되어 오고 있으나 장애인교정사역은 갈수록 소외되고 관심도 없어 체계화도 되지 않고 있다. 더구나 전문사역자는커녕 전문사역프로그램도 없고 시혜적 복지를 사역으로 치환하여 수단과 목적이 전치되고 형식주의가 지배하는 등 다양한 문제점이 항상 노정되어 왔음에도 자본화의 논리 등에 의해 여전히 장애인교정사역은 사실상 무관심 속에 방치되고 있다.

그러나 예수께서 병든 자, 가난한 자, 소외받는 자, 장애인 등 약자에게 우선적 관심을 가진 것처럼 교회도 그들에게 더 우선적 관심을 가져야 하며 그것이 예수 그리스도의 제자의 길을 따르는 참모습(김강산, 2012: 50)이라고 했듯이 진정한 목회자, 진정한 교정사역자라면 교정시설수용자 중에서도 가장 차별받고 소외된 장애인수용자에 대한 교정사역을 다른 어떤 교정사역보다 우선시해야 하고 그것이 예수 그리스도의 '낮은 자'에 대한 정신을 실천하는 것이다. 이에 하나님은 인간들의 차별적 행위에 대한 금지를 역사하신 바 있다. 장애인에 대한 하나님의 사랑이 담긴 성경적 장애인관은 구약과 신약 곳곳에서 많이 나온다.[60] 특히 베드로가 성전 미문에서 행한 앉은뱅이의 구원은(사도행전 3:1-10) 장애인사역의 중요성과 시급성 및 그 효과성을 나타내며 예수님은 "지극히 작은 자에게 한 것은 자신을 대접한 것이다."라고 했으며 장애는 사회적으로 불평등을 가져왔고(창세기 29:17-18) 하나님은 사람을 하나님의 형상으로 지으셨으며 생명력을 불어넣어 주셨듯이(창세기 2:7) 목회자는 일반사역이든 교정사역이든 복음을 전하고 구원하는 데는 차별성이 있어서는 안 될 것이다. 오히려 수용자 중에서도 '더 낮고 소외된 자'인 장애인수용자에 대해 더 많은 사역적 열정과 관심을 가져야 함에도 과거부터 계속 장애인교정사역은 항상 소외되어 왔다.

한국 교회는 정신장애자나 중증장애인을 세례와 성찬참여에서 배제하며 이것에 대해 교회와 성도들은 전혀 문제의식을 못 느끼고 있다(김강산, 2012: 16). 한국의 중심부 위주의 유교문화, 국가관료 성장정책의 경제화, 신자유주의와 자본주의의 일반화 등으로 한계생산성이 미약한 장애인은 소외되었고 이는 교회에서도 마찬가지였다. 한국의 교정사역에서 장애인교정사역은 주변부적 위치로 전락하여 일반교정사역의 부차적인 것으로 여겨져 왔으며 그 과정에서 장애인교정사역은 전문성과 체계성, 이념성과 연속성은 거의 없었다. 시혜적 복지와 전도가 구분되지 않고 긍휼적 복지가 선교로 치환되어 왔다.[61] 특히 장애인교정사역의 접근법이 사회모델을 내용으로 하는 장애학적 관점이 아닌[62] 잔여적(residual) · 시혜적, 연속성이 없는 복

---

60 "내 집은 만민의 기도하는 집이라(이사야 56:5)"는 장애인이든 정상인이든 가난한 자든 부유한 자든 모두가 하나님의 성령하신 피조물이므로 장애인도 당연히 하나님의 축복과 구원을 받을 수 있음을 드러내고 있다. 또한 "네가 눈먼 자들의 눈을 밝히면 갇힌 자를 감옥에서 이끌어 내며 후 암에 앉은 자를 감방에서 나오게 하리라(이사야 42:7)"는 장애인과 죄수 등 사회적 약자들에 대한 복음을 통하여 예수 그리스도의 축복을 받게 할 것을 이 땅의 교인들에게 지상과제로 부여하고 있음을 알 수 있다. 또한 장애인은 하나님의 영광을 위한 더할 나위 없이 좋은 구원의 도구이며(요한복음 9:1-3) "나의 보는 것은 사람과 같지 아니하니 사람은 외모를 보거니와 나 여호와는 중심을 보느니라"(사무엘상 16:7)는 하나님은 모든 인간을 자신의 형상으로 지으셨기에 장애인도 하나님 나라의 일원이며 당연히 장애 등 외모로 차별해서는 안 된다는 것을 나타내고 있다.

61 물론 일반교정사역도 전문성과 체계성이 미약하기는 마찬가지이다.

62 장애학적 관점에서는 장애가 열등함의 상징이 아니며 사회가 변화되어 감에 따라 장애인도 비장애인과 같은 삶의 질을 누려야 하고, 기존의 장애인에 대한 시혜적이고 보호적인 태도는 인권적 접근의 방식으로 바뀌어야 한다는 것이다(전지혜, 2014). 장애에 대한 사회적 모델은 장애의 해결을 개별적 · 의료적 방식이 아닌 장애를 구성하는 모든 사회적 장벽을 철폐해 나가는 방식으로 추구하고 기존의 접근(의학, 사회복지, 특수교육 등)은 장애인의 보건, 교육, 복지향상을 위한

지적 관점에서 진행되었고[63] 또한 장애인교정사역을 저해하는 인권사역이나 제도, 법의 개선을 촉구하는 거시적 장애인교정사역도 거의 없었으며 성과주의적인 이벤트 행사가 많았다.[64] 따라서 이러한 장애인교정사역의 경로의존화된 문제점들을 지적하고 장애인교정사역의 필요성을 신학적 입장을 기초로 장애인수용자에 대한 회심과 복지라는 미시적 접근과 장애인교정사역을 저해하는 인권과 제도적 문제점에 대한 거시적 접근을 논할 필요성에서 장애인교정사역론의 학문적 · 실무적 의의가 있다.

따라서 장애인수용자 교정사역론에서는 미시적 접근과 거시적 접근을 동시에 고찰하되 신학 외에 법학, 복지학, 정치학, 경제학, 심리학 등의 학제적 접근으로 하는바, 그것은 교정사역론이나 교정신학이 신학의 한 분야가 아니라 교정학 등 수많은 관련 학문이 역동적으로 접근해야 이해되는 응용과학이기 때문이다. 따라서 장애인수용자 교정사역론에서는 장애인교정사역의 개념과 내용 및 이념과 종류, 접근법을 살펴보고 거시적 교정사역론의 측면에서 장애인교정사역과 관련된 법제적 내용과 문제점을 살펴 거시적 장애인교정사역의 나아갈 방향을 제시하였다. 그 다음으로 한국의 장애인교정사역이 가지는 문제점과 개선방안을 미시적 측면과 거시적 측면으로 접근하였고 특히 장애인교정사역 인권에 초점을 맞추어 전개하였다. 특히 거시적 측면에서의 장애인수용자 교정사역론을 중시한바, 그것은 복음전도라는 미시적 교정사역은 최소한의 거시적 측면인 법, 제도 등의 조건이 구비될 때 전도의 효율성이 있기 때문이다. 따라서 교회와 사역자는 장애인수용자에 대한 무조건적 복음전도에만 치우칠 것이 아니라 장애인교정사역을 저해하는 각종 법령의 미비나 제도나 관행에 대해 교정본부와 교정당국에 제도의 개선을 촉구하는 거시적 교정사역의 필요성에 관한 감수성과 실천정신이 있어야 한다. 바로 이 점에서 법이나 제도 등의 문제점을 지적하는 거시적 사역의 중요성이 있으며 그런 맥락에

사후적 대책에 집중했으며 장애학은 장애문제가 정치사회적 이데올로기와 권력에 의해 규정된 것이라고 한다(대전일보, 2018.5.22.).

63 일반교정사역에서도 잔여적 복지는 나타난다. 수용자들이 좋아하는 통닭, 피자 등을 제공하는 물질사역이 장애인교정사역에서 많았고 예배 등의 종교적 집회도 제한된 시간에서 행해졌으며 비연속적이었다.

64 장애인수용자들이 복음을 접하고 교도소 내에서 종교생활을 하기 위해서는 장애인수용자들에 대한 최소한의 인권적 교정은 전제되어야 한다.

서 장애인교정사역론에서 거시적 장애인교정사역의 의의가 있다. 그러나 전술한 바와 같이 편견, 전문성의 부재, 인력의 부족, 공고한 교정관료제의 폐쇄성, 경로의 존화된 관행으로 장애인교정사역은 거의 되지 않고 있다.

2) 장애인수용자 교정사역의 개념

(1) 개념과 의의

장애인수용자 교정사역론은 협의로는 교정사역자가 교정시설 내에 있는 장애인수용자 및 사회 내의 처우를 받는 장애인수용자 및 장애인출소자와 그들의 가족에 대하여 복음의 전도 및 기독교적 가치관에 의한 복지적 서비스를 제공하는 것이라고 규정할 수 있다.[65] 광의로는 협의의 개념에 교정시설에 수용되지 않은 장애인범죄자, 범죄로 인한 장애인피해자 등을 모두 포함할 수 있다. 특히 교정시설에 수용되지 않은 장애인범죄자도 장애인교정사역의 대상이 되어야 한다는 점에서 광의의 개념은 중요하다. 이러한 광의와 협의의 개념은 모두 장애인범죄자 등의 개인적 복음화라는 미시적 교정사역의 성격을 가진다고 할 수 있다. 최광의로는 광의의 개념에다가 장애인교정사역을 저해하는 불합리한 교정제도 등에 대한 개혁을 의미하는 거시적 교정사역을 추가한 것이다. 이를 상설하면 협의의 개념은 전통적인 장애인교정사역으로 주로 교정시설이나 치료감호시설에 수용된 장애인수용자와 그들의 가족에 대하여 교역자 또는 교정사역자가 1인 또는 팀을 통해 그들의 영혼구원이라는 복음화의 도모와 그들의 빈곤한 생활을 도와주는 자선적인 긍휼복지라는 미시적 교정사역을 말한다.[66] 광의의 장애인교정사역은 협의의 개념에다가 교정시설 등에 수용되지 않은 장애인범죄자를 포함한다.[67]

---

65 '장애인수용자 교정사역'이 정확한 용어지만 '교정'이 수용자를 내포하므로 줄여서 '장애인교정사역'이라고도 한다. 따라서 이 책에서는 두 용어를 혼용한다.

66 여기서 장애인수용자란 장애인교정사역법제론에서 후술하듯이 형집행법 시행규칙 제49조에 의하여 통상적 수용생활이 특히 곤란하다고 인정되는 신체적 장애인과 정신적 장애인을 말하고 사회적 요인에 의한 장애인은 제외되고 있다.

67 수용되지 않은 장애인범죄자에는 범죄가 발생했으나 인지되지 않은 암수범죄자, 검찰의 형사조정에 의해 합의로 기소되지 않은 범죄인, 기소유예된 자, 선고유예 또는 집행유예된 자, 벌금형만 선고된 범죄자, 사면 또는 형집행정지된 자 등이 있다.

이러한 장애인범죄자들에 대한 교정사역이 중요한 이유는 범죄를 했지만 교도소 수용경험이 없어 형벌의 위하력이 낮아 재범을 할 위험성이 있기 때문이다. 특히 예수를 믿어온 기독교인이라면 더 이상 재범을 해서는 안 되는 것이 성서의 정신이다. 그런데 교도소에 수용된 범죄자들은 각종 교정프로그램과 기독교위원 등 종교위원과의 정기적 만남을 통해서 악행을 교정할 제도적 기회가 주어지지만 수용되지 않은 장애인범죄자는 그런 기회가 없어 교정과 기독교적 교정복지, 기독교적 사법복지, 기독교적 회복적 사법의 제도적 사각지대에 놓이게 된다.

따라서 전술한 여러 이유로 수용되지 않은 장애인범죄자에 대한 교정사역이 필요하다. 문제는 수용된 장애인범죄자는 공식적인 형사사법의 통제망에 놓여 있어 교정사역의 가시적 대상자는 되지만 수용되지 않은 장애인범죄자는 공식적인 형사사법망에서 제외되어 있거나 공식적인 형사사법망에 있어도 개인비밀보장 등 여러 인권적 이유로 그들을 알 수 없는 비가시성의 영역에 있기 때문에 그들을 발견할 수 없는 한계가 있다.[68] 따라서 수용된 장애인범죄자에 대한 교정사역이 직접적 사역이라면 수용되지 않은 자에 대한 교정사역은 직접적 사역 외에 간접적 사역도 필요하다. 가령 장애인범죄자가 범죄사실을 교회에서 목사 앞에 회개하고 용서를 구하는 경우나 사역자가 지역사회의 교인 등을 통해서 장애인범죄자 등을 알게 된 경우는 심방사역을 통해서 교정사역을 행할 필요가 있다. 그렇지 않은 경우는 주일예배 등에 참여한 모든 교인들에게 설교를 통해 범죄자는 반드시 회개를 하고 용서를 구하는 것이 성경을 실천하는 것임을 알리는 간접사역이 필요하다.[69]

(2) 구별개념

장애인교정사역은 일반 기독교신자인 장애인을 대상으로 하는 장애인사역과 공통점이 있으면서도 차이점이 많다. 이준우는 장애인사역이란 복음전도라는 선교를 바탕으로 기독교적 가치관으로 사회복지와 특수교육, 재활서비스를 동시에 제공하

68 가령 암수범죄자는 공식적 형사사법망에서 완전 제외되어 있어 그들이 목사 앞에서 회개를 하지 않는 한 알 수가 없다. 또한 벌금형, 선고유예 등으로 수용이 안 된 장애인범죄자도 신상정보가 공개되지 않음으로 알 수가 없다.

69 전국의 수백 만의 교인들이 주일예배 또는 기독교방송을 통해 죄지은 자는 반드시 회개해야 된다는 내용을 들으면 발견되지 않은 범죄자가 성서적 양심을 회복할 수 있기 때문이다.

면서 사회적 불평등 극복을 위한 장애인옹호, 사회운동, 제도개선 등을 함께해 나가는 총체적 활동이라고 하였다(이준우, 2018: 136; 남수현, 2012: 4에서 재인용). 그의 견해는 장애인사역의 미시적 · 거시적 내용을 포함한다.[70] 한국의 장애인사역은 주로 미시적 차원에서의 복음의 전도와 잔여적 · 사회복지적 성격이 위주였으나 장애인사역에서 불평등을 초래하는 각종 사회적 제도나 법의 개선을 촉구하는 거시적 교정사역은 거의 없었다. 따라서 한국에서의 장애인사역은 당위적으로는 미시적 · 거시적 접근을 다 포함하지만 현실에서는 미시적 사역에 그친 근본적 한계가 있는바, 이는 장애인에 대한 교회의 편견과 한국 가부장적 유교문화 및 강력한 군부정권의 순종적 이데올로기의 역동적 작용 때문이었다. 바로 이러한 사회에서의 장애인사역의 특징은 교정시설에서의 장애인교정사역에서도 그대로 드러나 장애인교정사역도 미시적 · 잔여복지적 · 일회적 성격이 강하였다.

따라서 장애인사역과 장애인수용자에 대한 교정사역의 공통점은 편견의 지배와 잔여적 · 사회복지적 성격과 개인의 복음화라는 미시적 사역이 중심이었고 실질적 불평등을 초래하는 형식적 법이나 제도에 대한 개선을 촉구하는 거시적 사역은 모두 박제된 것이 그 공통점이라고 할 수 있다. 차이점은 이념면에서는 장애인수용자 등에 대한 사역에서는 교정복지 이념, 회복적 사역 이념이 있으나 장애인사역에서는 선교복지가 그 이념이다. 둘 다 기독교적 사회복지를 공통적 이념으로 한다.

사역장소도 장애인사역은 심방사역, 교회사역, 복지관사역, 데이케어센터나 보호시설 등에서의 사역 등 다양하고 사역방식도 SNS사역, 온라인사역, 현장사역 등 다양하지만 구금된 장애인수용자에 대한 사역방식은 극히 제한적이다. 사역서비스의 생산방식도 장애인사역은 재가사역 등 다양한 방식이 있고 전도사나 권사, 목회자 등이 언제든지 심방사역을 할 수 있으며 접근성이 크고 상대적으로 목회시간도 길므로 클라이언트의 특성에 부합하는 다품종 소량생산방식의 사역이 될 수 있다. 그러나 교도소에 수용된 장애인수용자는 총집예배가 거의 전부이고 수용자거실을 방문하는 심방사역도 안 되며 보안상 극히 제한된 시간에 예배만 가능하여 소품종

70 이준우의 견해는 장애인교정사역의 당위적 방향성을 말해 주는 것으로 그동안 장애인수용자의 교정사역에서 시혜적 복지차원의 미시적 수준에 머물렀던 한국의 장애인교정사역의 나아갈 방향에 대한 시사점을 준다. 특히 다른 일반수용자에 대한 교정사역보다도 장애인교정사역에서는 이러한 거시적 측면이 더욱더 중요하다. 그것은 건강한 일반수용자보다도 장애인수용자의 제도개선이 더 시급하기 때문이다.

표 10-3 장애인사역과 장애인교정사역의 비교

기준 \ 종류	장애인사역	장애인교정사역
이념	장애인선교복지	장애인교정선교복지, 회복적 사법
주체	목회자, 전도사, 권사	목회자, 기독교교도관, 종교위원, 비공식적 주체(동료)
대상	장애인, 가족	장애인수용자, 장애인범죄자, 가족, 제도 등의 생태계
접근법	미시적, 약한 거시적 접근	당위적 차원에서는 미시적 접근 외에 강한 거시적 접근이 되어야 함
사역의 과학성	상대적으로 강함	당위적으로는 과학성이 있어야 하나 실제로는 전혀 없음
사역의 자본성	사역의 낮은 상품성으로 자본화가 미약	자본화의 미약
사역의 관료화	교회의 관료화가 있지만 사역관료화는 약함	교정의 관료화가 강해 사역관료화도 강함
사역형식	온라인, 오프라인 등 다양	극히 제한적
사역종류	심방사역 등 다양	총집예배 위주
사역서비스	비공공재, 다품종 소량생산	공공재, 소품종 대량생산
수요의 탄력성	탄력적	비탄력적(수용자의 특성상 사역참여의 비용이 증가해도 수요량은 그만큼 줄지 않음)
사역도구	예배, 찬양, 복지지원	물질선교, 정서지원, 고충상담, 관계지원, 말씀과 기도
사역행정	교회행정이 고객에 민감	클라이언트의 욕구에 둔감(교도소), 클라이언트의 욕구에 약간 민감(목회자)
거버넌스	약함	개교회 이기주의로 거의 없음
추후관리	보통	사역의 성과주의로 추후관리는 거의 없음
사역의 접근성	클라이언트는 사역의 접근성이 강하고 다양	클라이언트(수용자)의 사역의 접근성은 아주 낮음, 기회의 제한, 교도소의 특수성에 기인
사역자원	상대적으로 풍부	빈약함

대량생산방식의 사역이 이루어져 사역의 한계생산성은 지극히 낮다.

장애인사역은 사역의 주체가 목회자, 전도사 위주이고 장애인교정사역은 그 외에 기독교교도관, 종교위원, 동료수용자 등의 비공식적 사역자도 포함된다는 점에서 차이가 있다. 사역대상은 전자가 장애인과 가족이라면 후자는 그 외에 관련 제도 등 생태계도 포함이 된다. 그것은 장애인교정사역에서는 거시적 사역도 중요하기 때문이다. 그런 점에서 상대적으로 전자는 미시적 복음화라는 개인적 접근이라면 후자는 미시적 · 거시적 접근이 당위적으로 되어야 한다.

사역의 과학성은 전자는 사회복지학과 학생, 동사무소의 사회복지요원, 장애인보호센터의 전문가 등 사회의 다양한 인적 · 물적 자원의 전문성이 개입될 수 있으나 후자는 전혀 그렇지 못하다. 전자는 사역의 관료화는 약하지만 교회의 관료화는 있을 수 있다. 후자는 교정관료의 특성상 사역의 관료화가 아주 강하다. 사역의 상품성과 자본성은 그동안 한국 교회가 보여 온 장애인 신자에 대한 편견으로 둘 다 낮다. 사역의 수요에 대한 욕구는 장애인수용자가 훨씬 큰바, 그것은 구금의 특성으로 인하여 사역을 통해 제한된 심리적 자원, 물적 자원을 보충하려는 욕구가 크기 때문이다. 사역의 도구는 후자는 교도소의 특성상 물질봉사, 복지지원이 크다는 점이 전자와의 차이점이다. 추후관리와 연계사역은 후자는 거의 되지 않는바, 이는 교회의 개교회 이기주의와 성과주의, 할거주의 때문이다. 이들을 비교하여 표로 나타내면 앞의 〈표 10-3〉과 같다.

3) 이념

장애인교정사역의 이념은 1차적으로 성경에 나오는 장애인에 대한 하나님의 언급에 나타난 이념의 사회복지적 이해[71]를 다양한 관점에서 볼 수 있는데 통시적 관점에서 이해할 필요가 있다. 따라서 장애인수용자에 대한 교정사역의 이념은 성서주의 등의 복음화를 기반으로 하여 사회법과 교도소환경 등에 따른 다양한 실천적

71 전지혜의 논문에 의하면 신약과 구약 곳곳에서 장애관이 다르게 묘사되는데 신약성서의 내용 일부는 의료적 모델의 관점이 다소 반영되어 있는 것 같지만 본질적으로는 사회적 모델로 대변되는 장애학적 관점에 더 가깝다고 하였다. 장애와 비장애를 우월과 열등의 이데올로기로 구분하지 않고 대등한 가치를 지닌다는 논리로 접근하고 있다(전지혜, 2014).

이념이 필요한바, 다음과 같이 정리할 수 있다.

(1) 성육신의 이념

하나님께서 인간의 육신을 입고 이 세상에 오셔서 메시아적 사명을 감당하신 성육신은 문화적 경계를 넘어 상대방의 세계로 들어가는 선교로 그 원리는 첫째, 성육신의 정신을 가지고 가장 먼저 그들을 이해해야 하며 둘째, 복음을 들어야 할 사람과의 연대이며 셋째, 하나님이 원하시는 세상의 미래에 대한 책임이다(최동규, 2016: 287-322). 이러한 성육신의 이념을 장애인수용자에 대한 사역으로 접근하면 교정사역자는 사역을 행함에 있어서 클라이언트(장애인수용자)를 사역자가 원하는 방향으로 사역자중심의 사역을 하게 해서는 안 되며 장애인수용자라는 클라이언트의 눈높이에서 그들의 문화적 세계로 들어가서 사역을 진행해야 한다는 이념으로 이는 교도소수용자 중에서도 가장 소외되고 관심을 받지 못하는 장애인수용자에 대한 교정사역에서 중요한 이념이라고 할 수가 있다.

(2) 사회적 형평성

사회적 형평성이란 이념은 신행정론에서 나온 것으로 행정을 할 때 그 사회에서 가장 열악한 지위에 있는 자에게 우선적 자원배분을 하고 관심을 보이라는 것이다. 이는 행정에서의 자원배분에 관한 획일적 · 절대적 평등 이념에 치우친 고전적 행정학의 문제점에 대한 반성으로 나온 새로운 패러다임이다. 이러한 사회적 형평성은 교정사역을 행하는 교회의 행정에서도 적용될 수 있다. 그 이유는 교회 또는 교정사역자가 가진 교정사역의 자원과 시간, 기회가 제한되어 있으므로 이러한 교정사역 자원의 배분에서도 사회적 형평성의 이념에 의해 교정사역에서도 가장 관심을 적게 받고 소외된 장애인수용자와 노인수용자 등 주변부 클라이언트에게 사역자원과 기회를 더 많이 배치하라는 의미이다.

(3) 기독교적 장애인복지

기독교적 장애인복지 이념은 사회복지학의 장애인복지 이념을 기독교적 관점에서 조명한 것이라고 할 수 있다. 장애인복지 이념은 인권존중, 생명존중, 전 인격의 존중, 사회통합의 존중, 평등의식의 존중 등인데(守塚直樹, 1995: 11-14; 이후영, 2005: 28에서 재인용) 이러한 장애인복지 이념은[72] 당연히 장애인수용자와 장애인범죄자에게도 적용될 수 있으며 다만 장애인복지 이념을 기독교의 사랑과 희생 및 봉사와 영적인 관점에서 접근하는 것을 기독교적 장애인복지 이념이라고 할 수 있다.[73]

(4) 의료모델과 사회모델의 역동적 조합

장애인수용자 등의 사역에서 교회와 사역자는 균형적이고 역동적인 장애패러다임을 가지고 사역에 임해야 한다. 오랫동안 지배해 온 의료적 모델의 장애패러다임은 이제는 장애학에 근거한 사회모델 패러다임으로 변화되고 있다.[74] 전지혜는 한국 교회도 장애인에 대한 의료적 관점에서 벗어나지 못하고 치유와 구제, 봉사의 대상으로만 접근하여 시혜적 프로그램을 주로 진행하고 분리보호되는 객체로 취급한다며 통합교육, 통합예배, 통합교회 등을 주장하였다(전지혜, 2014: 257-263).

그러나 장애학적 관점인 사회모델을 주장하는 전지혜의 주장은 적어도 장애인교정사역에서는 그대로 적용될 수 없다. 전지혜의 주장은 장애학자나 인권학자의 관점에 치우쳐 있어 클라이언트의 니즈를 그대로 반영하는 것은 아니기 때문이다. 장

72 이후영에 의하면 전 인격의 존중은 장애를 지닌 일부분에만 주목하여 본질을 잘못 보아서는 안 되고 장애라는 특징을 포함하는 전체적으로 보는 전 인격을 존중하는 이념이라고 한다. 사회통합의 존중이란 한 사람의 인간으로서 보통의 생활환경 속에서 정상의 생활을 하도록 하는 사회의 실현을 꾀하는 것으로 일반화(normalization)라고 한다(이후영, 2005: 29-30).

73 장애인복지론은 강점모형, 사례관리, 실천론 등 실천기술적 성격이 강하고 종교적 영성과 희생 및 사회봉사라는 가치적 개념이 박제되어 기술적 성격은 강하고 인본성이 약하다. 그러나 기독교적 장애인복지론은 영성과 사역자의 헌신적 사랑을 기반으로 한다는 점에서 기독교 장애인수용자의 복지에 더 부합된다.

74 장애학자들은 지배적 이데올로기였던 의료적 모델(정상성에서 벗어난 상태를 장애로 진단하고 신체적 정상성의 회복을 목적으로 하는 치료와 재활의 과정에만 집중)을 비판하고 사회에 대한 수정과 변화를 요구하는 사회적 모델의 관점(의료적 기준에서 비정상을 논하지 않고 그들의 욕구에 맞는 사회시스템을 만들어야 하며 여기서는 사회 환경과 구조가 변하면 장애인이 주체가 될 수 있다는 입장으로 장애인이 아닌 사회가 수정의 대상이 된다는 입장)을 따른다고 한다(전지혜, 2014: 245-248). 전지혜의 주장에 의하면 2008년 장애인차별금지법은 이런 사회적 모델의 관점뿐만 아니라 법과 제도적 장치로 실재하게 되어 그들이 보호를 받는 것이 아닌 권리를 누릴 수 있는 존재로 인정되었다고 한다(전지혜, 2014: 247-250).

애인교정사역에서 가장 중요한 것은 클라이언트의 주체적인 의사이다. 교도소의 과밀수용상태에서 욕창, 당뇨 등으로 신체적 고통을 당하는 그들에게는 치료와 재활, 복지지원 등을 중시하는 의료적 모델이 더 타당할 수 있고 그것이 더 시급하기 때문이다. 또한 심한 정신장애인이나 지적장애수용자는 장애인시민권의 주체의식이나 자립적 존재로의 권리보다는 복지지원과 케어가 더 중요하고 시급하다.

따라서 사회모델에 입각한 장애인차별금지법이 교도소 등의 교정시설의 장애인수용자에게도 적용되어야 하므로 이념적 측면에서는 사회모델을 따르면서도 실천적 측면에서는 클라이언트의 신체적 · 정신적 상태와 그들의 욕구에 의해 전통적인 의료적 관점인 치료와 재활이 교정행정에서도 적용되어야 한다. 이와 동시에 사역자의 장애인 교정사역에서도 사회모델적 이념을 따르면서도 의료모델적 사역을 균형적 · 동태적으로 적용하는 이중적 패러다임에 의한 장애인교정사역이 되어야 하는바, 적어도 목적적 이념에서는 사회모델을, 수단적 · 실천적 이념에서는 사회모델과 의료모델을 클라이언트의 상태와 욕구에 따라 역동적으로 조합시키는 이념이 필요하다. 더구나 교도소는 일반사회와 달리 장애인에게 더 많은 신체적 · 정신적 고통을 주는 특수환경에 있기 때문이다.

따라서 장애인교정사역자는 클라이언트의 장애인시민권과 주체성을 존중하고 거시적 관점인 사회모델적 사역 이념의 중요성과 민감성을 내면화하여 그들을 대할 때 그런 사회모델적 이념에 따라 교도소에서의 클라이언트 억압적인 사회구조와 법 및 시설 내에서의 접근성과 이동성을 제약하는 물리적 제약을 지적하고 건의하는 거시적 사역과 아울러 빈곤과 장애로 고통받고 있는 클라이언트에 대한 구제와 의료복지 등의 의료적 모델도 중시하는 이중적 패러다임을 가져야 한다. 물론 사회적 모델 적용의 전제조건은 장애인수용자의 주체적 권리성이 있어야 하나 오랫동안 권위주의 정부의 잔여적 · 시혜적 복지정책과 교정정책에 순종화되고 길들여진 객체적 피동성이 여전히 강한 현실은 이러한 사회적 모델 적용의 제약요인이 되기도 한다.[75]

75 장애인들이 사회에서 부여한 부정적 장애 이미지를 스스로 내재화하여 자신을 비하하거나 스스로 고립시키는 경우(내재된 억압)가 있는바, 이러한 내재적 억압은 장애인으로부터의 자기해방이나 사회변화를 유도하는 데 큰 걸림돌이라고 보고되고 있다(Williams, 2012; 전지혜, 2014, 251-252에서 재인용). 내재된 억압으로부터의 자기해방은 정신의 탈식민화 경험으로서 포스트콜로니얼 이론에서 서구유럽중심의 오리엔털리즘으로부터 벗어나야 함을 강조하면서 사용되는

(5) 사회유사화 이념

사회유사화란 장애인수용자의 교정시설에서의 생활과 처우를 가능하면 일반사회의 조건과 유사하게 하는 것을 말한다. 이는 일반수용자에게도 적용되지만 장애인수용자에게는 더 강하게 요구되는 이념인바, 그것은 사회통합의 원리가 더 강하게 적용되기 때문이고 일반수용자와 달리 장애인수용자는 여러 제약으로 인하여 교정시설에서나 출소 후 사회에서도 사회유사화의 여건이 제약되어 있기 때문이다. 교정사역의 목표의 하나가 교화이므로 이러한 사회유사화 이념이 교도소에서 잘 구현될수록 교화가 촉진된다. 따라서 장애인수용자 교정사역자도 이런 이념에 따라 각종 프로그램 등에 비장애인과 장애인수용자의 통합, 경제력, 학력, 사회적 신분, 연령별 등 다양한 계층의 장애인수용자를 통합하여 서로의 관점을 이해하게 하는 중개자로서의 역할이 필요하다.

(6) 기독교적인 치료적 교정복지 이념

치료적 교정복지란 형사사법의 이념의 하나인 치료적 사법의 원리를 장애인교정사역에 원용하는 것을 말한다.[76] 따라서 비가치적이고 영적 개입이 없는 치료적 교정복지와 달리 기독교적인 치료적 교정복지 이념은 기독교적인 사랑과 봉사, 영혼구원이라는 영적 관점이 전제된 치료적 교정복지 이념을 말한다. 이것은 클라이언트의 문제가 사회적 의미가 있을 때를 전제로 한다. 이러한 치료적 교정복지 이념이 장애인수용자사역에서 필요한 이유는 첫째로 그들은 사회법을 어긴 범죄자들이므로 재범의 방지와 건전한 사회복귀를 위하여 교화를 받아야 하고 장애인수용자사역도 당연히 그런 활동 속에 교화의 의미를 내포해야 한다. 바로 이 점이 사회에서의 장애인사역과의 차이점이다. 둘째로 장애인수용자는 일반수용자보다도 수용으로 인한 장애복지적 니즈(needs)와 관계적 니즈 및 심리적 니즈가 훨씬 많고 다양하며 더욱이 사회적 자본이 열악한 장애인수용자는 그러한 니즈를 자체적으로 해결할 자본이 부족하므로 장애인교정사역자는 적어도 치료사법적 이념에서는 단순히 복음을 전하는 성직자의 역할에 그쳐서는 안 되고 문제해결자, 대리인, 변호인,

용어이다(박홍순, 2007: 155-184; 전지혜, 2014: 252에서 재인용).

76 치료적 사법이란 가치지향적 사법으로 법원 등이 클라이언트의 원조에 적극 나서는 것이다.

중개인, 조력자, 교육자, 상담가, 사회복지사, 자원개발가, 사례관리자, 연계사역자 등의 전방위적 역할을 수행하거나 또는 그런 전방위적 역할을 도와줄 인적 자본을 동원할 수 있어야 한다.[77] 따라서 이러한 기독교적 치료적 교정복지 이념의 구현을 위해서는 장애인교정사역자는 평소부터 다양한 사회자원을 확보하여 자본의 축적성을 향상시킬 필요가 있고 그런 점에서 과학적인 사회자원 개발은 특수사역자에게 필요한 역량이라고 할 수 있다. 장애인수용자사역에서 중시한 치료적 교정복지 이념과 구별되어야 할 것이 장애인수용자의 사적 분쟁에의 개입금지와 절제된 태도이다. 클라이언트의 사회적 문제와 관련이 없는 순수한 개인적 문제들, 가령 클라이언트의 민사소송사건 등의 법적 · 경제적 · 관계적 사건은 클라이언트가 수용됨으로써 생기는 사회적 의미성이 없기 때문에 이는 기독교적 치료적 교정복지의 대상이 아니다.[78]

그러나 전술했듯이 치료적 교정복지의 대상은 클라이언트의 개인적 문제가 수용으로 인하여 생기는 사회적 의미가 있고 그러한 문제의 해결이 타 수용자와 교정제도에도 정의 외부효과를 가질 수 있는 것에 한한다. 가령 여성수용자의 수용으로 인하여 남겨진 어린 영아에 대한 양육문제에 대해서는 사회적 의미가 있으므로 사역자가 미시적으로는 어린 영아를 보살펴 줄 사회복지기관을 알선하는 것은 아동복지적 의미가 있다. 거시적으로는 18개월 미만에 대해서만 유아를 여성수용자가 교도소에 대동할 수 있다는 형집행법에 내포된 가족권의 침해와 같은 반헌법적 제도에 대해 중앙교단에 연락해 제도적 개선을 알아보는 것은 사회적 의미가 있다.

(7) 인본성과 전문성의 역동적 조합

인본성은 성경의 사랑에 기초한 사역자의 클라이언트에 대한 배려, 치료적 공동

77 가령 사역자가 외국인장애소년수용자를 상담사역하면서 클라이언트가 직면한 여러 문제를 알게 되면 그 장애소년수용자에게 복음전도만 하지 말고 의료적 문제, 교육적 문제, 국적 취득에 관한 법적 문제, 빈곤문제, 언어문제, 남겨진 가족의 빈곤 등 여러 문제에 대하여 복지적 니즈를 해결해 줄 사회자원을 개발하고 조력을 받아 전방위적으로 활동할 필요가 있다. 물론 이러한 클라이언트의 문제는 사회적 의미가 있어야 하며 순수한 개인적 문제는 제외된다.

78 가령 장애인수용자의 개인적 연애사건에 대한 고민이나 사역자에게 개인적 부탁을 하는 일, 신원보증 등 개인적 법적 문제에 대해서는 사역자가 개입할 부분이 아니다. 그러한 일들은 완전 개인화의 영역에 속하고 사회적 · 제도적 의미가 없다.

체의 형성, 따뜻함과 장애인수용자에 대한 감수성, 지속성과 사역의 순수성 및 진정성과 열정, 맥락적 경청, 맥락적 커뮤니케이션, 클라이언트의 주체성 존중 등 사역자의 인간적 요소를 말한다.[79] 또한 따뜻한 수평적 공감력도 중요하다.[80] 인본성과 전문성의 역동적 조합이란 장애인수용자사역의 전문화를 맹신하거나 획일화·일반화하지 말고 클라이언트의 니즈(needs), 상태 등 여러 요소의 상태에 따라 인본성을 강하게 또는 전문성을 강하게 배합하는 실천 이념이 사역에서 필요하고 그것은 사역의 효율화와 클라이언트의 수용성과 만족도를 제고하는 요인이 된다.[81]

4) 장애인교정사역의 문제점과 개선방안

(1) 이념적 측면

이념적 측면에서는 클라이언트에 대한 미시적 복음화라는 성서주의 이념은 그런대로 구현되는 편이나 치료적 교정복지 이념, 민주주의, 장애인복지, 거시적 사역, 연계사역 또는 추후사역과 관련된 가외성(redundancy) 이념, 가족복지, 장애인교정사역의 전문성, 회복적 사역, 탈관료적 사역 이념 등 나머지 이념은 거의 구현되지 않고 형해화되고 있다.[82] 탈관료적 사역 이념은 사역에서 양보다는 질을 중시하고 경로의존화된 획일성과 일반성을 지양하며 클라이언트와 수평적 지위에서 클라이

79 맥락적 경청은 적극적 경청과 달리 상대의 이야기를 상대의 역사, 문화, 내적 상태 등 맥락을 가지고 경청하는 것이며 맥락적 커뮤니케이션은 단순한 수평적 소통을 넘어서 사역자와 클라이언트가 소통의 내용에 대해 서로가 맥락적 이해를 할 수 있도록 하는 것을 말한다.

80 하은철은 장애인의 목회적 돌봄 요소를 공감과 힘으로 들며 공감을 통해 장애인의 고통을 이해하고 목회자는 힘의 남용을 경계해야 하며 힘은 힘의 균형에서가 아니라 힘의 포용의 관점에서 접근하여 장애인이 부정적으로 반응해도 그런 부정적 힘을 포용해야 한다고 하였다(하은철, 2013: 45-46).

81 가령 클라이언트의 니즈가 인본적 요소가 크고 전문성에 대한 니즈가 작거나 또는 전문기법을 사용하지 않아도 되는 경우는 인본성 위주로 사역을 하고 클라이언트의 이해에 보다 복잡한 상담기법 등 전문기법과 전문개입이 필요하면 전문성 요소를 더 많이 포함시키는 것이다.

82 복음전도도 내실화되지 못하고 때로는 클라이언트에 대한 자선적 복지활동이 전도로 대체되고 사역횟수로 측정되는 성과주의적 형식주의가 있다. 장애인의 날, 가족만남의 날, 혹한기, 혹서기, 교정의 날 등 특정한 때나 또는 수시로 장애인수용자 위로행사모임에서 위로와 통닭, 생수 등 물질을 제공하고 격려하며 기도하는 것이 실제 장애인교정사역에서 많다. 진정한 복음화란 클라이언트 개개인에 대한 상담을 통해 복음을 내면화하는 것인데 이런 개별사역은 많지 않다.

언트에 민감하며 형식이나 절차보다는 실질을 중시하는 이념으로 사회복지에서 가져야 할 중요한 이념이다. 물론 이러한 탈관료적 사역 이념은 일반수용자에 대한 교정사역에서도 필요하지만 특히 장애인수용자사역에서 중요한 이념인 이유는 장애인수용자는 일반수용자보다도 관료화된 형식주의이나 일시적 이벤트성 방문에 예민하기 때문이다. 가령, 사역자가 장애인수용자에 대한 사역 뒤 그 뒤에 다시 가지 않으면 형성된 치료공동체와 유대는 깨지고 사역자의 일시적 동정심이나 교회의 성과주의적 사역에 들러리였다는 마음을 갖게 되어 오히려 역효과가 날 수 있다. 단순히 장애인수용자를 모아 놓고 기도와 찬양 뒤 수용자들이 좋아하는 통닭 등 음식을 제공하고 사진을 촬영하는 위로적 행사, 그것도 특정한 날에 일시로 하게 되면 장애인수용자들은 사역자의 교회 및 교도소의 의도에 의심을 품게 될 수 있다.

또한 연계사역, 추후사역, 반복적 개별화 사역을 내용으로 하는 가외성 이념은 일반수용자보다도 장애인수용자와 장애인출소자 등에게 더 필요한 이념임에도 일반교정사역은 물론 장애인수용자사역에서도 거의 실현되지 않고 있다. 특히 돌봄공백이 큰 사회적 자본이 빈약한 장애인출소자는 이러한 가외적(加外的) 사역이 더 필요함에도 거의 안 되고 있다. 그 원인은 사역의 할거주의, 사역의 성과주의, 사역의 자본화, 개교회 이기주의로 인한 사역거버넌스시스템의 미약 등에 그 원인이 있다. 가령, 돌봐 줄 인적 자원도 없고 물적 자원도 빈곤해 사회자본의 축적이 거의 없는 장애인수용자에 대한 사역은 교도소 내에서는 그런대로 케어도 되고 교도소와 목회자가 부족한 사회자본을 대체해 주지만 출소하게 되면 전술한 이유 등으로 그가 돌아가는 지역교회와 연계사역도 되지 않고 추후사역도 되지 않는다. 연계사역과 추후사역은 원래 장애인수용자가 수용된 교정시설에서 사역한 교회의 계량적 사역성과주의에 포함이 되지 않기 때문이다. 이는 전형적인 할거주의 사역으로 개교회이기주의의 필연적 산물이다.[83]

또한 거시적 사역은 전술한 바와 같이 여러 왜곡된 제도하에 놓인 장애인수용자에게 필요한 사역임에도 사역자의 전문성과 확장성의 한계 및 미시적 사역으로 경로의존화된 관행, 교회의 무관심과 거시적 교정사역에 대한 몰이해와 무시, 수직적

83 할거주의는 행정학 용어로 부처이기주의를 말하며 오늘날 일반화된 용어로 사용된다.

권위주의 정권에 오랫동안 순치되어 개혁선교 등 사회선교에 대해 보수적인 한국 교회의 태도, 보안논리로 가득 찬 교정관료 독점레짐 등 다양한 이유로 전혀 안 되고 있는바, 이는 공의와 사회정의를 중시한 성서의 가르침에 정면으로 위배되고 있다. 때로는 사회정의를 요구하는 개혁적 교인들을 교회가 성경을 자의적으로 해석하여 상징조작을 통해 기득권적 이익인 렌트(rent, 지대)를 옹호하는 일이 언론을 통해 여러 번 알려졌다. 장애인교정사역에서 중요한 치료적 교정복지 이념도 거의 실현되지 않고 앞으로도 지금까지 그랬던 것처럼 그럴 가능성이 많다. 사역자가 치료적 사법이론과 교정복지에 대한 이론적 기반이 미약하고 그것의 중요성에 대한 민감성도 약한 데다가 교회자원의 한계, 최소비용으로 최대의 효과를 얻으려는 사역의 경제성, 외부효과와 관련되는 사역의 상품성과 자본성의 미약, 주변부 사역에 대한 편견과 해외사역 등 사역의 상품성이 크거나 중심부사역에 대한 자원의 집중배치, 한국 교회의 관행 등 여러 요인이 복합적으로 작용되었기 때문이다.

또한 사역의 민주적 이념의 실현도 아주 미약한 편이다. 이러한 사역의 민주 이념도 일반수용자보다도 장애인수용자에게 더 중요한바, 그것은 상대적으로 한국의 복지정책은 잔여적(residual) 성격이 오랫동안 지배해 장애인들의 주체성이 박제되어 복지의 수혜자로서만 대상화되어 왔기 때문이다. 거기다가 교도소에 수용된 장애인수용자는 철저한 계급제와 수직적 상하질서로 움직이는 교도관과 교정레짐에 철저히 순종화되었다. 따라서 장애인수용자는 교정사역에서도 평등한 주체자의 지위가 아닌 시혜적 대상으로 한국 교회가 대해 왔기 때문에 주체성과 창의성 및 비판의식이 함양될 토양이 아니었다. 이는 교회항존직에 여성교인을 배제하는 등 젠더차별적인 한국 교회의 비민주적 폐쇄성 등도 한 원인이다. 그런데 장애인교정사역자는 교도소에서 사역할 때 형집행법의 내용과 교정제도를 준수할 의무가 있고 형집행법의 내용에 따라 사역해야 한다. 그런데 형집행법 제1조에 규정된 교정의 목적은 재범의 방지와 수용자의 건전한 사회복귀이며 건전한 시민으로의 복귀는 헌법에 규정된 대로 민주적 시민성을 전제로 한다. 그러나 장애인교정사역은 물론 일반교정사역의 내용은 거의가 모든 것에 순종적인 것을 내용으로 하므로 클라이언트의 창의성 · 비판성 · 주체성 등 민주시민성의 필수적 내용은 사역의 사회화에서 전혀 안 되고 있다. 철저하게 권위주의적이고 수직적인 관료체제와 교회사역의 권위주의에 클라이언트는 철저히 예속화되어 시민성을 함양시킬 교도소에서 오히려 시민성이 박제되어 순종적 시민화만 양성된다. 이렇다 보니 비판성을 내용으로 하는 거시적 교정사역은 존재할 수도 없게 되었다.

(2) 인적 측면

인적 측면의 문제점은 장애인교정사역자의 부족과 교정사역자의 전문성 부족 등에 있다. 물론 교정사역자, 특히 젊은 사역자의 부족은 한국 교회의 자본화와 세속화, 상업화에 실망한 교인 수의 감소도 하나의 원인이지만[84] 그 외에도 신학교육과정과 그리스도인들이 교정사역에 무관심하게 만든 사회제도적 · 교회적 배경 등 다양한 원인이 있다. 우선 장애인교정사역자는 물론 교정사역을 이론적 · 체계적으로 연구하고 접근하는 신학적인 교육적 인프라가 부족하다. 대학의 신학과에서 장애인신학이 신학과에도 없고 교정선교학이나 교정사역학과 관련되는 교과과정이 전국의 모든 신학과에 아예 없다 보니 젊은 신학도들이 교정선교학을 관심 있게 연구하고 접근할 교육적 제도화가 없다. 기독교를 설립 이념으로 하는 대학의 사회복지학과나 장애인 관련 학과에서도 장애인교정선교학 교과과정은 아예 없다. 장애인교정사역은 물론 교정사역이 활성화되려면 이에 관한 학문적 · 이론적 연구자와 장애인교정사역을 현장에서 실천하는 활동가 및 교회와 관련학과 등이 유기적으로 연결되어야 하는데 현재는 소수의 성령에 충만한 열성적 사역자만이 경험과 열정에 의해 장애인교정사역을 하는 실정이다.

또한 사회복지학계에서도 복지의 자본화로 인해 수요가 적은 교정복지사 등 이에 관한 자격증제도도 없고 아동복지, 학교복지 등 다른 전문화된 복지와 달리 교정복지는 관심을 가진 사회복지학과도 아주 적다. 또한 선진국과 달리 군사주의 정권의 보안논리 속에서 철저한 계급제와 보안만을 강조하는 독점적 교정레짐하에서는 폐쇄성이 너무 강해 교회의 접근성이 부족할 수밖에 없었고 교회와 사역자는 교

84 초창기의 한국 교회에는 예수의 부활, 회개와 용서, 정의와 사랑을 중시하는 공동체와 순수한 진리의 말씀이 있어 젊은이들이 몰려들었지만 언제부터인가 교회에 죄인을 구원하는 말씀이 아니라 기복메시지가 늘어나기 시작했고 하나님의 공의를 말씀하지만 설교자들은 복만 강조했고 교회규모는 커졌고 목사우상화가 시작되었다(국민일보, 2018.8.14.). 복음을 왜곡시킨 일부 목회자들은 교회의 사유화로 타락시키며 이슈에 대해 해답은커녕 담론조차 제대로 읽어내지 못하고 있다(국민일보, 2018.8.14.).

정당국에 대해 주체적 · 대등적 지위에 있지 못했다. 이렇다 보니 장애인교정사역은 물론 일반교정사역도 거의 활성화되지 못하고 성령의 가르침에 충만한 열정적인 소수의 목회자만이 교정사역에 동참하지만 가장 큰 문제점은 온정적 자선활동에 치중해 귀인사정(attribution assessment), 사례관리, 사역실천론 등 사역의 전문성은 거의 없어 근본적 한계가 있다는 것이다. 따라서 더 이상 교회나 그리스도인, 목회자에게 감옥선교의 중요성에 관한 예수님의 명령이 있는 성서적 이념에 충실할 것을 호소하는 것은 너무나 깊고도 오랫동안 자본화되고 세속화되어 온 한국 교회에서는 한계가 있으므로 제도적 개입을 통해 교정사역에 충실하도록 하는 사회적 유인체제가 필요하다. 전국의 교정시설과 보호시설 등에 종교복지사의 특채를 통해 이들을 교정공무원으로 입직시키는 방안도 고려할 만하다. 교정종교복지사의 자격취득은 현재의 사회복지사 취득요건과 유사하게 하되 교정선교사에 한정하면 신학과인 경우에는 범죄학, 교정학, 교정선교론, 교정심리론 등 교정사역에 필수적 과목을 대학 등에서 이수토록 하면 된다. 이렇게 된다면 교정사역에 대한 관심과 선호도가 급증하게 된다.

인적 측면에서 또 하나의 문제점은 장애인교정사역을 돕는 자원봉사자가 부족하고 기본적 전문성도 미약하다는 것이다. 교회사역에서 자원봉사자는 주로 아동복지사역, 다문화사역, 청소년사역 등에 많고 교정사역의 자원봉사자는 가장 적은 편인데 문제는 교정사역의 자원봉사자도 소년수용자 등에 몰리는 편이며 장애인수용자 등 주변부적 수용자에게는 자원봉사자가 적다는 것이다. 따라서 과학적인 자원봉사 마케팅전략을 수립하여 장애인교정사역 자원봉사자를 확보할 방안이 필요하며 소년수용자 자원봉사자들에게도 장애인교정사역의 의미를 홍보할 필요가 있다. 또한 사회복지학과에서 장애인복지에 관심 있는 학생들이 교도소에서 장애인수용자들에 대한 복지의 현장실습을 하는 것이 학점으로 인정되도록 하여 가능한 많은 학생들이 장애인수용자 복지에 관심을 갖도록 하면 자연스럽게 장애인교정사역 자원봉사자도 확보될 수 있다. 또한 현재 기독교세진회 등 교정사역기관에서 교정사역자원봉사자 교육을 하고 있으나 이는 일반적 교정사역에 관한 것이고 장애인교정사역에 관한 내용은 없으므로 교육과정을 좀 더 세분화하여 장애인수용자사역에 필요한 기본적 전문과정을 포함시킬 필요가 있다. 그리고 현실적으로 교정사역자가 장애인사역의 전문성을 가지는 것은 기대하기 어려우므로 교회의 풍부한 인적 자원 중에서 장애인복지 등 전문지식을 신자들의 도움을 받아 부족한 전문성을 보완하는 방안도 필요하다. 또한 국민일보 등 기독교 관련 언론을 통해 장애인교정사역의 중요성과 소외성을 알려 많은 이들이 여기에 관심을 갖도록 하는 홍보전략도 필요하다. 갈수록 침체되는 교회의 주일학교와 최근 줄어드는 청년신자들을 저출산의 탓으로 돌리지 말고 그들을 교회로 끌어들이려는 교회의 경로혁신적 개혁이 있어야 하며[85] 사랑과 포용, 거룩한 믿음과 회복이라는 성서의 기본정신에 입각한 교회의 민주화가 강화되어야 한다.[86] 지금처럼 지나치게 폐쇄적이고 배타적인 교회가 되면 교인 수, 특히 인권에 민감한 젊은 교인 수의 확충에는 한계가 있고 그것은 결국 젊은 교정사역자의 충원에도 지장을 가져오기 때문이다.

(3) 물적 측면

장애인교정사역의 물적 측면은 경비 등 경제적 측면과 프로그램 측면 및 장애인교정사역의 생산성 향상을 위한 전략기술적 측면을 말한다. 경제적 측면은 장애인교정사역에서 가장 큰 문제인바, 그것은 다른 일반수용자 교정사역보다도 클라이언트의 복지적 요구가 더 크기 때문에 물질선교에 많은 비용이 들어간다.[87] 물론 이것은 당위적 측면에서의 언급이고 장애인교정사역의 실제는 장애인의 날이나 폭염 때 또는 가족만남의 날 등 특정한 때에 사역자들이 주로 통닭, 피자 등 장애인수용자들이 선호하는 물질봉사를 하거나 음악회 등 일시적 위로행사를 하는 단체사역

85 1000만 명을 자랑하던 교인 수가 줄어들고 있다. 소속 교인 수가 271만 명인 예장통합교단은 1년 사이 1만 6500여 명이 줄었다. 전체 교인 중 청장년등록교인이 20명 이하인 교회는 36.4%나 되고 청년교사와 찬양대원은 찾아보기 어려워졌다고 한다(국민일보, 2018.8.14.). 현실적 이슈에 대해 교회 바깥에서는 급진적 답을 제시하는데 교회는 해답은커녕 이들의 담론조차 읽어내지 못하고 있다(국민일보, 2018.8.14.).

86 대한예장통합은 교회가 주일학교나 문화강좌에서 시행하는 요가와 마술의 금지를 결의하고 대한예장합동은 이혼 후 재혼이 간음이라고 규정하였으며 예장합신은 창조질서를 이유로 여성을 안수해 직분(목사, 장로, 안수집사)을 계승하지 않겠다는 입장을 재확인했다. 심지어 동성애 지지자는 항존직과 교단 산하 7개 신대원에 입학할 수 없도록 정관을 수정하기로 했다고 한다(뉴스엔조이, 2017.12.27.).

87 당뇨질환 등 내장질환으로 인한 신체장애수용자 등 장애유형에 따라 필요한 속옷, 보조기구, 신발, 약 등 상당한 부분은 교도소에서 부담하지 않으므로 가난한 클라이언트인 경우에는 그가 믿는 사역자에게 호소하게 된다. 교도소의 복지적 한계와 관료적 한계가 있으므로 그러한 교정관료제의 문제점을 교정사역자가 보충하는 형식으로 제3섹터적 교정서비스의 생산이 된다.

이 거의 대부분이다. 그러나 적어도 빈곤 등으로 고통받는 장애인수용자에 대한 사역의 방향은 일괄적으로 장애인수용자들을 집합시켜 하는 단체사역보다는 개별적 상담 등을 통한 사역의 개별화로 나가야 한다는 점에서 경비는 중요한 문제이다. 장애인수용자는 일반수용자보다 처우의 개별화, 사역의 개별화에 대한 수요가 더 크기 때문이다.[88]

프로그램 측면에서는 장애인교정사역의 전문프로그램은 거의 없다. 장애인전담교정시설이든 장애인수용자가 있는 일반교도소에서도 장애인수용자에 특화된 사역 전문프로그램은 거의 없고 일반수용자에 대한 교정사역프로그램으로 통칭되어 시행되다 보니 장애인수용자의 사역의 개별화가 없어 사역의 효율화를 저해한다. 위로행사, 물질봉사, 보조기구 지원, 장애인수용자를 위한 음악회, 성경공부, 총집예배 등이 그 주된 내용이므로 특화된 프로그램은 거의 제도화되어 있지 않다. 따라서 예장총회에서 2015년에 채택한 장애인복지선교의 목회지침에 부합하는[89] 전문프로그램을 교도소의 장애인수용자에 대한 사역에도 적용해야 한다. 다만 교도소 수용자이므로 장애인교정복지선교를 이념으로 하고 교정에 관련되는 프로그램을 추가하면 된다. 따라서 선교와 목회 외에 복지적 케어에 관련되는 재활프로그램, 장애인수용자인문학, 장애인수용자 가족관계의 회복을 위한 프로그램, 장애인수용자문화프로그램과 장애인수용자의료론, 장애인의 성과 결혼 등에 관한 프로그램을 만들 필요가 있다. 또한 장애인수용자는 출소 후 취업역량과 자립생활능력이 중요하므로 이와 관련되는 장애인 사회적 기업론, 장애인 친화적 직업론, 장애인 IT 공학론 등 취업역량을 제고할 수 있는 프로그램을 교정당국과 장애인직업훈련공단,

88 가령 지적장애인은 성경에 대한 이해력이 낮고 그 정도도 다양하므로 성경교리지도의 개별화가 필요하며 장애의 종류에 따라 사역자에 대한 복지적 케어의 요구 수준이 다양하다. 특히 장애인수용자는 다른 수용자에 비해 연령, 성별, 사회적 자본, 문화적 니즈, 경제적 자본, 복지적 니즈의 다양성과 주변부적 경향이 크다. 또한 장애의 정도도 다양하고 교정의 환경적 요소에 대한 맥락이 다르고 다양성이 큼에도 장애인교정사역에서는 성급한 일반화의 오류를 범하여 사역의 개별화가 저해된다.

89 예장총회에서는 통전적 교회의 선교를 장애인복지선교로 지칭하고 그 방향으로서 모든 교회는 장애인선교를 교회의 본질적 사명으로 하고 그들의 영혼구원뿐만 아니라 삶의 질의 향상을 위해 교육, 취업, 재활, 문화생활 전반에 개입하고 장애인의 정상화와 완전한 참여와 평등을 통한 신학적 기반을 마련하여 주체적 · 창조적 삶을 위한 서비스를 제공하며 예배, 교육, 선교, 봉사, 친교 등 전 영역에 정당한 동역자를 제시하고 있다(예장통합총회, 2015: 60).

장애인시민단체 등과 협력하여 만들 필요가 있다.

전략적 측면은 과거부터 현재까지 의미 있는 합리적 · 과학적 전략기술은 거의 없고 시혜적 차원에서 온정적인 태도가 주류를 이루었다. 전략적 측면이 과학화되면 사역의 효율성과 개별화가 촉진되므로 사역자는 장애인수용자 심리적 특색, 장애인사역복지실천론, 교도소화의 현상과 장애인수용자 욕구조사 등에 기반한 사역기법을 바탕으로 선 복지지원, 후 선교 등의 점진적 방법으로 클라이언트와의 치료적 공동체를 맺는 것이 필요하다. 특히 최근에 등장한 4차 산업혁명과 이에 따른 설교봇, AI(인공지능) 교리상담 등 AI의 등장은 일반교회뿐만 아니라 교도소의 교정사역에도 앞으로 큰 영향을 미칠 것으로 예상된다. 특히 감성알고리즘을 갖춘 AI의 등장과 이미 실현되고 있는 VR, AR 등의 4차 산업혁명 기술은 이미 일반교회에서 사용되고 있으며 AI 목회는 거스를 수 없는 현실로 다가왔다. 그러나 AI 설교 등이 교정사역에서 기존의 목회자를 대체하기에는 여러 거부점들이 상징저항을 할 것이므로 실현은 곤란해도[90] 이미 일반교회에서 하는 AI 종교상담 등은 장애인교정사역에 도입할 만하다. 특히 일반수용자와 달리 장애인수용자는 도주나 교정사고의 위험성이 적고 지능장애인은 총집예배 시의 목사의 설교에 대한 이해도가 낮고 단조로움을 싫어하는 점, 장애인수용자들의 특성으로 거실에서 예배당까지 이동의 어려움이 있는 점, 교정작업이 거의 없어 낮시간을 무료하게 보내는 점, 종교욕구가 상대적으로 강하고 목사의 총집예배 등이 극히 제한된 점 등을 고려할 때 장애인전담교정시설에 거실 가까이 교리상담실을 겸한 AI 종교상담실을 종교별로 설치케 하여 기독교장애인수용자는 언제든지 AI 종교상담실을 보안절차를 거쳐 출입케 하여 성서의 정확한 내용과 클라이언트의 욕구에 맞는 종교상담을 받을 수 있게 할 필요가 있다. 성서의 왜곡이 없는 장점과 반복적 상담의 장점이 있다.

따라서 AI 목회, 설교봇 등 4차 산업혁명의 진전에 따라 장애인교정사역의 생산성을 위한 과학적 전략의 수립을 위해서는 한국 교회의 내부요인을 강점, 약점으로 나누고 장애인교정사역의 외부요인을 기회요인과 위협요인으로 나누는 SWOT전략을 세울 필요가 있다. 이를 도표화하면 〈표 10-4〉와 같다.

---

90 종교위원, 목회자 등은 기존에 누린 경제적 · 사회적 지대(rent)가 AI 목사의 등장으로 사라지게 되므로 주체성 상실, AI 중독 등 여러 이유로 반대할 것이고 교도관들도 보안, 로봇의 확산에 의한 조직 변화의 알 수 없는 두려움으로 저항할 것이기 때문이다.

표 10-4 장애인교정사역의 SWOT전략

외부요인 / 내부요인	기회요인	위협요인
	정부의 장애인 인권정책 강화, 장애인사역 친화적인 AI 등 4차 산업혁명 기술발달, 교정사역의 전문성에 대한 요구 증대, 법무부의 장애인교정의 전문성 제고, 설교봇의 등장, 장애인교정사역에 대한 관심 증대, 장애인 친화적 사회적 기업	종교의 다원화, 탈기독교화, 종교의 세속화와 목회자의 도덕성 논란, 교회의 폐쇄성 등으로 기독교사역에 우호적 외부자원의 감소, 장애인수용자에 대한 편견, 한국 경제의 위기에 따른 장애인출소자의 취업기회 제한, 교정행정의 보안적 관료화의 강화, 재범증가
강점요인	SO전략	ST전략
소외된 자에 대한 사랑을 중시한 성서를 기반으로 한 기독교사회복지의 발달, 장애인교정사역자의 사역의 지속성, 장애인선교복지를 교회의 사명으로 규정한 예장총회의 장애인 권리선언 채택(2015)	정부의 장애인수용자에 대한 지원확대에 교회의 장애인선교복지를 접목, 교회의 상담봇과 4차 산업혁명 기술을 장애인출소자에 대한 사역에 활용, 장애인선교복지를 4차 산업혁명 기술과 접목, 장애인출소자의 사역에 교회의 자원과 사회의 자원 접목	장애인 수용자와 출소자에 대한 취업역량을 위해 교회의 풍부한 인적 자원과 물적 자원의 개발과 활용, 장애인수용자에 대한 국민의 편견을 성서적 장애관을 가진 교인들이 기독교정신으로 줄이는 데 선지자적 역할, 장애인복지선교협의회 등 지역사회의 자원을 장애인출소자사역에 활용
약점요인	WO전략	WT전략
장애인교정사역에 대한 교회의 무관심, 장애인교정사역의 전문성 부족과 전문사역자의 부족, 개교회 이기주의로 연계사역과 추후사역이 안 됨, 교정사역자원에서도 배분에서 후순위, 거시적 장애인교정사역보다 미시적 사역에 치중, 교회의 세속화의 가중, 설교봇에 거부감	장애인교정사역에 상담봇 등의 4차 산업혁명 목회 가능성의 홍보를 통한 교인들의 관심과 성서적 충실을 호소, 정부의 장애인출소자 고용정책의 강화를 장애인교정사역의 발전계기로 삼음, 법무부의 친장애인교정정책을 통해 교회의 장애인교정사역의 활성화 계기화, 장애인 친화적 사회적 기업발달을 연계사역으로 연결	장애인수용자 등 낮은 자에 대한 사랑의 실천을 통하여 교회의 세속화에 대한 반성의 계기, 교회 내부와 외부에서 비장애인과 장애인출소자 간의 친교강화프로그램을 통해 장애인에 대한 차별 해소, 장애인선교는 선택사항이 아닌 하나님의 명령인 필수사항이란 성서내용을 교회의 신도들에게 환기, 교회의 자원 중에서 장애인교정사역 친화적 자원의 발굴, 장애인출소자에 대한 연계사역의 제도적 방안 모색

(4) 거시적 측면

거시적 측면에서의 장애인교정사역의 문제점은 오랫동안 편견과 권위주의적 정권에 순종적인 보수화로의 길을 걸어 온 한국 교회의 경로의존적 특성에 의해 거시적 측면의 장애인교정사역은 거의 없었으며 이는 일반수용자교정사역 및 장애인사역에서도 마찬가지였다. 이는 사회선교, 사회구원, 사회개혁에서의 기독교 본질적 사명에도 어긋나는 것이다. 이는 장애인교정사역과 긴밀한 교회의 장애인선교의 문제점에서 기인하며[91] 한국 교회의 장애인선교에 대한 이런 잔여적(residual) 성격으로 인하여 교회는 장애인선교와 직·간접적으로 관련된 사회문제에 대한 개혁적 · 사회적 접근이 전혀 없었다.[92] 그 결과 장애인교정사역도 마찬가지로 단순히 물질제공 등과 무조건 믿음만 강조하는 미시적 복음화에 머물렀으며 수시로 위로행사 등을 가지는 것이 장애인교정사역의 대부분으로 장애인교정사역의 사회적 · 거시적 성격은 전혀 없었다. 이는 공의와 사회정의를 중시한 성서의 가르침에도 맞지 않고 일찍이 교도소사역에 앞장서서 교회의 사회적 기능을 중시한 Wesley의 사회구원 정신에도 맞지 않다.[93] 물론 한국 교회의 이러한 잔여적 성격은 항상 정권에 순종해 온 보수적 체질과 한국 경제의 자본주의에서 심화된 정상성과 비정상성의 철저한 구분 및 비정상성에 대한 차별과 배제라는 한국 사회의 특성에도 원인이 있음은 물론이다.[94]

---

91 목회자의 장애인인식 수준의 문제와 장애인목회의 시혜적 · 주제적 차원을 넘어서지 못하고 장애인사역 네트워크의 한계가 있었다(남수현, 2012: 33).

92 장애인선교는 장애인들의 삶의 질 향상과 관련된 제도적인 거시적 측면의 불합리한 제도의 개선에 관심을 갖고 개선하려는 사회선교적 성격이 중요함에도 한국 교회는 전혀 그러한 것에 대한 민감성이 없었다. 가령 젊은 여성장애인이 교정공무원이 되고 싶고 이것이 그녀의 삶의 질에 관계된다면 그녀를 선교하는 사역자는 장애인의 교정직업직을 막는 공무원 시험령의 불합리함을 알리고 이를 개선하려는 거시적 사역에 힘써야 함에도 그냥 복음만 강조하거나 부족한 물질을 지원해 주는 시혜적 복지로 일관하고 그것을 장애인사역으로 치환하고 있기 때문이다.

93 예수님의 사역을 그대로 재현한 Wesley는 18세기 암흑의 영국 사회를 개혁하고 사회구원을 위해 사회문제를 해결하고자 노력했으며 기독교를 사회적 종교가 아닌 기도하고 명상하는 종교로 만드는 것은 기독교를 파괴시키는 행위라고 보았다. Wesley는 기독교의 사회적 성격, 행동적 성격을 외쳤고 그의 목회정신은 사회적 구원을 포함하는 것으로 그동안 한국 교회의 부정적 모습인 비참여적 성격과 성과위주의 참여 등을 해결할 수 있을 것으로 기대되었다(임원택, 2010: 62-63).

94 마르크스주의 장애학자들에 의하면 신체장애에 대한 비하와 통제가 강화된 것은 자본주의 발전과 궤를 같이 하며 공업화가 진행될수록 포디즘(Fordism)으로 대표되는 노동에 대한 통제가 강

그러나 전술한 바와 같이 교정사역 중에서도 장애인교정사역은 당위적으로 거시적 사역의 성격이 가장 강해야 하는바, 그것은 현재의 교정제도가 장애인수용자 친화적이 아니기 때문이다. 그러나 사회 정의와 공의를 중시한 예수 그리스도의 소명을 받아 사회의 청지기로 살아가는 그리스도인들은 다른 어느 누구보다도 불합리한 제도의 개선에 관심을 가져야 한다는 점에서 교정사역자는 장애인수용자사역 현장에서 직면한 장애인수용자사역에 비친화적인 제도의 개선에 관심을 갖고 관련 법령의 개선과 법령의 실질화를 위해 거시적 교정사역에 대해 민감성을 가져야 한다. 장애인수용자사역과 관련된 거시적 측면의 문제점과 개선방안은 교정레짐 측면, 종교인권 측면, 교정의료 측면, 교정작업 측면, 교정처우 측면 등으로 나누어 볼 수 있다.

이러한 거시적 측면의 교정사역의 중요성은 이것이 해결되지 않고는 실제로 장애인수용자에 대한 복음화의 실효성을 기대하기 어렵다. 가령 교도소과밀수용은 수용자 모두에게 인권적 고통을 주지만 다른 건강한 수용자에 비해 장애인수용자는 더 신체적 · 정신적 고통을 받는바, 그것은 교도소 거실 내 수용인원의 기준과 거실면적이 일반수용자를 중심으로 한 것이어서 행동반경이 일반수용자보다 훨씬 큰 신체장애수용자는 취침 등에서 더 고통을 받는다고 한다. 급식, 냉·난방 등 모든 처우가 획일적 기준을 적용해 의 · 식 · 주와 수면 등 기본적 생활조건이 되지 않으면 장애인수용자가 복음을 영접할 동기부여나 마음의 준비가 되지 않는다.[95] 또한 장애인교정사역에서 거시적 사역이 중요한 이유는 거시적 사역의 외부효과가 크고 확산효과가 있으며 장애인수용자와 장애인출소자의 삶의 질을 크게 향상시킬 수 있기 때문에 사역의 생산성이 극대화된다.[96] 따라서 장애인교정사역에서 거시적

화되고 비표준화된 육체를 지닌 장애인은 노동지상주의 자본주의에서 가치 없는 인간으로 대접받는 경향이 강하다고 하였다(대전일보, 2018.5.22.).

95 가령 난방이 충분히 되지 않아 허리통증이 심각한 장애인수용자 또는 통증질환에 의한 수용자는 하루 종일 통증으로 고통을 받는데 이런 상태에서는 총집예배에 나갈 마음이 들지 않는다.

96 가령 교도소에서 장애인수용자들에 대한 전통적인 사역은 복음전도와 그들의 궁핍한 생활을 지원하는 영치금 지원 등의 물질선교였다. 그런데 전통적인 미시적 사역은 사역의 개인화로 인한 한계가 있었다. 가령, 사역자가 궁핍한 장애인수용자에게 물질선교를 하는 데도 한계가 있고 지속적인 물질선교도 할 수 없으며 사역자의 경제력에 의해 수용자들이 받는 물질선교의 정도나 내용도 다르고 물질선교가 전혀 되지 않는 경우도 많다. 그런데 수용자들이 공통적으로 호소하는 경제적 자본의 제도적 · 지속적 축적에 바로 사역자의 거시적 사역이 촉매자가 될 수 있다.

교정사역의 활성화를 위해서는 가장 먼저 예장통합교단 등 주요 7개 교단에서 인권적 · 사회적 교정사역의 중요성과 실천성에 관한 감수성이 필요하고 또한 부족한 교정사역자본의 지속적 축적을 위한 제도적 인프라가 선행되어야 한다. 이를 위해 전국의 신학대학교와 관련 대학원에 교정사역과 관련된 교과목을 넣어 잠재된 헌신적인 교정사역자를 발굴하는 학문적 기초가 되어야 한다. 이는 장애인교정사역을 포함한 교정사역의 전문성과 지속성 및 확산성을 위해서도 필요하다. 또한 현재의 교정사역에 헌신하는 목회자와 자원봉사자 등에 대해 거시적 교정사역에 관한 보수교육을 실시하여 사역현장에서 사역자들이 느끼는 교정제도와 법령의 문제점을 간파하고 이를 정책의제화의 기초가 될 수 있는 문제제기능력을 함양하도록 하는 방안이 필요하다. 또한 전국의 교정사역과 관련되는 교단들과 교정사역기관 및 장애인 관련 학과, 장애인시민단체, 관련 학회 등이 거시적 교정사역의 활성화를 위한 상설연합네트워크를 형성하여 사역현장에서 사역자들이 제기하는 거시적 측면의 문제점이 정책적 휘발성과 채택 가능성이 있는가를 합리적 · 법적 · 사회적으로 검토하여 정교한 정책적 대안을 마련하고 이를 주요 교단의 교정선교부에 전달하는 방안이 필요하다.

또한 힘과 언론에 항상 민감하게 반응해 오는 교정관료제의 특징을 알고 이러한 거시적 측면의 문제점에 대하여 국민일보 등 기독교 관련 언론과 경향, 한국 일보 등 전보적 언론과 장애인 관련 언론 등에 꾸준히 보도자료를 내어 이러한 교정사역과 장애인교정사역에서의 거시적 측면의 문제점이 공중의제화되고 그것이 정책의제화될 수 있도록 하는 홍보전략이 필요하다. 더구나 해방 이후 오랫동안 국민들을 억압한 권위주의 정권은 사라지고 촛불혁명에 기초한 민주정부가 들어선 만큼 이제는 인권문제나 거시적 사회문제의 제기에 대해 수용 가능성이 커졌다고 볼 수 있다. 그러므로 그동안 권위주의 정권에 순종해 와 사회적 · 개혁적 문제에는 침묵으로 일관해 온 한국 교회도 이제는 사회적 문제에 참여하는 교회가 되어야 하며 그 일환의 하나로 바로 장애인교정사역의 거시적 사역을 들 수 있다. 장애인교정사역의 구체적 실행방안은 일반수용자의 그것보다 더 많은데 그것은 장애인수용자는 일반수용자와 같은 수용자의 지위에다가 정신, 신체적 장애인으로 인한 교정제도적 문제점이 더 있기 때문에 거시적 교정사역이 장애인수용자에게 더 필요하다. 구체적으로 보면 교정의료 측면, 교정작업 측면, 교정인권 측면, 교정처우, 교정급식,

교정운동 등 다양한 측면의 거시적 문제점들이 사역자가 인권적, 사회적 감수성과 민감성을 가진다면 제기될 수 있다. 목회자는 사역상담과정에서 클라이언트인 장애인수용자가 신체적 · 정신적 고통을 호소할 때 무조건 "하나님께 같이 기도하자." 라는 복음화로만 대처하면 장애인수용자사역의 실효성은 거의 없게 되고 오히려 클라이언트와의 신앙에 의한 치료적 공동체 관계마저 위기에 놓인다. 따라서 클라이언트의 간절한 고통을 들은 사역자는 이를 클라이언트의 개인화로만 돌리지 말고 중앙교단에 현재 법무부가 형집행법의 법적 규정과 달리 장애인수용자의 의료수요에 전혀 무관한 의료인력의 배치를 관행화하는 교정실무를 알리고 이를 개선하기 위해 국가인권위원회 등 인권 관련 국가기관에 시정조치를 촉구하도록 하는 사회정책적 선교를 하게 할 필요가 있고 그것은 바로 누구보다도 공의와 사회정의에 앞장서야 할 청지기로서의 목회자의 사명이다. 그렇지 않고 신체적 · 정신적 통증으로 의기소침한 장애인수용자에게 개인영혼 구원과 회개라는 미시적 복음화만 강조하고 접근하여 그들의 최소한의 인권과 관계된 거시적 사역을 외면하면 이는 진정한 장애인교정사역이 아니라 장애인교정사역으로 포장된 전시행정적인 성과주의적 사역에 지나지 않는다.

따라서 전술한 거시적 사역 외에 장애인수용자 전담교정시설이 아닌 장애인전용교도소 설치의 필요성을 어느 누구보다도 한국 교계가 앞장서는 선지자적인 자세가 필요하다. 이외에도 장애인교정사역자는 사역현장에서 클라이언트의 최소한의 인권과 건강권 등에 관련되는 여러 측면에 대해 민감성을 가지고 사회적 선교에도 관심을 가져야 한다. 따라서 이념적 문제점을 개선하기 위해서는 현재 통합교정사역을 소년수용자사역, 여성수용자사역, 장애인교정사역 등으로 먼저 세분화시켜 장애인교정사역의 정체성을 먼저 확립해야 한다. 또한 장애인교정사역의 전문인력과 전문교육프로그램 등의 이념적 인프라를 갖추고 2015년에 채택된 대한예장총회 장애인복지선교에 관한 목회지침서에 기반하여 장애인교정사역에 관한 이념적 지침서를 만들되 2008년에 채택된 장애인차별금지법의 이념인 사회모델을 근거로 클라이언트의 주체성과 교정사역에서의 시민적 권리에 기반한 민주주의사역 등이 예장총회 등 주요 교단과 교정학자, 법학자, 장애인복지학자 등과의 학제적 논의를 거쳐 제정되어야 한다. 이러한 이념에 근거해서 장애인교정사역자는 미시적 측면에서는 전도, 교화, 구제와 봉사, 세례, 친교 등의 영역에서 전술한 이념들[97]과 사회모델에 근거하여 후술하는 거시적 교정사역의 이념들이 실현되도록 노력하여 억압적인 교정제도와 교정 관련 법령, 정책들이 개선될 수 있도록 노력해야 한다. 이는 교정처우,[98] 종교인권,[99] 교정작업과 취업역량,[100] 교정레짐(regime),[101] 교정출소자, 장애인범죄자 등에서 접근할 수 있다.[102]

---

97 전도와 예배는 통합목회와 개별적 목회가 클라이언트의 욕구, 상태, 교정시설 등에 따라 다양하게 역동적인 조합으로 운영하되 사회유사화 원칙에 의해 예배는 통합목회, 성경교육은 분리목회를 원칙으로 하고 클라이언트의 주체성이 담보되는 이념이 있어야 한다. 사회봉사와 교육도 통합봉사와 개별봉사(교육)를 적절히 혼합하되 장애인수용자가 시혜적 타자화되도록 하지 말고 주체적 지위에 설 수 있도록 하는 봉사와 교육이 되어야 한다. 특히 친교는 클라이언트의 교화와 출소 후 사회적응에 도움이 되므로 장애인수용자들이 시민적 주체성과 평등성을 가지는 친교가 되어야 한다.

98 교정처우에는 시설 내 처우, 사회적 처우, 사회 내 처우가 있는데 가장 큰 문제점은 형식적 평등을 법규화한 교정관계법령으로 인하여 일반수용자와 장애인수용자들이 교정처우에서 형식적 평등주의가 적용되어 이는 장애인차별금지 및 구제에 관한 법률 제4조 제2항(장애인에 대해 형식적으로는 불리하게 대하지 않지만 장애를 고려하지 않는 기준을 적용함으로써 장애인에게 불리한 결과를 초래하는 것도 차별행위로 본다.)의 간접차별금지를 명백히 위배하고 있다.

99 잔여적(residual) · 시혜적 장애인정책을 가져온 교도소에 장애인의 인권을 중시하는 사회적 모델인 장애학적 관점을 교도소가 가지도록 교회와 사역자가 촉구해야 한다.

100 장애인수용자는 "취업이 곧 재활이다."라는 생각이 강하므로 장애인수용자에 대한 사역에는 복음화, 가족관계회복지원, 사회복지지원 외에 중요한 것이 그들의 취업잠재역량을 극대화시키는 것이다. 이를 위해 현재 군산장애인교도소 등 일부 기관에서는 장애인수용자 직업재활과정을 하고 있으나 직종의 한계, 대상자의 한계, 시설의 한계 등 여러 한계가 있고 장애인수용자를 수용한 일반교도소와 장애인 전담교정시설은 취업역량을 제고할 수 있는 여건이 너무 부족하며 취업역량프로그램도 출소 후 도움되는 것이 별로 없다.

101 교정레짐은 현행의 교정행정제도가 건강한 일반수용자의 보안과 교정을 위해 일제시대부터 내려온 철저한 계급제의 수직적 교정관료 독점레짐으로 장애인수용자 등 특수 클라이언트에게는 맞지 않는 교정레짐이다.

102 교정출소자들이 가장 호소하는 인권적 문제점은 이미 형기를 마치고 사회에서 새롭게 출발함에도 경찰이 재범의 우려가 있다고 판단하는 경우 재범우려자에 대한 경찰탐문방식의 비인간화 · 노출화로 오히려 장애인출소자 등 교정출소자들의 인권이 상당히 침해되고(가령 장애인출소자가 출소 후 전과사실을 숨기고 재혼한 경우에 경찰의 이웃탐문을 통하여 전과사실이 이웃과 가족에게 알려지는 경우) 이는 교정출소자의 재활을 가로막는 요인이 되므로 예장총회 등 주요 교단들은 이와 관련된 경찰관계법령을 개선할 것을 촉구해야 한다.

참고문헌

강채은(2009), "통전적 돌봄을 위한 교회노인복지프로그램에 관한 연구," 장로회신학대학교 박사학위논문.

고영수(2016), "교정시설 내 신체장애인수용자의 인권보장에 관한 연구,"「인권이론과 실천」 제19호, 영남대학교 법학연구소.

김강산(2012), "장애인사역에 대한 이해와 교회적 접근법," 광신대학교 석사학위논문.

김종만(2012), "한국교회 장애인복지선교 활성화를 위한 방향성 연구," 호서대학교 박사학위논문.

김진우(2007), "장애에 대한 사회적 모델의 의의와 한국사회에의 함의,"「한국장애인복지학」 6호, 한국장애인복지학회.

남수현(2012), "21세기의 지역교회 장애인선교를 위한 목회과제연구," 총신대학교 석사학위논문.

안승오(2019), "통전적 선교신학의 한계점 소고,"「복음과 선교」 제45권 1호, 한국복음주의선교신학회.

예장통합총회(2015),「장애아복지선교활성화를 위한 권리선언 및 목회지침서 자료집」 제100차 정기총회.

예장통합총회 사회봉사부(2018),「장애인 주일목회 자료집」, 2018.4.15.

이연주(2008), "교도소의 장애인교정복지 실태연구," 단국대학교 석사학위논문.

이준우(2008),「통합, 그 아름다운 도전」, 서현사.

이준일(2012), "차별, 소수자, 국가인권위원회,"「헌법학연구」 제18권 제2호, 한국헌법학회.

이후영(2005), "장애인복지법의 접근방법에 관한 연구," 서울시립대학교 석사학위논문.

임원택(2010), "웨슬리의 사회복지목회연구," 협성대학교 석사학위논문.

전지혜(2014), "장애학적 관점에서의 사회변화와 한국장애인선교의 방향,"「선교와 신학」 제34집, 장신대학교 출판부.

조천권(2014), "장애인선교활성화를 위한 한국교회의 역할에 관한 연구," 그리스도대학교 석사학위논문.

최동규(2016), "성육신의 관점에서 본 선교적 교회의 상황화,"「선교신학」제42집, 한국선교신학회.

최무열(2004),「한국교화와 사회복지」, 나눔의 집.

하은철(2013), "한국교회의 장애인을 위한 목회적 돌봄방안연구," 감리교신학대학교 석사학위논문.

守塚直樹(1995),「장애인복지론」, 광생관(동경).

Landau, M.(1969), "Redundancy, Rationality and The Problem of Duplication and Overlap," *Public Administration Review* 29(4).

Williams, Teeomm K.(2012), "Understanding Internalized Oppression," University of Massachusetts Amherst Dissertation.

가톨릭평화신문(2018.8.5.), "피할 수 없는 고령화."

국민일보(2018.8.14.), "원형은, 교회안 인권 지킴이 구상."

_______,(2018.8.14.), "이의용, 청년의 가출."

뉴스엔조이(2017.12.27.), "부끄러웠던 교단총회."

뉴스1(2016.3.16.), "군교도소 지적장애인과 ○○○사건 가해자 같이 수용."

뉴시스(2009.3.19.), "장애인 과밀수용 인권침해."

대전일보(2018.5.22.), "정지웅, 장애학이란 무엇인가."

문화일보(2018.5.9.), "AI가 설교하는 시대 올까?"

법률신문뉴스(2018.6.28.), "교정시설 과밀수용 국가배상판결."

비마이너(2018.4.26.), "교도소 수감된 장애인..."

서울경제(2018.6.29.), "상습절도로 교도소행."

아이굿뉴스(2015.11.4.), "장애인이 차별받지 않는 교회되려면?"

________(2018.5.21.), "4차 산업혁명시대, 교회가 설 자리는?"

에이블뉴스(2016.9.8.), "장애인수용자 건강권 침해 소송."

MBC TV NEWS(2916.11.24.), "교도소 고령화 그늘."

연합뉴스(2015.10.2.), "예장통합 장애인 목회지침서 채택."

이용주 의원 보도자료(2017.10.10.), "노인범죄증가는 사회적 문제."

일요시사신문(2016.11.2.), "교도소로 가는 사람들."

중앙일보(2018.8.2.), "알밤 까는 한국 교단."
크리스천투데이(2018.5.24.), "AI가 설교한다면."

[저 자 소 개]

천정환

성균관대학교 경제학과 졸업
국립경상대학교 대학원 법학과 졸업(법학박사)
고려대학교 대학원 사회복지학과 졸업(사회복지학박사)
한국교정복지학회 부회장
한국교정학회 이사
동서대학교 경찰학과 전임교수

email : 928jh@hanmail.net

저서 및 논문(2020년 기준)

「교정복지론」 외 10여 편의 저서
"여성수용자의 대동유아처우에 관한 천정환 교수의 새로운 접근론" 외 100여 편의 논문

교정사역복지론

2020년 11월 25일 제1판 1쇄 인쇄
2020년 11월 30일 제1판 1쇄 발행

저 자 천 정 환
발행인 강 희 일 · 박 은 자
발행처 **다 산 출 판 사**

서울특별시 마포구 대흥로 6길 8
등 록 1979. 6. 5. 제 3-86 호(윤)
전 화 717-3661~2, 718-1751~2
F A X 716-9945

정가 29,000원 파본은 바꾸어 드립니다.

http://www.dasanbooks.co.kr
ISBN 978-89-7110-581-8 93330